HISTOIRE

DE LA VILLE ET DE TOUT LE DIOCÈSE

DE PARIS

HISTOIRE
DE LA VILLE ET DE TOUT LE DIOCÈSE
DE PARIS

PAR

L'Abbé LEBEUF
DE L'ACADÉMIE DES INSCRIPTIONS ET BELLES-LETTRES

TOME CINQUIÈME

PARIS
LIBRAIRIE DE FÉCHOZ ET LETOUZEY
RUE DES SAINTS-PÈRES, 5
—
1883

DOYENNÉ

DU

VIEUX-CORBEIL

DOYENNÉ
DU
VIEUX-CORBEIL

MAISON S

'EST seulement depuis la fin du dixiéme siécle que nous connoissons ce Village, quoiqu'il existât auparavant, même avec deux Eglises qui y étoient construites. Saint Mayeul, Abbé de Cluny, ayant rétabli la régularité dans l'Abbaye de Saint-Pierre-des-Fossés, vint trouver le Roi Hugues Capet à Paris, et le pria de subvenir aux besoins de ces Religieux en leur accordant quelque Terre voisine de leur Monastere. Ce Prince fit à l'instant expédier une Charte par laquelle il donnoit à cette Communauté la Seigneurie d'un Village du Comté de Paris, appellé *Mansiones* en latin, avec les prés, les terres, les moulins, les pacages, les eaux et leur cours, et les serfs; de plus, les deux Eglises du lieu, dont la principale, appellée *Mater Ecclesia,* est en l'honneur de Saint Remi, et l'autre est une Chapelle du titre de Saint Germain ; ensemble tout le droit de Voierie *omnem Vicariam* dans l'étendue de ce Domaine, chargeant les Religieux de prier Dieu pour lui, pour la Reine, son épouse, et pour Robert, leur fils, qui régnoit avec eux. La date de ce Diplôme est de l'an 988. Par là l'antiquité du village de Maisons se trouve bien établie et l'étymologie très-assurée, ensorte que le vrai nom latin d'où est dérivé le nom vulgaire est *Mansiones,* terme

Hist. Eccl. Par. T. I, p. 604. Vita Burch. Comit. Corbol. Duchêne, T. IV, p. 118.

fort général pour exprimer un lieu habité au milieu d'une grande plaine, et il paroît que l'on n'auroit jamais dû lui substituer celui de *Domus* en parlant de cette Paroisse.

Ce Village est à une lieue et demie ou deux petites lieues de Paris, vers le levant du solstice d'hiver. Sa position est entre les rivieres de Seine et de Marne, à un quart de lieue du confluent, mais un peu plus près de la Seine. Les labourages et les prairies en sont le bien principal ; on vient de voir que sous le regne de Hugues Capet il n'y avoit point de vignes, et encore à présent on n'y en trouve que très-peu. Quelques-uns l'appellent Maisons-en-Brie pour le distinguer de Maisons, Marquisat au dessous de Saint-Germain-en-Laye, qui est appelé dans les titres Maisons-sur-Seine, et qui est situé dans le Diocése de Chartres. Dans les Dénombremens de l'Election de Paris, Maisons, dont je traite ici, est appellé Maisons près Charenton. Celui de l'an 1709 y marque 95 feux, et celui de l'an 1745 y en met 92. Le Dictionaire Universel de la France de l'an 1726 dit qu'il y a 450 habitans, et le distingue de dix ou douze autres Villages du nom de Maisons, par sa proximité de Charenton.

L'Eglise de ce lieu n'a pas changé de Saint Patron. Cette Terre Royale étoit sous la protection de Saint Remi, Archevêque de Reims ; elle y est encore, et l'on y célebre sa Fête le jour de son décès, 13 Janvier, aussi-bien que le 1er Octobre, jour de sa Translation. Cette Eglise est basse et sans ornement d'architecture, mais elle est relevée par un clocher surmonté par une fleche de pierre qui paroît être du quatorziéme siécle ou environ comme le chœur. Saint Hilaire, Evêque de Poitiers, décédé le 13 Janvier, près de deux cents ans avant Saint Remi, est aussi représenté au grand-autel. On y conserve deux châsses de reliques dont on ne connoît point les noms. Dans le côté droit du chœur se voit une tombe sur laquelle est figuré un Prêtre en habits sacerdotaux tenant un calice. Il n'y reste que la fin de l'inscription qui n'apprend rien, sinon qu'étant en lettres gothiques capitales, elle est au plus tard du quatorziéme siécle. Le champ de cette tombe est semé de fleurs-de-lys. Je crois que celui qui y est représenté n'est autre chose qu'un Curé du lieu. Ce ne peut être un Abbé de Saint-Maur, parce qu'il auroit une crosse avec ses ornemens sacerdotaux, ni un simple Moine, parce qu'il auroit été figuré avec son froc. On ne représentoit point autrement les Curés et Prêtres séculiers sur les anciennes tombes qu'avec la chasuble et le calice. Les Marchands de tombes en avoient toujours de toutes prêtes à livrer, ornées même de fleurs-de-lys, suivant le goût des acheteurs et la somme qu'ils vouloient y mettre ; il n'y restoit que l'inscription à mettre.

La nomination de la Cure échut à l'Abbaye de Saint-Maur, par la concession que Rainald, Evêque de Paris, lui fit de l'autel de Saint Remi quelques années après le commencement de son épiscopat, que l'on marque à l'an 992 ; et cela du consentement de Varin, Archidiacre, et du Doyen Hilaire. La Bulle d'Innocent II confirmative des biens de cette Abbaye et datée de l'an 1136, n'innove rien dans l'expression primitive, et met *Ecclesiam de Mansionibus*. *Chartul. papyr. S. Mauri.*
Hist. de Paris, T. III, [p. 22].

Le premier Actuaire qui ait employé un nouveau terme en parlant de cette concession de la Cure à l'Abbaye de Saint-Maur, est le Secrétaire de Maurice de Sully, Evêque de Paris, qui dans l'énumération des biens que ce Prélat confirme au Monastere par ses Lettres de l'an 1195, met *Ecclesia de Domibus cum atrio, magna decima et duabus partibus in minuta*. Depuis ce temps le Pouillé du treiziéme siécle a mis *Ecclesia de Domibus* au rang de celles de la nomination de l'Abbé de Saint-Maur. Il est inutile de rapporter les autres, d'autant plus que l'Abbaye étant réunie à l'Archevêché, la collation de la Cure est revenue à son premier état. J'ajouterai seulement qu'en l'an 1227, Grégoire, Curé de Maisons, s'accorda sur la dixme des Novales du côté de Charenton avec l'Abbé Radulfe. Dans le Pouillé du quinziéme siécle, l'ancienne estimation de la Cure est marquée à vingt-cinq livres, et l'on voit qu'en ce même temps des Docteurs la possédoient. Jean de Cologne, *Magister in Medicina*, en fit sa démission le 29 Juillet 1472. Je ne dois pas oublier de remarquer que dans les anciennes Provisions cette Cure est quelquefois dite *Ecclesia Sanctorum Remigii et Hilarii de Domibus*. *Chart. S. Mauri, fol. 67.*

La seconde Eglise que Hugues Capet donna à l'Abbaye de Saint-Maur avec la terre de Maisons, étoit une Chapelle de Saint-Germain. Ce fut apparemment autour de cette Chapelle que l'abbé fit bâtir son manoir Seigneurial, ensorte qu'elle s'y trouva renfermée. Il est constant par le Cartulaire de cette Abbaye qu'il y avoit une Chapelle du temps de Saint Louis dans la Maison de l'Abbé, sous laquelle Chapelle il y avoit une cave, et que le Curé étoit convenu d'y venir célébrer une fois par semaine pour son droit sur la dixme d'oies et autres animaux. Comme on y lit en deux endroits qu'outre les cens dûs dans le Village, à la Saint-Remi 1er Octobre, et à la Saint-Hilaire 13 Janvier, il y en avoit dont le terme étoit *in Festo sancti Germani in Maïo*, c'est un indice suffisant que la Chapelle de Saint-Germain donnée par Hugues Capet, étoit sous le titre de Saint Germain, Evêque de Paris, lequel étoit regardé comme le Patron spécial du quartier où elle étoit. Mais je n'assure point que l'édifice que l'on voit aujourd'hui, et qui est réellement une grange très-vaste, bâtie en forme d'Eglise qui auroit deux bas côtés, et des piliers au milieu, seroit cette Chapelle qui existoit du temps de *Reg. Ep. 1 Mars 1612.*
Chart. S. Mauri scripturæ C. ann. 1280.

Saint Louis, encore moins celle qu'on voyoit du temps de Hugues Capet, parce qu'il se seroit trouvé que la Chapelle eût été beaucoup plus grande que l'Eglise matrice, et que d'ailleurs j'ai vu en une infinité d'endroits les granges des riches Monasteres bâties dans ce goût-là. On peut voir celle de Vaulaurent sur la Paroisse de Villeron proche Louvres.

Tabul. Ep. in Fossat. Ce que l'on sçait de plus ancien touchant les habitans de Maisons, est qu'en l'an 1211 ils transigerent avec l'Abbé de Saint-Maur sur les pacages de leurs bestiaux : qu'en 1227 l'Abbé Radulfe les quitta pour quatre sols par an par chaque feu en forme de taille. Ils ne se firent point affranchir en totalité ainsi que faisoient les serfs de quelques autres Terres, mais par petit nombre, tantôt trois ou quatre, plus ou moins, et cela aux années 1262, 1269, 1279, 1287 et 1325. L'Abbé de Saint-Maur les exempta en général de porter leurs grains au moulin bannal de Charentoneau. Ils étoient tenus d'obéir à ce même Abbé lorsqu'il leur ordonnoit d'aller à l'armée au service du Roi. J'ai vu dans le Cartulaire une des manieres dont il faisoit exercer la Justice dans ce lieu. Un voleur d'habits fut condamné à perdre une oreille. Ces usages étoient communs au treiziéme siécle.

Vita Burchardi Comit. in fine. Duchêne, T. IV, p. 128. C'étoit sur le revenu de cette Terre que se payoit la dépense de l'Anniversaire du Roi Hugues Capet, qui se faisoit solemnellement dans l'Abbaye de Saint-Maur. Telle étoit l'attention et l'exactitude des Moines du onziéme siécle, lorsque le don étoit encore récent.

Il paroît au reste que le Roi Hugues Capet n'avoit pas donné toute la Terre, ou que l'Abbaye y érigea bientôt des Fiefs ; [car il y avoit en 1257 un Jean de Maisons (cela peut s'entendre de Maisons vers Conflans-Sainte-Honorine), Chevalier, qui possédoit une censive dont il est parlé dans le Cartulaire de Sorbonne à cette année. Il y est fait mention des Terres qui y étoient situées, et d'un chemin appellé le chemin de Saint-Denis, proche le village de Conflans] puisqu'en 1270 il y avoit déja quatre arriere-fiefs à Maisons que Jean d'Evry, Chevalier, possédoit, et dont il fit présent à l'Abbaye même de Saint-Maur en partant pour la Croisade.

Chart.S.Mauri, fol. 58.

Ibid., fol. 11. Les noms de ces Fiefs ne sont point venus à ma connoissance. J'ai seulement appris du même Cartulaire de Saint-Maur qu'il y avoit au treiziéme siécle à Maisons un territoire dit en latin *Quarta*, et un autre aux environs appellé *Magnus mons*. Il est aussi notoire dans le lieu, qu'il y a eu un fief appellé *Le Fief de Saint Pierre*. C'est une espece de vieux Château qui a deux tourelles. On voit dans la rue une porte bouchée où il y a trois fleurs-de-lys. Quelques-uns pensent que ce logement a été fait pour Diane de Poitiers, parce qu'ils y ont vu vers l'an 1720, à une cheminée, le

Ibid., fol. 596.

tableau de cette Damoiselle, et ils jugent que ce seroit François Ier ou Henri II qui l'ont fait bâtir. Amos du Tixier, connu par la vie imprimée de sa fille Anne, épouse de M. Ferrant, Seigneur de Genvry, paroît avoir été Seigneur de quelque fief à Maisons où il avoit choisi sa demeure vers l'an 1590 ou 1600, à cause du voisinage de Charenton où il alloit en qualité de Calviniste. *Vie imprimée en 1650.*

Le Chapitre de Saint-Maur n'a aliéné cette Terre qu'en l'an 1643 aux Sieurs Falcony. Dans le temps de cette aliénation il ne lui restoit que vingt sols de censives portant lods et ventes.

L'Archevêque de Paris y rentra, suivant un Arrêt du Conseil du 11 Mars 1664 et 3 Février 1665, en remboursant les sieurs Falcony d'une somme qu'ils avoient empruntée; et depuis, lorsque l'Archevêché fut érigé en Duché-Pairie sous M. de Harlay, Maisons fut nommé dans les Lettres-Patentes comme la premiere Terre de ce Duché. *Tab. Ep. Paris.*

En 1378 Simon de Saint-Benoît, Echevin de Paris, fit hommage à l'Abbé de Saint-Maur d'un fief de cens qu'il y possédoit comme héritier en partie de Marguerite, femme de Raymond de Nocle, Chirurgien du Roi. Ce même fief appartenoit sept ans après à Jean le Begue, Notaire, qui rendit son hommage au même. *Tab. Foss. Ep. Par.*

En 1414, 26 Novembre, Radulphe ou Raoul de Garges, à cause de sa femme Michelle Clemence, veuve de Laurent de Lumege, Sergent d'Armes du Roi, fit hommage pour un fief sis à Maisons près Charenton. *Vetus Inv. Par.*

En 1507 Michel Leclerc, Secrétaire du Roi, possédoit trois fiefs à Maisons, et il en fit pareillement hommage à l'Abbé. *Chart. Foss. ad calcem.*

CHARENTONNEAU. Il est évident que ce nom est un diminutif de celui de Charenton, dont il n'est séparé que par la riviere de Marne, de la même maniere que vis-à-vis de Champigny-sur-Marne il y a eu un lieu dit Champigneau dans les titres de l'Abbaye de Saint-Maur. C'est des Archives du même Monastere que nous tirons la connoissance la plus ancienne que nous ayons de Charentonneau. Thibaud, qui en fut Abbé depuis 1170 jusqu'environ 1180, exempta ses hommes *de Carentoniolo* de transporter les grains du Monastere depuis le grand Charenton *(à Carentonio majore)*, jusqu'aux moulins des Portes. On lit même qu'il leur remit la taille qu'ils s'étoient imposée. Un acte de 1246 appelle ce lieu en latin *Charentonellum;* c'est celui par lequel Gazon de Maubuisson vend à l'Evêque de Paris la part qu'il a aux Carrieres de Conflans proche le pont de Charenton, hypothéquant pour cela cinq sols qu'il a à Charentonneau, mouvant du fief d'Amaury de Meullent, Chevalier. *Chart. Foss.* *Gall. Chr. T.VII. col. 294.* *Chart. maj. Ep. Par. fol. 247*

Le plus ancien titre concernant ce lieu est de 1240.

On reconnoît par des titres qu'en 1285 Aalips de Charentonneau, femme de Guillaume dit Morin, Chevalier, alors résidant dans l'Apouille, fit du consentement de son mari un échange de deux arpens de terre sis en ce lieu, et tenans au chemin qui va de Charentonneau à Maisons, sis devant sa porte et en la censive de l'Abbaye de Saint-Maur, contre trois arpens appartenans à Jean d'Acre, Bouteiller de France et fils du Roi de Jérusalem, par donation de Jean du Gastel, Chanoine de Saint-Aignan d'Orléans, pareillement sis à Charentonneau dans le fief de Ferric Pasté, Chevalier. On lit aussi que depuis, c'est-à-dire en 1295, ce Bouteiller de France légua ce qu'il possédoit en ce lieu à Guillaume, Abbé des Vaux-de-Sernai, au Diocése de Paris, sous certaines conditions. De là vient qu'en 1580 l'Abbé de ce Monastere prit le titre de Seigneur de Charentonneau dans le Procès-verbal de la Coutume de Paris. Mais il n'étoit pas le seul ; et l'on vient de voir ci-dessus des preuves du droit de l'Abbaye de Saint-Maur, laquelle y possédoit même le moulin bannal dès le treiziéme siècle.

Tab. Fossat. in Charentonneau.

Gall. Chr. T. VII, col. 87.

Tab. Fossat. ad an. 1291.

Au siécle suivant on voit le Roi Charles V acheter de Nicolas Braque, son Maître-d'Hôtel, la Maison qu'il avoit à Charentonnel près du pont de Charenton, avec les dépendances, meubles et bestiaux. Le prix fut de trois mille deux cents francs d'or. Ce Prince la donna aussitôt à Philippe de Mézieres, Chancelier de Chypre, pour ses bons services à toujours et à ses hoirs. La Charte est datée de Beauté-sur-Marne, le 14 Octobre 1377.

Trésor des Ch. Reg. 111, n. 269.

Il paroît par ce que j'ai dit jusqu'ici, qu'il y avoit plusieurs fiefs à Charentonneau. J'ai trouvé qu'en 1456 il y en avoit eu qui relevoient du fief des Loges sis à Beaubourg en Brie. En 1458, 17 Février, Madame de Harcourt, et Jean de Lorraine, son fils, furent maintenus en possession de l'Hôtel et fief de Charentonnel. En 1460, le 7 Février, il y eut une Sentence des Requêtes qui portoit transaction entre Marie d'Harcourt, veuve d'Antoine de Lorraine, Comte de Vaudemont, et le même Jean de Lorraine, son fils, d'une part, et Colart Rohault d'autre part. Un autre acte qui est sans date et qui paroît d'environ ces temps-là, est une demande en partage à Charentonnel, par Jean de Rieux, Maréchal de Bretagne, à la succession de Jean de Harcourt. Un titre de l'an 1495 assure que l'Hôtel de Harcourt passe pour avoir toujours été au Comte de Vaudemont.

Tab. Fossat. in Chart. n. 4.

Ibid., n. 17.

Ibid., n. 5.

La part qu'avoit eue dans la Seigneurie de Charentonnel Colart Rohault, étoit passée dès 1453 à Louis Merlin. Je le trouve qualifié Secrétaire du Roi : mais ailleurs il est dit Général des Finances du Duc de Lorraine, et avoir épousé Marguerite Luillier. Je crois pouvoir lui joindre Louis Merlin, qualifié Président du Barrois, lequel avoit en 1523 des terres sises au même lieu de Charentonneau, contiguës à celles d'Olivier Aligret, son neveu ;

Moreri. Gén. de Luillier.

son testament nous apprend que ce dernier Merlin (si cependant ce n'est pas le même que le premier) se fit Religieux à Clairvaux.

Je trouve ensuite Olivier Aligret, Avocat Général au Parlement, qualifié Seigneur de Charentonneau. Il a eu le même titre dans son épitaphe à Saint-André-des-Arcs, en la Chapelle des Aligret qu'il a fait bâtir. Son décès y est marqué au 23 Septembre 1535. Il avoit épousé Claire le Gendre. Leur fils, François Aligret, Conseiller au Parlement et Seigneur de Charentonneau, est nommé dans un acte du 24 Décembre 1550. Il y eut une Sentence d'Antoine du Prat rendue en l'Auditoire Criminel en.... qui lui permettoit, en entérinant les Lettres-Royaux par lui obtenues, de faire redresser les fourches patibulaires à deux piliers de la Justice de Charentonneau.

Quelques Mémoires marquent comme Seigneurs de Charentonneau en 1413 Charles de Floret, et en 1611 Richard de Petremol.

Depuis ces Seigneurs, je n'ai trouvé que Jérôme du Four Aligret, dit Seigneur en partie de Charentonneau, Conseiller en Parlement ; et enfin MM. Gaillard pere et fils : le premier est décédé le 13 Janvier, Conseiller Honoraire en la Cour des Aydes. Le second a été reçu Conseiller en la même Cour en 1740.

Je renvoie à M. de Piganiol pour la description du château de Charentonneau situé sur le bord de la Marne.

En 1551 Anne Regnault, veuve de Claude Martin, Notaire au Châtelet, avoit fait bâtir dans ce hameau une petite Chapelle du titre de Notre-Dame et Saint Jean, où il lui fut permis d'avoir un Prêtre à cause de son extrême vieillesse.

ALFORT, qui est devenu un hameau, avec apparence d'aggrandissement par sa position heureuse sur une riviere et une grande route, est nommé hôtel d'Harefort dans un titre de l'an 1362. L'Abbaye de Saint-Maur avoit alors plusieurs arpens de terre qui tenoient à celles de cet Hôtel ; lequel étoit écrit Hallefort en 1612, lorsqu'il appartenoit au Sieur Mallet, Audiencier en la Chambre des Comptes. Une partie du Parc porte le nom de Maisonville et est un fief relevant de l'Archevêché de Paris. Ce nom de Maisonville provient sans doute de ce que ce lieu est une dépendance de la Paroisse de Maisons, dans laquelle le Seigneur d'Alfort a droit d'une Chapelle qui est celle attenant le chœur. Le Château d'Alfort est situé des plus gracieusement, dans la pointe des grands chemins de la Bourgogne et de la Champagne, ayant vue sur la Marne et la Seine. Ce lieu appartient aujourd'hui à M. Oursel qui l'a fort embelli.

CRETEIL

Les lieux les plus anciennement connus ne sont pas toujours ceux dont on peut donner évidemment l'origine du nom. Creteil est connu dès le neuviéme siécle par le Martyrologe d'Usuard, qui y marque le martyre d'un grand nombre de Chrétiens, en ces termes : *In territorio Parisiacensi, vico Cristoïlo, passio Sanctorum Agoardi et Agliberti cum aliis innumeris promiscui sexûs.* Quelques copies mettent *Vico Cristolio;* et l'on a dit l'un et l'autre en latin [1]. Ce que l'on doit conclure du témoignage d'Usuard qui offrit son Livre à Charles le Chauve, c'est que de son temps on croyoit que ces Saints avoient été martyrisés en ce lieu, à cause qu'ils y reposoient; mais l'on ne disoit point encore en quel siécle ils étoient morts. On s'avisa vers le dixiéme ou onziéme siécle de leur donner une Légende qui marquoit leur martyre au premier siécle de Jésus-Christ, et dans laquelle tout étoit de la pure invention de l'Auteur, ou de l'emprunt de quelques autres Légendes. Aujourd'hui l'on juge à la seule prononciation de leur nom, qui n'est ni Romain ni Gaulois, qu'il falloit que ce fussent des étrangers, qui dans le cours du cinquiéme siécle, eussent été mis à mort par les Barbares lorsqu'ils firent des incursions dans les Gaules. Mais pourquoi en ce lieu-là plutôt qu'ailleurs ? Et pourquoi avec eux cette multitude de peuple ? C'est ce qui est resté inconnu. On sçait seulement qu'en remontant la Marne un plus haut que Creteil et sur les confins, commence une Isle assez considérable appellée l'Isle Barbiere, que des titres latins du treiziéme siécle appellent *Insula Barbariæ;* cette Isle n'est arrosée du côté du midi que par la vieille Marne, dite autrement Mortbras, qui étant l'ancien lit de la Marne, prouveroit qu'elle auroit fait primitivement partie de la grande péninsule. On sçait encore que vis-à-vis cette Isle de l'autre côté de la Marne, il y a eu autrefois une Chapelle et une crypte du nom de Saint Félix, marquée dans d'anciennes cartes sous le nom de *Cave de Saint Felix,* et quelquefois par altération *Cave de Saint Phelippe,* lequel Saint Félix ne peut être autre que ce Martyr sous le nom duquel Blidegisile,

<small>Hist. Litt. de la France, T. VI.</small>

<small>Voy. Baillet.</small>

<small>Chart. S.Genov.</small>

---

1. Comme les plus anciens monumens marquent *Cristoïlum et Cristolium* sans aspiration, on ne croit pas que ce nom ait aucun rapport avec le nom *Christus.* En auroit-il eu avec le nom du Patron qui est S. Christophe, qu'on appelloit quelquefois au septiéme siécle *Sanctus Christivilus,* ce qui revenoit à *Christifilus?* Le *Ker* du Celtique qui signifie une Maison y seroit-il pour quelque chose ? Ce lieu est le seul de son nom en France, sinon qu'on trouve au Diocèse de Saintes un Bourg du nom de Cristeuil. Il y a aussi en Normandie plusieurs lieux du nom de Cristot ou Cretot.

Diacre de Paris au septiéme siécle, avoit voulu bâtir l'Eglise du Monastere des Fossés, puisque c'est dans le territoire même de la péninsule. Si le terme de Cave ne signifie point en cet endroit une Chapelle souterraine en forme de voûte, il peut signifier une prison, un lieu où l'on enfermoit les bêtes pour les spectacles, de même qu'on dit à Soissons, *Sanctus Crispinus in cavea*, et à Meaux, *Cagia*, dans le même sens. Ce Saint Félix, Martyr, étoit apparemment un des notables de la troupe de Chrétiens qui fut massacrée en ce lieu et dont étoient nos deux Saints. C'étoit par dévotion pour une terre arrosée de leur sang que le peuple avoit établi un concours en cette péninsule le 24 Juin, jour de leur martyre, et delà à Creteil où ils avoient été apportés. Mais depuis que l'Abbaye fut enrichie du corps de Saint Maur qui y fut réfugié en 868, le peuple cessa d'étendre son pélerinage jusqu'à Creteil, et s'arrêta sur le terrain du Monastere [évitant par-là le passage de la riviere].

Vita S. *Babolini* apud Duchêne, T. I, p. 659

Ce qui laisse à penser que les corps de ces Martyrs n'ont pas été primitivement à Creteil, mais plutôt dans la péninsule qui est vis-à-vis, c'est-à-dire celle de Saint-Maur, est que l'Eglise n'est pas sous leur nom. La tradition populaire de Creteil, qui les fait naître à Creteil et y demeurer à la Porte Caillotin, et mourir à la Croix-Taboury, ou bien sur le terrain de Saint-Maur, tout cela sur le terrain de Creteil, ne mérite pas plus de considération que la Légende qu'on a prêtée à ces Saints [1].

Chastelain. Notes manusc. sur le Martyr.Romain.

Le premier monument certain où il est fait mention d'eux, après le Martyrologe d'Usuard, sont des Lettres du Roi Charles le Simple de l'an 900, que Sauval avoit cru faussement de Charles le Chauve, et qu'il rejettoit à cause de la chronologie qui ne s'accordoit pas. Par ces Lettres Charles le Simple appuie de son autorité les donations que Grimoard, Vicomte, a faites à une Eglise du titre de S. Christophe, Martyr de Jésus-Christ, dans laquelle reposent les ossemens des Martyrs semblables à lui, et cela sans les nommer. Ces biens sont dits situés au pays de Paris, dans le Village appelé *Christoïlum*, et consistent en quinze meis ou maisons avec les serfs, les terres, prés, vignes, bois et les eaux. Le Prince déclare qu'il veut qu'après le décès du Vicomte

Sauval, T. II, p. 411. *Capit. Baluz.* T.II, col. 1524. Ex magno Cart. Eccl. Par.

---

[1]. Du Breul (Livre IV), qui rapporte tout indifféremment, n'a pas craint d'écrire que de son temps on disoit *les Massueus de Creteil*, dans l'opinion que les Saints y auroient été décollés avec des massues : et plus bas il marque qu'André Vernier, Chanoine de Paris, Conseiller au Parlement, a dit dans la Légende de l'Eglise de Creteil, dont il étoit Seigneur, à cause de sa Prébende, que jamais aucun habitant de Creteil n'avoit été réduit à la mendicité. Le P. Giry, Minime, marque dans son Martyrologe, joint à sa Vie des Saints, que S. Ion, Prêtre du Diocése de Paris, a été martyrisé à Creteil ; mais il a voulu dire Châtres.

donateur, personne n'ait rien à voir dans ces biens, ni à en exiger aucun cens, souhaitant que le Prêtre de cette Eglise n'ait simplement qu'à prier Dieu et veiller au culte des Saints Martyrs.

Cette Charte, datée du Palais de Verberie, nous informe bien que l'Eglise de Creteil fut ainsi dotée; mais nous ignorons comment ces fonds parvinrent à la Cathédrale de Paris. Le titre en a été perdu : on lit seulement dans un autre Diplôme d'environ l'an 980, que Lysiard à qui, en sa qualité d'Evêque de Paris, appartenoit la disposition des revenus des Eglises de son Diocése, avoit cédé à ses Chanoines Creteil *(Christolium)* avec l'Eglise ou l'autel. C'est Lysiard même qui en obtint la confirmation du Roi Lothaire et de son frere Louis. Il est temps de parler de la situation de ce lieu.

Hist. Eccl. Par. T. I, p. 553.

Il n'est qu'à trois petites lieues de Paris ou même deux lieues et demie, vers l'orient d'hiver, à la rive gauche de la Marne. Sa situation est dans une espece de plaine qui regne entre cette riviere et la Seine, qui n'en est qu'à demi-lieue; il s'y forme cependant quelques petites éminences entre ce lieu et Boneuil, et Mesly qui dépend de Creteil.

Le peu qu'on y voit en côte ou en pente est cultivé en vignes : le reste est labouré, et c'est ce qui forme le plus grand espace. Les bords de la Marne fournissent quelques pacages et quelques bocages. Le Dénombrement de l'Election de Paris de l'an 1709, porte qu'il y avoit alors 120 feux. Celui que le Sieur Doisy a donné au Public l'an 1745 en marque 111. Le Dictionnaire Universel du Royaume imprimé en 1726 évalua le nombre des habitans ou communians à 498.

L'idée qu'a imprimée dans les esprits l'antiquité des Martyrs de ce lieu, persuade à ceux qui ne se connoissent pas en ancienne bâtisse d'Eglises, que celle de Creteil est presque du temps que les reliques de ces Saints y furent déposées : mais on doit tenir pour constant que cet édifice, dans ce qu'il y reste de plus ancien, n'est que d'environ l'an 1100, c'est-à-dire du commencement du douziéme siécle ou de la fin du onziéme. C'est à la tour placée directement sur le milieu du portail de l'Eglise, comme celle de Saint-Germain-des-Prés, que je donne cette antiquité ; cette situation, avec les chapiteaux des piliers à cordons et figures, désigne ce temps-là ; ensorte qu'il n'y manque qu'une certaine espece de taille dans les pierres dès colomnes, pour la faire remonter au-dessus du regne d'Henri Ier. Le chœur est du treiziéme siécle seulement ou environ. Il n'est point embelli de galleries par le dedans, mais on voit par le dehors des arcs-boutans qui marquent un temps bien postérieur à la tour. A l'égard d'un reste d'espece de cloître ou de galleries à rez-de-chaussée qui est appliqué proche la nef vers le midi, le travail est du douziéme ou treiziéme siécle : mais souvent ces petites colomnes ont été transportées d'ailleurs, et non taillées sur les lieux, ni faites d'abord pour les endroits où on les trouve. Cette Eglise est vaste et accompagnée d'un collatéral à droite et à gauche, sans cependant qu'on puisse tourner derriere le Sanctuaire. A la Chapelle du fond de l'aîle septentrionale est le modele qui a servi pour l'image de la Sainte Vierge qu'on voit à la Chapelle de la Métropolitaine devant la tribune de l'Evangile. L'Anniversaire de la Dédicace de cette Eglise se célébre le second Dimanche d'après Pâques. Aux côtés du grand autel sont les châsses de bois doré qui contiennent les chefs des Saints Agoard et Aglibert, avec quelques autres têtes de personnes plus jeunes. Les châsses précédentes avoient été cachées à la fureur des Huguenots entre deux vieilles murailles qui sont sur le portail. Il y a sous le chœur une crypte ou voûte soutenue par quatre colomnes délicates du treiziéme siécle, dans laquelle il reste encore un grand cercueil de pierre rempli d'ossemens, que M. le Cardinal de Noailles fit fermer en 1697 à l'endroit de l'ouverture par laquelle les peuples avoient pris de ces reliques. Ce tombeau est placé au fond à gauche, les pieds tournés vers l'orient, et il est couvert d'une pierre taillée en angle ou dos d'âne. Si une partie des ossemens qu'il renferme a passé pour être des Innocens, c'est dans le sens que tout Martyr de Jésus-Christ est innocent. On voit représentés aux vitres de cette Eglise les deux Saints Martyrs armés de pied en cap, tout de fer suivant l'usage des moyens et bas siécles. La piété des Fideles envers les mêmes Saints et leurs compagnons, a fait que plusieurs se sont fait inhumer, il y a six, sept ou huit cents ans, autour de cette Eglise ; on y découvrit encore, il y a quarante à cinquante ans, plusieurs tombeaux de pierre, dans l'un desquels fut trouvée une piece de monnoie ancienne, et dans l'autre de petites boules ou espece de boutons que l'on prit pour des grains de chapelet. Il y eut en 1672 une Confrérie établie en cette Eglise en l'honneur des Saints Agoard et Aglibert, laquelle fut approuvée par l'Archevêque le 11 Août.

<small>D. Martenne. Voyage litt.</small>

<small>Reg. Archiep.</small>

Dans la Chapelle qui est au fond de l'aîle méridionale sont des restes de vitrages rouges du treiziéme siécle. On y apperçoit en entrant à main droite la figure d'un homme à genoux, sous laquelle est un marbre qui contient cette épitaphe :

Cy gist le corps de défunt M. Antoine-Martin Pussort, Baron des Ormes, Saint-Martin, Vicomte d'Ormont, Seigneur de Cernay, Pontault, Magneux et autres lieux, Conseiller du Roy en ses Conseils d'Etat et Privé en sa Cour des Aydes à Paris, décédé le 30 Juillet 1662.

Les armes sont d'azur au chevron d'or accompagné en chef de deux étoiles d'or, et en pointe d'un croissant.

Le reste contient la fondation qu'il fait d'un Anniversaire, ne le demandant que pendant trente ans, et léguant pour cela vingt livres de rente à prendre sur la terre de Pontault, située dans le lieu même de Creteil.

Et à main droite se lit cette autre épitaphe :

Icy repose le corps de Messire Pierre de Margeret, Chevalier, Comte Palatin, Conseiller du Roy en ses Conseils, Grand-Audiencier de France, Seigneur de Pontault, Longueil et autres lieux, lequel remplit les devoirs d'une vie irréprochable avec une vertu également constante et exemplaire, une application continuelle envers son Prince dans les emplois qu'il a exercés avec une fidélité parfaite et un zèle ardent pour la justice et la vérité. La solidité de son jugement, la sincérité de son cœur, beaucoup d'amour pour la Religion et ses vertus Evangéliques, font croire que Dieu lui a donné part dans sa gloire. Il est mort le 2 Octobre 1692 âgé de 59 ans.

Les armes sont d'argent à la fasce d'azur chargée d'une fleur-de-lys d'or et de trois muffles de léopards de sable, deux en chef et un en pointe.

En conséquence de la donation de l'Eglise de Creteil faite aux Chanoines de Notre-Dame, ainsi qu'on a vu ci-dessus, le Pouillé Parisien du treiziéme siécle rapportant les Eglises du Doyenné de Moissy qui sont *de Donatione B. Mariæ Parisiensis,* met de ce nombre *Ecclesia de Cristolio.* Cela est suivi jusque dans le Pouillé du seiziéme siécle, et en partie dans celui de 1626 ; mais dans le Pouillé de 1648 il est spécifié que la nomination est de plein droit à l'Archevêque. Le Sieur Le Pelletier, qui fit imprimer le sien en 1692, ne déclare point à qui il appartient de pourvoir à cette Cure.

Reg. Ep. Paris. Il auroit dû être informé que lorsque l'Evêque de Paris fit l'échange de ce qu'il avoit à Wissous pour ce que le Chapitre avoit à Creteil sous la fin du regne de François Ier, le Chapitre céda à l'Evêque la nomination à la Cure de Creteil. Le premier qui y fut nommé *pleno jure* par l'Evêque, fut George Braban, Prêtre du

Ibid. Diocése de Langres, le 4 Septembre 1598. Le célebre Etienne Poncher, qui d'Evêque de Paris devint Archevêque de Sens en 1519, avoit été Curé de Creteil jusqu'au 28 Avril 1500, qu'il permuta pour une Chapelle de Saint Cuthbert en l'Eglise des Mathurins.

Il y avoit eu de temps en temps d'autres traités entre les Evêques de Paris et le Chapitre, au sujet des revenus de cette Cure. L'Evêque Girbert fit expédier en 1123 une Charte par laquelle, à la priere de Bernier, Doyen, et des Chanoines, et du consentement de Zebaud, Archidiacre du canton où Creteil est situé, il accordoit

Hist. Eccl. Par. à l'Eglise de Notre-Dame la moitié des oblations qui se faisoient à
T. II, p. 21. l'autel de Creteil, *de Christoïlo,* à quatre des Solemnités de l'année, sçavoir : à Noël, à la Purification, à la Fête de Saint Chris-

tophe, et à la Toussaint [1]. L'année suivante, Etienne de Senlis, qui étoit devenu Evêque de Paris, met la même Eglise de Creteil au rang de celles dont le produit de la Cure fourniroit chaque année un muid de froment à son Eglise Cathédrale. Au treiziéme siécle les Chanoines de Paris avoient le revenu de leur Prébende assis en différentes terres de la Mense. Ceux qui étoient Prébendiers de Creteil furent en difficulté avec le Curé touchant les dixmes des Novales, et sur les pains qui étoient offerts chaque année à l'Eglise le lendemain de Noël. L'affaire étant en compromis, l'Archidiacre E..... et cinq Chanoines arbitres déciderent en 1221 que les Prébendiers auroient la dixme des Novales, et que le Curé auroit les pains. Et le Chapitre, de son côté, quitta au même Curé les offrandes entieres des quatre Fêtes ci-dessus, ne s'en réservant que cinq sols qui seroient pour les Prébendiers de Creteil.

Hist. Eccl. Par. T. II, p. 53.

Magn. Past. L. IV.

À l'égard de la Seigneurie, dans ces anciens temps, c'étoit aussi le Chapitre de Paris qui en jouissoit. Il en reste une preuve authentique dans ce qui arriva lorsque le Roi Louis VII, qu'on n'attendoit point à Creteil, y prit son logement une certaine nuit. On ne peut raconter le tumulte que causa ce séjour du Roi avec plus de naïveté que le fait Etienne de Paris, Ecrivain contemporain. « J'ai « vu, dit-il, que le Roi Louis qui vouloit arriver un certain jour « à Paris, étant surpris de la nuit, se retira dans un Village des « Chanoines de la Cathédrale appellé Creteil, *Cristolium.* Il y cou-« cha, et les habitans fournirent la dépense. Dès le grand matin « on le vint rapporter aux Chanoines; ils en furent fort affligés et « se dirent l'un à l'autre : *C'en est fait de l'Eglise, les privileges* « *sont perdus : il faut ou que le Roi rende la dépense, ou que l'Of-*« *fice cesse dans notre Eglise.* Le Roi vint à la Cathédrale dès le « même jour, suivant la coutume où il étoit d'aller à la grande « Eglise quelque temps qu'il fît. Trouvant la porte fermée, il en « demanda la raison, disant que si quelqu'un avoit offensé cette « Eglise, il vouloit la dédommager. On lui répondit : *Vraiement,* « *Sire, c'est vous-même qui contre les coutumes et libertés sacrées* « *de cette sainte Eglise, avez soupé hier à Creteil; non à vos frais,* « *mais à ceux des hommes de cette Eglise : c'est pour cela que* « *l'Office est cessé ici, et que la porte est fermée, les Chanoines* « *étant résolus de plutôt souffrir toute sorte de tourmens, que de* « *laisser de leur temps enfreindre leurs libertés.* Ce Roi Très-« Chrétien fut frappé de ces paroles. *Ce qui est arrivé,* dit-il, *n'a*

Annal. Bened. T. VI, in Appendice, p. 700.

---

1. Observez que la Fête des Saints Martyrs Agoard et Aglibert n'est pas de ce nombre. La grande solemnité du culte de ces Saints à Creteil peut n'avoir commencé qu'en 1394, lorsqu'en demandant des Indulgences du Pape pour la Confrérie de Notre-Dame du Mesche, le Curé et les Marguilliers de Creteil en demanderent aussi pour la Fête de ces Saints, dont on lui exposa qu'on avoit les corps, et pour le jour de Saint Christophe.

« *point été fait de dessein prémédité. La nuit m'a retenu en ce lieu,*
« *et je n'ai pu arriver à Paris comme je me l'étois proposé. C'est*
« *sans force ni contrainte que les gens de Creteil ont fait de la*
« *dépense pour moi ; je suis fâché maintenant d'avoir accepté leurs*
« *offres. Que l'Evêque Thibaud vienne, avec le Doyen Clement,*
« *que tous les Chanoines approchent, et sur-tout le Chanoine qui est*
« *Prévôt de ce Village : si je suis en tort, je veux donner satisfac-*
« *tion ; si je n'y suis pas, je veux m'en tenir à leur avis.* Le Roi
« resta en priere devant la porte en attendant l'Evêque et les Cha-
« noines. On fit ouverture des portes : il entra en l'Eglise, y donna
« pour caution du dédommagement la personne de l'Evêque même.
« Le Prélat remit en gage aux Chanoines ses deux chandeliers
« d'argent ; et le Roi, pour marquer par un acte extérieur qu'il
« vouloit sincérement payer la dépense qu'il avoit causée, mit de
« sa propre main une baguette sur l'autel, laquelle toutes les Par-
« ties convinrent de faire conserver soigneusement, à cause que
« l'on avoit écrit dessus, qu'elle étoit en mémoire de la conser-
« vation des libertés de l'Eglise. » L'Auteur ajoute qu'il croyoit
qu'on la gardoit encore parmi les pieces qui concernoient le sou-
tien de ces mêmes privileges. J'ai déja parlé à cette occasion d'une
baguette que l'un des enfans de chœur de Notre-Dame a coutume
de tenir les Dimanches dans l'Eglise au temps de la bénédiction
de l'eau.

Il arriva par la suite dans cette Terre ce qui est arrivé en plusieurs autres du Chapitre, que quantité de Chanoines y eurent du
bien et le laisserent au Chapitre en mourant. Entre plusieurs qui

Necr. Eccl. Par.
14 Sept.
et 24 Decemb.

sont mentionnés pour ce sujet dans l'ancien Nécrologe, je ne parlerai que de deux, et cela à [cause de] quelques circonstances Topographiques marquées dans leurs legs. On y lit que Geoffroy de

Ibid.
25 Dec.

Pontchevron, Doyen de Paris, et qui avoit été élu Archevêque de
Bourges en 1273, donna des terres *ad Quarrerias de Cristolio, et*
super longuenas de Cristolio. Maître Hervé Breton, Diacre, par

Ibid., 28 Aug.

dévotion pour Saint Nicolas, donna des terres situées aux Pointes
et aux Quanteres [Quarrieres] de ce lieu, dont la jouissance fut
accordée au Cardinal Gervais de Clinchamp, Chanoine. Garnier,

Ibid., 10 Jun.

Archidiacre de Brie, décédé vers l'an 1280 ou 1290, légua un pré
situé auprès du port de Creteil, une partie de Saussaye au territoire dit les Preaus, une place bâtie par lui *(plateam ab ipso ædi-*
ficatam) et située devant la Maison de la Prévôté du lieu. Il y est
aussi parlé de vignes situées à Creteil, lieu dit Petitmont.

Il a toujours été de l'intérêt des Seigneurs d'empêcher que leurs
vassaux ne soient opprimés et surchargés. En 1246, un nommé
Simon *de Gleseria,* Chevalier, ayant arrêté le Maire de Creteil,

Magn. Past.
fol. 107.

il fut obligé, à la poursuite du Chapitre, de promettre qu'il répareroit cette entreprise. Les habitans de Creteil ont, de leur côté, été attentifs à se faire décharger des fournitures que leur demandoient les Officiers de la Cour. Ils obtinrent en 1351 des Lettres du Roi datées à Paris le 15 Novembre, par lesquelles ce Prince les déchargeoit de toutes prises, hors la paille pour faire litiere aux grands chevaux quand il seroit à Paris ou au bois de Vincennes. Et en 1381, par d'autres Lettres du mois de Mai, Charles VI les exempta pareillement de rien fournir que la paille pour les chevaux du Roi lorsqu'ils seroient au séjour de Carrieres. *Bann. du Chât. Vol. II, f. 105.* *Ord. des Rois, T. VI.*

Je n'ai pas trouvé en quel temps le Chapitre de Paris affranchit ou mit en liberté les serfs qu'il avoit à Creteil. Ce fut au plus tard sous le regne de Philippe le Hardi, et lorsque l'Abbaye de Saint-Maur y accorda des Lettres de manumission aux hôtes qu'elle y avoit.

Enfin, vers le milieu de l'avant-dernier siécle, l'Evêque de Paris, jouissant de l'Abbaye de Saint-Maur, voisine de Creteil, fit échange de ce qu'il avoit à Wissous, et même du droit de nommer à la Cure avec le Chapitre, qui lui céda ses biens de Creteil et la nomination à la Cure. Ce fut le Cardinal de Bellay qui fit les premieres propositions en 1544, et cela fut consommé dans les deux années suivantes et finit en 1547. En conséquence, l'Archevêque est Patron et gros Décimateur.

Depuis cette échange, les Archevêques de Paris ont encore augmenté le Domaine de Creteil : surtout en 1668, auquel an l'Hôtel-Dieu de Paris qui étoit redevable à l'Archevêque pour des droits de censive de l'Abbaye de Saint-Magloire et du Prieuré de Saint-Eloi, lui céda le droit de moyenne-Justice dépendant du fief qu'il avoit à Creteil en la censive de ce fief et sur plusieurs maisons assises au même Village, au mont Mesly et aux environs. *Tab. Arch. Par*

L'Abbaye de Saint-Maur qui est très voisine de ce lieu, ainsi que j'ai dit, et qui n'en est séparée que par la Marne, comptoit au treiziéme siécle parmi ses revenus des champarts à Creteil, quelques hôtes et des cens. On apprend par l'une des pieces que M. Baluze a publiées à la fin des Capitulaires, qu'en l'an 1244, au mois de Janvier, Matthieu de Creteil (*de Cristolio*), fils de Maître Clement de Creteil et d'Aalis, reconnut que l'Abbé et les Religieux de Saint-Maur lui avoient accordé la manumission. Mais ce ne fut qu'en 1277 que cette Abbaye accorda la même grace au reste des hôtes qu'elle avoit au même territoire de Creteil. *Capit. Baluz. T. II, col. 1561*

L'Eglise de Saint-Germain-l'Auxerrois de Paris, qui, toute Cléricale qu'elle étoit dès le septiéme siécle, avoit eu un Abbé pour la gouverner, et qui depuis son rétablissement sous le Roi Robert fut gouvernée par un Doyen, avoit aussi des serfs à Creteil au douziéme siécle. Il est marqué dans une charte du Grand Pastoral de Paris, que Guy, Doyen de cette Collégiale, et tout le Chapitre, à la priere du pauvre homme Odon, leur serf à Creteil, accorderent la manumission à sa fille Geneviéve, de maniere cependant qu'épousant un homme serf de l'Eglise de Notre-Dame, elle deviendroit femme serve de la même Eglise Cathédrale. Ce Guy, Doyen, vivoit en 1150. Il resteroit à sçavoir si ce trait d'histoire auroit du rapport avec le territoire du Mesche où il y a une Chapelle peu éloignée du village du Creteil, et qu'on appelle depuis peu fort improprement Notre-Dame-des-Méches. Il faut en parler en particulier.

LE MESCHE est un canton de terre situé au couchant de Creteil, à la distance d'un demi-quart de lieue. Il seroit peut-être demeuré dans l'oubli sans une Chapelle qui y subsiste encore, et qui paroît être le reste d'une plus grande Eglise. Cette Chapelle conservoit le nom du lieu, sans altération, à la fin du quinziéme siécle ; car alors on disoit Notre-Dame du Mesche, ou de Mesche. Ce qui fait croire que la Chapelle, telle qu'on la voit aujourd'hui, est bâtie sur les fondemens d'une ancienne Eglise, est qu'elle est tournée au midi, ensorte que la porte regarde le septentrion, contre l'ordinaire des anciennes Eglises et Chapelles, qui étant en pleine campagne n'étoient point obligées de subir (comme de nos jours dans Paris' l'alignement des rues et des maisons voisines. Il me paroît donc qu'il y a eu en ce lieu primitivement une Eglise construite en forme de croix, ainsi que l'on en bâtissoit assez souvent au treiziéme et quatorziéme siécle, et que cette Eglise ayant été détruite par les guerres ou par quelque autre accident, il n'en échappa qu'une partie qui étoit celle de la croisée du côté du midi, dont toute la longueur, qui s'étend du septentrion au midi, fut conservée et réduite en Chapelle, laquelle fut depuis restaurée selon le même alignement du sud au nord.

Je ne crois point passer les bornes de la vraisemblance, en assurant que cette Chapelle représente celle que le Roi Philippe-Auguste avoit recommandé de bâtir auprès du pont de Charenton, et que Louis VIII, son fils, marqua par son Testament devoir être sous le titre de la Sainte Vierge. Ces deux Rois avoient eu dessein de la faire desservir comme une Abbaye par les Chanoines de Saint-Victor de Paris : mais apparemment que les choses changerent sous les regnes suivans, et qu'au lieu de cela elle fut donnée aux Chanoines de Saint-Germain-l'Auxerrois, qui avoient peut-être cédé le fond pour la bâtir : et pour marque de l'espece de Communauté de Chapelains qui y a subsisté anciennement, c'est qu'on trouve encore dans le Pouillé particulier de ce Chapitre, plusieurs Chapellenies dites du Mesche, dont la collation est marquée lui appartenir, et qui pouvoient être desservies dans l'Eglise de Saint-

Germain, n'y en restant qu'une dont le service doit être acquitté au Mesche.

Je n'ignore pas ce que le vulgaire débite touchant cette Chapelle ; sçavoir que les Anglois étant campés dans la plaine d'Ivry, et le Roi Jean dans les vignes de la plaine où est Notre-Dame du Mesche, on lui conseilla un stratagême pour faire accroire aux Anglois que son armée étoit nombreuse ; sçavoir de faire dresser durant la nuit sur un piquet une espece de soldat couvert de cuirasse et de casque sur lequel seroit une méche allumée : que ce stratagême réussit, et qu'ensuite le Roi Jean accomplit le vœu qu'il avoit fait de bâtir une Eglise en ce lieu. Il suffit, pour détruire cette histoire fabuleuse, de sçavoir que ce ne fut que depuis que le Roi Jean fut fait prisonnier dans le Poitou en 1356, que les Anglois avancerent dans le milieu de la France. Ainsi ce Roi ne pouvoit être en état de les combattre lorsqu'ils pénétrerent dans le Diocése de Paris. Le fondement de la tradition n'est appuyé que sur ce que la construction de cette Chapelle est l'effet d'un vœu ou d'une derniere volonté de l'un de nos Rois. A l'égard du surplus de la narration, c'est la dénomination du lieu qui lui a donné occasion, et qui a fait inventer l'histoire des Méches. On a quelques autres exemples d'Histoires de ce genre fabriquées sur le nom des lieux.

Il doit rester pour constant, qu'originairement on a dit *Notre-Dame du Mesche,* ou de Méche. Le nom de Mesche n'est pas inconnu en France : il y a en l'Eglise de Saint-Honoré de Paris une Chapelle sous le titre de Notre-Dame des Méches. C'est celle où gist le Cardinal Dubois. Autrefois on disoit *Maige* pour Médecin. *Maige* vient du latin Magus (Voyez Pline, livre XXX, c. I.) Dans les siécles d'ignorance, nos peres confondoient la Physique ou Médecine avec la Magie. L'analogie de ces deux Chapelles se prouve par un titre de 1410, 9 Avril. C'est une espece de requête présentée par les Maîtres de la Confrérie de Notre-Dame du Méche près Creteil. Elle porte que les Messes de cette Confrérie se disent en l'Eglise de Saint-Honoré, à Paris. Ces Maîtres demandent permission à l'Evêque de lever quelques deniers. Il y a *Reg. Ep. Paris.* dans la Prévôté de Concressaut en Berry, une Châtellenie appellée Le Mesche. On trouve Mesché au Diocése de Besançon et Mesche Dict. Univ. proche Metz. Comme aussi la Mesge au Diocése d'Amiens, dite en de la France, latin *Megium*. Dans les Lettres par lesquelles Pierre d'Orgemont, Lettre M. Evêque de Paris, permit l'an 1394 d'ériger une Confrérie dans la *Ann. Fr. Coint.* Chapelle dont il s'agit, le jour de la Nativité de Notre-Dame, elle *T. I, p. 811.* est appellée *Beatæ Mariæ de Mecha.* Le Roi Charles VI donnant au mois d'Août de la même année ses Lettres de confirmation Livre rouge du pour cette érection de Confrérie, l'appelle Notre-Dame du Mesche. Châtelet, f. 203

On trouve pareillement une Bulle du Pape de la même année 1394, qui accorde quarante jours d'Indulgence à ceux qui visiteront cette Chapelle le jour de la Nativité de la Sainte Vierge, et dans cette Bulle on lit *Beatæ Mariæ de Meschio*. Dans le Journal François du regne de Charles VI, il est marqué que l'on venoit à la Chapelle au Mesche l'an 1412 en procession de Paris et d'ailleurs, à cause de sa consécration à Notre-Dame pendant le voyage du Roi dans le Royaume, comme aussi à Blanc-Mesnil. Le Greffier des confiscations que fit le Roi d'Angleterre à Paris et aux environs vers l'an 1423, voulant désigner le hameau de Mesly, dit qu'il est situé près Notre-Dame du Mesche. Dans l'Etat des héritages sis à Creteil mouvant en censive de Saint-Germain l'Auxerrois dressé en 1540, le Mêche y est bien nommé cent fois et toujours au masculin. En 1574 le Livre du Receveur du Domaine fait mention d'une place qu'avoit à Paris la Confrérie de Notre-Dame du Mêche près Creteil; mais l'Imprimeur a mis du *Marché* au lieu de Mesche, qui est le vrai nom que Sauval emploie aussi ailleurs, en disant que le Chapitre de Saint-Germain l'Auxerrois nomme à cette Chapelle. Enfin dans toutes les anciennes Provisions ce nom est écrit du Mesche et jamais des Mêches. En voilà plus qu'il n'en faut pour faire sentir que le nom de Mesche n'a aucun rapport avec des lumignons de lampe ou de chandelle, et que l'ancienne dénomination latine *de Meschio*, qui paroît avoir quelque rapport avec bois de haute futaie, doit être préférée à la nouvelle *de Ellychniis*.

[marginalia: Journ. du régne de Ch. VI, p. 10. — Sauval, T. III, p. 324. — Tab. Ep. in Creteil. — Sauval, T. III, p. 645, et T. I, p. 309.]

L'édifice de cette Chapelle n'est pas absolument sur le bord de la route des voitures, mais à une distance qui peut permettre qu'il y ait eu entre deux anciennement le corps de la grande Chapelle et la croisée septentrionale. Sa structure ne paroît être que de cent cinquante ans, ou deux cents ans au plus. Elle est fort simple et sans ornemens, sinon au portail où se voit un écusson dans lequel sont figurées trois mêches allumées, et dans l'accompagnement une tête mitrée ou couverte d'un bonnet en pointe. Il n'y a aucune représentation du Roi Jean ni d'autre que celle-là, que quelques-uns prennent pour la tête de ce Prince : des peintures à fresque à demi effacées sur les murs. On y reconnoît l'histoire de la Passion de Notre-Seigneur aussi-bien qu'aux vitrages, qui contiennent aussi les figures emblématiques de la Sainte Vierge. Ces vitrages ne sont aussi que de deux cents ans au plus. La Fête est la Nativité de Notre-Dame, auquel jour le Clergé de Creteil vient y faire l'Office. Attenant cette Chapelle est la Ferme qui appartient au Chapelain titulaire, et qui jouit d'une partie du revenu, l'autre ayant été affectée sous M. le Cardinal de Noailles, à l'entretien d'un Vicaire à Creteil qui en acquitte les Messes. On m'a dit que le lendemain de la Nativité on faisoit dans cette Chapelle un Service pour l'ame du Roi Jean.

J'ai dit plus haut que c'étoit peut-être le Chapitre de Saint-Germain-l'Auxerrois qui avoit cédé aux exécuteurs du Testament de Philippe-Auguste et de Louis VIII le fonds pour bâtir la petite Abbaye vers Creteil, et où réellement il y eut une Eglise de Notre-Dame, et que le tout lui seroit revenu par le refus qu'auroient fait les Chanoines de Saint-Victor, d'envoyer une colonie en ce lieu faute de revenu suffisant. Outre la preuve que j'ai rapportée ci-dessus touchant la Seigneurie que le Chapitre de Saint-Germain avoit sur une partie de la Paroisse de Creteil dès le douzième siècle, l'on m'a assuré que ce bien étoit advenu par la suite au Doyen de cet ancien Chapitre, et principalement les prés. On peut croire que ce fut lorsque le Roi Robert eut relevé les ruines de l'ancienne Eglise de Saint-Germain, que l'Eglise Cathédrale, dont elle étoit la premiere Fille par droit d'antiquité, lui fit part d'une portion de ce qu'elle avoit depuis peu à Creteil, pour favoriser le rétablissement de l'Office Canonial dans cette Abbaye de Clercs. *Gall. Chr. T. VII, col. 271.*

MESLY est l'unique hameau de la Paroisse de Creteil. C'est un lieu très-ancien, si l'on a droit de le prendre pour celui que Frédegaire et l'Auteur des Gestes de Dagobert appellent *Massolacum*, où Clotaire II tint une Assemblée des Grands du Royaume en 613, et où Dagobert I fut reconnu Roi en 637. M. de Valois veut que ce lieu ait été voisin de Paris, et l'Abbé Chastelain traduisant en françois *Massolacum* de ces anciens Auteurs, met que c'est Mêlay près de Paris. On ne trouve point ce Mêlay dans le voisinage de Paris ; ainsi il est probable qu'il a voulu dire Mêly, et qu'il ne l'a écrit Mêlay que pour le rapprocher davantage de *Masolacum*, qui plus naturellement a dû faire Maslay, ainsi que je l'ai montré dans un de mes Ecrits. Ce que nous trouvons de plus ancien qui regarde incontestablement Mesly, est au Cartulaire de Saint-Maur-des-Fossés, où il est fait mention d'*Adam Major Melliaci* sous l'Abbé Isembard qui siégea depuis 1190 jusqu'en 1200. Il y est encore marqué dans une Note écrite vers l'an 1279, que l'Abbaye avoit alors *in villa de Melliaco manerium cum Grangia et pressorio : talliam, etc.* Et par quelques actes françois du même temps, il est constant qu'on l'appelloit et qu'on l'écrivoit dès-lors *Melli* en langue vulgaire. Ce lieu est situé à un quart de lieue du village de Creteil vers le sud-ouest ; il est dans la plaine qui continue jusqu'à la riviere de Seine. A l'orient de Mesly est une montagne dont la pente est assez douce, appellée Mont-Mesly : elle est garnie de vignes à sa partie orientale et vers le midi ; du côté du couchant sont des plâtrieres. La Seigneurie de Mesly appartient à M. l'Archevêque de Paris comme celle de Creteil. On n'y voit *De re Diplomat. p. 269. Martyrol. Univ. p. 1042. Recueil de div. Ecrits 1738, T. I. Chart.S.Mauri, fol. 57 et 58.*

de remarquable que la Maison de la Marquise de Tauré, qui est considérable par ses hautes futaies. Il y avoit en ce lieu sous le regne de Charles VI un Hôtel dit la Tour de Mesly, dont un cahier des confiscations faites par le Roi d'Angleterre entre 1323 [1423] et 1427, parle ainsi : *Hôtels nommés la Tour de Mesly, scis à Mesly près Notre-Dame du Mesche, qui furent à Henri du Vivier et Catherine sa sœur, donnés à Guillaume Bourdin, l'un de ceux qui firent l'entrée aux Gens de M. de Bourgogne en cette ville de Paris.* Claude le Tonnelier, Trésorier de France et Général des Finances, y a eu à Mesly en 1607 la Maison, de laquelle ses héritiers jouissoient encore en 1697.

<small>Cahier 42, Sauval, T. III, p. 324.</small>

<small>Perm. d'Or. dom.</small>

<small>Dict. Univ. de la France.</small>

Le nom de Meslay et de Meslé est connu en Beauce, en Normandie et en Bretagne.

<small>Godefroy, not. sur Ch. VI, p. 727. Sauval, T. II, p. 312.</small>

Il y avoit au quatorziéme siécle à Creteil un beau manoir que le Roi Charles VI donna à une Demoiselle, qu'on appelloit la petite Reine, et dont le nom étoit Mademoiselle de Belleville, fille d'un Marchand de chevaux. Mais il est difficile de marquer si c'étoit à Creteil même ou à Mesly, ou à l'endroit de la Maison de M. le Chevalier de Courchamp, dite le Buisson, au nord de l'Eglise de Creteil sur le bord de la Marne, au-delà des vieilles carrieres.

Il existe encore dans Creteil même, un Fief, dit le Fief Pontault, dont jouissent MM. de Margeret. Il en est parlé dans les deux épitaphes rapportées ci-dessus. On lit aussi dans le Mercure de Février 1738 (page 371), la mort de Pierre Margeret, Seigneur de ce Fief, Maréchal des Camps et Armées du Roi, arrivée le 16 de ce mois. On dit que ce Fief est situé dans la rue qui conduit à Notre-Dame des Méches. On y voyoit ci-devant une haute futaie considérable. M. Du Fort, Maître des Comptes, vient d'y bâtir une belle Maison. A l'extrémité de Creteil, vers le midi, est celle de M. Le Long, aussi Maître des Comptes. C'est apparemment dans l'un ou l'autre lieu qu'étoit en 1618 la Maison de campagne de Claude Mangot, ancien Garde des Sceaux, qui obtint d'y faire célébrer.

<small>Reg. Ep. Paris. 11 Oct.</small>

<small>Affiches Août 1752.</small>

Il y a dans Creteil un autre Fief, du nom d'ORMOY.

Je finirai par quelques petites notes Topographiques sur Creteil, tirées d'un acte de 1540 concernant cette Paroisse. On y connoissoit alors le Champ-Pélerin, la Croix-Faubourg, Montaigu, Lespinay, le Rond de l'Eschelle, La Quinte, Maucartier près des vieux [rieux ?] de Bonneuil, Hariaplat, le Fossé-Mahy, l'Orme Saint-Siméon, le cours Sainte-Croix de la Bretonnerie, l'Orme Saint-Christophe, la Grosse-pierre.

BONEUIL-SUR-MARNE

Le nom de Boneuil, en latin *Bonoïlum* ou *Bonogilum,* ayant été commun à plusieurs lieux, même dans le Diocése de Paris, puisqu'il se trouve deux Paroisses qui le portent, c'est ce qui a fait qu'on a quelquefois confondu ces lieux, et que l'on a attribué à l'un ce qui ne convenoit qu'à l'autre. Les plus habiles gens ne sont point à couvert de ces sortes de méprises. Outre Boneuil proche Gonesse et celui-ci, il y en a un au Diocése de Soissons, en tirant vers Crépy en Valois, un autre au Diocése de Beauvais, un dans le Berry et un autre dans l'Angoumois. De plus, il y a deux Villages qu'on appelle en françois Bonneil; l'un au Diocése de Seez, l'autre au Diocése de Soissons, proche Château-Thierry, à une légere distance de la Marne; et comme ces lieux sont également dits en latin *Bonogilum* et *Bonoïlum,* de même que ceux du Diocése de Paris, ce dernier Bonneil du Diocése de Soissons, situé sur la Marne, a empêché quelques Sçavans de se déterminer dans l'occasion en faveur de Boneuil dont je traite ici, qui est également situé sur la même riviere. Mais si le Pere Sirmond et Dom Michel Germain ont manqué de donner à ce Boneuil-ci toute l'attention qu'il méritoit, c'étoit faute d'avoir vu toutes les Chartes qui en font mention, ou qui y ont été expédiées. Le Pere Sirmond a même imaginé un Boneuil du territoire de Meaux, *(Agri Meldensis),* à cause que la Marne traverse ce territoire; mais ce Boneuil n'y fut jamais. *Notis ad Capitularia.*

Je n'ajouterai rien ici à ce que j'ai dit à l'occasion de Bonneuil en France touchant l'étymologie, laquelle, suivant M. de Valois, peut absolument venir du latin *Bonum;* ensorte que *gilum* ou *ilum* ne seroit qu'une terminaison, et que de même qu'il y a eu des lieux nommés *Boniacum,* il a pu y en avoir du nom de *Bonoïlum,* qu'on a changés en *Bonolium* par la transposition d'une lettre. Ainsi, faisant abstraction de la qualité du territoire, ces lieux peuvent tirer leur dénomination d'un possesseur ancien ou du fondateur du Village, qui auroit été appellé *Bonus,* nom qui n'étoit pas seulement adjectif chez les Romains, mais aussi quelquefois le nom propre d'un homme, un nom appellatif. Au reste, c'est ridiculement que dans quelques titres latins des derniers siécles ou dans des Pouillés on a mis *Bonus oculus,* pour signifier Boneuil, comme si c'étoient deux mots joints ensemble. *Vales. in Augustobona Tricassino.* *Gruter, etc.*

Mon sentiment particulier n'ajouteroit rien à l'autorité de M. de Valois, quant aux textes de nos anciens Historiens qu'il détermine sur Boneuil, voisin de Saint-Maur-des-Fossés, si je ne produisois quelques nouvelles preuves qui doivent faire regarder ce Boneuil comme ayant été une Terre Royale, un Domaine où les Rois de France de la premiere et seconde race avoient une Maison de plaisance. Il est besoin d'avertir d'abord qu'il y a une grande différence entre Boneuil-sur-Crould, voisin de Gonnesse, et Boneuil en Brie, contigu à Creteil ; que les commodités et avantages de la vie se trouvoient plus facilement entre les bords de la Marne et ceux de la Seine, ainsi qu'est situé Boneuil dont il s'agit, que non pas sur le bord de la petite riviere de Crould ; qu'outre cela le Boneuil en question est situé sur la grande route qui, venant de Bourgogne, conduisoit au Pont de la Marne situé à Charenton. Produisons maintenant les textes des anciens et les Chartes qui en font mention.

Le plus ancien témoignage historique en faveur de l'existence d'un Boneuil, Maison de plaisance de nos Rois, est tiré de la Chronique de Frédegaire, Ecrivain du septiéme siécle. Il marque à l'année trente-troisiéme du regne de Clotaire II, qui revient à l'an 616 de Jésus-Christ, que ce Prince voulant témoigner sa bienveillance aux premiers du Royaume de Bourgogne, leur fit sçavoir qu'ils se rendissent auprès de lui *Bonogelo villa ;* c'étoit Warnachaire, Maire du Palais, tous les Evêques et les Barons qu'on appelloit alors Farons. Il ajoute qu'étant arrivés, il leur fit expédier des Lettres pour toutes les graces qu'ils demanderent, lorsqu'il les trouva fondées sur la justice. Environ soixante ou soixante et dix ans après, Saint Merri, venant d'Autun à Paris, passa par Champeaux en Brie, proche Melun. Son Historien dit qu'au sortir delà et approchant de Paris, il s'arrêta à Boneuil, *in villa Bonoïlo ;* ayant appris que le Juge y retenoit en prison deux voleurs, il l'alla trouver, et obtint de lui leur délivrance. Cette circonstance de prison marque assez que Boneuil-sur-Marne, que la suite de la route détermine être celui-ci, devoit être alors un lieu remarquable, une Terre Royale. En 811, Etienne, Comte de Paris, et Amaltrude, son épouse, voulant se dépouiller en faveur des Chanoines de Paris de la Terre de Sucy, située à demi-lieue de Boneuil-sur-Marne, en firent expédier les Lettres en ce même lieu de Boneuil, *Actum Bonoïlo villa ;* ce qui ne peut non plus s'entendre que de ce Boneuil-ci, où apparemment Etienne avoit aussi une Maison, et où il y avoit des Notaires publics. En 834, lorsque plusieurs Princes et Seigneurs du Royaume firent leurs efforts pour retirer l'Empereur Louis le Débonnaire des mains de son fils Lothaire qui le détenoit renfermé aux environs de Paris, vers le commencement du Carême, les Comtes Warin et Bernard approcherent de ces quartiers-là avec les troupes qu'ils amenoient de Bourgogne, et arrivant aux bords de la Marne, ils y resterent

Bouquet, T. II. Script. Fr. in Chron. Fred. n. 44.

Script. Fr. Sæc. III, Bened. Part. I, p. 13.

Hist. Eccl. Par. T. I, p. 305.

Vita Ludov. Pii. T. II. Duchêne, p. 311.

quelque temps *in villa Bonogilo*, à Boneuil, et dans les lieux circonvoisins, en attendant la réunion de toutes leurs forces. C'est encore là une circonstance qui ne peut convenir qu'à un Boneuil qui soit sur la Marne, et qui est en même temps sur la route de Bourgogne, et voisin de Paris, et qui enfin fût un des lieux principaux sur la route.

On conserve dans les Archives de Saint-Maur-des-Fossés deux Chartes qui prouvent que les Princes de la Maison Royale et le Roi même logeoient souvent à Boneuil-sur-Marne. La premiere et la plus formelle est celle de l'Empereur Lothaire qui déclare en 842, qu'étant venu au Monastere des Fossés situé sur la Marne et consacré en l'honneur de Saint Pierre et Saint Paul, il a cru devoir y laisser le souvenir de ses bienfaits ; il lui donne donc différens biens situés en plusieurs endroits du Royaume. La Charte fut expédiée à Boneuil le XII des Calendes de Novembre, c'est-à-dire le 21 Octobre, *Actum Bonoïlo villa*. Or, pourquoi est-elle datée de ce lieu, sinon parce que l'Empereur ayant traversé la Marne au sortir de l'Abbaye des Fossés, étoit venu à Boneuil qui est à l'autre bord, prendre sa résidence dans la Maison Royale, où pouvoit être alors Charles le Chauve, son frere. D'autres Lettres qui sont de ce Roi, et qui regardent un don fait à Ebroïn, Evêque de Poitiers, sont pareillement datées de Boneuil, *Actum Bonoïlo*[1], le 14 Juillet 848. L'Auteur de la petite Chronique de Fontenelle fait entendre que de son temps Boneuil étoit connu pour un des lieux où Charles le Chauve résidoit fort souvent, et où il faisoit expédier des Diplômes. Cet Ecrivain marque touchant sa propre personne, qu'il vint l'an 847 à Boneuil pour recouvrer certains biens : *Ipso anno perreximus Bonolium pro prædiis recipiendis*. Mais peut-on [citer] rien de plus fort pour établir que Boneuil étoit un lieu considérable, environné de plusieurs Maisons ou Fermes du Fisc, que l'indication qui y fut faite l'an 856, par ce même Roi Charles le Chauve, d'une espece de Parlement de ces temps-là, que l'on appelloit alors *les Plaids Généraux*. Loup, Abbé de Ferrieres, ayant été consulté par quelques Moines dépendans de Saint-Amand, s'ils devoient y assister, leur répondit au mois de Juin de la même année 856, qu'ils devoient obéir à l'ordre qu'ils avoient reçu, et se trouver *ad Generale Placitum quod in prædio quodam Parisiorum cui Bonogilo nomen est incipiet Kalendis Julii celebrari*. Le Pere Sirmond parlant de cette Assemblée à l'occasion des réglemens qui y furent faits, et trouvant des indices comme c'étoit sur la fin du mois d'Août que les Evêques y étoient, avoit

<small>*Ex autographo.*</small>

<small>Besly, *Hist. Ep. Pictav* p. 27.</small>

<small>*Chron. parv. Fontanel.* Duchêne, T. II, p. 388.</small>

---

1. Il y a ainsi dans le Cartulaire de Saint-Maur, et non pas *Bonogesilo* comme a mis Besly.

jugé qu'il s'étoit tenu deux Assemblées dans cette Bourgade. Mais M. Baluze ayant découvert un Diplôme qui y fut expédié en faveur des Moines de Saint-Calez au Maine, et signé par un très-grand nombre d'Evêques, est d'avis qu'il ne s'y tint qu'une seule et même Assemblée en ce lieu, laquelle dura près de deux mois, sçavoir en Juillet et Août ; ce qui est d'autant plus vraisemblable, qu'elle fut assez longue pour qu'Hincmar, Archevêque de Reims, y fît transcrire pendant sa tenue un ouvrage assez diffus de Florus de Lyon que deux Evêques lui prêterent en ce lieu. Après tout ceci il est bon d'observer que dans aucun des textes rapportés ci-dessus, il n'est dit que Boneuil fût un Palais Royal, et qu'il n'est jamais qualifié que *Villa* ou *prædium*. Il falloit cependant qu'il y eût dans ce lieu ou dans les environs de quoi loger tous les Envoyés des Provinces, Evêques, Comtes, Abbés et autres. Les Moines logeoient apparemment à Saint-Pierre-des-Fossés, les autres à Creteil, d'autres à Mêly qui n'en est qu'à demi-lieue, que l'Abbé Chastelain appelle Mêlay, et qui pouvoit être, selon lui, l'ancien *Masolacum villa regia* ou *Curtis Dominica*, et le reste logeoit à Maisons, qui étoit aussi alors une Terre du Domaine ; car, quoiqu'en dise Dom Michel Germain, il est certain que nos Rois avoient en divers cantons plusieurs Villages contigus appartenans au Fisc. Ce Bénédictin apporte deux mauvaises raisons pour douter que le *Bonogilum* sur Marne ait été une Maison Royale : la premiere en disant que cette Maison auroit été trop voisine de Chelles où ils avoient un Palais, quoiqu'il y ait deux lieues et demie de l'un à l'autre ; la seconde en ajoutant qu'au-delà de Saint-Denis est situé le village dit Garges, qu'un ancien Catalogue marque être voisin de la riviere de Crould et de Boneuil *Terre Royale*, car ces deux derniers mots *Villa Regia* ne sont pas dans ce qu'il cite du Catalogue des Curés du Diocése de Paris, mais sont une addition de M. de Valois, lequel trouvant moins de difficulté que lui à reconnoître plusieurs Maisons Royales voisines, en place une dans ce lieu de Garges, quoiqu'il ne soit éloigné de Boneuil-sur-Crould que d'une demi-lieue.

Il me reste encore une preuve à produire, laquelle achévera de faire voir que Boneuil en Brie, et voisin de Creteil, étoit un lieu fort fréquenté et dont les abords avoient été rendus faciles de tous côtés ; c'est qu'il y avoit anciennement un Pont en cet endroit sur la riviere de Marne, ainsi que me l'a appris un titre du Cartulaire de Saint-Maur-des-Fossés. Par cette Charte qui est de l'an 1226, Guillaume Marmerel, Chevalier, permet aux habitans de Saint-Maur de passer librement sur son Pont de Boneuil, *super Pontem meum de Bonolio*, sauf, dit-il, les oies qui me sont dûes pour le charroi, *salvis anseribus qui debentur mihi de carreagia*.

Il n'est pas rare de voir des ormes sur les carrefours. Cela étoit autrefois très-commun, et souvent on rendoit la Justice sous ces sortes d'arbres [qui par la vaste étendue de leur feuillage pouvoient mettre à l'abri du soleil un grand nombre de personnes]. Du temps que l'on rapporta de Tunis les ossemens de Saint Louis, il y avoit un orme de cette espece sur le grand chemin qui va de Boissy-Saint-Léger à Creteil, que l'on appelloit simplement l'*Orme de Boneuil,* et où le Saint opéra un miracle. Il y a quelque lieu de croire que cet orme étoit celui sous lequel le Juge Royal avoit tenu et tenoit peut-être encore ses Plaids ; car on trouve des exemples de pareilles Assises dans les Preuves de l'Histoire de la Maison de Montmorency, et tenues dans les mêmes temps. Les Continuateurs de Bollandus, attentifs à indiquer dans leurs Notes les lieux dont il est parlé dans les Pieces qu'ils publient, avouent qu'ils n'ont pu trouver ce Boneuil dans leurs cartes.

<small>Miracles de S. Louis, par le Cordelier, Confess. de la Reine Marguer. ch. XXII.</small>

<small>*August.,* T. I, p. 667.</small>

La situation de Boneuil-sur-Marne est sur une pente douce qui regarde le levant et le midi ; le dessus de la côte, et quelques côteaux le long de la Marne sont plantés en vignes ; la plus grande partie des terres est en labourages outre les prairies. On ne comptoit que 24 feux dans ce Village en 1709 suivant le Dénombrement imprimé alors, et le Dictionnaire Universel, publié en 1726, les évalua à 119 habitans ou communians. Le Sieur Doisy a donné en 1745 un nouveau Dénombrement de tout le Royaume, où il marque en ce lieu-ci 27 feux. Il n'y a aucuns écarts.

Quoique l'Eglise paroisse neuve, parce qu'elle est réparée fort proprement, il y reste cependant encore dans le chœur des vestiges de voûte gothique qui ressentent le treiziéme ou le quatorziéme siécle, et outre cela plusieurs tombes, qui, quoique sans inscription, font voir par la maniere dont elles sont taillées qu'elles sont au plus tard du commencement du treiziéme siécle, parce qu'elles sont plus étroites par un bout que par l'autre. Elle est dédiée sous le titre de Saint Martin, et l'Anniversaire de la Dédicace est le Dimanche proche la Saint-Jean. Cette Eglise est au reste très-petite et n'a aucune apparence de loin. La Cure est du nombre de celles qui sont restées à la pleine collation de l'Ordinaire. Le Pouillé du treiziéme siécle la marque la seconde de ce rang dans le Doyenné de Moissy ; ce qui a été suivi par les autres écrits et imprimés depuis. Le Curé est gros Décimateur.

Le Grand Pastoral de l'Eglise de Paris fait mention de deux Chevaliers, que l'on peut regarder comme les plus anciens Seigneurs de Boneuil qui nous soient connus, depuis que cette Terre fut aliénée de la Couronne. Comme ce village est directement placé entre Creteil et Sucy qui appartenoient au Chapitre de Paris, il fut difficile qu'il ne se formât point de contestations sur

<small>*Magn. Pastor. Liv. IV.*</small>

les droits temporels. Arnoul de Corberun et Pierre Girbout, Chevaliers, qui paroissent avoir eu au moins un fief à Boneuil, s'accorderent avec les Chanoines en l'an 1173, Barbedaur [ou Barbedor] étant alors leur Doyen, et convinrent en présence de l'Evêque Maurice de Sully, que le Chapitre auroit la dixme de toutes les vignes de Boneuil, quand même tout le territoire seroit planté en vignes, qu'il prendroit aussi dans leur grange sise à Boneuil chaque année un muid de bled et un demi-muid d'avoine, moyennant que les deux Chevaliers et leurs successeurs percevroient toute la dixme des fruits de la même Terre, quand même tout seroit mis en labourage jusqu'au bois de Rarez. Et ces deux mêmes Chevaliers consentirent que si ce bois étoit un jour défriché et mis en terre, le Chapitre entrât dans le droit qu'ils pouvoient avoir dans ce bois.

On peut compter ensuite parmi les plus anciens Seigneurs de Boneuil, Guillaume Marmerel, Chevalier, dont j'ai déjà parlé ci-dessus. Il vivoit en 1226. L'une des tombes qui restent dans l'Eglise peut bien avoir couvert sa sépulture. Outre la liberté de passer sur son Pont de Boneuil qu'il accorda aux habitans de Saint-Maur, il leur céda aussi l'aisance (*Essentiam*) de tout ce qu'il avoit de terre à Boneuil, leur quittant même ce qu'ils avoient coûtume de lui donner pour le droit de pâturage *pro herbagio* : et de plus il leur permit d'enlever les chaumes de ses terres ; le tout du consentement de Basilie, son épouse, et d'Agnès, sa fille.

<small>Chart.S.Mauri, Gaign. fol. 23.</small>

<small>Hist. Eccl. Par. T. II, p. 488.</small>

En 1268 Guy de Villiers-sur-Marne, Chevalier, jouissoit d'une dixme sur quelques cantons de Boneuil dont il disposa en faveur de deux Chapelains, mais elle étoit mouvante de la Queue et du fief épiscopal de Paris.

<small>Histoire de la Maison de Chatill., p. 581.</small>

Dans le siécle suivant, Jean de Chastillon est dit Seigneur de Boneuil-sur-Marne par Isabeau de Montmorency, sa femme. Le titre où il est ainsi qualifié est de l'an 1368.

Au Procès-verbal de la Coûtume de Paris de l'an 1580, Antoine de Brehault, Gentilhomme ordinaire de la Maison de la Reine, prend la qualité de Seigneur de Boneuil-sur-Marne.

<small>Voy. l'article d'Evry-en-Brie.</small>

Après lui on trouve Marguerite de la Riviere qui s'en disoit Dame en partie. Elle décéda en 1605. Son corps repose à Evry-les-Châteaux.

<small>Merc. Dec. 1747, p. 194.</small>

Depuis il y a eu pour Seigneurs MM. de Chabenat, Introducteur des Ambassadeurs, Louis son fils, Conseiller au Parlement, et un autre du même nom reçu aussi Conseiller au Parlement en 1744.

VALENTON

Il est hors de doute que ce lieu est ancien : son nom, qui est Romain, en est un indice certain; outre cela, dès le temps de la premiere race de nos Rois, c'étoit une Terre du Fisc. Les deux premieres syllabes du nom dénotent que le Fondateur ou le premier propriétaire de ce Village s'appelloit *Valens* : ainsi Valenton ne signifie autre chose que Terre appartenante à Valens.

Sa distance de Paris est de trois lieues et demie vers le sud-est; sa situation entre les deux grands chemins de Melun, l'un qui y conduit par Brie-Comte-Robert, l'autre par Villeneuve-Saint-Georges. Sa position est sur la pente de la montagne au haut de laquelle est Limeil, avec l'aspect vers le nord.

On y voit des vignes du côté de Villeneuve ; les terres sont vers la plaine. Plusieurs Livres à l'usage de l'Election de Paris dont l'orthographe n'est pas toujours exacte, écrivent ce lieu *Vallenton* et lui joignent une ou deux fermes bâties dans la plaine. Ainsi, par exemple, on lit dans le Dénombrement de l'an 1709 : *Vallenton et l'Hôpital de Mesly, 53 feux*. Le Dictionnaire Universel de la France publié en 1726 met: *Vallenton et l'Hôpital Melly, 250 habitans*. Le Sieur Doisy qui tient le même langage dans son Dénombrement du Royaume imprimé en 1726, y marque 53 feux. La formule imprimée pour le Rôle des Tailles est moins fautive, et met *Valenton et l'Hôpital de Mesly*.

Quoique l'Auteur de la vie de Saint Babolein, premier Abbé de Saint-Pierre-des-Fossés, ne soit pas assez ancien pour être cru dans tout ce qu'il dit, il paroit que sa méprise sur ce Saint ne doit point rendre incroyable que la Terre de Valenton ait été donnée à l'Eglise de Saint-Vincent ou de Saint-Germain-des-Prés par l'un de nos Rois, sur le déclin de la premiere race, du temps que cette Abbaye étoit sous le gouvernement d'un nommé Babon, vers l'an 720. Il y a même lieu de croire que cette donation de Valenton comprenoit le territoire où depuis fut bâti le Village, qui, à cause de sa nouveauté, fut nommé Villeneuve : laquelle Villeneuve, à la faveur de la riviere et du grand passage par terre, s'accrut aux dépens de Valenton, dont il avoit fait partie du territoire. On a plusieurs exemples de semblables métamorphoses sans sortir du Diocése de Paris. Je rapporte à l'article de Villeneuve la preuve que dès l'an 778 il existoit en ce lieu un Village de ce nom, appartenant déja auparavant à l'Abbaye de Saint-Germain. Selon mon système, Villeneuve est fille de Valenton, de même que Crone est fille de Villeneuve.

L'Eglise de Valenton est sous l'invocation de la Sainte Vierge. La structure du chœur est du treiziéme siécle. La tour paroît approcher du même temps : le reste a été tellement reblanchi et couvert de plâtre qu'on ne peut le dire que bien plus nouveau. Cet édifice est accompagné de deux petits collatéraux. La Cure est à la présentation de l'Abbé de Saint-Germain-des-Prés. On voit en effet que dès l'an 1177, Alexandre III lui confirma la possession de cette Eglise. Le Pouillé du treiziéme siécle la marque aussi au rang de celles auxquelles cet Abbé nomme dans le Doyenné de Moissy ; et tous les Pouillés postérieurs sont unanimes en ce point, à l'article du Doyenné du vieux Corbeil. Aussi personne n'a jamais disputé à l'Abbaye de Saint-Germain le titre de Patronage de cette Eglise, non plus que la qualité de Seigneur de ce lieu, ni celle de gros Décimateur.

Les habitans ont été toujours particulierement protégés par les Abbés. L'Abbé Hugues fit commuer en 1138 ce qu'ils payoient pour le droit d'Avouerie à Etienne de Garlande et à Amaury, Comte d'Evreux, en quelques muids de vin. En 1215 l'Abbaye obtint de Robert de Dreux, Seigneur de Brie, qu'il leur cédât les soixante muids de vin rouge qu'ils lui payoient chaque année : et au mois de Février 1248 l'Abbé leur accorda le même affranchissement qu'à ceux de Villeneuve et de Crone, pour qu'ils puissent se marier à d'autres qu'à des vassaux de l'Abbaye.

Hist.de S.Germ. p. 87.
Ibid., p. 114.

Le Monastere de Saint-Maur-des-Fossés jouissoit de quelques revenus à Valenton au treiziéme siécle. Il y avoit une redevance d'un tresel de bon vin qui lui étoit payé pendant les vendanges sur le produit de certaines vignes. Le texte de son Cartulaire est rapporté dans le Glossaire de Du Cange ; mais on a mis dans l'imprimé *Alenton* au lieu de Valenton. Il reste à sçavoir ce que c'étoit alors qu'un tresel. Le Chambrier de cette Abbaye avoit aussi vingt sols de rente *apud Valenton,* suivant la destination des revenus faite en sa faveur l'an 1256 par l'Abbé Pierre, lorsqu'il institua cet Office claustral ; et de plus *unum duplarium vini in vindemiis apud Gurgitem Hodoini versus Valenton.* Le premier titre ci-dessus où il y a *unum tresellum boni vini,* fait voir, en passant, que l'on pouvoit faire de bon vin en ce lieu. La même Abbaye de Saint-Maur avoit aussi alors des serfs à Valenton : mais elle les affranchit en 1282.

Gloss. Gang. voce Tresellus.
Gall. Chr. T. VII, Instrum. col. 109.
Chart. Fossat. p. 579.
Tab. Fossat. Ep. Par. in Valenton.

Quelques anciens Chevaliers ont porté le nom de Valenton. On trouve à l'an 1093 un Hugues *de Valentun* témoin dans un acte qui concerne le Prieuré de Longpont sous Montlhery. Il avoit une fille nommée Eremburge, qui se fit Religieuse d'Hierre dès le temps de la fondation, et qui y fut reçue par Hildearde, premiere Abbesse. On ne connoît point d'autre Valenton en France

Chart. Longip. fol. 30.
Gall. Chr. T. VII, col. 606.

que celui-ci : ainsi il faut que l'Abbaye de Saint-Germain en eût démembré quelque fief dès l'avant-dernier siécle, attendu qu'Antoine de Beauvais, Chevalier, Maître des Requêtes, est qualifié Seigneur de Valenton et de Limeil, dans son épitaphe à Saint-Merry de Paris. Sa mort y est marquée au 24 Février 1609. Je laisse à vérifier s'il est le même Antoine de Beauvais que l'on trouve dans Moreri avoir été en 1571 Seigneur de la Tour de Mesly, Valenton et Limueil, Président de la Cour des Aides et Maître des Requêtes. Ce dernier étoit fils de Robert de Beauvais, Seigneur de la Tour de Mesly. On y compte même actuellement deux fiefs : l'un appartient avec une ferme à M. Rancher, Conseiller à la seconde Chambre des Enquêtes. L'autre, qui est au bas du Village et qu'on appelle PLAISIR, est possédé par M. Symonnet, Conseiller à la Grand'Chambre.

<small>Collect. des Epitaph. de Par. à la Bibl. du Roi, p. 833.</small>

<small>Généal. Huault</small>

Mais la plus belle Maison de Valenton est celle que M. Prat, Receveur Général des Finances, a fait bâtir au-dessous de l'Eglise, et qui est accompagnée de très-beaux jardins. Elle est passée, par le mariage de sa niece, à M. Chassepou de Verneuil, Secrétaire du Cabinet et Introducteur des Ambassadeurs.

L'HOPITAL. La réunion qui est faite dans les Livres de l'Election de Paris de l'Hôpital de Mesly avec Valenton, pour ne former qu'un seul et même article ou Registre, m'engage à le joindre ici, puisque cet Hôpital n'est d'aucune Paroisse et est exempt des visites de l'Archevêque et de l'Archidiacre.

Sauval faisant l'énumération des biens du Grand-Prieur de l'Ordre de Malthe, y comprend l'Hôpital de Mesly, qu'il dit être proche de Villeneuve-Saint-Georges, quoiqu'il soit beaucoup plus près de Valenton. Il ajoute qu'il y a une Chapelle et un Domaine d'environ quinze cents livres.

<small>Sauval, T. I, p. 611.</small>

La Chapelle est assez délicatement bâtie d'une architecture du treiziéme siécle, et sous le titre ordinaire de Saint Jean, conformément à l'ancien titre des Chevaliers de l'Hôpital de Saint-Jean de Jérusalem. Il y a des Fonts baptismaux. On y célebre la Messe et Pain béni tous les Dimanches. On y voit aussi un Cimetiere, le tout pour les gens de la Ferme seulement. Cette Chapelle est dans la Ferme même.

En 1496, le 6 Octobre, l'Evêque de Paris fut maintenu dans la possession du droit suivant, sçavoir qu'il peut seul faire administrer les Sacremens, même celui de Mariage, en l'Eglise de cet Hôpital. Les Religieux qui prétendoient ce droit furent déclarés soumis à l'Ordinaire.

La Seigneurie est marquée sous le simple nom de l'Hôpital dans le Procès-verbal de la Coûtume de Paris de l'an 1580, comme appartenante au Grand-Prieur. Elle est aussi nommée de même dans toutes les Cartes des environs de Paris. C'étoit une Maison pour loger les Pélerins et Croisés de la Terre-Sainte. A cet effet elle n'étoit pas éloignée du grand chemin ; on dit même qu'il y a passé autrefois.

Cet Hôpital est si voisin du lieu qui porte le nom de Tour, que je crois que l'emplacement des deux Fermes a anciennement appartenu au même maître, et que ce canton particulier s'appelloit en latin, non pas *Turris*, mais *Turnum*. Or, comme un nommé *Joannes de Turno* étoit Trésorier de la Maison des Chevaliers du Temple à Paris en 1277, je conjecture que c'est lui qui destina une partie du domaine de ses ancêtres pour l'établissement de cet Hôpital, ou que quelqu'un de ses mêmes ancêtres l'avoit établi.

<small>Chart. Livriac.</small>

LIMEIL

Il est certain que Limeil est l'une des anciennes Paroisses du Diocése de Paris ; son nom paroît venir du Celtique, dans lequel nous trouvons beaucoup de noms de lieu qui commencent par *Lim*, tel que *Limonum*. Ce lieu se trouve au rang des Paroisses dans le Pouillé du treiziéme siécle, sous le nom de Limuel, au Doyenné de Moissi, l'Auteur ayant ignoré comment il l'exprimeroit en latin. L'antiquité de l'édifice de l'Eglise du lieu prouve aussi que ce n'est point une nouvelle Paroisse. Cet édifice m'a paru approcher du douziéme siécle pour sa construction ; la tour principalement. Saint Martin est Patron de cette Paroisse. La Cure est à la nomination de M. l'Archevêque, et le Curé est gros Décimateur. En 1305 il y avoit à Limeil un Curé appellé Jean Courtecuisse. On ne voit dans l'Eglise que deux monumens remarquables. Au pied du Sanctuaire est la tombe d'un Curé qui fut en même temps Seigneur du lieu, mais dont le nom et l'année de la mort ne sont plus lisibles. Il faut qu'il soit d'un temps peu reculé, puisqu'il y est représenté en surplis, et que ce surplis a même les manches fendues et traînantes. On y lit facilement qu'il étoit Seigneur de Limeil, Valenton et de La Grange en Brie. Il a les pieds étendus vers l'orient, ce qui prouve que de son temps on n'avoit pas encore pensé à inhumer les Prêtres autrement que les laïques. La pierre qui sert de marche-pied au grand autel est la tombe d'un Chevalier armé de pied en cap, dont la tête, les mains et les armes sont des incrustations de marbre blanc. L'écriture est effacée, mais il est probable que ce Chevalier est mort au quatorziéme siécle. Un monument plus digne de remarque, est l'épitaphe qui se voit

<small>Regist. Off. Par.</small>

en marbre noir sur la porte de l'Eglise qui est vers le septentrion. Il m'a paru mériter d'être transcrit ici entierement :

> *Qui potuit toto quem bis lustraverat orbe*
> *Necnon et patrias notissimus esse per urbes*
> *Qui veri studio morum integritatis amore*
> *Cartesio fuit et Gassendo carus amicus,*
> *Ingenio clarus, doctrina clarus et omni,*
> *Ignotâ jacet hîc demum tumulatus arenâ,*
> *Funde pias lacrymas, nec jam mirere viator :*
>   *Sæpè etenim quidquid præstat in orbe, latet.*

Illustrissimo nobilissimoque viro D. D. Nicolao Picot Regi à sanctioribus consiliis et eleemosynis, Abbati Sancti Jovini, Priori Domino de Fontaines la Peroche, la Penche, Rouvres les Bois. Hoc marmor posuit ex sorore nepos Antonius Hardy in suprema regni curia Senator.
Obiit die VI Novembris anni M. VIc. LXVIII.

  Limeil est nommé incidemment dans un titre de l'Abbaye de Saint-Germain-des-Prés de vers l'an 1260. On y lit qu'un Bourgeois de Paris nommé Eudes Le Roux, et Agnès, sa femme, donnerent à cette Abbaye leur grange ou ferme de Bruyeres proche Limeil en Brie, cent quatorze arpens de terre enclavés dans la censive, et trente arpens de bois près cette ferme. Hist. de S. Germain des Prés, p. 132.

  Il y a peu de maisons dans Limeil même, situé sur le haut d'une montagne qui regarde le nord ; mais le plus grand nombre des Paroissiens demeure au hameau de Brevannes, qui est au bas de la montagne en tirant vers l'orient, à deux portées de fusil. De là vient que le Livre des Elections du Royaume, le Rôle des Tailles et le Dictionnaire Universel de la France ne mettent point Limeil le premier, mais Brevannes et Limeil. En ces différens Catalogues ces deux lieux ensemble sont dits former soixante feux.

  Le plus ancien Seigneur de Limeil qui soit fourni par les titres, est Hugues de *Limolio*, lequel avec sa femme Isabelle donna aux Religieuses d'Hieres en 1235 une petite rente sur une maison à Revillon, Paroisse de Brunoy. Chart. Heder.

  La famille du nom de Beauvais possédoit cette Terre il y a cent cinquante ans. Antoine de Beauvais, Maître des Requêtes, décédé le 14 Février 1609, en est dit Seigneur et de Valenton dans son épitaphe. Epitaphe à S. Merry.

  Claude de Beauvais, Gentilhomme de la Chambre du Roi, Gouverneur de la Citadelle de Pierre-Châtel sur le Rhône, possédoit outre ces deux Terres celle de la Tour-Mesly, où il faisoit sa demeure en 1617. Cette derniere Seigneurie est sur la Paroisse de Limeil, mais éloignée de l'Eglise. Perm. de Chap. dom. 4 Oct.

  M. Petit en est aujourd'hui Seigneur, ayant eu cette Terre par succession de son pere.

BREVANE, quelquefois écrit Bevrane, est un écart de la Paroisse de Limeil, à la descente de la montagne et dans le vallon, mais assez contigu et peuplé, ainsi que je viens de le dire.

Il y a une Chapelle du titre de Sainte Marie-Magdeleine, dans laquelle, en conséquence d'une fondation, est célébrée la Messe les Dimanches et Fêtes, excepté les grandes solemnités. Le Parc du Château est d'une juste étendue du côté de Boissy, bien garni de haute-futaie, etc.

<small>Ex Necrol. Hederæ.</small>

Dans un titre de l'Abbaye d'Hieres de l'an 1220, il est fait mention d'un lieu dit Beuvenes, que je crois être le même que Brevane. C'est une donation que Heremburge, Noble Dame du Chesne, fait à cette Maison d'une censive assise *in villa de Beuvenes* ; ce que Adam Haron d'Ethioles, Chevalier, approuve comme étant de son fief.

Le Cartulaire de Saint-Maur-des-Fossés apprend sur Bevrannes, qui est sûrement notre Brevannes, une circonstance particuliere. Jean de Chevry donna à ce Monastere quatre arpens de prés *apud Montem Gisonis* (qui est *Montgeron*) dans la censive de Guillaume d'Hieres, Chevalier. En considération de quoi les Moines de Saint-Maur lui céderent pour sa vie durant la jouissance de leur manoir du Piple, situé entre Boissy et Sucy ; et de plus des bois qui étoient situés entre le chemin de Merroles (c'est Maroles), et les bois de Bevranes cédés par les habitans de Boissy pour leur manumission.

<small>Hist. des Présid. à Mortier, p. 257.</small>

Parmi les Seigneurs de Brevane se trouve Nicolas de Corbie, Conseiller au Parlement, lequel possédoit cette Terre et celle de Mareuil en France vers l'an 1520.

<small>Perm. d'Orat. domest. 21 Juill. 1536, et 26 Mars 1659.</small>

Je trouve que peu de temps après, Jean Boursier, Citoyen de Paris, y avoit une maison, mais elle ne paroît pas avoir été domaniale : non plus que celle qu'y eut Louis le Veau, Secrétaire du du Roi, et le Sieur Thomassin de Fredeau en 1700.

Isaac Chantreau étoit, vers l'an 1570, Seigneur de Limeil et de Courquetaines.

Germain du Val, Vicomte héréditaire de Corbeil, jouissoit de Limeil vers l'an 1590 et 1600. Je l'ai trouvé aussi qualifié Gentilhomme de la Chambre du Roi et Capitaine du Château du Louvre.

<small>Ibid., 30 Oct.</small>

Marie du Moulinet, sa veuve, jouissoit de Brevanne en 1606.

<small>Hist. de Montm. p. 308.</small>

François du Val, son fils, est dit Vicomte héréditaire de Corbeil et Seigneur de Brevane en 1624.

<small>Généal. de Luillier.</small>

Robert Aubery, Président en la Chambre des Comptes, marié à Anne Gruel, paroît lui avoir succédé. Sa fille, Marie, épousa en 1627 Geoffroy Luillier, Conseiller au Parlement.

M. Buisson étoit Seigneur de ce lieu en 1700.

Maintenant Brevane appartient à M. Le Pileur, Conseiller au Parlement.

Limeil touche de fort près au village de Valenton, étant l'un et l'autre sur la même montagne, l'un dans le haut, l'autre dans le bas. Il y a peu de vignes ; au moins on n'en voit point sur la montagne. La Tour, qui est une Ferme située dans la plaine proche celle qu'on appelle l'Hôpital, est de cette Paroisse, ainsi que j'ai dit ci-dessus.

Il ne faut point confondre ce Limeil avec un autre Limeil qui a dû être situé aux environs de Clichy-la-Garenne et de Saint-Ouen-sur-Seine, et qui appartenoit dans le quatorziéme siécle au Chapitre de Saint-Benoît de Paris. Du Breul, Antiquit. p. 194.

Hadrien de Valois, parlant de notre Limeil, croit qu'on aura dit d'abord en latin *Limogilum*, ensuite *Limoilum* et enfin *Limolium*, de même que de *Bonogilum* on a fait *Bonoilum*, puis *Bonolium*, Bonuel ou Boneuil. Notit. Gall. p. 421.

On connoissoit en 1597 sur la Paroisse de Limeil, un fief appellé le Fief des Portes, qui fut déclaré alors au Rôle du Ban et arriere-Ban de Corbeil, par Claude le Musnier, ne produire que 24 livres par an.

VILLENEUVE-SAINT-GEORGES

Ce n'est point ici le nom primitif de ce lieu. On l'appelloit au huitiéme siécle simplement Villeneuve, et l'on ajoutoit que c'étoit une Court ou culture de Saint-Germain. Comme il n'y avoit point alors de l'autre côté de la Seine de Village nommé Villeneuve-le-Roi, il suffisoit de dire seulement Villeneuve. On ne trouve rien sur cette Terre avant l'an 778. Mais il paroît qu'il y avoit déja du temps qu'elle appartenoit à l'Abbaye de Saint-Germain-des-Prés. Gérard, Comte de Paris, sous le regne de Charlemagne y jouissoit d'un droit de péage, dont apparemment il s'attribuoit le produit. Charlemagne voulant favoriser l'Abbaye à qui cette Terre appartenoit, et lui procurer de quoi augmenter le luminaire de l'Eglise, lui accorda la jouissance de ce péage par des Lettres de l'an 778. Le Livre de l'Abbé Irminon rédigé environ quarante ans après, contient un détail de ce que l'Abbaye possédoit dans ce Village nouvellement bâti : *Habet in Villa nova mansum dominicatum cum casa*, voilà le manoir Seigneurial ; en terre labourable, cent soixante et douze bonniers ; en bois, une piece dont le circuit étoit de quatre lieues, dans laquelle on pouvoit engraisser cinq cents porcs. Le Village étoit composé de soixante meiz ou maisons affranchies ou libres, et de quatorze maisons de serfs. Irminon n'oublie pas de faire observer qu'il y avoit dès-lors dans le lieu Histoire de S. Germain-des-Prés. Gall. Christ. T. VII, col. 423.

une Eglise bien bâtie, sans dire en l'honneur de quel Saint elle étoit dédiée. Il y a apparence qu'elle portoit le nom de Saint Germain, Evêque de Paris, ou celui de Saint Vincent, Martyr d'Espagne.

Ce lieu, qui est devenu Ville, est à quatre petites lieues de Paris, en remontant la riviere de Seine. Il est bâti sur son rivage droit, au bas d'une montagne assez roide dont l'aspect est au couchant, et sur laquelle est construite l'Eglise Paroissiale à mi-côte avec quelques maisons bourgeoises qui ont de cet endroit-là vue sur presque tout Paris, particulierement celle de M. Jourdan. C'est un grand passage tant par eau que par terre.

Le territoire de ce lieu, lorsque ce n'étoit qu'un simple Village, étoit fort étendu. Il comprenoit tout ce qui forme aujourd'hui la Paroisse de Crone, et même une partie du territoire depuis attribué à celle d'Hierre et de Montgeron. Mais malgré les retranchemens qui lui furent d'abord faits en 1234, puis dans le reste du même siécle, il renferme encore des vignes, des terres et quelques cantons de bois, beaucoup de dépôts de vin pour la provision de Paris. Dans les temps que son territoire étoit étendu jusqu'à Chalendray et Concy, il ne comprenoit que soixante et quatorze meiz ou maisons. Depuis les retranchemens, et à compter du Dénombrement de l'an 1709, il y avoit 150 feux, ce qui, selon le Dictionnaire Universel imprimé en 1726, revient à 730 habitans ou communians. Le sieur Doisy, dont on a un Dénombrement imprimé en l'année 1745, y compte 161 feux.

Liv. des Corps et Métiers, artic. *Pescheurs*. MS. Sabon.

En 1392 il y avoit à Villeneuve-Saint-Georges un pont de fustes proche Laperiere.

Il est incertain en quel temps l'usage est devenu général de l'appeller Villeneuve-Saint-Georges, c'est-à-dire de le désigner par le nom du saint Patron de l'Eglise ; on ne sçait pas même positivement en quel siécle l'Eglise de ce lieu eut le nom de Saint Georges. J'incline fort à croire que ce ne fut que quelque temps après que le Moine Usuard eut apporté d'Espagne en France le corps de S. Georges, Diacre et Martyr, qu'il déposa d'abord l'an 859 à Aimant, proche Montereau, au Diocése de Sens, ancienne Terre de son Abbaye de Saint-Germain, ensorte que ces saintes reliques étant enfin déposées à l'Abbaye de Saint-Germain, les Religieux en firent des distributions en quelques-unes de leurs Terres, et comme la Terre de Villeneuve en eut considérablement,

Hist. Eccl. Par. T. I, p. 655.

l'autel du lieu en prit le nom de Saint Georges[1] que l'on confondit facilement avec le fameux Martyr d'Orient. Lorsque Adrald, Abbé

---

1. Dom Du Plessis, en son Histoire de l'Eglise de Meaux, est assez de ce sentiment (page 124).

de Saint-Germain, pria Imbert, Evêque de Paris, d'accorder à son Monastere l'autel de Villeneuve pour servir au supplément de la nourriture des Religieux, il le requit sous le nom d'*Altare S. Georgii*; et ce Prélat le lui accorda en 1045. Le lieu est simplement appellé *Villa nova* dans ce titre. Dans le siécle suivant on vit quelquefois employer l'expression de *Villa nova S. Georgii*. Cependant les titres de l'Abbaye d'Hierre ne s'en servent point; et elle n'étoit pas même encore d'un usage général au XIII siécle.

Ce fut alors que l'on bâtit le chœur de l'Eglise de ce lieu. Il en a toutes les marques de structure, quoiqu'il soit sans galeries. La nef ne paroît avoir que deux cents ans. Le portail est dans le goût qu'il a plu à l'Abbé Chastelain de qualifier d'Erriciastique, c'est-à-dire bâti suivant le goût des Architectes du regne d'Henri II. L'écu a dans l'un des côtés des fleurs-de-lys sans nombre. Le Sanctuaire est moderne et plus bas que le reste. Le souvenir de la Dédicace de cette Eglise se renouvelle au premier Dimanche d'Août. Il est sûr qu'elle a été faite le troisiéme jour du même mois, en l'année 1533, par Guy de Montmirel, Evêque de Mégare, et qu'après avoir été polluee l'an 1589 par l'effusion du sang de deux habitans du lieu, elle fut rebénite le 15 Août par Etienne Lusignan, Evêque de Lemos [Limisso]. On y conserve des reliques de Saint Vincent et de Saint Fiacre : si celles de Saint Vincent y sont de temps immémorial, c'est un indice presque assuré qu'elles y avoient été mises lors de la consécration de la premiere Eglise, avant que celles de S. Georges y eussent été déposées. M. Bachelier a fondé une Messe quotidienne en cette Eglise avec l'instruction des garçons, et outre cela deux Sœurs de la Charité. *Reg. Ep. Paris.*
Ibid.

La possession de cette Eglise fut confirmée à l'Abbaye de Saint-Germain par une Bulle d'Alexandre III de l'an 1177. Aussi dans le Pouillé Parisien du treiziéme siécle lit-on parmi les Eglises du Doyenné de Moissy : *de donatione Abbatis S. Germani de Pratis Ecclesia de Villa nova*; ce qui a été suivi dans tous les Pouillés subséquens.

En 1458 Simon Bourrelier, Secrétaire du Roi et Greffier de la Chambre des Comptes, fonda à Villeneuve-Saint-Georges un Hôpital, dont l'Administrateur seroit nommé par l'Abbé de Saint-Germain. Mais cet établissement n'a point duré jusqu'à nos jours. On enregistra en Parlement le 30 Décembre 1670 des Lettres-Patentes qui portoient la suppression du titre de la Chapelle Saint-Simon Saint-Jude, appellée l'Hôpital, au Bourg de ce même Villeneuve, et union des revenus à l'Œuvre, à la charge d'en employer les deniers conformément aux Ordonnances de l'Archevêque du 17 Juillet 1669. Cette Chapelle de Saint Simon existoit encore en 1738 au milieu de la rue à droite en venant de Paris. Hist. de S. Germ.
p. 172.

Les vitrages me parurent être d'abord du temps de la fondation. Elle servoit alors d'Ecole.

Il y avoit eu à Villeneuve-Saint-Georges une communauté de Prêtres de Saint Nicolas établie par M. Bourdoise vers le milieu du dernier siècle : mais on croit qu'elle cessa à sa mort, arrivée en 1655.

Ce que j'ai dit ci-dessus sur l'étendue de la Paroisse de Villeneuve-Saint-Georges, est clairement marqué dans les Lettres de l'Evêque de Paris, qui en établissant l'an 1234 un Curé à Crone, portent cette restriction : *Parochiani de Chalendré, Conci et Asreles Ecclesiæ de Villanova S. Georgii remanebunt*, et en donnant des vignes au Curé de Crone, elles en exceptent une : *excepta vinea de Montcreue quæ Ecclesiæ de Villanova remanebit*. Je n'ai pu découvrir quel étoit le lieu dit Asreles.

<small>Hist.de S.Germ. Piece 86.</small>

J'ai déja dit qu'il y a dans la grande rue de Villeneuve-Saint-Georges une Chapelle de Saint Simon. Le vitrage du fond qui est plat paroît être du seiziéme siécle ainsi que les sculptures qui l'accompagnent.

L'Historien de l'Abbaye de Saint-Germain nous fournit quelques traits historiques sur le temporel de Villeneuve et sur ce qui regarde l'état et la situation des habitans. C'étoit de ce lieu que le Monastere tiroit le vin au neuviéme siécle pour la boisson journaliere, et cela tant des vignes Seigneuriales que des autres, *tam de vineis Dominicis quam parcionibus*, [*pascionibus*] suivant la charte de confirmation par Charles le Chauve de l'an 872. C'est une preuve de l'antiquité du vignoble de ce lieu. Il s'y étoit introduit par la suite des temps un droit d'Avouerie en cette Terre, comme dans plusieurs autres Terres d'Eglise auxquelles des Seigneurs laïques avoient donné leur protection. Etienne de Garlande et Amaury, Comte d'Evreux, jouissoient de celui de Villeneuve sous Louis le Gros. Hugues, Abbé de Saint-Germain, fit en 1138 une commutation de ce droit d'Avouerie qu'ils exigeoient des habitans et de ceux de Valenton en soixante muids de vin par an. Eudes Briart, Gentilhomme de Corbeil, exigeoit aussi d'eux des droits en vin et autres choses : le même Abbé les racheta moyennant quinze muids de vin et trente-cinq sols de rente annuelle.

<small>Dom Bouillard, Hist. de S.Germ.desPrés Preuv. xxii.</small>

<small>Hist.de S.Germ. p. 87. Gall. Chr. T.VII, col.446.</small>

Robert, Comte de Dreux, Seigneur de Bray ou Brie, qui depuis a pris son nom, avoit aussi au commencement du treiziéme siécle le droit de prendre tous les ans quatorze muids de vin blanc dans le clos de l'Abbaye à Villeneuve, et soixante muids de vin rouge à Valenton. De cette quantité de soixante et quatorze muids rendus à Villeneuve, on lit que ce Prince en faisoit amener la moitié en son Château de Brie par les hôtes ou habitans généralement du même lieu de Brie, et à leurs dépens, sans en excepter même les

<small>Hist.de S.Germ. p. 214.</small>

hôtes que le Chapitre de Notre-Dame y avoit. C'est encore ce qui fait voir l'estime que l'on faisoit alors des vins de ces cantons-là; l'autre moitié étoit apparemment pour l'Hôtel du même Prince à Paris. Ce paiement ne dura que jusqu'à l'an 1215, auquel temps Robert et Aanor, sa femme, firent cession à l'Abbaye de Saint-Germain de toutes leurs prétentions. Ensorte qu'il n'est plus fait mention de vin dans la suite des titres que j'ai vus, sinon qu'en 1522, le 6 Septembre, les Religieux furent maintenus contre le Prévôt des Marchands et Echevins de Paris à faire venir le vin de leur crû de ce lieu sans payer le droit de quatre sols par queüe. *Litt. in Magno Past. an. 1208.*

Reg. Parl. Suppl. Hist. de Paris, p. 834.

Le lieu de Villeneuve-Saint-Georges étoit au treiziéme siécle l'un de ceux qui devoient une fois par an le gîte au Roi. On lit au sujet des habitans qu'en l'an 1248 l'Abbé de Saint-Germain les affranchit de la servitude. Un Registre du Parlement de l'an 1277 porte que les mêmes habitans, pour se libérer d'un droit qu'on exigeoit d'eux, exhiberent leur chartre : et que nonobstant qu'ils fussent tenus à contribuer comme les autres vassaux de l'Abbé à la somme que le Roi demandoit à cet Abbé pour le charroi de l'armée de Navarre, ils furent condamnés à payer. Ils furent plus heureux dans une autre occasion. L'Abbé de Saint-Germain ayant voulu les forcer en 1299 de payer ce qu'il avoit dépensé pour le Roi à la guerre de Flandres, ils exposerent au Parlement qu'ils avoient payé le cinquantième et le centiéme pour le même sujet : et sur cela la Cour défendit à l'Abbé de les inquiéter. Ayant représenté l'an 1407 que *le Roi, la Reine et autres Seigneurs et Dames de son Sang allant à lesbattement de la chasse avoient accoustumé de loger à Villeneuve-Saint-Georges*, et même qu'ils sont tenus à donner à chaque Roi de France un dîner à son joyeux avénement, ce qui leur causoit certaines dépenses, Charles VI leur accorda au mois de Septembre des Lettres datées de Paris, par lesquelles il les déclaroit *exempts de loger gens d'armes, et de toutes prises, tant de lui que des autres Seigneurs et Dames de son Sang*. Ces mêmes priviléges leur furent confirmés par Charles, Dauphin, à Paris, le 27 Septembre 1417, et par le Roi Henri II à Fontainebleau, au mois de Février 1547.

Gloss. Cangii voce Gista.

Hist.deS.Germ. p. 128.

Reg. Parl. . Epiph.

Reg. Parl. Omn. SS.

Regist du Trés. des Ch. v. CLXII, n. 61.

Bannieres du Châtelet, vol. V, fol. 14 et 15.

Je trouve plus anciennement dans les Registres du Parlement un accord fait entre l'Abbaye de Saint-Germain d'une part, et les habitans de Villeneuve-Saint-Georges de l'autre : cet accord fut passé en 1347.

Reg. Balloir. Parlam.

L'Abbaye d'Hierre, qui est la Communauté la plus voisine de ce lieu, y a eu dès le temps de sa fondation la sixième partie du Port. Ce bien est mentionné dans la Bulle d'Eugene III de l'an 1147, où sont rappellés tous les revenus de cette Maison. On apprend d'ailleurs que ce droit lui étoit venu du Monastere de Saint-Ger-

Ann. Bened. T. VI, p. 676.

main-des-Prés auquel les Religieuses en payoient quelques sols de cens. L'Abbesse Eustachie en accommoda l'an 1213 quelques habitans de Villeneuve, sauf le passage de l'Abbesse et du Couvent qui seroit sans doute gratuit.

<small>Gall. Chr. T. VII, col. 607.</small>

Le Chapitre de Saint-Thomas du Louvre eut de Robert, Comte de Dreux, son fondateur, sur la fin du douziéme siécle, entre autres biens, cent sols parisis de rente assis à Villeneuve-Saint-Georges.

<small>Hist. Univ. Par. T. II, p. 465.</small>

Un peu auparavant, c'est-à-dire en 1173, M. de Montereuil près Vincennes, avoit fait présent aux Grammontins du Bois de Vincennes d'une certaine quantité de grain à prendre dans la Grange de l'Abbaye de Saint-Germain *de Nova villa*.

<small>Du Breul, Liv. IV, p. 1016.</small>

Villeneuve-Saint-Georges étant un grand passage, et voisin d'une Forêt où nos Rois ont été souvent à la chasse, c'est ce qui fait qu'on trouve quelques chartes de ces Princes données en ce lieu. Saint Louis y étant au mois de Septembre 1244, confirma un don fait à l'Abbaye d'Abbecourt par Simon de Poissy. On voit par les voyages que le Roi Philippe le Bel fit avec la Reine durant l'hiver 1301 et 1302, qu'au retour du Gâtinois et de la Brie où ils avoient été, ils vinrent de Vaux-la-Reine au-dessous de Combs-la-Ville passer le Dimanche 14 Janvier à Villeneuve-Saint-Georges, d'où ils partirent le Lundi pour Vincennes. Ce même Prince y étoit encore au mois de Mars 1310, et y fit expédier les Lettres par lesquelles il donnoit au Monastere de Poissy des héritages qu'il avoit acquis de Philippe Convers, Archidiacre de Brie, dans l'Eglise de Meaux. On trouve dans la nouvelle Histoire de Verdun de l'an 1745, parmi les Preuves, une Lettre que le Roi Philippe de Valois écrivit le 25 Février 1336 au Sieur de Guerlande, Gardien de la ville de Verdun, datée de la Villeneuve-Saint-Georges. Ce Prince y étoit encore en 1349, le 13 Janvier, comme il paroît par les Lettres d'amortissement qu'il accorda pour une fondation de Chapelle à Saint-Jacques de la Boucherie. On juge que la Cour y étoit souvent par les représentations que les habitans firent en 1407 [au sujet des fréquens séjours que le Roi, la Reine et les Princes y faisoient, et qui leur étoient à charge] ainsi que j'ai dit ci-dessus.

<small>Hugo, Ann. Pramonst. Probat p. 89.</small>

<small>Ex Cod. Seguier.</small>

<small>Tab. Ep. Paris. in Spir.</small>

L'Histoire du regne de Louis XIV rapporte que son armée en 1652, au lever du siége d'Etampes, vint à Itteville, puis à Villeneuve-Saint-Georges, pour charger les troupes du Duc de Lorraine. M. de Turenne qui commandoit cette armée s'étant retiré, les troupes ennemies revinrent et pillerent le lieu. C'est ce que l'Ecrivain de la vie de M. Bourdoise marque en particulier de la Communauté de Prêtres de Saint-Nicolas qui y avoit été établie, et dont j'ai parlé plus haut.

<small>Vie de M. Bourdoise, p. 424. 451.</small>

La Topographie de Villeneuve-Saint-Georges fournit le nom de

BELLE-PLACE que je trouve connu en 1648 à l'occasion de la permission qu'obtint pour y faire célébrer Anne Petau, veuve de René Regnault, Conseiller au Parlement, et en 1697 M. Le Doubre, Maître des Comptes. *Reg. Archiep. 13 Sept. 1648, et 27 Ap. 1697.*

Il y avoit en 1581 sur cette Paroisse un lieu dit Monceaux, suivant un Dénombrement que j'ai vu.

Le Bois COLBERT marqué dans la Carte de l'Abbé de Lagrive, est aussi sur la même Paroisse.

Il y a à Villeneuve-Saint-Georges un Marché tous les Vendredis. Les coches d'eau qui passent au-dessous de ce lieu ont donné de la réputation aux petits gâteaux qu'on y fait. *Concordance des Brev.*

L'un des anciens Curés de la Paroisse de Villeneuve-Saint-Georges a donné au Public un Ouvrage. C'est Jean Jallery, lequel vivoit il y a six vingt ans. On a de lui une vie de Saint Germain, Evêque de Paris, en françois, imprimée in-8° à Paris en 1623. C'est une traduction de l'ouvrage de Fortunat sur ce Saint et de l'histoire de ses Miracles écrite par Aimoin au neuviéme siécle, avec celle de ses Translations. L'Auteur y a pris pour Villeneuve-Saint-Georges le *Vicus novus* de l'ouvrage de Fortunat ; ce que j'ai réfuté à l'article de Vigneuf.

CRONE

Dans les temps que le lieu de Villeneuve-Saint-Georges n'étoit qu'un Village, l'étendue de son territoire étoit plus grande qu'elle n'est aujourd'hui : Crone étoit de la Paroisse ; mais il en a été détaché au treiziéme siécle. Ce n'est que depuis ce même siécle ou un peu auparavant que cet ancien hameau est mentionné dans les titres. Encore n'ai-je pu découvrir qu'un ou deux titres qui en parlent avant l'érection de la Paroisse. En tous ces titres il est communément écrit en latin *Crona*, quelquefois cependant *Chrona* et *Crosna*. Mais de quelque maniere qu'on l'ait écrit autrefois, l'étymologie sera difficile à trouver, à moins que de dire que l'on a appellé ce lieu originairement Grone, ce qui est très possible, parce que l'on a beaucoup d'exemples du changement du G en C : auquel cas le nom seroit venu à ce lieu de ce que c'étoit un endroit marécageux avant que l'on y eût formé une prairie : c'est ce qu'il est facile de se persuader, attendu le voisinage de la riviere d'Hierre. *Gloss. Cangii voce Gronna.*

Crone est éloigné de Villeneuve-Saint-Georges d'une petite demi-lieue du côté du midi, et par conséquent à quatre lieues et demie seulement de Paris. Sa situation est dans un vallon au bas d'une côte garnie de vignes qui regarde le midi, sur le rivage droit de la rivière d'Hière, à un quart de lieue en deça de Montgeron dont la vue domine sur ce vallon. C'est un pays fort varié en terres, vignes et prairies ; ce qui forme un agréable paysage. Le Dénombrement de l'Election de Paris imprimé en 1709 y marquoit 47 feux. Celui qu'a publié le Sieur Doisy en 1745 y en compte 52. On y en trouveroit peut-être davantage sans le grand nombre de maisons bourgeoises des Parisiens que la beauté du lieu, la facilité de s'y transporter en remontant la Seine, y a fait construire.

Il y avoit eu au moins dès la fin du douzième siècle une Chapelle en ce lieu, laquelle dépendoit de l'Abbaye de Saint-Germain-des-Prés, puisqu'elle se trouve au nombre des biens de ce Monastère nommés dans la Bulle de confirmation d'Alexandre III de l'an 1177. On croit que c'étoit une Succursale de Villeneuve. Ferric d'Anet, qui y avoit une Seigneurie, et la Comtesse Christienne, sa femme, y ayant légué des fonds, Guillaume, Evêque de Paris, en considération de cela, l'érigea en Cure l'an 1234, du consentement des personnes intéressées, sçavoir : d'Eudes, Abbé de Saint-Germain, qui en retint la nomination, de Raoul, Curé de Villeneuve, et de Jean, Archidiacre de Brie. L'Abbé se conserva aussi la faculté d'y recevoir les pains qui se présentoient alors suivant un usage fort commun, le jour de Saint Etienne, lendemain de Noël, et la moitié des cierges le jour de la Chandeleur, et il fut déchargé de contribuer à l'entretien du Curé et d'augmenter son gros.

<small>Histoire de S. Germain-des-Prés. p. 123.</small>

L'Eglise est du titre de Notre-Dame. Les quatre piliers du chœur sont sûrement du commencement du treiziéme siécle, s'ils ne sont pas de la fin du précédent. Le portail est aussi d'une structure du treiziéme siécle. La nef n'est pas si ancienne ni si solide. On y voit des tableaux mis sur chaque banc, suivant la dévotion des particuliers ; on a pratiqué au Sanctuaire derrière l'autel une Assomption en relief qui tire son jour du haut par le derrière sans quel'on voie aucune ouverture. En entrant dans cette Eglise on voit à droite sur un pilier cette inscription en lettres gothiques :

Bonnes gens plaise vous sçavoir que l'Eglise Notre-Dame de Crosne fut dédiée le premier Dimanche de Juillet Mil Vc. et IX, par Révérend Pere en Dieu Frere Jehan Nervet, Evesque de Magarence, Prieur de Sainte-Catherine du Vau des Ecoliers. Ensuite mention d'Indulgences accordées.

Cette inscription est suivie de l'épitaphe de « Mathurin Cha-« renton, Prêtre natif de Bossay, au Diocèse de Tours, qui fut « Vicaire céans XIX ans, et trépassa le 7 Janvier 1512. »

Les habitans de ce lieu, à l'exemple de plusieurs autres Paroisses où la Sainte Vierge est Patronne, ont choisi un second

Patron, qui est Saint Eutrope, Evêque de Saintes et Martyr, fort réclamé contre les maux de tête.

La Cure se trouve marquée à la présentation de l'Abbé de Saint-Germain dans le Pouillé du XIII siécle, sous le nom d'*Ecclesia de Crona*. A quoi tous les Pouillés écrits ou imprimés depuis se trouvent conformes. Il fut spécifié dans les Lettres d'érection de la Cure, que certains Paroissiens, quoique plus voisins de Crone que de Villeneuve, ne seroient pas néanmoins de la Paroisse de Crone, mais toujours de celle de Villeneuve, sçavoir ceux de Chalendré, Conci et Asreles, mais aussi que les vignes du territoire de Crone que tenoit le Prêtre ou Curé de Villeneuve, seroient désormais de l'Eglise de Crone, excepté celle de Montcreue., Hist.de S.Germ. Piece 86.

En 1248, Thomas de Mauléon, Abbé de Saint-Germain, exempta les habitants de Crone, comme ceux de Villeneuve et de Valenton de taille et de formariage, moyennant une certaine somme. C'est une espece de liberté de manumission qu'il leur accorda en leur permettant de se marier avec les vassaux des autres Seigneurs. Gall. Chr. T. VII, col 451.

On vient de voir un nommé Ferric d'Anet, Seigneur à Crone dès l'an 1230, lequel contribua considérablement à doter la Cure.

Depuis lui je trouve en 1277 un Jean de Crone, Chevalier, *de Crona*, lequel céda avec Agnès sa femme à l'Abbaye de Saint-Maur le droit d'usage qu'il avoit dans les bois de Boissy. Chart.S.Mauri.

Au commencement du quatorziéme siécle vivoit un nommé Adam de Crone, Chevalier. Felibien, Hist. de Paris, T. I, p. 301.

Philippe de Savoisy, Chambellan du Roi Charles V, fit acquisition de cette Terre vers l'an 1385, et pour le récompenser de ses services, outre la somme de trois mille livres qu'il lui fit compter en 1377, il lui fit encore le 1er Juin 1379 le don de la haute Justice de Crone. Son exposé portoit qu'il y jouissoit de la moyenne et basse-Justice en franc-aleu sans fief, et il ne fut tenu envers le Roi qu'à vingt sols parisis par chacun an. Après sa mort cette Seigneurie échut à Pierre de Savoisy, Evêque de Beauvais, par le partage qu'il fit en 1498 avec Charles son frere, Seigneur de Seignelay. Dans la charte de 1379 cette Terre est dite être de la Châtellenie et Prévôté de Corbeil. Hist. des Gr.Off. T.VIII,p.550. Trés. des Chart. Reg. 115, Piece 38. Ibid. T. II, p. 177.

Dans le siécle suivant Charles Chaligaut [ou Saligaut], Secrétaire du Roi, étoit Seigneur de Crosne en 1441 [1]. On voit qu'elle fut possédée en 1481 [2] par Pierre le Verrat, Ecuyer d'Ecuyer [d'Ecurie] du Roi, Prévôt de Paris, et sur la fin de celui [du regne] de Sauval, T. III, p. 492.

---

[1]. Cette date semble inexacte, le compte de l'Ordinaire de la Prévôté où est mentionné Charles Saligaut et auquel renvoie l'abbé Lebeuf étant établi pour l'année 1490. (Note de l'éditeur.)

[2]. Date évidemment fausse et qu'il faut remplacer par celle de 1431. (V. dans le Dictionnaire de Hurtaut la liste des Prévôts de Paris, T. IV, p. 152 et Felibien, T. IV, p. 594. (Note de l'éditeur.)

Louis XI par le fameux Olivier le Daim, son premier Valet de Chambre. Les Lettres de concession de la haute-Justice que lui en fit ce Prince sont mentionnées dans les Registres du Parlement au 4 Janvier 1482.

Tab. Ep. Paris.

On croit que c'est ici la place de Jacques de Ligneres [des Ligneris], qui étoit Président au Parlement. Il avoit aussi la Seigneurie d'Ethioles. Il vivoit en 1544.

Hist. de Paris, T. I, p. 273.

Claude Chaligaut posséda aussi les deux mêmes Terres vers 1510, puis Catherine de Saint-Benoît, sa veuve, qui épousa Jacques Chevrice, Conseiller au Parlement. Celui-ci plaidoit contre Dreux Budé, Seigneur d'Hieres, le 19 Juin 1520, pour des réparations.

Reg. Parl.

Noël Brulart marié à Isabelle Bourdin, jouissoit de la Terre de Crone vers l'an 1540. Il en est qualifié Seigneur vers 1550 en même temps que Procureur Général au Parlement de Paris. Il mourut en 1557. Puis elle fut possédée par son fils, Pierre Brulart, Secrétaire d'Etat sous Charles IX. On lit que ce Prince lui fit et à M... Chevalier, sa femme, en 1576, le don de 25 cordes de bois leur vie durant, et au survivant pour leur chauffage en leur Maison de Crone ; ce qui fut entériné pour six ans. Il comparut en la Coûtume de Paris l'an 1580 sous les deux mêmes qualités.

Gall. Christ. T. VIII, col. 1338.
Hist. des Présid. p. 363.

Reg.Cons.Parl. 22 Mart. 1576.

En 1604 c'étoit encore un Pierre Brulart qui étoit Seigneur de Crone. De la Barre écrivant son Histoire de Corbeil vers 1620 ou 1630, y dit de Crone que c'est un beau Château appartenant à M. Brulard, Sieur de Genlis, et qu'il a tout droit de Justice au ressort de Corbeil. M. Brulart de Genlis est apparemment le même que Gilles Brulart, Seigneur de Crone, auquel et à Claude Auxépaules, sa femme, il fut permis en 1623 de faire célébrer dans un Oratoire domestique. C'est aussi vraisemblablement chez ce Seigneur que le Roi Louis XIII logea, étant à Crone au mois de Décembre 1626.

Hist. de Corbeil, p. 20.

Reg. Archiep.

Mém. de l'Abbé de Marolles, p. 71.

Au commencement du siècle présent, M. le Maréchal d'Harcourt possédoit la Terre de Crone.

Jean Martial de Jaucin lui succéda dès l'an 1706. Il mourut en 1731. Sa veuve fut ensuite Dame du lieu.

Après eux, M. le Président Larcher qui épousa leur fille.

Enfin M. Darlus, Fermier Général, a eu cette Terre par acquisition en 1739.

Après l'Abbaye de Saint-Germain-des-Prés, laquelle avoit eu originairement des droits considérables à Crone, on ne voit que celle d'Hierre et celle de Saint-Maur qui y aient eu du revenu. La premiere y eut en 1219 par donation de la Dame que l'on appelle Comtesse de Crone, et qui n'est autre que Christienne, épouse du Seigneur Ferric d'Anet, une certaine quantité de bled à prendre chaque année dans le moulin de Crone : ce qui fut approuvé par

Chart. Heder. in Bibl. Reg.

Milon de Cuissy, Chevalier, sous les termes *unum modium bladi in molendino de Crona*, et qui est spécifié dans le Nécrologe au jour du décès de cette Dame sous ceux-ci : *quatuor sextaria bladi apud molendinum Chronæ*.

Necrol. Heder Ibid. ad. III. Id. Jan.

L'autre Abbaye, qui est celle de Saint-Maur, avoit en 1256 le droit de prendre à Crone une certaine mesure de vin sur un particulier et dix sols sur la dixme : *apud Cronam, unum tresellum vini*, etc. Jean de Crone, Chevalier, et Agnès sa femme, quitterent à l'Eglise de Saint-Maur leur Village. Ce sont les termes du Cartulaire de Saint-Maur.

Gall. Chr. T. VII, Instrum. col. 189. In Torcy, p. 23.

Le village de Crone peut se vanter d'avoir donné la naissance à l'un des plus beaux esprits de la France en la personne de Nicolas Boileau des Préaux. Il y vint au monde le 1er Novembre 1636 dans la maison de campagne que son pere y avoit. Quelque temps après une partie du Village fut brûlée, et les Registres de l'Eglise furent consumés par cet incendie.

Mémoires sur la vie de Jean Racine 1747, Vol. I, p. 42.

MONTGERON

Les changements arrivés dans les noms par la prononciation vulgaire sont cause que l'on a de la peine à découvrir d'où ont été formés beaucoup de noms de lieu. Si l'on avoit continué à dire Mont Gison comme on le disoit primitivement, on auroit vu que naturellement ce nom venoit de *Mons Gisonis ;* mais le changement de deux lettres en a rendu l'origine si peu reconnoissable, c'est-à-dire que le nom de celui à qui ce Mont appartenoit a été si défiguré, que M. de Valois qui n'avoit pas vu les titres, soupçonnant toutefois de l'altération dans le nom du propriétaire de la Montagne, a cru qu'il falloit peut-être dire en latin *Mons Gerungi* ou bien *Mons Geroldi*. Cependant ce n'est ni l'un ni l'autre. On a des titres du treizième siécle, et l'on n'en a pas de plus anciens qui parlent de Montgeron. Tous l'appellent en latin *Mons Gisonis*. Ainsi celui à qui appartenoit cette montagne s'appelloit *Giso*, et non pas *Gerungus*, ni *Geroldus*. Peut-être fut-ce Giso ou Gyso, Comte dont il est parlé vers la fin de la Chronique de Fredegaire à l'an 641, lequel auroit habité sur cette montagne avant que d'être fait Comte dans le Royaume de Bourgogne. Quoi qu'il en soit, le nom de Gison n'étoit pas absolument rare anciennement. Il ne seroit pas extraordinaire qu'un Grand de la Cour de Dagobert ou de ses successeurs appellé Gison eût choisi ce lieu pour sa maison de campagne, vu la beauté de la situation dont je donnerai une description latine à la fin de cet article.

Notit. Gall. p. 424, col. 1.

Chr. Fredeg. n. 90. [D. Bouquet T. II, p. 448.]

Montgeron est à quatre lieues de Paris ou un peu plus, sur une élévation ou côteau, ainsi que le nom l'indique, à la distance d'environ une demi-lieue du rivage droit de la Seine, et autant de distance de Villeneuve-Saint-Georges. Il y a des vignes, et quelques prairies à la faveur de la riviere d'Hierre qui coule au bas de la montagne, un peu avant que de se jetter dans la Seine. La forêt de Senart commence un peu après que l'on est sorti de ce Village en s'éloignant de Paris. La principale étendue de cette Paroisse est vers Chalendré, hameau qui en dépend en tirant vers Epiney et canton de labourages. Le Dénombrement de l'Election de Paris imprimé en 1709 n'y comptoit que 69 feux ; ce que je crois une faute de chiffres renversés pour 96. Le nouveau Dénombrement publié en 1745 par le Sieur Doisy y en marque 81. Il y a eu un temps où la Paroisse a eu jusqu'à cent feux et quatre cents communians, nombre dont le Dictionnaire Universel de la France de l'an 1726 n'est pas beaucoup éloigné, puisqu'il en marque 381. C'est le grand passage pour la route de Melun et d'au-delà.

On croit que Montgeron étoit originairement de la Paroisse de Vigneu qui existoit dès le sixieme siècle. Mais s'il n'étoit pas encore érigé en Paroisse vers le commencement du treiziéme siècle, ainsi qu'on est porté à le croire par le silence du Pouillé où cette Cure ne se trouve pas, il ne tarda pas à l'être, puisque des titres de l'Abbaye de Saint-Maur y supposent un Prêtre, et même l'appellent Paroissiale dès l'an 1247 : *in Parochiis de Vignolio et de Monte Gisonis,* ce sont les termes. D'ailleurs il reste encore dans l'Eglise de ce lieu des vestiges d'édifices du treiziéme siècle, comme dans le portail, et à un gros pilier qui supporte le clocher au côté septentrional. La Dédicace fut faite en 1535 par l'Evêque d'Ebron, sur la fin du mois de Mai ou au commencement de Juin. Cette Eglise reconnoît Saint Jacques le Majeur pour son Patron. Elle a pu n'être dans son origine qu'une simple Chapelle sur le territoire de Saint-Pierre de Vigneu. Il est quelquefois arrivé que sur un même territoire la dévotion des Fideles a fait ériger un titre à ces deux Saints Apôtres, dont le martyre par Hérode est rapporté dans le même Chapitre des Actes. Mais c'étoit une Cure au moins dès le milieu du quatorziéme siècle. La visite de la Léproserie faite en 1351 nomme comme présent Jean de Pacy, Curé. Le chœur et le Sanctuaire de cette Eglise ont été boisés très-proprement avant l'an 1730. Il n'y a rien après cela de remarquable que quelques sépultures et épitaphes. L'Auteur du Supplément de Moreri observe qu'on cite l'épitaphe de Geneviéve Sanguin, restée veuve en 1567 de Jean-Baptiste Le Grain, Maître des Requêtes de la Reine Marie de Médicis, comme étant dans cette Eglise. Jean-Baptiste Le Grain, leur fils, Maître des Requêtes ordinaires de

Chart.S.Mauri, Gaig. fol. 481.

Reg. Ep. Paris. uti permissio 16 Maii.

Suppl. de Moreri, lettre S. p. 70 et 71.

l'Hôtel de la Reine, Auteur d'une Décade du regne de Louis XIII qui fit du bruit, fut aussi inhumé dans l'Eglise de Montgeron après sa mort arrivée le 2 Juillet 1642. Il s'étoit dressé lui-même une épitaphe. Il repose auprès de sa mere décédée le 11 Octobre 1613, pour laquelle il avoit aussi composé une épitaphe latine. La Cure est dite à la nomination de l'Abbé de Saint-Victor de Paris dans le Pouillé de Paris du XVI siécle, sous le nom *de Monte Gisonis*, et dans celui du Sieur Le Pelletier de l'an 1692. Mais dans le Pouillé écrit vers l'an 1450 et dans ceux qui ont été imprimés en 1626 et 1648, elle est marquée dans le rang de celles que l'Archevêque de Paris confere *pleno jure*, aussi-bien que dans un Registre des Visites de l'Archidiacre de Brie de l'an 1700, où je lis pareillement que l'Abbé de Saint-Victor est gros Décimateur de ce lieu. Ce fut l'Abbé de Saint-Victor qui y présenta le 27 Avril 1474. Le Curé Michel Vaudetar ayant quitté en 1481, l'Evêque de Paris unit cette Cure à celle de Vigneu pour la vie du Curé de Vigneu. *Reg. Ep. 9 Sept.*

Au bas de la montagne sur le bord du pavé à gauche, en approchant de Montgeron, est une Chapelle de Saint Barthelemi que l'on qualifie d'Hermitage. C'est une Maladerie qui a 100 livres de revenu ou environ, dont jouit l'Hôtel-Dieu de Corbeil à la charge d'une Messe par semaine, en vertu de la réunion faite par le Roi en 1701. Elle jouit de quelques terres ou prés et vignes. Anciennement Pierre d'Hierre, Chevalier, lui avoit donné une quantité de vin à prendre dans les pressoirs à Hiere. Elle étoit à la nomination de l'Evêque de Paris. *Reg. Archiep. 1722.* *Reg. Visit. Lepr. 1351.*

Les premiers Seigneurs de Montgeron qui sont venus à ma connoissance, sont ceux de la famille des Budé.

Dreux Budé, fils de Jean, étoit Seigneur de Montgeron en 1504 et 1510. Louis Budé, son fils, Commissaire d'Artillerie, lui succéda. Il vivoit en 1550 et 1566. Il demeuroit à Montgeron lorsqu'il épousa en 1550, au mois de Février, Anne de Valenciennes, de la Paroisse Saint-Germain l'Auxerrois. Son fils, Louis Budé, Ecuyer, comparut à la Coûtume de Paris l'an 1580, comme Seigneur de Montgeron. En 1597 ils étoient deux qui possédoient cette Seigneurie. Le Rôle de la contribution au Ban et arriere-Ban de Corbeil en parle en ces termes : « Le Fief de Montgeron, por- « tion de la Seigneurie d'Hierre, ormis les bois, déclarés par « Louis Budé ; depuis appartenant à Annibal Budé, de la valeur « de 95 livres. Le 18 Juin 1597, Annibal se présenta pour le ser- « vice. » Dans un autre article il est dit Seigneur de Montgeron et de Coupeaux. Ces deux freres Louis et Annibal vendirent la Terre de Montgeron à M. Brulart, Secrétaire d'Etat, le 22 Mai 1604. *Reg. Ep. Paris. 3 Febr.* *Cout. édit. 1678, p. 638.*

Après M. Pierre Brulart, Secrétaire d'Etat, Pierre Brulart, Conseiller au Grand-Conseil, eut cette Seigneurie par droit de succession. Il la possédoit encore lorsque De la Barre écrivit son Histoire de Corbeil, où il marque que ce Seigneur avoit droit de moyenne et basse-Justice au ressort de Corbeil.

<small>Hist. de Corbeil, p. 20.</small>

Guy Carré, Secrétaire du Roi, eut cette Terre par échange du 5 Avril 1642. Il avoit épousé Éléonore d'Anguechin. Ensuite Guy Carré, Maître des Requêtes Honoraire, l'eut en qualité de Donataire entre vifs de ses pere et mere, par actes de 1659 et 1676. Je trouve après cela Guy Carré, Seigneur de Montgeron et d'Hierre, avec la qualité de Conseiller au Grand-Conseil en 1680. Il avoit obtenu des Lettres-Patentes portant établissement d'un Marché par semaine et de deux Foires par an dans le village de Montgeron, lesquelles furent enregistrées en Parlement le 1er Août de cette même année.

Jean André, Secrétaire du Roi, devint en 1719 Seigneur de Montgeron par contrat d'acquisition du 12 Décembre, moyennant une convention de la somme de cinq cent mille livres. M. Carré y rentra quelque temps après, puis elle échut à son fils, Conseiller au Parlement, après lequel elle est passée à MM. Paras de Puitneuf, oncle et neveu.

Quelques Communautés anciennes ont eu du bien à Montgeron. L'Abbaye de Saint-Maur, par exemple, conserve le souvenir que Jean de Chevry lui fit en 1280 le don de plusieurs arpens de prés *apud Montem Gisonis*, à Montgeron, mais dans la censive de Guillaume d'Hierre. Le moulin de Senlis, s'il faut ainsi l'écrire, situé sur la riviere d'Hierre, dans la Paroisse de Montgeron, et qui appartient au Seigneur de Crone, me paroît avoir eu ce nom pour avoir appartenu autrefois à l'Abbaye de Saint-Remi de Senlis soumise à celle d'Hieres, ou parce qu'il auroit appartenu à Etienne de Senlis, Evêque de Paris, l'un des fondateurs de l'Abbaye d'Hierre. S'il faut l'écrire Senlices ou Sanlices comme il l'est dans les vieux Rôles de Corbeil, il faut dire que ce nom lui vient des Seigneurs de la Paroisse de Senlices proche Chevreuse. MM. Brulart ont possédé le fief de Senlices dont il s'agit ici avant que d'avoir la Terre de Montgeron; Pierre Brulart en jouissoit en 1597.

<small>Chart. S. Mauri, Gaign. fol. 82.</small>

<small>Rôle du Ban et arrier. Ban de Corbeil 1597.</small>

CHALENDRAY ou Chalendré est un hameau de la Paroisse de Montgeron situé pareillement sur la montagne. Il fut donné à l'Abbaye de Saint-Antoine-lès-Paris vers l'an 1285 par Jean Acquiert et Perrette veuve de Pierre de Montgeron : le Roi Philippe le Bel amortit cette donation l'an 1287; et les Religieuses furent maintenues dans l'exercice de la Justice en ce lieu par les Officiers de la Reine Clémence tenans leurs grands jours à Corbeil l'an 1325. L'Abbaye d'Hierre eut dès le temps de sa fondation une

<small>Hist. de Corbeil, p. 181 et 189.</small>

dixme en ce lieu, dont Etienne de Senlis, Evêque de Paris, le gratifia, l'ayant eue des mains d'une Dame Emeline qui s'y fit Religieuse. Thibaud, Evêque de Paris, appelle ce lieu *Kalendrei*. La Bulle d'Eugene III de l'an 1147 l'appelle *Calendré*, et le Nécrologe d'Hierre *Chalendreium*. On ne peut gueres avoir tiré ce nom d'un autre mot que de celui de *Kalendæ*. Seroit-ce qu'il s'y seroit tenu autrefois quelques Assemblées aux Calendes de Mars ou de Mai? Le Domaine de nos Rois de la premiere race situé à Brunoy n'en étoit éloigné que d'une demi-lieue. En 1600 Jacques de Saint-Quentin, dont la femme étoit Anne de Postel, se disoit Sieur de Suin et Chalendry. Daniel Regnault, Procureur au Châtelet, voyant l'inconvénient qu'il y avoit en ce que les habitans de ce lieu ne pouvant tous quitter leurs maisons à cause du voisinage de la forêt de Senart, plusieurs perdoient la Messe les Dimanches et Fêtes, obtint le 10 Juin 1641 la permission d'y bâtir une Chapelle et d'y fonder une Messe qui s'y diroit ces jours-là, excepté le jour de Pâques et autres solemnités.

Litt. Theob.
Ep. Par. 1142, apud
Du Breul, L. IV.
Bulla Eug. III.
Ann. Bened.
T. VI, p. 676.
Necr. Heder.
ad Cal. Junii.

Aujourd'hui la plus belle maison bourgeoise de ce lieu appartient à M. Deschiens.

Le village de Montgeron peut se vanter d'avoir produit un personnage qui a été illustre parmi les Chanoines Réguliers. C'est Hugues dit *de Monte Gisonis*, qui fut Abbé du Jard, proche Melun, sous les Rois Charles V et Charles VI. Il mourut en 1382.

Gall. Chr. vetus, T. IV.

Tab. Ep. Paris. in vico Barra.

Ceux qu'on peut lui joindre et qui tiennent à Montgeron en qualité d'Auteurs soit pour y avoir demeuré ou pour y être décédés, sont M. Le Grain, Auteur de quelques ouvrages dans le siécle dernier, lequel est inhumé, comme on a vu ci-dessus, dans l'Eglise Paroissiale. Ensuite M..... Camet, Curé de cette Paroisse, natif de Provence, pareillement Auteur de quelques ouvrages imprimés qu'il a composés en gouvernant cette Cure.

Je pourrois y joindre l'Auteur d'une piece de vers latins composée vers l'an 1630 ou 1635 à la louange du séjour de Montgeron, si je n'avois lieu de soupçonner qu'elle est du même Jean-Baptiste Le Grain duquel je viens de parler. Comme je ne la crois pas imprimée, je la joins ici telle que je l'ai trouvée dans les portefeuilles de M. Claude Joly, Chantre de l'Eglise de Paris, venans de M. Loysel :

IN VILLAM MONGERONIUM

O Villa cunctis urbibus jucundior,
O Mongeroni montibus sublimior,
Quam digna collis digniori carmine,
Quam digna tersis es Catulli versibus,

Puris Iambis nomen aut Flaccus beet.
Vincis decenti namque pulcritudine
Amœnitate, blandiente gratiá, [*simas.*
Villas vicosque omnes, domos amplis-

Tu præter omnes angulus rides mihi
Amore dignus ac hero Brulartio [1].
O sacra Phœbo et Gratiarum Numini
Sedesque Musis ; tu, venustatis parens,
Secura nostræ es mentis afflictæ quies,
Et corpori salubrior fesso locus.
Tu villa pulcra, profligatrix omnium
Mordacium curarum, et omnis tædii
Expers, calumniæ atque litis nescia ;
Quæ cum negotiis tenes me liberum [vor.
Quid culmen aulæ lubricum vel quid fa-
Præsens timendus moliatur, quidve Iber,
Quid Teuto bellis præparatis cogitent,
Vel Fibulati quænam in aurem Maximi
Regis susurrent, mens fugit liberrima
Curare : Fallax sors vices mutat suas :
Instantis ævi me juvat fructum brevem
Legere, ut suam messem colonus colligit
Ardens per æstus fervidæ Caniculæ
In ceterum metu futuri prævio
Non angor, altá nube quod velat Deus.
Occasionem sed capesso de die,
Frugalitate saniori recreor
Sub sole puro vel sub umbris arborum,
Vel in reducta valle rivi murmure
Leni fugacis in sinus lætus meum
Depono corpus, mente pervolvens mea
Quot urbe magná sunt tenebrarum vada,
Quantùm nefanda sordium regnat lues,
Quantùm licenti fit potens luxu ambitus,
Et cæca partium malarum factio,

Metus, malignus livor, infidelitas :
At sol benigna luce dulcem villulam
Illustrat, et lætatur insonti malo.
Hoc in recessu prisca libertas viget
Jocique puri gratiori gaudio ;
Ibi rotarum non strepit murmur, neque
Fit plebis importuna concursatio ;
Ibi luto haud fœda est, salubris sed via,
Faciesque cœli aperta ; ridens vultibus
Odore suavis spirat omnis semita.
Domum reversa sunt mihi oblectamina,
Oculis apertas per fenestras subjacent
Colles feraces pampino, quas Sequana
Ambit, patentes parte sunt campi alterá
Populosa surgit queis super Lutetia
Montisque Martii superbius jugum.
Hic villa Regia eminet longè nova,
Hic splendet altas inter arbores domus
Cronæa pratis pulcra, dives rivulis
Plerumque gratæ sunt vices lætantibus.
In nemore vicino juvat multa cani
Videre lassatum atqum fictum lanceis
[mium
Cervum, sub umbris quercuum subli-
Tremulumve piscem lineis fallacibus
Sentire pendentem, plagasque intendere
Perdicibus, vel in cito cursu canum
Sistere leporem. Sancta mentis dein otia
Majore curá, dulciore spiritu, [perit
Redeunt in orbem : sic fugax tempus
Sed gratiùs nostræ dies vitæ fluit.

VIGNEU

Il paroît bien qu'anciennement les bords de la Seine n'étoient pas peuplés comme ils le sont devenus depuis, dès-lors qu'on y trouve en l'espace de moins d'une lieue trois Villages qui portent dans leur nom la marque de leur nouveauté. Vigneu qui est très-peu de chose aujourd'hui, est le plus ancien des trois. Après lui Villeneuve-Saint-Georges et Villeneuve-le-Roi peuvent disputer sur l'antiquité. Ce qui démontre que Vigneu porte en latin un nom approchant des deux autres, est que les plus anciens titres l'appellent *Vicus novus* ; ce qui en françois forma d'abord Vic-neuf, et que par adoucissement on a prononcé Vigneu dès le dou-

---

1. M. Brulart, Conseiller au Grand-Conseil, étoit Seigneur en 1640, selon de la Barre, Antiquités de Corbeil, page 20.

ziéme siécle : ensorte que depuis ce temps-là quelques Ecrivains fabriquant le latin sur le langage vulgaire, mirent en usage les mots *Vignolium* ou *Vinolium*. M. de Valois qui n'avoit pas vu tous les anciens titres, a imaginé que ce Village portoit ce nom de Vigneuil à cause de la quantité du vin d'une odeur agréable qui y croît, *à vini suave olentis copia,* ou celui de Vigneulx à cause du grand nombre de vignes qu'on y voyoit. Mais Vigneüil et Vigneulx sont également des altérations de nom bien marquées. L'Auteur du Pouillé de Paris au treiziéme siécle a paru plus prudent en n'entreprenant pas de latiniser le nom de cette Paroisse et se contentant de l'écrire Vigneuf. Le sentiment de M. de Valois est très-mal fondé, puisqu'il n'y a point aujourd'hui de vignes à Vigneu ; c'est une marque que le peu qu'il y en a eu autrefois n'étoit pas tel qu'il le dit.

En s'arrêtant à *Vicus novus,* étymologie qui est claire d'elle-même, il s'ensuivra seulement que ce lieu est plus nouveau que d'autres ; plus nouveau, par exemple, que *Catulliacum,* que *Nemetodorum* qui sont du Diocése de Paris et qui existoient aux troisiéme et cinquiéme siécles. Mais quoique ce soit relativement à des Villages plus anciens que le lieu dont il s'agit a été nommé *Vicus novus,* il ne laisse pas d'avoir existé dès le sixiéme siécle. Saint Germain, Evêque de Paris, y est venu plusieurs fois, et il y a opéré deux miracles. La premiere fois sur un homme qui avoit été mordu d'un loup enragé, qu'il guérit avec de l'huile bénite [1]. L'autre fois, c'étoit au sortir de Nogent-sur-Marne, que faisant la visite de son Diocése il passa par Vic-neuf, *ad Vicum novum*. On lui présenta en ce lieu une femme aveugle âgée de quatre-vingts ans. Il fit le signe de croix sur ses yeux ; il en sortit du sang ; l'ayant fait conduire au lieu où il devoit s'arrêter, il lui lava les yeux avec de l'eau tiede, et lui rendit ainsi la vue. C'est ce que Fortunat, auteur de la Vie du saint Evêque, marque être arrivé en sa présence : *Hæc in cubiculo præsente me gesta sunt*. Dom Mabillon a cru qu'en cet endroit *Vicus novus* signifioit Villeneuve-Saint-Georges, à cause qu'il est peu éloigné de Nogent-sur-Marne. M. de Valois a aussi été du même sentiment. Mais dès-là que les titres subséquens entendent Vigneu par *Vicus novus,* et que ce Vigneu n'est éloigné de Nogent que d'une demi-lieue de plus, et qu'en outre il est renfermé dans la Brie, il est beaucoup plus sûr

Sæc. I, Bened. p. 237 et 240.

Not. Gall. p. 436, col. 1

---

1. Sur une ancienne tapisserie de l'Eglise de Saint-Germain-le-Vieux, *Vicus novus* de cet endroit de la vie de Saint Germain étoit rendu en françois par *la rue neuve Notre-Dame*. On ignoroit il y a 450 ans que cette rue n'a été percée que sur la fin du XII siécle.
Ce Vic-neuf peut aussi être le lieu où a été battue une monnoie de nos Rois de la premiere race, sur laquelle on lit Novo Vico.

de lui attribuer ce que Fortunat dit de *Vicus novus*, que de l'attribuer à Villeneuve-Saint-Georges, qui peut-être n'existoit pas encore [1]. Ce qui doit étonner est que ce *Vicus novus* qui devoit être considérable alors, ne soit plus que l'un des plus petits Villages du Diocése : mais on verra ci-après pour quelle raison il est si fort diminué.

Ce lieu étant, comme je viens de dire, à une demi-lieue seulement de Villeneuve-Saint-Georges, est placé relativement à Paris entre l'orient et le midi à la distance de quatre lieues. Sa position est dans une plaine sur le rivage droit de la Seine, vis-à-vis le village d'Athies, qui est à l'autre bord sur la montagne. C'est un pays uniquement de labourages et de prairies, réduit à six feux qui ont presque tous leur nom particulier. De-là vient que dans le Dénombrement de l'Election de Paris imprimé en 1709, l'article de Vigneu est ainsi conçu : « Vignet, Courcelles, Rouvres et le Château-Fraguier, 9 feux. » Ces quatre habitations sont réduites à deux dans le nouveau Dénombrement publié en 1745 par le Sieur Doisy, qui ne connoît que Vignay et Courcelles, et qui y compte six feux. Le Dictionnaire Universel de la France s'étoit dispensé dès 1726 de nommer Rouvre et le Château-Fraguier ; il se contente de marquer Vignay, Coureilles, 30 habitans, ajoutant faute sur faute; car le nom d'usage n'est point Vignet ni Vignay, mais *Vigneu*, et il faut lire *Courcelles* en second : à l'égard des trente habitans ou communians, cela suppose toujours un très-petit nombre de feux. Cette Paroisse étoit plus nombreuse avant que Montgeron en eût été détaché ; cette distraction faite il y a quatre cents ans a diminué presque totalement ce Village, qu'on jugera avoir été peuplé par ce qui va être dit ci-après.

L'édifice de l'Eglise de Saint-Pierre, Patron de cette Paroisse, renferme beaucoup de parties qui sont de la fin du XII siécle. Il y a sous le clocher un petit pilier du treiziéme. Le portail et le Sanctuaire ont des ornemens de ce temps-là ; le portail est assez bien travaillé pour ce siécle-là, étant composé de petites colomnes à double étage; le Sanctuaire en a de plus grossieres et dont les chapiteaux sont garnis de feuillages épais. Les Chapelles voisines sont sûrement du treiziéme siécle, si elles ne sont pas du douziéme. Il reste dans cette Eglise deux tombes du XIII siécle gravées en lettres capitales gothiques. On lit sur l'une :

Ici gist Alaise dite Lucienne de Athis, laquelle trespassa l'an M.CCLXXII le jour de saint Matthias l'Apôtre. Priez duquel merci li face.

1. Il y a une correction à faire dans l'édition de la Vie de Saint Germain écrite par Fortunat. L'article 40 [§ 25 des Bollandistes. Mai, T. VI, p. 783] où est rapporté le miracle de la femme aveugle, commence par ces mots *Retinet ejus laureas et pagus Bituricus*, il faut certainement lire *pagus Bricgicus*.

Sur l'autre qui est dans le chœur :

Icy gist Brennart dit Lucienne de Athis Clerc, lequel trepassa l'an M. CC. LXXXXI le Juesdy après la saint Nicolas d'yver.

Il y avoit autrefois derriere l'Eglise une autre tombe remarquable ; elle fut vendue pour servir à quelques réparations dans le village d'Ablon.

Cette Eglise a été dédiée le 7 Octobre. La Fabrique en est très-pauvre, n'ayant que cent sols de rente. M. le Curé actuel a fait beaucoup de dépenses.

L'Abbé Chastelain, Chanoine de Notre-Dame de Paris, exact à marquer tout ce qu'il trouvoit de curieux dans les lieux où il passoit, écrivit vers l'an 1680, sur Vigneu les observations qui suivent : « Lorsqu'on est descendu sous l'Eglise avec des flam-
« beaux, on y voit, dit-il, plusieurs tombeaux très-anciens dans
« lesquels on apperçoit par des trous des urnes d'argile peintes de
« raies rouges très-belles ; on les touche, et même l'ouverture est
« assez grande pour les faire tourner ; mais leur grosseur empêche
« de les ôter. Il y a sur ces tombeaux des inscriptions en lettres
« carlovingiaques qui paroissent de l'onziéme ou douziéme siécle. »
Comme il y a environ soixante et dix ans que ces remarques ont été faites et que le souterrain n'étoit pas connu par les Paroissiens, qui d'ailleurs sont tous décédés à cause de leur petit nombre, c'est pour cela que le souvenir de l'endroit où étoit cette descente est perdu aujourd'hui, sans quoi j'aurois essayé d'y aller déchiffrer les inscriptions. L'on m'a assuré que tous les environs de cette Eglise sont garnis de tombeaux de pierre dure, et quelques-uns de plâtre, et qu'on y a trouvé avec les ossemens des petits pots de terre. Il est facile de voir qu'ils sont de l'espece de ceux que Jean Beleth et Durand de Mende assurent qu'on mettoit dans les tombeaux au XII et XIII siécle pour conserver à côté des morts du charbon et de l'eau bénite. En 1746, on en découvrit quelques-uns avec des vases de terre qui servoient autrefois à contenir de l'eau bénite [1]. Le même Abbé Chastelain qui avoit vu proche cette Eglise, du côté du septentrion, des restes de grandes voûtes gothiques, les avoit crus comme d'*une Eglise à trois aîles*, ce sont ses expressions ; mais il y a plus d'apparence que ce sont des restes d'une grange ou d'un cellier qu'avoit en cet endroit l'Abbaye de Saint-Victor de Paris. Les anciens bâtissoient ces sortes d'édifices très-solidement. Cette Abbaye a donné cette Ferme à bail emphytéotique à M. Carré de Montgeron.

---

1. Voyez sur ces tombeaux M. de Caylus, page 198 du premier Tome de ses Antiquités.

C'est à cette même Abbaye qu'Etienne de Senlis, Evêque de Paris, donna vers l'an 1130 ou 1140 l'Eglise de Vigneu, *de vico novo,* dit la charte, et cela à la priere de Matthieu de Monceaux, Chevalier, qui s'étoit fait Religieux dans cette Maison sous le titre de *Canonicus ad succurrendum.* C'est pour cette raison que dans le Pouillé Parisien du treiziéme siécle, parmi les Cures *de donatione Sancti Victoris,* qui sont du Doyenné de Moissy, on lit au second rang Vigneuf ; ce qui a été suivi par tous les autres Pouillés écrits ou imprimés depuis, qui marquent que la nomination appartient à l'Abbé de Saint-Victor. L'usage étoit au treiziéme siécle en cette Paroisse que le Curé levât de chaque Paroissien cinq deniers parisis et une obole pour le luminaire de l'Eglise. Un Ecuyer, nommé Pierre de Villebouray, fit refus de payer au Curé Thomas, mais s'en étant rapporté à J., Prêtre de Dravel, il y fut condamné par Sentence arbitrale du 3 Août 1250.

<small>Charta Barthol. Decani Par. circ. 1145 ex parvo Chart. Victor.</small>

<small>Tab. Ep. Paris. in Spir.</small>

L'Abbé de Saint-Victor jouit aussi de la Seigneurie de ce lieu, à la réserve d'une portion possédée par un Seigneur particulier, laquelle peut-être est un reste de ce qui appartenoit aux anciens Seigneurs de Vigneu, qualifiés de Chevaliers, et dont apparemment ce sont les tombeaux restés dans les caveaux sous l'Eglise du lieu. Je n'ai pu découvrir que deux ou trois de ces anciens Seigneurs : l'un est marqué dans l'ancien Nécrologe de l'Abbaye de Sainte-Geneviéve en ces termes : *Obierunt Raedinus Miles de Vinolis et Matildis ejus uxor de quibus habemus CC libras Parisienses,* sans qu'on ait indiqué le temps auquel il vivoit. L'autre est nommé *Guido de Vico novo* duquel relevoit en 1206 une portion de dixmes de Vigneu. Le troisiéme est *Thomas de Vignolio,* Chevalier, qui vivoit du temps de Saint Louis. Ce fut lui qui donna en 1230 aux Religieuses d'Hierre une vigne située à Mons dans la censive du Damoiseau de Mons. Ce même Chevalier paroît en 1234 comme tiers Seigneur de la dixme d'Egrenay en la Paroisse de Combs-la-Ville, et en 1247, comme ayant vendu au Prêtre de Vigneu une portion des grosses dixmes du même lieu. Les successeurs de ces anciens Seigneurs ont été à la fin du seiziéme siécle Pierre Chasseau, qui l'étoit en 1480, et de nos jours M. Petau, et ensuite M. Gaucherel, Marchand de soie à Paris, qui a acquis du précédent.

<small>Chart.S.Mauri. Gaign. fol. 82.</small>

<small>Chart. Heder.</small>

<small>Magn. Pastor. fol. 150.</small>

<small>Chart.S.Mauri, Gaign. f. 481. Tab. Ep. Par. in vico du Four.</small>

L'Abbaye de Saint-Maur-des-Fossés, sans jouir de l'Eglise de Vigneu, fournit encore plus de monumens touchant ce lieu, que celle de Saint-Victor. On trouve dans ces titres, qu'un nommé Guillaume s'y étant fait Moine en 1206, donna à ce Monastere en faisant profession, sa dixme *de Vico novo,* du consentement de ses freres, et de Guy de Vigneu dont elle étoit mouvante ; qu'en 1215 cette Abbaye fit avec celle de Saint-Victor le partage de la

<small>Chart.S.Mauri, Gaign. fol. 82.</small>

dixme de bled et de vin de ce lieu, et que par le même Traité, les deux Maisons convinrent de payer chacune la moitié de la dépense du past que l'on donnoit aux habitans en pain et en vin après la communion le jour de Pâques ; qu'à l'égard de la dixme elle seroit conduite entierement à la grange de Saint-Victor à Vigneu ;, on y lit aussi qu'en 1247 Thomas, Prêtre de Vigneu, fit un accommodement avec l'Abbaye de Saint-Maur au sujet d'une portion de dixme située *in Parochiis de Vignolio et de Monte Gisonis*, se faisant fort pour le Prêtre de ce dernier lieu, qui n'est autre que Montgeron. On y lit encore, qu'en 1249, le même Thomas, *Presbyter de Vignolio*, passa un concordat avec la même Abbaye de Saint-Maur sur les dixmes de vin, en présence de Guillaume, Evêque de Paris, lequel accord fut ratifié par A....., Abbé de Saint-Victor. Enfin, on trouve que lorsque Pierre, Abbé de Saint-Maur, fit en 1256 une destination de biens pour le Chambrier et le Cellerier de son Monastere, la dixme qu'il avoit à Vigneu échut au Chambrier.

<small>Chart. S. Mauri, in articulo de Ferroliis.

Ibid., fol. 481.

Ibid., fol. 462.

Gall. Chr. T. VII, Instrum. col. 108.</small>

On m'a écrit qu'en ces derniers temps la Seigneurie de Vigneu a appartenu au Sieur Gaucherel, Marchand d'Etoffe à Paris, qui l'a acquise des héritiers de M. Petau. <small>V. ci-dessus.</small>

Les dépendances de la Paroisse de Vigneu, et qui forment les six feux dont elle est composée, sont Noisy sur le bord de la Seine, Courcelles, Rouvres et Château Frié. Le premier de ces lieux est celui sur lequel il y a le plus à dire. Je transcrirai ici le Mémoire que M. Lancelot conservoit touchant ce lieu, et qui avoit été rédigé en 1723 et présenté à M. Tartarin, Avocat, pour avoir sa décision sur le Seigneur à [qui] l'hommage en pouvoit être dû.

« La Terre de NOISY-SUR-SEINE qui prend depuis les murs
« de Villeneuve-Saint-Georges le long de la Seine, en montant
« l'espace d'une petite lieue jusqu'à l'endroit appellé *Le Gros*
« *Caillou*, ou *La pierre de Monceaux* dans la Paroisse de Vigneu,
« appartenoit autrefois au Chapitre de Saint-Germain-l'Auxerrois
« fondé par le Roi Robert. On a prouvé qu'il en jouissoit en 1202,
« et qu'il faisoit partie de sa fondation. Le Chapitre y a toujours
« eu haute, moyenne et basse-Justice : ce qui se prouve par les
« baux à ferme où les Fermiers promettoient de faire exercer la
« Justice, et de payer les gages des Officiers ; et par un Papier-
« Terrier de cette Terre de l'an 1557.

« Derriere les murs de Villeneuve, sur le bord de la Seine, est
« un lieu dit Le Port Brun qui est de la Seigneurie de Noisy ; on
« en infere que le Chapitre avoit droit de port, et tous les droits
« appartenans aux Seigneurs sur le bord de rivieres navigables.

« En 1575 cette Terre fut entierement ruinée. Le Village fut
« brûlé : les habitans quitterent et les terres resterent incultes. La

« paix faite en 1595 ne releva pas le Village. Les Chanoines de
« Saint-Germain se trouverent Seigneurs sans Sujets. Pour se li-
« berer des emprunts faits durant les guerres civiles, ils obtinrent
« permission de vendre cette Terre.

« Depuis 1596 l'adjudicataire en a joui sans reconnoître aucun
« Seigneur. Lui et ses successeurs y ont exercé la haute-Justice,
« comme de faire lever les corps des gens noyés ; mais les mau-
« vaises qualités des terres empêcherent de repeupler le Village ;
« les habitans resterent ailleurs dans le voisinage. En 1669 cette
« Terre fut saisie réellement sur l'acquereur et elle demeura à bail
« judiciaire jusqu'en 1702 que l'adjudication en fut faite. Le
« nouvel acquereur ne put s'en faire remettre les titres ; ils avoient
« été divertis par la partie saisie. Il sçut en 1721 que ces titres
« avoient été portés dans le clocher d'une Eglise de Paris, où
« pendant vingt ans ils étoient demeurés à la discrétion du Public.
« Les héritiers des Ecclésiastiques les ayant retirés de-là et examiné
« ce qui en restoit, on n'y trouva rien sur l'hommage. »

Le Conseil fut d'avis que cette Terre venue du Roi rede-
voit hommage au Roi à Corbeil, n'étant plus possédée par une
Communauté.

Je ne sçais si l'on rencontra juste en supposant que ce Noisy
auroit été donné à Saint-Germain-l'Auxerrois par le Roi Robert.
Cette Basilique de Saint-Germain-l'Auxerrois existoit quatre cents
ans avant ce Prince, et il n'en fut que le restaurateur. Elle avoit
des biens en fonds dès le septiéme siécle. Noisy a pu en être.
On peut même assurer qu'il en fut, avant les ravages des Normans, et que c'est le *Nocetus* du pays de Paris que le Comte
Etienne donna l'an 811 à la Cathédrale de Paris, composée des
trois Basiliques de Notre-Dame, de Saint-Etienne et de Saint-
Germain, ainsi que ce Comte le dit lui-même dès le commencement de sa donation, ensorte que cette Terre, après avoir été
administrée par le Prévôt de la Cathédrale chargé de subvenir aux
besoins de trois Eglises, fut remise aux Clercs de la troisiéme
Basilique dite Saint-Germain quand ils commencerent à former
un corps moins dépendant de celui de Notre-Dame, ou au moins
lors de leur rétablissement par le Roi Robert en forme de chapitre.

Minus Past. in Hist. Eccl. Par. T. I, p. 304.

En 1723 Jean Martial de Jaucen, Ecuyer, étoit Seigneur de
ce Noisy et de Crone. Il n'y a plus qu'une ferme dans ce lieu
de Noisy.

COURCELLES, marqué dans presque toutes les Cartes des
environs de Paris, n'est qu'une simple maison. Il y a deux autres
Courcelles dans le Diocése.

ROUVRE est un petit hameau composé de deux maisons. Le
nom latin est *Robur*. Il y avoit encore au treiziéme siécle en ce

lieu un bois qui est désigné dans un titre de 1215 sous le nom de *Nemus Belli Roboris*. En 1385 Gilles Malet, Vicomte de Corbeil, faisant hommage de sa Vicomté au Roi Charles VI, déclare parmi ses dépendances deux arriere-fiefs, l'un à Vigneu, l'autre à Rouvres, et que de plus, Gilles l'Hulier en tient la Terre et Seigneurie du même lieu de Rouvres. En 1611 Jean de Royer, Marchand, Bourgeois de Paris, et Isabelle Collebert, sa femme, obtinrent d'y faire célébrer à cause de l'éloignement. Ce Rouvres dépend aujourd'hui du Château des Bergeries qui est sur la Paroisse de Dravet, quoique la basse-cour soit sur celle de Vigneu.

Chart.S.Mauri, in articulo de Ferroliis.

Hist. de Corbeil, p. 62.

Reg. Ep. Paris. 16 Sept.

CHATEAU FRIÉ s'appelloit en 1550 ou environ, Château-Festu, lorsque Jacques Roger en donna la déclaration à la Châtellenie de Corbeil. Il prit ensuite le nom de Château-Fraguier lorsqu'il appartenoit au Sieur Fraguier, Correcteur des Comptes, qui déclara en 1597 que son produit étoit de 75 livres. Le nom aujourd'hui usité paroît être une altération de celui de Château-Fraguier. De ce fief dépendent cent soixante arpens de terre dont trente en bois et deux en vignes. Cette Maison appartient aujourd'hui à M. Hazon, Notaire à Paris. Il a appartenu à M. Paris, Ecuyer du Prince de Conti, et auparavant à M. Thomé, Lieutenant Général des Armées du Roi.

L'Abbé Chastelain avoit remarqué pour ce qui est de la Seigneurie de Vigneu, que M. Petau, Coseigneur avec Saint-Victor, y avoit dans un bois très-épais un petit Château ruiné avec des fossés pleins d'eau, et qu'à l'entrée de ce bois du côté de l'Eglise étoient deux sources sous des arcades, dont l'une se nommoit *de Sainte Geneviéve*. Le tout est maintenant enfermé et appartient à M. Gosserel, Marchand de Soie à Paris. Quelqu'un voudra bien m'instruire sur la maniere d'écrire ce dernier nom propre au sujet duquel j'ai varié.

Il est encore sur cette Paroisse un autre fief qui porte le nom de la Fontaine. Ce fief a dans sa mouvance celui de Beaumont situé à Dravel. De celui-ci dépendent cinq autres anciens fiefs situés à Champ-Roset.

Affiches Mai 1754.

Le beau Château des Bergeries est aussi situé en partie dans ces cantons.

DRAVERN

et par abrégé DRAVÈ, que l'on prononce DRAVET, et que quelques-uns écrivent DRAVEIL

Je propose d'abord la plus ancienne maniere d'écrire et de prononcer le nom de ce lieu, comme étant celle qui le représente tel qu'il lui a été donné originairement. Cependant je ne vois point d'où peut être formée son étymologie, si ce n'est qu'il y a lieu de conjecturer que ce mot Dravern étoit Celtique ou Gaulois, et que les Romains n'ont fait qu'y ajouter la terminaison latine, ensorte qu'ils en ont fait *Dravernum*. C'est sous ce nom que ce lieu est marqué dans le Testament du Roi Dagobert Ier, qui legue cette Terre à la Basilique de Saint-Pierre de Paris dans laquelle reposoit le corps de Sainte Geneviéve. Deux autres monumens historiques du neuviéme siécle en font pareillement mention sous le nom *Dravernum* : mais dans l'onziéme, le douziéme et le treiziéme, il est presque toujours nommé *Dravellum*, quelquefois encore *Dravernum*, et une fois ou deux *Raviacum* et *Ravetum* par apocope ; ensuite, dans les titres françois des quatorziéme et quinziéme siécles il est nommé Dravet, Dravel, Draveil : mais c'est Dravet qui a prévalu. Si dans quelques Cartes Géographiques vues par M. de Valois ou autres ouvrages il est nommé Drevert, Drevet ou Drovet, c'est une faute de Graveur ou de Copiste.

<small>Hist.de S.Germ. des Prés, Preuve IV. Collect. Script. Franc. D. Bouquet, T. III, p. 133.</small>

Ce Village est sur le rivage droit de la Seine, à cinq lieues ou environ au-dessus de Paris, entre l'orient d'hiver et le midi. Il a à son levant la forêt de Senart, et à son couchant le lit de la riviere. Son territoire s'étend en longueur et contient plusieurs écarts, dont le plus considérable est le hameau de Champ-roset, qui est compris nommément avec lui dans les Rôles de l'Election de Paris. L'aspect favorable qu'ont les côteaux de cette Paroisse vers le sud-ouest, a fait qu'on y a planté beaucoup de vignes. Toute la Paroisse ensemble formoit en 1709 cent dix feux, suivant le Dénombrement des Elections que l'on publia alors. Celui que le Sieur Doisy a fait imprimer en 1745 y en marque cent huit. Le Dictionnaire Universel de la France qui parut entre ces deux temps (en 1726) et qui fait l'évaluation par habitans ou communians, y en compte 489.

L'Eglise de Dravet n'a rien de fort ancien à en juger par ce qui paroit à l'extérieur, c'est-à-dire qu'elle n'a gueres que deux ou trois siécles. Charles Boucher d'Orcey, Abbé de Saint-Magloire de Paris et Evêque de Magarence ou de Mégare, commis par l'Evêque de Paris, en fit la Dédicace sous le titre de Saint Remi, le 3 Septembre 1547, et en fixa l'Anniversaire au premier Dimanche du même mois, accordant les Indulgences ordinaires. Il y fit aussi la bénédiction de quatre autels et celle du Cimetiere. La tour qui soutient l'Eglise vers le midi, n'est que de la fin du dernier siécle. On lit sur l'entablement le chiffre 1696, et sur la tour de l'Eglise ces trois lettres *P. C. L.* qui signifient Pierre Charles. Cette Eglise est couverte d'ardoise, ce qui est rare dans les Paroisses de Villages. On y a trouvé sous le banc de M. de la

<small>Reg.Ep.Par.ad 2 Sept. 1547.</small>

Haye, qui y a une Maison bourgeoise, des restes d'ancien bâtiment qu'on croit avoir été une crypte où l'on cacha le corps de Sainte Geneviéve lorsque Herbert ou Egbert, Abbé de l'Eglise de son nom à Paris, y réfugia ce corps l'an 846 à cause de la crainte des Normans. Cette Abbaye y avoit en ces temps-là plus de revenu qu'elle n'y en a aujourd'hui. Il n'y avoit alors que deux cents ans qu'elle jouissoit de cette Terre. Avant l'Abbé Egbert, un autre Abbé de ses prédécesseurs nommé Fratboldus ou Frotbaldus, étoit venu dans ce même Village et y avoit apporté des reliques de Saint Hilaire, Evêque de Poitiers [1], qu'il ordonna que l'on plaçât dans l'autel, de maniere cependant qu'elles fussent exposées à la vue. L'Historien qui vivoit dans ce temps-là et qui tenoit le fait de témoins oculaires, dit qu'à la présence de ces reliques deux serpens retirés en ce lieu chercherent aussitôt à en sortir par l'abside, c'est-à-dire par le fond de l'Eglise. Les habitans de Dravern se voyant enrichis d'un si précieux trésor, marquerent leur dévotion envers ce Saint par la célébration de sa Fête le 13 Janvier, jour de sa mort. De-là vient qu'encore de nos jours on cesse les travaux manuels à Dravern le même jour 13 Janvier ; mais comme neuf cents ans d'intervalle ont fait oublier la réception des reliques de S. Hilaire, et que le jour de la mort de Saint Remi, Evêque de Reims, est aussi le 13 de Janvier, il se trouve dans ces derniers temps que c'est Saint Remi qu'on y honore en ce jour comme Patron, sans plus faire mention de Saint Hilaire. Ce fut aussi à la Saint-Remi d'Octobre que M. Bourdoise, grand Missionnaire, y fit en 1623 la Mission proposée par M. Chauvelin, Conseiller, qui y avoit une Maison. La Cure de Dravet est restée à la pleine collation épiscopale suivant le témoignage de tous les Pouillés de Paris, à commencer par celui du treiziéme siécle, lequel, quoique rédigé en latin, la nomme Dravel. Je trouve dans les Registres de l'Archevêché qu'en 1520 François Poncher, Curé de Dravel, se démit de cette Cure le 12 Février. Les Pouillés écrits dans le quinziéme et seiziéme siécle, et celui qui fut imprimé en 1726 indiquent une Chapelle à Dravel sans en dire le titre, et même celui de 1648 la place dans l'Eglise du lieu. Elle doit avoir quelques degrés d'antiquité, puisque l'ancien Nécrologe de Saint-Victor de Paris contient le nom d'un Chapelain au sept des Ides de Septembre. On y lit ces mots : *Anniversarium Domini Johannis de Peuil quondam*

Mirac. S. Gen. apud Bolland. 3 Januar.

Lib. miracul. S. Hilarii Pict. ex duobus Cod Reg. MS.

Vie de M. Bourdoise, p. 198.

---

1. *Illud etiam mirum quod in pago Parisiaco et villa Draverno gestum comperimus silentio præterire non audemus, præsertim hoc ipsum vivis adhuc testantibus : ad quam villam venerabilis Frotbaldus Abbas Monasterii S. Petri Apostoli ac Genovefæ Virginis Rector ejusdem possessionis cum accepisset, reliquias Domini Hilarii quas secum pretiosas habebat, in altario, quemadmodum fuerat dignum, veneranter ut exponerent, mandavit. Statimque, etc.*

Capellani de Dravello : dedit in terris et vineis ducentas libras. Cette Chapelle aujourd'hui méconnue, est peut-être celle que l'Hôtel-Dieu de Paris a à Champ-roset. Mais voici un Bénéfice dont la position est plus assurée.

PRIEURÉ DE NOTRE-DAME DE L'HERMITAGE

Il est situé à l'orient d'hiver du Village, dans la Forêt en un lieu de plaine. Le premier monument qui en fait mention est le Pouillé du treiziéme siécle. Il s'y trouve dans le rang des Prieurés du Doyenné de Moissy, sous le nom de *Prioratus de Dravello ;* au reste, ce Catalogue des Prieurés n'a été écrit que vers l'an 1300. On voyoit encore en 1721 dans le chœur de ce Prieuré une tombe sur laquelle il ne restoit plus de lisible que ces mots : *Hermitre que trepassa en l'an de l'Incarn. M. CC et LXXII ou mois d'Havril. Priez Dieu pour l'ame de lui.* Le mot *Hermitre* étoit là pour signifier non un Hermite, mais l'Hermitage qu'en vieux françois on prononçoit Hermitoire, dérivé du bas latin *Hermitorium ;* ainsi qu'on écrivoit par abbréviation Hermitre. Ainsi cette tombe étoit celle d'un Chanoine Régulier de Notre-Dame de l'Hermitoire. En effet, ce Bénéfice étoit occupé en 1411. Le Prieur de l'Hermitage étoit chargé de dire quelques Messes à Soisy-sur-Seine et la grand' Messe le jour de Saint Michel. Ce Bénéfice fut occupé et desservi par des Chanoines Réguliers de l'Abbaye d'Hiverneau dont il étoit membre, jusqu'à l'extinction de la régularité, soit par manquement de sujets, soit par pauvreté. C'étoit à l'Abbé à y nommer un Prieur. Il en reste un acte authentique dans les Registres de l'Evêché de Paris, où on lit que le Vicaire-Général de l'Evêque en pourvut un des Chanoines de cette Maison parce qu'il en dépendoit : *Contulit Fratri Thomæ Gosson Presbytero Religioso Monasterii de Yvernali Paris. Diœcesis Prioratum de Heremo in Bria à dicto Monasterio dependentem, ex eo vacantem quod Abbas dicti Monasterii de hujusmodi Prioratu cuidam fratri...... incapaci et minus idoneo...... providit.* On trouve ensuite en 1518 un acte par devant des Notaires au Châtelet, où Gilles Vincent est qualifié Prieur Claustral d'Hiverneau, et en même temps Prieur de Notre-Dame de l'Hermitage en la forêt de Senart. En 1569, le 2 Avril, ce Bénéfice fut conféré sous le titre de *Capella regularis Beatæ Mariæ de Eremo Ord. S. Augustini.* Comme depuis le regne de Charles IX on ne vit plus de Communauté à Hiverneau, il n'y eut plus par la même raison de Prieur à Notre-Dame de l'Hermitage ; ainsi ce Prieuré tomba dans l'oubli ; ce n'étoit plus qu'une Chapelle délabrée. Elle étoit si peu connue qu'en 1578 elle fut obtenue en Cour de Rome comme étant de l'Ordre de Saint-Benoît ; et même en 1603 on doutoit si elle n'étoit point de l'Ordre de Cîteaux ou d'un autre. Ce fut sur ce pied de Chapelle ou Prieuré non Conventuel qu'il y en eut cinq ou six résignations jusqu'environ l'an 1630. Cependant ce Bénéfice étoit à Rome dans le rang de ceux des Chanoines Réguliers, sous le nom de Notre-Dame de Couplere. Raymond d'Arce a donné à cet Hermitage une rente qu'il avoit sur le Clergé, dont le principal étoit de 200 livres 14 sols. Elle avoit appartenu en 1564 à Corneille de Breda, et anciennement à Charles VI par droit d'aubaine, selon une Sentence des Maîtres des Requêtes du 12 Avril 1396.

Reg. Ep. Paris. 6 Dec.

Pouillé de la Chambre Apostolique.

Depuis que ce lieu fut inhabité en conséquence du mauvais état où se trouva l'Abbaye d'Hiverneau vers l'an 1560, quelques Hermites s'y retirerent sans que personne les troublât. Voici l'épitaphe que l'on y voit de l'un des plus illustres qui y décéda :

Cy devant gist Frere Remonnet d'Arces, issu de l'ancienne Maison d'Arces en Dauphiné, natif de la Roche de Clung près Valence, lequel fut instruit dès la jeunesse aux Lettres, auquel temps commençant l'hérésie qui regne aujourd'hui, il s'y laissa glisser, et y a demeuré l'espace de vingt ans, durant lesquels avenus les troubles prit les armes avec eux : depuis la paix étant faite fut mis au service du feu Roi Charles IX en estat de Lieutenant des Gardes de la Porte, où il a continué jusqu'à l'année 1588 au regne du Roy Henry III dernier décédé, durant lequel fréquentant les compagnies et prédications de plusieurs grands Personnages et Docteurs, s'est adonné par quatre ans en prieres et ès estudes, conferant les livres hérétiques avec les Catholiques, reconnut qu'il avoit erré, abjura son erreur, et par pénitence fit vœu de vivre le reste de ses jours en ce désert et Hermitage où il se retira en ladite année 1588 en un petit logis que pour ce il avoit fait bastir après avoir donné ses biens aux pauvres et à ses serviteurs, auquel lieu étant préservé de Dieu des miseres et des troubles publiques dont la France estoit lors oppressée, usoit journellement de charité envers les pauvres, consolations envers les affligés et d'autres œuvres pieuses, mesme auroit commencé a escrire quelques œuvres morales et autres sur les mysteres de la Religion et contre les hérésies, ce qu'il n'a sçu parfaire estant prévenu de mort le 14 Mai 1598 âgé de 59 ans, au grand regret de la Noblesse et de ceux du pays.

On l'appelloit Frere Marcian ou Raimond. Il y avoit resté deux ans inconnu. Henri IV lui rendant visite l'appelloit son Carabin, et lorsqu'il apprit sa mort, il dit : *Voilà comme Dieu attire à soi les bons*. Pendant qu'il y demeura en 1593, Vincent Mussart et Antoine Poupin y firent fleurir la vie hérémitique. Un nommé Benigne Billery qui avoit reçu l'habit d'Hermite du Prieur des Chartreux, Gabriel Billecoq, s'y retira en 1496; et depuis à cause du grand nombre d'Hermites qui y étoit il alla au Diocése de Noyon [1].

Descript. de l'Hermitage de Senart, Colombat 1703.

Histoire du Tiers-Ordre de S. Franç. p. 614.

1. Actuellement en 1757 il reste dans un carrefour au-dessus de l'Hermitage un chêne monstrueux, appellé le *Chêne-Prieur*.

En 1627 cet établissement avoit dégénéré; l'Archevêque de Paris, Jean-François de Gondi, ordonna le 12 Mars à tous les Hermites de Senart de sortir de son Diocése, et, sur leur refus, de les conduire dans les prisons de l'Archevêché, saisir leurs meubles, etc.

<small>Sauval, T. III, p. 170. Gall. Christ. T. VII [col. 175].</small>

Quarante ans après l'Archevêque permit à Héliodore Duel, Camaldule malade, de se retirer dans cet Hermitage, appellé Notre-Dame de Consolation. En 1690 Jean-François-Paul le Fevre de Caumartin, Abbé de Buzay et Prieur de ce Prieuré, le remit par acte notarié aux Chanoines Réguliers d'Hiverneau, stipulant par Jean Moullin, leur Prieur, pour y rétablir la régularité; mais faute de sujets ce traité n'eut point lieu. Ce Prieuré étant toujours abandonné, M. le Cardinal de Noailles ordonna en 1710 à quelques Hermites du Mont-Valérien d'y venir demeurer; mais instruit en 1721 que ce Prieuré dépendoit d'Hiverneau, et que M. de Caumartin, alors Evêque de Blois, l'avoit remis à cette Abbaye, il y introduisit les Chanoines Réguliers de cette Maison qui y resterent jusqu'à la fin de 1723, la disette de sujets et la pauvreté du lieu ne leur ayant pas permis d'y rester davantage : ce qui fut autorisé par des ordres du Conseil de Conscience qui les réglerent avec les Hermites, du mois de Janvier 1724. Depuis lequel temps les Hermites y sont restés seuls, et ont rebâti l'Eglise et les lieux Réguliers. En 1739 M. Paris de Montmartel mit la premiere pierre. Ils y sont au nombre de douze ou quinze, et ils ont un Prêtre séculier qui leur dit la Messe. Le Curé de Dravet fait leurs enterremens et leur administre la Communion Paschale; en quoi il a été maintenu par un Traité du 29 Novembre 1730, approuvé par M. de Vintimille le 6 Décembre suivant. En ces derniers temps les Chartreux ont essayé de faire quitter à ces Hermites la chape noire qu'ils portent lorsqu'ils sortent, la prétendant trop semblable à la leur : mais les Hermites ont prouvé en 1749 qu'elle est différente. Ils ont commencé vers l'an 1750 à se servir du chant Grégorien.

<small>Reg. Arch. Par. 12 Oct. 1667.</small>

<small>Ibid, 12 Febr.</small>

En 1751, le Mercredi 3 Novembre, Fête de Saint Marcel, leur Eglise fut dédiée, de la permission de M. l'Archevêque, sous l'invocation de la Sainte Vierge, titre de Notre-Dame de Consolation, par M. Jean-Antoine Tinseau, Evêque de Nevers: le lendemain le Curé de Draveil, comme Curé de l'Hermitage, y vint processionnellement chanter la grand'Messe; et les jours suivans, les Curés voisins. M. l'Abbé Joly de Fleury, décédé le 26 Novembre 1755, étoit depuis 1726 titulaire du Prieuré de l'Hermitage.

<small>Inscription.</small>

<small>Affiches.</small>

Soit que le Roi Dagobert n'eût pas donné à l'Abbaye de Sainte-Geneviéve la Terre de Dravet en entier, ou que les Abbés en eussent aliéné une partie, ou qu'enfin des Seigneurs voisins s'en fussent emparés au commencement de la troisiéme race de nos Rois, on trouve dès la fin du onziéme siécle quelques Seigneurs surnommés *de Dravello*. Hugues de Dravel paroît en 1093 parmi les cliens qui étant à Corbeil souscrivirent à la donation de l'Eglise de Bondoufle faite aux Religieux de Longpont-sous-Montlhery par des laïques. Robert *de Dravello* est témoin dans le siécle suivant au don d'une Terre fait au même Couvent. *Chart. Longip. fol. 30.* *Ibid., fol. 32.*

En conséquence des distractions arrivées à la Terre de Dravet, la Bulle d'Alexandre III qui confirme en 1163 aux Chanoines de Sainte-Geneviéve les biens qu'ils possédoient, se contente de mettre : *Apud Dravernum possessiones quas ibi habetis,* sans dire simplement la Terre de Dravet.

Les biens et droits qu'avoit encore alors l'Abbaye de Sainte-Geneviéve dans Dravet, se découvrent par quelques titres du treiziéme siécle. On y voit en 1222 l'établissement d'un Maire de Dravern et de Soisy, *Dravern et de Soysiaco,* par l'Abbé Galon, qui transporte à ce Maire les droits de bonages *bonagius,* ceux d'investiture, *districtis forragiis,* et qui veut qu'il ait une geline par chaque arpent de terre. L'année d'après l'Abbaye étoit en procès avec une Dame dite en latin *Domina Carcassona,* avec Baudoin, Chevalier, et Milon, Chanoine de Paris, ses enfans, au sujet du droit de pressurage des vignes situées dans les Paroisses de Dravel et de Vigneu, comme aussi sur les Tailles et sur la Justice du Seigneur de la Voirie dans les mêmes Paroisses. Hugues d'Athies, Bailli du Roi, Grand-Panetier de France, les engagea à quitter à l'Abbé tout ce qu'ils avoient, excepté la garenne, et il leur fit promettre qu'ils ne chargeroient plus d'impôts les hôtes et colons de Sainte-Geneviéve. L'acte d'accord passé à Paris en la Cour de Saint-Eloi *(in Curia B. Eligii)* le 21 Mars 1223, fut confirmé par le Roi Loüis étant à Melun la même année et le même mois. On reconnoît par quelques autres actes que le domaine restant aux Religieux de Sainte-Geneviéve sur le territoire de Dravet étoit principalement à Champ-roset, *Campo roseto.* L'Official d'Eudes, Archidiacre de Paris, donna en 1242 des Lettres qui notifioient l'accord d'une autre difficulté qu'avoit eue le Maire de l'Abbaye à Champ-roset touchant certaines landes pour lesquelles Jean Ponce de Corbeil avoit traduit ce Maire devant le Bailli de la Reine à Corbeil, parce qu'il refusoit de payer vingt sols. Ces Lettres sont de l'an 1242. Le procès avoit apparemment commencé avant 1236, c'est-à-dire avant la mort de la Reine Isemburge, veuve de Philippe-Auguste, retirée à Corbeil. Cependant la même année 1242, lorsqu'il fut question d'imposer une taille sur les sujets des Abbayes, à l'exemple de celle que le Roi imposa sur les siens, il n'est pas dit que ce fut à Champ-roset que l'Abbaye *Chart. S. Gen. p. 267.* *Ibid.* *Ibid., fol. 157.*

de Sainte-Geneviéve en imposa, mais *apud Dravernum;* et de même dans l'imposition de l'an 1272, lorsque Philippe le Hardi leva une taille pour la guerre contre le Comte de Foix. La preuve certaine que dans ces temps-là la Seigneurie de Dravet n'appartenoit plus à l'Abbé de Sainte-Geneviéve, est que l'Abbaye ayant acheté en 1277 de Philippe de Brunoy le bois *de Mindeyo* (que je crois être Minde, dont on a fait Minde-Ville, et ensuite Minville), il fut besoin que la vente fût agréée par Guy le Bouteiller, Ecuyer, Seigneur de Dravet *(Guido Buticularius armiger Dominus de Dravello)*, comme d'un bien mouvant de son fief.

<small>*Chart. S. Gen. p. 376.*</small>

En 1312 cette Abbaye continuoit d'avoir un Maire en son nom pour Dravet, Meinville et Champ-roset, et néanmoins c'étoit encore un Bouteiller qui étoit Seigneur de Dravet. Le Garde que ce Seigneur, nommé Adam le Bouteiller, avoit dans les bois de Dravet, ayant fait une prise injuste par son ordre dans la maison de ce Maire, Jean de la Garenne, alors Chambrier et depuis Abbé de la Maison, la fit restituer par ce Seigneur. Ce fut contre ce même Adam le Bouteiller et ses freres, Jean et Raoul, que deux ans après le Roi Philippe le Bel fit un échange. Il leur donna sa grange d'Yenville avec toutes ses dépendances, et eut pour cela une Maison à Dravet avec plusieurs terres et cens. En cet acte Dravet est dit voisin de la forêt de Senart; et c'est la premiere fois que j'ai trouvé ce nom de Senart employé pour désigner la portion de forêt de ce côté-là. Je croirois au reste que cet acte d'échange devroit être placé à l'an 1304 plutôt qu'à l'an 1314; parce que j'ai remarqué que les Inventaires de la Chambre des Comptes varient sur sa date, et qu'il paroît que ces biens font partie de ceux que Philippe le Bel donna en 1305 à l'Abbaye de Poissy.

<small>*Gall. Chr. T. VII, col. 755. Ex libro Justit. S. Genov. fol. 92.*</small>

<small>*Inv. an. 1482, fol. 94. Cod. Reg. 6765.*</small>

Il y a en effet, dans le Trésor des Chartes, des Lettres de ce Prince datées de Neufmarché au mois de Février 1305, qui contiennent le don qu'il fait pour le repos de son ame et de celle de son épouse Jeanne, aux Religieuses de Poissy, de sa Maison de Dravel avec tous les bois, pasquis, usages et dépendances, pour la tenir à perpétuité en basse-Justice, s'en réservant la haute-Justice et la garenne: depuis lequel temps ce Couvent jouit de ce bien, y possede une ferme, et une partie de la Seigneurie.

<small>*Reg. des Ch. 38, Piece 143.*</small>

L'Abbaye de Saint-Victor de Paris avoit à Dravel, sous le regne de Saint Louis, un Bois où les paysans de Soisy-sous-Ethioles s'immiscerent de mener paître leurs bestiaux. L'entreprise fut un sujet de procès au Parlement où il duroit encore l'an 1269; les Religieux opposoient pour raison que ces paysans n'étoient point leurs hommes, et ne leur payoient aucun droit.

<small>*Reg. Parl. Omn. SS. 1269.*</small>

L'Abbaye d'Hieres qui est fondée près de deux cents ans avant celle de Poissy, et qui n'est séparée de Dravet que par la forêt de

Senart, paroît y avoir eu du bien dès le temps de son établissement. La Dame Eustachie de Corbeil lui donna en la fondant *Terram de Raviaco quæ est à nemore Ardano sicut via Muneria dirigitur* : ce que la Bulle d'Eugene III de l'an 1147 appelle *Terram de Raveto*, et le Nécrologe d'Hieres, *Grangiam de Raviaco*. Ce *Raviacum* ne seroit-il pas une dépendance de Boneuil et de Sucy où ces Dames avoient des terres ? Alors *nemus Ardanum* seroit le bois de Rarez dont il est parlé dans le grand Pastoral de Paris (art. *Boneuil ad calcem*). Annal. Bened. T. VI, p. 676. Nec. Heder. Bibl. Reg. ad V. Cal. Febr.

CHAMP-ROSET ou CHAMP-ROSAY. On assure qu'il y a bien trois cents ans que l'Hôtel-Dieu de Paris possede le grand domaine qu'il a à Champ-roset. Il y a dans la Maison ou Ferme une Chapelle où l'on dit la Messe tous les jours. Il y réside aussi trois Sœurs de la Charité fondées par M. Bachelier. De la Barre parlant de ce hameau de Dravet, dit que l'Hôtel-Dieu, l'Abbé de Sainte-Geneviéve et l'Abbesse de Poissy y ont censives, et quelques droits de Justice au ressort de Corbeil. C'est là qu'est aussi la Maison de Sainte-Geneviéve. Il est parlé de ce hameau dans un titre de l'an 1242 cité ci-dessus ; et en 1273 Adam de Champ-roset, *armiger,* se trouve mentionné dans les titres de Saint-Maur-des-Fossés, comme faisant son hommage à l'Abbé pour ce qu'il possédoit à Evry-sur-Seine, village situé à une lieue de là. Hist. de Corbeil, p. 19.

On m'a assuré que les Dames de Poissy n'ont que moyenne et basse-Justice à Dravet, et que M. le Duc de Villeroi est nommé après le Roi au Prône.

Proche Dravet est une Isle dans la Seine qui avoit été donnée aux Célestins. Eustache de Gaucourt, Seigneur de Viry, s'en étoit emparé : mais les Célestins l'obligerent en 1414 de la déguerpir. L'Auteur dont je tire ce fait ne dit point s'il s'agit des Célestins de Paris. Hist. des Gr. Off. T. VIII, p. 7:0.

MONCEAUX ou MOUCEAUX est un fief sur la Paroisse de Dravet. Le Rôle de la contribution au Ban de Corbeil en 1597 dit qu'il appartenoit alors à Pierre Forget, Secrétaire du Roi, et Denise Buau, sa femme, et qu'il valoit quarante livres dix sols.

Le même Rôle continué en 1598, joint ensemble le fief de MARCENOUST ou Marcenal, et le fief de BEAUMONT qu'il dit assis à Dravet. Jean de Thumery, Sire de Boissise, Conseiller au Parlement, les possédoit tous deux, et eut le 9 Juin main-levée de la saisie qui en avoit été faite. Il en jouissoit dès l'an 1580, selon le Procès-verbal de la Coutume de Paris. C'est apparemment sur ce manuscrit de Corbeil que De la Barre qui écrivoit en 1630, après avoir dit que les Dames de Poissy ont la plus grande partie de la Seigneurie et de la Justice de Draveil, ajoute que les Seigneurs de Boissise et de Mouceaux y ont des Maisons féodales avec prétention de quelques droits de Justice au ressort de Corbeil. Ibid.

Hist. de Corbeil, p. 19.

Il y avoit ci-devant à Dravet un lieu habité dit *Les Creuses*: mais il n'y a plus de maisons.

Je trouve aussi un lieu dit VILLIERS sur la Paroisse de Dravel dans les Régistres de l'Archevêché, article des Chapelles Domestiques. Le 25 Octobre 1628 il fut permis à Jean du Mouceau, Auditeur des Comptes, d'en avoir une et d'y faire célébrer : et le 8 Octobre 1666 même permission fut accordée à Marie de Bourlon, sa veuve.

MAINVILLE est un hameau de Draveil sur le bord de la Forêt [qui seroit mieux écrit MINDE-VILLE, si c'est de ce lieu qu'il faut entendre le *Mindeium* où l'Abbaye de Sainte-Geneviéve acheta en 1277 le bois dont j'ai parlé ci-dessus]. La maison des Bergeries étoit réputée en faire partie en 1574. Nicolas de Beauclerc, Général des Finances, exposa alors à l'Evêque de Paris que comme ce petit Village, où sa maison des Bergeries étoit située, étoit éloigné d'une demi-lieue de Dravel, il lui fût permis d'avoir un Oratoire et d'y faire célébrer par un Prêtre que le Curé ou Vicaire de la Paroisse nommeroit et de leur consentement, avec promesse d'aller à l'Eglise Paroissiale les jours de Fête ; ce qui lui fut accordé. L'Historien de Corbeil dit que ce même Beauclerc possédoit aussi Rouvres qui est contigu et sur la Paroisse de Vigneu; que lorsqu'il écrivoit, Mainville appartenoit à M. de Caumartin, Garde des Sceaux ; et que ces fiefs et leurs Justices relevent de Corbeil.

<small>Reg. Ep. Paris. 12 Sept.</small>

<small>Antiq. de Corb. p. 20.</small>

<small>Ibid.</small>

<small>Voyages manuscrits.</small>

L'Abbé Chastelain, Chanoine de Paris, représente dans ses voyages de l'an 1690 LES BERGERIES comme un Château bâti de briques sans fossés, et d'une exacte symétrie du côté de la Cour, ajoutant que la vue est très-belle du côté du jardin, et que la basse-cour ou ferme est sur la Paroisse de Vigneu. En 1697 l'Abbé de Caumartin, depuis fait Evêque de Blois, jouissoit de la Maison des Bergeries. Elle appartient maintenant à ses héritiers.

<small>Perm. de Chap. domestiq. du 14 Mai.</small>

Dravet et Champ-roset sont du nombre de ces cantons du Diocése où la cérémonie du *Baccara* duroit encore au commencement de ce siécle, c'est-à-dire l'usage de créer des Officiers de vendanges, et de s'astreindre dans les pressoirs à certains termes, certaines salutations, dont quelques-unes paroissoient venir du Paganisme. On en a fait la remarque dans un des Mercures de France, il y a vingt ans ou environ.

M. Marin de la Haye, Fermier Général, ayant acheté à Dravet, au canton de Mouceaux, une Maison de M. le Maître, beau-pere du Président le Camus, y a bâti un Château magnifique dont il a rendu les jardins très spacieux par les acquisitions qu'il a faites de quelques fiefs et fermes des environs, comme celle d'un droit de Justice avec le fief de Marcenou qu'il a eu du Chevalier de Damas ; ce qui servit extrêmement au soulagement des pauvres de ces quartiers-là qu'il fit travailler et qu'il nourrit durant l'hiver de 1740. Dans l'annonce de son enterrement du 4 Octobre 1753, il est qualifié Seigneur de Draveil. Il a donné de quoi établir en ce lieu un Chirurgien et une Sage-femme. Il avoit encore projetté d'y faire d'autres établissemens.

SOISY-SUR-SEINE

C'est ainsi que l'on distingue ce Soisy d'un autre Village de même nom situé au-dessous de Montmorency. L'origine de l'un n'est pas différente de l'autre. Ces deux lieux tirent leur nom de quelque Romain nommé *Sosius*, d'où naturellement l'on a formé *Sosiacum*. C'est l'avis de M. de Valois et je m'y conforme. Aussi est-il appellé *Sosiacum* dans le premier Ecrivain que l'on voit en avoir fait mention, lequel vivoit dans l'onziéme siécle. C'est ce qui fait voir que quelques Géographes modernes se sont trompés l'appellant Choisy, contre les anciens titres et contre l'usage actuel, et même Dom Félibien s'y est trompé.

Notit. Gall. p. 431.

Félibien, Hist. de Paris p. 1324.

Cette Paroisse est à six lieues de Paris sur le rivage droit de la Seine, et à une lieue plus bas que Corbeil, vis-à-vis Petit-Bout, Château ci-devant très-célébre, situé sur la Paroisse d'Evry. Il y a quelques vignes et des prairies[1], et peu de terres, à cause du voisinage de la forêt de Senart. Son aspect est au couchant. Les Cartes Géographiques marquent un Port au bas de Soisy et la Grange-Soisy à l'opposite, le Village entre deux. Le Dénombrement de l'Election de Paris imprimé en 1709, marque qu'il y avoit six vingt feux. Celui du Sieur Doisy publié en 1745 n'y en marque plus que 95. Le Dictionnaire Universel de la France imprimé en 1726, comptoit 430 habitans ou communians.

La Sainte Vierge est Patronne de l'Eglise de cette Paroisse. C'est un bâtiment assez moderne, la nef principalement, laquelle a été rebâtie dans ce siécle-ci, avec une Chapelle à droite du chœur, au-dessus de laquelle on a pratiqué un dôme. Le vaisseau est petit et proportionné au Village. Quelques-uns de MM. de Bailleul, Présidens à mortier, Seigneurs du lieu, y ont été inhumés.

On lit dans l'Eglise de Soisy-sur-Seine, sur une lame de cuivre ce qui suit : « Le Prieur de l'Hermitage de Senart est tenu de « célébrer chaque semaine deux Messes en l'Eglise de céans, à

1. Les prés de Soisy sont mentionnés dans un acte de vente faite en 1325 à Philippe, Comte de Valois, par Pierre de Grez, Evêque d'Auxerre. *Hist. d'Auxerre. Preuv. p. 100.*

« l'autel de S. Michel... et la veille de S. Michel les Vépres, et le
« jour la Messe, pour l'ame de Gilles Malet, Chevalier, Maître-
« d'Hôtel du Roi, Seigneur de Villepecle et Soisy, et Dame Nicole
« de Chambly, sa femme, 1411. »

Il y a aussi en cette Eglise, sur une tombe de marbre : « Cy gist
« Claude Belot, Abbé d'Evron, Chanoine de Paris, Seigneur de
« Soisy-sur-Seine, mort le 24 Décembre 1619. »

La nomination à la Cure appartenoit dès le XIII siécle au Trésorier de Saint-Frambould de Senlis, Collégiale de fondation Royale, et cela apparemment en vertu de donation faite par Etienne de Senlis, qui monta sur le siége Episcopal de Paris l'an 1124. C'est ce qui est attesté par le Pouillé récrit dans ce siécle-là et qui se trouve suivi par tous les autres. Depuis le changement arrivé dans cette Collégiale, la nomination est dévolue au Chapitre. Le Curé est gros Décimateur.

Dans le Rôle des Décimes on ne se sert point du nom de Soisy-sur-Seine, mais on dit Soisy-sous-Ethioles ; ce qui a été mal rendu dans le Rôle des départemens des Vicaires-Généraux par Soisy-sur-Ethioles.

Parmi les biens légués à Saint-Maur-des-Fossés par Burchard, Comte de Corbeil, sous le regne du Roi Robert, et dans lesquels Aleran, fils de ce Comte, rentra en payant une somme à ce Monastere pour sa jouissance à vie, est spécifiée une piece de terre avec une maison et un pressoir ; et cette terre est appellée *Terra Sancti Martini*, et néanmoins dite située *in Soisiaco*. Par *Terra S. Martini*, on ne peut guere entendre autre chose que le territoire de Saint-Martin d'Ethioles qui est contigu, et c'est ce qui forme une difficulté, comment le terrain de Saint-Martin d'Ethioles pouvoit être dit situé *in Soisiaco*, à moins qu'on ne dise que Soisy auroit eu alors deux Eglises Paroissiales ; l'une à laquelle est restée le nom de Soisy et qui est titrée de la Sainte Vierge, et l'autre titrée de Saint Martin, qui auroit depuis été appellée Ethioles ; ce qui n'est pas incroyable, puisque ces deux Eglises ne sont éloignées que d'une demi-lieue.

Hist. Eccl. Par. T. I, p. 638.

Duchêne, T. IV, p. 101.

Après l'Abbaye de Saint-Maur dont les Archives nous fournissent la premiere connoissance sur Soisy, celle de Sainte-Geneviéve fournit quelques titres du douziéme et du treiziéme siécle qui en font mention. Dans la Bulle d'Alexandre III de l'an 1163, pour la confirmation des biens de cette Maison, on lit : *Apud Sosyacum juxta Corbolium, terras et census*. Les Chanoines de Sainte-Geneviéve y avoient donc alors des terres et des cens ou rentes, et même un Maire qui l'étoit en même temps de Dravet, selon un acte de 1222. Les redevances sont expliquées dans un autre enseignement de l'an 1245, qui porte *Apud Soysiacum super*

Gall. Chr. T. VII, Instrum. col. 243.

Chart. S. Gen. p. 265.

Sequanam I sextar. avenæ ad mensuram de Corbolio et dimidiam minam frumenti et duos capones. Il pourroit se faire que ces droits fussent un reste de ceux qu'avoit l'Eglise de Saint-Pierre et Saint-Paul de Paris sur la Terre de Dravern, qui lui avoit été donnée dès les premiers temps de sa fondation, et que cette Terre de don Royal auroit été d'une assez grande étendue pour comprendre ce qui a depuis formé la Paroisse de Soisy. *Lib. Cens. S. Gen.*

On trouve un Seigneur de Soisy-sur-Seine dès la fin de l'onziéme siécle. Il étoit présent à Corbeil l'an 1093, avec d'autres Chevaliers du même canton. Lorsqu'on y passa l'acte de donation de l'Eglise de Bondoufle à celle de Longpont, il est ainsi désigné *Hugo de Sesiaco Miles.* On ne retrouve point d'autres Seigneurs de ce lieu jusqu'au treiziéme siécle. *Chart. Longip. fol. 30.*

Il ne faut point y comprendre un *Johannes de Soiseio* qui en 1228 porta Guillaume d'Auvergne, Evêque de Paris, au trône Episcopal au nom de Guy, Seigneur de Chevreuse, arrêté par maladie, par la raison que *Soiseium* en cet endroit du petit Cartulaire de l'Evêché ne signifie pas Soisy, mais Choisel, terre voisine de Chevreuse, ainsi que je le fais voir à l'article de cette Paroisse. M. de Valois s'y est trompé en parlant de Soisy. *Chart. Ep. Par. Bibl. Reg. f. 106.*

Notit. Gall. p. 431.

Le premier monument du treiziéme siécle qui nous fasse connoître un Seigneur de Soisy-sur-Seine, est une fondation qui indique un Adam de Soisy, Chevalier, qui vivoit dès l'an 1220. Après quoi se trouve une ratification que fait en 1248 Jean *de Soisiaco*, Chevalier, d'une vente à Guillaume, Evêque de Paris, d'héritages sis à Moissy ou aux environs. La Cour du Parlement reconnut en 1268 qu'elle avoit autrefois adjugé à ce Jean de Soisy la possession de chasser à Dravel dans les bois de l'Abbaye de Saint-Victor, *ad cuniculum, ad furtrum et resellos solum sine canibus sine cornu et sine bosco plessando.* Ce même Jean de Soisy eut deux freres, Adam, Trésorier de l'Eglise de Nevers, et Robert, Chevalier. Tous les trois firent avant l'an 1270 la fondation dont j'ai parlé ci-dessus pour le repos de l'ame de leur pere et d'Isabeau, leur mere ; il s'agissoit d'un Chapelain qui devoit célébrer cinq Messes par semaine, auquel ils assignerent un logis à Soisy, une dixme au Coudray, et diverses petites rentes avec quelques fonds, dont Saint Louis accorda les Lettres d'amortissement datées du Camp devant Carthage au mois d'Août 1270. Ensuite est une Sentence rendue aux Assises de Corbeil en 1297, le Samedi, Fête Saint Pierre et Saint Paul, par laquelle Robert Mauger, Prévôt de Paris, adjugea à Jean de Soisy la Justice du même lieu de Soisy, et qui fut confirmée par Philippe le Bel étant à Poissy l'an 1298. Le même Jean de Soisy ou son fils étoit devenu Seigneur de Brunoy en 1344. Antoine Pessagne est qualifié possesseur de la Terre de Soisy dans *Chart. min. Ep. Par. fol. 268.*

Parl. omn. SS.

Ex Autogr. Chart. maj. Ep. fol. 329.

Livre bleu du Châtelet, fol. 64.

Dubois, Coll. MS. T. III.

un acte de 1350 qui concerne Lyonne, sa veuve. En 1385 Gilles Malet, Vicomte de Corbeil, se disoit Seigneur de Villepesque et de Soisy-sur-Seine, selon un titre imprimé en entier dans l'Histoire de Corbeil. C'est pourquoi l'Auteur n'auroit pas dû dire plus bas qu'il n'acquit cette Terre qu'en 1406. Cette époque ou celle de 1407 ne peut convenir qu'à l'hommage qu'il en rendit à Jean d'Etouteville, Maître des Comptes, en sa qualité de Seigneur de Mons-sur-Orge. Après la mort de Gilles Malet arrivée…..… Jeanne de Soissons, sa veuve, en porta l'hommage au Chapitre de Paris, auquel la Seigneurie de Mons avoit été léguée. Au reste cette Jeanne de Soissons me paroît peu certaine. Je trouve dans un titre authentique qu'en 1442 Gilles Malet, Seigneur de Soisy, fut mis en procès au Châtelet par Regnaud Doriac pour l'acceptation du Bail et garde de Guillaume Malet, qu'il avoit eu de Jeanne la Sanguine, son épouse, fille de feu Jean Sanguin. Il faut aussi revoir l'inscription de l'Eglise ci-dessus rapportée. Simon David, Chevalier, possédoit alors beaucoup de biens à Soisy-sur-Seine. Depuis le partage fait entre Jacques et Louis Malet, enfans de Gilles et de cette Dame, la Terre de Soisy tomba dans le lot de Jacques, qui la transmit à sa fille, Louise Malet, femme de Gilles d'Agincourt. Ce dernier la vendit en 1480 à Olivier le Daim, premier Valet de Chambre du Roi Louis XI. Olivier le Daim non-seulement obtint de ce Prince le privilége d'avoir une Foire et un Marché à Soisy, mais aussi des Lettres qui érigeoient cette Terre en Châtellenie. Il y fit apparemment aussi réunir tout ce que Guillaume le Carlier, Ecuyer, Seigneur du Coudray, avoit de Justice dans le même lieu de Soisy. De La Barre a eu raison de reprendre Belleforest d'avoir dit que Louis XI avoit donné à Olivier la Vicomté de Corbeil et la Seigneurie de Soisy, puisque cette Vicomté n'étoit pas du Domaine du Roi, et qu'il avoit eu Soisy par acquisition. Ce qui est certain par les Registres du Parlement, est que le Roi, outre les priviléges ci-dessus, lui fit don d'une partie de la forêt de Senart. Le même De la Barre ajoute qu'après la mort d'Olivier, ses biens ayant été confisqués, la Terre de Soisy fut réunie à son fief dominant de Mons-sur-Orge. Il finit en disant qu'il a vu subsister jusqu'au temps qu'il écrivoit, l'ancienne Tour de Soisy, qui servoit d'ornement aux environs de Corbeil. C'est sans doute dans cette Tour Seigneuriale qu'avoit subsisté la Chapelle castrale du titre de Saint Jean, dont j'ai vu des Provisions du 29 Août 1476 et du 17 Août 1484.

On ignore quels furent les Seigneurs après lui. J'ai trouvé dans le Rôle de la contribution au Ban et arriere-Ban de la Châtellenie de Corbeil pour l'an 1597, une Dame Geneviéve Langlois, comme possédant le fief de la Jarville assis à Soisy-sur-Seine, Ethioles, Corbeil et environs.

Dans le dernier siécle, la Seigneurie de Soisy, aussi-bien que celle d'Ethioles, a été tenue par MM. de Bailleul. D'abord par Nicolas de Bailleul, Président au Grand-Conseil, qui épousa en 1608 Louise de Fortia. Il étoit Lieutenant Civil en 1621, puis Président à mortier en 1627, et enfin Ministre d'Etat, décédé en 1662. L'Historien de Corbeil qui écrivit de son temps, dit que le Château de ce lieu étoit beau, et que le Seigneur a toute Justice ressortissante en la Prévôté de Corbeil. Louis Dominique de Bailleul, Président à mortier, succéda aux Terres de son pere et mourut en 1701. Il avoit épousé en 1647 Marie de Ragois. Après sa mort, Nicolas-Louis, leur fils, jouit des mêmes Terres. Il fut pareillement Président à mortier. Il mourut en 1714, et fut enterré à Soisy. Son fils, de même nom, et aussi Président au Parlement, a possédé les mêmes Seigneuries. Il est décédé le 27 Octobre 1737.

<small>Hist. des Présid. p. 417. Hist. des Gr. Off. T. VIII, p. 812. Voy. l'Epitaphe ci-dessus de l'Abbé d'Evron de 1619. Hist. de Corbeil, p. 18.</small>

<small>Merc. Nov. 1737.</small>

Depuis 1739, M. Juide ou Jude, Capitaine des Gardes, Lieutenant des Chasses de la forêt de Senart, a été Seigneur de Soisy par acquisition des héritiers de M. de Bailleul.

Dans le Recueil des Arrêts du Parlement de Paris, il s'en trouve un du 15 Juin 1731, au sujet d'un garçon Jardinier qui, le jour de la Trinité de cette même année, avoit tiré un coup de fusil sur le Curé de cette Paroisse, revêtu de ses habits sacerdotaux, dans l'Eglise du lieu. Pour lequel crime il fit amende honorable devant l'Eglise de Notre-Dame de Paris, et eut le poing coupé, et ensuite il fut brûlé vif en place de Grêve.

ETHIOLES

En parlant d'Athies qui n'est éloigné de ce Village-ci que de deux lieues, j'ai fait voir que son véritable nom venoit d'*Attegiæ* qui signifie dans la latinité des moyens siécles *des cabanes, des huttes*, et que quelques-uns disent être une racine Celtique latinisée, et qui signifioit originairement des maisons de bergers qui gardent les moutons. Ethioles n'en est qu'un diminutif; il ne signifie autre chose que des maisonnettes, de petites cabanes ou petites chaumieres. La preuve s'en tire de ce que dans les titres du treiziéme siécle, qui sont les premiers où il en soit fait mention, ce Village est appellé *Atiolæ* comme dans un acte de l'an 1228; ou *Atheiolæ*, comme le marque le Pouillé de Paris récrit vers ces temps-là; ou bien *Athegiolæ*, ainsi qu'il se lit dans l'ancien Nécrologe de l'Abbaye de Sainte-Geneviéve. M. de Valois, sans citer aucun titre, a prétendu pareillement que ce nom

<small>Chastelain, Voyages MS.</small>

<small>Notit. Gall. p. 409.</small>

venoit d'*Atteïolæ quasi parvæ Atteiæ*, et M. Chastelain le dérivoit d'*Athegiola*, ce qui est la même chose. Ce qui autorise de plus en plus ce sentiment, est qu'au commencement du quatorziéme siécle le nom de ce lieu s'écrivoit en françois Athyoles, ainsi qu'on le verra ci-après : de ce mot Athyoles on a fait Aithioles qui a formé la maniere d'écrire aujourd'hui Ethioles. Cette petite discussion servira à condamner ceux d'entre les Géographes du dernier siécle et de celui-ci qui se sont avisés de marquer sur leurs Cartes Estiolles : et tous les Livres de l'Election ou d'autres Bureaux et Recettes où l'on a fait de même, sur ce que l'on s'est imaginé apparemment que la racine de ce nom étoient les mots latins *æstas* ou *æstus*. Personne ne doit douter que la grande forêt dite de Senart depuis quelques siécles, et dont une partie se nommoit au douziéme siécle *Nemus Ardanum* d'une racine Celtique commune à plusieurs forêts, entre autres à la vaste forêt des Ardennes ; on ne doit point douter, dis-je, que du temps des Gaulois cette forêt ne s'étendit plus qu'elle ne fait presque de tous les côtés. L'une des places les premieres défrichées servit à dresser les huttes qui ont donné le nom à ce lieu. Le nom de Senart que toute la forêt porte à présent, est celui d'un hameau de la Paroisse d'Ethioles qui est le plus voisin de l'entrée du côté de Melun.

Le village d'Ethioles est à six lieues et demie de Paris et à demi-lieue de la ville de Corbeil. Sa situation n'est pas tout-à-fait sur le bord de la Seine, mais à un quart de lieue ou environ du rivage droit ; le ruisseau que la Carte de De Fer appelle Haude et qu'un titre de 1385 nomme le rû de Hauldre, y passe, après avoir arrosé Moissy-l'Evêque, etc. La position du gros du Village avec l'Eglise est dans un enfoncement au milieu de quelques collines garnies de vignes et arbres fruitiers ; les terres labourables sont sur le haut des côtes dans la plaine. Le dénombrement de l'Election de Paris imprimé en 1709 marque à Ethioles 57 feux. Celui que le Sieur Doisy a donné au public en 1745 n'en compte que 33, en avertissant qu'il n'y comprend pas ceux qui sont à Tigery, hameau de Saint-Germain de Corbeil qui a son article distinct dans les Rôles, et dont une partie est sur le territoire d'Ethioles. Le Dictionnaire Universel de la France, qui parut en 1726, met à l'article d'Ethioles 156 habitans [c'est-à-dire communians ou adultes] ; mais il est à croire qu'il n'y comprend pas ceux de Tigery qui sont Paroissiens d'Ethioles, puisqu'il fait un article particulier de ce Tigery, auquel il donne plus d'habitans qu'à Ethioles et Senart joints ensemble.

Hist. de Corbeil, p. 62.

On voit dans l'Eglise d'Ethioles quelques marques d'antiquité. La premiere est l'édifice du chœur qui m'a paru être de la fin du douziéme siécle, et qui est couronné par une tour quarrée qui s'éleve au-dessus. La seconde est une tombe du quatorziéme siécle qui est posée devant le chœur, sur laquelle est représenté un Chevalier armé, ayant un lion dans son bouclier et un autre à ses pieds. On lit autour en lettres gothiques minuscules :

Icy gist Monseigneur Adam Baʒon, Chevalier, jadis Seigneur de Athyroles, qui trespassa l'an de grace M. CCC et XXIIII le Dimanche après Noël.
    Vous qui par icy passeʒ
    Prieʒ pour les Trespasseʒ.
    Diex de gloire et Nostre-Dame
    Le heit mercy aux ames.

Cette Eglise manque d'une aîle du côté du septentrion. La Dédicace en fut faite en 1610 le Dimanche, premier jour d'Août, par René de Breslay, Evêque de Troyes. La Fête Patronale est celle de Saint Martin. En parlant de Soisy, je rapporte le fragment d'un titre du onziéme siécle qui paroit insinuer que Saint-Martin, surnommé aujourd'hui d'Ethioles, auroit été une seconde Paroisse de ce Soisy. Car Soisy a été autrefois plus fameux qu'il n'est, témoin l'ancienne Tour Seigneuriale que l'Historien de Corbeil avoit vue sur pied, et si l'on ne voit plus rien que de nouveau dans l'Eglise de ce même Soisy, c'est une marque que l'ancienne tomboit de caducité, et par conséquent qu'elle pouvoit n'être pas moins ancienne que le chœur de celle d'Ethioles.

 Reg. Ep. Paris.

 V. l'article de Soisy.

Pour revenir à cette Eglise d'Ethioles, le Pouillé manuscrit du temps de M. le Cardinal de Noailles y reconnoit, après celui du quinziéme et du seiziéme siécle et celui de 1626, deux Chapelles qu'il dit être du titre de la Trinité, mais sans revenu. Le Livre de Visites de l'Archidiacre de Brie, les dit à la nomination du Seigneur. Le Pouillé écrit vers 1450 fait sur ces Chapelles la note suivante : *Duæ Capellaniæ ibidem non deservitæ, quarum una fertur ad præsentationem Domini loci et Archidiaconi ad altare Sanctæ Trinitatis, veluti ostendit mihi signatura Archid. Briæ à tempore Pericoul.* Il ajoute que les Provisions furent expédiées par Jean Candela, Personnage fort connu d'ailleurs. Dans la présentation que fit en 1516 Catherine de Saint-Benoît, veuve de Claude Challigaut, Seigneur d'Ethioles en 1516 [1510], une de ces Chapelles est dite de Notre-Dame et de tous les Saints à l'autel de la Trinité. Au contraire, dans la présentation faite par Nicolas Taupitre le 5 Juillet 1506, il est dit qu'il nomme à la Chapelle de la Trinité en celle de Notre-Dame.

La Cure est marquée être à la pleine collation de l'Evêque de Paris, parmi celles du Doyenné de Moissy au Pouillé Parisien, récrit au treiziéme siécle en ces termes : *Ecclesia de Atheolis;*

celui qui fut écrit à la main au seizième siècle l'appelle *de Atheolis*. Les suivans qui sont du dernier siècle sont conformes pour la collation, et ne diffèrent que dans la maniere d'écrire; en 1626 *Etheolæ,* Etheoles ; en 1648 et 1692 Estiolles. Le Curé est gros Décimateur avec MM. de Malte. François Poncher qui mourut Evêque de Paris en 1532, avoit été Curé d'Ethioles en 1507. L'Ecole a été fondée par une Dame des Brosses.

<small>Visit. Archid. Marchand visit. 1700.</small>

On ne remonte point la liste des Seigneurs d'Ethioles plus haut que le commencement du regne de Saint Louis, auquel temps vivoit un Adam Haron *de Atiolis Miles.* Il est connu par le Cartulaire de l'Abbaye d'Hieres où sont rapportées des Lettres de l'an 1228, par lesquelles Guillaume, Evêque de Paris, déclara que ce Seigneur Adam avoit ratifié comme Seigneur suzerain que Heremburge, noble Dame du Chêne (*Nobilis mulier de Quercu*) [1], eût donné à cette Abbaye quelques revenus situés dans le village de Beuvenes. Je doute que l'extrait du Copiste de M. de Gaignieres soit exact dans le nom de famille de ce Chevalier ; il me paroît avoir été l'ayeul de cet Adam Bezon, Seigneur d'Ethioles, qui mourut en 1324 selon l'épitaphe ci-dessus rapportée ; et peut-être faut-il lire Baron dans le titre et dans l'épitaphe ; et non pas Haron ni Bazon. En 1337, Guillemin le Vicomte, Seigneur d'Ethioles et non Othioles, vendit vingt livres de rente qu'il avoit sur la recette de Corbeil appartenant au Roi, aux Ménestriers de Paris pour la dotation de la Chapelle Saint Julien. Après ces deux Seigneurs d'une même famille, il se présente Dame Jeanne *de Athegiolis* que les Chanoines de Sainte-Geneviéve de Paris insérerent dans leur Nécrologe au 1er Juillet pour leur avoir laissé cent sols. Elle paroît n'avoir vécu que vers l'an 1400, parce qu'elle est citée sous le nom de Jeanne Challigaut dans un Rôle dont je vais faire usage. Elle pouvoit être fille de Claude Caligaut que Gilles Malet, Vicomte de Corbeil, rendant son hommage à Charles VI en 1385, déclara tenir de lui à Ethioles, un fief de la Vicomté assis à Ethioles, appellé La Cour du Pressoir avec haute-Justice. On a vu ci-dessus qu'un autre Claude Challigaut, Seigneur d'Ethioles et de Crone, a dû vivre jusques vers l'an 1510. Catherine de Saint-Benoît, sa veuve, vivoit encore en 1516. Lorsqu'on fit en 1597 à Corbeil une revue des anciens fiefs de la Châtellenie pour faire contribuer au Ban et arriere-Ban ceux qui les possédoient, la haute, moyenne et basse-Justice d'Ethioles, dont Pierre Brulart, Conseiller d'Etat, jouissoit avec deux petits fiefs, situés au même lieu, tout cela fut dit avoir été tenu anciennement par la Demoiselle Jeanne Challigaut ci-dessus nommée, et produire en 1597 la

<small>Bibl. Reg.</small>

<small>Felibien Hist. de Paris, p. 576.</small>

<small>Necrol. antiq. S. Gen.</small>

<small>Hist. de Corbeil, p. 61.</small>

<small>Reg. Ep. Par s. 17 Dec. Rôle de la Contrib. au Ban de la Châtellenie de Corbeil 1597.</small>

---

1. Le Chêne est auprès de Combs-la-Ville.

somme annuelle de quatre cent trente-cinq livres. Il est bon d'observer en passant que le Sieur Brulard fut déchargé par Lettres d'Henri IV. Au commencement du dernier siécle, Nicolas Taupitre étoit Seigneur d'Ethioles. Ensuite lorsque De la Barre composa son Histoire de Corbeil, cette Terre étoit possédée par le Sieur Levasseur, Receveur Général de la Ville de Paris. Depuis, elle passa à MM. de Bailleul qui l'ont possédée avec celle de Soisy durant tout le reste du siécle, sçavoir : Nicolas de Bailleul, Ministre d'Etat, mort en 1662 ; Louis-Dominique, son fils, Président à mortier ; puis Nicolas-Louis, aussi revêtu de la même dignité, qui est mort sans enfans. Hist. de Corbeil, p. 19.

Depuis eux, M. Jude, Capitaine des Gardes, a été Seigneur d'Ethioles par acquisition aussi-bien que de Soisy ; mais par la suite il s'est défait de la Terre d'Ethioles en faveur de M. le Normand, Trésorier, qui y avoit déja une belle Maison, et il ne s'est réservé que Soisy. Son Château à Ethioles est proche l'Eglise.

On trouve que le Roi Philippe de Valois étoit à Ethioles le 12 Mai 1341. Il y fit expédier une Ordonnance concernant les pays d'Anjou et du Maine. Il est encore une autre Ordonnance du même mois [rendue] par le même Prince concernant l'Amirauté. Table des Ordonnanc. Reg. Thesaur. Chart.

Les écarts ou hameaux dépendans de la Paroisse d'Ethioles sont au nombre de trois, en y comprenant Gravois, que l'Historien de Corbeil assure en être, quoiqu'on m'ait assuré à Saint-Germain du Vieux-Corbeil qu'il est de cette derniere. Hist. de Corbeil, p. 23.

SENART, autrement dit la Grange de Senart, est, selon le même Historien, un hameau qui dépend de l'Abbaye d'Hieres, lequel est de la Paroisse d'Ethioles, et de la Justice de Corbeil. Il dit ailleurs que ce lieu fut donné à ce Monastere par Dame Eustachie de Corbeil ; quoiqu'il n'en paroisse rien dans le détail de ses dons que contiennent les Lettres d'Etienne de Senlis, Evêque de Paris, de l'an 1138. Au reste, les Religieuses d'Hieres possédoient cette Grange en 1610, puisqu'alors elles la donnerent à Bail emphytéotique à Pierre le Rat, Payeur des Offices de la Prévôté de l'Hôtel. On ne sçait pas d'où vient ce nom de Senart. Seroit-il l'un de ceux que les Chevaliers du douziéme ou treiziéme siécle rapporterent des Croisades, et qui y auroit été donné par allusion au champ de Sennaar ? Au moins il y avoit dès l'an 1224 du côté d'Epiney un territoire connu sous le nom de Senart. Mais le premier titre où je trouve *Foresta de Senart* est de l'an 1314. C'est une acquisition que fit le Roi Philippe le Bel d'une maison et terres dites situées *in loco de Dravet prope Sequanam et forestam de Senart*. On entrevoit que c'est le lieu qui se trouvoit alors à l'entrée de cette Forêt en venant de Melun ou de Corbeil, qui a communiqué son nom au reste ; et que Senart étoit le nom de quelque ancien pos- Ibid., p. 24.
Ibid., p. 128.
Annal. Bened. T. VI, Instrum. p. 676.
Reg. Ep. Paris. 7 Aug. 1610.
Chart. S. Gen.

sesseur de ce canton ; ne pourroit-on pas dire même, vu que Lieu-Saint n'en est qu'à demi-lieue, que Senart auroit été la solitude d'un saint Hermite appelé Senard, disciple de S. Maximin de Micy proche Orléans ? Car le nom de *Locus Sanctorum* que porte Lieu-Saint dans les anciens titres, suppose qu'il a demeuré plus d'un Saint dans cet endroit lorsqu'il faisoit partie de la Forêt, et qu'il ne faut pas croire que S. Quintien soit le seul qui s'y soit sanctifié.

Sæc. I, Bened. p. 581.

Comme cette Forêt s'étend sur le territoire de plusieurs Paroisses, et que la distinction de ce qui appartient à chacune n'est pas aisée à faire, je réunirai en un article détaché tout ce que l'on en sçait en général.

Pour la même raison, Tigery, hameau considérable étant de la Paroisse de Saint-Germain du vieux Corbeil, aussi-bien que de celle d'Ethioles, j'en ferai aussi un article séparé sans entrer dans la discussion de ce qui est de l'une plutôt que de l'autre. Dans les Registres de l'Archevêché il est fait mention de la fondation de la Chapelle de Tigery le 1er Juillet 1553 ou 54.

Il y a à Ethioles le fief de MANDRES où passe le ruisseau qui traverse le Parc.

Je finis par deux fiefs que le Rôle de la contribution au Ban de la Châtellenie de Corbeil pour l'an 1597 marque être situées sur la Paroisse d'Ethioles : 1° le Fief de HANGEST. Il appartenoit alors à Nicolas Charles, Avocat en Parlement, Bourgeois de Paris, et fut déclaré produire quatre-vingt-six livres ; 2° le Fief de COMBEAUX, spécifié en ces termes au Rôle ci-dessus dit : « Le Fief, Terre et « Seigneurie de Combeaux, Paroisse d'Ethioles, appartenant à « M. Pierre Robert, Avocat, valant 21 livres, 7 sols, 6 deniers » Ce même Fief est déclaré situé en la forêt de Senart dans un Dénombrement de l'an 1540. On y lit qu'il s'appelloit autrement *Les bois du Tremblay,* et qu'il étoit tenu en fief du Seigneur d'Ormoy à cause de son Château. C'est ce qui se rapporte assez à un autre article du Rôle cité ci-dessus de l'an 1597, dont voici la teneur : « Le Fief du bois du Tremblay contenant cent vingt ar- « pens en la forêt dudit Senart près Combeaux appartenant à Jean « Bureau, Ecuyer, et depuis à M. Miron, Lieutenant Civil, vaut « 91 livres. » M. de Valois n'a connu qu'un lieu seulement du nom de Combeaux, sçavoir celui qui est proche La Queue en Brie, dans lequel il a cru qu'un de nos Rois de la premiere race s'étoit retiré, ensorte qu'on y avoit battu la monnoie sur laquelle on lit *Combellis fit.* En voilà un second dont la situation dans une vaste forêt pourroit le disputer. Le Château Royal dit en latin *Combelli,* tiroit sa dénomination d'un petit abattis d'arbres qu'on avoit fait pour le construire. Mais j'aime mieux suivre le sentiment de

Manuscr. de M. le Présid. de Noinville.

Notit. Gall. p. 415.

M. de Valois sur le *Combelli* où l'on a battu monnoie. Un troisiéme fief d'Ethioles consiste dans une Maison dite le Fief de LA GRAND MAISON sur le carrefour. Il appartenoit en 1549 à François Bouchér, Boucher de Paris. *Tab. S. Maglor.*

Il reste quelques actes du dernier siécle qui font foi de l'existence d'une Seigneurie appellée ANDRE sur la Paroisse d'Ethioles. Ce sont les permissions d'Oratoire domestique accordées en 1629 à Richard Petit, Conseiller, et Marie de La Vernoi, sa femme : en 1643 à Pierre Gargan, Secrétaire du Trésor du Roi, et Jeanne de Pinterville, sa femme. *Reg. Arch. Par. 19 Maii.* *Ibid., 30 Nov.*

On trouve de semblables actes de l'an 1649 en faveur de Nicolas l'Avocat, Secrétaire du Roi et Maître des Comptes, pour sa Maison domaniale du BOURG sur la Paroisse d'Ethioles ; et en faveur du Sieur de Barrieres pour la même Maison en 1697. *Ibid., 7 Oct.* *Ibid., 3 Maii.*

Il est marqué dans un Journal de 1742, que le 24 Octobre mourut Louis-Charles Bertin de Blagny, Maître des Requêtes, Seigneur des COUDRAIS-LEZ-ETHIOLES, en cette même Maison des Coudrais. *Merc. Oct. 1742, p. 2327.*

Je trouve enfin dans une liste de fiefs, HOUDRE ou la Maison Ponceau de la Paroisse d'Ethioles, Parc et Château appartenant à M. Hugenot, Avocat au Conseil.

La même liste reconnoît L'ISLE AUX PAVEURS, Paroisse d'Ethioles, partie du Tremblay, et partie à des particuliers et à M. de Meulan, Receveur Général des Finances de la Généralité de Paris, qui acquit en 1746 la belle Maison de feu M. Bertin de Blagny à Ethioles.

LE VIEUX-CORBEIL
AUTREMENT SAINT-GERMAIN DE CORBEIL

Ce qui compose aujourd'hui Corbeil est situé aux deux rivages de la Seine. La partie la plus considérable en apparence est au rivage gauche ou occidental, et on l'appelle proprement *La Ville*. J'en fais un article séparé sous l'Archidiaconé de Josas dans lequel elle est comprise. L'autre partie qui est au rivage oriental, n'est gueres regardée que comme fauxbourg, quoique ce soit véritablement l'ancien Corbeil, et celui d'où l'autre a tiré son nom. Cependant il y a encore une restriction à faire : car depuis huit à neuf cents ans, ce n'est pas le seul territoire du vieux Corbeil qui aboutit au rivage oriental de la Seine, vis-à-vis l'endroit où est le nouveau Corbeil ; c'est encore le territoire d'une autre Paroisse nommée Peray, et primitivement appellée Mory, qui fait face à la ville de Corbeil. Le territoire de Peray est vers le midi, et celui du vieux Corbeil vers le septentrion. Au reste cette Paroisse de Mory, à laquelle Peray a succédé, pouvoit avoir été formée d'un démembrement du vieux Corbeil dont l'existence remonte plus haut.

Un Auteur anonyme qui a écrit sous le regne de Charlemagne l'Histoire de la Translation du corps de Saint Germain, Evêque de Paris, rapportant un miracle qui arriva en ce lieu de Corbeil, lui donne le nom de *Corboilus vicus*, et ajoute que personne n'ignoroit de son temps que ce Village avoit appartenu à ce Saint Evêque : *nam et eandem villam quondam beati fuisse Germani rarus qui nesciat.* Voilà ce que nous avons de plus ancien à dire sur Corbeil. Ce vieux Corbeil existoit dès le sixiéme siécle et étoit Terre appartenante à Saint Germain, Evêque de Paris, qui y avoit fait bâtir une Eglise qu'on croit avoir été en l'honneur de Saint Vincent, dans laquelle la tradition au huitiéme siécle étoit qu'il y avoit couché sur de l'herbe verte, et qui depuis sa mort prit son nom. En 800 et 810 ce n'étoit qu'un simple Village, *Villa*. Ainsi il ne faut pas s'imaginer que ç'ait été une Ville qui ait été détruite par les Normands dans la suite du même siécle. On l'appelloit aussi alors tout simplement *Corboïlus* ou *Corboïlum* [1], l'épithete de vieux n'ayant été employée que depuis qu'il y eut un nouveau Corbeil bâti de l'autre côté de la Seine.

Hist. Translat. S. Germ.

Il n'y a aucun fond à faire sur les conjectures que l'amour de la patrie a fait avancer par le Sieur de la Barre, Historien de la Ville de Corbeil, sçavoir que les habitans de l'ancienne ville *Corbilo* située à l'embouchure de la Loire, et de laquelle il est parlé dans un ancien Géographe latin, seroient venus s'établir sur la montagne du vieux Corbeil et lui auroient donné le nom de la Ville qu'ils quittoient. Il est faux pareillement que ce lieu soit le *Metiosedum* des Commentaires de César. J'ai prouvé ailleurs que ce *Metiosedum* étoit situé au rivage gauche de la Seine, et ne devoit pas être si éloigné de Lutece que l'est le lieu dont il s'agit. Le nom de Champdolent que porte un chantier ou canton de terre sur la Paroisse du Vieux-Corbeil, ne vient pas nécessairement d'une bataille sanglante qu'il y auroit eu en ce lieu ; et quand même il en tireroit son origine, il a pu y en avoir une autre bien postérieure à celle où fut défait par Labienus le Capitaine Gaulois Camulogenus. L'Historien de Corbeil affecte de l'appeller *Camu-*

Hist. de Corbeil, p. 2 et 8.

Recueil de divers Ecrits, T. II.

---

1. Comme la lettre *u* a quelquefois été employée pour le *b*, je crois que l'on a quelquefois écrit *Coruoïlum*. Par ce moyen nous trouvons que c'est de Corbeil qu'il faut entendre ce qu'a dit Aimoin, Historien du neuviéme siécle, en son Livre des Miracles de Saint Germain, lorsque le corps de ce Saint fut réfugié à Combs ; car il faut nécessairement que le *Ruoilum* voisin dont il est parlé, ait eu une Eglise sous le titre de ce Saint ; ce qui ne peut convenir qu'à Corbeil, dont le nom *Coruoilum* aura été tronqué dans le manuscrit et rendu par *Ruoilum*.

Iodenus afin de trouver moins d'éloignement entre ce nom et celui de Champdolent. Mais ses préventions pour Corbeil l'ont empêché de voir que ce fut au-dessous de Lutece, vers la plaine de Grenelle et de Vaugirard, que Camulogenus fut battu, ainsi que j'ai prouvé dans l'Ecrit ci-dessus cité.

Laissant donc toutes les vaines conjectures sur l'antiquité du vieux Corbeil, il suffit quant à l'origine du nom, de dire qu'il est dérivé d'une racine Celtique ou Gauloise, de même que celui de tant d'autres lieux qui sont en France. Cette racine est *Corb* dont on ignore la signification ; elle avoit formé le nom de la ville Gauloise de Corbilo sur la Loire, et c'est d'elle que sont dérivés les dénominations de plusieurs lieux anciens, tels que le pays Corbonois *(Corbonisus)*, Corbie et Corbigny, très anciens Monasteres qui ont donné naissance à des Villes, tous les autres lieux du Royaume dits Corban, Corbin, Corbiere, Corbelain, Corberon, Corbereuse : et même le nom de Corbeil qui n'est pas singulier en France, puisqu'il y a deux [trois] Villages qui le portent : l'un au Diocèse de Langres, l'autre dans celui de Sens, et un troisiéme au Diocèse de Beauvais, appellé Corbeil-Serf.

La Paroisse du Vieux-Corbeil est située dans la Brie, et comprise dans l'Archidiaconé de ce nom. Depuis quelques siécles l'un des deux Doyennés de cet Archidiaconé a quitté le nom de Moissy pour prendre celui du Vieux-Corbeil ; ce qui paroît donner un relief à ce Vieux-Corbeil que n'a pas le nouveau dans le genre Ecclésiastique, puisque ç'a toujours été Linais ou Montlhery qui ont donné le nom au Doyenné dont il est. Cette Paroisse est bornée d'un côté par la riviere de Seine, et des autres côtés par celles d'Ethioles et Peray. Elle s'étend aussi jusques dans Tigery, dont une partie la reconnoît pour sa Paroisse. On y voit quelques vignes sur les côteaux voisins de la Seine, le reste est en terres labourables. Il y a peu de Maisons proche l'Eglise, quelques-unes au vieux Marché, d'autres à Tigery, quelques fermes dans la campagne, ensorte que le plus grand nombre est au bas de la montagne et le long du rivage de la Seine, où l'Eglise de Saint-Jacques sert de Succursale.

Telle est la Paroisse que les Dénombremens de l'Election de Paris appellent *S. Germain fauxbourg de Corbeil*, à laquelle en 1709 ils donnoient 25 feux, et 49 en 1745.

L'Eglise Paroissiale est titrée de Saint Germain, Evêque de Paris. C'est une des belles Eglises du Diocèse : elle est bâtie sur le haut de la montagne, ce qui fait qu'on l'apperçoit de fort loin. L'édifice paroît être du commencement du treiziéme siécle. Le chœur est orné de galeries qu'on croiroit même du douziéme. Elle est entierement voûtée, accompagnée d'une aile de chaque côté, mais il n'y a pas de rond-pont, et elle finit en quarré. Les vitrages du fond sont de forme oblongue et de verre très rouge, suivant la coutume du treiziéme siécle. Le devant de cette Eglise est décoré d'un beau vestibule ou porche voûté, soutenu de colonnes délicates. Le côté septentrional de l'Eglise est soutenu par la tour du clocher surmontée d'une haute flèche d'ardoise. Saint Germain et Saint Vincent, Martyr, ancien Patron, sont représentés au grand autel, dont le rétable est couvert d'étoffe comme dans les Cathédrales. La sépulture la plus considérable de cette Eglise est celle d'un Chevalier représenté en homme de guerre avec un lion à ses pieds ; il a le visage et les mains de marbre incrusté dans la tombe. Son bouclier, qui est sans armoiries, paroît désigner le treiziéme siécle. Il n'y a rien d'écrit autour de cette tombe, qui se trouve aujourd'hui placée dans le côté septentrional de la nef, sous la chaire du Prédicateur.

Dans le chœur est la tombe d'un Curé de l'an M. CC LXXX, et celle d'un autre Curé décédé en M. CCC LX qui y est dit Chanoine de Saint-Quentin *in Viromandia,* ayant un calice entre ses mains. Plus, celle d'un Curé représenté l'aumuce en tête, qualifié *Decanus Christianitatis,* et décédé l'an M. CCC XLIV.

Devant la porte du chœur se lit sur une tombe en capitales : *Icy gist Pierre le Teinturier le Diel* [*Viel*] *qui trespassa l'an de grace M. CC LXXX et VII.* La figure de cet homme est revêtue d'un capuchon court pardevant, sous le bas duquel paroît une doublure de fourrure. Sur la tombe suivante, qui a été retournée, est gravé de même : *Ici gist Marie, femme de Pierre le Teinturier, qui trespassa l'an M. CC LXXIV.*

Dans l'aîle méridionale est la tombe de Louis Tillet, Seigneur de Valcoquatrix et Bouligny, décédé en 1516, et de sa femme Denise de Paris.

Dans celle du septentrion est attachée au mur une plaque de cuivre qui sert d'épitaphe à François Bastonneau, Sieur de la Beraudiere et Belleville, Capitaine de gens de pied sous M. de Givry. On y lit qu'il fut tué par les Espagnols dans l'escalade de Corbeil en 1590, au mois de Novembre. Le peuple s'est imaginé que c'est lui qui est représenté sur la tombe qu'on voit sous la chaire, comme si du temps d'Henri IV on portoit des boucliers à la guerre.

Pour derniere inscription on voit gravé sur la pierre, proche la grande porte, l'extrait d'un Arrêt du Parlement au sujet du Sieur Boucher, Curé en 1610 et 1614, qui lui adjuge des grains et des dixmes, à condition qu'il enterrera et donnera les Sacremens *gratis* aux pauvres.

Je ne parle point des reliques que l'Archidiacre y trouva en 1700.

On les dit de Sainte Marthe et de l'une des onze mille Vierges : mais elles sont sans authentique. Ce qu'il y a pu avoir de reliques de Saint Germain, Evêque de Paris, dès le temps de la premiere Eglise qui y fut dédiée sous son invocation, a été perdu dans les différentes révolutions. Au reste dans ces temps reculés on ne donnoit souvent pour les Dédicaces que des linges qui avoient reposé sur le tombeau des Saints. L'Auteur du Livre de la Translation de ce Saint, qui a été écrit sous le regne de Charlemagne, raconte avec quelle piété les habitans de cette Paroisse étant vexés par celui qui représentoit le Seigneur de la Terre, réclamerent l'intercession de Saint Germain en frappant l'autel de l'Eglise de son nom dépouillé de ses nappes. Il ajoute que cette Eglise étoit comme un asyle et refuge ordinaire, à cause que l'on y conservoit du foin sur lequel le Saint Evêque avoit autrefois reposé dans ce lieu : et parce que ce foin, dit-il, paroissoit toujours verd après plusieurs années, il étoit gardé si soigneusement que personne n'osoit en prendre pour le transporter ailleurs.

Registre de Visite 1700.

Acta S. Bened. Sæc. III, Part. II, p. 103.

La Cure de cette Paroisse a toujours été et est encore *pleno jure* à la nomination de l'Evêque de Paris. *In Decanatu Moissiaci,* dit le Pouillé du treiziéme siécle *de donatione Episcopi, Ecclesia de veteri Corbolio.* Il en est de même dans le Pouillé du quinziéme siécle et dans les suivans. Celui du quinziéme siécle lui marque soixante livres de revenu, et se sert des termes de *Decanatu de veteri Corbolio* : ce qui montre que Moissy ne donnoit plus son nom au premier Doyenné de Brie.

Il y eut au commencement du treiziéme siécle, dans cette Eglise du Vieux-Corbeil, deux Ecclésiastiques qui donnerent dans les erreurs d'Amaury ou des Albigeois, et qui en furent punis vers l'an 1209 ; sçavoir, le Curé Etienne *(de veteri Curbuelo)*, et son Diacre du même nom. Je ne doute point qu'il n'y ait eu depuis en ce lieu des Curés plus dignes d'être nommés. Eustache du Bellay, fait Evêque de Paris en 1551, avoit été Curé de Saint-Germain de Corbeil.

Cæsar. Heisterbach. Dialog. [Miraculor.] lib. V, c. XXII, Gall. Christ. T. VII.

Le Registre des visites Archidiaconales de l'an 1700, porte qu'il y a trois gros Décimateurs sur cette Paroisse, qui sont la Fabrique du lieu, le Prieur de Saint-Jean en l'Isle de Corbeil, comme étant aux droits des Templiers de Saint-Jacques, et l'Abbaye de Saint-Antoine de Paris. L'Historien de Corbeil assure que c'est le tiers de la dixme de cette Paroisse qui avoit été légué à cette Abbaye, et que les Religieuses en obtinrent la confirmation du Roi Philippe le Bel l'an 1287. Quelqu'un m'a dit sur le lieu que les Chanoines de Montfort-l'Amaury, au Diocése de Chartres, y ont aussi quelque dixme. L'Abbaye de Saint-Pierre-des-Fossés possédoit dans cette Paroisse au treiziéme siécle de ce qu'on appelloit en latin *Droitura* au nombre de dix, et retiroit dix sextiers de

De la Barre, p. 181.

Gall. Chr. T. VII, Instrum.

froment avec neuf sextiers d'avoine. L'Abbé Pierre de Chevry établissant un Chambrier dans son Monastere l'an 1256, lui céda ses revenus au Vieux-Corbeil. Ces biens lui venoient d'un Prévôt de Corbeil nommé Baudoin ou Badon à qui le Comte de ce lieu, Burchard premier du nom, les avoit donnés en bénéfice avec d'autres. Aleran, fils de ce Prévôt, qui auroit pu en jouir sa vie durant, les avoit remis à l'Abbaye moyennant un certain don. La charte du Roi Robert qui confirme le tout en 1029, désigne ainsi le bien dont il s'agit : *In veteri Corboïlo de terra Sancti Germani quæ dicitur* Pradels, *mansum unum et dimidium*. J'écris ceci conformément à l'original de cette charte que j'ai vu, sur lequel j'ai corrigé les fautes infinies de l'édition qu'en a donnée le Pere Dubois au premier Tome de son Histoire de l'Eglise de Paris (page 657).

Il faut observer à cette occasion que c'est là le premier titre où l'expression de *Vieux Corbeil* soit employée. Odon, Moine des Fossés, qui écrivoit en 1058 la vie du Comte Burchard, s'en sert pareillement en donnant le sommaire de ce Diplôme, par opposition au nouveau Corbeil qu'il appelle *Junius Corboïlum*.

Duchêne,
T. IV, p. 121.

Après l'Eglise de Saint-Germain du Vieux-Corbeil, la plus ancienne Eglise étoit une Chapelle en l'honneur de Saint Guenaul, qui existoit sur cette Paroisse de Saint-Germain dans le quartier depuis appellé le Fauxbourg Saint-Jacques. Ce fut en ce lieu que furent d'abord placées les reliques de ce Saint Abbé breton, après qu'elles furent tirées de Paris où elles avoient été mises en refuge. Soit que la Chapelle existât lorsqu'on les y déposa, soit qu'elle n'ait été bâtie qu'après leur arrivée à Corbeil, il est certain qu'au douziéme siécle elle étoit connue sous le titre de *Capella Sancti Vinaïli*, et une preuve qu'elle étoit fort différente du Prieuré, est que dans le Pouillé récrit vers le temps de Saint Louis elle se trouve inscrite parmi les Eglises appartenantes à l'Abbaye de Saint-Victor situées au Doyenné de Moissy, dit depuis le Doyenné du Vieux-Corbeil, dont on sçait que le district ne passoit pas la riviere. On ne sçait pas en quel temps cette Chapelle a été détruite. Le terrain où elle étoit appartient encore au Prieur de Saint-Guenaul.

Hist. de Corbeil,
p. 53.

Chart. Ep. Par.
in Bibl. Reg.

Hist. de Corbeil,
p. 53.

L'EGLISE SAINT-JACQUES que l'on voit aujourd'hui sur le territoire de la Paroisse de Saint-Germain du Vieux-Corbeil et autour de laquelle se sont retirés la plupart des habitans, à cause des différentes commodités de sa situation, étoit originairement une Chapelle de Templiers qui fut bâtie au treiziéme siécle, sous le regne de Saint Louis, et qui étoit accompagnée des lieux Réguliers convenables à cette Communauté. Une Dame nommée Magdeleine de la Grange leur donna en 1267 une partie des dixmes de la Paroisse. Cet Ordre ayant été détruit vers la fin du regne de

Ibid.
p. 25, 26 et 185.

Philippe le Bel, ce bien passa à la Maison du Prieuré de Saint-Jean en l'Isle de Corbeil, et leur Eglise fut donnée par la faveur de Philippe le Long, alors Comte de Corbeil, aux habitans du Fauxbourg pour les dispenser de monter à Saint-Germain, leur Paroisse; car s'étant formé une Ville du nom de Corbeil au rivage gauche de la Seine depuis quelques siécles, les maisons situées à l'autre bord, quoique bâties sur le fond de l'ancien et unique Corbeil, ne furent plus regardées que comme Fauxbourg du nouveau Corbeil.

Cette Eglise de Saint-Jacques subsiste encore telle qu'elle avoit été bâtie au treiziéme siécle, et le Curé de Saint-Germain qui a choisi son domicile auprès, laissant son Presbytere d'en-haut à son Vicaire, y fait les fonctions Curiales. Sa construction ressemble assez à celle des anciens réfectoires voûtés des grandes Abbayes, et elle n'est soutenue par le milieu qu'au moyen de trois colomnes très-délicates; les vitrages du fond sont du treiziéme siécle; mais les peintures à fresque de la vie de NOTRE-SEIGNEUR ne sont que de vers l'an 1530. Sur le mur du côté méridional est gravée une inscription qui porte qu'en l'an 1328, Jehan le Menagier et Emeline, sa femme, ont donné une rente pour affranchir les Paroissiens de Saint-Jacques du sol qu'ils devoient par an à la Fabrique, c'est-à-dire iiij deniers par Fête Annuelle.

Il y avoit au quinziéme siécle dans cette Eglise une Chapellenie du titre de Notre-Dame et Saint Jacques, que le Pouillé Parisien de ce temps-là dit avoir été à la nomination Episcopale, ajoutant que le Chapelain n'est aucunement tenu de payer des Décimes.

Cod. MS. in Secretar. Arch. Paris.

On trouve dans l'antiquité peu de Seigneurs de la Seigneurie seule de Saint-Germain, parce que celle du Val Coquatrix y étoit ordinairement jointe et paroissoit l'emporter, et cela depuis trois ou quatre siécles. L'Historien de la premiere Translation du corps de Saint Germain qui a écrit sous Charlemagne, assure qu'alors on disoit que cette Terre avoit appartenu au Monastere de Saint-Vincent à Paris, auquel apparemment ce Saint Evêque l'auroit donnée. Peut-être lui avoit-elle été enlevée du temps de Charles Martel. Il dit un mot des vexations que le Juge du lieu faisoit aux habitans.

Les principaux fiefs situés sur la Paroisse de Saint-Germain du Vieux-Corbeil, sont le Val Cocatrix et le Tremblay. Je m'étendrai un peu sur ces deux fiefs; il y a peu de chose à dire sur les autres.

VAL COQUATRIX ou COCATRIX porte le nom de sa situation et d'un de ses anciens possesseurs. Les Cocatrix étoient une famille de Paris qui a donné son nom à une rue et à un fief proche Saint-Leufroy ou le Grand-Châtelet. Geoffroy Cocatrix a été l'un des plus célébres sous le regne de Philippe le Bel, et il y a apparence que ce fut lui qui donna son nom au Val dont il s'agit, parce qu'on le trouve avec des marques de relation et de résidence à Corbeil. Il prend à bail vers l'an 1300 les quatre moulins de cette Ville appartenans au Roi, moyennant la somme de cent vingt-six livres par an. Outre cela ce Prince lui assigna cinquante livres de rente sur la Prévôté de Corbeil. On croit qu'il fut Echanson du Roi. Il y eut aussi, en 1314, un Pierre Cocatrix, Conseiller au Parlement. Il est marqué dans les Tables de cire des voyages de Philippe le Bel, que revenant du Poitou en 1308, il logea au Val Coquatrix, le Dimanche et Lundi XI et XII Août, et que pour cette résidence de deux jours, la Léproserie de Corbeil eut la dixme du pain et du vin qui furent consommés par la Cour. Il reste pareillement des Lettres du Roi Charles le Bel données au Val Cocatrix en Avril 1326 [1].

Lib. rub. Cam. Comp. f. 383.
Ibid.
Catal. de Blanchard.
Tab. cereæ Genevenses.
Hist. de Nimes, T. II.

On sçait ensuite que le Roi Charles V fit l'acquisition de la Maison du *Val Coquatrix emprès Corbueil* et la paya de ses deniers; on ne dit pas qu'après cela il en accorda la jouissance à Philippe Ogier, son Secrétaire et Maître de ses Comptes, lequel la posséda jusqu'à son décès. Delà vient que dans les Préliminaires à l'Histoire de Charles VI par le Laboureur, ce Philippe Ogier est qualifié Seigneur du Val Coquatrix en même temps que Concierge du Palais Royal à Paris. Après sa mort, le Roi Charles VI fit présent de cette Maison et de ses appartenances au Duc de Bourgogne, son oncle, par Lettres datées de Paris le 6 Mars 1380, [pour] les bons services qu'il avoit rendus à Charles V, excepté toutefois le ressort et la souveraineté au cas qu'elle fût tenue dans le fief du Roi.

Charte de l'an 1380 de Charl. VI. Reg. du Trésor des Chartes au 6 Mars 1380.
Histoire de Charles VI, Prélim. p. 33.

En 1413, ce Val Coquatrix appartenoit à Marguerite Alory, femme d'Hervé de Neauville, Conseiller du Roi. Ce fut sur cette Seigneurie et sur d'autres biens aux environs jusqu'à Villeneuve-Saint-Georges, qu'elle assit cent cinquante livres de rente pour fonder trois Chartreux à Paris, ce que son mari confirma en 1420, et depuis par son testament du 4 Septembre 1423, veille de son décès. Ce Seigneur et sa femme sont inhumés chez les Chartreux de Paris, dans la Chapelle de la Magdeleine, où il y a une plaque de cuivre qui contient une partie de ce qui vient d'être dit. Les Chartreux ont eu depuis la Terre de Lieusaint en place de ces cent cinquante livres.

Necrol. Cartus. Par. 5 Sept. Du Breul, Antiq. Paris, article des Chartreux.

Il y avoit en 1481 plusieurs Seigneurs du Val Coquatrix. Les Religieux de Saint-Maur et ces Seigneurs firent un Traité par lequel il paroissoit que ces Religieux n'avoient pas prétendu avoir droit sur toute cette Terre. Il ne s'agissoit que de quelques héritages.

Mém. imprimé.

---

1. Une Jeanne Coquatrix avoit épousé Pierre ou Jacques Marcel vers l'an 1290 ou 1300. Une seconde Jeanne Coquatrix étoit mariée en 1340 à Simon le Grand, Avocat Général, et mourut en 1343. *Du Breul, Liv. III, article des Célestins.*

Louis Tillet étoit en 1491 Seigneur de ce lieu, et fit quelques échanges de masures avec Jean Turpin, Prieur de Saint-Jean. Il décéda en 1516 et est inhumé avec Denise Paris, sa femme, dans l'Eglise de Saint-Germain. Mém. imprimé
Voyez ci-dessus.

Durant le cours du siécle suivant la Seigneurie souffrit quelques partages et quelques réunions. Si on trouve que le fief de la Croix y fut réuni alors et fit monter l'estimation à 180 livres, on lit aussi que la veuve de Jean la Cochette, Bourgeois de Paris, y avoit part et portion avec la Grange à la Prévôté, le tout valant par an trente livres. Rôle de la Contrib. au Ban et arriere-Ban de la Châtellenie de Corbeil.

Dans le Procès-verbal de la Coutume de Paris de l'an 1580, Pierre Richer est dit Seigneur du Val Coquatrix.

L'Historien de Corbeil qui écrivoit vers l'an 1620, dit à l'article de Val Coquatrix que c'est une Maison féodale rebâtie par le Commissaire Thibeuf. En 1644 elle étoit possédée par Pierre Thibeuf, Conseiller au Parlement, Seigneur de Saint-Germain, et par Claude Boulanger, sa femme. Leurs descendans en jouissoient encore en 1704. M. Thibeuf de Saint-Germain reçut alors hommage des fiefs du Peray, les Trois Maisons et la Roterie relevant du Val Coquatrix. De la Barre, p. 25.
Reg. Arch. Par.
Mém. imprimé.

Depuis eux cette Seigneurie a passé à MM. de Bretigniere, dont un a été Chanoine de Vincennes, un autre Conseiller Honoraire au Grand-Conseil, et un troisiéme Conseiller au Parlement. Ibid.

On m'a marqué en dernier lieu que le Val Coquatrix et le fief de la Croix sont réunis au Seigneur de Sintry et Tremblay.

LE TREMBLAY tire son nom des arbres appellés trembles qui y étoient en abondance. Le plus ancien document qui parle de ce lieu voisin du nouveau Corbeil, est l'acte de la Translation des Reliques de Saint Exupere et Saint Loup, Evêques de Bayeux, faite en 1317, où il est dit qu'elles y furent portées en procession le Dimanche 14 Mai, et qu'il y eut prédication en ce lieu par l'Evêque de Soissons. En mémoire de quoi on y va encore tous les ans processionnellement de la Ville de Corbeil le cinquiéme Dimanche après Pâques. Vie de S. Spire 1735, p. 45.

Le fief de ce lieu a été quelquefois appellé le Fief Chevreau, et quelquefois de la Tour Griveau, du nom des détenteurs.

Hue Grivel ou Griveau, Ecuyer, tenoit du Roi en pur fief le fief du Tremblay, dit le Fief Chevreau, l'an 1373.

Robert Guvir ou Griveau en donna aveu au Roi à cause de son Château de Corbeil l'an 1415.

Jean Amyart, Seigneur du Pressoir Chevreau, rendit hommage au Roi en 1452 pour ce fief et Marcenot Monceaux.

Jean Bureau, Ecuyer, Sieur de la Tour Tigery, et Marie Amyart, sa femme, en 1490.

Jean Bureau, leur fils, en 1540. Dans le Rôle du Ban et Arriere-Ban du seizième siècle, le fief du Pressoir Chevreau possédé par le même, est estimé valoir 12 livres.

Guillaume Riviere, à cause de sa femme Catherine Bureau, en 1545.

Antoine Nicolaï, premier Président de la Chambre des Comptes, Seigneur d'Orville, fit hommage le 8 Octobre 1561.

Robert Miron, Maître des Comptes, en 1569.

Gabriel Miron, Lieutenant Civil, subrogé aux droits de Robert. Son hommage est du 14 Décembre 1570.

Magdeleine Bastonneau, veuve de Gabriel Miron, fit hommage le 4 Août 1574. Le Prince de Parme logea en sa maison du Trem-

<small>Hist. de Corbeil, p. 259.</small>
<small>Voyez ci-dessus.</small>

blay lorsqu'il se préparoit à construire un pont de bateaux pour y passer la riviere, au commencement du regne d'Henri IV. Elle vivoit encore en 1603. Peut-être étoit-elle parente de François Bastonneau, inhumé en l'Eglise Paroissiale.

Robert Miron, Président des Requêtes du Palais, Ambassadeur en Suisse, Prévôt des Marchands, 1614, 1615. En 1621 on enre-

<small>Reg. Parl. 21 Mai 1621.</small>

gistra en Parlement le don que fit le Roi à Robert Miron, Conseiller d'Etat, de certaines places et pieces de terre situées proche sa maison du Tremblay.

Robert Miron, Maître des Comptes, fils aîné du précédent et de Marguerite Berthe, en 1642. Ce fut en sa faveur que la Maison du

<small>Ibid. 17 Août 1643.</small>

Tremblay fut érigée en fief du consentement du Marquis de Villeroi, Engagiste de Corbeil, et après la communication des Lettres aux Officiers de cette Ville. On y unit aussi le fief du Pressoir Chevreau sous le même nom de Fief du Tremblay, le 11 Avril 1645.

Gabriel Choart, Chevalier, Seigneur d'Aubeville, Trésorier Général des Fortifications, Ponts et Chaussées, en 1677.

Marie Miron, veuve de Claude Brizard, prit possession de la Terre saisie réellement sur Gabriel Choart, 1713.

Pierre du Molin, Ecuyer, Secrétaire du Roi, s'en rend adjudicataire, 1715.

Anne Santilly, veuve de Pierre du Molin, morte, 1739.

Jacques Bernard Durey, adjudicataire par Sentence de licitation au Châtelet, 1741, rend hommage à la Chambre des Comptes le 8 Juillet 1745.

Je remets à parler de l'Eglise de Saint-Léonard du Vieux-Corbeil, à l'article du village de Pairé ou Perray, ou Paré de ce même Doyenné.

GRAVOIS, que l'Historien de Corbeil dit être de la Paroisse de Saint-Germain, étoit dès le treiziéme siécle une Ferme dans la-

<small>Necr. Eccl. Par. 15 Jun.</small>

quelle Milon de Corbeil, Chanoine de Paris, avoit fait des acquisitions. Les Minimes de Vincennes y ont un fief et des censives qu'ils croient avoir été donnés autrefois aux Grammontins, leurs prédécesseurs. _{Hist de Corbeil p. 261.}

LE FIEF DE LA BORDE au Vieux-Corbeil, Paroisse Saint-Germain, est marqué dans le Rôle de la contribution pour le Ban et Arriere-Ban de la Châtellenie en 1597, comme appartenant à Messire Etienne Fleury, par acquisition de Guillaume de Vaux, et estimé seize livres. Le même Fleury avoit sur cette Paroisse un autre fief valant 35 livres. _{Ibid.}

VILLE LOUVETTE étoit une Ferme de la Léproserie de Corbeil, au-dessus de l'Eglise de Saint-Germain, vers la pente au bas de laquelle passe le ruisseau de Haudre. Elle fut réunie à l'Eglise de Notre-Dame de Corbeil en 1604. Maintenant il n'y a plus que la place. _{Ibid., p. 276.}

A l'égard du canton de terre appellé CHAMP-DOLENT, et qui est situé entre le bois du Parc de Saint-Germain et Tigery, il seroit fameux, s'il étoit sûr qu'il s'y fût donné une bataille des Gaulois et des Romains du temps de César. Mais cette opinion qui n'étoit fondée que sur le nom, est fort avanturée, y ayant en France deux Paroisses du nom de Champdolent, où l'on ne dira pas que Camulogenus, Capitaine Gaulois, ait été défait : l'une est au Diocèse d'Evreux, l'autre au Diocèse de Saintes. L'acte que j'ai trouvé de plus ancien où Champdolent de Corbeil soit mentionné, est de l'an 1325. C'est une vente que Pierre de Grez, Evêque d'Auxerre, fait à Philippe, Comte de Valois, de neuf arpens de terre séans à Champdolent, tenans aux prés de Soisy. _{Dict. Univ. de la France.} _{Hist. d'Auxerre, T. II. Preuves, p. 100.}

On découvre en descendant la montagne du Vieux-Corbeil du côté du Fauxbourg de Saint-Jacques, plusieurs veines de terre dont les couches sont à moitié inclinées, comme si c'étoit l'effet d'un tremblement de terre.

De la Barre fait mention de la belle Maison du Sieur Regis qui étoit située devant la porte de l'Eglise de Saint-Germain. Il ajoute que, depuis, elle a été jointe au Val Coquatrix. _{Hist. de Corbeil, p. 25.}

Il faut aussi observer qu'au Val Coquatrix il y avoit de son temps une voûte sous une tour quarrée, d'où il sortoit une fontaine où le vulgaire disoit que la Reine Adele venoit se baigner lorsqu'elle demeuroit à Corbeil, pour se purger de sa ladrerie ; mais dans le corps de son ouvrage (page 139), il réfute avec raison cette tradition populaire, qui est contre l'honneur de la mere de Philippe-Auguste. _{Ibid.}

Je crois devoir faire remarquer en finissant que le Château dont on voit encore quelques restes au bout oriental du pont de Corbeil, c'est-à-dire du côté de la Brie, qui est celui dont il s'agit ici, est appelé *Le Chasteau neuf de Corbueil* dans un manuscrit du pays de l'an 1400. Soit que ce fût par usage qu'on l'appellât neuf tout _{Livre du Prieuré du petit Saint-Jean.}

<small>Hist d'Auxerre, T. 1, p. 426. Cod. MS. Colbert 2274, fol. 30.</small> vieux qu'il étoit, ou qu'il y en eût eu au même lieu un plus ancien sous le regne de Philippe le Bel, il reste des Lettres de ce Prince données *apud vetus Corbolium* en 1310 au mois de Juillet, et le Jeudi devant Noël.

PERRAY ou PERÉ, ou PAIRÉ proche Corbeil
et par occasion
SAINT-LÉONARD DU VIEUX-CORBEIL

Quoique communément on croie que Corbeil est une ancienne ville, il n'est cependant pas difficile de revenir de cette opinion, si on fait attention que de quelque côté qu'on la considere, le territoire sur lequel elle est bâtie est celui de quelque Paroisse voisine, et dont l'Eglise est dans la campagne du côté du couchant, c'est-à-dire au rivage gauche de la Seine. Corbeil est bâti sur le territoire de l'ancienne Paroisse d'Essone, du côté du levant, c'est-à-dire au rivage droit ; ce qui passe pour être Fauxbourg de Corbeil est une dépendance de Perray, Paroisse située sur la hauteur à un quart de lieue dans les terres. Il n'y a de vestiges pour l'antiquité de Corbeil que dans ce qu'on appelle Saint-Germain. Mais ce n'est pas ici le lieu de s'étendre là-dessus. Il faut réserver cela pour l'article de Corbeil.

En attendant, il faut se représenter les choses comme elles ont été dans l'origine, et même avant que le territoire situé au rivage droit de la Seine appartînt à une Paroisse du nom de Pairé, et que la Paroisse de Sintry fût érigée. Il y avoit alors, c'est-à-dire au neuviéme siécle, un gros Village tout le long de cette côte, nommé Moiry ou Mairy, dont De la Barre nous assure que de son temps il restoit encore deux Fermes connues sous le nom de Mory-le-Grand et Mory-le-Petit. L'ancien *Polypticus* de Saint-Pierre-des-Fossés marque que cette Abbaye avoit dans ce Village une Seigneurie considérable, un manoir, et divers édifices, cent arpens de vigne ; deux cent quarante mesures de grains ; des prés *juxtos LX ;* un bois qui avoit une lieue de circuit ; qu'on y voyoit une Chapelle du titre de la Sainte Vierge qui avoit son revenu particulier en terres, en vignes, en bois et en prés ; qu'outre cela il y avoit une Eglise Paroissiale du titre de Saint Melaine avec le revenu qui lui étoit attaché, et qui est exprimé ; que les deux Eglises, tant la Chapelle que la Paroisse, payoient chaque année conjointement une livre de cens pour reconnoissance envers l'Abbaye. Le nombre d'hôtes ou de feux que le Monastere de Saint-Pierre-des-Fossés

<small>Capitular. Reg. Franc. Baluz. T. II, col. 1388.</small>

avoit en ce lieu étoit de soixante. On voit dans le même monument quelles étoient leurs redevances envers la même Abbaye, et à quoi alloient leurs corvées. L'article finit par ces mots : *Solvit unusquisque sinapem et faces.*

Le village de Mory, *de Moriaco*, existoit encore en 1284 ; mais en quatre cents ans qui s'étoient écoulés depuis le regne de Charles le Chauve, il étoit arrivé quelques changemens, et l'on voyoit déja sur pied un autre Village appellé en latin *Paretum*. L'Abbaye des Fossés ou de Saint-Maur avoit apparemment perdu ses anciens revenus ; le Cartulaire de ce Monastere écrit alors marque bien qu'il avoit *in villa de Moriaco hebergagium*, un manoir, vingt-six arpens de terre, quatre muids et six sextiers de bled à la mesure de Corbeil ; mais il ajoute que c'étoit l'Abbé qui siégeoit alors, nommé Pierre de Chevry, qui avoit fait ces acquisitions : ensuite il rapporte les autres droits que l'Abbaye avoit tant à Moiry que dans le village de Pairey, consistant en deux droitures et demie, pour chacune desquelles ces Villages payoient un minot (*Minotum*) de froment, un sextier d'avoine et un chapon. Ce même manuscrit curieux en son genre marque à Moiry un canton appellé *Limes* dans un acte de 1258, et fait mention d'une vigne située à Moiry sur le chemin qui conduit de ce Village à Villepescle ; ce dernier titre est de l'an 1277. Le Livre du Prieuré du Petit Saint-Jean de Corbeil, membre de l'Abbaye de Saint-Maur, écrit vers 1460, spécifie aussi plusieurs biens de ce Prieuré situés à Moiry ou Mory. Il y en avoit qui furent à Messire Jean de Castel, d'autres tenans au College du Cardinal-le-Moine. On y distinguoit les basses-nouës et les hautes-nouës, ce qui ne marque pas un pays sec. *Tabul. Foss. Ep. Paris.*

Il m'a été indispensable d'entrer dans ce détail sur la Paroisse de Moiry ou Mory, puisque c'est aujourd'hui Pairé et Sintry qui la représentent. Sintry n'a dû être, comme on a vu ci-dessus, autre chose que cette simple Chapelle de Notre-Dame bâtie sur le territoire de Moiry dans le neuviéme siécle. Une Bulle d'Adrien IV de l'an 1138, qui confirme au Chapitre de Saint-Marcel de Paris les Eglises qu'il possédoit, ne désigne pareillement l'Eglise de Sintry ou Santry que sous le titre de Chapelle, mais comme dépendante de Peré ; ce qui insinue que dèslors on ne se servoit plus du nom de Moiry pour désigner la Paroisse située à l'Orient de Corbeil. Le nom de Pairé ou Peré prévalut dans le langage vulgaire, et Saintry fut érigé en Cure avant la fin du siécle suivant. (Voyez son article.) *Hist. Eccl. Par. T. II, p. 567.*

Probablement le nom de *Moriacum* étoit une altération de celui de *Mauriacum* qui auroit voulu dire la terre d'un nommé Maurus, à moins qu'on n'aime mieux dire que ce furent des muriers plantés sur les côteaux qui firent ainsi appeller ce canton de terre. Pour ce qui est de Pairé, un titre du douziéme siécle le nomme *Petreum*, peut-être du nom du saint Patron. Quelques titres du treiziéme le nomment *Paretum*, et le Pouillé du même temps l'appelle *Pareium* : mais on ne peut pas découvrir d'où il a pu être formé. M. de Valois dit que c'est un mot Celtique dont la signification est inconnue. Il y a encore un Parey situé dans la plaine de Viccours proche Chevilly qui se dit en latin *Paretum* ou *Paredum*. Ces Villages sont tous les deux dans une plaine très-fertile et dans un pays de bonnes terres.

Notit Gall. p. 427.

Les guerres des Seigneurs les uns contre les autres ayant été cause de la destruction de l'Eglise Paroissiale de Saint-Melaine, les habitans dispersés dans la campagne furent obligés de recourir à l'Eglise la plus voisine de leurs maisons, et la premiere en état de les recevoir. Ce fut ainsi que la primauté de Moiry fut transportée à l'Eglise de Pairé, et lorsqu'après la cessation des guerres et des troubles on eut rebâti une Chapelle aux environs du lieu où avoit été l'ancienne Eglise de Saint-Melaine, elle ne fut plus regardée que comme Succursale en faveur des nouveaux habitans que la commodité de la riviere et du pont, ou au moins celle du bac, y fit établir.

L'Eglise de Pairé est sous le titre de Saint Pierre. C'est un édifice presque quarré dont le chœur est voûté. Les piliers sont du treiziéme ou quatorziéme siécle. Le jour de la fête et le Lundi de Pâques, ceux du fauxbourg de Corbeil qui en dépendent et qui s'assemblent dans une Succursale, viennent en cette Eglise en procession avec leur Clergé comme à l'Eglise matrice. La présentation de cette Cure est marquée appartenir au Chapitre de Saint-Marcel de Paris dans le Pouillé rédigé vers l'an 1270 ; ce qui a toujours eu lieu depuis. De la Barre se contente, dans son Histoire de Corbeil, de dire que ces Chanoines y ont quelques dixmes, censives et rentes : il auroit pu dire qu'ils y sont gros Décimateurs. Le Curé ne fait point sa résidence à Pairé, parce qu'il n'y a que six ou sept maisons, le reste étant dispersé, mais au fauxbourg de Corbeil où est le plus grand nombre de feux. L'Anniversaire de la Dédicace de l'Eglise de Saint-Pierre de Pairé est marqué au 30 Mai dans un Calendrier de cette Eglise qui peut avoir trois cents ans, et qui est conservé à la Bibliothéque du Roi. On y voit différens legs faits à cette Eglise, même en fonds de terre. Le cimetiere de cette Paroisse étoit il y a six vingt ans proche l'égoût et les fossés du Château ; ce qui étoit sujet à de tels inconvéniens qu'on avoit vû des corps nager sur l'eau. Louis Tronson, Conseiller d'Etat, donna en 1628 un autre terrain, et on y transféra les corps.

Cod. Colbert 4678.

Reg. Arch. Ep. 24 Maii.

Entre Pairé et Corbeil est le vieux Marché, qui forme un

hameau dont la moitié de la rue, c'est-à-dire le côté méridional, est de la Paroisse de Pairé, l'autre étant de Saint-Germain. La partie de Pairé peut contenir vingt feux.

VILLEDEDON est un hameau dans le bois qui peut être composé de dix ou douze feux. Les Chanoines de Saint-Spire de Corbeil en sont Seigneurs. Le Calendrier de Pairé parle d'une maison, grange, ormoye et prés situés au bout de ce lieu, du côté de Melun. Le Chapitre de Saint-Germain l'Auxerrois y avoit autrefois 63 arpens de terre en différens lieux. Il s'en défit en 1551 du consentement de l'Evêque de Paris. De la Barre rapportant les dépendances de Pairé, qu'il place dans le ressort de Corbeil, n'oublie point Mory-le-grand, qu'il dit être une ferme des Boursiers du Collége du Cardinal-le-Moine, ni Mory-le-petit, qu'il qualifie aussi de ferme appartenante aux hoirs du Sieur Prévost Champlatreux, apparemment Jean Prévost, Elu de Paris. Le Calendrier manuscrit parle trois fois de Mory au mois de Mars. La seconde fois annonce le legs d'un arpent de terre assis au Vieux-marché au-dessous de la Tuillerie, tenant d'une part à l'Hôtel et Jardin du Frêne aboutissant sur le chemin qui va à Mory, et la troisiéme fois le legs de quatre arpens de terre au terroir de Mòry, tenant d'une part au chemin du Roi. On lit dans un Mémoire imprimé, que les Chanoines de Saint-Spire rendoient anciennement foi et hommage de Frêne au possesseur du fief de Paray. Hist. de Corbeil p. 24. II Id. Apr. Reg. Ep. Paris 16 Mart. V Non. Mart. XV Cal. Apr.

Les Clos sont une Ferme qui du temps de De la Barre appartenoit au Président Gayen.

LA ROTERIE ou la Rotiere, est, selon le même, une petite Maison féodale ; le Chapitre de Saint-Spire a des héritages dans ce fief. Il y a eu contestation au commencement de ce siécle, sçavoir si ce fief devoit relever du Val Cocatrix, ou de Corbeil. *Mém. imprimé.*

VILLEREIL est un Château sur le territoire de Pairé qui appartient à M. Dorsant, et il y a cent ans au Sieur du Pressoir. Je ne doute point que ce ne soit le *Villarilius* que l'Empereur Lothaire étant à Boneuil-sur-Marne, le ... Octobre 842, donna à l'Abbaye de Saint-Pierre-des-Fossés : *Curtem quæ vocatur Villarilius in Comitatu Parisiaco*. De la Barre qualifie ce lieu de fief et maison champêtre qui releve de Villepesque pour la foi et hommage. *Hist. de Corbeil, p. 25.*

Le Calendrier susdit fait encore mention d'une rente sur les estuves de Corbeil, d'une saulsoye sur la Seine au-dessus du port de Sablonnieres ; d'une piece de terre au lieu dit La rore Saint-Marceil.

Mais incontestablement la portion la plus considérable de la Paroisse de Pairé est celle du fauxbourg de Corbeil, qui contient environ quarante feux. La rue cependant qui conduit à la Succursale n'en est que d'un côté ; l'autre étant de l'autre Succursale dite

Saint-Jacques. Je n'ai pu donner d'autre dénombrement des feux de tout ce qui dépend de Pairé, parce que les Livres de l'Election, tant celui de 1709 que celui de 1745 qui vient de paroître, et même le Dictionnaire Universel de 1726, ne font aucun article de Pairé ou Peré, mais confondent apparemment cette Paroisse dans la totalité de Corbeil; ce qui n'est ni juste ni exact.

SAINT-LÉONARD. C'est par l'effet d'une erreur invétérée qu'à Corbeil et aux environs on regarde S. Léonard comme Patron de l'Eglise Succursale située au fauxbourg où s'assemblent les Paroissiens de Pairé. Anciennement la Fête de cette Eglise se célébroit le 6 Novembre, qui est le jour de la Translation de S. Melaine, Evêque de Rennes, celui de sa mort ne pouvant pas se célébrer le jour qu'elle arrive, qui est celui de l'Epiphanie. Comme la Fête de Saint Léonard du Limosin arrive aussi le 6 Novembre, on s'est accoutumé à croire que ce Saint étoit aussi Patron [1], de même qu'on a pris l'habitude en quelques Eglises de joindre S. Jacques, Apôtre, avec S. Christophe, quoique le dernier seulement en soit Patron [2]. C'est ce qui a fait oublier et éclipser le souvenir de Saint Melaine, lequel est foncierement le Patron de la Succursale de Pairé bâtie dans le lieu où étoit l'Eglise Paroissiale de Mory, ainsi que le prouve le *Polypticus* de Saint-Pierre-des-Fossés écrit au neuviéme siécle. Bien plus, la suite du temps a fait ajouter une erreur à une autre. Sur ce que quelqu'un aura averti que Saint Léonard du pays Limosin n'étoit pas le Patron de cette Succursale, on a cessé de célébrer la Fête du lieu le 6 Novembre, et on l'a portée au 15 Octobre, jour de Saint Léonard, Abbé dans le Maine, quoique les tableaux de l'Eglise réclament pour le premier.

Cette Eglise de Saint-Léonard est située sur la pente de la montagne; ce qui a pu être cause qu'elle est mal orientée; en effet, sa longueur est du septentrion où est l'autel. Sa construction paroît être du treiziéme siécle. Elle est accompagnée d'une aile à droite. J'ai lu dans un Mémoire qu'à la Motte, proche Saint-Léonard, se tiennent les Assises du Duc de Villeroy avant la Pentecôte pour le droit de pêche dans la Seine, et que tous les Pêcheurs y sont mandés depuis Villeneuve-Saint-Georges jusqu'auprès de Melun.

Il ne s'est trouvé dans mes recherches de Seigneurs de Pairé que ceux qui suivent. D'abord il s'en est présenté un très-ancien, nommé *Gilbertus de Petreo*, lequel est dit dans des Lettres de

---

1. Les anciens Calendriers de Jouarre en Brie, marquent à ce jour, 6 Novembre, *Melanii atque Leonardi*. Les deux mêmes Saints se trouvent au même jour dans les anciens Breviaires de Metz.

2. De même qu'à Saint-Severin de Paris on regarde S. Clément, Pape, pour ancien Patron, quoique ce soit véritablement S. Severin, Solitaire, qui l'ait été, et cela parce que la Fête de ce Saint Solitaire se célébroit le 23 Novembre, jour de sa mort, qui est aussi le jour du martyre et Fête de S. Clément.

Maurice de Sully, Evêque de Paris au treiziéme siécle, avoir donné au Couvent des Religieuses d'Hierre un muid de |froment à prendre dans sa grange de Gregy, lorsqu'il y fit sa fille Religieuse. Depuis ce temps-là il ne paroît en qualité de Seigneur de Pairé, que Jean Laisné, Avocat en Parlement et Prévôt de Corbeil, entre les années 1483 et 1492; Nicolas Hennequin, Secrétaire du Roi en 1564, et cent ans après, Louis de Martines, Ecuyer. On retrouve ensuite sous Louis XIII M. Tronçon, Seigneur de Pairé. Les Chanoines de Saint-Marcel avoient été déboutés dès l'an 1608 de leurs prétentions sur la Seigneurie et justice du fief de Peray. *Chart. Heder. Hist. de Corbeil, p. 215. Tabul. Ep. rue Lav. Regist. du Ban 1597. Hist. de Corbeil, p. 24. Mém. imprimé.*

Sur la fin du dernier siécle la Dame de Serriere possédoit ce fief. *Ibid.* Et au commencement du siécle présent il a passé à M. Bonenfant, Secrétaire du Roi, qui l'acheta en 1702 avec ses annexes, qui sont le fief de Trois maisons et celui de la Roterie. Il y eut grande contestation au sujet de la mouvance du tout. M. le Maréchal de Villeroy la revendiqua comme Engagiste du Comté de Corbeil; le Sieur Jacques Etienne de la Bretigniere, Prêtre, précédemment Chanoine de Vincennes, soutint qu'elle étoit à lui seul en qualité de Seigneur du Val Cocatrix : en effet, le Sieur Bonenfant en avoit porté foi et hommage à M. Thibeuf de Saint-Germain comme Seigneur de ce Val Cocatrix, et avoit donné en 1704 son dénombrement dans lequel M. Thibeuf avoit blâmé l'attribution qu'il se faisoit de haute, moyenne et basse-Justice, quoiqu'il ne le fît qu'à l'exemple de la Dame de Serriere. Je n'ai pas trouvé le réglement qui a pu survenir.

M. Guigou, Lieutenant des Gardes, a possédé la Seigneurie de Peray avec celle de Varatre, par son mariage avec Madame Bonenfant. Depuis sa mort, arrivée en 1744, sur le point qu'il alloit se remarier, M. de Boismont, Officier de la Chancellerie, a acquis cette Terre.

Enfin de nos jours, le Sieur Rollin, Libraire de Paris, l'achetée de M. de Betemen [de Boisemont?].

Il y a à Perey un fief dit le FRÊNE, appartenant au Chapitre de Saint-Spire de Corbeil. Un autre appellé TOURAILLES, appartenant à M. Oursin de Villeray, et relevant de Sintry.

SINTRY ou SAINTRY

C'est pour me rapprocher davantage de la maniere dont les plus anciens titres ont écrit le nom de ce lieu, que je donne la préférence à ceux qui l'écrivent Sintry. Il est en effet écrit *Sintreium et Sintrium* dans une charte du Roi Robert de l'an 1029, et dans un

Historien qui vivoit sous le Roi Henri Ier, son fils. Mais on ignore d'où ce mot est formé et ce qu'il a pu signifier chez les anciens. Cette Paroisse est la seule du nom dans le Royaume. M. de Valois a évité d'en parler, quoiqu'il en eût connoissance par le Pouillé du treizième siécle où il est écrit *Sentri*. Dans les siécles suivans on l'a écrit en latin *Sainteriacum, Saincteriacum, Senteriacum*; ces trois façons étoient usitées au quinziéme siécle; il est inutile de parler des temps postérieurs. On observe en passant que l'usage qui a prévalu d'écrire Saintry au lieu de Sintry, a eu ses inconvéniens. Celui qui a gravé en 1674 la Carte des environs de Paris pour l'Académie des Sciences, a cru que c'étoit un nom de Saint et a mis *S. Try*.

Cette Paroisse est située à sept lieues un quart de Paris, sur le rivage droit de la Seine, un peu au-dessus du Vieux-Corbeil, c'est-à-dire presqu'au midi de Paris; elle est en partie sur le côteau qui regarde la riviere et qui fait face au couchant. Il y a dans le bas quelques prairies, ensuite des vignes sur la côte; et au-dessus, des terres labourées dans la plaine. Le Dénombrement de l'Election de Paris, imprimé en 1709, y a marqué quarante feux, et le Dictionnaire Universel de la France, publié en 1716, comptoit que cela pouvoit faire 146 habitans. Dans un nouveau Dénombrement de l'an 1745, publié par le Sieur Doisy, le nombre des feux de Saintry est fixé à trente-deux. La proximité de Paris et le voisinage de la riviere y a fait bâtir plusieurs maisons de Bourgeois de Paris.

Royaume de France.

L'érection de la Cure paroît avoir été faite entre l'an 1158 et la rédaction du Pouillé qui est du siécle suivant. Ce qui l'insinue, est que dans la Bulle par laquelle le Pape Adrien IV confirme en 1158 au Chapitre de Saint-Marcel de Paris tous les biens qu'il posséde, l'Eglise de Saintry n'est qualifiée que de Chapelle, tandis que l'on y lit *Ecclesiam de Ivry, Ecclesiam de Vitry, Ecclesiam de Asneriis*. Il est même presque sûr que c'étoit une Chapelle de la Paroisse de Peré et comme une espece de Succursale, puisque l'article est ainsi conçu : *Ecclesiam de Piro cum cimeterio et decimis ad ipsam pertinentibus et Capella de Sintrio*.

Hist. Eccl. Par.

Cette Chapelle de Sintry du titre de Notre-Dame, a donc pu être érigée en Cure vers l'an 1200 ou 1220. Il reste dans l'édifice, tel qu'on le voit encore aujourd'hui, des pilastres du treiziéme siécle, et des vitrages du même temps dans le côté septentrional du chœur. Elle n'a au reste que l'apparence d'une longue Chapelle qui finit en quarré et qui est sans aîles. La tour des cloches la fait appercevoir de plus loin, l'Eglise étant tout-à-fait dans la vallée sur le bord de la riviere. Il fut permis le 5 Juin 1557 d'en faire faire la Dédicace par l'Evêque de Philadelphie, avec la béné-

Reg. Ep. Paris.

diction de quatre autels. Entre les tombes qu'on y voit dans le chœur, la plus ancienne est du côté droit assez près du Sanctuaire. Sur cette tombe, qui est petite, plus étroite aux pieds qu'à la tête, est représenté un enfant emmailloté de langes de la grandeur de deux pieds et demi, et sur les bords est gravé en capitales gothiques : ICY GIST...... PRIEZ POUR L'AME DE LUY [1].

Sur une tombe du côté gauche est figuré un homme armé avec sa femme, et autour se lit en petit gothique :

Icy gist Noble homme Pierre Bernard, Escuyer, Seigneur de Saintery, Tanlay et Monceaux, Panetier du Roi Louis XI et de Charles VIII, son fils, lequel......

Ses armes consistent en une Tour.

A droite du chœur est aussi représenté sur une tombe un homme armé seul, autour duquel est gravé en même caracteres :

Cy gist... Bernard, Escuyer, Seigneur de Saintery, Plessis, Chenay et Moulignons, lequel trépass...... 1538.

La nomination à la Cure fut réservée aux Chanoines de Saint-Marcel lorsque ce lieu fut distrait de Péré. Le Pouillé du treiziéme siécle y est formel. J'ai vu des Provisions du 23 Avril 1480 et 13 Janvier 1482, qui portent *de patronatu* ou *de præsentatione S. Marcelli*; le Pouillé écrit au seiziéme siécle et celui qui fut imprimé en 1626, y sont conformes. Pour ce qui est de celui de 1648 et de celui du Sieur Le Pelletier, imprimé en 1692, on ne peut y reconnoître le nom de Saintery, à moins que ce ne soit la Cure qu'ils appellent tous les deux *Stric*.

Le plus ancien des Seigneurs de Saintery que l'on trouve dans les titres, est un nommé Philippe, Sire de Tanlay, de Vanvres et de Saintry, Chevalier ; il fit aveu à Gilles Malet, Seigneur de Villepesque, le 20 Décembre 1369, pour un tiers de la Seigneurie de Saintry. La Seigneurie de Tanlay ici marquée, et dans une épitaphe ci-dessus rapportée, s'appelle aujourd'hui *L'Archet de Corbeil*.

Jean de Chamigny, Chevalier, Seigneur de Soubtour et de Saintry, fit hommage au même Gilles Malet pour la même troisiéme partie de Saintry, le 16 Décembre 1384. Il paroît par un acte du même Malet de l'année suivante, que Jean Ducy en étoit aussi alors Seigneur et de Montgermont. Jean de Chamigny rendit encore hommage le 30 Juin 1388.

Pierre Bernard, Ecuyer, Seigneur de Saintry, Pannetier du Roi,

Hist. de Corbeil p. 62.

---

1. Il y en a une assez semblable dans l'Eglise de Sêve. Voyez son article. Ceci me rappelle qu'en 1510 on trouva à Fécan une petite tombe sur laquelle étoit gravé : *Sub hoc tumulo quiescunt pueri Roberti filii Consulis Richardi, qui cùm susceptus esset de sacro fonte indutus vestibus in albis suis perrexit ad Dominum 1... Marti... Requiescat anima ejus in Christi nomine. Amen.*

et Agnès Courtin, sa femme, Damoiselle de l'Hôtel de la Reine, Charlotte de Savoye, seconde femme de Louis XI, obtinrent de ce Prince la haute-Justice pour ajouter à la moyenne et basse qu'ils possédoient déja, mouvante du Roi à cause de son Châtelet de Paris. Les Lettres sont datées de Clery ou Clerceau au mois d'Août 1480. C'est lui qui est représenté sur la premiere tombe du chœur de Saintry.

<small>Bann. du Chât. Vol. I, f. 205.
Regist. du Parl. 1 Août 1481.
Ch. des Compt. 17 Août.</small>

Jean Bernard fit hommage de sa Seigneurie au Roi François Ier entre les mains d'Antoine du Prat, Chancelier, le 3 Décembre 1518, et à la Chambre des Comptes le 6 du même mois, à la charge pour le relief de mutation d'un florin d'or de la valeur de douze sols parisis. L'Historien de Corbeil parle de lui à l'an 1530. C'est lui qui mourut en 1538, selon l'épitaphe de la seconde tombe ci-dessus.

<small>Hist. de Corbeil, p. 224.</small>

Jean Bernard, son fils, rendit hommage à la Chambre des Comptes le 12 Avril 1548.

Jacques Bernard, fils du précédent, rendit hommage au Château de Villepesque, le 10 Juillet 1574 et 13 Septembre 1575. Il avoit épousé Esther de Blanchefort. Il faut entendre de lui ou du suivant ce qui se lit au Rôle de la Contribution pour le Ban et Arriere-Ban de la Châtellenie de Corbeil de l'an 1597, en ces termes : « Le Fief et Seigneurie de Saintry, le fief du Plessis-« Chesnay, de Nouveau, et le fief de l'Arche assis à Corbeil, appar-« tenans à Noble Jacques Bernard, Escuyer, valant 300 livres. » Mais par un acte d'hommage de la Terre du Coudray de l'an 1595, il paroît qu'il y avoit outre lui un autre Seigneur de Saintry nommé Daniel Prevost.

<small>Rôle du Ban de Corbeil, fol. 10.</small>

Jacques Bernard, Seigneur de Montgermont et de Saintry, fit hommage le 19 Novembre 1604. Il avoit épousé Geneviéve de Bergerou.

Henry Bernard, fils de ce dernier et Seigneur des mêmes Terres, en fit hommage pour lui et pour ses freres et sœurs mineurs le 24 Février 1633.

Nicolas Le Jay, premier Président du Parlement de Paris, Seigneur de Tilly, la Maison rouge près le Coudray, etc., acquit la Terre de Saintry de Geneviéve de Bergerou, veuve de Jacques Bernard, et comme tutrice de ses enfans le 29 Mai 1634, et il en prêta foi et hommage le 28 Janvier 1635, à Dame Magdeleine de Donom, veuve de M. Pierre de la Fontaine, Chevalier, Seigneur de Villepesque.

Alexandre Guillaume Le Jay, son fils naturel et légitimé par Lettres de Louis XIII, du mois de Novembre 1630, vérifiées en la Chambre des Comptes le 20 Décembre suivant, devint Seigneur de Saintry en vertu de donation du 13 Octobre 1636, pour en jouir après son décès arrivé le 30 Décembre 1646. Il fut aussi Abbé de Cherbourg.

Benoît Perrot, Chef d'Echansonnerie de la Maison du Roi, mari de Françoise Le Jay, et à cause d'elle à titre de substitution faite à feu Alexandre Guillaume, Abbé de Cherbourg, et après son décès à Henri-Antoine Le Jay, Seigneur de Bretigny, pere de ladite Damoiselle Françoise. Il fit foi et hommage de Saintry au Château de Villeroy, à M. François de Neuville, Duc de Villeroy, Pair et Maréchal de France, le 17 Juin 1704, ce Duc étant aux droits du Seigneur de Villepesque.

Pierre-Paul Perrot, fils du précédent et de Dame Françoise Le Jay, âgé de 22 ans, fit pareillement hommage à François de Neuville, tant pour lui que pour ses freres et sœurs, le 1er Février 1750.

Le pere Benoît Perrot ayant survécu à son second fils, hérita du tiers de la Terre dont il fit donation le 13 Septembre 1723, à Dame Catherine le Picard de Montreuil, épouse de Claude Coutier, Marquis de Souhé, Gouverneur de Flavigny en Bourgogne. Marie-Elisabeth Perrot, fille de Benoît, vendit à la Marquise de Souhé un autre tiers.

François Avenat, Avocat en Parlement, Intendant de la Maison de Neuville de Villeroy, fit acquisition de la Terre de Saintry en 1724, et en prêta foi et hommage au Maréchal de Villeroy la même année et la suivante.

Jacques-Bernard Durey, Chevalier, Seigneur de Presle en Bourgogne, Bierny, Magny, Estrées, Meluzion, Maître des Requêtes et Président au Grand-Conseil, eut cette Terre par Sentence des Requêtes de l'Hôtel qui la lui adjugea le 5 Mai 1739. Il a prêté foi et hommage au Roi à la Chambre des Comptes le 3 Juillet suivant.

M. le Maréchal de Clermont-Tonnerre a fait depuis l'acquisition de Saintry.

Les mouvances de Saintry, sont : 1º le fief Pelletier dit Champlatreux, Paroisse de Saintry, possédé par M. le Marquis de Clermont, Lieutenant-Général des Armées du Roi. 2º L'Archet à Corbeil. 3º L'Archet à Boucournu. 4º L'Archet à Evry-sur-Seine, dont releve la Terre de Mouceau. Il appartient à Madame la Duchesse de Brissac, Douairiere. 5º Tournez à Tournenfy. 6º Le Coudray, Paroisse appartenante à M. Rouillé du Coudray. 7º Tourailles et Villerey qui sont à M. Oursin. De la Barre, Historien de Corbeil, écrivoit vers l'an 1630, que Tourailles étoit alors une Ferme en la censive du Sieur de Saintry, et qu'avec Villeret elle appartenoit au Sieur du Pressoir. Il les mettoit toutes les deux dans la Prévôté de Corbeil. Hist. de Corbeil. p. 25.

C'est d'un point de l'Histoire de l'Abbaye de Saint-Maur-des-Fossés que j'ai tiré l'antiquité du village de Saintry ; et cet article se tire d'une charte du Roi Robert expédiée à Chelles l'an 1029. Le Pere Dubois a donné cette charte mais fort imparfaitement, et avec des omissions faites par l'inadvertance des copistes. On n'y trouve point, par exemple, ce que j'en veux citer. Il a été besoin que je recoure à l'original conservé à Saint-Maur. La phrase qui commence *In Seisiaco*, est tronquée. Il faut lire : *In Seisiaco quartarium unum terræ S. Martini cum domo et torculari. In Sintreïo censum de duobus arpennis vinearum, hoc est decem et octo denarios.* Ces deux articles font partie des biens qu'Odon, Abbé de Saint-Maur, racheta par argent d'un nommé Aleran, fils du Prévôt Baudoin, à qui le Comte Burchard les avoit donnés à vie. Aussi l'Auteur de la vie de ce Comte écrite en 1058, dit-il qu'une portion de ces revenus étoient situés *in Sosiaco atque in Sintrio.* Ce n'est pas, au reste, l'importance du fait qu'il faut considérer en ceci, mais cela nous apprend que dès le regne du Roi Robert (il y a plus de sept cents ans) on voyoit un vignoble à Saintry.

Hist. Eccl. Par. T. I, p. 657, 658, lin. 5.

Duchêne, T. IV, p. 121.

MORCENT ou MORSAN

C'est pour m'éloigner le moins qu'il est possible de l'étymologie de ce lieu que, sans en changer la prononciation, je l'écris Morcent; ceux qui l'écrivent Morsan ignorent comment son nom a été exprimé primitivement en latin, et croyent peut-être que sa dénomination a quelque rapport avec le substantif *mors* ou *morsus*. Mais en remontant jusqu'au siècle de Charlemagne où il est fait mention de ce lieu, nous le trouvons nommé *Murcinctum*, ce qui désigne très vraisemblablement qu'il y a eu une Forteresse en ce lieu ; en un mot, un espace de terrain fermé de murs, car *Murcinctum* paroît clairement être l'abrégé de *Murocinctum*. Cette étymologie n'étoit pas encore oubliée au treiziéme siécle, que l'on écrivoit Morcent en françois ; on ne l'avoit pas même encore tout-à-fait perdue de vue au quinziéme, puisque dans le Pouillé Parisien de ce temps-là et dans des Provisions de l'an 1481, il est écrit *Morcentum ;* ce qui a été suivi par le Pouillé manuscrit du seiziéme siécle et par l'Imprimé de l'an 1626. Mais les Actuaires ou Greffiers laïques qui n'avoient pas d'anciens titres pour modeles, ayant commencé à écrire Morsant ou Morsan, la plupart du monde et les Géographes mêmes s'y sont conformés.

Pour remonter donc à la source, voici ce que dit de ce lieu le Livre des revenus de l'Abbaye de Saint-Germain-des-Prés, que l'abbé Irminon fit rédiger vers la fin du regne de Charlemagne :

« L'Abbaye, dit-il, possede à Morcent [1] *in Murcincto* une Maison
« Seigneuriale avec les autres manoirs ou cases. Elle y a en terres
« labourables cent vingt-deux bonniers ; en vigne, cent dix arpens,
« trente arpens de prés qui produisent quarante charretées ; en
« bois, celui qu'elle a est de deux lieues de circuit. Elle a aussi
« en ce lieu deux Eglises bien entretenues et garnies auxquelles
« appartiennent cinq arpens de vigne et un de pré. » On va voir
que tout ceci convient à Morcent-sur-Seine. Mais comme il y a
eu tant de guerres depuis le neuviéme siécle et tant d'occasions
aux Monasteres de faire échange ou de vendre leurs Terres, celle-
ci a subi ce sort il y a plusieurs siécles.

Cette Paroisse est à huit lieues de Paris et à une de Corbeil sur
le rivage droit de la Seine, et environ au midi de Paris. C'est la
derniere Paroisse de ce Diocése de ce côté-là. Il y a prés, vignes
et terres labourables, et les bois et bocages en sont très-voisins. Il y
a beaucoup de mauvaises terres qui rapportent peu, même dans les
bonnes années. Le Village qui est fort, [est] bâti et construit sur la
pente douce et presque dans la plaine d'en bas. Le Dénombrement
imprimé en 1709 y comptoit 17 feux ; le Dictionnaire Universel
de la France, publié en 1726, y mettoit 86 habitans, apparemment
les enfans compris. Le dernier Dénombrement du Royaume donné
au Public en 1745 par le Sieur Doisy, y marque 18 feux ; mais on
n'en compte que 12 qui forment trente-cinq communians.

Il y a encore deux Eglises en ce lieu conformément à ce que
porte le Livre de l'Abbé Irminon, et ce qui acheve de faire voir
que c'est de ce lieu que cet Abbé de Saint-Germain-des-Prés a fait
la description, c'est que la principale Eglise qui est située dans le
bas et qui est l'Eglise Paroissiale, est titrée de Saint Germain,
Evêque de Paris, dont les Religieux y mirent quelques Reliques
suivant leur ancienne coutume. L'édifice qu'on voit aujourd'hui
est bas, sans aîles, avec un chœur voûté sans qu'on n'y apperçoive
rien qui puisse en indiquer le temps, non plus que l'époque du
clocher bâti hors d'œuvre vers le midi, et qui consiste en une tour
quarrée, basse, surmontée d'un hexagone de pierre. Il reste au
chœur, entre le lutrin et l'autel, une petite tombe sur laquelle est
représentée une femme avec une inscription en capitales gothiques
mais trop effacée, le tout dans un goût de travail qui ressent la fin
du treiziéme siécle. On apprend par une épitaphe en marbre attachée au mur à droite, que dans le même chœur est inhumée Charlotte Dreux, veuve de..., femme vertueuse, sœur de M. Dreux,
Sous-Chantre de l'Eglise de Paris. La Dédicace de cette Eglise de

---

1. *Habet in Murcincto casam Dominicatam cum aliis casticiis : de terra arabili bunnuaria CXXII. De vin. arp. CX. De prat. arp. XXX, unde carra XL. De silva leuvas II in gyro. Ecclesias II cum omni apparatu, etc.*

Morcent se célébre chaque année le Dimanche après l'Exaltation de la Sainte-Croix. Le Curé est gros Décimateur. C'est l'Archevêque qui le nomme, conformément au Catalogue du Pouillé du treiziéme siécle où Morcent est marqué de sa donation ; ce qui est suivi par les autres subséquens.

L'autre Eglise de Morcent n'est, depuis plusieurs siécles, qu'une simple Chapelle à l'extrémité du Village sur une éminence. Elle étoit dédiée sous l'invocation de S. Médard, Evêque de Noyon, qu'on sçait avoir été l'un de ceux envers lesquels la France étoit autrefois plus dévote. Mais lorsqu'on se fut imaginé, sous la seconde race de nos Rois, que saint Gildard de Rouen, mort le même jour que lui, étoit son frère, cette Eglise fut appellée de Saint-Médard et de Saint-Gildard. On la nommoit encore ainsi depuis qu'elle fut réduite en Chapelle, comme il paroît par les Registres de l'Archevêque de Paris de l'an 1481. Enfin on s'est contenté de l'appeller la Chapelle de Saint Gildard, comme le témoignent les actes de visite de l'Archidiacre de Brie ; et les Géographes, à commencer par De Fer, se sont avisés de lui donner le nom de *Saint-Charles*. On ne la trouve dans aucuns Pouillés, ni dans aucuns Rôles : ce qui porte à croire qu'elle est sans revenu, et que son titre est réuni à celui de Saint-Germain de Morsan. Ce qui me le persuade, est que je trouve une permutation du tout faite l'an 1481, le 14 Février, par Jean Laurenceau contre la Chefcerie de Notre-Dame de Corbeil : *Johannes Laurenceau, Presbyter Curatus de Morcento et Capellanus SS. Medardi et Gildardi infra metas dictæ Parochiæ*.

Les Seigneurs de Morcent ne se trouvent pas en grand nombre. Après un Thibaud de Murcen, Chevalier, vivant vers l'an 1170, et connu par un titre du petit Saint-Jean de Corbeil, et Drogo de Morcent, Chevalier, connu par le Cartulaire de l'Abbaye de Saint-Maur, à cause qu'il jouissoit, en 1266, de quelques bois de ce Monastere situés à Ozoir-la-Ferriere, on est obligé de venir à l'avant-dernier siécle.

Cette Terre avoit appartenu vers l'an 1550 à Pierre Brosset, Ecuyer. Après quoi elle fut possédée par Jacques le Favre, Maître des Requêtes, Vicomte de Sens, lequel décéda en 1573. Il avoit épousé Marguerite Hennequin, fille de Pierre qui étoit mort dès l'an 1553.

En 1597 la Seigneurie de Morcent appartenoit à Jacques le Favre, Doyen de Saint-Urbain de Troyes, et étoit réputée produire cent livres. La Terre fut saisie dans le temps de la contribution pour le Ban et Arriere-Ban de la Châtellenie de Corbeil : mais en 1598 on en donna main-levée à ce Doyen.

De la Barre, Historien de Corbeil, écrivoit quarante ans après

Tab. Foss. Ep. Par.

Rôle du Ban de Corb. copié sur un plus ancien.

Rôle de la Contrib. pour la Châtellenie de Corb. 1597, fol. 16.

que le village de Morsan, situé dans la Prévôté de Corbeil, étoit aux hoirs du Sieur le Favre. Hist. de Corbeil, p. 24.

Vers l'an 1660 cette Terre passa à Jean Mignon, Général des Finances de la Généralité d'Alençon. Il obtint du Roi des Lettres-Patentes pour l'établissement d'une Foire par an dans ce lieu de Morcent, et d'un Marché par semaine, lesquelles furent enregistrées au Parlement le 9 Avril 1669.

En 1700 le Seigneur de Morcent étoit M. Dreux.

M. De la Roque, Lieutenant de Roi à Arras, lui a succédé et en jouissoit encore en 1730. La Terre lui étoit advenue par sa femme qui est restée veuve.

Cette Terre a haute, moyenne et basse-Justice.

Le Rôle du Ban et Arriere-Ban de Corbeil de l'an 1597 marque deux fiefs assis sur la Paroisse de Morcent, l'un dit *le Fief de Postel*, et l'autre *le Fief Auger*, valant vingt-cinq sols. Le fief de Postel appartient à Madame de Miliancourt, Dame de Morsan. Rôle de Corbeil, fol. 13.

Gaudré ou Godré est une Ferme de cette Paroisse tout à l'extrémité du Diocése. Les Cartes la nomment mal Gondré.

COUDRAY ou LE COUDRAY

Sans vouloir examiner lequel est le mieux dit *Coudray* ou bien *Le Coudray*, il suffira que je fasse remarquer que les deux manieres sont en usage : la premiere dans les Rôles, dans le Dictionnaire, et dans les anciennes Cartes ; la seconde, plus usitée aujourd'hui, est adoptée dans les nouvelles Cartes Géographiques ; mais soit qu'on admette l'article ou non, cela ne change rien à l'étymologie qui vient de *Coryletum*, canton planté de coudriers, de même que Coudraye, Coudroy. Il y a un assez grand nombre de Villages de ce nom en France, sans compter les hameaux ou fiefs. Il ne faut pas au reste juger de la convenance de l'étymologie avec la situation présente de ces lieux : il suffit que le coudrier y ait abondé autrefois, pour que le nom ait pu lui être appliqué. Avec cette Paroisse il ne reste dans le Diocése aucun lieu du nom de Coudray, au moins de s'en rapporter aux Cartes, que le grand Coudray et le petit Coudray aux environs de Gif et de Gomez.

Quant à la Paroisse dont il s'agit, elle est à huit lieues de Paris du côté du midi, une lieue par de-là Corbeil. Sa situation est au rivage gauche de la Seine sur un côteau qui regarde le septentrion : le territoire en est fort varié par divers bocages ou petits bois ; il y a aussi des vignes, mais davantage de terres labourables. Il s'étend du côté du grand chemin de Fontainebleau jusqu'au Plessis-Chesnay, dont il comprend tout le côté qui est à main gauche en venant de Paris, et c'est ce qui a contribué à l'augmentation des habitans. Le nombre des feux de tout le Coudray étoit de 46 en 1709, suivant le Dénombrement imprimé alors. Le Dictionnaire Universel qui parut en 1726, supputoit que cela pouvoit faire 225 habitans. Un autre Dénombrement du Royaume qui n'a été publié qu'en 1745, y marque 55 feux, ce qui approche assez de la vérité et qui fait qu'on y peut compter 180 communians ou environ. Cette Paroisse est la derniere du Diocése de Paris de ce côté-là, étant suivie immédiatement de celle de Saint-Fargeau, qui est du Diocése de Sens.

Ce qui doit paroître extraordinaire par rapport à la situation de ce Village au côté gauche de la Seine, est qu'il soit compris dans le district de l'Archidiacre de Brie, et qu'il ne soit pas plutôt de celui de Josas qui renferme tout ce qui est au rivage gauche de cette riviere. La montagne empêche qu'on ne puisse dire que la Seine a changé de lit, et que le Coudray étoit primitivement au rivage droit; mais voici ce qui est arrivé. Le Coudray qui consistoit peut-être originairement en quelques maisons de bateliers ou de pêcheurs, n'étoit pas une Paroisse, puisqu'il ne se trouve dans le Pouillé Parisien du treiziéme siécle que par addition faite vers l'an 1350. Ces pêcheurs et bateliers ou même bûcherons si l'on veut, demeurant sur le bord de la riviere, regarderent Morcent comme leur Paroisse, n'ayant que la riviere à passer, au lieu qu'il leur eût fallu faire une grande demi-lieue pour aller à l'Eglise de Mouceaux : de-là vint que ceux qui s'établirent sur la côte suivirent le même sort, et que lorsque des Seigneurs y eurent bâti une Chapelle, elle fut soumise à la Paroisse de Morcent dont elle fut regardée comme Succursale. Or, comme les Succursales doivent être du même Archidiaconné dont sont les Cures desquelles elles dépendent, c'est la raison pour laquelle l'Eglise du Coudray, quoique devenue Paroissiale sur la fin du quatorziéme siécle, a continué d'être comprise dans l'Archidiaconné de Brie, ensorte que dans plusieurs anciennes Provisions elle est appellée *Ecclesia Parochialis de Coudreyo in Bria*. L'addition de son nom faite au Pouillé du treiziéme siécle est justement placée immédiatement après *Ecclesia de Morcent*, en ces termes : *Ecclesia de Coldreyo*, et cela dans le rang des Cures du Doyenné de Moissy qui sont à la nomination de l'Evêque. Les Pouillés suivans ne varient point sur cette collation qui lui appartient *pleno jure*. Le Curé de ce lieu est gros Décimateur. Ce bénéfice étoit dans son origine sur le pied de treize livres.

<small>Pouillé du XV siécle.</small>

L'édifice de l'Eglise du Coudray, titrée de la Sainte Vierge, n'est point ancien, mais il contient des choses anciennes. La vieille Eglise menaçant ruine fut rebâtie en 1682, et pendant qu'on y travailloit on célébra l'Office dans une Chapelle construite au Plessis-Chesnay où l'on avoit transporté le Saint-Sacrement, suivant la permission accordée au Seigneur Hilaire Rouillé et aux habitans. Depuis qu'elle est achevée il n'y a point eu de Dédicace. *Regist. Archiep. 8 Apr. 1682.* Elle est sans collatéraux, mais bien voûtée. On a eu l'attention d'y conserver les anciennes tombes, sans cependant être scrupuleux quant à la disposition, y en ayant une dont on a posé la tête du côté de l'orient. Elle est dans le chœur à droite : on y voit vers le haut ces mots gravés en gothique capital :

† *Ci gist Gui de Codroi. Priez pour s'ame,* c'est-à-dire *pour son ame,* car au troisième siécle et dans le suivant on disoit *sa ame* et par abrégé *s'ame.*

Du même côté et en mêmes caracteres est gravé sur une autre tombe : *Ici. gist. feu Jehan. de. Repenti. Escuier. en. l'an de. grace. M. CC. IIII xx. Qui tre. passa. ou mois. d'Avril.* Il a un chien à ses pieds et aux deux côtés de sa tête est un écusson qui a en chef trois lozanges.

Autre, au milieu devant l'autel : *Icy gist Jehan de Re.... thiers Vallai nostre... grcy Sire de Coudrai qui trepassa l'an de grace M. CC...* Elle est aussi en gothique capital ; ce Seigneur est représenté en robe longue avec un chien sous ses pieds. Ses armes : trois lozanges en chef.

Dans le côté septentrional proche l'autel se lisent sur un reste de tombe ces mots : *Chevalier, vivant Chevalier, Seigneur du Coudray... 1645.*

Sur la porte de la Sacristie est un mémorial de fondation de l'an 1643 par Louis Tronson, Seigneur du Coudray, Plessis en partie et le Peray, Intendant des Finances, Secrétaire du Cabinet du Roi, et sa femme Claude de Seve.

J'ai appris par un Registre de l'an 1700 qu'il y avoit alors une fondation pour celui qui fait le Catéchisme, et de deux Sœurs de la Charité pour l'instruction des filles.

Nous sommes beaucoup plus instruits sur les nouveaux Seigneurs du Coudray, c'est-à-dire depuis cent soixante et dix ans, que sur les anciens. Voici ceux d'entre les anciens que j'ai pu découvrir :

Gui de Codroi inhumé dans la premiere Chapelle qui y fut bâtie, paroît devoir être le premier dans ce Catalogue. La simplicité de son épitaphe le montre assez. Il pouvoit vivre du temps de Saint Louis.

Jean de Codret ou Codray paroît devoir suivre. On lit dans les anciens Rôles de Bans et arriere-Bans au traité de la Noblesse par

De la Roque : Jehan de Codret, Chevalier, doit service par quarante jours 1271. Et à l'an 1272 : *Johannes de Codrayo Miles comparuit pro se, et vadit ad exercitum.*

<small>Traité de la Noblesse, à la fin, p. 60, et p. 79.</small>

Jean de Re.... (apparemment Repenty) fut Seigneur du Couldray durant le cours du même siècle, suivant que le marque sa tombe dont la teneur est ci-dessus.

Nicolas Arrode est qualifié Sire de Chailliau et de Coudrai-sur-Seine sur sa tombe à Paris en la Chapelle de Saint Michel, proche Saint-Martin-des-Champs, où il est dit décédé en 1316. Il étoit fils de Jehan Arrode, Panetier du Roi.

<small>Hist. S. Mart. p. 575.</small>

Guillaume Le Carlier ou le Carrelier, Ecuyer, est dit Seigneur du Couldray dans un Compte de la Prévôté de Paris de l'an 1471, auquel temps il paya les droits de relief « pour la Justice haute, « moyenne et basse dudit Couldray, Repenty, Les Murs, Soisy et « Bataille, sis en la Vicomté de Paris, mouvant de Corbeil. » Le Compte d'Ordinaire de Paris s'étend davantage à l'an 1475, article *Vente de cens :* « Guillaume le Carlier dit de Saint-Jehan, Escuyer, « Seigneur de Couldray-sur-Seine lez-Corbeil, tant en son nom « que au nom et comme héritier par bénéfice d'Inventaire de feu « Jehan le Carrelier, son pere ; ledit Guillaume et Jean Joigny, « Escuyer, Procureurs de Damoiselle Mahiette de Bougainville, « veuve dudit défunt Jehan le Carrelier. »

<small>Sauval, T. III, p. 399 et 421.</small>

Guillaume Allegrin porte la qualité de Seigneur du Coudray, dans les Registres de l'Archevêché de Paris à l'an 1479.

<small>Reg. Ep. Par. 17 Sept. 1479.</small>

Emery Terceau a comparu au Procès-verbal de la Coutume de Paris en 1580 comme Seigneur du Coudray. En 1595, comme Daniel Prevost, Seigneur de Saintry, ne voyoit point qu'on lui rendît hommage pour le fief de Meurs sis au Coudray, il fit faire une saisie féodale de toute la Terre du Coudray.

Jean Tronson étoit Seigneur du Coudray dès l'an 1597. Il en fit hommage aussi-bien que de Montgermont l'an 1609 à Jacques Bernard, Seigneur de Saintry. Il fut Correcteur des Comptes. Il représenta en 1617 à l'Evêque de Paris l'éloignement de son Château pour avoir permission d'y établir une Chapelle domestique. L'Historien de Corbeil l'appelle François Tronson.

<small>Ibid., 12 Août. Hist. de Corbeil, p. 14.</small>

Claire Rouillé, veuve de Jean Tronson. Le 2 Avril 1627, Jacques Bernard, Seigneur de Saintry, lui donna acte de souffrance comme tutrice de Claire Tronson, fille mineure.

Il paroît qu'il y eut ensuite ou qu'il y avoit eu quelque partage, car en 1629 l'hommage fut rendu au Château de Saintry pour raison du fief des Murs et arriere-fief de Repenty, par Pierre Champin, Seigneur de Roissy-le-Platry, Président en la Cour des Monnoies, à cause de Marguerite Tronson, sa femme.

Louis Tronson, Sieur du Perray et Claude de Seve, sa femme,

acquirent en 1630 la Terre du Coudray des Dames de Champin, moyennant la somme de soixante et dix mille livres. Etant Intendant des Finances et Secrétaire du Cabinet du Roi en 1632, il en fit aveu à Jacques Bernard, Seigneur de Saintry.

Charles Tronson après la mort de Louis, son pere, en fit hommage en 1643 pour cette Terre ; mais Claude de Seve, sa mere, la vendit la même année le 4 Septembre à Antoine Chevalier, Contrôleur Général d'Infanterie et Cavalerie légere.

Antoine Chevalier en fit hommage en 1644 et n'en jouit pas long-temps. Il décéda dès l'année suivante. C'est de sa tombe que l'on voit des fragmens proche l'autel de la Paroisse, et dont j'ai parlé ci-dessus. Marie Fraguier, sa veuve, et ses enfans, en prêterent foi et hommage la même année 1545.

Jacques Chevalier, fils d'Antoine, étant possesseur de cette Terre, la vendit l'an 1661 à Pierre Rouillé, Conseiller au Grand-Conseil.

Pierre Rouillé étant décédé, elle advint à M. Hilaire Rouillé, Procureur Général en la Chambre des Comptes, qui donna son aveu en 1687 à Alexandre-Guillaume le Jay, Seigneur de Saintry. De son temps et dès l'an 1682, fut rebâtie l'Eglise du lieu, ainsi que j'ai dit ci-dessus.

M. Fremin, Maître des Comptes, a acquis en 1745 cette Terre de M. Rouillé.

On a vu par le détail des hommages rendus par les Seigneurs du Coudray, qu'ils ont réuni en leur personne plusieurs fiefs, dont celui de Meurs ou des Murs étoit du nombre, lequel fief est dit situé sur la Paroisse du Coudray.

Outre ce fief des Murs il y en a un autre sur la même Paroisse appellé le Fief de la Salle, au rapport de l'Historien de Corbeil. Il assure que du temps qu'il écrivoit, c'est-à-dire il y a six vingt ans ou environ, Thomas de Rochefort, Bailli de Saint-Germain-des-Prés, homme de probité singuliere, et qu'il a cru descendu des Chanceliers de France de ce nom, possédoit le fief de la Salle sis au village de Coudray proche la riviere de Seine, et que c'étoit le lieu où il venoit passer le temps des vacations du Palais. Selon lui, ces Rochefort étoit une famille originaire de Corbeil. *Hist. de Corbeil, p. 220.*

LE PLESSIS-CHESNAY est un hameau que l'on trouve à une lieue d'Essonne en allant à Fontainebleau. En le traversant on laisse à gauche toute la partie qui est de la Paroisse du Coudray. A l'entrée est un corps de logis sur le devant duquel est une Chapelle de laquelle les Marguilliers du Coudray prennent soin. C'est celle-là sans doute où des Paroissiens s'assemblerent en 1682 lorsqu'on rebâtit leur Eglise. Je trouve dans le Catalogue des Chapelles domestiques permises en 1666, celle des Carmes Billettes au Plessis-Chenay dans leur Maison de Santé. Ce peut être *Reg. Archiep. 17 et 30 Oct.*

la même. On sçait que ce Plessis qui est un nom fort commun, a été surnommé *Chesnay* à cause du voisinage d'un petit bois de chênes. C'est un défaut dans les Cartes des environs de Paris gravées depuis cent ans, de s'être abstenu de joindre ce surnom au mot Plessis. Nicolas Samson et Du Val ont été exacts à le marquer. On le trouve gravé sur la tombe de Jean Bernard qui en étoit Seigneur en 1537, dans l'Eglise de Saintry.

Il ne faut pas confondre la Paroisse du Coudray voisine de Corbeil, avec un lieu dit *Coldriacum* et quelquefois *Coldreium* dans les titres latins des douziéme et treiziéme siécles, puis dans les titres françois du quinziéme *le Couldray-Liziard* ou bien *le Couldray-lez-le-Bois* : parce qu'il est certain que ce lieu étoit mouvant de Montlhery et de la Châtellenie du même lieu. Il étoit situé aux environs de Saint-Germain de Châtres ; et de là vient que Jacques Olivier, décédé en 1488, duquel descendent le Chancelier Olivier, se disoit Seigneur de Leuville et du Coudray près Châtres. Il s'en défit pendant son vivant ; c'est pourquoi on en trouve Seigneur en 1475 Pierre le Prince, et en 1480 Simon Alegrain, Ecuyer.

Chart. Longip. f. 10, 37 et 43.
Rôle latin des fiefs de Montlh. sous Phil. Auguste.
Sauval,
T. III, p. 422 et 439.
Hist. des Chanceliers.
Sauval, Comptes de Par. T. III, p. 422 et 439.

Outre cet ancien Coudray, il y en a eu encore un autre au Diocése de Paris, et même dans la Brie. Il étoit situé aux environs de Grisy et de Coubert.

Il en existe encore actuellement un entre Aunay et Blancmesnil, et il est marqué dans les Cartes au Doyenné de Chelles.

MOISSY-L'EVESQUE

Nous n'avons de connoissance certaine de ce Village que depuis le douziéme siécle. Le premier Ecrivain qui en parle est Suger, Abbé de Saint-Denis, dans sa vie du Roi Louis le Gros. M. de Valois prétend que c'est mal-à-propos que l'imprimé de Suger porte *Mosaicum*, et qu'il y a dans les manuscrits *Mosiacum ;* mais en même temps il conjecture qu'il a dû être appellé *Messiacum*, comme étant un pays de bled, et où la moisson est abondante ; ou que si le nom ne vient pas de la chose, il a pu être formé de celui du possesseur de la Terre dans les siécles éloignés, lequel se seroit appellé *Mucius* ou *Metius*, qui sont des noms Romains. J'entre volontiers dans la dérivation qui viendroit de *Metius* ou de *Metæ* : et surtout dans celle qu'on peut tirer de *Metæ*, par la raison que cette Paroisse est sur les limites du Diocése de Paris, et qu'elle est la derniere sur la route de Paris à Melun. Par la

Notit. Gall. p. 423. Duchêne, T. IV, p. 302.

même raison, je me crois assez fondé pour assurer que ce lieu est cette Terre appartenante dès le sixiéme siécle à l'Eglise de Paris, et de laquelle Fortunat a fait mention en cette qualité dans la vie qu'il a écrite de Saint Germain, Evêque de cette Ville. L'article de l'Historien commence ainsi dans les imprimés : *Cùm ad possessionem Ecclesiæ quæ dicitur Inethe Sacerdos accederet, quidam ei fit obvius conquerens de quadám villá se solum incolumem esse, universos veró accolas gravi tædio laborare.* S'il est permis de conjecturer qu'il faut lire *Methe*, puisqu'on ne découvre aucune Terre du Diocése de Paris appartenante à l'Evêque ou au Chapitre qui ait un nom à qui *Inethe* puisse être appliqué, il en naîtra une forte présomption qu'il s'agissoit là de Moissy, lequel certainement est un bien de l'Eglise de Paris de temps immémorial, ainsi que le nom de Moissy-l'Evêque le désigne. Si la Terre Ecclésiastique où Saint Germain arriva et reçut la plainte d'un paysan du voisinage est Moissy, c'est ici la place d'achever le récit de l'Historien. Il dit que le Saint Prélat fit porter des Eulogies à tous les malades du Village, c'est-à-dire du pain ou autre chose à manger qu'il avoit béni, et qu'aussitôt qu'ils en eurent goûté, ils furent guéris de leur langueur. Comme il s'agit sans doute d'un Village voisin, le lieu dont tous les habitans furent rétablis en santé par la priere de ce Saint peut avoir été la Paroisse de Saint-Germain-sur-Corbeil, ou celle de Morcent-sur-Seine, ou celle d'Evry-le-Château qui sont sous l'invocation de ce Saint, en mémoire apparemment de ce miracle. *Sæc. I, Bened. p. 240*

L'expression de l'Abbé Suger est conforme à celle de Fortunat, il met : *Apud villam Episcopi Parisiensis Mosiacum cum convenissemus.* Cet Historien rapporte que ce lieu fut choisi pour la Conférence que le Roi Louis le Gros eut avec Thibaud, Comte de Brie et de Champagne, et André de Baudiment, après la mort d'Eudes, Comte de Corbeil, vers l'an 1116. Comme Thibaud essaya d'avoir cette Ville pour se faciliter la route de la Beauce, Louis le Gros craignant que s'il en étoit le maître il n'empêchât le commerce de Paris par la Seine, de même qu'il l'empêchoit par Lagny sur la Marne, aima mieux consentir à mettre hors de prison Hugues du Puiset, neveu du défunt Comte de Corbeil ; et moyennant cela Corbeil resta au Roi. Voilà ce qui fut arrêté dans le colloque de Moissy-l'Evêque. *Duchêne, T. IV, p. 302.*

Ce lieu qui est situé à sept lieues de Paris, dans une grande plaine et dans un air fort sain, loin des rivieres, des étangs et des marais, fut fort fréquenté anciennement par les Evêques de Paris, d'autant plus qu'il n'étoit qu'à trois lieues de Melun où nos Rois se rendoient souvent, aussi-bien que les Archevêques de Sens lorsque Paris étoit de leur Province. Il y avoit aussi des bois à

Moissy au douziéme siécle : l'Evêque Etienne, surnommé de Senlis, en avoit donné une partie aux Religieuses d'Hierre ; ce qui fut confirmé en 1147 par une Bulle d'Eugene III. Ce fut à Moissy que Thibaud, Evêque de Paris, régla le 22 Mars 1157 les intérêts temporels de Guillaume, Prieur de Saint-Martin-des-Champs, avec ceux de Thomas de Braie, et ceux de Milon de Fourches, Chevalier. En 1232 Guillaume, aussi Evêque de Paris, décida que dans le Chapitre de Saint-Cloud, le droit d'installer appartient au Doyen. En 1253, Renaud de Corbeil, autre Evêque de Paris, y reçut l'hommage que Matilde, veuve de Jean de Versailles, Ecuyer, lui fit des bois de Versailles. En 1255 le même y reçut celui de Guillaume d'Hierre pour le fief de Combs-la-Ville. Il y fit aussi des acquisitions en 1257 de Henri de Noisement, et en 1258 de Hugues Trebuchet. En 1259 André, Maire de ce Village, lui vendit la moitié de la dixme qu'il avoit à Chantelou, et Robert de Chantelou son quart. Les Evêques suivans continuerent d'y faire des acquisitions et des augmentations. Etienne Tempier qui commença à siéger en 1268, acheta cent arpens de bois *juxta Moissiacum*, et laissa en mourant à ses successeurs une grande partie des meubles qu'il avoit dans son Hospice de Moissy. Ranulfe de Hombloniere qui lui succéda en 1279, acheta à Moissy trois masures situées derriere la maison du Concierge, et une portion de terre du côté de la porte par laquelle on alloit du manoir Episcopal dans la campagne, ce qu'il joignit aux autres terres de son clos qu'il fit fermer de murs tout neufs, ayant de plus fait construire un appartement proche la porte. Simon de Bucy qui siégea en 1289, y acquit trente sols de rente sur une maison ; fit refaire à neuf la porte du manoir accompagnée de créneaux et d'une tournelle, ce qui commença à lui donner l'air de Château. Guillaume de Beaufet qui tint le siége épiscopal après Simon, y acheta une rente de la veuve de Pierre de Noisement, Ecuyer, en 1309. Ne trouvant plus rien à bâtir en ce lieu, il se contenta d'en laisser le souvenir au Chapitre de Paris, en lui donnant de son vivant, l'an 1311, quatorze arpens de prés situés sur la Paroisse, dans le canton appelé Noisement, dont il avoit fait bail à vie à Jean d'Erbone, Curé de la Paroisse. Le Roi Louis le Hutin fit en 1314 au mois de Février quelque résidence à Moissy-l'Evêque. Les Lettres de Raoul de Presles, son Clerc, en faveur des Ecoles de Cys et de Presles sont datées de ce lieu. Ce Prince avoit pris sans doute son logement dans la maison de l'Evêque. Les guerres des Anglois, Bourguignons et autres, ayant extrêmement gâté cette maison des Evêques de Paris, Guillaume Chartier, dont l'épiscopat commença en 1447, la rebâtit ou répara.

Il ne s'est représenté rien sur la Seigneurie de Moissy depuis ce temps-là. Il y a un siècle que les Evêques de Paris n'ont plus rien en cette Terre, ayant abandonné moyennant 700 livres de rente, à M. d'Irval de Mesme tous les droits qu'ils y avoient à la charge du relief. Il y étoit resté une grange en forme de chapelle ou salle voûtée, mais elle a été détruite de nos jours, et n'a pas été rebâtie ailleurs.

Moissy avec tous ses écarts ne formoit en 1703 que 122 feux, suivant le Dénombrement de ce temps-là : et aujourd'hui, suivant le Livre du Sieur Doisy, il n'y en a que 73. En 1726, lorsque le Dictionnaire Universel de la France parut, on n'y comptoit que 338 habitans : maintenant ils sont réduits à 300. Les affranchissemens des habitans commencerent à être faits par les Evêques au douziéme siécle, et cela peu à peu pour le prix de cent sols par tête. *Chart. min. Ep. Par. f. 272, ad an. 1258.*

Ce Village se qualifie de Chambre Episcopale de l'Eglise de Paris, et par privilége il est exempt du ressort de Corbeil. Cela est fondé sur des Lettres de Charles, Régent de France, du 20 Mars 1359; et même dès l'année précédente ce même Prince, par Lettres du 8 Novembre, avoit exempté les habitans de guet et garde au Château de Corbeil. Cette affaire avoit commencé d'être poussée vers 1350 et 1353 par Jean de Meulent, alors Evêque de Paris. Il y avoit eu en 1492 une Enquête au sujet de la Justice de Moissy : et par Arrêt du 8 Mars 1564 les Officiers furent maintenus en leur exercice. Il faut reconnoître que dès le douziéme siécle quelques Evêques avoient fait des distractions de cette Terre, puisque sous l'épiscopat de Maurice de Sully qui commença en 1161, on trouve un Guy de Moissy, Chevalier. L'acte qui nous le fait connoître est la vente que ce Guy et Girard son fils, déja créé Chevalier, firent à cet Evêque de la portion qu'ils avoient dans le moulin de Chanteraine à Corbeil dont l'Evêché possédoit le reste. Outre cela il existoit en 1219 un Chevalier nommé Henri de Moissy, qui possédoit Chaintreau sur la Paroisse de Moissy. *Tab. Ep. Paris.* *Tabul. Ep. in Moissy.* *Chart. Ep. Par. fol. 27.* *Chart. Heder.*

Dans le Procès-verbal de la Coutume de Paris de l'an 1580, un Jean Hodoart est qualifié Seigneur en partie de Moissy.

Il n'y a rien de fort remarquable dans l'Eglise de Moissy. C'est un bâtiment fort peu élevé aussi-bien que la tour de grès qui le soutient du côté du septentrion, où cette Eglise a une aîle. Dans ce qu'on voit au chœur du côté du midi, on reconnoît quelques restes de piliers grossiers du douziéme ou treiziéme siécle. L'Assomption de la Sainte Vierge est la Fête patronale de la Paroisse. L'image de Saint Roch est aussi représentée au grand autel. La nomination de la Cure a toujours appartenu de plein droit à l'Evêque de Paris. C'étoit même le siége d'un des Doyens ruraux, et l'on disoit le Doyen de Moissy, comme l'on dit aujourd'hui le Doyen du Vieux-Corbeil. Dans les titres de l'an 1164 est mentionné comme témoin *Vitalis Decanus de Moyseto.* C'est un acte par lequel Jean de Versailles engage pour quatre ans aux Chanoines de Champeaux sa dixme de Felioc. On voit dans l'Eglise de Moissy, gravée sur marbre noir, une fondation faite en 1647 par M. Trouvant, Archidiacre d'Azenay, au Diocése de Luçon, ci-devant Curé de Moissy. Le presbytere étoit autrefois dans un lieu qu'on a compris dans les avenues d'arbres : les Seigneurs l'ont fait rebâtir dans l'endroit où on le voit aujourd'hui. L'Eglise de Moissy a été exemptée autrefois de la visite de l'Archidiacre. L'Evêque se l'étoit réservée à lui seul, comme étant dans une Terre attachée particulierement à sa crosse. C'est ce que nous apprenons d'un titre de la Chapelle de Cramayel qui sera cité après, dans lequel le même privilége est étendu à cette Chapelle. Par des Lettres de Guillaume d'Auvergne, Evêque de Paris, du mois de Janvier 1242, il est dit que le Curé de Moissy a le droit de prendre deux septiers de bled dans les dixmes du Jard, le surplus appartenant aux Religieux de ce lieu.

Chart. Ep. Par. fol. 47.

Tabul. Ep. in Moissy.

CRAMOYEL est parmi les dépendances de la Paroisse de Moissy celle qui fournit le plus de faits historiques. Le nom, quoique barbare en apparence, peut néanmoins venir d'un Romain [1]. Ce lieu est situé à l'orient de Moissy, à moitié chemin de Limoges. C'étoit autrefois un hameau considérable. Etienne de Senlis, Evêque de Paris, en donna la dixme à l'Abbaye d'Hierre vers l'an 1132 : *Decimam de Craumello,* dit la Bulle d'Eugene III. On trouve sur la fin de ce siécle et au commencement du suivant de riches Seigneurs à Cramoel : Jean de Cramael dans un titre de l'an 1140 au Cartulaire de Longpont (fol. 9). Adam de Cramuel fut employé en 1180 par Robert, Comte d'Evreux, Prince du Sang, avec d'autres Seigneurs de la Cour, dans l'acte de ratification des priviléges de la ville de Tonnerre. Renaud, fils de Bouchard de Viry, Chevalier, vendant en 1220 au Chapitre de Paris une portion de terre située à Viry, il fut besoin de la ratification d'Adam de Cramoël, du fief duquel ces héritages étoient mouvans. Jean de Cramoëlle et Marthe, sa femme, avoient fait au Monastere de Franchard de la forêt de Biévre, des donations qui furent attestées en 1198 par Michel, Archevêque de Sens. En 1203 Thierry et Ferric qui possédoient cette Terre, obtinrent d'Eudes de Sully, Evêque de Paris, la permission d'y construire une Chapelle et d'y avoir un Chapelain ; ils la doterent de la grosse et menue dixme du lieu, et chacun d'eux donna un arpent de pré et la place pour bâtir une maison au Chapelain. L'Evêque voulut que le Curé de Moissy conservât

Bulla Eugen. Papæ 1147 in Tab. Heder.

Privilège de Tonnerre.

Past. Magnum. Paris.

Cart. S. Evurti.

Ex maj. Chart. Ep. Par. fol. 318.

---

1. Dion, en la vie d'Auguste, fait mention d'un *Cremutius Cordus.* — [Cet historien est nommé *Cremutius* (Κρεμουτιος) dans l'édition de Dion donnée par Dindorff (Bibl. Teubner. T. III, p. 263). (Note de l'éditeur.)

tous ses droits sur les habitans de Cramoel, et que pour cela il retirât sur cette dixme un sextier de froment et deux d'avoine : de plus qu'aux Fêtes Annuelles les habitans de Cramoel fussent tenus d'aller à l'Eglise de Moissy, et y recevoir les Sacremens, et que le Chapelain fût également tenu d'y assister, sans pouvoir faire l'Office ces jours-là à Cramoel, pas même dire la Messe, à moins que celle de Moissy ne fût célébrée ; qu'à l'exemple de l'Eglise de Moissy, cette Chapelle ne pourra être visitée que par l'Evêque, et non par l'Archidiacre ; que le Chapelain fût tenu de promettre fidélité au Curé, et qu'il recevra pour lui dans la Chapelle les oboles de Pentecôte ou cinquantaine de Pâques et les lui remettra : et enfin, que la Chapelle ne pût jamais être érigée en Paroisse. Telles étoient les précautions qu'on prenoit alors. Matilde de Cramoel étant devenue veuve de Ferric, imita la piété de son mari et de son beau-frere, donnant en pure aumône l'an 1244 à l'Abbaye de Livry vingt arpens de terre situés à Barneau, sur le chemin *dou brulez au-Marchais profond*. On voit dix ans après le Chapelain de *Cramuello* vendre au Chapitre de Paris une dixme à Mauny ; ce qui marque qu'il étoit plus que suffisamment doté. Sa Chapelle étant l'une des plus célébres de ces temps-là, fut dénommée au Pouillé rédigé au treiziéme siécle sous le nom de *Capella de Gamoel*, et mise au rang des Bénéfices que l'Evêque confere de plein droit, ce qui est suivi par celui du quinziéme siécle, où le Chapelain est dit avoir vingt livres de revenu selon l'ancien calcul. On trouve au 20 Avril 1556, *Collatio Capellæ S. Georgii in Castro de Cramoyau infra fines Parochiæ de Moissi*. Dans des Provisions du 17 Février 1487, elle est dite simplement *infra metas Parochiæ de Moissy*, sans parler du Château. Le Pouillé imprimé en 1648, où elle fut appellée la Chapelle de Tramoelle, la place mal-à-propos dans l'Eglise de Lezigny (page 73).

Dubois,
T. II, p. 223.

Chart. Livriac.
fol. 13.

Portef. Gaign.
Ex Tab. Eccl.
Par. n. 443.

Reg. Ep. Paris.

Dans le siécle suivant, un Arrêt du Parlement de l'an 1328 rappelle une décision faite plus anciennement à Cramoel, c'est-à-dire d'un prononcé du Prince qui y étant logé avoit adjugé à Jean de Courpalais, Chevalier, la Justice haute et basse de Courpalais et de la Chapelle Iger. Jean *de Campellis* ou de Champeaux, Archidiacre de Melun dans l'Eglise de Sens, étoit Seigneur de Cramoel en 1353. En cette année il étoit en différend avec le Procureur du Roi au sujet de la haute-Justice de ce lieu et autres droits. Je ne vois pas qu'on puisse entendre d'un autre lieu que de Cramayel ce qu'on lit au Cartulaire de l'Abbaye du Jard, que vingt arpens du bois de Cramoeau avoient été donnés à cette Abbaye, avec déclaration qu'ils étoient situés dans la censive de Noble homme Jean de Vaires, Ecuyer, lequel avoit consenti en 1373 que les Chanoines Réguliers de cette Maison tinssent cette portion de bois

Inventar. antiq.
Cod. Reg.
7675, fol. 10.

Reg. Balliv.
cap. art. natus,
n. 2.

Chart. Jardi
in Bibl. Reg.

en main-morte. Sur la fin du même siécle et au commencement du suivant, François de l'Hôpital étoit Seigneur de Cramoyau. Comme ce Chevalier fut attaché au Roi Charles VI, le Roi d'Angleterre devenu maître de Paris lui ôta les héritages qu'il avoit en ce lieu et les donna à Jean Leclerc, qui avoit été Chancelier de France. Vers le milieu du siécle la Seigneurie de Cramoyau étoit tenue par Pierre de Morvilliers, que l'on compte aussi parmi les Chanceliers de France. Le Seigneur de ce lieu en 1497 étoit Philippe Luillier, et en 1544 le 28 Juillet, Valentine Luillier en étoit Dame et veuve de Bertrand l'Orfevre, Seigneur d'Armenonville. Elle fonda dans la Chapelle de Saint-Georges une Messe du nom de Jésus tous les Vendredis, suivie de la Passion ; légua pour cela plusieurs arpens de terre situés à Trambleseau ; voulant que cette fondation fût écrite sur une table de pierre ou de cuivre.

<small>Hist. des Gr. Off. T. VII, p. 433, ad an. 1386 et 1411.
Sauval, T. III, p. 328 et 586.
Extrait des Comptes de la Prévôté de Paris.
Hist. des Gr. Off. T. VI, p. 409.
Lettres Royaux in Tab. Castelli.
Acte notarié par Simon le Barg et Charles Maheu.</small>

Lorsque De la Barre composoit son Histoire de Corbeil, il y a cent ans, le Château de Cramoyau appartenoit à Robert de Grouches, Seigneur de Gribouval. Il le possédoit dès l'an 1598, et avant lui il étoit à Jean Girard, Ecuyer, à cause de Valentine le Fevre, sa femme. Ce fief étoit estimé, vers l'an 1590, valoir 300 livres de rente.

<small>Hist. de Corbeil, p. 23.</small>

Depuis, il a appartenu aussi bien que Moissy à Jean Antoine, de même Président à mortier; ensuite à Jean-Jacques, son fils, aussi Président à mortier, décédé en 1688 ; puis à Jean-Antoine, de même Président au Parlement en 1712, et décédé Premier Président en 1723.

<small>Hist. des Gr. Off. T. IX, p. 318.
Ibid., p. 317.
Ibid.</small>

Le Château de Cramayel appartint dans les années suivantes à M. le marquis d'Ambres, ainsi que le marque M. Boffrand, célèbre Architecte, dans son Livre imprimé en 1745. Cette Terre lui étoit venue par son épouse, fille de M. le Président de Mesme, laquelle la vendit au mois de Décembre 1733 à M. Fontaine, l'un des Fermiers Généraux.

L'Architecte ci-dessus nommé a représenté en son Livre en trois manieres le Château de Cramayel, qu'il dit avoir réformé dans les choses où son architecture n'étoit pas conforme au goût présent, entre autres dans l'inégalité des fenêtres. Ceux qui seront curieux de voir comment il étoit auparavant, en trouveront la représentation dans la Topographie Françoise de Claude Chastillon, gravée il y a environ six vingt ans. Si l'on souhaite sçavoir ce qu'est devenue la Chapelle de l'ancien Château, qui devoit être un bâtiment gothique et délicat, il n'y a pas d'autres éclaircissemens à donner, sinon qu'elle a été détruite dans le temps de la bâtisse du nouveau, et que le Rôle des Décimes du Diocése de Paris où elle est imposée, en marque la situation en ces termes : *Chapelle de Cramoyau ès limites de la Paroisse de Moissy-l'Evesque, en la grande ferme de Cramoyau.* On trouve dans les Registres du Parlement

<small>Topogr. Chastillon, impr. vers 1610, fol. 19.
Rôle imprimé.</small>

l'enregistrement d'un don que fit autrefois Louis XIV au Prési- Regist. du Parl
dent de Mesme du droit de bois vif en sa forêt de Fontainebleau, 26 Mars 1652.
pour réparer le Château et basse-cour de sa Terre de Cramoyau.

    Le Sieur De la Barre, faisant l'énumération des lieux situés sur Hist. de Corbeil
la Paroisse de Moissy, les arrange ainsi : Lugny, Noisement, p. 23.
Chantelou, Chaintreau, Cramoyau. Je viens de parler du dernier
qui m'a paru être le plus célébre.

    LUGNY, selon lui, étoit, en 1640, un vieux Château apparte- Ibid.
nant à Jean Fusée, Sieur de Voisnom. Il ajoute que le fief releve
de Grigny, et reconnoît la Justice de Corbeil. Le Role des Décimes nous apprend qu'il y a en ce lieu une Chapelle du titre de
Sainte Geneviéve à laquelle il reste quelques biens. Une estimation d'environ l'an 1720 marque 80 livres pour son revenu. Des
Provisions du 15 Avril 1475 la désignent ainsi : *Capella Sanctæ
Genovefæ in domo seu juxta domum Domini temporalis de Lu-
gniaio in Parochia de Moissiaco cujus præsentatio ad Nobilem
mulierem Johan. de Jeurre dicti loci Dominam.* Au commencement du siécle suivant, François Hodoart, Professeur en Théologie, la possédoit ; les parens étant Seigneurs du lieu, il est certain que Jacques Hodoart, Avocat du Roi à Sens, dont les trois
filles : Jeanne, mariée à Claude Gouste, Prévôt de Sens ; Marie, à
Jean Ladry, Seigneur de Pailly, et Antoinette, épouse de Jacques
Phelippeaux, présenterent, en 1554, Jacques Gouste, Clerc Sénonois pour cette Chapelle. En 1158, Jean Hodoard, Seigneur du
lieu, y présenta Pierre Hodoard, Clerc Sénonois, le 1er Mai. En
1601, Jean Fusée, Seigneur de Voisenon et de ce Lugny, y nomma
aussi bien qu'en 1607 le 17 Mars. Ex Reg. Ep. Par.

    Le Jean Hodoard nommé ci-dessus comparut encore comme
Seigneur de Lugny à la Coutume de Paris de l'an 1580.

    Naturellement le nom de Lugny vient de *Lucaniacum*. Il pour-
roit se faire qu'un nommé *Lucanus* auroit possédé ou habité ce lieu
dans le temps des Romains-Gaulois ; ou bien il auroit tiré son nom
de ce que le corps de Saint Lucain, qu'on possede aujourd'hui dans
la Cathédrale de Paris, y auroit été mis en refuge et caché dans le
temps des courses des Normans, de même qu'il y en eut de trans-
portés en certains Châteaux des Comtes de Corbeil. Ce Lugny est
situé au midi de Moissy. Il est nommé parmi les Paroisses du
Doyenné de Moissy au Pouillé du treiziéme siécle, sous le nom
vulgaire de Luigny, ce qui marque que l'écrivain en ignoroit le
nom latin. Cette Paroisse de Luigny n'a pu être réunie qu'à celle
de Moissy. On ne sçait pas en quel temps cette réunion a été faite.
En 1597, le fief de Lugny et des bois de Lugny, dit Violette, qui
avoit été possédé par Jean et Jacques, freres, étoit possédé par moitié
par Marie d'Anjorrant, veuve de Jean, laquelle fut déchargée de la

contribution au Ban de la Châtellenie de Corbeil. Ce Fief étoit estimé valoir alors 114 livres. Un mémoire assez récent m'apprend que le fief de Lugny releve de Grugny, et qu'il y a un petit Château appartenant à M. Fusée de Voisenon, et depuis à M. d'Armagnac, Apotiquaire du Prince de Conti.

Hist. de Corbeil, p. 23.

L'Historien de Corbeil parle de Noisement comme d'un Château ruiné, situé, selon lui, sur la Justice de Corbeil. C'est en ce lieu qu'étoient les quatorze arpens de prés que Guillaume de Baufet, Evêque de Paris, donna au Chapitre, l'an 1311. Le titre, quoiqu'en latin, ne latinise point ce nom. Il est formé visiblement du mot *Nocumentum,* soit que ç'ait été un Château de défense, ou une espece de redoute, soit que ç'ait été seulement un bien cédé à quelqu'un en dédommagement, *propter damnum.* Dans le Procès-verbal de la Coutume de Paris de l'an 1580, Nicolas de Neuville est dit Seigneur de Noisement. Cette petite Terre est tout proche l'Eglise de Moissy, vers le Septentrion. Guillaume de Noisement rendit hommage, l'an 1270, à Etienne Tempier, Evêque de Paris. Marguerite de Noisement vendit, en 1309, à Guillaume, autre Evêque de Paris, cent sols de rente qu'elle avoit en ce lieu. Ce Noisement dépend de Cramayel. Ce n'est plus qu'une Ferme.

Gall. Chr. T. VII, col. 120.
Chart. maj. Ep. Par.

CHANTELOU n'est qualifié que de Ferme par De la Barre, qui dit qu'elle est aussi de la Justice de Corbeil. Le bien qu'y eut l'Abbaye d'Hierre lui vint d'Eustachie de Corbeil qui donna vers 1158 ce qu'elle y possédoit pour les dépenses de l'Infirmerie. Il est fait mention de Pierre de Chantelou, Chevalier, et Ermengarde, sa femme, comme vendant à Maurice de Sully, Evêque de Paris, leur moulin de Corbeil ; puis de Hugues de Chantelou, vers l'an 1210, à l'occasion d'une dixme que Pierre, Evêque de Paris, donna à son fils, sur le territoire d'Evry. Ce lieu paroît être du nombre de ceux qui sont beaucoup diminués de ce qu'ils étoient. L'Evêque de Paris y avoit des serfs du temps de Saint Louis. L'Evêque Ranulphe de Homblonieres les affranchit. En 1261 l'un des [de ses] prédécesseurs en avoit acheté de R. de Chantelou l'an 1259 la quinziéme partie de la dixme.

Annal. Bened. Tom. VI, Prob. p. 676.

Chart. Heder.

Chart. maj. Ep. Par.

CHAINTREAUX, mal nommé Chantereau dans la Carte de De Fer, est une Terre appartenante aux Dames Religieuses de l'Abbaye du Lis, proche Melun, en vertu de la donation de la Reine Blanche, mere de Saint Louis, leur fondatrice. Philippe le Hardi amortit cette Terre en 1272. Blanche l'avoit apparemment eue par achat ou par échange des descendans d'Henri de Moissy et d'Agnès, sa femme, nommés ci-dessus, qui avoient vendu en 1219 leur portion de la dixme de ce lieu aux Dames d'Hierre. Chaintreaux est mentionné deux fois dans l'ancien Nécrologe de la même Abbaye d'Hierre : premierement au jour de l'Anniversaire d'Aveline, femme

Ibid. p. 230 et 163.
Hist. de Corbeil, p. 163.
Ibid., p. 131.

Chart. Heder. Nec. Heder. Bibl. Reg. ad X Cal. Maii.

de Josbert Briard, qui, entre autres biens, avoit donné à cette Maison une quantité de grains à y lever, *unum modium annonæ apud Chanistriaus;* secondement à celui d'un nommé Thierry qui leur avoit légué pareillement *unum modium frumenti apud Chinstrellos.* Le premier don fut confirmé par Maurice de Sully, Evêque de Paris; ainsi il est d'environ six cents ans. <small>Nec. Heder. Bibl. Reg. ad XI Cal. Julii. Tab. Heder.</small>

Le fief des Garnisons ne doit pas être omis ici. L'un des deux hommages rendus à son sujet à l'Evêque de Paris au quinziéme siécle, le dit situé à Moissy-l'Evêque. Le premier le fut par Guillaume Courtois, Avocat en Parlement, le 23 Juillet 1474. Le second fut fait dans la Chambre de l'Evêque, le 13 Juin 1477, par Henri Quinault, chargé de la procuration d'Etienne de Vezez, Premier Valet de Chambre du Dauphin, à cause d'Anne Courtois, sa femme. <small>Reg. Ep. Paris.</small>

En 1548, Pierre le Vest possédoit ce même fief des Garnisons. Le 8 Juin 1549, l'Evêque accorda un délai pour l'hommage à Fleury le Vest, son neveu en curatelle. Le même acte dit aussi que ce fief est situé à Moissy. En 1583, l'hommage de ce fief fut rendu par François-Louis d'Agoust de Montauban de Vest et de Montlaur, qui en avoit hérité de sa mere, Jeanne de Vest de Montlaur. <small>Ibid. Liasse de Moissy.</small>

Il reste à nommer le fief de Remigny ou Armigny qu'un Dénombrement de l'an 1597 m'apprend être situé à Moissy-l'Evêque, appartenir au Collége de Chanac ou de Saint-Michel, fondé à Paris par Guillaume de Chanac, mort en 1348, et avoir valu 34 livres de rente à la fin du seiziéme siécle. Hugues de Moriac, Maître de ce Collége, en rendit hommage à Louis de Beaumont, Evêque de Paris, le 13 Août 1474. Il y avoit le grand et petit Armigny, qui furent saisis par faute d'hommage en 1566 et en 1628. [La Chapelle de Saint Philippe et Saint Jacques à Notre-Dame de Paris a du bien dans la grange de ce lieu de Revigny.] De plus, les Chapelains de Saint-Julien le Pauvre et Sainte-Marie Egyptienne, dans la même Eglise, ont une dixme à Moissy. <small>Dénomb. des fiefs de la Châtell. de Corbeil 1597. Reg. Ep. Paris. Liasse de Moissy. Dubois, coll. mss. T. V.</small>

Les chemins qui aboutissent à Moissy sont tous plantés d'arbres en forme d'avenues. On tient les fromages de Cramayel pour les meilleurs de la Brie Parisienne.

Il y avoit en 1493 sur le territoire de Moissy une fontaine appellée la Fontaine de Changy, selon un acte de cette année-là. <small>Tab. Ep. Paris</small>

LIEU-SAINT

Le Sieur Bouteroue est l'Ecrivain qui nous a fourni le plus ancien monument en faveur de ce lieu. Ce sont deux pieces de monnoie du temps de la premiere race de nos Rois, battues toutes les deux *Loco Sancto*. Adrien de Valois en a conclu que ce Village vulgairement appellé Lieur-Saint et Loursain, a été primitivement une Terre Royale ou du Fisc, en quoi il a été suivi par Dom Michel Germain : mais depuis le siécle de ces monnoies, qui est le huitiéme depuis la naissance de Jésus-Christ au plus tard, il ne se trouve plus rien sur Lieu-Saint que dans le douziéme ; ce qui fait un vuide de quatre cents ans.

Notit. Gall. p. 422.
Diplom. p. 294.

M. de Valois qui a paru être embarrassé sur l'origine du nom de cette Paroisse, s'est fondé sur le voisinage du hameau dit Villepesque, et sur celui du village dit Moissy-l'Evêque, pour assurer que Lieu-Saint ou Lieu-Sacré venoit peut-être de-là ; parce que tout ce qui appartient aux Evêques est saint et sacré : mais il se trompe fort en croyant que Villepesque vient du latin *Villa Episcopi*, ainsi que je le ferai voir ci-après. Ainsi il vaut mieux embrasser sa seconde conjecture, et dire que ce nom est fondé sur ce que ce lieu a servi de retraite à quelque Saint. Ce n'est pas le seul endroit du Royaume qui soit nommé Lieu-Saint : il y en a eu de même nom en Basse-Normandie, Diocése de Coutances, proche Valogne, qui étoit un canton peuplé de saints Solitaires sous nos Rois de la premiere race. L'on a encore du côté de l'Allemagne Heiligenstadt qu'on prétend avoir été nommé par Dagobert Ier *Locus Sanctus* ou *Locus Sanctorum*, par rapport à une apparition qu'il y eut de quelques Saints : le nom Allemand aujourd'hui usité répond au nom latin.

Bouquet, Script. Fr T. III, p. 522.

Le Saint qui a demeuré et qui est mort sur le territoire en question est un Saint Quintien, Prêtre, dont Usuard a conservé dans son Martyrologe le nom et le jour du décès, qui est le 14 Juin. C'est le véritable Patron de l'Eglise de la Paroisse. Les Bollandistes ont grande raison de dire qu'Usuard n'a pu se tromper en cet article, au point de qualifier de simple Prêtre un Saint qui auroit été Evêque de Rodez ou de Clermont. Ils soutiennent donc que le Saint Quintien, Prêtre, mort le 14 Juin, doit être différent de l'Evêque Quintien duquel parle Grégoire de Tours, et dont la mort est au moi de Novembre. D'ailleurs Usuard, Moine de Saint-Germain-des-Prés, a dû sçavoir qualifier un Saint si voisin de Paris, et dont l'Eglise n'étoit qu'à une lieue de Combs-la-Ville, Terre de son Monastere. Les habitans de Lieu-Saint sont dans le cas de ceux de divers autres lieux à qui on a laissé honorer un autre Saint du même nom que l'ancien, parce qu'il étoit plus connu dans l'Histoire. On les y a engagés parce qu'on ne sçavoit rien d'un Prêtre qui avoit mené une vie cachée comme les Solitaires. Sur ce principe l'Evêque de Rodez et de Clermont (car il avoit siégé dans les deux Villes), ce saint Evêque, dis-je, est devenu leur Patron : et ils font la Fête le 10 Novembre. A l'égard du 14 Juin, qui est celui de la mort de Saint Quintien, Prêtre, mort dans le lieu, ils le regardent et célébrent comme le jour de la Translation du saint Evêque. Baronius, trompé par Galesinius, a occasionné ces méprises par le moyen de son Martyrologe, faisant deux saints Evêques du Saint Quintien de Grégoire de Tours, l'un de Rodez au 14 Juin, et l'autre de Clermont au 13 de Novembre : mais quiconque lira avec attention les remarques d'Henschemius au 14 Juin, reviendra du sentiment par lequel on suppose que le Saint Quintien du 14 Juin est un Evêque ; et comme les habitans de Lieu-Saint ne peuvent disconvenir que leur ancienne fête étoit ce jour-là, qu'ils ont pallié sous celui de Translation, ils seront obligés d'avouer que leur Patron étoit le saint Prêtre mentionné dans Usuard. Je ne sçai pas même s'il n'y a pas assez de fondement pour donner à Saint Quintien, Prêtre, un adjoint nommé dans quelques exemplaires d'Usuard *S. Sicitus* ou *S. Titus*. [Au reste l'Eglise de Saint-Quintien du Diocése de Paris devoit être ancienne, si c'est proche cette Eglise que Sainte Aure se retira au VII siécle pour faire pénitence, ainsi qu'on lit dans sa vie ; il y est marqué que ce fut à une Eglise *S. Quintini* : peut-être que l'auteur a voulu dire *Sancti Quintiani*[1].]

Bolland. ad 14 Junii.

Ibid.

La situation de ce village est dans une plaine assez vaste qui se trouve au sortir de Corbeil lorsqu'on gagne les hauteurs, et à une légere distance de la forêt de Senart dans laquelle cette Paroisse étoit vraisemblablement comprise. Le territoire est en labourages et sans vignes. Le grand chemin de Paris à Melun passe à travers le Village. Le Dénombrement de l'Election fait en 1709 y comptoit 40 feux. Le nouveau Livre de M. Doisy imprimé en 1745 y en met 54. Le Dictionnaire Universel du Royaume de l'an 1726 marque qu'il y a 245 habitans. En tous ces Dénombremens est compris Villepescle qui fait partie de la Paroisse.

L'Eglise de Lieu-Saint conserve des restes d'édifice du douzième

---

1. Quelqu'un pourra soupçonner que les Allemans d'Heïligenstadt ont pu emprunter quelque chose de ce qui étoit arrivé à Lieu-Saint du Diocése de Paris, pour en orner leur légende des Saints Aure et Justin du 16 Juin. On a d'autant plus de lieu de conjecturer quelque pieuse adaptation, que l'on trouve dans le Diocése de Paris également comme chez eux un Saint Justin et une Sainte Aure. Dagobert est venu chasser plus vraisemblablement dans la forêt de Senart que vers les bords du Rhin.

siècle, c'est le bas de la tour placée sur le chœur. Ces supports qui se voient dans l'Eglise paroissent avoir cette antiquité. Les petites colonnades qui en sont voisines ne sont que du treiziéme. Il y a dans le chœur une tombe sur laquelle est figuré un Gentilhomme du même siècle, à en juger par ce qui y reste d'écriture, quoique difficile à lire. Le bouclier de ce Chevalier est sur son corps et le couvre presque en entier, tant il est vaste. Cette tombe a été remuée, car la tête du Chevalier est du côté de l'autel, à l'endroit où devroient être les pieds. Ce Chevalier est sans doute l'un des Seigneurs de Lieu-Saint qui seront nommés ci-après. On voit aussi dans le même chœur deux autres tombes qui représentent deux Curés revêtus sacerdotalement avec des plages à leurs aubes : l'un décédé en 1344 tient un calice dans les mains : l'autre, mort en 1367, a seulement les mains jointes : leurs noms sont effacés de vétusté. Une derniere épitaphe gothique qui se lit sur une tombe du même chœur et qui a environ deux cents ans, ne mérite attention que parce que le nom du Village y est écrit. Lieu-Saint. Cette Eglise est fort propre et toute de symétrie. Le chœur et le Sanctuaire sont boisés. Je me suis étendu ci-dessus sur le Saint Quintien qui en est le Patron. On n'y conserve aucune de ses reliques : au moins elles sont restées inconnues jusqu'ici si elles ont été cachées. Il peut se faire que le corps du Saint soit encore dans son tombeau sous le grand autel ou aux environs. Il y a en ce Village un lieu dit la Croix Saint-Quintien.

Dans le Nécrologe de Moissy au 2 Mai, terres et prés donnés à l'Eglise de Moissy sis au gros buisson, tenant d'une part à la Croix Saint-Quintien, aboutissant sur la terre de Cintreaux.

L'Anniversaire de la Dédicace de l'Eglise s'y célèbre le 22 Juin, qui est le lendemain de l'Octave de la Fête du Saint Patron. Cette Eglise fut donnée à l'Abbaye d'Hieres par Etienne de Senlis, *Annal. Bened. T. VI. p. 676.* Evêque de Paris, vers l'an 1138, et la donation fut confirmée par une Bulle d'Eugene III de l'an 1147. Aussi la présentation à la Cure est-elle toujours restée à l'Abbesse de ce lieu, ainsi que fait foi le Pouillé imprimé en 1648. Le Pouillé Parisien écrit vers l'an 1280 marque cette présentation comme appartenante à l'Abbesse de Rivellon ; mais il faut entendre par ce mot l'Abbesse d'Hieres : car ce nom ne lui a été donné qu'à cause que l'Abbaye est située à l'embouchure du ruisseau de Rivellon ou Rouillon *Litt. Steph.* dans la riviere d'Hieres. C'est aussi la même Abbaye qui fut *Ep. Paris.* gratifiée de la moitié des dixmes de Lieu-Saint par Eustache de *Gall.Chr.nova, T. VII, p. 603.* Corbeil, femme de Jean d'Etampes, laquelle vivoit vers l'an 1132. Elle se fit enfin Religieuse parmi elles, et y mourut le 28 Janvier. *Charta Mauric.* Ces mêmes Dames acheterent en 1182 de Hugues Bunnelle, *Ep. Par. in Chart. Heder.* Chanoine de Saint-Spire de Corbeil, pour la somme de quatre-vingts livres, ce qu'il avoit dans la dixme du même Village. Enfin on lit que Milon de Lieu-Saint, Chevalier, Guillaume, Prêtre de Lieu-Saint, Guillaume de Servigny et Gérard de Bourgneuf donnerent au treiziéme siécle une dixme dans Lieu-Saint à l'Abbaye d'Hieres. De sorte que les Religieuses de ce Couvent sont ce que l'on appelle gros Décimateurs du lieu. *Charta Mauric. Ep. Par. in Chart. Heder. Chart. Off. Par. an. 1230.*

Un des Curés de Lieu-Saint devenus illustres est André du Saussay, mort Evêque de Toul. Il posséda cette Cure en 1627 et la permuta pour un Canonicat de Saint-Marcel. *Reg. Arch. Par. 16 Junii.*

Il y a eu autrefois une Léproserie à Lieu-Saint. On en trouve des Provisions du 5 Janvier 1496. *Reg. Ep. Paris.*

Les titres fournissent des Seigneurs de Lieu-Saint dès le douziéme siécle. Vers l'an 1180 Galerah de Lieu-Saint, Chevalier, et Havise, sa femme, vendirent à Maurice de Sully pour la somme de vingt-cinq livres, toute la censive qu'ils avoient dans le bourg de Saint-Cloud. Adam de Lieu-Saint est nommé tantôt comme témoin, et tantôt comme plege, dans le Grand Pastoral de Paris à l'an 1223 et ailleurs. On vient de voir ci-dessus à l'an 1250 un Milon de Lieu-Saint, Chevalier. En 1278 vivoit Robert ou Thibaud de Lieu-Saint, Chevalier. On lit de lui que le Dimanche après la Toussaint de cette année-là, Etienne Tempier, Evêque de Paris, ayant célébré la Messe et prêché dans l'Eglise de Lieu-Saint, il lui rendit hommage dans la même Eglise, de soixante arpens tant bois et prés que terres, situés entre Lieu-Saint et Moissy-l'Evêque. On lit ailleurs parmi les Chevaliers de la Châtellenie de Corbeil qui tenoient leur fief d'autres Seigneurs que du Roi, et qui avoient soixante livrées de terre vers l'an 1320: *Adam de Loco Sancto.* *Chart. Ep. Par. fol. 26.* *Chart. Livriac. fol. 11.* *Chart. Ep. Par. Bibl. Reg.* *Cod. Putean. 635.*

Cent ans après, la Terre de Lieu-Saint étoit possédée par les Sieurs de Neauville. Ce qui nous l'apprend, est que Hervé de Neauville, Conseiller du Roi, et sa femme Marguerite Alory, Dame du Val Coquatrix, ayant fondé trois Chartreux à Paris moyennant une rente de 150 livres par leur testament de 1420 et 1423, Guillaume et Martin de Neauville, ses freres et héritiers, délivrerent aux Chartreux pour cette somme annuelle la Terre de Lieu-Saint, avec 550 arpens de bois dans la forêt de Senart. C'est ainsi que la Terre de Lieu-Saint est tombée en main de Communauté, de sorte que depuis plus de trois cents ans il n'a plus été fait mention de Seigneurs. Les Chartreux les représentent et ont dans leur Maison une Chapelle domestique. On trouve néanmoins dans le Registre des fiefs de la Châtellenie de Corbeil en 1597, qu'une portion du fief de Lieu-Saint, de valeur de 120 livres de rente, étoit alors possédée par la veuve de François Aligre. *Necr. Cart. Par. ad Non. Sept.*

Mais dans le même temps que la Seigneurie de Lieu-Saint étoit sur son déclin, celle de VILLEPECLE qui est sur la même Paroisse, fut dans un état très-florissant. Je sçais qu'aujourd'hui on l'appelle Villepesque ; et même toutes les Cartes mettent Villepesquée : ce qui est encore une plus grande altération. C'est de la prononciation Villepesque que M. de Valois s'est autorisé, pour écrire qu'en latin c'étoit *Villa Episcopi*. Il hésite cependant quelques pages après, et doute si ce ne seroit point le *Villa Persica* que Du Breul a mis dans son Catalogue latin des Paroisses du Diocése de Paris : ensorte que Villepesque seroit comme qui diroit Villeperche. Quelques-uns même ont poussé leur conjecture jusqu'à croire que le vrai nom est Ville-Prêtre. Mais les plus anciens titres qui parlent de cette Seigneurie autorisent la prononciation Villepêcle. On voit dans le Cartulaire de l'Abbaye d'Hieres un acte de 1227, au commencement duquel se lisent ces mots : *Guido Briart Miles Dominus de Villapaëcle notum facimus*, etc. Dans le Cartulaire de Saint-Maur à l'an 1245, *Villa Paacle* est dite située proche Corbeil, et en 1258 elle est appellée *Villa Paaclari*. Ferry de Villepesque est nommé dans une Ordonnance de Philippe le Bel sur l'établissement de son Parlement à Paris. En 1315, sous le Roi Louis le Hutin, il fut fait l'un des Maîtres des Requêtes de l'Hôtel. En 1320 vivoit Ferry de Villepêche dont le nom est souvent repis [repris ou remis ?] comme arbitre dans les Registres du Parlement de Paris. Après le milieu du XIV siécle on trouve Isabel de Villepescle tenant du Roi le Grand-Hôtel de Villepescle et 411 arpens, tant terre que prés et bois. Dès lors un des lieux voisins de Villepescle étoit connu sous le nom de Bienfaite. Sous le Roi Charles V, Gilles Malet, devenu Seigneur de ce lieu, obtint de ce Prince au mois d'Octobre 1372, qu'il y auroit désormais une Foire le jour de Saint George et les deux jours suivans, à l'occasion du concours du peuple à la Chapelle qui étoit sous le titre de ce Saint. Les Lettres de cet établissement qui sont en latin, s'expriment ainsi : *In loco de Villapescla ubi domus fortis seu fortalitium existit*, et finissent de cette sorte : *Datum apud dictum locum de Villapescla*. Le même Roi étoit encore en ce Château le 8 Septembre 1378. Le voisinage de la forêt de Senart dut y attirer souvent les Princes amateurs de la chasse. Gilles Malet étoit Valet de Chambre de Charles V, et depuis l'an 1373 il avoit la Garde de sa Librairie. C'étoit même lui qui en avoit rédigé le Catalogue. Il est aussi dit avoir été Chastelain du Pont-Sainte-Maxence. Charles VI qui témoigna à Malet, devenu son Maître-d'Hôtel, la même amitié que Charles V, vint encore plus souvent visiter la Maison de Villepescle. Ce Prince affranchit cette Maison d'un droit de garde à laquelle il obligea les voisins par Lettres de l'an 1382, et trois ans après le même Seigneur en rendit foi et hommage à ce Prince. On prétend que c'est parce que Charles VI y venoit fort souvent, que depuis qu'il fut marié avec Isabeau de Baviere, cette Reine voulut avoir aussi une Maison dans le voisinage, qui en prit le nom de Vau-la-Reine. Gilles Malet mourut en 1410, laissant sa veuve Nicole de Chambly avec deux fils, Jean, Maître-d'Hôtel du Roi et Charles, Licencié ès Loix. Nous ignorons combien de temps ils garderent la Terre de Villepêcle. Elle étoit en 1468 et 1471 entre les mains de Valentin de la Roque, Huissier d'Armes du Roi et Prévôt de Corbeil.   Hist. de Corbeil, p. 199. Mém. de l'Acad. des Inscript. T. II, p. 698. Sauval, T. III, p. 395. Tabul. S. Joan. de Eremo Corb.

Divers actes de présentation à la Chapelle de Saint Georges du Château de Villepêcle nous en apprennent les Seigneurs : car elle leur appartenoit, ainsi qu'il est dit au Registre de l'an 1488. Le 14 Août de l'an 1500, Isabelle de Maucreux, Dame du lieu, y présenta. Le 6 Février 1531, Guy de Cotte-Blanche et Catherine Hesselin, sa femme, y nommerent Hélie de Cotteblanche, Clerc Parisien. Environ dix ans après on voit dans les Mémoriaux de la Chambre des Comptes un Arrêt de main-levée donnée à Jacques Hesselin de Gascourt et Etiennette Auger, veuve de Christophe Hesselin, tutrice de ses mineurs, de la Terre de Villepesque. Le 6 Avril 1557, François de Saint-André, Conseiller au Parlement et Vicomte de Corbeil, nomma à la Chapelle de Saint Georges en qualité de Seigneur, Jean de Saint-André, Clerc Parisien et Chanoine de Notre-Dame. Le 8 Novembre 1575 il y fut pourvu sur la présentation de Jean le Gresle : et encore le 13 Mars 1598.   Reg. Ep. Paris.

Le Registre de la Contribution pour le Ban et arriere-Ban de Corbeil en 1597 marque à 232 livres l'estimation de la Terre de Villepêcle alors possédée par Pierre le Gresle et par Jean de Saint-André, et une autre portion par Georges de Postel, Ecuyer, Sieur d'Ormoye. Ce dernier est apparemment le même qui dans les guerres civiles de ces temps-là prenoit le titre de Capitaine de Villepesque. Pierre de la Fontaine, Commissaire de l'Artillerie du Roi, en étoit Seigneur vers l'an 1620. Jean de la Fontaine qui avoit épousé Isabelle Briçonnet, tenoit la même Seigneurie en 1653. Il étoit fils du précédent. Il fut Lieutenant-Colonel du Régiment de Melun, et mourut en 1662. Après lui fut Seigneur de Villepesque Antoine de la Fontaine, Lieutenant de Vaisseau, décédé en 1712. Je le trouve appellé en 1697 de la Fontaine Solare. Ce lieu a une Justice qui releve de Corbeil. Quelques copies du Pouillé, telle que celle du seizième siécle, ont marqué à Villepêcle une Cure à la nomination de l'Evêque : mais c'est par erreur.   Hist. de Corbeil, p. 258. Hist. des Gr. Off. T. VI, p. 436, T. VIII, p. 858 et 859. Reg. Arch. Par. 24 Mart. Hist. de Corbeil, p. 23.

Les autres dépendances de la Paroisse de Lieu-Saint que l'on trouve marquées dans les Cartes, soit du Diocése, soit des environs de Paris, sont VARATRE, mal nommé Saint-Verafre dans plusieurs Cartes. Jacques Rapoüel ou Rapoil qui avoit épousé

Jeanne Olivier, en étoit Seigneur vers l'an 1500. Dans le Procès-verbal de la Coutume de Paris de l'an 1580, Olivier Rapoüel, Avocat, est dit Seigneur de Varatre. Sur la fin de l'avant-dernier siécle une partie de ce fief dite Voisins appartenoit à Pierre Prevost, Elu de Paris, le reste à Geneviéve Rapoüel ; puis à Marguerite Hebert, veuve d'Olivier Rapoüel ; et une autre partie étoit à Louis Gayant, le même apparemment qui est qualifié Conseiller au Parlement en 1613. L'Historien de Corbeil dit aussi que de son temps cette Terre appartenoit au Sieur Gayant, Président aux Enquêtes. Après le milieu du siécle dernier Jean Guigou, Ecuyer, étoit Seigneur de Varatre. Il a cette qualité dans son épitaphe à Saint-Roch à gauche du chœur, et est dit décédé en 1688. Ses descendans en ont joui jusqu'ici, et entr'autres M. Guigou, Lieutenant des Gardes. Cette Terre est aujourd'hui à M. le Marquis de Proïngu de Lyon, lequel l'avoit échangée avec le Maréchal de Biron pour des terres sises en Périgord. Le Maréchal lui rendoit en même temps la Ferme de Lieu-Saint dépendante de Varatre ; sçavoir le Bret, la Corde, Saint-Nicolas et les bois de Rapoile, 1751.

<small>Contrib. au Ban de Corbeil.
Perm. d'Orat. domest. 17 Oct.</small>

VERNOUILLET qui est sur le chemin de Lieu-Saint à Combs-la-Ville, est marqué dans les Cartes. Ce lieu appartenoit sur la fin du seiziéme siécle à Gabriel d'Orgemont.

Un fief qui n'est pas spécifié dans les Cartes et que l'on assure être sur la Paroisse de Lieu-Saint, est le fief de GRATEPEAU que le Roi Philippe le Bel amortit autrefois au profit des Religieuses de Saint-Antoine de Paris. On ne voit pas non plus sur les Cartes SERVIGNY qui est une Ferme dépendante d'une Chapelle des SS. Innocens à Paris. C'étoit une Seigneurie en 1182, comme il paroît par un Seigneur nommé ci-dessus. Seroit-ce la même chose que *Silviniacum* dont Etienne, Evêque de Paris, donna la dixme à l'Abbaye d'Hieres vers l'an 1130 ? Il y avoit vers 1595 deux fiefs assis à Servigny : 1° Celui du Chapelain de Saint-Michel en l'Eglise des Innocens, qui étoit alors Jean de Tournebeuf, auquel succéda Gilles Aurousse, Avocat en Parlement en 1598. 2° Un autre fief appartenant à Nicolas Buyer, Secrétaire du Roi, et mouvant de François de Saint-André. Servigny est aussi dit de la Paroisse de Lieu-Saint dans le Livre du Prieur du petit Saint-Jean de Corbeil à l'an 1480.

<small>Hist. de Corbeil, p. 181.

Ibid.

Convoc. du Ban.
Tab. Fossat. in Ep. Par.</small>

Il y a pareillement le fief LAUNOY sur la Paroisse de Lieu-Saint ; il releve de Moissy. En 1449 il consistoit en cinquante arpens de bois, prés et pâtis, et il appartenoit à Jean de Dicy. Maintenant il est aux Chartreux de Paris.

<small>Tab. Ep. Paris. in Moissy.</small>

S'il est vrai que plusieurs Maisons Religieuses ont du bien à Lieu-Saint, il paroît qu'après les Chartreux de Paris qui en sont Seigneurs depuis trois cents ans, les Dames d'Hieres sont celles qui y en ont eu davantage originairement. Pour suivre l'ordre des mois de leur Nécrologe, outre la Dame Eustachie de Corbeil qui leur y donna la moitié de la dixme, un nommé Herbert leur donna en ce lieu une grange avec la place contiguë. Hazuide, Religieuse *ad succurrendum*, leur donna deux arpens de terre. Jean et Gilon, Chevaliers, donnerent aussi quatre arpens de terre. Elisabeth, Religieuse, y en donna trente. Ces donations sont très anciennes. Les Religieuses qui les ont spécifiées dans le Nécrologe, se servent presque toujours de l'expression *apud Locum Sanctorum* pour désigner Lieu-Saint. *Necrol. Heder. in Bibl. Reg. ad 23 Januar.*

Ibid. ad 24 Marj. ad 27 et 28 Jul.

Une personne de la Paroisse de Lieu-Saint qui a été qualifiée dans l'état Religieux au treiziéme siécle, du temps de Saint Louis, est Amicie de Briart de Villepêcle, qui fut cinquiéme Abbesse de Saint-Antoine à Paris : elle siégea en 1240 et les années suivantes. *Gall. Chr. T. VII, col. 901.*

ORMOYE ou ORMOY

Quoique l'usage des Géographes soit d'écrire le nom de cette Paroisse *Ormoy* de la même maniere qu'une autre du Diocése, qui n'en est éloignée que de deux lieues, j'ai cru que je pouvois proposer ici une légere différence afin qu'on puisse distinguer ces deux Villages. On auroit dû, ce semble, dire de l'un Ormoy-lez-Lieu-Saint, et de l'autre Ormoy-sous-Mennessy, et il n'y auroit point eu d'équivoque. Mais puisqu'on ne l'a pas fait, l'addition d'une simple lettre qui rend féminin le premier nom, en laissant l'autre masculin, ne peut rien gâter, d'autant plus qu'elle est fondée sur la maniere dont ces deux Villages ont été nommés en latin dans les titres. Ormoy au-dessous de Mennessy et qui est du Doyenné de Montlhery, est appellé *Ulmeium* ou *Ulmetum* dans les anciens titres. Le premier Pouillé où la Cure se trouve et qui est du XV siécle, l'appelle *Ulmayum*, ce que les autres ont suivi. Au lieu que le village d'Ormoy voisin de Lieu-Saint est désigné dans le Pouillé du treiziéme siécle sous le nom *Ormeia*, dans celui du quinziéme siécle sous celui *d'Ulmeia*, et de même dans les anciennes Provisions où on lit : *Ecclesia Parochialis S. Mariæ de Ulmeya in Eria*. De même aussi au Pouillé de l'an 1626. Mais ce qui est encore au-dessus de tout cela, c'est que Maurice de Sully, Evêque de Paris, certifiant l'an 1173 un acte d'un Seigneur de ce lieu, l'appelle *Andreas de Ulmeia*. Ajoutez à cela les anciennes épitaphes qui sont dans l'Eglise du lieu. Ainsi l'Historien de Corbeil a eu grande raison lorsqu'il fait mention de ce Village, de *Reg. Ep. Paris. 3 Nov. 1675.*

Hist. de Corbeil, p. 23 et 16.

l'écrire Ormoye, et l'autre Ormoy. Il en doit être de ces deux lieux comme de ceux qu'on écrit Charmoye et Charmoy, quoiqu'ils tirent également leur nom d'une quantité de charmes qui y étoit plantée : car il est constant qu'Ormoye et Ormoy viennent aussi tous deux de ce que c'étoient des pays d'ormes. M. de Valois a dit un mot d'Ormoy au mot *Ulmetum*, mais il a gardé le silence sur Ormoye.

<small>Notit. Gall. v. 438, col. 2.</small>

Ce Village, l'un des plus petits du Royaume, est à sept lieues de Paris, entre Corbeil et la route de Melun, et à un petit quart de lieue de Lieu-Saint, au milieu duquel cette route passe. Sa situation est dans la grande plaine qui commence au-dessus de Corbeil, et il n'y a que des labourages, avec un petit bois fort épais proche le Château et l'Eglise. Il faut que cette Paroisse ait bien changé depuis l'an 1709, si le Dénombrement de l'Election marque la vérité lorsqu'il assure qu'il y avoit alors quarante feux, ce que l'Auteur du Dictionnaire Universel de la France a évalué aveuglément à six vingt habitans en 1726. Aujourd'hui et depuis bien des années il n'y a qu'un seul feu, qui consiste dans la Ferme du lieu. Le Sieur Doisy s'est conformé à ce nombre dans l'Etat du Royaume qu'il a publié en 1745. La petitesse de l'Eglise témoigne qu'elle n'a jamais été faite pour contenir que très-peu d'habitans. Aussi l'acte de la visite faite en 1400, n'y marque que douze communians.

La construction de l'Eglise, qui porte le titre de Notre-Dame, peut avoir environ quatre cents ans. Ce n'est qu'une simple Chapelle avec un seul autel, mais presque toute remplie de tombes assez bien conservées. Elle est accompagnée d'une tour terminée par une espece de pyramide en brique.

Toutes les tombes ont des inscriptions gothiques. Sur l'une on lit :

Cy gist feu Guillaume Poutel, Escuyer, qui trépassa l'an M. CCC..... jour de Septembre. Dieu en ait l'ame.

Son visage est de marbre, et il n'y a point d'armoiries.
Sur une autre :

Cy gist Madame Jehanne de Ploisy, Dame de Ormoye, jadis femme de Messire Symon Potel, Chevalier, qui trépassa l'an M. CCC et XIX le XVI jour d'Octobre. Dieu en ait l'ame. Amen.

Ses armes : un lion de sable grimpant, écartelé d'argent et d'azur à deux fasces de gueule.
Sur une troisiéme tombe :

Cy gist noble homme Jehan Potel, Escuyer, Seigneur d'Ormoye et de Monsoult, qui trespassa le Mercredi XXVI jour du mois de Juillet M. CCCC LXIX. Dieu ait l'ame de lui. Amen.

Ses armes : lion de sable.

Sur une autre :

Cy gist deffunt Jehan de Poostel, en son viv.... et du Jar.... qui trespassa le.... Janvier l'an M. V. C. LXI. Dieu ayt son ame.

Dans la nef :

Cy gist Messire Hervé Pereole lequel fut jadis Curé de Ormoye pendant l'espace de quarante ans, et trespassa le XXIII jour d'Avril M. CCCC et trois. Dieu en ait l'ame. Amen.

Il est représenté en chasuble tenant un calice.

Cy gist Damoiselle Jehanne de Saintion, femme dudit feu..... qui trespassa l'an.....

Le mari est dit mort l'an M. CCC IIII XX et XIX. On y voit les armes des Potel qui sont le lion de sable. Celles de la femme sont deux sautoirs, autrement des lozanges.

Au milieu est la tombe de Nicolas Le Gresle, Seigneur de Villepêcle, de Beaupré, décédé en 1608.

Cette Cure est dans le Pouillé du treiziéme siécle du nombre de celles qui sont à la pleine collation de l'Evêque ; de même dans celui du quinziéme siécle qui lui donne vingt livres de revenu sur l'ancien pied. Les Pouillés suivans marquent aussi qu'elle est à la nomination épiscopale. Le Curé est logé dans le Château qui est contigu à l'Eglise, le petit nombre d'habitans ne suffisant pas pour lui bâtir un presbytere. Il est gros Décimateur.

Ce Château a été renouvellé au moins en partie en brique après le milieu du dernier siécle, dans le temps qu'il étoit encore possédé par MM. Potel ou Postel. Le chiffre 1668 y est marqué en brique. On va voir le catalogue des Seigneurs qui ont porté ce nom durant quatre cents ans, après que j'aurai parlé d'un autre plus ancien.

André d'Ormoye, *de Ulmeia*, étoit dans le douziéme siécle un Seigneur qui avoit des mouvances en plusieurs lieux. Il approuva en 1173, comme Seigneur féodal, la concession qu'Asceline, Vicomtesse de Corbeil, avoit faite à l'Abbaye d'Hieres d'un muid de grain en sa grange de *Messum*, et celle que Guy d'Atilly avoit faite au même Monastere de quarante arpens de bois dans son bois de Chalendré. *Litt. Maurit. Ep. Par. in Chart. Heder.*

De la Barre, parlant de la famille des Postels, Seigneurs d'Ormoye, Bienfaite, Moncastron, Dailly, et autres lieux en la Châtellenie de Corbeil, dit qu'elle est une des races nobles les plus signalées en ces quartiers et qui a produit de plus vaillans hommes. Voici les Seigneurs d'Ormoy que j'ai pu découvrir portant ce nom : Hist. de Corbeil, p. 258.

Simon Potel, Chevalier, étoit Seigneur d'Ormoye vers le commencement du quatorziéme siécle, suivant l'épitaphe de Jeanne de Ploisy, sa femme, rapportée ci-dessus.

GUILLAUME POUTEL, simplement qualifié Ecuyer, et cependant mort au même siécle, paroît avoir été son fils. Voyez son épitaphe.

PERRIN POSTEL déclara en 1373 tenir de Jean des Essarts un fief à Ormoye. Alors l'Hôtel d'Ormoye s'appelloit La Motte, et il étoit entouré de fossés pleins d'eau.

<small>Manuscrit de M. le Présid. de Noinville.</small>

JEAN POSTEL, Sieur d'Ormoye, fut déclaré en 1385 par Gilles Malet, Vicomte de Corbeil, en son hommage au Roi Charles VI, tenir de lui un fief de vingt arpens de bois appellé Montgaston. Il y a apparence que c'est lui qui mourut en 1399, et dont la femme s'appelloit Jeanne de Saint-Ion. Voyez ci-dessus, page 125.

<small>Hist. de Corbeil, p. 62.</small>

JEAN POTEL, Ecuyer, Seigneur d'Ormoye et de Monsoult, mourut en 1469. Voyez ci-dessus son épitaphe.

JEAN DE POOSTEL qui fut aussi apparemment Seigneur de ce lieu, puisqu'il y est inhumé, mourut en 1561. En 1548, le 14 Mai, Charles et Léon Postel, Escuyers, autorisés de Jean Postel, leur curateur, présenterent Requête au Parlement.

<small>Reg. Parl.</small>

JEAN DE POSTEL et GEORGES DE POSTEL. Le Rôle de la contribution pour le Ban et Arriere-Ban de la Châtellenie de Corbeil en 1597, porte ces mots : « Ormoye appartenant à Jean de Postel, « Ecuyer, valant de présent à Georges de Postel deux cent trente « livres. Le 28 Juin 1597, Georges de Postel, Ecuyer, comme « ayant le principal manoir et moitié de la Terre, a offert en faire « service dont il apportera certificat pour ce à M. le Prince de « Conti. »

JACQUES DE POSTEL vivoit au milieu du dernier siécle. Il avoit épousé Claire de la Barre qui lui survécut et étoit encore vivante en 1570.

<small>Reg. Ep. Paris. 16 Apr.</small>

Dame Felice de Postel, leur héritiere, porta cette Terre par son mariage à François de Brenne, Seigneur de Bombon.

<small>Merc. Sept. 1746, p. 197.</small>

Leur fils aîné fut Basile de Brenne de Postel, Comte de Bombon, Montjay et Ormoy, dont la fille nommée Edmée-Charlotte a épousé en 1720 Thomas-Auguste, Marquis de Matignon, Brigadier des Armées du Roi.

<small>Ibid.</small>

EVRY-EN-BRIE ou EVRY-LES-CHASTEAUX

On trouve dans le Diocèse de Paris deux Paroisses du nom d'Evry, à la distance de quatre lieues ou environ l'une de l'autre. La prononciation étant aujourd'hui la même, on a été obligé de les distinguer par quelque addition. Le plus ancien de ces deux lieux est situé dans l'Archidiaconné de Josas, sur le rivage gauche de la Seine, c'est pourquoi on l'appelle Evry-sur-Seine. Les premiers titres qui en parlent et qui sont de vers le temps du Roi Robert, l'appellent *Aivreum* ; celui qui est situé en Brie, et que dans les Visites des Archidiacres, Rôles des Décimes, Départemens de Vicaires-Généraux, on appelle *Evry-les-Châteaux*, n'est connu que cent ans plus tard, c'est-à-dire depuis le regne de Louis le Gros ; les plus anciens monumens qui en font mention l'appellent *Everiacum*. M. de Valois n'a fait qu'un seul et même lieu de ces deux Paroisses, trompé par le Pouillé du treiziéme siécle qui a oublié la Cure d'Evry de l'Archidiaconné de Josas, qu'on est sûr avoir existé dès-lors. Je n'entreprendrai point de donner l'étymologie de ce nom d'Evry : elle doit être fort semblable à celle des Villages du nom d'Ivry qui est encore inconnue. A l'égard du surnom *des Châteaux*, il peut venir du nombre des Châteaux qui environnoient ce lieu, ou plutôt de ce que la Terre fut partagée en deux Seigneuries vers l'an 1570, comme il sera dit ci-après, et qui dès le quatorziéme siécle avoient fait appeler un certain canton Les Châteaux, comme on verra à l'article de Mardilly.

La Paroisse d'Evry est à sept lieues de Paris, une lieue par delà Brie-Comte-Robert, sur la route qui au sortir de cette petite Ville conduit à Melun. Sa position est sur une côte élevée que l'on monte après être descendu dans le vallon où est construit un pont sur le lit de la riviere d'Hieres. Mais, d'Evry, la plaine continue ensuite jusqu'à Melun durant trois lieues. On voit quelques vignes sur le côteau en venant de Brie-Comte-Robert : presque tout le reste est en labourages et agréablement diversifié par le moyen des Fiefs, Châteaux ou Fermes en tirant à l'orient du côté de Sognoles et de Limoges. Les Livres de l'Election de Paris écrivent Esvry en Brie, sans qu'il y ait dans le latin aucun fondement d'employer la lettre *s* dans ce nom. Le Dénombrement publié en 1709 y comptoit 70 feux : dans celui que le Sieur Doisy a fait imprimer en 1745, le nombre est marqué de 115. A l'égard du Dictionnaire Universel de la France qui parut en 1726, il y comptoit alors 528 habitans ou communians.

L'Eglise de ce lieu est sous le titre de Saint Germain, Evêque de Paris. Sur quoi je dois faire observer que c'est ce qui a déterminé Dom Mabillon, en publiant son troisiéme Siécle Bénédictin où il a renfermé l'ouvrage d'Aimoin du IX siécle *de miraculis S. Germani*, à déclarer par une petite note, qu'il penchoit à croire que c'est Evry dont il est parlé sous le nom de *Ruoilum*, à l'occasion d'un aveugle qui vint à Combs-la-Ville réclamer l'intercession de Saint Germain, dont le corps y avoit été mis en refuge à cause des Normans. Il est vrai qu'Aimoin assure que l'Eglise du lieu

Sæc. III. Bened. Part. II, p. 114.

d'où venoit cet aveugle, étoit dédiée sous le titre du même Saint Germain, Evêque de Paris, et que ce ne peut être celle de Riau qui est sous celui de Saint Julien de Brioude, ni celle de Ruel qui est sous celui de Saint Pierre, comme le remarque très-bien Dom Mabillon : mais ce sçavant auroit pu conjecturer au lieu d'Evry, dont le nom n'a aucun rapport avec *Ruoilum,* que c'est plutôt l'Eglise de Saint-Germain du Vieux-Corbeil, laquelle existoit dès ce temps-là, puisque c'est par cette Paroisse que Corbeil a commencé, et que si on lit *Ruoilum* dans quelques manuscrits, c'est que les deux premieres lettres du mot *Coruoilum* ont disparu, car Corbeil a été nommé indifféremment *Corboïlum* et *Corvoilum*.

Le bâtiment de Saint-Germain d'Evry est un assemblage de structures de différens temps. Le chœur qui est voûté et la tour qui est à côté vers le septentrion sont ce qu'il y a de primitif : le dessous de la voûte de la tour est au moins du treiziéme siécle ; la grossiereté des colonnes ou piliers du chœur indique le treiziéme ou le quatorziéme. L'aîle bâtie à côté du chœur vers le midi est récente. Ce vaisseau est petit pour une Paroisse nombreuse ; la Dédicace en a été faite un 10 Juillet, peut-être en 1574 auquel an l'Evêque de Paris permit à Henri le Meignen, Evêque de Digne, d'y bénir une portion de terre pour servir de cimetiere. Devant la chapelle du collatéral est la tombe de noble homme Charles de Hangest, Seigneur du Mênil-Saint-Georges, Donfront et Fresnieres en Picardie, Gentilhomme de la Chambre du Roi, mort le XX Décembre 1563 (il porte de sable à la bande d'argent), et de Damoiselle Marguerite de la Riviere, sa femme, Dame de Mardigly, Savigny-lez-Courtenay, et de Bonneuil-sur-Marne en partie, laquelle décéda le 21 Juillet 1605. (Armes : Lozange d'argent parti de.... au premier coupé) de trois roses au second de.... à un arbre de sinople et d'or).

Reg. Ep. Paris. 31 Mart.

Dans le chœur est inhumé le cœur de René de Villequier, ancien Seigneur d'Evry, Lieutenant-Général, Gouverneur de l'Isle de France, Comte de Clervaux et Baron d'Aubigny, décédé en 1590. Au même endroit sont les entrailles de Jacques d'Aumont qui avoit épousé Charlotte-Catherine de Villequier, sa fille unique, lequel mourut en 1614, et deux de leurs enfans morts en bas âge.

Dans la Chapelle bâtie au midi de l'Eglise est une tombe de marbre noir qui couvre le corps d'Etienne Brunet de Rancy, Seigneur d'Evry-les-Châteaux, Vaux-la-Reine, Rancy, etc., mort en 1717, le 8 Août. On y lit que c'est lui qui a fait faire cette Chapelle, orné l'Eglise, fondé un Chapelain, et augmenté le revenu du Maître d'Ecole. Geneviéve Colbert, son épouse, a fait mettre cette tombe, et est décédée le 18 Novembre 1734.

Lorsqu'Etienne de Senlis, Evêque de Paris, dota l'Abbaye

d'Hieres avec Eustachie de Corbeil vers l'an 1132, l'Eglise d'Evry et la dixme furent une partie de ses bienfaits. Thibaud, son successeur, déclara en 1142 que ces biens Ecclésiastiques avoient été rendus à cet Evêque par des laïques à cette intention. En conséquence de cette donation, le Pouillé Parisien du treiziéme siécle marque que la présentation du Curé appartient à l'Abbesse de Hieres. L'Auteur qui s'exprime ordinairement en latin met en françois *Ecclesia de Evry*. Les deux Evêques ci-dessus cités l'avoient nommée *Everiacum* et *Evericum*. Dans les Pouillés qui ont été rédigés depuis, la présentation est toujours dite appartenir à l'Abbesse d'Hieres, excepté dans celui de l'an 1648 qui dit que l'Archevêque nomme à cette Cure. Au reste, quand on trouve dans des titres latins le mot *Decimam*, il ne signifie pas toujours la dixme entiere d'une Paroisse, mais souvent une dixme sur le territoire d'un tel lieu. C'est ce qui paroît clairement par deux exemples qui regardent la Paroisse dont je traite. Car on lit dans deux autres titres du Cartulaire ou du Nécrologe d'Hieres postérieurs à la donation d'Etienne, Evêque de Paris, des donations de dixmes à Evry faites à la même Abbaye, et d'autres dispositions épiscopales. Ainsi lit-on dans ces monumens que Josbert Briaz ou Briard et sa femme *Vicina* donnerent à cette Maison, sous l'épiscopat de Maurice de Sully, *decimam de Everiaco et decimam de Mardeliaco*. Maurice siégea depuis 1161 jusqu'à l'an 1196 : c'est lui qui en fit délivrer l'acte. Le second successeur de Maurice, qui fut Pierre de Nemours, et qui tenoit le siège épiscopal en 1210, déclara par un autre acte qu'il donnoit à Terrie Clerc, fils de Hugues de Chantelou, des dixmes dans la terre d'Eremburge *de Poliniaco in Parochia de Evriaco*. Et on verra ci-après qu'en l'an 1212 les Dames d'Hieres acheterent encore une dixme sur la Paroisse d'Evry, dans le hameau dit Trembleceau.

Ce sont les enseignemens de la même Abbaye d'Hieres qui nous fournissent les anciens Seigneurs d'Evry, parce que ces Seigneurs ont été insignes bienfaiteurs de cette Communauté, ou ont traité avec les Religieuses.

Manassès *de Everiaco* leur fit présent en 1173 de deux sextiers de froment à lever dans sa grange d'Evry.

Hugues d'Evry vendit plus de vingt ans après à ces mêmes Religieuses sa dixme de Mardilly *(de Mardeliaco)* qu'il disoit tenir de Baudoin de Dongion, dont la Reine Adele fit expédier un acte en 1199. Le même Hugues *de Everi* avoit paru quelques années auparavant comme garant de la vente qui fut faite à l'Evêque Maurice de la moitié du moulin de Chanteraine à Corbeil.

Jean d'Evry, Chevalier, paroît dans un titre de l'Abbaye de

<small>Chart. Livriac. fol. 11.</small> Livry de l'an 1233 comme garant au sujet de l'engagement d'une dixme de Barneau, Paroisse de Sognoles.

<small>Chart. Fossat. p. 68.</small> Jean *de Everiaco Miles cruce signatus*, fils apparemment du précédent, avant que de partir pour la Croisade où Saint Louis étoit allé en 1270, laissa du bien à l'Abbaye de Saint-Maur-des-Fossés, sçavoir quatre arriere-fiefs situés à Maisons, proche Charenton, qui étoient tenus par Jean de Coourdon, Ecuyer.

<small>Bann. du Chât. Vol. VIII, f. 26.</small> René de Villequier, dont les qualités sont marquées ci-dessus, paroit avoir possédé cette Terre pendant une grande partie du seizième siécle, et ne l'avoir pas conservée jusqu'à sa mort arrivée en 1590. Ce fut de son temps qu'elle fut partagée en vertu de Lettres-Patentes données à Amboise au mois de Janvier 1572, par lesquelles le Roi lui permettoit comme aussi à Jean le Charon, Président en la Cour des Aydes, propriétaires par indivis de cette Terre, relevant en une seule foi du Château de Corbeil, de la diviser en deux parts, dont celle du sieur de Villequier seroit appellée *Evry vers Gregy*, et l'autre *Evry-le-Plessis*, et que chacun portât séparément sa foi et hommage, et eût ses Officiers et sa Justice. Jean le Charon, Conseiller à Paris, en jouissoit en 1597 lorsqu'on dressa le Rôle de la Contribution au Ban de la Châtelenie de Corbeil. Il s'y trouve inscrit en ces termes : « L'Hôtel et « Manoir Seigneurial et les deux tiers de Fief, Terre et Seigneurie « d'Evry en Brie, appartenant à Jean le Charon, Conseiller, Bour- « geois de Paris, valant cent trente livres. »

<small>Hist. de Corbeil, p. 22.</small> De la Barre, qui écrivoit vingt ou trente ans après, dit que de son temps le village d'Evry appartenoit à Madame de Villetiers (il a voulu dire Villequier), veuve de M. de Chappes, Prévôt de Paris.

Vers le commencement du siécle présent, cette Terre a appartenu à M. Brunet de Rancy, dont l'épitaphe est rapportée ci-dessus.

Gilles Brunet, Maître des Requêtes Honoraire de l'Hôtel du Roi et auparavant Intendant en Auvergne et à Moulin, a eu cette Terre depuis lui.

Les écarts les plus remarquables qui sont sur la Paroisse d'Evry, s'appellent Vernelles, Mardilly, et Trembleceau, qui n'est presque plus connu.

VERNELLE n'est pas considérable par le nombre de ses habitans. C'est un Prieuré de l'Ordre de S. Benoît dépendant de l'Abbaye de Chaume en Brie, qui n'en est qu'à quatre lieues dans le Diocèse de Sens, et non pas de celle de Saint-Florent, comme on le lit dans le Pouillé de 1648. Il n'y a en cet endroit que la Chapelle et la Ferme ; c'est tout au bas du vallon qui est quasi à découvert à l'orient d'été d'Evry, sur le chemin pour aller à Grisy, au bord du lit de la riviere d'Hieres, qui, la plupart du temps, coule en ces cantons par-dessous la terre. Ce Prieuré est dans la liste de ceux du Doyenné de Moissy au Pouillé Parisien du dix-septiéme siécle, et il y est appellé Vernelles. L'Eglise est petite et sans aîles, d'une bâtisse du treiziéme siécle assez solide. On y voit encore des vitrages rouges qui sont de ce temps-là et qui représentent la vie de la Sainte Vierge, ce qui me fait croire que Notre-Dame est le titre de cette Eglise : néanmoins on voit à l'autel une Image de Saint Leu en pierre, et celle d'un saint Martyr. Dans un *Visa* du 21 Novembre 1545, ce Prieuré est dit *B. Mariæ*. Dans un autre du 20 Mars 1581, il est dit *S. Blasii;* et dans un autre du 4 Septembre il est dit *Sancti Lupi*. Cette Eglise, quoique petite, est cependant partagée en chœur et en nef. Cette derniere partie est profanée. On y voit une tombe sur laquelle est une croix relevée en bosse. Dans le chœur au côté gauche ou septentrional est une autre tombe dont les lettres, qui sont gothiques capitales, sont trop effacées pour qu'on y découvre rien. On y apperçoit encore un écusson mal fait. C'est peut-être la sépulture du fondateur. Comme tous les titres de l'Abbaye de Chaumes, mere de ce lieu, ont été perdus, de-là vient qu'on ignore son nom et en quel temps il vivoit. Ce qui est sûr est qu'il a vécu au plus tard à la fin du XII siécle ou dans le cours du suivant. Ce petit Monastere pourroit bien être l'effet de la piété de Jean d'Evry, Chevalier, qui vivoit sous le regne de Saint Louis, et qui voulut le suivre dans la derniere Croisade où ce Saint Roi mourut. Je ne vois pas pour quelle raison M. de Valois fait un Village du lieu de ce Prieuré : *Vicus*, dit-il, *Prioratu nobilis*, puisqu'il n'y a que la Ferme toute seule qui occupe la place où étoit le petit Couvent. Ce lieu est si peu considérable, qu'il n'a encore été marqué jusqu'ici dans aucune Carte du Diocése ou des environs de Paris, pas même dans celle de De Fer, ni dans celle du Sieur Thomas Auvray, qui sont les plus détaillées.

Reg. Ep. Paris.

Notit. Gall. p. 434, col. 1.

MARDILLY est un hameau de la Paroisse d'Evry. Sa situation est au levant dans le vallon en approchant de Sognolles, plus haut que le Prieuré de Vernelle, et au même bord de la riviere d'Hieres. Il est connu dès le treiziéme siécle. J'ai découvert le contrat de mariage d'un Simon de Mardilly de l'an 1161, avec Helissende de Garlande. On a vu ci-dessus qu'en l'an 1199, Mardilly formoit une dixmerie particuliere, que Hugues d'Evry tenoit de Baudoin de Dongeon et qu'il vendit aux Religieuses d'Hieres.

Chart. Hederac.

Comme il y a peu de constitutions de dot aussi anciennes que celle de Helissende de Garlande, je rapporterai en entier cette espece de contrat de mariage :

In nomine Sanctæ et individuæ Trinitatis et Sanctæ Mariæ Virginis. Amen.

Scripturæ sacræ eloquio compertum habemus operationem quinque dierum curriculo esse factam, cœlum videlicet, terram et mare, et omnia quæ in eis sunt, ut in sexto die sublimius Deus operari videretur ; subjunxit historia et ait : Faciamus hominem, ad imaginem et similitudinem Dei [qui] creavit illum ; masculum et feminam creavit eos, propterea relinquet homo patrem et matrem et adhærebit uxori suæ : invitat ad nuptias ipse etiam Dominus Jesus Christus, venire non renuit, et eas sua præsentia consecravit, aquam in vinum mutavit epulantes lætificans. Hoc exemplo omnes homines ad matrimonium accedere docuit. Quod et beatus Paulus affirmat dicens : Unusquisque habeat suam propter fornicationem et unaquæque suum. Et Dominus in Evangelio : quod Deus conjunxit homo non separet. His et hujusmodi assertionibus instructus, ego Simon de Mardiliaco do tibi dulcissimæ conjugi meæ Helissendæ in dotem quidquid habeo extra nemus apud Latiniacum quamdiù mater mea vixerit. Quâ defunctâ dotalicium matris meæ quod est in exarto habebis, et prius dotalicium mihi liberè remanebit. Præterea do tibi feodum Pagani Dariole qui est ex suâ heræditate, et feodum Adæ filii Anculfi de Latiniaco et feodum... vî de sancto Germano, et feodum Balduini de Campiniaco, et feodum Nicholai de Praeriis, et feodum Galranni Panerii, et feodum Adelaisæ de Villaniis. Hujus dotis testes sunt ex parte Simonis Guido de Garlanda, Robertus Crassus, Radulfus de Cumbello, Henricus frater Simonis, Odo Rigauz, Adam frater ejus, Petrus de Gurquetana, Hilduinus de Villafluxi, Philippus de Buciaco. Ex parte Helissendæ Guillelmus frater ejus Garlandia, Robertus Malusvicinus frater ejus, Guarinus de Villafluxi, Radulfus de Cumbello et Gaucherus frater ejus.

Hoc factum est anno millesimo centesimo sexagesimo primo ab Incarnatione Domini, Ludo . . . . nante Mauricio Parisiensi Episcopo in primo anno episcopatus sui existente.

Cod. Bethune Bibl.Reg.9692. [f° 82.]

Un Jean de Mardilly [1], Ecuyer, est connu au quatorzième siécle par l'hommage que Jeanne de l'Hôpital, sa veuve, rendit à Bureau de la Riviere, Chambellan, étant aux droits de l'Abbesse d'Hieres d'une quantité d'héritages sis en divers cantons, comme Frontaut, la Fontaine Iscru, Fosse Johannon, Floret, les Châteaux, la Perouse, Jarreau.

Entre les fiefs dont Jean de Saint-Port, Ecuyer, Seigneur de Fleury-Merogis, fit aveu en 1399 à Jean de la Riviere, dit Bureau, premier Chambellan du Roi, à cause de son Château d'Hieres, il en déclara deux fiefs situés à Mardilly, Paroisse d'Every en Brie, lequel avoit appartenu à Guillemette, fille de Jean le Grand ; le fief avoit basse-Justice et droit d'amende jusqu'à soixante sols, et de lui relevoient sept autres fiefs situés au village de Cordon et aux environs. Un autre aveu de 1512 porte que ce fief de Mardilly avoit eu autrefois le nom de Février, et qu'au coin de l'un des jardins étoit bâtie une Chapelle. J'ai lu qu'en 1558 au mois de Février, Jean de Constant, du Diocése d'Orléans, et Charlotte de la Riviere y furent mariés. L'autre fief de Mardilly qui fut déclaré

Reg. Ep. Paris.

1. Le manuscrit cité porte *Bardilli*. (Note de l'editeur.)

en 1399 et qui s'appelloit le fief de l'Erable, étoit possédé par Jean Bataille, Chevalier, par les enfans de feu M. de Verre, Chevalier, et par ceux de feu M. Trumelot de Fromonville, aussi Chevalier, et avoit appartenu aux héritiers de Thibaut de Pommelain. En 1454, il étoit tenu par Pierre Bataille et Etienne de Reugny; en 1512, par Martin de Vaugare, Ecuyer, à cause de Dame Fenocie, sa femme.

Vers l'an 1562, Charles de Hangest, Seigneur du Mesnil-Saint-Georges, fit l'acquisition du quart de la Seigneurie de Mardilly, dont il paya des droits cette année-là à Jacqueline de Bailly, veuve de Dreux Budé, Seigneur d'Hieres. Ensuite, le 12 Juin 1571, Guyot Pot, Ecuyer, Sieur de Chemault, à qui Mardilly étoit avenu à cause de Marie de Hangest, son épouse, en rendit hommage à Dreux Budé, Secrétaire du Roi, fils du précédent, toujours en sa qualité de Seigneur d'Hieres.

Depuis ce temps-là le Seigneur de ce hameau fut Antoine le Roux, Sieur de Taschy, vers l'an 1620. _{Hist. de Corbeil, p. 22.}

En ces derniers temps, Mardilly, après avoir été possédé par M. de Crie, Chevalier, a appartenu à M. Chauvelin, Président au Parlement de Paris; après la mort duquel, arrivée à Soissons en 1754, il a été vendu au Sieur Gigot.

J'ai peu de chose à dire de TREMBLECEOL, lequel n'est point marqué dans les Cartes. Il est ainsi écrit dans le Cartulaire de l'Abbaye d'Hieres; ce qui fait croire que c'étoit en latin *Tremulicellum*, un lieu où il y avoit beaucoup de petits trembles. Le même titre qui est de l'an 1212 et qui le dit situé sur la Paroisse d'Evry, appelle en latin cette Paroisse *Eufriacum*. Ce titre contient la vente que Guérin d'Igny, Chevalier, et B. sa femme firent d'une dixme de ce lieu à l'Abbaye d'Hieres. L'Historien de Corbeil parle aussi de ce lieu en deux endroits de son livre. Il dit que Jean et Guy de Garlende amortirent des censives et redevances que le même Monastere avoit droit de recevoir à Trembleseau (il l'écrit ainsi), mais il place ce fait à l'an 1112, ce qui ne peut être, puisque l'Abbaye d'Hieres n'existoit pas encore. Il a peut-être voulu dire 1212 [1]. Ailleurs, il dit que ce hameau de Trembleseau appartenoit de son temps à Robert de Grouches, Sieur de Griboval, et qu'il y faisoit exercer Justice ressortissante à Corbeil.

_{Chart. Heder. Gaign., fol. 181. [614].}

_{Hist. de Corbeil, p. 131.}

_{Ibid., p. 23.}

---

1. Cela semble en effet résulter de la suite du texte précité : *Johannes vero de Garlanda miles de cujus feodo decima dicta movebat laudavit. Et dominus Guido de Garlanda qui secundus dominus ipsius feodi noscebatur hoc etiam concessit.* (Note de l'éditeur.)

LIMOGES
et FOURCHES, son annexe

Il peut paroître surprenant qu'un simple Village porte le même nom que la Capitale d'une grande Province de France, sans qu'il se trouve aucune relation de l'un à l'autre. Mais on peut répondre à cela que quelquefois deux lieux portent le même nom en langue vulgaire, sans venir pour cela de la même racine, soit Celtique, soit Latine. Ainsi, quoique dans des titres du onziéme siécle le village de Limoges du Diocése de Paris fût appellé en latin *Lemovecas*, on ne peut pas en conclure avec certitude que ce fût là le vrai nom qu'il eut primitivement, puisque, dans un titre plus ancien de cent ans, et qui est du temps du Roi Raoul, il est appellé *Limodium*. C'est un des Cartulaires de l'Abbaye de Saint-Maur qui le fournit. On y lit qu'un nommé Ingelard demanda que les Religieux de ce Monastere lui donnassent à rente la troisiéme partie d'un mas ou meix *in villa Limodio*. *Limodium* fait naturellement Limoges en supprimant la lettre *d*. On ne peut donc douter qu'il n'y ait au moins huit cents ans que ce lieu est cultivé; mais on n'en est pas pour cela plus instruit de l'origine et de la cause de son nom.

Chart. S. Mauri, chartaceum, fol. 137.

Ce Village est à sept ou huit lieues de Paris, environ deux lieues et demie au-delà de Brie-Comte-Robert, et à deux lieues de Melun. Sa situation est sur une petite éminence qui regarde le midi. Le territoire est en terres labourables, tout étant en plaines. Il n'y a que treize ou quatorze feux en ce lieu pris séparément; mais en y joignant Fourches, hameau où il y a une Eglise Succursale ou annexe, la Paroisse forme 32 feux suivant le Dénombrement imprimé en 1745 dans le livre du sieur Doisy, qui a pour titre *Royaume de France*. Le Dictionnaire Universel de la France publié en 1726 marque qu'il y a en ces deux lieux joints ensemble 146 habitans ou communians. Il a été exact en marquant que cette Paroisse est de l'Election de Melun, mais il se trompe en la plaçant au diocése de Sens et dans le Gâtinois.

L'Eglise Paroissiale de Limoges est sous le titre de Saint Médard, Evêque de Noyon. Le chœur est certainement un édifice du treiziéme siécle : il est gothique et orné de petites colonnades accollées les unes proche les autres, et il finit en rond-point ou demi-cercle : du côté du septentrion une espèce de vitrage blanc chargé ou bronzé tel qu'on l'employait dans ce même siécle, avec une figure peinte de Saint Nicolas représenté en habits épiscopaux qui approchent de ceux du douziéme siécle. La nef est plus basse, plus nouvelle et sans collatéraux. On voit dans le chœur la tombe d'un Chevalier dont l'écriture, qui étoit en capitales gothiques, n'est plus lisible. Son bouclier est garni de fleurs-de-lys qui ne sont séparées que par la bande transversale appellée cotice. Cette sépulture est du quatorziéme siécle au plus tard : mais je ne crois pas que l'on puisse inférer de ces fleurs-de-lys que ce Chevalier ait été de la Maison de France.

Il y avoit une Eglise à Limoges dès le commencement de la troisiéme race de nos Rois, puisque le Chevalier Ansold et sa femme Reitrude faisant présent de cette Terre aux Chanoines qui étoient alors à Saint-Denis de la Chartre à Paris, spécifierent que c'étoit avec l'Eglise qui sans doute leur appartenoit. Mais ils ne firent point ces donations sans le contentement de l'Evêque de Paris, ni de Rainold, Comte de Melun, ainsi qu'ils l'exposerent dans leur requête au Roi Robert, qui étoit alors à Orléans. La confirmation de ce prince y fut accordée en l'an 1015, comme aussi celle de sept mans ou meix et demi situés à Fourches, dans le Comté de Paris, qu'ils donnoient pareillement aux mêmes Chanoines. Ce lieu de Fourches est incontestablement celui qui fait partie de la Paroisse de Limoges. Il n'y avoit point alors d'Eglise en ce lieu; mais six vingt ans après on y en voyoit une. Comme elle est sous l'invocation de Saint Denis, il y a tout lieu de croire que ce furent les Chanoines de la petite Abbaye de Saint-Denis de la Chartre devenus Seigneurs de ce lieu par la donation d'Ansold, qui en déterminerent le titre. Cette Abbaye de Saint-Denis étant depuis tombée en mains laïques et de-là en celles du Roi, Etienne de Senlis, Evêque de Paris, la retira des mains de ce Prince et la donna aux Religieux de Saint-Martin-des-Champs, de l'Ordre de Cluny, l'an 1133, avec toutes les formalités convenables et le consentement d'Henri de France qui en étoit Abbé. C'est par l'acte de cette donation que nous apprenons que les biens de cette Eglise Collégiale passerent en même temps aux Religieux de Saint-Martin, qui prirent la place des Chanoines. Dans le nombre de ces biens se trouve le village de Limoges avec l'Eglise et la dixme; le village de Fourches pareillement avec l'Eglise et la dixme, un labourage et des prés dans le lieu appellé Rouundel. Les mêmes biens furent nommément confirmés en 1137 au Prieuré de Saint-Martin comme des dépendances de Saint-Denis de la Chartre, par le Roi Louis VII. La Bulle d'Eugene III donnée en 1147 pour confirmer tous les biens de Saint-Martin, comprend pareillement *Limogias cum Ecclesia et decima; Furcas cum Ecclesia et decima;* et la charte de Thibaud, Evêque de Paris, qui est de quelques années après, marque : *Ecclesiam de Limogiis cum villa et decima; Furcas*

Hist. S. Mart. à Camp. p. 313.

Ibid., p. 328.

Ibid., p. 28.

Ibid., p. 186.

Ibid., p. 187.

cum decima. Cette suite de titres est le fondement sur lequel, dans le Pouillé du treiziéme siécle, l'on a marqué la Cure *de Limogiis* à la nomination du Prieur de Saint-Martin ; ce qui a été suivi par tous ceux d'après unanimement, excepté par celui de l'an 1648, qui la met faussement à la pleine collation de l'Archevêque. Elle est encore à la nomination du Prieur. Tous les Pouillés des derniers siécles lui donnent Fourches pour annexe. Le Prêtre de Limoges avoit eu primitivement à prendre dans la grange du Prieur de ce lieu, quatre septiers et une mine de bled, et trois septiers et minot d'avoine : mais par un accord que l'Evêque confirma en 1255, son droit fut restreint à deux septiers de bled et deux d'avoine, quatre septiers de bled en la grange de Creches, deux de bled et deux d'avoine en celle du Cormier, et le Prieur lui céda toutes les offrandes de l'Eglise Paroissiale, excepté celles qui seroient faites aux Reliques.

<small>Tab. Ep. Paris. in Spir.</small>

Le Prieuré de Saint-Martin-des-Champs n'a conservé de ses anciens droits à Limoges que la nomination à la Cure et le droit de foi et hommage. Le Prieur s'en disoit encore Seigneur en partie du temps de la rédaction de la Coûtume de Melun, dans laquelle ce Village est compris, c'est-à-dire en 1580. Mais depuis ce temps-là la Terre a été vendue par le Couvent à MM. de Mesme, Seigneurs de Cramayel, et proches voisins ; ensorte que depuis, Madame la Marquise d'Amble, comme Marquise de Cramayel, a possédé cette Terre qui n'est séparée de son Château que par une avenue d'ormes et de châtaigniers. La même est grosse Décimatrice.

Limoges avoit été vendu à M. Gribouval en 1599 ; puis il a été possédé par les auteurs de MM. de Mesmes ; il appartient aujourd'hui à M. Fontaine, Fermier Général.

FOURCHES est un hameau de Limoges composé de dix feux qui sont tous aux environs de l'Eglise de Saint-Denis de ce lieu. Sa situation est en pays plat. Le bien consiste en labourages sans vignes. Il paroît que ce sont quelques anciennes pieces de bois fort branchus qui lui ont donné le nom de *Furcæ*.

Il y avoit, comme on a vu ci-dessus, une Eglise en ce hameau dès le commencement du douziéme siécle ; et comme les Chanoines séculiers de la Chartre en étoient Seigneurs depuis cent ans, elle fut bénite sous le nom de Saint Denis. Elle n'a jamais été érigée en Cure ; ç'a toujours été une annexe de Limoges. On ne voit rien d'ancien dans la structure de cette petite Eglise que le Sanctuaire qui est voûté, et le chœur. Ces deux morceaux sont ornés de petites colomnes du treiziéme siécle, ce qui fait voir que c'est là un second bâtiment, et que celui qui avoit été bâti dans l'onziéme siécle fut abattu au bout de deux cents ans. Au vitrage rouge du fond de cette Eglise, est peint un *Agnus Dei* tel qu'on en voit dans des vitrages de Cathédrale de l'an 1225 ou 1230, et que les contre-scels des Evêques de ces temps-là en représentoient.

On a vu dans les mêmes titres qui parlent de Limoges, que cette Eglise de Fourches avec sa dixme fut confirmée par le Roi Louis VII, par un Pape, et par deux Evêques de Paris, au Prieuré de Saint-Martin-des-Champs. Ce lieu subit le même sort que Limoges quant à la Seigneurie que ce Prince [Prieuré] y avoit, ensorte qu'après avoir appartenu à MM. de Mesme, il a passé depuis à Madame la Marquise d'Amble avec Cramayel.

Il y avoit dès le XII siécle sur le territoire de Fourches des fiefs qui communiquerent le nom du Village à quelques Chevaliers. Un nommé Milon de Fourches, appellé le petit Chevalier, vint trouver à Moissy l'Evêque Thibaud en 1157, et remit entre ses mains une dixme dont il jouissoit, et même la dixme de son propre vin, dont l'Evêque fit présent aux Moines de Saint-Martin, ses anciens confreres, lorsqu'il fut retourné à Paris. On trouve Garin de Fourches, Chevalier, plege ou caution en 1228 pour la vente d'une dixme située à Sognoles. Je lis aussi dans un titre de l'Abbaye du Jard, proche Melun, qu'elle avoit au quatorziéme siécle, à Fourches, *emprès les bois*, un labourage qu'elle admodia en 1370. *Hist. S. Mart. p. 190. Chart. Livriac. fol. 11. Fragm. Chartul. Jard. in Bibl. Reg.*

MAUNY. Le droit qu'un Chapelain de l'Eglise de Paris a dans la dixme de ce lieu depuis le treiziéme siécle, est cause qu'on trouve son nom dans des actes de ces temps-là. Il y est exprimé en latin par ces mots *de Malo nido*. Mais il y a sujet de se défier de ces sortes de noms latins qui paroissent faits après coup. On lit dans la vie de Saint Vulfran, Evêque de Sens au huitiéme siécle, un passage concernant un lieu dit *Maniacum* qui est dit situé au pays de Melun, comme l'est en effet Mauny dont il s'agit ici [1]. Ce lieu ne consiste qu'en un Manoir Seigneurial ou Château avec la Ferme, et une Chapelle qu'on dit être titrée de Saint Claude ou de Saint Etienne. Il faut qu'il y ait quelque bien attaché à cette Chapelle, puisqu'elle est imposée aux Décimes sous le nom de *Chapelle de Mony Paroisse de Limoges*. Une estimation des revenus du Diocése de Paris, écrite il y a cinquante ans, marque qu'elle pouvoit produire deux cents livres au titulaire. On dit qu'elle est à la nomination du Seigneur du même lieu de Mony. Les premieres Provisions que j'en ai vues sont du mois d'Août 1501.

Au treiziéme siécle, Adeline Coquilliere ayant fondé dans l'Eglise de Notre-Dame de Paris une Chapelle du titre de Saint Eustache, le Chapitre chargé de la doter de quelques fonds, fit en 1254 l'acquisition de la moitié de la dixme du territoire *de Malonido*, *Ex Tab. et Reg. Capit. Paris. Port. Gaign. in Bibl. Reg.*

---

1. *Nepos quoque prædicti sancti Pontificis Vulfranni nomine Motgislus aliam largitionem edidit de patrimonio Maniaco, sive Villare, quod est situm in pago Milidunensi.* Vita S. Vulfr. Sæc. III. Bened. Parte 1, p. 358.

Paroisse de Limoges, assise dans le fief d'Adam de Trembleceau. Jean d'Hieres, dont elle étoit aussi mouvante, en accorda l'amortissement, et le Chapelain en jouit encore, y ayant eu une Sentence le 4 Septembre 1508 contre le Curé de Limoges qui s'y étoit opposé. Quelques-uns m'ont assuré qu'il y eut un Arrêt de Parlement il y a environ trente ans, qui adjugeoit au Curé de Limoges la dixme de Mauny, vu que le Chapelain ne peut produire de titres.

Parmi les Chevaliers de la Châtellenie de Corbeil qui tenoient leur fief du Roi sous le regne de Philippe-Auguste et qui avoient soixante livrées (*libratas*) de revenus, est nommé *Ansellus de Malonido*. Ce Domaine appartenoit en 1697 à Jean-Baptiste de Bongueret le Blanc, Doyen de Paris, qui tiroit son surnom de Mony. Il la donna depuis à une de ses nièces qui épousa M. Renouard, puis elle a appartenu à M. Bosc, ensuite à M. Moreau, et enfin à M. le Chevalier de Bouville.

Cod. Putean. MS. 635.
Perm. de Chap. dom. 19 Mars.

LISSY ou LICY

Quoiqu'on écrive de la premiere maniere le nom de cette Paroisse, il y a assez d'apparence qu'il aura été écrit primitivement Licy, et que son étymologie est la même que celle du village de Lices situé au couchant de la ville de Corbeil. Si l'on trouve dans des Historiens anciens qu'il y a eu aux environs de Lices des campements de troupes, et que son nom y soit relatif à cause des fermetures ou clôtures de certains camps qui étoient faites avec des pieux, il reste également une tradition qu'aux environs de Licy il y a eu un camp. On a même cru qu'il avoit servi aux Romains, et De Fer, dans sa Carte du Diocése de Paris, n'a pas craint de le placer proche de Chandueil, qui n'est qu'à une demi-lieue de Licy. Tous ces cantons aussi bien que Licy consistent dans des plaines, et il n'est nullement improbable qu'une partie étant destinée pour un camp, une autre n'ait été réservée pour l'exercice des troupes, *ad Licias,* d'où le lieu où il se faisoit, aura eu le nom de *Liciacum*.

Ce lieu de Licy a été longtemps sans Cure. On ne trouve point la Cure de Licy dans le Pouillé écrit vers les commencemens du regne de Saint Louis, mais bien dans celui qui fut rédigé vers l'an 1450. Ce Village étoit donc seulement un hameau dépendant d'une Paroisse voisine. Puisqu'il est situé à l'extrémité du Diocése de Paris du côté de celui de Sens, il ne peut avoir appartenu qu'à la Paroisse de Soignolles. Car s'il avoit dépendu de celle de

Limoges, le Prieur de Saint-Martin-des-Champs qui nomme à cette Cure, se seroit conservé celle de la Cure érigée par démembrement. C'étoit donc dans la Paroisse de Soignolles qu'étoit compris Licy ; en mémoire de quoi la nomination de la Cure appartient de plein droit à l'Evêque de Paris de la même maniere que celle de Soignolles, dont elle a été détachée.

Comme Saint Pierre est le Patron de l'Eglise, je pense que la fondation ou dotation de la Cure aura été faite sous le regne de Saint Louis, par un Chevalier qui étoit Seigneur de ce lieu. Il se nommoit Pierre Buinelle. Il est connu par un acte du Cartulaire de l'Abbaye de Livry, dans lequel on lit que *Petrus de Buinelle, Miles de Lyssi,* quitta à cette Abbaye, en l'an 1228, ce qu'il pouvoit prétendre à la dixme de Barneau, que Pierre de Buinelle et Pierre de Saint-Port, Chevaliers, avoient vendue à la même Abbaye. Barneau dit en latin *Bernolium* est un hameau de la Paroisse de Soignolles. Chart. Livriac *fol. 12.*

Cette Cure de Licy se trouve dans le Pouillé du quinziéme siécle et dans les suivans à la pleine nomination Episcopale. L'Eglise n'est qu'en forme d'une Chapelle dont la construction ne semble gueres avoir que cent ou cent cinquante ans : elle est sans collatéraux, très simple à l'extérieur, mais fort embellie en dedans de boiserie et de tableaux, par les soins et aux dépens de M. le Président Renouard, qui en étoit Seigneur. On y remarque dans le Sanctuaire les quatre Evangélistes, ensuite deux Saints Evêques. Le chœur a aussi été pavé très proprement lorsqu'on a fait les autres décorations. Le Seigneur a fait aussi construire dans la nef une Chapelle neuve de la Vierge. Le Curé est gros Décimateur, mais il est sujet à une redevance annuelle de grains à l'Abbaye de Saint-Pere de Melun, laquelle, de son côté, doit à la Fabrique de Licy, tous les ans, le Jeudi Saint, douze échaudés et douze pintes de vin mesure de Chapitre. Cette Abbaye perçoit aussi des dixmes sur le territoire de Bois-Gautier duquel je vais parler. Hist. de Corbeil, p. 21.

Il n'y a que vingt-deux feux en toute cette Paroisse, compris même le hameau du BOIS-GAUTIER, nom marqué dans les Cartes, qui est situé à un demi-quart de lieue, et qui n'est composé que de trois ou quatre maisons. Cette Paroisse n'est fertile qu'en bled, et participe de la bonne Brie. Elle est comprise dans la Coutume de Melun. La Terre a haute, moyenne et basse Justice, et releve de la Vicomté de Melun. De la Barre, Historien de Corbeil, met Lissy au nombre des Villages qui autrefois ressortissoient à Corbeil, suivant un ancien Etat.

A l'égard des anciens Seigneurs, il m'a paru qu'après Pierre Buinelle, Chevalier, vivant en 1228 et dont j'ai parlé ci-dessus, il faut compter un Pierre de Lissy, Chanoine de Melun et Clerc du

Roi Saint Louis, ainsi qu'il est marqué à l'an 1350 dans l'Histoire de Melun, à l'occasion de la fondation qu'il fit de son Anniversaire dans la Collégiale de cette Ville. Ne seroit-il point le même qu'un second Pierre Buinel, Ecuyer, qui avoit une censive à Chanteloup vers Moissy, et qui, comme Seigneur, confirma en 1268 l'achat que l'Evêque de Paris avoit fait de Robert de Chanteloup en 1259 du quart de la dixme de ce même lieu de Chanteloup? Il y est nommé positivement *Petrus Buinel de Lissiaco, Armiger*. N'auroit-il point quitté l'état ecclésiastique pour prendre l'épée ? Quoiqu'il en soit, un autre Pierre de Lissy est souvent mentionné dans des tablettes de cire qui spécifient une partie des dépenses du Roi Philippe le Bel ; il falloit qu'il fût l'un des principaux Officiers de la Cour.

<small>Chart. min. Ep. Par. fol. 274 et 275.</small>

<small>Tab. cereæ Parlam. Par.</small>

Si l'on ne jugeoit pas à propos de faire remonter l'érection de la Cure de Saint-Pierre de Lissy jusqu'aux premieres années du regne de Saint Louis, on peut croire que l'un de ces trois derniers, du nom de Pierre de Lissy, en aura été le fondateur.

Depuis environ l'an 1300 on ne connoît point de Seigneurs de Lissy jusqu'au regne de François Ier. Pierre Lescot, Prévôt des Marchands et Procureur Général en la Cour des Aydes, l'étoit en 1535. Il est mort en 1578. Il fut inhumé à Notre-Dame de Paris. Son épitaphe commence ainsi : *Petro Lescotio de gente dominorum de Lissi Domino à Clagni.*

<small>Sauval, T. III, p. 617.</small>

Léon Lescot, Conseiller au Parlement, son fils, lui succéda. Il avoit épousé Marie Chevrier, qui, étant veuve de lui, comparut l'an 1560 à la rédaction de la Coutume de Melun.

<small>Ibid. Coutumier Général.</small>

MM. de Lescot posséderent cette Terre jusqu'en 1628 qu'ils la vendirent à Guillaume Aleaume, Evêque et Comte de Lisieux.

Une des niéces de ce Prélat, nommée Françoise Alcaume, ayant épousé Jacques Ribier, Conseiller au Parlement, la Terre passa dans la famille de MM. Ribier, l'un desquels, sçavoir, M. Ribier de Villeneuve, Grand-Maître des Eaux et Forêts de Lyon en 1700, l'a vendue au Sieur de la Porte de Feraucourt.

M. le Président Renouard l'a acquise sur ce dernier par Décret forcé.

Aujourd'hui M. Moreau, Avocat du Roi au Châtelet, est Seigneur de Lissy, ayant épousé Françoise Charlotte Renouard, à laquelle M. le Président son pere a fait donation de cette Terre.

Les Continuateurs des Actes des Saints, dont Bollandus a commencé l'édition, ont fait au village de Licy, Diocèse de Paris, l'honneur de le nommer dans le second Tome de Juin, page 77, colonne 2, pensant que c'étoit dans l'Eglise de ce Village que le corps de Sainte Geneviéve avoit reposé lorsqu'on le rapportoit de Marisy à Paris après les courses des Normands. Mais comme ils marquent eux-mêmes que, suivant l'Historien du temps, l'Eglise de ce lieu où il fut déposé étoit sous le titre de Saint Médard, cela fait voir qu'il s'agit de Licy-sur-Ourq, au Diocèse de Meaux, dont l'Eglise est encore à présent sous l'invocation du même Saint. D'ailleurs, au sortir de Licy, on lit que le corps fut porté à Trie, sur la Marne, qui est entre Meaux et Lagny.

SOGNOLLES

L'origine du nom de cette Paroisse est devenue fort obscure par le laps de temps. Peut-être que ce lieu n'étoit qu'un hameau lorsqu'il a reçu son nom. M. de Valois le croit dérivé des cicognes, dont, selon lui, on auroit nourri une grande quantité en ce lieu; et le fondement de son opinion est que quelques titres du treiziéme siécle l'appellent *Parochia de Cichoniolis*. Il n'a pu en produire qu'un seul : mais quoique j'en connoisse deux ou trois autres du même siécle, dont l'un qui est de l'an 1228 met deux fois *apud Ciconiolas*, et un autre de 1220 qui marque *in Parochia de Ciconellis*, aussi-bien que le Nécrologe de la Cathédrale de Paris écrit vers 1280 où on lit indifféremment *Ciconellæ* et *Ciconeliæ*, je ne puis néanmoins me persuader que le nom de cette Paroisse soit celui de *petites cicognes* altéré. M. de Valois prétend qu'avant que d'en venir à prononcer Sognolles ou Soignoles, on a dû dire *Cicognolles*. Il se fonde sur ce que, dans la Touraine, il y a un lieu sur la riviere de Cher dit Sigongnoles ; en quoi il se trompe, parce que ce lieu n'est point ainsi appellé, mais Cicoigne. Il auroit pu également citer Cicogne, village à deux lieues de Nevers du côté de l'orient, et Sigougne dans l'Angoumois, Election de Cognac. Le nom de ces lieux peut venir de *Ciconia* ou *Ciconiæ* sans que cela puisse influer à faire croire que Sognoles vient du diminutif de cicogne. Puisque nous n'avons point de titres qui fassent mention de ce lieu avant le treiziéme siécle, il est bon d'avertir que si dans ce temps-là quelques Auteurs d'actes l'ont nommé en latin *de Ciconiolis* ou *de Ciconeliis* ou *Ciconelles*, d'autres aussi du commencement du même siécle l'ont désigné par *de Cognoliis*, le Pouillé par *de Ceognolis* et quelques titres de ce même temps se sont servis de l'expression vulgaire Choignoles, Ceongnolles. Pour finir cette discussion préliminaire, il m'a paru que Sognoles étoit dérivé plus naturellement du même langage qui a formé Sogne et Soignies qui sont des noms de lieu, qu'on ne peut gueres tirer que du vieux mot qui a produit en basse lati-

Notit. Gall. p. 413, col. 2.

Dict. Univ. Géogr. de la Fr.

nité *Sonia*, pour *Hospitium*, d'où l'on disoit au VIII siécle *Soniare* pour *hospitio excipere*, ensorte que Sognoles ou Soignoles auroit été tiré du diminutif *Soniolæ*, qui auroit anciennement signifié *hospitiola*, ce qui est d'autant plus probable que notre Soignoles étoit sur le chemin de Melun à Tournan et à Meaux, comme sur celui de Paris à Provins, etc. Il y a pareillement à l'autre extrémité du Diocése de Paris, proche la riviere d'Oise, aux environs de Mery, un hameau du nom de Sognoles, lequel se trouve sur le chemin qui alloit de Paris au pont d'Auvers ou au bac de Mery. Après ces deux Sognoles je n'en connois qu'un qui est à l'extrémité du Diocése de Seez, en tirant vers Caen, proche la vieille haute-chaussée.

<small>Gloss. Cangii voce Soniare.</small>

La Paroisse de Sognoles est éloignée de Paris de huit lieues ou environ, du côté du levant d'hiver ou sud-est ; c'est-à-dire qu'elle est à deux petites lieues par de-là Brie-Comte-Robert. La situation du Village ou Bourg est dans un vallon où est le cours de la riviere d'Hieres. Il est construit au rivage gauche de cette riviere qui très souvent coule en cet endroit par-dessous la terre ; ainsi le pont y reste long-temps inutile, mais quelquefois aussi il est insuffisant, c'est-à-dire dans les débordemens. Ce lieu a plusieurs écarts que je nommerai ci-après. On y voit des vignes sur les côteaux dont l'exposition est heureuse. Le reste est [en] terres labourables avec quelques petits bois et des prairies. La Paroisse comprenoit 200 feux en 1709 suivant le Dénombrement imprimé alors pour l'Election de Paris. Le Dictionnaire Universel de la France assuroit en 1726 que le nombre d'habitans ou communians étoit de 535, ce qui marque une diminution de feux. Le Dénombrement publié par le Sieur Doisy en 1745 en son Ouvrage qui a pour titre : *Le Royaume de France*, ne met que 120 feux à Sognoles, ce qui quadre assez avec le nombre de 500 communians que l'on y compte aujourd'hui. Ce lieu est assez bien bâti pour être à huit lieues de Paris.

La Sainte Vierge est Patrone de l'Eglise de ce lieu. L'édifice est entiérement du treiziéme siécle sans galeries ni vitrages dans ce qui est au dessus des piliers du chœur et de la nef, mais avec aîle de chaque côté, laquelle est terminée en pignon aussi bien que le Sanctuaire. Du côté du septentrion ce bâtiment est supporté par une tour de grès. Cette Eglise a été dédiée le 14 Juin de l'an° 1545 par Charles, Evêque de Megare, qui y donna même les Ordres suivant la permission de l'Evêque de Paris.

<small>Reg. Ep. Paris.</small>

La nomination et collation de la Cure appartient de plein droit à l'Archevêque de Paris, ainsi qu'il conste par tous les Pouillés du Diocése, à commencer par celui du XIII siécle, qui marque : *De donatione Episcopi Ecclesia de Ceognolis*. C'est non seulement de cet article du Pouillé que l'on apprend que la Cure existoit dès le regne de Philippe-Auguste, mais encore de ce qu'on y trouve un Curé en 1218. Il est appellé *Savinus Presbyter de Ciconiolis* dans la Lettre par laquelle Guillaume, Evêque de Paris, certifie que ce Curé approuve la vente de la dixme de Barneau [1]. Le nom d'un autre Curé est marqué dans le Procès-verbal de la Coutume de Paris de l'an 1580 ; c'est Joseph Nepveu qui fut député pour l'Etat Ecclesiastique par le canton de Brie-Comte-Robert, afin d'y déclarer qu'ils ne sont sujets ni justiciables du Prévôt de Paris, qu'ils sont hors du gouvernement de l'Isle de France, et au dedans du Gouvernement de Brie et de Champagne. Chart. Livriac. *fol. 12.*

Cout. de Paris, éd. 1678, p. 664.

Le Curé est gros Décimateur avec le Chapitre de Paris, la Fabrique, les Abbayes du Jard et de Livry. On lit au grand Pastoral de Paris, que Pierre Buinelle, Chevalier, et Aveline, sa femme, engagerent au Chapitre de Paris pour la somme de six vingt livres en 1218 le quart qu'ils avoient dans la dixme *de Cognoliis*. Un des illustres Curés de ce lieu a été Jacques Merlin, Professeur en Théologie, qui permuta le 27 Novembre 1511. Magn. Pastor. *fol. 146.*

Reg. Ep. Paris.

Il y a sur le territoire de Sognoles, à demi-lieue de l'Eglise Paroissiale vers l'orient, tout à l'extrémité du Diocèse, un Prieuré sous le titre de Saint Sébastien de Mons, qui est le nom du hameau. Il dépend de l'Abbaye de Saint-Pierre de Melun à laquelle on le dit réuni. Il est chargé d'une Messe par semaine qui est acquittée par le Vicaire de Sognoles. En 1594 ce Prieuré est désigné ainsi : *Sancti Martini aliàs Sancti Sebastiani*. En 1573 Jean Beluze, Prieur, fit une échange de quelques pieces de terre avec noble Jacques l'Allemant, Conseiller au Châtelet. Il étoit apparemment pere ou oncle d'un autre Jacques l'Allemant, Clerc Parisien, qui eut en 1594 des provisions de ce Bénéfice en Cour de Rome. Selon le Dictionnaire Universel de la France, ce Prieuré produit 700 livres. Reg. Ep. Par. *26 Mart. 1573 et 13 Sept. 1594.*

De la Barre, en son Histoire de Corbeil, a observé qu'il y a diférens fiefs sur la Paroisse de Sognoles : que les uns répondent à Corbeil, les autres à Melun, d'autres à Brie-Comte-Robert. De mon côté j'ai remarqué qu'il ne se trouve point dans l'antiquité reculée de Chevaliers qui se soient dits Seigneurs de Sognoles, ni même qui aient pris le nom de Sognoles, mais bien de Mons qui n'est qu'un hameau. Hist. de Corbeil, p. 22.

MONS est le lieu que la Carte du Sieur de Fer écrit Mompt, et et où est situé le Prieuré dont je viens de parler. Le côteau n'a cependant rien de roide ni de fort élevé. En 1220 un Milon *de* Magn. Past.

---

[1]. Vers le même temps vécut un Clerc appellé *Andreas de Ciconiolis* mentionné au petit Cartulaire de l'Evêché, à raison de l'hommage qu'il rendit à l'Evêque Guillaume en 1228 pour un labourage qu'il avoit à Noisy.

Montibus fut plege envers le Chapitre de Paris. Ce même Chevalier et Ansel son frere, aussi Chevalier, beaux-freres d'André de Sognoles, Clerc, tenoient de ce Clerc trente-six arpens de terre dans la Paroisse, dont André fit hommage en 1228 à l'Evêque Guillaume. Il y a apparence que ce fut de cette famille de Mons qu'étoient les deux Marguerite de Mons qui furent faites Abbesses de Farmoutier, l'une en 1289 qui fut suivie de Marguerite de Chevry ; l'autre en 1291. C'étoit la tante et la niece.

<small>Notit. Gall. p. 413, ex Cart. Ep. Paris.</small>

<small>Gall. Chr. T. VIII, c. 1705.</small>

BARNEAU ou Berneau, *Bernolium*, est un autre hameau plus voisin de Sognoles, aussi situé sur un côteau exposé au nord, et composé de douze ou quinze maisons. Il est connu dès le treiziéme siécle par le moyen des titres de Notre-Dame de Paris et de l'Abbaye de Livry. On y apprend qu'à l'occasion de la fondation de deux Chapelains de Saint-Eustache que Guillaume Point-l'asne, Bourgeois de Paris, désira fonder, Guillaume Buinel engagea en 1220, pour la somme de trois cents livres, à l'Eglise de Paris tout ce qu'il avoit dans la dixme *de Bernolio quæ est in Parochia de Ciconellis*, à quoi consentirent Guy, Vicomte de Corbeil, et Guillaume son frere, parce qu'elle étoit mouvante de leur fief, et que Milon de Mons et autres Chevaliers en furent caution. Le Doyen Etienne fut aussitôt mis en possession de cette dixme et de la grange par l'Evêque Guillaume de Seignelay. A l'égard de l'Abbaye de Livry, la premiere connoissance qu'elle nous fournit sur Barneau, nous vient d'une Lettre que Guillaume d'Auvergne, Evêque de Paris, écrivit en 1228 au Doyen de Presles de se rendre à Sognoles, afin d'y confirmer la vente que Pierre Buinelle et Pierre de Saint-Port, Chevaliers, avoient faite à cette Abbaye de leur dixme *de Bernolio* pour la somme de cinq cents livres ; vente qui avoit également été approuvée par Guy, Vicomte de Corbeil, comme étant de son fief, et par Sevin, Prêtre de Sognoles. La réputation de sainteté où étoit alors l'Abbaye de Livry, fit que Mathilde de Cramoël lui donna en 1244 vingt arpens de terre à Berneau, *Bernolii*, le long du chemin qui alloit du Brulez au Marchais-profond.

<small>Magn. Past. fol. 146.</small>

<small>Gall. Chr. T. VII, col. 202.</small>

<small>Chart. Livriac. fol. 12.</small>

<small>Ibid., fol. 13.</small>

Il y a aussi eu à Sognolles un hameau appellé CHATELEINES, mais qui n'existe plus. Jean le Bordier de Ceongnolles y avoit eu une dixme. Elle appartint ensuite à Aubert de Pouilly, Homme d'Armes, qui la donna telle qu'il l'avoit à l'Abbaye du Jard l'an 1277. Guillaume de Souloire, Hommes d'Armes, qui avoit aussi un droit de dixme au même lieu de Chateleines, le transporta au même Aubert de Pouilly l'an 1279, de l'agrément du Chapitre de Melun comme second Seigneur ; et depuis ce temps-là, cet Aubert de Pouilly, Chevalier, et Héloïse, sa femme, en quitterent la moitié au Chapitre de Paris pour une somme de cent livres, du consentement de Raoul, Prêtre d'Yeble, du fief duquel elle étoit mou-

<small>Chartul. Jardi.</small>

<small>Ibid., p. 208.</small>

<small>Magn. Past. fol. 147.</small>

vante en premier. On fut exact dans l'Eglise de Paris à marquer au Nécrologe les Chanoines desquels provenoient les sommes employées à cet achat de dixmes sur le territoire de Sognoles.

Necrol. Paris. 13 et 14 Febr. 22 et 24 Aug. 4 Sept. 8 Oct.

Les nouveaux biens que l'Abbaye du Jard posséda à Sognoles, furent suivis de l'acquisition qu'elle y fit d'une partie des droits du moulin. Le vendeur est inconnu : mais on sçait que ce fut en 1239, et que la vente fut approuvée par Emeline, noble femme de Raoul de Mortery, Chevalier, Dame du Fief, dont Frodon, Doyen de Grisy, donna acte. Ce moulin étoit apparemment situé sur le ruisseau qui vient de Coubert, car la riviere d'Hieres n'étoit pas propre à en faire tourner un en ces quartiers-là tout le long de l'année.

Chart. Jardi, fol. 208.

Necrol. Heder. iij Non. Febr.

Le territoire de Sognoles étant vaste et fertile, il y eut encore le Monastere d'Hieres qui, outre les précédens, y fut doté de deux muids de bled à prendre en ce lieu, et qui furent légués par une nommée Garemburge au douziéme ou treiziéme siécle.

Il est parlé dans un acte de l'an 1385 du Fief de la Burelle assis près Sognoles, alors tenu par Claude Sanguin, Sieur de Meudon, de Gilles Malet, Sieur de Villepesque et Soisy, que ce dernier renferma dans le dénombrement qu'il donna au Roi pour la Vicomté de Corbeil. Ce nom de Burelle me paroît être celui de Buinelle défiguré. On a vu ci-dessus que ces Buiñelle avoient du revenu considérablement à Sognoles. C'étoient des Chevaliers vers les années 1220, 1225. L'Historien de Corbeil dit que la Burelle est un hameau de Sognoles. « Il appartient, ajoute-t-il, à Maître « Claude Portal, dont le fief releve du Vicomté de Corbeil, par « quoi la Justice devroit y ressortir. » Ce hameau ne se trouve point marqué dans les Cartes. M. Bernard, Maître des Requêtes, le posséda en ces derniers temps.

Hist. de Corbeil, p. 62.

Ibid., p. 22.

C'est encore le même Historien qui marque dans son énumération des lieux relevant de Corbeil, *Fontaines*, hameau de la Paroisse de Sognoles, qui de son temps appartenoit à M. d'Espernon. Ce lieu est en tirant vers Coubert. Les Cartes lui donnent le nom de *La Fontaine*. On écrit qu'il appartient à présent à M. Bernard, Maître des Requêtes.

Ibid.

En 1580, Louis de l'Hospital qui possédoit la Seigneurie de Coubert, prenoit aussi la qualité de Seigneur de Sognoles, ainsi qu'il se voit au Procès-verbal de la Coûtume de Paris. Cette Seigneurie a été possédée de nos jours par M. Bernard, Maître des Requêtes.

SOULAIRE ou SOULERRE

En faisant attention au mot latin *Solarium*, on pourroit s'imaginer que ce seroit de ce mot qu'on auroit fait celui de Soulaire ou Solerre, ou bien Soulers, car on l'écrit de toutes ces manieres. Mais ce ne seroit pas assez de se le persuader, il faudroit encore pouvoir en donner une raison plausible. Comme je ne vois pas que cela se puisse faire, il me paroît plus sûr de dire que le nom de ce Village est dérivé de quelque terme Celtique, de même que celui de Soleure, capitale d'un des cantons Suisses, dont le nom latin tiré du Celtique est *Salodorum* ou *Solodorum*. J'en dis autant des deux autres Soulaires qui sont en France, l'un proche Angers du côté du nord, l'autre proche Chartres, pareillement vers le nord, assez près du rivage droit de la riviere d'Eure.

L'ancienneté de ce Village n'est presque connue que par ses Seigneurs. On en trouve dès le douziéme siécle. Ils sont d'abord appellés *de Sollario*, puis dans le même siécle *de Solorra*. Dans le siécle suivant, le lieu ou ses Seigneurs sont désignés par le mot *Solarium*, ou en françois par celui de Solerre, Solaure, Souloire, et en latin quelquefois par *Solurra*, d'où l'on a fait Soulerre et Soulers dans les siécles suivans. M. de Valois dit qu'on l'appelloit communément de son temps Soulare.

Notit. Gall. p. 431, col. 1.

Ce Village est à huit lieues de Paris, à deux lieues par de-là Brie-Comte-Robert, à droite de la route de Provins, entre cette route et le lit de la riviere d'Hieres ; il est situé sur le bord de la plaine qui comprend Coubert, Croquetaines, etc. et qui est terminée au vallon de l'Hieres et par un autre petit vallon où coule un ruisseau venant de Coubert qui fait tourner quelques moulins; et peut-être est-ce la jonction de ce ruisseau à la riviere d'Hieres qui a fait entrer dans le nom de ce lieu le mot Celtique *dour* ou *dor* qui lui a donné en françois la terminaison en *aire*, ou *oire*, ou *erre*, ou *eure*, comme à Auxerre, Tonnerre, Issoire, Nanterre, Iseure en Touraine, Mandeure en Suisse. C'est un pays de vignes à raison de l'exposition des côtes vers le midi et l'orient, comme aussi de bons labourages. Tout le Village est réuni proche l'Eglise [1], et il forme soixante feux que le Dictionnaire Universel de la France imprimé en 1726 dit contenir 253 habitans. Ce Dictionnaire commet à l'occasion de Soulers sa faute ordinaire; car jugeant du Diocèse d'un lieu par l'Election dont il est, il marque que Soulers

---

1. De Fer a placé *les Estards*, écart d'Ozoir-le-Bougis, comme s'il étoit de la Paroisse de Soulerre. Il a trop étendu en cet endroit les limites du Diocése de Paris.

dont il s'agit, est du Diocése de Sens, parce qu'il est de l'Election de Melun ; et pour seconde faute, il le place dans le Gâtinois, tandis qu'il est en Brie. Au reste, il est certain que les habitans de ce lieu sont de la Coûtume de Melun ; ils y comparurent en 1560.

Le Patron de la Paroisse est Saint Martin. Son Eglise n'a rien qui puisse désigner le temps de sa bâtisse. Elle est large, et presque quarrée, simplement lambrissée et armoiriée, sans aîles ou collatéraux, et supportée du côté septentrional par une tour de grès. De sorte que, quoiqu'on y voie deux tombes de plus de quatre cents ans, je ne puis croire que cette Eglise soit si vieille ; ces tombes apparemment viennent de l'Eglise précédente. Elles sont toutes les deux dans le chœur. Sur celle dont l'écriture est assez bien conservée est figurée une femme voilée ayant les mains jointes, et proche sa tête à côté gauche un écu dans lequel est une croix anchrée. L'inscription en lettres capitales gothiques est ainsi conçue :

Ici gist Danmoiselle Marguerite de Marchieres, fille de noble home Monseigneur de Marchieres, jadis Chevalier, et neʒ de noble feu Madame Ysabiau de Boui fame dudit Chevalier, et fame feu Guillaume de Suleure jadis, laquelle trespassa l'an de grace M. CCC le Mardy .... Prieʒ pour s'ame.

L'autre tombe qui est à gauche de celle-là représente un Chevalier armé de pied en cap et sa femme voilée sans pointe sur sa tête, laquelle a un chapelet au bras gauche. L'écriture est effacée de vétusté.

S. Bruno est représenté au grand autel, à cause que les Chartreux de Paris sont Seigneurs de cette Paroisse. Ce sont eux qui ont donné le tableau où Jésus-Christ est peint au milieu des Docteurs.

La Cure de Soulerre est marquée au Pouillé Parisien du treiziéme siécle dans le rang de celles du Doyenné de Moissy, dont la collation appartenoit de plein droit à l'Evêque de Paris. Tous les Pouillés postérieurs marquent la même chose, ne différant que dans la maniere d'écrire le nom, soit en latin, soit en françois. Le Pelletier lui donne le nom de *Souliers* dans celui qu'il fit imprimer en 1692. On trouve au Cartulaire de Saint-Maur-des-Fossés qu'en 1282, le Prêtre de Solerre avoit une vigne à Bretigny, *Chart. S. Mauri, fol. 53.* lieu voisin de Saint-Maur ; mais il n'est pas dit si elle étoit attachée à sa Cure. Ce Curé est gros Décimateur avec MM. de Saint-Victor.

Les anciens monumens fournissent plusieurs Seigneurs de Soulerre.

Au douziéme siécle vivoit un Radulfe de *Sollario*, qui donna aux Moines de Longpont-sous-Montlhery toute la dixme qu'il *Chart. Longip.* avoit à Fontenelles proche Montlhery et qu'il tenoit d'Arnoul *fol. 19.*

Chart. Longip.   Malivel. Le même fut témoin du don que fit à la même Maison le
fol. 35.   Prévôt Landry de la moitié du Port de Palluau.

       Geoffroy *de Solorra* fut plege ou garant vers l'an 1170 ou 1180
Chart. Ep. Par. envers Maurice de Sully, Evêque de Paris, pour l'acquisition que
Bibl. Reg. f. 27. ce Prélat fit du Moulin de Chanteraine à Corbeil.

       Le Roi Philippe-Auguste voulant faire écrire un Etat des Feudataires de Montlhery et de leurs redevances, appella pour
Chart. Ph. Aug. cela plusieurs Chevaliers, sur le serment duquel ce Rôle fut dressé
ad calcem. vers l'an 1210. Arnoul *de Solario* fut de ce nombre.

       Simon *de Solerre*, Chevalier, se rendit caution en 1245 au sujet
Chart. Livriac. du bien de l'Abbaye de Livry, situé à Berneau, en la Paroisse de
fol. 14. Sognoles, contiguë à celle de Soulerre. Le même et Gondeline, sa
Magn. Past. femme, déclarerent en 1248 que c'étoit de leur fief qu'étoit mou-
fol. 47. vante en second la dixme de Chateleines en la même Paroisse de Sognoles, dont le Chapitre de Paris fit l'acquisition.

Chart. Abbat.   Guillaume de *Solaure* ou de *Souloire* est mentionné en 1277 à
Jardi, p. 208 in raison de la Terre de Chateleines, qui est dite mouvoir de lui. Il
Bibl. Reg. est qualifié *Armiger*. En 1279 le même fit présent à Aubert *de Pooilliaco,* apparemment Pouilli le Jard, de tout ce qu'il avoit de
Ibid. terre et de dixme au même lieu de Chateleines.

Tab. cereæ in   Eustache de *Solerre* étoit l'un des Officiers du Roi Philippe le
Bibl. Carmelit. Hardi en 1283, comme on voit dans les Tablettes de cire de la
Discalc.Paris. Chambre des Comptes.
p. 2.

       Pierre de Solerre, Chevalier, et Jeanne, sa femme, sont men-
Necr. Eccl. Par. tionnés au Nécrologe de Notre-Dame de Paris, à l'occasion de la
in Bibl. Reg. mort de Michel du Bec, Cardinal, arrivée en 1318 le 29 Août,
29 Aug. parce que ce fut des sommes léguées par ce Cardinal, que le Chapitre acheta d'eux un labourage de sept vingt douze [*septies viginti duodecim*] arpens de terre situés à Virsi, proche l'Abbaye du Jard, dans la Prévôté de Melun.

       Dans le même temps Adam de Solerre, Sous-chantre de la Cathédrale d'Auxerre, avoit part à la Seigneurie de Soulerre ; il fit
Necr. Hederac. aux Religieuses d'Hieres un legs de sept sols de rente sur la cen-
V. Cal. April. sive qu'il avoit dans ce Village. Une Aaliz de Soulerre vivoit aussi dans le même siécle, et tenoit en fief de Guillaume d'Ouzoir le
Chart. Jardi. Vougis un bien relevant de l'Abbaye du Jard.

       Un Jean de Soleurre est nommé dans le Cartulaire de l'Abbaye du Jard de l'an 1369.

Ibid.   Pierre de Soleurre étoit décédé dès l'an 1388, et eut pour fils Jean de Soleurre.

       Olivier *de Solario* est marqué au nombre des Secrétaires de Louis de France, Duc d'Anjou, second fils du Roi Jean, en son testament de l'an 1383 où il paroît comme témoin ; mais peut-être s'agit-il de Soulerre proche Angers.

Palamedes Forbin est dit Seigneur de Solere et Vicomte de Dammartin dans un acte de l'an 1482. Hist. de Verdun, Pr. p. 41, col. 1.

Le College de Sorbonne possédoit à Solerre, au moins dès le milieu du quinziéme siécle, un fief au sujet duquel Jean Sanguin lui fit hommage en 1458 pour quelques arpens de terre, et plusieurs autres lui donnerent vers le même temps leur dénombrement. Ce College y avoit une Justice et des Officiers dont il est parlé dans ses conclusions de l'an 1464, comme aussi du procès que ce corps de Docteurs fut obligé d'intenter en 1463 contre les Chartreux de Paris qui avoient anticipé sur son terrain ou dépendances de sa Ferme, et qui duroit encore en 1478. Extrait des Liv. des Prieurs de Sorbonn. aux années citées.

On voit par là que les Chartreux avoient du bien à Soulerre. Je ne parle pas des cent dix arpens de bois qu'on leur avoit donnés à Liverdis dès l'an 1354, qui relevoient simplement du Seigneur de Soulerre ; mais outre cela ils eurent des vignes à Soulerre même dès l'an 1392, et depuis ce temps-là, c'est-à-dire au seiziéme siécle, ils firent l'acquisition de la Seigneurie de ce lieu, et la Maison de Sorbonne leur a vendu pareillement le fief et la ferme qu'elle y avoit. Necrol. Cartus. ad 30 Martii.
Ibid.
ad 21 April.

COUBERT

On voit peu de noms qui soient devenus si méconnoissables que l'est celui-là. Aujourd'hui on n'en fait qu'un mot, et autrefois c'en étoit deux. Il est constant par les titres, que la premiere syllabe est le nom latin *Curtis* défiguré, et que l'on prononçoit anciennement *Court*, mais pour la facilité de la prononciation on en a retranché les deux dernieres lettres. Bert est le nom Behard altéré ; on en fit autrefois d'abord Baart ou Baard, ensuite Bard, ou Bart, puis on s'est accoutumé en ouvrant moins la bouche, de dire Bert. C'est ainsi que de *Curtis Behardi* s'est formé Coubert. Les premiers titres qui en parlent sont du commencement du douziéme siécle. En les citant je serai exact à employer la maniere dont ils écrivent ce nom. Behard étoit le nom de celui à qui cette Terre appartenoit originairement ou qui y fit bâtir le premier, si même ce n'étoit pas un nom de fonction, car on sçait ce que Bard signifioit chez les anciens Celtes ; de là vint que ce lieu cultivé par Behard ou Bard, qu'on appelloit en latin *Behardus*, reçut le nom de *Curtis Behardi* ou *Curia Behardi*. C'étoit une Paroisse dès la fin du XII siécle.

Ce lieu est à l'orient d'hiver de Paris, sur la route de Provins, Troyes, etc., à la distance de Brie-Comte-Robert d'une lieue et demie, et de sept lieues et demie de Paris. Sa situation est dans une plaine de labourages entre Grisy et Soulerre. Il y avoit en 1709 la quantité de 79 feux suivant le Dénombrement de l'Election de Paris, imprimé alors ; ce que le Dictionnaire Universel évalua en 1726 à 362 habitants ou communians. Le dernier Dénombrement du Royaume qui a paru en 1745 par les soins du Sieur Doisy y marque 81 feux. Tout y est assez rassemblé proche l'Eglise, et il n'y a d'écart que le Château, qu'on assure être situé dans un lieu qui se nommoit autrefois le Plessis-Courbard, car anciennement ce lieu étoit partagé en trois. Outre le Plessis-Courbard, il y avoit Courbard-la-Ville qui étoit le haut du Village où est l'Eglise, et Courbard-la-Boulaye qui est la rue où passe à présent le grand chemin qui passoit autrefois entre la Fontaine Sainte-Geneviéve et la Ferme de la Fontaine, de sorte que la piece de terre voisine s'appelle encore la piece des Hôtelleries.

Comme il y avoit au treiziéme siécle dans les environs de Grisy et de Coubert un lieu appellé Coudrey où étoit bâtie une Eglise ou Chapelle du titre de Sainte-Geneviéve, et que la Paroisse de Coubert reconnoît aujourd'hui cette Sainte pour sa Patronne, on est assez bien fondé à croire que c'est depuis la destruction de cette Chapelle, dont on n'a laissé que la fontaine pour mémorial à la postérité, que la dévotion des habitants de Coubert les aura portés à transférer dans l'Eglise de leur Village le culte qu'ils rendoient à cette Sainte avec tout le public, et qu'alors l'ancien Patron de Coubert, qui apparemment étoit la Sainte Vierge ou un Apôtre, aura commencé à être mis en oubli, parce que sa Fête étoit commune à tout le Diocése. Ce lieu de Coudrey appartenoit alors avec une partie de Mind, dit depuis Villemin, à l'Abbaye de Sainte-Geneviéve de Paris. La position de la fontaine du nom de cette Sainte est mal assignée dans les Cartes même modernes. Elle est au midi de Coubert et non au couchant. On la trouve entre les deux chemins qui vont de Coubert à Sognoles, un peu au-dessus du petit bois et moulin de Fontaines, et du lieu où étoit une ferme que l'Abbaye de Chaume vendit à M. Samuel Bernard, et qui est maintenant détruite. Elle est voûtée et accompagnée d'un grand bassin revêtu de pierre de taille et entouré de murs à hauteur d'appui.

Mais quoiqu'il en soit de l'ancien Patron de Coubert, le chœur de l'Eglise qui est en pierre, est un bâtiment du treiziéme siécle, en forme de grande Chapelle terminée en rond-point et sans galeries. Il reste au vitrage du Sanctuaire, du côté septentrional ou qui regarde le nord-est, quelques panneaux rouges de figure ronde du même siécle, lesquels représentent la fuite de NOTRE-SEIGNEUR en Egypte et l'Adoration des Mages ; ce qui détermine à penser

Chart. S. Gen. Par. p. 374.

que c'étoit la vie de la Sainte Vierge qui étoit représentée sur les trois vitrages du fond, et par conséquent qu'elle étoit primitivement la Patronne de l'Eglise. La nef n'est qu'en plâtrages et plus nouvelle. Il y a une Chapelle de chaque côté du Sanctuaire. Entre ce Sanctuaire et la Chapelle de vers le septentrion est pratiqué dans le pilier un enfoncement qui semble avoir été fait pour renfermer des reliques et au-devant duquel est un grillage. Il pourroit se faire que la portion de reliques de Sainte Geneviéve que les anciens de l'Abbaye avoient déposées dans sa Chapelle de Coudrey, eussent été transportées en ce lieu vers le quatorziéme ou quinziéme siécle, et qu'elles eussent été pillées dans les guerres du seiziéme. Elle en possede aujourd'hui d'autres dont le reliquaire d'argent a été donné par M. le Direy de Vitry : on les dit de Saint Modeste et de Sainte Crescence. L'Anniversaire de la Dédicace de cette Eglise se célébre le Dimanche le plus proche de la Saint-Jean-Baptiste.

On voit au chœur dans le côté droit une tombe du quatorziéme siécle en lettres capitales gothiques, sur laquelle est figurée une Dame ayant à ses pieds deux enfans emmaillottés. On ne peut lire sur la bordure de cette tombe que ces mots : *Cy gist Damoiselle Anne....... Seigneur de Villiers Lessa...*

Dans la Chapelle du septentrion est une tombe sur laquelle est représenté un homme armé ayant un lion à ses pieds, et dans son écu un lion grimpant. Il ne reste de lisible autour que ces mots qui sont en petit gothique :... *in Lestendart Escuier de ses enfans, en son vivant Maître-d'Hostel du Roy Louys et du Roi Charles son fils.* Cela ne peut convenir qu'au regne de Louis XI et de Charles VIII.

En la même Chapelle est une tombe élevée de deux pieds aussi gravée en petites lettres gothiques autour de la figure d'un militaire ayant un lion à ses pieds, dont les armes sont un coq : *Cy dessous gist Loys de l'Hospital, en son vivant Chevalier, l'un des Cent Gentilshommes de l'Hôtel du Roy Loys, Sr de Nogent, Victry* [1] *et Nandit, qui trespassa le pénultiéme jour d'Aoust l'an mil V. C et X. Prions Dieu qu'il en ait l'ame.*

Autre tombe platte au même lieu également en petit gothique. On y voit une Dame vêtue en Bénédictine, ayant un grand voile sur la tête et de grandes manches ; l'inscription est : *Cy gist noble Damoiselle Marie de l'Hospital, en son vivant Dame de Corbart, Grand-Menil et Liverdis en Brye, laquelle trespassa le quatriéme jour de Juing l'an 1524. Priez Dieu pour elle.* Pater noster, Ave.

1. Nogent et Victry sont de la Paroisse d'Yeble, à une lieue et demie de là, au Diocése de Sens. Nandy est une Paroisse du même Diocése, proche Saintry-sur-Seine.

Nous ignorons quel est l'Evêque de Paris qui avoit donné cette Eglise à l'Abbaye de Chaumes en Brie, Diocése de Sens, laquelle n'en est éloignée que de deux lieues. Il est certain que l'Abbé jouissoit du droit d'y présenter un Curé au commencement du treiziéme siécle. Le Pouillé écrit vers ce temps-là met : *De donatione Abbatis de Chaumis, Ecclesia de Corbaart.* Les Pouillés manuscrits du quinziéme et du seiziéme siécle marquent ainsi : *Curia Bardi... Abbatis de Calmis;* ce qui est répété dans l'imprimé de 1626. Mais le Pouillé imprimé en 1648 en assigne la nomination de plein droit à l'Archevêque. Le Pelletier garde le silence dans le sien. L'Abbaye de Chaumes étoit autrefois si attentive à cette présentation, qu'en 1460 le siége Abbatial étant vacant, le Prieur y présenta le 21 Novembre. Dans le Registre des Visites de l'Archidiacre de l'an 1700, l'Abbé de Chaume est dit Patron et gros Décimateur avec le Curé.

J'ai trouvé dans un Monastere de Normandie (Fecan), quelques feuillets d'un Calendrier et Obituaire de cette Paroisse, qui paroissoit avoir été écrit au commencement du quinziéme siécle : j'en ai extrait les trois articles suivans qui servent à faire voir qu'on disoit alors en latin *Curia Bardi* pour *Curtis Bardi.* Au 1er Mai : *Obiit Dominus Rogerus de S. Dionysio quondam Curatus de Curia Bardi.* Au 6 du même mois : *Ob. Magister Johannes de Villanixa Presbyter de Curia Bardi.* Au 9 Septembre : *Obiit Johanna uxor Drieti Soulant quæ legavit Curato de Curia Bardi dimidium arpentum terræ situm in loco qui dicitur* les Haies de Soulerre *moventem à censu à Domino de Siconellis.* De plus, j'ai trouvé dans le Registre de l'Officialité de Paris de l'an 1385 (30 Janvier) la mention d'un Maurice *de Chanvis*, dit Curé *de Curia Bardi.*

Il reste une tradition dans l'Abbaye de Chaumes, que la Terre de Coubert appartenoit à ce Monastere avant l'aliénation qui en fut faite par Pierre de Gondy qui en fut Abbé vers l'an 1566, et qui posséda les Evêchés de Langres et de Paris successivement. Mais il faut dire que cette Abbaye n'avoit alors qu'une partie de la Seigneurie, puisqu'on trouve des Seigneurs de Coubert au moins dès le quinziéme siécle.

A l'égard des Chevaliers qui en ont pris le nom, sans doute parce qu'ils y possédoient un fief, voici ce que j'en trouve :

Seguin *de Curbelhart* est nommé comme témoin d'une donation faite au Prieuré de Longpont sous Montlhery, du temps du Prieur Henri qui siégea depuis 1086 jusqu'en 1125.

Chart. Longip. fol. 42.

Cent ans après vivoit Guillaume *de Corbaart*, Chevalier. Il vendit en 1211 à l'Eglise du Jard, près Melun, trois arpens et demi de bois attenant le bois que cette Abbaye avoit à Grisy, du consentement de Jeanne, son épouse, et de noble femme Théophanie, sa

Chart. Jardi in Bibl. Reg.

propre mere, de la dot de laquelle étoit ce bois. Il donna pour plege Ansel de la Grange.

Pierre *de Courbaart* est marqué parmi les Chevaliers de la Châtellenie de Corbeil qui tenoient leur fief du Roi et qui avoient soixante livrées de revenu. C'est dans un Rôle sous le regne de Philippe-Auguste, et d'environ l'an 1220. On lit ailleurs qu'en 1233 le même Chevalier donna à l'Evêque de Paris quatre arpens de terre labourable contigus au clos de l'Evêque et tenus de Jean d'Aubert-Villier, auquel Gilles de Gratville¹ les avoit donnés. Jean de Courtbaart, Ecuyer, vivoit en 1262. Il vendit alors à l'Evêque de Paris ce qu'il avoit à Moissy et à Combs. *Cod. Putean.* 635. *Ibid. fol. 267. Chart. min. Ep. fol. 276.*

Hutin Lestendard, Ecuyer, Maître d'Hôtel des Rois Louis XI et Charles VIII, est dit avoir été Seigneur de Coubert par les Historiens des Grands Officiers. Sa tombe est à la vérité dans l'Eglise de ce lieu, mais il n'y est point qualifié Seigneur. On ajoute qu'il mourut en 1487. Anselme, T. VII, p. 434.

L'Historien de Melun parlant d'Adrien de l'Hôpital qui fit prisonnier à la bataille de Saint-Aubin le Duc d'Orléans l'an 14..., [1488] le qualifie Sieur de Vitry-Coubert. Roullard, Hist. de Melun, p. 576.

Je ne vois point de nécessité d'admettre ici le Louis de l'Hôpital, Chevalier, décédé en 1510, quoique inhumé en l'Eglise de Coubert, puisque son épitaphe rapportée ci-dessus ne l'en dit point Seigneur [à moins qu'on ne veuille que Coubert fût attaché à Vitry dont il avoit eu la Seigneurie]. Il étoit frere puîné d'Adrien, et il mourut sans alliance.

Marie de l'Hôpital fut sûrement Dame de *Corbart*, ainsi que le marque son épitaphe ; elle mourut en 1524. Quelques-uns disent qu'elle avoit été mariée en premieres noces à Hutin de Lestendart.

François de l'Hôpital en est dit Seigneur vers l'an 1550. Il est apparemment le même qui acheta vers 1570 de l'Abbé de Chaumes, le reste de Seigneurie que cette Abbaye y avoit. Il épousa Anne de la Chastre. Généal. de l'Hôpital.

Louis de l'Hôpital comparut en 1580 en sa qualité de Seigneur de Coubert à la Coûtume de Paris. Il étoit fils de François. Après avoir servi la Ligue, il se mit en 1693 sous l'obéissance du Roi Henri IV qui le fit Gouverneur de la ville de Meaux qu'il lui avoit remise. Il avoit épousé en 1579 Françoise de Brichanteau. Il vivoit encore le 9 Octobre 1611, auquel jour il lui fut permis de faire célébrer dans une Chapelle de son Château nouvellement bâtie. De son temps Coubert fut érigé en Baronnie. On assure que ce fut l'an 1594. *Reg. Ep. Paris.*

Nicolas de l'Hôpital, leur fils aîné, fut Seigneur de Coubert,

---

1. M. Guérard (Cartul. de N.-D., T. III, p. 138) lit *de Eratvilla*. (N. de l'éditeur.)

Maréchal de France, après la mort du Maréchal d'Ancre l'an 1617, puis Lieutenant Général en Brie ; il est plus connu sous le nom de Maréchal de Vitry. Il mourut le 28 Septembre 1645 à Nandy, proche Melun. L'Historien de Corbeil, dans son Catalogue des an-

<small>Hist. de Corbeil, p. 22.</small>

ciennes dépendances de cette Ville, s'exprimoit ainsi vers 1630 : « La « Borde, le Mênil et Coubert appartiennent au Seigneur, Maréchal « de Vitry, qui se retire devers le Bailli de Brie-Comte-Robert. » L'Auteur du Supplément de Du Breul qui écrivoit vers l'an 1639,

<small>Suppl. de Du Breul, p. 93.</small>

donne à ce Village le nom de Gobert. Il parle fort avantageusement du Château, qu'il dit être tout environné de bois, entouré de fossés pleins d'eau avec de longues allées de haute-futaie qui aboutissent à un grand parc. On a remarqué que le Maréchal de Vitry choisit Mignard, fameux Peintre, pour peindre sa Chapelle de Coubert.

<small>Généralité de Paris 1710, p. 91.</small>

La Seigneurie de Coubert appartint depuis au Duc de Schomberg, Allemand, ancien Maréchal de France ; ensuite au fameux Samuel Bernard, Secrétaire du Roi, Chevalier de l'Ordre de Saint-Michel, qui y a fait bâtir le superbe Château que l'on y voit. Il obtint du Roi en 1725 des Lettres-Patentes qui unissoient à cette Terre et Seigneurie les Fiefs, Terres et Seigneuries de Foyolles, Tancarville, et quatorze autres fiefs, leurs Justices et dépendances, pour ne faire qu'une seule et même Terre, et qui érigeoient cette Terre en titre de Comté, sous le nom de Comté de Coubert, à la charge d'en rendre foi et hommage au Roi. Ces Lettres furent enregistrées en Parlement le 8 Mars 1726. Il est décédé en 1739, âgé de 88 ans. Ce Comté est aujourd'hui possédé par M. Bernard, son fils, Maître des Requêtes.

GRISY

Monsieur de Valois ayant oublié de parler de ce Village dans sa petite Notice du Diocése de Paris, on ne peut recourir à son sentiment pour en désigner l'étymologie. Mais comme il y a en France trois ou quatre autres Paroisses du même nom de Grisy, outre le Bourg qui porte le nom de Grisac, et que l'on trouve que l'un de ces Grisy étoit dit il y a six ou sept cents ans en latin *Gratiacum*, on peut conclure que les autres avoient la même dénomination, qui aura formé au dixiéme et onziéme siécle *Graisy*, d'où par le retranchement de l'*a* on aura fait Grisy. Il est certain que dès le treiziéme siécle Grisy du Diocése de Paris n'étoit point dit autrement en latin que *Grisiacum* ; c'étoit une expression latine fabriquée sur le françois. Il ne paroît point de titre plus ancien que ce siécle-là où Grisy soit mentionné. Il n'est pas besoin de dire qu'en faisant venir son origine de *Gratiacum,* c'est comme qui diroit *Terre appartenant à Gratus,* qui fut un nom fort commun parmi les Romains.

Ce Village est à sept lieues de Paris vers l'orient d'hiver, une lieue par de-là Brie-Comte-Robert, un peu à côté de la route de Provins, qui le laisse à main gauche. Sa position est dans une plaine de labourage qui commence après avoir monté un côteau que l'on rencontre lorsqu'on a traversé un ruisseau venant de Cossigny, laquelle plaine continue jusques par de-là Croquetaines ; il y a néanmoins quelques bocages et un reste des bois qui y étoient autrefois, et on y voit aussi des vignes dans un petit côteau en pente vers le sud-ouest. Comme tout le gros du Village n'est pas proche l'Eglise, et qu'il y a un hameau ou château dit Suisnes, contigu à Cordon, hameau de dix ou douze maisons, de là s'est formé l'usage dans les Livres de l'Election depuis l'établissement dès tailles, de ne point nommer Grisy tout seul, mais *Grisy et Suisnes* ou Suines. Le Dénombrement de ce Tribunal imprimé en 1709 comptoit 110 feux en ces deux lieux réunis, et le Dictionnaire Universel de la France publié en 1726, marquoit conséquemment le nombre des habitans ou communians à 408. On m'assura en 1738 qu'il y avoit environ cent feux en tout. Le Sieur Doisy, en sa Description du Royaume imprimée en 1745, n'y en marque que 91.

Grisy relevoit autrefois de Foncarville. Il fut arrêté en 1587 qu'il releveroit de Brie-Comte-Robert, aussi-bien que la grange Nevelon. Regist. du Domaine.

L'Eglise de cette Paroisse est sous l'invocation de Saint Médard, Evêque de Noyon. L'édifice en est large et accompagné de deux aîles ou nefs, avec une grosse tour de grès sur le milieu du bâtiment qui n'a gueres que deux à trois cents ans. Tout y est lambrissé et rien de voûté.

Dans la Chapelle qui fait le fond de l'aîle méridionale se voit le buste de Pierre Pinon, fils de Jacques, Seigneur d'Onsy et de Vitry, Conseiller du Roi en tous ses Conseils, Doyen du Parlement de Paris, et de Jeanne le Peultre. L'inscription ajoute qu'il étoit né en 1610, qu'en 1636 il fut pourvu de la Charge de Président, Trésorier de France, et Grand-Voyer de la Généralité de Paris, et qu'en 1639 Louis XIII le fit son Maître-d'Hôtel ordinaire, charge qu'il exerça sous son regne et sous celui de Louis XIV. Il mourut en 1661. La tombe de Pierre contient simplement ce qui suit : *Cy gist Pierre Pinon, Chevalier, Seigneur de Villemain.*

Sur le terrain qui forme aujourd'hui le cimetiere étoit une seconde Eglise, suivant la tradition du peuple qui croit que c'étoit un Couvent, et attenant cette Eglise détruite étoit un édifice qui avoit la forme et la distribution d'un bâtiment de Communauté. Ce qui en reste s'appelle encore aujourd'hui la Ferme des Ecoliers. Il pouvoit y avoir eu en ce lieu une Chapelle dépendante du Collége à qui la Ferme appartenoit, soit celui des Ecossois, soit celui de Tours, dont je parlerai ci-après.

Les Pouillés de Paris écrits au treizième et au quatorzième siécle, mettent la Cure de Grisy au nombre de celles du Doyenné de Moissy dont la collation est à l'Evêque de Paris *pleno jure*. Celui du seizième siécle dit la même chose ; mais l'article commence ainsi : *Ecclesia de Grisiaco annexa Archidiacono Briæ*. Le Pouillé de 1626 est conforme en tout à ce dernier, et celui de 1648 en donne la nomination à l'Archidiacre de Brie en l'Eglise de Paris. Le Pelletier ne parle aucunement de cette Cure dans le sien de l'an 1692. On croit que la réunion de cette Cure à cet Archidiaconné a été faite au quinziéme siécle, ensorte que par-là l'Archidiacre en est devenu Patron et gros Décimateur. Il pré-

Reg. Ep. Paris. senta le 7 Juillet 1591, et il est qualifié Curé primitif de ce lieu dans un acte du 14 Juin 1636. C'est un bail à rente que l'Archevêque fit à Denis Le Blanc, Archidiacre de Brie, moyennant quarante livres de rente, de tous les droits qu'il avoit en la totalité des grosses dixmes de grains de cette Paroisse, le surplus déclaré lui appartenir à cause de son Archidiaconné, et de la cession à lui faite par les Cordelieres de Saint-Marcel. Quant aux droits des Evêques de Paris sur la dixmerie de Grisy, ils sont très-anciens. Ils rentrerent dès le treizième siécle dans ce qu'ils en avoient aliéné à la Maison de Garlande. Etienne de Vernouillet, Chevalier,

Chart. min. Ep. et Agathe, sa femme, revendirent à l'Evêque Renaud de Corbeil,
fol. 236. en 1256, la quantité de bled dont Ansel de Garlande, qui tenoit ce droit des Evêques, les avoit accommodés. Et quoique l'Evêché perçût toujours une redevance de grain de Jean de Garlande en

Ibid., fol. 282. vertu du fief de Grisy, Ranulfe de Hombloniere, autre Evêque, acheta de ce même Jean en 1288 tout le reste du revenu qu'il tenoit de ses prédécesseurs Evêques : c'étoit apparemment la Ferme que Ansel et Isabeau, sa femme, avoient achetée en 1274.

En 1239, le Curé de ce lieu étoit Doyen rural du canton. J'ai
Chart. Jardi vu un acte sur Soignoles de cette année-là, qui commence : *Frodo*
in Bibl.Reg. *Decanus de Grisiaco, omnibus præsentes litteras inspecturis. Noveritis*, etc.

Il y a sur le territoire de cette Paroisse du côté du septentrion, en tirant vers Cossigny, quelques restes d'une ancienne Chapelle de Saint Martin, dont le Pouillé de Le Pelletier fait mention, et qui est marquée dans les Cartes du Diocése. On voit au Cartulaire de l'Abbaye du Jard-la-Reine un titre de l'an 1204 qui parle de cette Chapelle comme voisine d'une piece de bois que

Geoffroy de la Ferté vendit à cette Abbaye. L'extrait porte ces mots : *Gaufridus de Firmitate Armiger vendit Jardo-Reginæ pro centum viginti quinque libris centum arpenta nemoris cum feudo et justitia in manu mortua in Parochia de Grisiaco, retro Capellam Sancti Martini, contigua nemori D. Stephani Militis in feodo Alberti de Andesello.* Ces dernieres expressions insinuent que cet Aubert d'Andresel ou sa veuve pouvoit avoir fondé cette Chapelle dans son fief. Il avoit épousé sur la fin du douziéme siécle Agnès de Garlande qui est représentée sur une tombe à l'Abbaye d'Hiverneau avec ses freres et sœurs, comme bienfaictrice de la Maison. Or il se trouve effectivement que cette Chapelle est qua-fiée de Prieuré membre d'Hiverneau dans les anciens titres, et qu'il en dépendoit une Ferme et un Fief considérable en terres, prés, bois et bâtimens. Le 28 Janvier 1508, Etienne Poncher, Evêque de Paris, instruit de la modicité à laquelle son revenu étoit réduit, donna son décret portant réunion de cette Chapelle à perpétuité à la Mense Abbatiale et Conventuelle de la même Abbaye d'Hiverneau. Le 3 Janvier 1587, l'Abbé Charles de Goussencourt aliéna la Ferme et les terres à Jacques Le Roi, Seigneur de la Grange dite de lui *La Grange-le-Roy*, qui est une Paroisse ; depuis lequel temps les Seigneurs de cette Terre en ont joui, et continué en vertu d'un nouveau contrat de l'an 1645, ainsi que je les nommerai à l'article de La Grange. Près de cette Ferme de la Chapelle de Saint Martin est une fontaine du nom du même Saint, couverte d'un petit édifice quarré, bâti en briques, et dont l'eau est en réputation.

<small>Chartul. Jardi in Bibl. Reg. p. 122.</small>

Le plus ancien Seigneur de Grisy qui se soit présenté dans mes recherches, est Pierre de Grisy, Ecuyer, qui, avec Julienne sa femme, fit en 1265 un Traité sur les Pressoirs de Valenton avec les Religieux de Saint-Germain-des-Prés.

<small>Tab. Fossat.</small>

Puis Jacques de Villiers, Chevalier, qui possédoit aussi la Grange-Nivelon dite depuis la Grange-le-Roi. Il vivoit en 1458.

<small>Hist. de Montm. Preuv. p. 171.</small>

Emery d'Orgemont, Chambellan, étoit Seigneur de Grisy en 1530.

Sous François Ier, Antoine Minard, Président au Parlement de Paris, fut Seigneur de Grisy et de Villemain, Château situé au bas de la montagne sur le ruisseau. Il possédoit ces Seigneuries contiguës en 1544. Sa mort arriva en 1559. On le dit inhumé à Paris aux Blancs-Manteaux. Martin le Picard se qualifia aussi Seigneur de Grisy sous le même regne, notamment en 1543.

<small>Hist. des Présid. p. 193. Sent. des Req. sur la Cure de la Grange-le-Roi. Cout. de Paris, p. 664.</small>

En 1580 le Seigneur de Grisy étoit Pierre de Manchy, Ecuyer, nommé dans la rédaction de la Coûtume de Paris de cette année-là, pour avoir été le député de la Noblesse de Brie-Comte-Robert, chargé de déclarer qu'ils ne sont sujets ni justiciables du Prévôt de Paris, étant hors du Gouvernement de l'Isle de France, et au-dedans du Gouvernement de Brie et Champagne. Il y est aussi qualifié Seigneur des Adrets.

Deux ans après on voit un autre Seigneur à Grisy : c'est Jacques le Roy, Trésorier de l'Epargne et aussi Seigneur de la Grange-Nivelon, à laquelle il fait porter son nom. A sa prière Henri III accorda l'établissement d'un Marché à Grisy tous les Mercredis, et de quatre Foires qui devoient se tenir le jour de Sainte Geneviéve, le jour de Saint Ambroise en Avril, le jour de Saint Martin et le jour de Saint François au mois d'Octobre. Ce même Jacques le Roy avoit le droit de prendre sur le Trésor du Palais chaque année la somme de deux écus quarante sols de rente. Les ayant cédés au Roi, ce Prince le gratifia de la haute Justice de Grisy en 1584. Il vivoit encore en 1615. Ses successeurs dans la Terre de la Grange l'ont été en même temps de celle-ci, sçavoir : Brulart de Sillery, Commandeur. Claude de Bullion, Surintendant des Finances en 1633. Pierre de Bullion, son fils, Conseiller au Parlement, et Abbé de Saint-Faron de Meaux en 1645. Thomas le Lievre, Président au Grand-Conseil en 1658, et Armand-Joseph le Lievre, son fils, dont le fils en a joui ensuite.

Bann. du Chât. Vol. VIII, f. 209.

Information à ce sujet. Ordonnance du 5 Juin 1584.

On dit que la Seigneurie de Grisy appartient aujourd'hui à Madame la Comtesse de Grosbois en Brie.

Au treiziéme siécle les habitans de Grisy jouissoient d'une Franchise dont il est parlé dans les Registres du Parlement. Au commencement du regne de Philippe le Hardi, les habitans de Corbeil avoient imposé à la taille les habitans de Grisy pour l'armée du Roi. Ceux-ci s'opposerent : il y eut une saisie que le Parlement fit lever et confirma les habitans dans leur Franchise.

Reg. Olim S. Mart. Hiemal. 1270.

VILLEMAIN est une Seigneurie sur la Paroisse de Grisy : le Château est dans le bas du vallon au couchant du Village. Cette Terre est possédée par MM. Pinon dont j'ai rapporté ci-dessus ce qui s'en trouve dans l'Eglise Paroissiale. Un Pinon a été Plénipotentiaire à la Paix de Riswich [Ryswik] en 1697. La même année, dans la permission qui fut donnée par l'Archevêque pour une Chapelle domestique, M. Pinon, Seigneur de Villemain, est qualifié Premier Président du Bureau des Finances. Le Sieur de Chalibert en sa Description de la Généralité de Paris, imprimée l'an 1710, a marqué Grisy comme appartenant à M. Pinon. Cette Terre a ensuite appartenu à Nicolas-Etienne Roujault, Maître des Requêtes, Intendant des Généralités de Berri et de Rouen.

Reg. Archiep. 16 Martii.

Génér. de Paris, p. 91.

Merc. Mars 1737.

Il ne faut point confondre le nom de Villemain avec ceux de Villemenon et de Villemeneu qui sont assez semblables, et qui désignent des endroits voisins. Je n'ai vu aucun ancien titre où soit le nom de Villemain, à moins qu'il ne faille attribuer à ce lieu quelques-uns de ceux que j'ai cru parler de Mainville, qui est le même nom renversé. Ce lieu est situé sur la Paroisse de Dravet.

De même donc que Mainville est le nom de Minde-Ville altéré, aussi celui de Villemain me paroît n'être autre que celui du village de Minde qu'on a corrompu par la suite. Or, il est parlé de ce lieu de Minde dans le Cartulaire de Sainte-Geneviéve de Paris à l'an 1277. Cette Abbaye y avoit un Bois qui confinoit à celui de l'Abbaye de Chaumes. On lui donna la même année une vigne située sur le ruisseau dit en latin *Calidi fumi*, et contiguë aux murs de Sainte-Geneviéve du Coudrey. Tout cela me paroît n'avoir pas été situé ailleurs que vers Villeminde, qui est peu éloigné du Prieuré de Vernelle dépendant de Chaumes et de Coubert, Terre alors appartenante à cette Abbaye. Le ruisseau *Calidi fumi* ou de Chaufour seroit celui qui passe à Villeminde, et le Coudrey où il y avoit une Eglise de Sainte-Geneviéve auroit existé autrefois entre Grisy et Coubert, vers l'endroit où il reste encore une *Fontaine* dite *de Sainte Geneviéve* marquée dans les Cartes. Cette observation sert à faire voir pourquoi Sainte Geneviéve est Patronne de Coubert ; et pourquoi le jour de sa Fête avoit été choisi en 1582 pour être l'un des quatre Foires de Grisy.

SUINES ou SUISNES paroît être un nom ancien, à en juger par un Village du Charollois au Diocèse d'Autun, nommé Suin, dont le nom latin est *Seudenum*, lieu où il y a eu des Martyrs au troisième siécle. Cependant ce Suines ne s'est trouvé dans aucun des anciens titres que j'ai vus. Il y a un Château et un vignoble proche ce hameau. De la Barre qui écrivoit en 1630, marque qu'alors il appartenoit au Sieur Louvet, Maître de la Poste de Paris, avec droit de basse Justice au ressort de Corbeil. En 1666 le Seigneur de ce lieu étoit Pierre Chaussepied de Puymartin, lequel avec Marie Courtin, sa femme, obtint de faire célébrer chez lui. Il y avoit alors dans son clos une Chapelle qui passoit pour avoir été bâtie par les propriétaires. Comme elle étoit en mauvais état, l'Archevêque, après la visite faite par les Curés de Brie-Comte-Robert et de Grisy, et l'affirmation des Marguilliers de Grisy qu'il n'y avoit aucune fondation dans cette Chapelle, permit le 13 Juillet 1668 de la détruire, à condition que s'il se trouvoit des titres, les fondations seroient transférées en quelque Chapelle de l'Eglise de Grisy.

En 1697 cette Seigneurie étoit à M. Midorge, Conseiller en la Cour des Aydes. Maintenant elle appartient à M. de Vandenesse, Secrétaire du Roi, qui n'a que moyenne et basse Justice, la haute appartenant à Madame de la Grange-le-Roy.

Plouy est un fief à Suine appartenant au Président de Levi de la Cour des Aydes, du chef de sa femme.

Marginalia: Hist. de Corbeil, p. 22. — Reg. Arch. Par. 27 Sept.

Ce fut dans le parterre de ce lieu de Plouy que l'on trouva des restes de la Chapelle de Sainte Geneviéve dont j'ai parlé ci-dessus.

On m'a dit que Suine appartient de nos jours à M. Pajot, Conseiller au Parlement.

CORDON, lieu de la même Paroisse de Grisy, étoit différemment écrit au treiziéme siécle. Le Grand Pastoral de Paris parlant à l'an 1218 d'un bien situé à Sognolles engagé à l'Eglise de Paris, marque pour plege ou caution Jean *de Cordoen*. En 1246, selon un autre monument, Guillaume *de Cordaol*, Chevalier, nouvellement décédé, avoit possédé un bois situé au territoire de Grisy, dont Guy de Nesle *(de Nigella)*, Chevalier, et Isemburge ayant acquis soixante et cinq arpens, les vendirent à l'Abbaye de Livry. Ces bois étoient mouvans du fief de Jean, fils d'Albert de Genestay, Chevalier. En 1270 Jean de Coourdon, Homme d'Armes, tenoit de Jean d'Evry, Chevalier, plusieurs arriere-fiefs situés à Maisons près Creteil. Au seiziéme siécle le Fief, Terre et Seigneurie de Cordon en Brie fut déclaré au Bureau du Ban et Arriere-Ban de Corbeil appartenir à la veuve Guillaume Chasteau, et valoir 76 livres. L'Historien de la même ville de Corbeil écrivit vers 1630 que ce lieu appartenoit alors au Sieur Bourdin Besonville, avec droit de Justice au ressort de cette Ville. Ce lieu de Cordon est fort gracieusement situé sur le bout de la plaine d'où les vallées du bas font un bel aspect : on y voit labourages, vignes, bocages, fontaines. Il appartient aujourd'hui au Président de Levy de la Cour des Aydes, qui est haut, moyen et bas-Justicier. Un autre Mémoire a marqué qu'il appartient à M. Pajot, Conseiller au Parlement.

Magn. Past. fol. 146.

Chart. Livriac. fol. 15.

Chart. S. Mauri. fol. 68.

Rôle de la Contrib. au Ban de Corbeil, 1597.

Hist. de Corbeil, p. 22.

Plusieurs Eglises ou Communautés eurent dès le treiziéme siécle du bien à Grisy, soit par acquisition, soit par donation. Outre l'Abbaye d'Hiverneau qui y posséda les terres de la Chapelle ou Prieuré de Saint-Martin dont j'ai parlé ci-dessus, celle du Jard proche Melun y acquit en 1204 de Geoffroy de la Ferté ou de la Fermeté, Homme d'Armes, cent arpens de bois avec fief et Justice en main-morte. J'ajoute le prix qui fut 525 livres pour faire voir les anciennes valeurs. Sept ans après cette Abbaye augmenta cette acquisition. Ensuite Guarin de Cortery intenta procès au sujet de la portion de ce bois de Grisy que la Reine Adele avoit achetée de Milon de Cortery son frere ; mais il s'en désista l'an 1219 à Melun en présence du Roi Philippe-Auguste.

Chart. Jardi in Bibl. Reg. p. 222.

Ibid., p. 222.

A l'égard de l'Abbaye de Livry, les bois qu'elle eut sur le même territoire de Grisy sont dits contigus à ceux de ce Monastere du Jard et à ceux du Collége de Tours ; mais c'est dans des actes récents.

Tab. Livr. ex tit. recent.

Etienne de Bourgueil, Archevêque de Tours, ayant acheté vers l'an 1330 de Maitre Manfred de Milan, Docteur en Médecine, un bois situé sur la Paroisse de Grisy et lieux voisins, avec cens et autres droits, le donna au Collége de Tours qu'il fonda à Paris l'an 1353. Ce fief fut déclaré au Rôle du Ban et Arriere-Ban de la Châtellenie de Corbeil l'an 1597 comme ne produisant que 45 livres. De la Barre dit qu'il a droit de moyenne et basse-Justice qui releve à Corbeil ; ajoutant que le surplus dépend du Château de la Grange-le-Roi qui porte son ressort à Brie-Comte-Robert. <small>Sauval, T. III, p. 105</small> <small>Hist. de Corbeil, p. 21.</small>

On lit dans les Antiquités de Paris un autre fait concernant Grisy, qui a également rapport à un Collége ou Communauté. Il y est dit qu'en cette Paroisse est la Ferme de la Fermeté, que deux Prélats Ecossois assignerent pour la dotation de quelques Boursiers Ecossois il y a environ cinq cents ans ; et que M. de Gondi, Archevêque de Paris, a réuni cette Ferme en 1639 à la Communauté des Ecossois, rue des Amandiers. On a vu, il n'y a qu'un moment, le nom d'un Geoffroy de la Fermeté possesseur d'un Fief à Grisy, consistant principalement en bois. Ce fut apparemment de ses descendans que David, Evêque de Murey en Ecosse au quatorziéme siécle, acheta la Ferme ci-dessus, laquelle donna son nom au Collége de Paris, qui de-là fut appellé le Collége de Grisy. L'Evêque de Murey nomma aux quatre Bourses : mais depuis que les Protestans occuperent ce siége, c'étoit l'Evêque de Paris qui nommoit des Ecossois, et souvent des Prêtres qui en retiroient chacun soixante livres ; et cela dura jusqu'à l'an 1639, que Jacques de Bethune, Archevêque de Glasco [Glasgow], ayant fondé une Congrégation de pauvres Ecossois étudians en une Maison rue des Amandiers, dont les Chartreux avoient l'Intendance, l'Archevêque de Paris, sur la démission des possesseurs des Bourses, les réduisit à deux et les réunit à cette pauvre Congrégation, s'en réservant la nomination. Depuis quelques années ce Collége des Ecossois qui jouissoit de cette Seigneurie relevante du Roi par la Comté de Corbeil, l'a vendue au Sieur Greban ; mais la Présidente le Lievre, Dame de la Grange-le-Roi et de Grisy en partie, en a fait un retrait féodal. <small>Sauval, T. III, p. 192.</small> <small>Reg. Archiep. Paris. 29 Aug. 1639.</small>

Le Rôle de la Contribution au Ban et Arriere-Ban de la Châtellenie de Corbeil de l'an 1597 fournit encore quelques Fiefs outre les précédens. En voici un article en propres termes : « La Terre « et Seigneurie de Grisy de Portail. Le Fief la Folie, et un autre « audit Grisy près le Moulin Soufflet appartenant à Louis de « Manchy, Ecuyer, et valant 251 livres. » <small>Ban de Corbeil 1597, fol. 15.</small>

GREGY

Personne que je sçache n'a osé jusqu'ici rien risquer qui puisse servir à trouver une étymologie pour ce Village, que Dom Toussaint du Plessis, qui, dans sa Description du pays de Caux, parlant de Greges, Paroisse de ce pays-là, et de Gregy du Diocése de Meaux, croit que ces noms viennent de quelque Croix qui étoit en ces lieux-là. Il est vrai qu'on a beaucoup d'exemples du changement du C en G: mais il faudroit quelque chose de plus pour rendre cette étymologie plus plausible. Comme Dom du Plessis n'en a pas fait l'application sur Gregy du Diocése de Paris, je penserois qu'on pourroit recourir plutôt au changement de la lettre *i* consonne en *g*; car il faut d'abord sçavoir que depuis que les titres font mention de ce Village, il y a eu du changement. Dans les plus anciens, qui sont du douziéme siécle, on n'a osé latiniser ce nom, et on l'a écrit *Gragi* comme on le prononçoit; de même au treiziéme siécle et au quatorziéme : ensuite on a dit et écrit Graigy, et enfin Gregy. Ce nom pouvoit venir de *Gratiacum* dont après avoir retranché le *t*, il sera resté *Graiacum*. Or, de *Graiacum* ou *Grajacum* faire Gragy n'est pas une chose fort difficile. A l'égard de *Gratiacum* il suffisoit que le lieu eût appartenu à un nommé *Gratus,* pour que ce nom ait été dérivé du sien, de même qu'Antony vient d'un *Antonius*, Civilly d'un *Civilis*, Gentilly d'un *Gentilis,* Soisy d'un *Sosius*.

Descript. de la haute Normand. T. I, p. 508.

Gregy est à six lieues ou un peu plus de Paris, sur une petite éminence dont le bas est arrosé d'un côté par la riviere d'Hieres dans les saisons où elle coule dessus terre comme par-dessous, et de l'autre côté par un ruisseau sans nom qui vient de Brie-Comte-Robert, et qui en cet endroit se décharge dans le lit de l'Hierre. C'est ce qui fait qu'il y a deux ponts au-dessous de ce Village; mais la plupart du temps le plus grand, qui est celui de la riviere d'Hieres, est inutile. Il y a beaucoup de vignes sur cette Paroisse à la faveur des différens côteaux. La pierre propre à bâtir n'y est point rare. J'y ai vu une carriere près l'embouchure du ruisseau.

On comptoit en 1709 à Gregy 37 feux suivant le Dénombrement de l'Election de Paris alors imprimé. Le Dictionnaire Universel de la France venu dix-sept ans après a compté par habitans, et en a trouvé 122. Le dernier Dénombrement publié en 1745 par le Sieur Doisy y marque seulement 27 feux.

Saint Pierre est le Patron de l'Eglise de ce lieu, laquelle peut avoir environ trois cents ans de bâtisse, et n'a rien de remarquable que quelques inscriptions : le portail est supporté vers le midi par une tour quarrée. La plus ancienne tombe placée à l'entrée du chœur est gravée en lettres gothiques capitales ; elle vient sans doute de l'ancienne Eglise, car à la maniere dont elle est taillée, étant plus étroite aux pieds que vers la tête, elle doit être de la fin du treizième siécle ou du commencement du suivant. Je n'ai pu y lire que ces mots :

Icy gist Jehan de Gragy, Escuyer, Seigneur de..... Monseigneur Jehan de G.... Chevalier, qui décéda l'an de grace.....

Dans le côté gauche du chœur, autour de la figure d'un Prêtre revêtu sacerdotalement, se lit :

Cy gist vénérable et discrete personne Maistre Michel Sanson, en son vivant Prestre Curé de séans par l'espace de 24 ans, lequel a fait dédier ladite Eglise à ses dépens ; qui trespassa le VI jour d'Avril l'an Mil V cent Liij. après Pasques. Priez Dieu pour luy.

Au côté droit est aussi représenté un Prêtre revêtu nommé Ravault, qui étoit son oncle, décédé en 1516, et Robert Navette, son neveu, mort en 1529.

Je ne rapporterai pas une épitaphe de la nef qui est de Pierre Menant, Religieux de Notre-Dame de Preuilly, natif de Gregy, et décédé en 1550. Mais je n'omettrai rien d'une autre inscription gravée sur une pierre attachée au mur :

« L'an de salut mil cinq cent et quarante
« Le jour de saint Paul et de saint Pierre
« Fut de Graigy Dédicace apparente
« Par Révérend Mons. Maistre Pierre
« Dit Rousselet et nommé que je n'erre
« Chef et Pasteur Evesque Solovence
« Abbé de Jard voisin de cette Terre
« Homme d'honneur et de grand éminence
« L'octorité et notable puissance
« Du vrai Pasteur moult Revérendissime
« Le Cardinal du Bellay sous licence
« Nous fait ce bien de grace largissime :
« Et fut conclu par avis certissime
« Entre les deux, que seroit translatée
« Du solemnel la feste sanctissime
« Au premier d'Aoust des liens feste datée. »

Il y est fait ensuite mention des Indulgences accordées, des ossemens de Saints mis dans l'autel, que l'on dit être aujourd'hui une boëte au pied du tableau. Cette Dédicace s'y célebre encore le premier jour d'Août.

Enfin on voit sur le mur du chœur à main droite un Mémorial touchant le cœur d'Antoine de Bresnes, Chevalier, Seigneur de Bombon, Gregy, etc., mort en 1628.

PAROISSE DE GREGY

La Cure de ce lieu est marquée sous le nom de *Gragy*, et dans le Pouillé Parisien du treiziéme siécle au rang de celles du Doyenné de Moissy qui sont à la pleine collation épiscopale ; ce qui a été suivi par les Pouillés postérieurs. Elle est encore appellée en latin *de Gragiaco* par celui du seiziéme siécle.

A l'égard de la dixme, les lettres de Thibaud, Evêque de Paris, *Hist. S. Mart.* données vers l'an 1150 pour confirmer au Prieuré de Saint-Martin-*p. 187.* des-Champs les biens dont il jouissoit, marquent une dixme à Gregy, *Decimam de Gragy*. La suite des temps a amené du changement. Et même dès l'an 1200 on trouve qu'Eudes de Sully, Evêque de Paris, retira des mains de Simon de Gragy et de Reine, sa femme, la neuviéme partie de la dixme de ce lieu qu'ils lui *Gall. Chr.* abandonnerent volontairement, et qu'il en gratifia Eve, Abbesse *T.VII, col. 607.* d'Hieres. Pour ce qui est de Maurice de Sully qui tint le siége épiscopal entre Thibaud et Eudes, une de ses Lettres fait aussi mention de Gregy, et toujours sous le nom de Gragy. L'expédition qu'il en fit faire étoit pour constater que Gilbert *de Petreio* *Chart. Heder.* (apparemment du Perrey) avoit aussi donné à l'Abbaye d'Hieres, *in Bibl. Reg.* lorsque sa fille y prit l'habit, un muid de froment à prendre dans sa grange de Gragy. L'ancien Nécrologe de l'Abbaye de Saint-*Necrol. S. Vict.* Victor de Paris marque aussi que cette Maison avoit eu des bien-*Idus Aug.* faits d'un nommé Simon qui s'y étoit rendu Religieux, des dixmes à Gragy et à Chaunay. Un des Historiens modernes de cette Abbaye dont l'ouvrage n'est qu'en manuscrit, assure que ce Simon, Chanoine Régulier, étoit Seigneur de Gragy lorsqu'il embrassa la vie Religieuse vers l'an 1204. J'ai lu au reste dans une feuille des Visites Archidiaconales du présent siécle, que le Curé de cette *Dénombr.* Paroisse est gros Décimateur. La Chapelle de Saint Denis du *ancien in Tab.* Château de Brie-Comte-Robert est dite avoir vingt arpens de terre *Ep. Spir.* sis à Gregy.

Parmi les anciens Seigneurs de Gregy on peut sûrement compter Jean de Gregy, Ecuyer, et Jean, son fils, Chevalier, vers le temps du Roi Philippe de Valois. Leur tombe dans l'Eglise en est un indice certain.

Dans les deux derniers siécles la Terre de Gregy a été possédée *Hist. de Corbeil,* par les Sieurs de Bresne, qui se sont dits sortis de la tige de la *p. 23.* Maison de Brenne [Brienne], qui a donné des Rois à Jérusalem et à Naples. Les fiefs que possédoit vers le milieu du XVI siécle Jean de Bresne à Gregy, sont spécifiés sous les noms de Malenoue, Damort, Chaunay, fief *Danielis*, Longperrier, dans la déclaration qu'il en avoit donnée à la Châtellenie de Corbeil. En 1598, ils *Rôte de la* étoient tenus par Antoine de Bresne, Sieur de Bombon, et estimés *Contrib. au Ban* valoir par an huit vingt six livres ; ils avoient été saisis sur lui ; *de Corbeil.* mais, attendu le service qu'il fit en conséquence de la convocation du Ban et Arriere-Ban, il eut main-levée de la saisie le 20 Mai de la même année. C'est lui dont le cœur repose dans l'Eglise de Gregy depuis l'année de sa mort, 1628. Il avoit un frere nommé Guy, qui jouit aussi de la Terre de Gregy, suivant l'Historien de Corbeil, mais peut-être veut-il parler d'un fils de cet Antoine, qui auroit eu pour cadet un autre Antoine, lesquels auroient été en même temps tous deux ensemble Seigneurs de cette Terre. Au reste elle appartenoit en 1700 à la Dame de Villesevin et héritiers Courtavau. Hist. de Corbeil p. 22.

Depuis elle est possédée par deux Dames veuves, Madame de Villeserin qui a un Château, et Madame de Valence qui n'en a point ; ensuite par leurs héritiers, et par M. Grassin, Directeur Général des Monnoies.

GERCY et VARENNE

Il est naturel de joindre ensemble deux lieux, dont l'un a, pour ainsi dire, produit l'autre, ou au moins l'a tiré des ténébres où il fût peut-être resté sans lui. Gercy étoit une Paroisse du Diocése de Paris dans l'Archidiaconné de Brie au moins dès le douziéme siécle ; car les titres du treiziéme qui en font mention n'en parlent point comme d'une Cure nouvelle. L'Eglise, qu'on croit avoir été sous le titre de Saint Sulpice, Evêque de Bourges, étoit même de quelque apparence, puisqu'elle fut jugée convenable pour l'Abbaye qui fut alors établie en ce lieu. Ce fut au bon état où elle se trouvoit aussi bien qu'au voisinage de Vaux-la-Comtesse qu'on fut redevable de cet établissement, en conséquence duquel on choisit le hameau de Varennes pour y transporter la Paroisse, c'est-à-dire les Fonts baptismaux, le Cimetiere, etc., le logis curial.

Mais avant que de m'étendre sur l'Abbaye de Gercy qui a pris la place de la Paroisse, je dois déclarer ce que je pense sur l'origine de ce nom, et marquer ce que j'en ai trouvé d'antérieur à la fondation du Monastere.

Pour ce qui est du nom de Gercy, que l'on trouve aussi écrit en françois Jarcy et Jercy, il suffit de faire attention qu'il y a eu anciennement bien des noms en usage pour signifier des lieux incultes et négligés, et que *Garrica*, *Garricia* ou *Jarrica* en étoit un ; de *Garrica* on aura fait *Garriacum*, et ensuite par syncope *Garciacum*, ou de *Jarrica*, *Jarriciacum*, et par abrégé *Jarciacum*, d'où a été fait Jarcy, puis Jaircy. Je sens bien que pour trouver les siécles auxquels ce lieu n'étoit pas encore cultivé, il faut remonter *Gloss. Cangii.*

un peu haut, et peut-être jusqu'au temps de la premiere race de nos Rois ; mais l'étymologie n'en est pas moins vraisemblable.

Ce lieu est situé à cinq lieues et demie de Paris ou un peu plus, dans la vallée ou plaine qui borde la riviere d'Hieres à main droite, à une lieue de Brie-Comte-Robert qui est placé vers l'orient. Cette riviere d'Hieres est en tout temps assez large en ce lieu et fort profonde. Nous ignorons s'il étoit bien peuplé au XIII siécle, sans y comprendre [le hameau] de Varennes qui en dépendoit ; depuis l'extinction de la Paroisse de Gercy, c'est le contraire d'auparavant, et dans les Livres de l'Election de Paris ces deux lieux joints ensemble sont ainsi arrangés et écrits : *Varennes et Jarcy*. Il y a une Foire à Gercy le 24 Août.

Des Seigneurs laïques s'étoient emparés, comme en bien d'autres Paroisses, des dixmes du lieu. Une famille de Chevaliers nommée Buignele, avoit cédé en fief la dixme de bled et le vin de Gercy, dès la fin du douziéme siécle, à une autre famille noble, dont étoit une Dame Rence (elle est écrite *Rancia de Gerciaco* aussi-bien que *Rentia*), qui avoit eu trois fils, Ferric, Raoul et André, lesquels vers l'an 1213 vendirent cette dixme de bled et de vin de

Chart. S. Gen. p. 103, 141 et 207.

Gercy à l'Abbaye de Sainte-Geneviéve de Paris, dont le Domaine d'Epinay n'en est éloigné que de demi-lieue. L'Evêque de Paris, Pierre de Nemours, certifia par Lettres de l'an 1213, que cette vente avoit été faite en présence de Maître Ernaud, son Official, et qu'elle avoit été agréée par Pierre Buignele et Thibaud, son pere, Chevaliers, du fief desquels cette dixme étoit mouvante. Les trois

Necrol. Heder. in Bibl. Reg.

mêmes freres sont nommés dans l'ancien Nécrologe de l'Abbaye d'Hieres au treize des Calendes de Septembre, parce qu'ils avoient fait présent à ce Monastere de trois arpens de terre sis à Gercy.

Ibid. XVII. Cal. Dec.

Voilà tout ce que l'on sçait de l'ancien Gercy ; à quoi on peut seulement ajouter, qu'un Chevalier nommé Guy qui y possédoit des terres, en donna aussi un arpent à la même Abbaye d'Hieres vers le commencement du treiziéme siécle.

Il n'auroit peut-être plus été parlé de Gercy que comme des autres Paroisses de la campagne, sans le voisinage de Vaux, qui fut cause que cinquante ans après une Princesse songea à y fonder un Monastere de Filles, qui a fait parler de ce lieu plus qu'on en eût parlé.

ABBAYE DE GERCY

Jeanne, Comtesse de Toulouse et de Poitiers, femme d'Alphonse, frere de Saint Louis, laquelle résidoit souvent à Vaux-la-Comtesse au-dessous de Combs-la-Ville, conçut vers l'an 1260 le pieux dessein d'établir des Religieuses à Gercy. De la Barre conjecture que la Dame Ode, qui en fut la premiere Abbesse, possédoit cette Terre comme un bien de patrimoine, et qu'elle Hist. de Corbeil. avoit offert à cette Comtesse son héritage pour y bâtir ce Monas- p. 176. tere : mais il pense ainsi parce qu'il a cru qu'elle s'appelloit *Oda de Gercy*, tandis que ces mots *de Gercy* de son épitaphe en vers latins se rapportent aux mots qui suivent et non à celui qui précéde [1].

Il ne faut donc point chercher d'autre fondateur de cette Maison que la Comtesse de Toulouse, qui engagea son mari Alphonse à y prendre part. Mais comme ils s'y étoient pris un peu tard, et qu'une autre dévotion attira ce Prince à la guerre sainte où il voulut suivre Saint Louis, son frere, et que la Comtesse voulut être du voyage, l'empressement qu'ils eurent de voir finir cette bonne œuvre de leur vivant, fit qu'ils traiterent avec Etienne *Charta Steph.* Tempier, Evêque de Paris, avec l'Archidiacre de Brie et le Curé *Ep. an. 1269,* de Gercy pour que le Couvent fût établi proche l'Eglise de la *Gall.Chr. nova,* Paroisse dans les maisons qu'il pouvoit y avoir alors, et que cette *T. VII, Instr.* Eglise devînt celle de l'Abbaye. *col. 114, 115*

Pour y parvenir ils firent bâtir ailleurs dans le voisinage une autre Eglise qui pût servir de Paroisse ; Pierre, Curé de Gercy, consentit à tout, moyennant vingt livres de rente qui lui furent assignées sur les offrandes de l'Eglise[2] du nouveau Monastere : c'étoit alors le produit ordinaire des Cures, lequel reviendroit aujourd'hui à près de quatre cents livres. Comme il ne falloit pas une somme si considérable pour chaque Religieuse, les fondateurs n'assignerent que cinq cents livres de rente par an pour en nourrir trente. Mais la Comtesse ayant recommandé qu'au plus tôt on eût des fonds de terre pour cette rente, au bout de dix ou douze ans le revenu se trouva tellement augmenté, que l'Abbesse résolut de *Ibid, p. 119,* faire monter le nombre des Religieuses jusqu'à quarante, ainsi *ex charta* que la Comtesse l'en avoit priée avant de partir. En effet, dès l'an *Charta Philippi* 1272 le Monastere se trouva jouir déja à Gercy même de cinquante *Reg. an 1272* deux livrées et cinq soudées de terre *(52 Libratis terræ 5 solidatis); apud Du Breul,* et l'on apprend par une charte de Philippe le Bel de l'an 1296,

1.   *Hic jacet omnimodá virtute nitens Soror Oda*
    De Gercy prima genitrix et pastor optima ;
    Nunquam dedignans subjici, sponte resignans
    Infundens mores, etc.

2. En cette Eglise devant la grille se voit une tombe sur laquelle est représentée une femme vêtue d'une robe herminée, et sans bourse. A côté de sa tête sont des armoiries. Le vuide de cette tombe est rempli de fleurs-de-lys. A côté de la jambe gauche de cette femme est une petite figure proche laquelle est écrit *Aales de Soisel,* et elle tient un Livre. Autour de la tombe reste gravé en capitales gothiques ce bout d'épitaphe : FU DES OIRS DE BRVNOI JADIS FEMME MONSEIGNEUR JEHAN DE SOISEL, QUI DONNA CEANS VI ARPENS DE VIGNE † UNE FILLE. (Ses armes : quatre oiseaux ou merlettes.)

que les Religieuses avoient reçu depuis leur fondation bien des legs de différens particuliers en fonds. Outre cela la justice de ce Prince l'engagea à ne point diminuer le paiement des cinq cents livres à la proportion des terres et fonds qu'elles avoient acquis, parce que la Terre de Vaux-la-Comtesse, sur les revenus de laquelle une partie de cette somme avoit par la suite été assise, ne leur avoit rien produit de ce qui avoit été délivré de son ordre par les exécuteurs testamentaires d'Alphonse, Comte de Poitiers, à Maître Geoffroy du Plessis, Clerc du Roi.

<small>Gall. Chr. T. VII, Instrum. col. 122.</small>

Les Religieuses qui furent mises dans ce Couvent étoient des Chanoinesses Régulieres qui dévoient vivre selon la regle observée à Saint-Victor de Paris, laquelle étoit alors aussi gardée exactement à Sainte-Geneviéve, et par conséquent au Prieuré d'Epiney voisin de Gercy. Les Lettres d'Etienne, Evêque de Paris, de l'an 1269, marquent qu'elles devoient observer la clôture sans pouvoir sortir du Monastere que dans les cas dont il conviendroit avec le Comte Alphonse et la Comtesse Jeanne. La premiere Abbesse fut une nommée *Auda* ou *Oda*, laquelle vécut jusqu'à l'an 1294. Le cinquiéme vers de son épitaphe dit qu'elle étoit d'une famille illustre: *Stirpe fuit clarâ*. Elle repose dans le chœur des Religieuses sous une tombe platte. La Comtesse fondatrice, qui étoit morte dans le chemin de la Terre-Sainte dès l'année 1270, avoit demandé que son corps fût porté à Gercy : il y fut inhumé au milieu du chœur, et l'on éleva au-dessus de sa sépulture un mausolée de marbre blanc, sur lequel on lit autour de sa figure couchée l'épitaphe suivante, qui ne ressent point le langage du treiziéme siécle :

Cy gist le corps de haute et puissante Dame Madame Jehanne, Comtesse de Toulouse et de Poictiers, épouse de haut et très-puissant Prince Monseigneur Alphonse frere du bon Roy Saint Louis, fondateurs de céans, laquelle Dame décéda l'an 1270 jour de l'Assomption Notre-Dame. Priez Dieu pour son âme.

Je ne puis mieux décrire en abrégé l'état de l'Eglise de ce Monastere, qu'en plaçant ici ce que M. l'Abbé Chastelain en a marqué dans la collection de ses voyages : « Gercy, Abbaye de Filles, dont « l'Eglise est gothique, fort grande avec une croisée toute dégagée. « Cette Eglise est sous le nom de Saint Barthelemi dont on y con- « serve le crâne, que la Comtesse de Toulouse, leur fondatrice, « obtint de Saint-Sernin de Toulouse. Elles ont aussi depuis le « même temps quelques reliques de Saint Marc et de Saint Mar- « cellien, dont elles font double mineur. Elles ont un grand avant- « chœur, et un grand chœur, au bout duquel sont deux autels, un « de chaque côté de la grille. Vis-à-vis chaque autel, contre le

« dernier pilier du chœur de chaque côté, sont deux épitaphes de
« marbre en symétrie : du côté droit celui de Saint-Gelais Lansac-
« Lusignan ; du côté gauche, celui de M. de Perefixe, Archevêque
« de Paris, avec son cœur au haut. Le tombeau de la Comtesse de
« Toulouse, fondatrice, est élevé au milieu du chœur. Le grand
« autel qui est sous le rond-point est accompagné de quatre petites
« colomnes avec des rideaux de l'une à l'autre de la couleur du
« jour, comme dans une ancienne Cathédrale. » Ces anciennes
décorations ont été changées depuis quelques années, et il y en a
d'autres faites aux dépens d'une Dame retirée dans ce Couvent.

Il faut ajouter à cette description que le chœur de cette Eglise,
qui est ce que nous appellerions la nef dans une autre Eglise ordinaire et qui est plus bas que le chœur, est accompagné d'une aîle
de chaque côté, et que le tout est proprement voûté en pierres. Ce
qui fait croire, ou que ce vaisseau a été bâti depuis l'établissement
du Couvent, ou que si c'étoit là l'Eglise des Paroissiens du Village
qui fut cédée aux Religieuses, c'étoit quelque puissant Seigneur
qui l'avoit fait construire. Mais une marque qu'il y a eu du changement, c'est que l'on voit encore proche le grand portail la porte
de la Paroisse dans le côté : ce qui prouve au moins que le peuple
a entré autrefois dans cette Eglise par le bout de l'aîle méridionale
de la nef, du côté du chemin public. Les vitrages de cette Eglise
sont encore les mêmes que du temps de la bâtisse, d'un verre peint
en blanc ou gris, avec quelques coloris de verre rouge.

Cette Eglise prit le nom de la Sainte Vierge lorsque les Religieuses y furent introduites. Il paroît que dès les commencemens
il y eut un grand concours aux reliques ; ce qui attira des offrandes
considérables sur lesquelles avoit été assise la somme promise au
Curé pour son droit Paroissial. Il est surprenant que l'Abbé
Chastelain, Chanoine de l'Eglise de Paris, homme attentif à toutes
les curiosités des lieux, n'ait fait aucune mention de la relique du
bras de Saint Barthelemi, Apôtre, que Bucelin, Du Breul, Du *Menolog.Bened.*
Saussay et les Bollandistes assurent y être conservé. On lit dans *Antiq. de Paris,*
Du Breul « que c'est l'un des os du bras droit avec la main qui y *Martyr. Gall.*
« est encore, et que le tout est sain et entier en chair et en os, sans *24 Aug.*
« être défiguré ni contrefait. » Du Saussay en porte un autre jugement, car il dit que la peau y manque ; ce qu'il a pu croire sur le
fondement de la légende de ce Saint ; et on doute d'ailleurs qu'il
fût bon connoisseur. Le même Abbé Chastelain a continué de
garder le silence sur cette belle relique dans sa Table Géographi- *Martyr. Univ.*
que de son Martyrologe Universel imprimé en 1709. Parlant de p. 1031, col. 2.
Gercy, du Diocése de Paris, qu'il rend en latin par *Gerciacum,* il
ajoute « lieu où est le crâne de Saint Barthelemi et des reliques des
Saints Martyrs Marc et Marcellien » et non autre chose. Mais quel

que soit le nombre et la qualité des reliques de S. Barthélemi conservées à l'Abbaye de Gercy, le concours y devint si grand par la suite, que l'Abbesse obtint en 1510 du Roi Louis XII des Lettres datées de Blois au mois d'Octobre, qui permettoient l'établissement d'une Foire en ce lieu le jour de la Fête de ce Saint Apôtre et le lendemain, laquelle Foire se tient encore. On expose à la vénération des Fideles le bras de ce Saint enfermé dans un bras d'argent doré, fait principalement aux frais de Nicolas Gouffette, ancien Bénédictin de Saint-Germain-des-Prés. Il est soutenu par deux Anges de vermeil. On y apperçoit aussi le cubitus et radius du bras décharnés, puis la main droite avec les ongles au bout des doigts. Mais dans les guerres de la Ligue, le reliquaire ayant été mis en refuge à Saint-Barthélemi de Paris, la Paroisse en retint un ossement avant que de le rendre.

Bannières du Châtelet, Preuv. p. 423.
Gall. Chr. T. VII, col. 624.

Outre les épitaphes des Abbesses rapportées dans le *Gallia Christiana*, et qui sont en vers françois assez singuliers du seiziéme siécle, on peut voir auprès du grand autel, dans le mur du côté septentrional, celle d'un Seigneur du canton de la Brie qui avoit ordonné par son testament qu'à ses funérailles assisteroient dans l'Église de Gercy des Cavaliers montés sur leurs chevaux, portant non-seulement ses armoiries, mais même les armes dont il s'étoit servi aux batailles et aux tournois : c'étoit sous le regne de Charles V. Autour de sa statue couchée est gravé : *Cy gist Monseigneur Arhes [Artus], Chevalier, Sire de Pomeure et de Belle-assize, qui trespassa l'an de grace 1371 le 26 jour de Mars. Priez Dieu pour lui.* L'écu attaché à son bras est couvert de fleurs-de-lys sans nombre autour d'un lion rampant.

Gall. Christ. col. 625 ex ejus Testam.

Du Breul ajouta à cela qu'il y avoit de son temps derriere le grand autel la tombe de Toussaint Barrin dit de Vincelles, Chanoine de la Sainte-Chapelle du Palais à Paris, Abbé de Ferrieres et de Saint-Lo, qui décéda le 2 Mai 1581.

Antiq. de Paris, L. IV.

Le Catalogue des Abbesses de ce lieu n'en fournit que huit depuis la fondation jusqu'à l'an 1500. Mais il est à présumer qu'il y en a eu davantage, et que les titres où elles étoient mentionnées ont été perdus, ou que l'on n'a pas cherché partout pour les découvrir. Il y en a une, par exemple, qui se trouve nommée dans les Registres du Parlement à l'an 1474. Il y est marqué au 3 Janvier, que Nicole Luillier, Abbesse de Notre-Dame de Jarcy, demandoit main-levée de la saisie de son temporel ; et qu'en attendant qu'on la levât, on lui accordât cent sols parisis sur ce temporel par provisions. Apparemment que cette Maison commençoit à déchoir ; car l'année suivante le Parlement confia l'administration du temporel à l'Archidiacre de Brie, avec pouvoir de punir l'Abbesse jusqu'à la déposition, si le cas le requéroit ; et en même

Gall. Christ. T. VII.

temps défense à elle de rien aliéner sans le consentement de ses Religieuses.

On peut juger par ce trait, que la Regle de Saint-Victor n'étoit plus exactement observée à Gercy ; aussi trouve-t-on qu'en l'an 1515 la Reine Claude de France, épouse de François Ier, pria le Parlement de faire réformer cette Abbaye, de même qu'on venoit de réformer celle d'Hieres ; et l'on voit dans le *Gallia Christiana* la preuve que douze Religieuses Bénédictines de Montmartre eurent ordre d'y aller la même année. Depuis ce temps-là le gouvernement fut changé à Gercy : l'Abbesse ne fut plus que triennale. La premiere fut une Martine du Moulin, apparemment de la famille des du Moulin, Seigneurs de Fontenay en Brie, Servon, etc., qui y mourut l'an 1535 âgée de 86 ans. Elle avoit été Religieuse de Chelles, puis Abbesse triennale de Montmartre. Il n'y eut que deux Abbesses triennales à Gercy : après quoi François Ier y nomma une Abbesse perpétuelle. Il y eut une Magdeleine de Montmorency sous Charles IX, laquelle vendit l'Hospice que le Couvent avoit à Paris rue du Coq. Elle avoit fait profession à Fontevraud. Il y eut ensuite une Magdeleine d'Elbene, Professe de Poissy, morte en 1590. Jeanne du Puy de Vatan qui rendit la réforme encore plus réguliere en ôtant tout propre aux Religieuses, et les obligeant de quitter les meubles d'argent et de garder la clôture. L'habit blanc qui étoit celui de la plupart des Maisons de Filles Bénédictines, avoit aussi été conservé jusqu'alors ; mais elle le fit changer en noir. Il y eut après elle deux Abbesses de la Maison de Lusignan, dont la derniere mourut en 1671. Ensuite Madame Françoise de Perefixe de Beaumont, sœur de l'Archevêque de Paris, qui ayant obtenu le cœur de son frere mort la même année, le fit placer dans le chœur de l'Abbaye, où j'ai dit ci-dessus. Après quoi Claude Foucault et Anne Foucault se sont succédé. Leurs épitaphes contiennent leur vie en abrégé. Depuis 1720 l'Abbesse de ce lieu est Dame Françoise-Charlotte Castel de Saint-Pierre.

Regist. Parlam. Sept. 1515.

Gall. Chr. T. VII, col. 629 et 623.

L'Auteur de la vie de Philippe le Hardi, parlant de la sépulture de Jeanne de Toulouse en ce Monastere, commet quelques fautes contre la Géographie, en marquant que cette Abbaye, *cui nomen est Garciacum*, est située dans le pays de Melun et proche l'Abbaye d'Hieres. Il a voulu dire proche la riviere d'Hieres. Le pays Melunois ne s'étend point non plus si avant du côté de Paris.

Gesta Phil. III. Duchêne, T. V, p. 526.

VARENNES ne paroit pas avoir été connu avant Gercy, dont il étoit un simple hameau. C'est donc à l'occasion de la cession qui fut faite de l'Eglise Paroissiale de Gercy pour y mettre des Religieuses, que l'on commença à parler de ce hameau, en le choisissant pour y bâtir une nouvelle Eglise qui pût servir de Paroisse aux habitans de Gercy, comme à ceux de ce lieu. L'acte par lequel le Chapitre de Paris et Garnier, Archidiacre de Brie, consentent à cette Translation de Paroisse, est du mois d'Août 1269, et marque que l'Eglise de Varennes étoit commencée. C'étoit Simon de la Porte, Chevalier, et Jeanne sa femme, qui, à l'instance d'Alphonse, Comte de Poitou, et de la Comtesse Jeanne, avoient donné trois quartiers de terre pour son emplacement et pour le cimetiere moyennant d'autres biens, suivant la déclaration passée devant l'Official à Varennes, au mois d'Avril 1282.

<small>*Chart. maj. Ep. Par. fol. 329.*</small>

<small>*Ibid., fol. 287.*</small>

Ce Village est situé à une demi-lieue ou environ de Gercy, sur le même côté de la riviere d'Hieres, mais un peu plus haut. Il n'est pareillement éloigné de Brie-Comte-Robert que d'environ une lieue. Son exposition est sur une pente douce qui regarde le midi. Quoiqu'ordinairement l'étymologie du lieu dit de Varennes soit la même que celle de Garennes, je croirois qu'il en faut excepter ce lieu-ci : le terrain de ce Varennes-ci me paroît avoir été trop bon pour être abandonné aux lièvres et aux lapins. Je pense donc que son étymologie vient plutôt de la racine War qu'on a tout lieu de croire avoir signifié dans quelqu'une des langues barbares dont plusieurs mots passerent en France, une source abondante, un lieu où l'eau est si copieuse et profonde, que le poisson y est plus en sûreté qu'ailleurs ; car il est vrai de dire qu'il y a eu anciennement des garennes de poisson comme de lapins ; mais aussi il faut observer que c'est à ce Varennes-ci ou un peu plus haut que l'Hieres commence à former un lit extérieur par les sources qu'on y voit sortir de dessous les côteaux et du fond de la terre. Le premier moulin qu'elle fait tourner est immédiatement au-dessus de Varennes, le second est au bout du Village. De ce moulin de Varennes à celui de Vaux-la-Reine, on passe sur des écluses : auprès des écluses on voit plusieurs petites isles bordées d'arbres en cercle ou demi-cercle qui font un aspect très agréable : la riviere d'Hieres a dans tout cet espace un lit raisonnablement large dont l'eau paroît dormante, parce qu'elle a dix-huit ou vingt pieds de profondeur. Cette longue piece d'eau est donc peut-être ce qui a fait donner au lieu voisin le nom de Varennes.

<small>*Glos. Cangii.*</small>

L'Eglise qui se voit à Varennes peut absolument être la même qui fut construite à la hâte au XIII siécle, et qui se trouvoit bâtie ou très avancée au mois d'Août 1269. Elle n'a l'air que d'une grande Chapelle, manquant de collatéraux et de tout [tour]. Au fond qui se termine en quarré ou en pignon, sont des restes de vitrages rouges du XIII siécle. Elle est sous l'invocation de Saint Sulpice, Evêque de Bourges, comme l'étoit apparemment celle de Gercy dont les Religieuses prirent possession en lui donnant le nom de Notre-Dame. Il est parlé du Prêtre de Varennes, c'est-à-dire du Curé, dans un Diplôme de Philippe le Bel de l'an 1296, comme ayant fait quelque échange avec la nouvelle Abbaye. C'est ce Monastere qui jouit des trois quarts de la grosse dixme, et le Curé n'en a que le quart. Les Evêques de Paris ne se sont point dessaisis du droit de nommer à cette Cure. Ils y pourvoient de plein droit, de même qu'ils faisoient à celle de Gercy. Le Pouillé Parisien du treiziéme siécle écrit avant la translation de cette Cure faite en 1269 ou 1270, met parmi les Eglises du Doyenné de Moissy qui sont *de donatione Episcopi : Ecclesia de Gerciaco ;* et on y lit au bout ces mots : *quæ modo est de Varenis* d'une main du quatorziéme siécle. Dans tous les Pouillés qui ont été écrits ou imprimés depuis, la pleine collation de la Cure de Varennes est dite appartenir à l'Evêque ou Archevêque. Au côté gauche du chœur de l'Eglise est la tombe d'un Curé ou Prêtre revêtu sacerdotalement, dont les caracteres désignent le quatorziéme ou quinziéme siécle ; mais on ne peut distinguer son nom ni ses qualités, la pierre de ces cantons-là ne conservant gueres les inscriptions, parce qu'elle est tendre. Néanmoins on ne laisse pas d'y lire encore ce qui est écrit sur d'autres tombes. Sur celle qui est sous le banc des chantres est en lettres gothiques :

Gall. Chr. T. VII, Instrum. col. 122.

Cy gist.... Fremain de la Sangle, Seigneur de Varenne et Perigny, qui trespassa l'an M. CCCC IIIIxx et Xij.

J'ai trouvé dans un acte de l'an 1434 que sa veuve s'appelloit Françoise des Feugrue.

Tabul. Ep. in Combs-la-Ville.

Au côté droit ou méridional du même chœur en lettres gothiques moins grosses :

Cy gist noble homme Jehan de la Sengle, en son vivant Escuyer, Sieur de Varennes, qui trespassa en 1530.... (Ses armes : sautoir.)

Cy gist Damoiselle Isabeau Bernardin, en son vivant Dame de Varenne et de Bry-sur-Marne, qui trespassa le XXIV Décembre 1549.... Loys de la Sangle, Escuyer, Sieur de Varennes.

Un Seigneur de Varenne plus ancien que tous ceux-là, est Simon de Varennes, Chevalier, *de Varannis*, lequel est mentionné dans le Nécrologe d'Hieres pour avoir donné à cette Abbaye huit livres pour la pitance, et treize sextiers de bled par an dans la dixme de Varennes. Il vivoit au quatorziéme siécle.

Necr. Heder. Nonis Septemb.

Après les Sieurs de la Sangle, dont la derniere héritiere fut Barbe de la Sangle qui avoit déclaré à la Châtellenie de Corbeil deux fiefs sis à Varennes, les Sieurs de Fleury en jouirent par le mariage de cette Barbe à leur famille. Cette Dame mourut en 1606 âgée de 87 ans. Son inhumation dans le Sanctuaire de Varennes fut contestée, quoiqu'elle l'eût demandée, parce que son fils Charles de Fleury passoit pour être de la Religion. Il étoit Seigneur de Varennes au moins dès l'an 1597. Ce fut alors qu'il déclara à Corbeil que sa portion étoit de la valeur de 274 livres. Quelques années après, Louis de Fleury est dit Seigneur de Varennes. Il avoit épousé Marie Piedefer. Vers l'an 1640, De la Barre écrivit en son Histoire de Corbeil que la Terre de la Varenne appartenoit à Charles de Fleury, Sieur du Luat, et que la Justice basse et moyenne ressortissoit à Corbeil.

<small>Ban de la Châtellen. de Corb. 1597. Hist. des Présid. p. 74. Hist. de Corbeil, p. 23.</small>

En 1700, cette Terre appartenoit à M. de la Grange-Trianon.

En ces derniers temps elle a été à M. le Marquis de Chabanois, Seigneur de Combs et de Vaux-la-Reine.

Le nombre des habitants de Varennes et Jarcy formoit en 1709 trente-huit feux, selon le Dénombrement qui fut imprimé alors. Un second Dénombrement qui n'est imprimé que de l'an 1745, dans le Livre intitulé : *Royaume de France,* de la composition du Sieur Doisy, y en marque vingt-sept seulement. Dans le Dictionnaire Géographique Universel du Royaume publié en 1726, le calcul du nombre des habitans de Varennes et Jarcy ne va qu'à 123.

Les gros Décimateurs de cette Paroisse sont les Abbesses d'Hieres et de Gercy, le Prieur de Saint-Jean en l'Isle de Corbeil, et celui de Marolles, près Grosbois.

COMBS-LA-VILLE

Le nom de ce Village a été tellement défiguré à la suite des temps, qu'on en est venu de nos jours jusqu'au point de l'écrire en un seul mot Conlaville. Cette maniere nouvelle n'est pas commune, à la vérité, mais il est bon toujours de s'y opposer, et de continuer à écrire comme on fait, tant dans les Rôles de l'Election que dans ceux de l'Archevêché et des Décimes, Combs-la-Ville ou Comb-la-Ville en trois mots. Le mot de Comb qu'on a latinisé, signifie une profondeur entre deux côteaux, qu'on rend autrement par le terme *Curvatura ;* d'où est venu qu'on a formé les noms d'Haute Combe et de *Cumba longa* en divers lieux de l'ancienne Gaule. Le Village dont il s'agit est sur le bord d'un côteau assez roide regardant le septentrion, au bas duquel est le lit de la riviere d'Hieres qui est souvent à sec. A l'égard du mot *Villa* qui est joint à celui de *Combis,* il ne sert qu'à allonger le nom, ne signifiant précisément que Village en cette occasion.

L'antiquité de ce Village est attestée par le testament qui nous reste du Roi Dagobert Ier. Ce Prince y déclare qu'il donne à la Basilique de Saint-Vincent de Paris un Village appelé *Cumbis* situé au pays de Paris, qui avoit été possédé par Urse, fille d'Aldéric. Le Livre des revenus de la même Eglise rédigé sous l'Abbé Irminon, au commencement du neuviéme siécle, dit que ce Monastere y avoit le Meix ou Manse Seigneuriale avec ses dépendances, sçavoir *cum casa et aliis casticiis ;* en terres labourables 168 bonniers ; en vignes 98 [94] arpens ; en prés 48 [88] arpens ; un bois qui avoit trois lieues de circuit ; deux moulins qui produisoient *annonæ modios centum viginti ;* que le même Monastere de Saint-Vincent ou de Saint-Germain y possédoit en outre deux Eglises bâties avec grand soin et garnies de tout le nécessaire, auxquelles Eglises l'Abbé Irminon avoit donné un hospice *(Hospitium),* quelques hôtes affranchis, et quelques hôtes serfs ; mais que le total des hôtes [était de 354 et que celui des] meix, ou mans ou maisons de cette Terre, alloit à 76 [77][1]. Ces deux Eglises en forme construites sur le territoire de Combs, et qui subsistoient au moins dès 815, me portent à croire qu'alors la Terre de Combs renfermoit aussi celle d'Evry, où étoit la seconde Eglise, laquelle encore à présent conserve le titre de S. Germain, Evêque de Paris. Les deux Villages se touchent, et pouvoient ne former qu'une seule et même Seigneurie. Au bruit que les Normans approchoient de Paris en 846, les Religieux de l'Abbaye tirerent du tombeau les ossemens du Saint Evêque, et les porterent à leur Terre de Combs. C'est sûrement ce lieu-ci, nonobstant l'alternative que M. Baillet propose de Combes ou de Combeaux, qu'il a cru n'être éloignés de Paris que de trois lieues. Les reliques du Saint furent rapportées à Paris après que les Normans se furent retirés ; mais, onze ans après, une nouvelle irruption de ces barbares obligea de les réfugier encore une fois à Combs. Aimoin rapporte quelques miracles qui y furent opérés. Voilà ce que nous sçavons de plus ancien sur ce Village, qui date d'onze cents ans, comme l'on vient de voir.

Sa distance de Paris est de six lieues ou environ, entre l'orient d'hiver et le midi. Après que l'on a monté le côteau où il est placé, on entre dans la plaine de Lieu-Saint qui continue du côté de Melun. Les approches de Combs-la-Ville de ce côté-là ne font voir que des labourages, les vignes sont ailleurs. La route de Melun par Lieu-Saint n'en est qu'à demi-lieue, et Brie-Comte-Robert à une lieue vers le levant d'été. Le nombre des feux de cette Paroisse est marqué de 70 dans le Dénombrement de l'Election imprimé en 1709. Il est un peu moindre à présent. Le Dictionnaire Universel de la France publié en 1726 y marque 287 habitans.

L'Eglise est sous le titre de Saint Vincent, Diacre, Martyr de Sarragosse, de même qu'étoit originairement l'Abbaye de Saint-

Script. Franci. D. Bouquet, T. III, p. 133.

Codex Cens. Irminon. Abb. fol. 85 et 86.

Aimoinus, lib. I, Mirac. S. Germ. Paris. Vie de S. Germ. Evêque de Paris, 28 Mai.

---

1. Nous avons emprunté ces rectifications au travail de M. Guérard sur le Polyptique d'Irminon [T. I, p. 864, et T. II, p. 179]. — (Note de l'éditeur).

Germain-des-Prés : c'est ce qui porte à croire qu'elle fut bâtie dans le septiéme ou huitiéme siécle, presque aussi-tôt que les Religieux furent maîtres de cette Terre. Car S. Germain n'y est point regardé comme Patron, quoique son corps y ait été porté deux fois. L'édifice d'aujourd'hui qui est bien plus nouveau que les temps dont je parle, n'a rien de remarquable : il est supporté du côté du septentrion seulement, par une aîle et par une tour de bâtisse fort commune. La Dédicace en a été faite un Mardi d'après l'Ascension par Jacques, Evêque de Calcédoine, l'an 1538. Dans le côté méridional du chœur est la tombe d'un Prêtre revêtu tenant un calice, sur laquelle est gravé en lettres gothiques capitales du treiziéme siécle : *Ici gist Jehan Parou, Curé de Couns la Ville. Priez Dieu por l'ame de ly*. La tournure de cette tombe a été changée dans les derniers temps, de sorte que la tête se trouve du côté de l'autel où les pieds étoient originairement. Quoiqu'une partie des Religieux de Saint-Germain eût demeuré long-temps en ce lieu pour y garder les saintes reliques au neuviéme siécle, on ne voit point que cette Abbaye fût pour cela parvenue à la possession de l'autel ou de l'Eglise. L'Historien moderne de ce Monastere insinue seulement à l'an 1042, qu'Imbert, Evêque de Paris, lui donna cet autel dédié sous l'invocation de Saint Vincent ; mais il ajoute qu'on ignore si l'Abbaye en jouit long-temps, et qu'Etienne, autre Evêque de Paris sous le regne de Louis le Gros, le donna à Gilduin, premier Abbé de Saint-Victor. En conséquence il est marqué au Pouillé de Paris du treiziéme siécle comme étant *de donatione S. Victoris*, avec le simple nom *Cons* sans addition et en pur langage vulgaire. Tous les Pouillés subséquens s'accordent à dire que la nomination de *Combis villa,* ou en françois Combe-la-Ville, appartient à l'Abbé de Saint-Victor.

On lit aussi dans l'ancien Nécrologe de la même Abbaye de Saint-Victor, que Pierre de Nemours, Evêque de Paris, qui mourut en 1219, avoit donné à cette Maison les Novales de la Paroisse de Combs. Le Curé en est dit gros Décimateur.

Il y a sur le bout de cette Paroisse, vers le levant, une Chapelle du titre de Notre-Dame et de Sainte Anne située à Esguerneil, que l'on prononce aujourd'hui Egrenay. Guillaume le Coq, Avocat, possédoit ce fief en 1474. L'Evêque de Paris lui permit le 20 Juillet de faire célébrer sur l'autel de la Chapelle de ce lieu. Il n'y avoit point encore alors de titre. Mais Hugues le Coq, Archidiacre de Beaulne et Chanoine de Paris, chargea par son testament Charles le Coq, Général des Monnoies, et Marie le Coq, veuve d'Arthur Deschamps, d'y bâtir une Chapelle au lieu dit les Noyers, semblable à celle qui étoit sur le chemin d'Egrenay à Melun, d'y fonder un Chapelain, qui célébreroit les Vendredis, assignant pour cela vingt arpens de terre à Brie-Comte-Robert. L'Evêque de Paris agréant la fondation le 23 Juin 1521, se réserva le droit de la collation : dès le 4 Septembre suivant, Gérard le Coq, Conseiller au Parlement, y présenta. Depuis ce temps-là on lit qu'Antoinette ou Etiennette Balue y nomma le 13 Août 1542 et le 19 Février 1545 comme usufruitiere de la Terre d'Egrenay. Ce fut aussi en qualité de Seigneur d'Egrenay que César d'Aumont, Marquis des Clairvaux et Vicomte de la Guerche, y présenta le 4 Mars 1624. On dit qu'aujourd'hui elle est à la nomination du Seigneur d'Evry-les-Châteaux, et que le Chapelain n'est plus chargé que d'une Messe par mois. *Reg. Ep. Par.*
Ibid.

Pour se mettre au fait de la Seigneurie temporelle de Combs-la-Ville, il suffit de jetter la vue sur un Diplôme du Roi Philippe de l'an 1061, qui nous apprend quelles sont les différentes mains par lesquelles elle passa depuis la donation qu'en avoit fait Dagobert à l'Abbaye de Saint-Vincent au fauxbourg de Paris. On y lit que d'abord Hugues le Grand, Duc des François, qui enleva plusieurs biens à d'autres Eglises, avoit ôté cette Terre à cette Abbaye, et qu'il l'avoit donnée en bénéfice militaire à Hilduin, Comte de Montdidier ; qu'Hilduin étant mort, Hugues le Grand l'avoit prise pour lui ; qu'après sa mort arrivée en 956, Hugues Capet, son fils, Roi de France, la conserva toute sa vie. Le Roi Robert, son fils, continua d'en jouir durant quelque temps : mais comme en mariant sa sœur Hedvige à Rainier, Comte de Mons, il lui avoit assigné pour dot des Terres de l'Abbaye de Saint-Germain-des-Prés situées sur la Meuse, il vendit Combs-la-Ville à cette Abbaye, ou le lui donna par forme d'échange. Après la mort du Roi Robert, le Comte Eudes et d'autres troublerent le Royaume par diverses guerres contre le Roi Henri, son fils : alors Manassès, neveu d'Hilduin, Comte de Montdidier, crut devoir profiter de l'occasion pour rentrer dans la terre de Combs. Il vint, en effet, à bout de l'avoir : mais étant mort après trois ans de jouissance, le Roi la rendit à l'Abbaye de Saint-Germain. Ce Prince étoit décédé en 1060. Eudes, fils de Manassès, ci-dessus nommé, se donna tant de mouvement auprès du Conseil du jeune Roi Philippe Ier, qu'il obtint de rentrer dans la même Terre ; mais Philippe ne voulant pas faire d'injustice à Saint-Germain, lui donna, en place de Combs, la Terre dite *Banniolæ,* proche Paris, ainsi que le Roi Henri l'avoit possédée, c'est-à-dire la partie appellée depuis du nom de Châtillon, à condition cependant que si Eudes venoit à mourir, ou à mériter qu'on lui ôtât cette Terre, elle seroit restituée à l'Abbaye. La Charte est de l'an premier du regne de Philippe. *Gall. Christ.*
T. VII, Instrum.
p. 33.

Il y a lieu de croire que la Terre de Combs ne retourna plus à l'Abbaye de Saint-Germain, puisque cette Abbaye conserva celle que le Roi Philippe lui avoit donnée en compensation, c'est-à-dire celle de Châtillon, et que depuis ce temps-là il ne se trouve aucune preuve que ce Monastere y fût rentré. Aussi paroît-il que le Roi qui s'étoit dessaisi de Châtillon en sa faveur, reprit Combs après la mort d'Eudes, petit-neveu du Comte de Montdidier. Une marque certaine que la Terre de Combs étoit retournée au Roi, est que les Rois en accorderent par la suite quelques parties à leurs Grands Officiers. Un Chambrier, nommé Jean, en avoit eu une portion au douzième siécle, et le fief de Reugny en particulier, lesquels biens Philippe-Auguste donna en échange l'an 1216 à Pierre de Nemours, Evêque de Paris. Le fief de Reugny étoit situé du côté de Moissy. Un fief appellé le Petit-Reugny étoit possédé vers la fin de l'avant-dernier siécle par Jacques le Picart, qui en fit la déclaration au Bureau de la Contribution au Ban de la Châtellenie de Corbeil, et dit qu'il ne valoit que quatorze livres.

Les Evêques de Paris céderent dès le treiziéme siécle à des Chevaliers une partie de ce qu'ils avoient à Combs-la-Ville, s'en réservant la foi et hommage. Leur petit Cartulaire écrit dans ce temps-là en marque plusieurs. Guillaume d'Hieres, Chevalier, vint trouver en 1255 l'Evêque Renaud de Corbeil, qui étoit en son Château de Moissy, et là il lui rendit hommage pour le fief de Combs qu'il tenoit de lui, et pour les arriere-fiefs qui en dépendoient. La même année Aliz du Plessis, sœur de Jean de Nantueil, Chevalier, s'étoit rendue à Saint-Cloud pour faire hommage au même Prélat *de feodo de Combis et ejus pertinentiis;* et Guillaume de Machou, fils d'Odon, autrefois Châtelain de Louvre, le lui rendit pareillement pour un fief situé à Combs dans lequel étoit compris un bois. Etienne Tempier, successeur de Renaud, faisant à Paris la premiere de ses entrées Episcopales le Lundi 8 Octobre 1268, ce fut Guillaume d'Hieres, comme possédant le fief de Combs-la-Ville, qui fut l'un des quatre Chevaliers qui le porterent; le même jour il lui en rendit hommage, ainsi qu'il avoit fait à son prédécesseur treize ans auparavant. L'acte porte que sa belle-sœur *(sororia)* devoit au même Evêque l'hommage pour le fief de Revigny. Cet Evêque se fit rendre aussi hommage des bois de Combs en 1270 par Marguerite du Plessis, et par Damoiselle Aalips, veuve de Gazon de Combs, Ecuyer, pour les biens qu'elle avoit dans la même Seigneurie. Enfin l'an 1276, Narjot [*Pariacus*] de Cons (mal écrit de Fons), Ecuyer, rendit à ce même Evêque Etienne hommage pour tout ce qu'il y possédoit, à raison de sa femme Guillemette, fille de Guillaume d'Hieres, Chevalier. Mais si quelques Evêques donnerent en fief à des Chevaliers quelques portions de la Terre de Combs, aussi y en eut-il d'autres qui l'augmenterent par d'autres endroits. Renaud de Corbeil y acheta en 1262 le bien de Jean de

Courtbaart, Ecuyer. Le même Etienne Tempier, dont je viens de
parler, y fit l'acquisition d'un bois situé entre Combs et Moissy, *Chart. Ep. Par.*
provenant de Marguerite du Plessis ci-dessus nommée. L'un des *fol. 145.*
Evêques qui lui succéda avant la fin du même siècle, acheta de *Chart. min. Ep.*
Jean de Garlande, Ecuyer, Seigneur de Tournan, tout ce qu'il *circa, f. 280.*
avoit au même lieu de Combs, sçavoir un cens, un droit de taille,
des redevances d'avoine, *roagium*, *albanagium*, etc., et comme
l'usage étoit aussi alors que les Evêques, amortissant des rentes
en qualité de Seigneurs, s'en créassent une pour eux, j'ai trouvé
qu'en 1283 l'Evêque Ranulfe s'en créa une sur les cinquante sols *Chart. min. Ep.*
de rente sis à Combs que la Confrérie des Clercs de la Cour Ecclé- *fol. 280.*
siastique de Paris avoit achetés de Gilbert de Nelle, Chevalier, et
de Jeanne, sa femme.

Ce qui confirme que nos Rois étoient devenus Seigneurs de
Combs-la-Ville à la mort des héritiers du petit neveu d'Hilduin,
Comte de Montdidier, est le don que Louis le Jeune avoit fait aux
Religieuses d'Hieres avant l'an 1147 d'un droit Seigneurial sur les *Annal. Bened.*
vignes ou sur le vin de ce lieu. Il est spécifié dans la Bulle d'Eu- *T. VI, Instrum.*
gene III de cette année-là, que parmi les revenus de cette Maison *p. 676.*
il lui confirmoit *ex domo [dono] Ludovici Regis, filii Ludovici, apud
villam quæ Cons vocatur quicquid pro vinatico redditur*. Il ne faut
point entendre par ce terme la dixme du vin ; elle étoit revenue à
Etienne de Senlis, Evêque de Paris, qui l'avoit cédée à ce Couvent
dès l'an 1138. *Decimam vini de Cons*, comme il se lit dans la même *Du Breul,*
Bulle et dans des Lettres de l'Evêque Thibaud de l'an 1142. *L. IV sur Hieres*

Mais soit que ce Monastere eût fait un échange de sa dixme de
vin à Combs-la-Ville ou autrement, ou qu'il y eût eu différentes
portions de dixme, on trouve qu'en 1234 un Chevalier voisin de
Villecrêne et d'Hieres, nommé Simon d'Autheuil [*de Autholio*] et
Agnès, sa femme, jouissoient d'une dixme de vin et de bled à
Combs-la-Ville, spécialement sur le territoire d'Esguerneil, *de Es-
guernolio*, et qu'ils la vendirent alors au Chapitre de Paris pour la
somme de cent une livres, assurant que le fief étoit mouvant de trois
Seigneurs : de Jean *de Villaminori* en premier, de Pierre d'Eguerneil, Chevalier, en second, et de Thomas de Vigneu, Chevalier, en
troisiéme. Ce fragment tiré du Grand Pastoral de Paris, fait voir *Magn. Past.*
en combien de mains laïques un simple fief avoit déja passé, et par *fol. 150.*
conséquent que l'on en connoîtroit bien d'autres pour le reste de
la Paroisse de Combs-la-Ville, si le laps de temps n'avoit pas causé
la perte de beaucoup de titres. On lit aussi pour ce qui concerne
l'Eglise de Notre-Dame de Paris dans le territoire de Combs, que
c'est sur des héritages qui y sont situés qu'a été dotée la Chapelle *Dubois*
de Saint Sébastien qui est un titre ; mais ces sortes de fondations *Collect. mss.*
ne sont la plupart que du XIV siécle. *T. V,*
ad calcem.

Esguerneil dont je viens de parler, que l'on écrit et que l'on prononce maintenant Egrenay, étoit une petite Seigneurie qui ne laissoit pas d'avoir quelques mouvances ; on voit qu'en l'an 1256, Jean d'Eguerneil, Écuyer, prouva que Barneau, hameau de la Paroisse de Sognoles, mouvoit de son fief. On trouve même dès le regne de Philippe-Auguste un *Petrus de Egrenuello* parmi les Chevaliers de la Châtellenie de Corbeil tenant leur fief du Roi, et ayant soixante livrées de revenu.

_{Chart. Livriac.}
_{*fol.14.*}

_{Cod. Puteau.}
_{mss. 635.}

Il y a eu une petite Seigneurie dans le lieu nommé le Chêne, qui est tout proche le village de Combs du côté du levant. Ce qui me le persuade, est que j'ai lu dans un titre de l'Abbaye d'Hieres de l'an 1228, qu'il y est fait mention de Dame Heremburge, qualifiée *Nobilis mulier de Quercu*.

Mais depuis le milieu du quatorziéme siécle jusqu'au delà du milieu du seiziéme, et même jusqu'au commencement du dix-septiéme, les principaux Seigneurs de Combs-la-Ville paroissent avoir été les Sieurs le Coq. Car outre le principal fief ils en eurent aussi d'autres. Jean le Coq, filleul du Roi Jean, Conseiller au Parlement, étoit reconnu Seigneur de Combs-la-Ville en 1366. Gérard le Coq, Conseiller au Châtelet, le fut pareillement vers l'an 1440. Un second Gérard le Coq, reçu Conseiller en Parlement en 1507, jouissoit de cette Terre, à la réserve apparemment du fief de Mennechy sis dans la même Terre, duquel Charles le Coq, Général de la Chambre des Monnoies, rendit hommage à l'Evêque de Paris, le 20 Septembre 1508. Après lui, Antoine le Coq, Greffier au Conseil, puis Conseiller au Parlement en 1543. Dans la suite il se forma plusieurs branches. On assure que Charles le Coq, Président en la Cour des Monnoies, étoit encore Seigneur de Combs-la-Ville en 1600. Il faut que ce fût le fils de l'autre Charles, car on lit dans le Rôle de la Contribution au Ban de la Châtellenie de Corbeil dressé en 1597, un article alors ancien qui le suppose décédé. Il est conçu en ces termes : « Le fief Manchy assis à « Combs-la-Ville, appartenant à Marguerite Quetier, veuve de « Charles le Coq, valant 34 livres 17 sols. » D'ailleurs le Procès-verbal de la Coûtume de Paris de l'an 1580, nomme un Jean de Riviere, Ecuyer, comme Seigneur en partie de Combs-la-Ville, de Vaux-la-Reine, de Paloisel et Cortabeuf ; c'est ce que le Rôle dressé à Corbeil en 1597 et 1598 ci-dessus cité explique ainsi : « Les fiefs de Vaux-la-Reine en partie sur Combs-la-Ville. Le fief « Paloisel dit Courtabeuf, appartenant à Louise Herouer, de Jean « de Riviere, valant deux cents livres. Main-levée à Nicolas de « Riviere, Ecuyer, pour ces fiefs, accordée au mois de Mai 1598. »

_{Hist. des Gr. Off.}
_{T. IX, p. 105.}
_{Ibid., p. 106.}
_{Ibid., p. 107.}

_{Reg. Ep. Paris.}

_{Hist. des Présid.}
_{p. 34.}

A l'égard du siécle suivant, De la Barre qui écrivoit l'Histoire de Corbeil vers 1620, y marque que la plus grande partie de la Sei-

_{Hist. de Corbeil,}
_{p. 23.}

gneurie de Combs-la-Ville appartient au Sieur de Riviere, avec droit de Justice au ressort de Corbeil ; et que les autres qui avoient des fiefs en ce Village, usurpans la Justice, refusent ce ressort. Il dit immédiatement auparavant, que Vaux-la-Reine, Maison Seigneuriale, appartient au Sieur de Riviere avec droit de Justice au même ressort de Corbeil.

Comme cet Ecrivain n'entre dans aucun détail sur les fiefs de Combs, ne nommant que celui de Vaux-la-Reine, j'en ajouterai encore ici un ancien qui prit le nom de Jérôme Gilles, parce qu'il appartenoit à cet Ecuyer, Bourgeois de Paris, qui en fit son hommage à l'Evêque le 25 Juin 1473. Ensuite Jacques Chambellan qui en avoit été acquéreur prêta le sien le 11 Septembre 1488, et le 17 Octobre suivant, Bernard Halewin, Greffier des Requêtes, s'acquitta du même devoir pour le même fief. On ne sçait pourquoi il ne fut plus parlé de ce fief : peut-être fut-il confondu par la suite avec l'un des deux suivans qui y étoient encore connus il y a cent cinquante ans. En effet, le Rôle de 1597 pour la Châtellenie de Corbeil, met au rang des fiefs de Combs-la-Ville, le fief du Grand-Hôtel et un autre fief consistant en trente arpens de bois taillis au Bois de Senart-lez-Combs-la-Ville, déclarés par Jacques de Haulny valans cinquante livres. Plus on y lit que le 28 Juin 1597 Dame Isabeau Fusée, veuve de M. Gilles Bourdin, Procureur Général du Roi en Parlement, s'est présentée pour le fief Brohier et a requis d'être exempte d'envoyer ou contribuer au Ban et Arriere-Ban comme Bourgeoise de Paris : ce qui lui fut accordé. *Reg. Ep. Paris.*

On vient de voir ci-dessus qu'il y a à Combs-la-Ville un fief nommé Paloizel, autrement Courtabeuf. La raison pour laquelle il portoit ce nom est qu'il appartenoit aux Seigneurs de Palaiseau. Ainsi Fiacre de Harville en fit foi et hommage à l'Evêque de Paris le 7 Avril 1473, et le dernier Février 1477 Pierre de Meauze, Ecuyer, qui avoit épousé Jeanne de Harville, fille et heritiere de Guillaume, s'acquitta du même devoir le 3 Juillet 1501. Jean du Bec, Chevalier, Seigneur de Cany, fit hommage à l'Evêque de Paris du même fief de Palaiseau assis à Combs-la-Ville, et traita des acquisitions faites par Claude de Rabodanges et Jean Andry. Il reste aussi des hommages de ce fief de Palaiseau rendus en 1555 et 1566. Ce fief est de nos jours au Marquis de Chabanois. *Ibid.*

Tab. Ep. in Combs.

Mais ce qui est digne d'une plus grande attention dans tout le territoire de Combs-la-Ville, est le lieu que l'on a appellé successivement Vaux-la-Comtesse et Vaux-la-Reine. Ce lieu n'a eu d'abord que le nom général de Combs, comme faisant partie de la Paroisse. Il avoit été donné avec Revigny en 1216 à l'Evêque de Paris par Philippe-Auguste. Il est vraisemblable que c'est ce même lieu qui en 1228 est appelé *Cuneus feodi* dans le petit Cartulaire de l'Evêché. Alors les héritiers de Jean, Chambrier de France, le tinrent de l'Evêque de la même maniere qu'ils l'avoient tenu du Roi [et depuis ce temps-là quelque Comtesse l'acheta]. La vue que l'on a de cette côte des agréables variétés que fournit le paysage de la riviere d'Hieres, laquelle au-dessus de Combs a son lit tout sec durant l'été et ressort de dessous la terre vis-à-vis ce Village pour former un lit tranquille de profondeur extraordinaire et d'une belle couleur verte, dut en tout temps rendre ce séjour très-gracieux. Ainsi il étoit naturel qu'une des Princesses du Sang prît un tel vallon en affection. L'Historien de Corbeil croit avec assez de raison que ce fut la belle-sœur de Saint Louis, Jeanne de Toulouse, femme d'Alphonse, Comte de Poitiers ; et comme elle est fondatrice de l'Abbaye de Gercy qui n'en est qu'à demi-lieue, il est plus vraisemblable que c'est d'elle plutôt que d'aucune autre que la Maison de plaisance bâtie sur la pente du côteau de Combs-la-Ville, en tirant un peu vers Quincy, en aura eu le nom de *Vaux-la-Comtesse*. Quant à ce que dit le même Historien que cette Comtesse avoit acheté cette Maison et Seigneurie (à quoi le Pere Du bois ajoute qu'elle avoit même acheté avec son mari la Terre de Combs-la-Ville), ce sont des faits qui auroient besoin d'être appuyés sur des titres. Mais que cette Comtesse de Poitiers fût devenue Dame de ce lieu soit par acquisition des héritiers de Simon de Vaux ou par don du Roi, le nom de Val-la-Comtesse lui en resta jusques sous le regne de Charles V. Les Tables de cire dans lesquelles sont spécifiés en latin les différens lieux de la Brie où le Roi Philippe le Bel passa avec Jeanne de Navarre, son épouse, au retour du voyage qu'il fit avec elle en Champagne, durant l'hiver de l'année 1301, marquent qu'au sortir du Vivier qui est près de Chaumes en Brie, ils se rendirent *Sabbato in Octava Epiphaniæ, apud Vallem Comitissæ*, et que le lendemain 14 Janvier ils vinrent à Villeneuve-Saint-Georges. Or il se trouve que Vaux-la-Comtesse sous Combs-la-Ville est presque directement sur la route de l'un à l'autre, y ayant cinq lieues de Chaumes à Combs, et deux lieues et demie de Combs à Villeneuve. Le même Roi y étoit au mois d'Octobre 1309, selon une Charte qui est datée de ce lieu. Les Chroniques de Saint-Denis assurent que vers la fin du mois de Juillet de l'an 1358 le Régent du Royaume, Charles, fils du Roi Jean, ayant fait un accord avec le Roi de Navarre dont les Parisiens soutenoient le parti, quitta le séjour de Quarrieres-lez-Conflans-Charenton, et se retira au Val-la-Comtesse.

Mais dès l'an 1374 ce lieu se trouve avoir changé de nom. Il reste deux Chartes du Roi Charles V datées du 9 Septembre de cette année-là *apud Vallem Reginæ*. Il n'est pas aisé de déterminer quelle fut la Reine à l'occasion de laquelle on cessa de l'appeller Vaux-la-Comtesse. Ce qu'il y a de certain est que ce n'est pas la Reine Isabeau de Bavière, épouse de Charles VI, puisqu'elle ne fut mariée qu'en 1385. De la Barre avoit eu cette pensée dans son Histoire de Corbeil (page 199), parce qu'il ne connoissoit pas ces Ordonnances de Charles V. A la page 204, il met encore plus tard l'origine de ce nom. Je ne crois pas non plus que ç'ait été à raison de Jeanne de Bourbon, épouse de ce Prince, parce que si elle avoit assez aimé ce lieu pour y faire quelque résidence de temps en temps, Charles V y seroit venu plus souvent. Il peut se faire que comme cette Maison de Vaux n'est éloignée que d'une lieue de Brie-Comte-Robert où résida Jeanne d'Evreux, troisième et dernière femme du Roi Charles le Bel, laquelle ne mourut qu'en 1370, cette Reine s'y seroit retirée quelquefois, et qu'à cause de cela on auroit commencé à l'appeller Vaux-la-Reine vers l'an 1360 ou 1365. On ne peut pas dire que Blanche de Navarre, seconde femme de Philippe de Valois, en ait joui, puisqu'elle ne mourut qu'en 1398, et que dès l'an 1380 Jean, Duc de Berry, fut mis en possession de cet Hôtel du Val-la-Reine par Charles V son frère, suivant des enseignemens que Sauval avoit vus. On voit ailleurs que cette Terre avoit été mise en ligne de compte dès l'an 1352 avec le mot *vacat*, comme ne produisant rien au Domaine : et que le Duc de Berry la vendit [en 1399] à Louis, Duc d'Orléans, son neveu. Sauval assure que ce dernier en jouissoit déjà, lorsque le Roi lui donna le Duché d'Orléans en appanage ; il ajoute que ce Val-la-Reine étoit une belle et grande Maison accompagnée de préaux, de prés, de vignes, de bois, et de terres labourables ; mais qu'ensuite il en fit l'échange avec la Reine Isabeau de Bavière, qui lui donna l'Hôtel d'Orléans au fauxbourg Saint-Marceau [1]. Il en parle encore à la page 185, mais il y a lieu de se défier des époques qu'il y marque par cet échange, et d'un autre échange par lequel il assure que cette Reine céda cette Terre au Chapitre de Notre-Dame de Paris en 1631 [1431]. Il rencontre plus juste, lorsqu'il dit que ce Val-la-Reine est voisin de Pouilly où la même Reine se retira avec le Duc d'Orléans l'an 1405, lorsqu'elle pensa à y faire venir le Dauphin. En effet il n'est éloigné que de deux lieues de ce Pouilly-le-Jar, Château situé à une lieue et demie de Melun du côté du septentrion ; ensorte même que ce Val-la-Reine se trouve sur la route [2]. De la Barre qui n'a pas non plus parlé tou-

Sauval, T. II, p. 115. Cod. Puteau. 728.

Ibid.

Sauval, T. II, p. 117.

Histoire de Charles VI, édit. de Le Laboureur, p. 551.

1. De la Barre veut au contraire que cette Maison de Vaux sous Combs-la-Ville appartint alors au Duc de Bourbon, et que la Reine lui donna en échange une maison à Paris au fauxbourg Saint-Jacques, dite depuis l'Hôtel du petit Bourbon, où est à présent l'Abbaye du Val-de Grace. *Hist. de Corb.* (page 199).
2. Delisle en sa Carte du Diocèse de Paris de 1662 a mis une Croix à Vaux-la-Reine, comme si c'étoit une Paroisse.

jours exactement sur cette Maison de la Reine Isabeau, a voulu pénétrer dans l'intention de cette Princesse, et dit qu'elle l'avoit acquise pour être plus à portée du Roi Charles VI lorsqu'il alloit coucher à Villepêcle, dans la Maison de Gilles Malet, son Maître d'Hôtel, qui n'en étoit qu'à une demi-lieue ou environ sur la Paroisse de Lieu-Saint. Mais il avance cette pensée sans la garantir. Il paroît au contraire ne parler que d'après quelque autorité, quand il ajoute que cette Reine fit bâtir une belle Chapelle en cette Maison ; et que pour avoir un Prêtre qui y célébrât la Messe, elle donna un pré aux Religieuses de Gersy, qui se chargerent d'en envoyer un tous les Dimanches. Il continue ce qu'il a à dire sur Vaux-la-Reine, en marquant que la même Princesse, par son testament de l'an 1431, légua cette Terre au Chapitre de Notre-Dame de Paris [1], mais que Charles VII ayant cassé tout ce qu'elle avoit ordonné, ce ne fut qu'après la mort de ce Roi arrivée en 1461, que Louis XI son fils consentit à la délivrance du legs, et qu'alors les Chanoines donnerent à cette Seigneurie le nom de Vaux-la-Reine pour éterniser le souvenir de ce bienfait. Cette époque du nom de Vaux-la-Reine étant très fausse, ainsi qu'on en peut juger par ce que j'ai dit ci-dessus, ne prévient point en faveur de la vérité de ce qu'on débite pour en venir là. Le legs est véritable, mais Louis XI n'y consentit pas plus que Charles VII. Aussi trouve-t-on dans des Mémoires du temps, qu'en 1458 la Reine Marie d'Anjou tenoit cette Maison par don du Roi : qu'ensuite cette Reine pria Charles VII de la donner à un nommé Pierre du Buisson et à sa femme, ce qui fut fait, et même confirmé depuis par Louis XI à son joyeux avénement à la Couronne, l'an 1461 ; que quelque temps après le Receveur de Paris sous ombre de la révocation générale que le Roi avoit fait des aliénations de son Domaine, les ayant troublés dans la jouissance de cet Hôtel du Val-la-Reine, Louis XI le donna encore de nouveau au même du Buisson par Lettres datées d'Amboise le 1er Avril 1568 [1468] avant Pâques. Mais les Mémoires sur lesquels l'Histoire de Corbeil a été composée, contredisent encore cela, au moins en partie. Ils disent que le Chapitre de Paris n'ayant pas jugé à propos de rebâtir cet Hôtel qui étoit tombé en ruine durant les guerres, ni de faire défricher les terres, transporta le tout à un de ses Officiers à titre de rente l'an 1490, se réservant seulement les bois qui en dépendoient dans la forêt de Senart. Ce qu'il y a de sûr et qui n'est pas dans l'Historien de Corbeil, c'est qu'en 1474 Pierre

---

1. En la léguant elle chargeoit le Chapitre de payer par an vingt livres parisis à l'Hôpital de Saint-Gervais dont Frere Anseau Hapart, son Confesseur, avoit la direction, jusqu'à ce qu'il eût assigné un fonds pour cette somme. *Camer. Comput. Regist.* : *K. fol. 159.*

Jacon, Ecuyer, étoit Seigneur de Vaux-la-Reine et qu'il en porta hommage à l'Evêque de Paris le 6 Août; qu'en l'an 1492 cette Seigneurie étoit possédée par Jean Andry, Bourgeois de Paris, lequel ayant fait un accord avec l'Abbaye de Gersy, le fit ratifier par l'Evêque le 30 Avril. Depuis ce temps-là, continue le Sieur De la Barre, cette Seigneurie a été remise à l'usage de la Noblesse, et est à présent possédée par ceux de la Maison de la Riviere. En 1634 celui qui en jouissoit étoit Charles Gomer, Ecuyer, Seigneur de Gugniere : il avoit épousé Marie de Riviere ; un Gomer, Chevalier, possédoit en 1676 et 1697 Vaux-la-Reine avec Combs-la-Ville. En 1717 ces deux Terres avec celle d'Egrenay étoient possédées par Paul-Etienne Brunet de Rancy, Secrétaire du Roi, Fermier Général. On a écrit dans un Mémoire qui m'a été communiqué, que Combs-la-Ville appartient à M. le Marquis de Chabanois, Maréchal de Camp, à cause de Madame Brunet de Rancy sa mere, épouse de M. Colbert de Croissy, Lieutenant Général des Armées du Roi.

Reg. Ep. Paris.

Ibid.

Reg. Ep. Paris. 4 Sept.

Merc. Juillet 1742, p. 1674.

Pour ce qui est des droits qu'avoit l'Evêque de Paris dans la Terre de Combs-la-Ville, ils ont été échangés par le Cardinal de Gondi, Evêque, l'an 1579 avec le Chapitre de Paris, pour une Maison claustrale voisine de l'Evêché du côté de la pointe de l'Isle, dont l'emplacement a servi depuis à l'aggrandissement du Palais Archiépiscopal.

Outre tous les noms de lieu mentionnés dans les actes ci-dessus cités concernant le Topographique de Combs-la-Ville, j'ai remarqué dans un ancien Etat des biens de la Cure qu'il y est fait mention des territoires de Bruel ou Breuil, du Champ de Roncin, de la Barriere du Chesne, du Bois-la-Reine, de la fontaine de Saint-George, de Chantereine et de Sommeville.

Tab. Ep. in Spir. n. 26, lin. 22.

PERIGNY

Le nom de ce Village n'est point rare en France. On y connoît quatorze ou quinze Paroisses qui le portent en différens Diocéses. Bien souvent le nom latin des Villages se fabrique sur le françois, et cela se pratiquoit à Paris et aux environs dès le douziéme et le treiziéme siécle : c'est pour cela qu'on trouve ce Perigny-ci dès ces temps-là appellé *Parriniacum, Parrigniacum* et *Peroigniacum;* mais on connoît par des titres du neuviéme siécle et par des Auteurs du même temps, que ces trois manieres d'écrire en latin le nom de Perigny sont altérées plus ou moins, et que ce mot fran-

Biblioth. nova mss. Labb. T. I, p. 415.

çois Perigny est dérivé de *Patriniacum*. Quoique ce ne soit point de Perigny du Diocése de Paris que parlent ces titres si anciens, on doit juger de tous les autres Perigny, et même des lieux dits Perignac, qu'ils n'ont point d'autre origine que *Patriniacum* ou *Petriniacum*, c'est-à-dire que ces noms sont dérivés de *Patrinus*, ou de *Petrinus*. M. de Valois n'a point parlé de Village de Perigny en sa Notice du Parisis.

Cette Paroisse est à cinq lieues ou environ de Paris, sur le rivage gauche de l'Hieres, dont les bords en cet endroit sont fort escarpés de ce côté-là, et accompagnés de belles fontaines presque jusqu'au haut où le Village se trouve construit. Le territoire de cette Paroisse contient beaucoup de vignes, même dans des lieux qui ne sont point en côte ou en pente. Le reste est en terres labourables. On a à ce Village une vue qui domine sur le charmant paysage de Gersy, de Vaux-la-Reine et des environs. Le Dénombrement de l'Election de Paris publié en 1709 marquoit 24 feux à Perigny ; celui qu'on trouve dans le Livre du Sieur Doisy, imprimé en 1745, y en marque 81. Le Dictionnaire Universel de la France qui parut en 1726, assure qu'il y avoit alors 140 habitans ou communians.

<small>Royaume de France.</small>

L'antiquité de la Paroisse se prouve par le Pouillé Parisien du treiziéme siécle, où elle se trouve spécifiée parmi les Cures du Doyenné de Moissy qui sont de la collation pure et simple de l'Evêque de Paris. Les autres Pouillés rédigés depuis, marquent de même que c'est à l'Ordinaire à y nommer. Mais quoique la Cure subsistât au moins dès le règne de Philippe-Auguste sous le nom de *Parrigniacum*, on ne voit rien dans le bâtiment de l'Eglise qui approche de ces temps-là. C'est un édifice qui a deux cents ans ou environ. La Fête Patronale est Saint Loup, Archevêque de Sens, qu'on appelle à Paris Saint Leu. On y joint Saint Gilles suivant l'usage de plusieurs autres lieux de réunir ces deux Saints qui n'ont aucun rapport entre eux. On a quelquefois mis dans les Provisions de la Cure : *Sanctorum Egidi et Lupi*. Mais Saint Loup a prévalu ; l'Archevêque de Paris agréa le 13 Août 1641, l'érection d'une Confrérie de Saint-Leu Saint-Gilles en ce lieu, avec des Statuts, et ordonna que la Fête de Saint Gilles s'y célébreroit le Dimanche après la Saint-Leu.

<small>Reg. Arch. Par.</small>

Ce qu'on voit de plus ancien à Perigny, sont deux tombes de l'ancienne Eglise que l'on a heureusement conservées. L'une est dans le chœur. Un homme et une femme y sont représentés. L'homme est en chevalier armé, le capuchon de cotte abattu, l'écu ou bouclier placé perpendiculairement la pointe en bas sans armoiries, et la femme porte sur sa tête un voile sans pointe. L'inscription, qui est en capitales gothiques, porte ces mots :

Icy gist Madame Phelise d'Avelli, jadis Dame de...... l'an de grace M. CCC. et XVIII le jour de Feste S. Lucas. Priez pour...

Quoique le nom de la Terre ne soit pas lisible, il est vraisemblable qu'elle étoit Dame de Perrigny.

Sur la tombe qui sert de marche-pied au grand autel, et qui par conséquent est déplacée, se lit cette épitaphe :

Cy gist Damoiselle Jehanne de Caours, Dame de Perigny, femme de Noble homme Jehan de Vaucilles, Escuyer, qui trespassa en M. CCCC IIII XX et IIII le XI jour de Septembre.

Armes : Une croix anchrée partie de... à une croix en chef bordée à la partie senestre d'un pal componé.

La tombe suivante peut n'être que de la nouvelle Eglise. Elle est à l'entrée du chœur sous le banc des choristes. On y voit la figure d'un Officier en robe courte, et sur cet habit à l'endroit de la poitrine une salamandre couronnée, un chien à ses pieds, et à côté de ses jambes son casque, sa cuirasse. Sur le bord de la pierre est écrit :

Cy gist noble homme Jacques de Cocqueborne, Ecossois, en son vivant premier Archer du Corps du Roy nostre Sire sous la charge de Mons. d'Aubigni ; qui trespassa le XVII jour de May M. V. C XXIII. Priez Dieu pour lui. Pater noster. Ave Maria.

Ses armoiries sont trois coqs.

A la vitre méridionale du chœur, est peint Messire Christophe Girart, Curé de cette Eglise, à genoux et en robe violette, avec le chiffre *M. V. C soixante.* A l'autre vitre plus près du fond de l'Eglise est représenté un autre Curé en robe rouge et aumuce. L'inscription est gothique, mais je ne l'ai point lue. Chacun sçait que les Chanoines de Cathédrales et mêmes Dignités possédoient autrefois des Cures sans y résider. On les représentoit dans les vitres qu'ils donnoient tels qu'ils étoient habillés au chœur.

A la Chapelle de la Vierge, du côté du septentrion, se lit cette courte inscription : *Hic Franciscus de Thomassin hujus villæ Dominus misericordiam expectat.*

Je ne mettrai point à la tête des Seigneurs de ce lieu venus à ma connoissance, un nommé Hugo Guirre, lequel avec Hazaude, sa femme, donna à l'Abbaye d'Hieres, vers l'an 1200, six cents écus *(nummos)* de cens ou rente à prendre dans Perigny, *apud Parriniacum*, parce qu'il peut avoir eu du bien en ce lieu sans en être Seigneur. Mais une Charte du Roi Philippe le Bel de l'an 1296 fait mention de Simon de Peroigny *(de Peroigniaco)*, Chevalier, lequel avoit vendu une piece de terre aux Religieuses de la nouvelle Abbaye de Gercy.

Necrol. Heder. VIII Id. Dec.

Gall. Christ. T. VII, Instrum. col. 122.

Au siécle suivant, Dame Phelise d'Avelli, dont l'épitaphe est ci-dessus, paroît avoir joui de cette Seigneurie.

Dans le quinziéme siécle, Fremain de la Sangle étoit Seigneur de Perigny. Il fut enterré à Varennes où j'ai rapporté la teneur de son épitaphe, qui marque sa mort à l'an 1492.

Jehanne de Caours jouit aussi de cette Terre vers le même temps. Je viens de rapporter son épitaphe.

<small>Généal. des Hennequin.</small> Jean Hennequin, Conseiller au Parlement, fut Seigneur de Perigny sous François 1er. Il mourut le 17 Juillet 1548.

Vers le même temps Barbe de la Sangle, petite fille de Fremain ci-dessus nommé, porta cette Terre en partie à un nommé M. de Fleury, qui fut inhumé à Varennes, dont il étoit aussi Seigneur.

<small>Tab. Ep. Paris.</small> Son fils Charles de Fleury jouissoit de la Seigneurie de Perigny en 1606.

François de Gorniches, Bourgeois de Paris, posséda aussi cette Terre, suivant la Déclaration donnée à Corbeil pour le Ban et Arriere-Ban dans le temps des guerres du seiziéme siécle, dans laquelle Déclaration il marqua que ce Fief, Terre et Seigneurie, valoit quarante livres.

Denis Peaudeloup est dit Seigneur en partie de Perigny dans la Coûtume de Paris de l'an 1580.

<small>Hist. de Corbeil, p. 21.</small> Vers le regne de Louis XIII, cette Seigneurie continuoit d'être divisée. Une partie appartenoit à M. Picart, Conseiller aux Requêtes du Palais. Une autre partie à M. Nicot, Secrétaire du Roi. Ils avoient tous deux droit de Justice en leurs fiefs, au ressort de Corbeil.

En 1739, M. Freideaux étoit encore Seigneur de Perigny en partie. Il avoit aussi une partie de la Seigneurie de Mandres. Il possédoit Perigny dès l'an 1700.

On m'a dit en 1739 que la Terre de Perigny étoit alors possédée par les enfans de M. François Thomassin ; l'un d'eux étoit Prévôt de Saint-Nicolas du Louvre à Paris.

M. Thomassin, Curé de Saint-Pierre-des-Arcis, étoit Seigneur de Perigny lorsqu'il mourut le 29 Avril 1751.

MANDRES

On ne peut point douter que M. de Valois n'ait rencontré assez juste lorsqu'il a écrit dans sa Notice des Gaules, que le Village de Mandres en Brie tiroit son nom de plusieurs petites habitations faites confusément en bois, en un mot des cabanes, telles que les

Solitaires en avoient ; ce qui a fait qu'une mandre signifie encore chez les Grecs un Monastere. Les Auteurs de la nouvelle édition du Glossaire de Du Cange ont admis l'explication donnée par M. de Valois, et j'y souscris volontiers. Néanmoins le premier titre qui fait mention de ce Village, l'appelle en latin *Mendreæ ; apud Mendreas*. Il est de l'an 1117 ; mais dans un autre de l'an 1248, on lit *de Mandris*. Il n'a fallu qu'un Seigneur qui eût été à la premiere Croisade du temps de Godefroy de Bouillon, lequel à son retour bâtissant un Village en ce lieu, lui aura donné un nom qui est commun dans l'Orient. Au reste, ce Village n'est pas unique de son nom en France. Il y a Mandre au Diocése de Langres, un autre Mandre au Diocése d'Evreux, et un quatriéme dans le Diocése de Toul, Election de Joinville.

Celui dont il s'agit est à cinq lieues de Paris et à une de Brie-Comte-Robert. Il est situé dans une plaine au bout de laquelle est un côteau de vignes en demi-cercle regardant le midi et le couchant d'hiver ; ce qui fait que l'aspect de ce Village, lorsqu'on le voit d'Epinay ou du voisinage, est fort gracieux, les plaines sont en labourages, et les terres en sont bonnes. On comptoit à Mandres en 1709 le nombre de 69 feux, suivant le Dénombrement de l'Election qui fut imprimé alors. Le Sieur Doisy qui vient d'en donner un autre au Public n'y en compte que 45. Le Dictionnaire Universel du Royaume qui a paru en 1726 y mettoit 115 habitans ou communians.

L'Eglise que l'on y voit aujourd'hui dans ce lieu est très-nouvelle. C'est un édifice presque quarré et dans lequel il n'y a rien d'extraordinaire, sinon le Saint Patron, qui est Saint Thibaud, Solitaire, dont on fait la Fête le premier Juillet.

Il y avoit dans le chœur de l'Eglise qui subsistoit en 1657 une tombe, laquelle au rapport d'un Arpenteur Expert nommé par le Parlement à l'occasion d'une difficulté survenue, étoit du treiziéme siécle, et même de l'an 1221.

Devant l'autel d'une Chapelle à côté du grand autel se lit sur la bordure d'une tombe provenante de l'ancienne Eglise :

Cy gist Dame Lucrece de Montonvilliers, Dame de Mandres et de Cersay en partie : vivante femme de feu Charles du Val, Escuyer, Seigneur de Vaugrigneuse. Et par addition au bas de la tombe : *Et en secondes nopces de Doncan de Mur, Seigneur de la Grange, Chevalier de l'Ordre du Roy, Gentilhomme ordinaire de sa Chambre, Lieutenant de la premiere Compagnie des Gardes du Corps de Sa Majesté ; laquelle fit bâtir cette Chapelle en 1623 et décéda le ....*

A côté de cette tombe est celle du Sieur de Mur, avec la répétition de ces qualités et sans date du jour de la mort ni de l'année.

Il n'y a pas eu de Dédicace de cette Eglise. On n'y montre

aucunes reliques de Saint Thibaud, mais seulement de celles des Catacombes. En récompense il y a une fontaine de Saint Thibaud qui est fort fréquentée pour la guérison des fièvres.

La nomination à la Cure appartient à l'Abbé de Chaumes, Monastere à cinq lieues de-là dans le Diocése de Sens. Cela ne se trouve point dans le Pouillé du Diocése de Paris écrit au treiziéme siécle, attendu que cette Cure n'y est aucunement. Mais comme Boussi y est déclaré être au Patronage de l'Abbé de Chaumes, on ne peut gueres douter que Mandres ne s'en trouve aujourd'hui, parce qu'il auroit été démembré de Boussi, autrement dit Bussi-Saint-Antoine, dont il n'est éloigné que d'un quart de lieue. On ignore, au reste, de quel Evêque de Paris l'Abbaye de Chaumes a eu cette Cure dont elle conserve la nomination : ce droit peut lui avoir été donné dans l'onziéme siécle, et Mandres qui auroit eu une Chapelle de Boussi dès le treiziéme siécle, n'auroit été érigé en Paroisse que dans les siécles suivans et au moins avant l'an 1420. En effet, on le trouve parmi les Cures dans les Pouillés du quinziéme et du seiziéme siécle et dans tous les suivans, qui déclarent que c'est à l'Abbé de Chaumes à y nommer. Le Pelletier qui a publié le sien en 1692 d'une maniere très-défectueuse, donne à cette Cure le nom de *Saint-Mandé*, qui est celui d'un petit Prieuré proche Vincennes. Ce qui doit faire croire qu'au quinziéme siécle la Cure de Mandres étoit de nouvelle érection, est qu'elle se trouve la derniere du Doyenné du Vieux-Corbeil dans le Pouillé écrit vers l'an 1450. Mais quoiqu'assez nouvelle alors, elle fut sujette à quelques variations. Dans ce Pouillé, après ces mots : *Cura de Mandriis ; Abbatis de Calmis*, on lit cette apostille : *Dicitur unita cum Perigniaco per Legatum sine consensu Domini*, c'est-à-dire *sine consensu Episcopi*. Il faut sçavoir que ces unions d'une Cure avec une autre n'étoient que pour un temps et ne duroient qu'autant qu'il s'agissoit de faire plaisir à un Curé en augmentant son revenu. On ignore si l'union de Mandres à Perigny eut lieu. Mais

Reg. Ep. Paris l'Evêque de Paris voulant gratifier le Curé de Boucy en 1497, lui
6 Maii. unit la même Cure de Mandres du consentement de Jean..... qui en étoit Curé. Cette union fit croire trente-quatre ans après que Mandres étoit annexe de Boucy, et on le qualifia ainsi dans des Provisions de Boucy du 11 Février 1531 et 22 Juin 1532. Mais c'étoit une erreur qui fut rectifiée dès le 18 Juillet 1538, auquel on expédia des Provisions de l'Eglise de Mandres comme d'une Cure.

Mandres étoit l'une des Paroisses où le Prieur d'Essonne, membre de l'Abbaye de Saint-Denis, avoit les dixmes, sauf la portion qui en revenoit au Curé. Dans un titre de ce Prieuré, il est spécifié
In Cam. Comp. qu'en 1420 le Curé de Mandres avoit pour sa part dix sextiers de
ad an. 1420. bled et dix d'avoine. Sur la fin du seiziéme siécle le Curé de Ville-

crêne vouloit obliger les habitans de Mandres de venir au service divin dans son Eglise : mais Nicolas de Montonvilliers, Seigneur de ce lieu, représenta le 22 Novembre 1596 à M. Pierre de Gondi, Cardinal, Evêque de Paris, que de tout temps [1] il y avoit eu un Curé en titre à Saint-Thibaud de Mandres, qu'il avoit assisté aux Synodes, qu'on lui avoit adressé les Mandemens et Commissions pour les Tailles, Ban et Arriere-Ban, et il en obtint justice.

En 1657 il y avoit une contestation entre le Curé de Mandres et celui de Villecrêne, qui revient à celle de ci-dessus. Celui-ci prétendoit que l'Eglise de Saint-Thibaud de Mandres n'avoit été bâtie que pour une petite partie du Village de Mandres qui est fort étendu en longueur, et qu'étant à l'extrémité du côté de Boussi-Saint-Antoine, elle ne devoit être regardée que comme un secours et une annexe de cette Paroisse de Boussi. Le Curé de Mandres avec le Seigneur et les habitans prétendoient que l'Eglise de Saint-Thibaud étoit la Paroisse de tout le village de Mandres, et qu'on ne devoit pas dire Saint-Thibaud-lez-Mandres, comme si Mandres eût été d'une autre Paroisse, mais Saint-Thibaud de Mandres, et qu'elle n'étoit point un secours de Boussi, qu'elle avoit toutes les marques d'une Eglise Paroissiale, et qu'elle étoit capable de contenir tous les habitans de Mandres. Il y eut le 22 Février rapport de Migon, Arpenteur Expert nommé pour le mesurage et plan de l'Eglise de Saint-Thibaud, duquel j'ai déja parlé à l'occasion d'une tombe. On ne sçait si cette affaire fut jugée : mais le Curé de Mandres est demeuré Curé du village entier, et celui de Villecrêne, gros Décimateur sur Villecrêne et sur Mandres, et le Curé de Mandres est à portion congrue.

La Seigneurie de Mandres paroît avoir appartenu en partie l'an 1117 à Dreux de Mellot, Archidiacre de Paris : au moins il donna cette année-là ce qu'il y possédoit aux Religieux de Saint-Martin-des-Champs, *et apud Mendreas*, dit l'acte. Plus de cent ans après il est fait mention d'un Robert *de Mandris*, Ecuyer, lequel avec Baudoin de Villecrêne contestoit touchant quelques bois avec les Religieuses d'Hieres. *Hist. S. Mart. à Camp. p. 365. Chart. Heder. ad an. 1248.*

Je trouve deux Seigneurs de Mandres sur la fin du regne de Louis XI, sçavoir : Jacques Cename qui la possédoit l'an 1481 et Sire en partie ; apparemment que Jeanne Seurreau, sa veuve, la vendit. Jacques Cename avoit le séjour du Roi moyennant onze sols de cens à l'Evêque : il en avoit la jouissance dès 1466. Jean Budé, Notaire et Audiencier de la Chancellerie, qui jouissoit peu de temps après. Il en fit échange sous le regne suivant en 1488 *Tabul. Ep. Tab. Cart. Par.*

---

1. C'étoit le style ; car la Cure n'étoit pas encore érigée sous le regne de Philippe-Auguste.

avec les Chartreux de Paris, pour les biens qu'ils possédoient à Hieres : et le Roi Charles VIII leur amortit cette Terre : delà vient que dans le Procès-verbal de la Coutume de Paris de l'an 1580, les Chartreux de Paris sont dits Seigneurs de Mandres.

<small>Hist. de Corbeil, p. 21.</small> De la Barre, qui écrivoit l'Histoire de Corbeil quarante ou cinquante ans après, dit que cette Seigneurie leur appartient en partie, et en partie au Sieur de Meurs (ce sont les termes), et que la Justice de l'un ressortit à Corbeil, et l'autre à Brie-Comte-Robert. Vingt ou trente ans après l'édition de l'Histoire de Corbeil, c'est-à-dire en 1660, Claude du Val, Abbé de Saint-Pierre de Selincourt au <small>Reg. Arch. Par. 14 Jul. 1660, 20 Nov. 1671.</small> Diocése d'Amiens, est qualifié Seigneur en partie de Mandres, dans les Registres de l'Archevêché de Paris : il y faisoit même sa demeure en 1671.

BOUCY-SAINT-ANTOINE

AUTREFOIS SIMPLEMENT BOUCY

L'Abbaye de Chaumes en Brie ayant été l'une de celles où les guerres des XIV, XV et XVI siécles ont causé le plus de dégât, c'est pour cela que nous ne pouvons produire de titres bien anciens qui parlent de Boucy. Si les Archives n'en eussent pas été totalement dissipées, nous aurions sçu de qui cette Abbaye tenoit cette Terre, et quel fut l'Evêque de Paris qui lui en accorda l'autel ou la nomination à la Cure. Nous serions peut-être aussi plus en état de juger sur la maniere dont le nom du lieu a été écrit originairement.

Il ne paroît rien sur ce dernier point avant le commencement <small>Chart. S. Gen. p. 210.</small> du treiziéme siécle, auquel temps le Cartulaire de Sainte-Geneviéve de Paris fournit un acte qui tire ce Village de l'obscurité, et dans lequel il est nommé en latin plusieurs fois *Buciacum*. Ce titre est de l'an 1224. Le premier canevas du Pouillé de Paris fait vers le même temps ne le nomme qu'en françois Bouci sans addition : et en parlant de Bucy-Saint-Georges et de Bucy-Saint-Martin du Doyenné de Lagny, il les désigne en latin par *Buciacum Sancti Georgii, Buciacum Sancti Martini ;* et Boissy proche Sucy est dit *Bossiacum*. C'est de ce dernier Boissy qu'il faut entendre la donation du *Buneus [Buxeus] vicus* faite par Clovis II à l'Eglise de Saint-Pierre-des-Fossés, et non pas de Boucy-Saint-Antoine, comme <small>Notit. Gall. p. 411, col. 2.</small> M. de Valois l'a cru : mais, absolument parlant, il se peut faire que ce soit de Boucy-Saint-Antoine qu'il faille entendre ce qu'on lit d'un *vicus Bucciacus* du Diocése de Paris, dont étoient deux malades qui furent amenés à Saint Germain, Evêque de Paris, au sixiéme siécle, ainsi que Fortunat le rapporte dans sa Vie. On peut au reste tirer l'étymologie de tous ces lieux dits Bucy, Boucy et Boissy, soit du mot *Boscum* bois, ou *buxus*, bouis ou buis, soit du fondateur ou possesseur du temps des Romains qui se seroit appellé *Buccidius*, d'où auroit été formé le nom *Buccidiacum*, depuis abrégé en celui de *Bucciacum*. Ce n'est qu'au quinziéme siécle que l'on a pu commencer à dire Boucy-Saint-Antoine pour désigner celui-ci. On en verra la raison ci-dessous.

Le village de Boucy-Saint-Antoine est situé sur le rivage droit de l'Hieres, à l'endroit où cette riviere fait d'agréables circulations, à un quart de lieue de Mandres et autant de Perigny, villages situés du même côté sur la hauteur, et qui forment avec lui une espece de triangle. Sa distance de Paris est de cinq lieues ou un peu plus. Il est placé entre Villeneuve-Saint-Georges et Brie-Comte-Robert, un peu plus près de ce dernier lieu. C'est un pays de bled, devin, avec quelques pâturages. Les vignes y font un aspect fort riant sur les côtes. Il y a un pont de beaucoup d'arches sur la riviere d'Hieres. Comme ce Village n'est qu'environ à mi-côte, il tire des eaux de la plaine d'en-haut. Le nombre des feux est depuis longtemps entre vingt-cinq et trente. Le Dénombrement de l'Election de Paris y marqua en 1709 28 feux. On m'a assuré il y a dix ans qu'il y en avoit 25. Le dernier Dénombrement publié en 1745 par le Sieur Doisy y en reconnoit 30. Le Dictionnaire Universel de la France imprimé en 1726 comptoit en ce lieu cent quarante habitans ou communians.

Il n'y a rien dans le corps de l'Eglise Paroissiale qui désigne une antiquité de plusieurs siécles, sinon des vitrages du Sanctuaire qui sont d'un blanc chargé, tel qu'on en faisoit quelquefois il y a cinq cents ans. La tour est récente. S. Pierre est Patron de cette Eglise. Saint Eutrope, premier Evêque de Saintes et Martyr, y est aussi représenté au grand autel, et outre cela dans une Chapelle, où le Peintre l'a dépeint revêtu de la même maniere que s'il eût vécu seulement de nos jours,

Le Pouillé Parisien du XIII siécle met à l'article du Doyenné de Moissy : *De donatione Abbatis de Chaumis, Ecclesia de Bouci ;* ce qui a été suivi dans ceux des seiziéme et dix-septiéme siécles. Le Pelletier a omis dans le sien cette Paroisse. Cette nomination à la Cure fut tout ce que l'Abbé de Chaumes se retint à Boucy lorsqu'il en aliéna la Seigneurie. Son droit est ainsi énoncé dans un acte de 1477 : *Collatio Ecclesiæ Par. S. Petri de Bouciaco ad Abbatem de Calmis*. On a cru au commencement du XVI siécle que Mandres étoit une Succursale de Boucy. On se fondoit sur ce qu'il n'y avoit point de Curé titulaire; mais on vouloit bien ignorer que lorsque l'Evêque de Paris unit la Cure de Mandres

Reg. Arch. Par.

à celle de Boucy le 6 Mai 1497, ce ne fut que durant la vie de Jean Geslin, Curé de ce lieu de Boucy. Il fut besoin pour ce faire, non-seulement du consentement du Curé de Mandres, mais aussi de celui de l'Archevêque de Sens, Abbé Commendataire de Chaumes.

Tout ce qu'on sçait d'ancien sur cette Terre, est qu'en 1224 il y eut un jugement porté par Maître Pierre *de Colle medio,* et par Anselme *Silvaticus* de Crémone au sujet de ce qui étoit en contestation entre l'Abbé de Sainte-Geneviéve et celui de Chaumes, sur le droit d'usage dans le territoire dit de Senart, et sur le moulin de Rocheel qui étoit dit par l'Abbé de Chaumes situé entierement dans sa Seigneurie *de Buciaco,* excepté la roue placée dans le milieu de l'eau. Les deux arbitres déciderent que le taillonage du boisseau de ce moulin étoit commun aux deux parties : qu'à l'égard du territoire de Senart, les hôtes ou hommes de l'Eglise de Chaumes, comme aussi ceux que des Chevaliers avoient à Boucy ou demeurans ailleurs sur la même Paroisse, jouiroient chacun de deux arpens de terrain en payant à Sainte-Geneviéve un cens et la dixme, et que l'Abbaye de Chaumes auroit pour sa part quarante de ces arpens et paieroit à proportion ; le tout à condition que l'Abbé de Sainte-Geneviéve travailleroit à retirer au plus tôt des mains du Roi ce qu'il avoit dans ce territoire.

Chart. S. Gen.

Le Sieur Grancolas dit dans sa petite Histoire de l'Eglise de Paris, en parlant des Religieux de Saint-Antoine, *qu'en 1416 on leur donna la Terre de Boussi.* Il est besoin de rectifier ce trait qui est très-inexact comme beaucoup d'autres du même Historien. Voici donc la véritable maniere dont cette Terre est parvenue à l'Ordre de Saint-Antoine, et on verra que ce n'est pas une donation, mais une acquisition.

Hist. de l'Eglise, ville, etc. de Paris, 1728, T. II, p. 246.

Guillaume de Neauville, Secrétaire du Roi, ayant dès l'an 1415 fait construire une Chapelle dans l'Eglise de Saint-Antoine de Paris, avec intention d'y fonder une Messe quotidienne et à perpétuité avec d'autres prieres, constitua le 18 Juin 1422 aux Religieux et Commandeur de Saint-Antoine de Paris pour accomplir cette fondation, une rente de quarante livres parisis à prendre sur tous ses biens. Voulant ensuite décharger ses héritiers de cette rente, il donna aux Religieux six cents saluts d'or, desquels ils acquirent le 3 Août 1425 cinquante livres parisis de rente annuelle et perpétuelle amortie, de l'Abbé et des Religieux de Chaumes en Brie, lesquels pour le paiement de la rente hypothéquerent tous leurs biens, et spécialement la Terre et Seigneurie de Boussy en Brie, ses annexes et dépendances. Depuis ce temps-là, les Religieux de Chaumes, pour se rédimer de la rente qui leur étoit à charge, ayant obtenu le consentement de l'Archevêque de Sens, transpor-

Mémoire fourni par un de Messieurs de Saint-Antoine.

terent le 2 Février 1426 la même Terre et Seigneurie de Boussy, ses annexes et dépendances avec tous les droits, cens, revenus et émolumens, aux Religieux de Saint-Antoine de Paris, se réservant seulement la présentation de la Cure et quatre livres parisis de rente rachetable, et qui a été rachetée depuis ce temps-là au moyen de cent livres tournois. A l'acte de ce transport comparurent Révérend Pere en Dieu Frere Mile Marie, Abbé de Saint-Pierre de Chaume, Ordre de Saint-Benoît, au Diocése de Sens; Frere Simon Michaut, Prévôt de ladite Eglise; Guy Peloc, Trésorier; Jean Monast, Chambrier; Noël Bonnet, Infirmier; Adrien le Gaste, Yves le Moustardier, tous Prêtres et Religieux de la même Eglise, et la plus grande et saine partie des Religieux.

Il y eut un Bref des Peres du Concile de Bâle adressé à l'Official de Paris pour ratifier et confirmer cette vente, en date du mois de Septembre 1436.

Il y a plusieurs fiefs mouvans de cette Seigneurie, sçavoir celui d'Estiolles, de Sully sur Yeble et Angest. De plus une partie de la Terre de Mandres en dépend.

L'Historien de Corbeil, qui écrivoit en 1630, remarque que François d'Amison étoit alors Commandeur de ce lieu, et que la Justice ressortit à Corbeil. <small>De la Barre, p. 20.</small>

On lit dans le fameux Arrêt de Servon donné par le Conseil d'Etat en 1666, un trait incident qui fait mention de cette Terre de Boussy. C'est l'extrait d'une Sentence des Requêtes de l'Hôtel et du Prévôt, Juge et Garde de la Justice et Prévôté de Boussy-Saint-Antoine, au profit de Messire Silvain du Drac, Chevalier, Seigneur des Hayes et des Clerbaudieres, Gentilhomme de la Maison du Roi, et des Religieux de la Maison Saint-Antoine de Paris, Seigneurs haut-Justiciers dudit Boussy les 9 Mars 1663 et 23 Janvier 1666, par laquelle avoit été ordonné que les corps des y dénommés enterrés dans le Chœur des Eglises de ces lieux, seroient exhumés. <small>Arrêt de Servon, p. 18.</small>

On écrit communément aujourd'hui Boussy. La Carte de l'Académie des Sciences a mis Boucy, et je l'ai suivie en cela. D'autres Cartes plus modernes mettent Bussy-Saint-Antoine.

EPINAY ET QUINCY
autrement EPINAY-SOUS-SENART

Il semble que le mot de Quincy n'ait été ajouté à celui d'Epinay dans les Rôles de l'Election, que pour distinguer cet Epinai de tous les autres, et en particulier de trois autres Epinai qui sont au Diocése de Paris ; mais ce n'est pas seulement pour cela, c'est aussi à cause que ces deux lieux ne forment qu'un même rôle. Epinai est le chef-lieu où sont toutes les marques d'une ancienne Paroisse, et Quincy n'en est qu'une annexe ou Succursale formée dans un hameau, considérable à la vérité, mais toujours dépendant d'Epinai. Le rapport de ces deux lieux étant très-intime, et la Cure qu'on a voulu ériger à Quincy depuis quelques années n'étant pas encore solidement établie, j'ai cru ne devoir pas séparer ce que j'avois à dire de ces deux Villages.

L'étymologie d'Epinai ne doit aucunement arrêter. Elle lui est commune avec tous les autres lieux de même nom, et est fondée sur ce que ce canton étoit un terrain de broussailles avant qu'il fût mis en culture. La racine d'où il est formé est *Spina*, d'où en parlant de ce lieu-ci on a fait *Spinolium, Spinogilum, Espinolium, Espinoletum*, par où il est visible qu'on a dit en langage vulgaire Espineuil, puis Epineil, ensuite Espinet, qu'on s'est accoutumé d'écrire Espinay. Le premier titre qui en parle, et qui dit que ce lieu avec son Eglise appartient à l'Abbaye de Sainte-Geneviéve de Paris, n'est que du douziéme siécle. Mais comme c'est une Bulle confirmative de tous les biens de cette ancienne Communauté, donnée par le Pape Alexandre III en 1163, cela suppose que cette Abbaye en jouissoit déja auparavant. On ignore de qui lui venoit ce don : on peut conjecturer seulement que c'étoit originairement une dépendance de Dravé qui avoit été donnée par le Roi Dagobert I*er* à la Basilique de Saint-Pierre et Saint-Paul de Paris où reposoit le corps de Sainte Geneviéve. Il n'y a qu'une lieue et demie de distance de l'Eglise de Dravé à celle d'Epinai : aucun Village ne fait la séparation de ces deux lieux, mais seulement la Forêt de Senart.

Gall. Chr. T. VII, Instrum. [col. 241].

Epinai est à cinq lieues et demie de Paris, tirant vers l'orient d'hiver. Sa situation est dans un vallon sur le rivage gauche de la riviere d'Hieres, un peu par de-là Brunoy. Il est placé entre Villeneuve-Saint-Georges et Brie-Comte-Robert, à distance égale, qui est de cinq quarts de lieue ou d'une lieue et demie. C'est un pays de labourages : les vignes sont de l'autre côté de la riviere et sur un territoire différent. A parler selon les Rôles de l'Election de Paris et suivant le Dénombrement des feux, Epinai et Quincy joints ensemble dans celui de 1709 formoient alors 53 feux. Le Dictionnaire Universel Géographique de la France imprimé en 1726 réduit les habitans ou communians de Quincy à 246. Le Dénombrement publié en 1745 par le Sieur Doisy dans le Livre qu'il a intitulé *Royaume de France*, reconnoît dans Epinai et Quincy réunis le nombre de 55 feux. Mais si l'on veut considérer Epinai en particulier, on n'y en trouvera que 24 ou 25.

L'Eglise de ce lieu n'est que comme une longue Chapelle sans aucun côté. On n'y voit rien qui puisse faire croire qu'elle soit ancienne. Sainte Geneviéve en est la Patrone. Elle y est représentée au tableau du grand autel avec Saint Guillaume de Dannemarc à genoux devant elle. Cet édifice paroît n'avoir été rebâti que depuis l'établissement des Chanoines Réguliers de la Congrégation de France. C'étoit une Prévôté dépendante des anciens Chanoines Séculiers de l'Eglise Collégiale de Sainte-Geneviéve du Mont à Paris. Elle avoit été confiée à ce même Saint Guillaume dont je viens de parler, lequel étoit natif de Paris et Chanoine de Sainte-Geneviéve, et que nous n'appellons Guillaume de Dannemarc que parce qu'il mourut dans ce Royaume où il demeura long-temps. Pour revenir à Epinai, ce saint homme, dont la vertu avoit été en butte à ses confreres à Paris, continua ses exercices de Chanoine dans cette solitude, jusqu'à ce qu'il en fût rappellé par Odon, premier Abbé de Sainte-Geneviéve, lorsque les Religieux de Saint-Victor y furent introduits. Un manuscrit de cette derniere Abbaye raconte le fait ainsi : « Guillaume étant à sa Pré- « vôté d'Epiney, un jour, comme il sortoit de dîner, on lui apporta « une lettre de l'Abbé de Sainte-Geneviéve qui lui mandoit de « venir. Il s'écria aussitôt : Est-ce un songe ? Et étant venu à « Sainte-Geneviéve, l'Abbé lui parla du mépris du monde d'une « maniere si touchante en lui montrant un crucifix peint sur une « vitre, qu'il se jetta à ses pieds, et peu après il prit l'habit, et fut « Sous-Prieur de la Maison. » Ceci a dû se passer vers l'an 1150. On ne voit pas si Saint Guillaume, Chanoine Séculier à Epiney, y exerça ses fonctions Curiales. Toujours il est certain qu'il y avoit dès-lors une Eglise, puisque la Bulle de 1163 en fait mention. Alexandre III confirme à l'Abbaye de Sainte-Geneviéve *Spinolium cum Ecclesia et omnibus pertinentiis et justitiis ejusdem.* Elle est aussi l'une des Eglises qu'Eudes de Sully, Evêque de Paris, traitant en 1202 avec l'Abbé de Sainte-Geneviéve, exempta du droit de procuration. C'étoit en même temps une Terre à laquelle les Abbés donnerent leur attention. On voit par une des lettres d'Etienne de Tournay, qu'il y étoit venu quelquefois lorsqu'il gouvernoit l'Abbaye de Sainte-Geneviéve. Il l'appelle *Spinogilum*.

Gall. Chr. T. VII, Instrum. col. 242.

Steph. Tornac. Epist. 99.

Ce lieu est nommé deux fois dans le Pouillé de Paris écrit au treiziéme siécle : premierement comme Cure du Doyenné de Moissy, sous le nom de *Spinolium, de donatione Abbatis Sanctæ Genovefæ ;* secondement comme Prieuré situé au même Doyenné, il est à son rang sous ce titre : *Espinoletum Sanctæ Genovefæ.* Mais il paroit que dans ce siécle il y avoit deux Supérieurs en ce lieu, ou que le même Supérieur étoit qualifié de deux manieres différentes. On voit en 1275 qu'il n'y résidoit qu'un Prieur avec un second Religieux : en cette année l'Abbé de Sainte-Geneviéve, Arnoul de Romainville, traitant avec Noël, ancien Curé d'Hieres, *(Natalis Presbyter de Edera)*, qui vouloit se retirer à Epiney pour le reste de ses jours, met dans l'acte, qu'on lui donnera la nourriture *sicut Priori et socio, in domo nostra de Espinolio ;* et vingt-trois ans après (sçavoir en 1298), Frere Jean de Roissy est qualifié Prévôt d'Epiney et Chanoine de Sainte-Geneviéve. Mais la raison de cette diversité est que le Prieur étoit pour les fonctions spirituelles, telles que le gouvernement de la Cure et l'Office divin, et le Prévôt pour le temporel. Saint Guillaume paroît n'avoir été chargé que du temporel, lorsqu'il étoit Chanoine Séculier de Sainte-Geneviéve, puisqu'il n'avoit reçu que le Diaconat. Ses successeurs, lorsque le Chapitre fut régularisé, se déchargerent des soins de la Prévôté sur des Freres Convers, ainsi que fait encore actuellement l'Abbaye de Sainte-Geneviéve. Pendant que la ferveur de la Regle de Saint-Victor continuoit encore en cette Abbaye et dans ses dépendances, le Prieuré-Cure d'Epiney fut gouverné par un Chanoine Régulier d'un si grand mérite, qu'il en fut tiré pour être fait Abbé de Saint-Victor. C'est Pierre de Ferrieres. Il étoit à Epiney en 1269. Le nom de Curé se donnoit quelquefois à ce Supérieur au lieu de celui de Prieur. On lit dans l'ancien Nécrologe de Sainte-Geneviéve au 21 Janvier 1410, la mort de Robert Beaux-amis qualifié *Canonicus professus Curatus de Espinolio.*

Chart. !S. Gen. p. 367, et Gall. Chr. T. VII, col. 144. Liv. des Métiers de Ste Genev. fol. 31.

Gall. Chr. T. VII, col. 680.

Comme la Cure et le Prieuré d'Epiney sont toujours restés invariablement à l'Abbaye de Sainte-Geneviéve, il n'y a eu aucune diversité là-dessus dans les Pouillés de Paris pour la nomination. Ceux du seiziéme siécle et de 1626 mettent : *Prior Curatus de Espinolio Abbatis Sanctæ Genovefæ.* Celui de 1648 marque la même chose en françois. Enfin les Religieux de Sainte-Geneviéve sont non-seulement Patrons de la Cure d'Epinay, mais aussi gros Décimateurs.

Il est spécifié dans le Catalogue des Fondations faites autrefois en l'Eglise Notre-Dame de Paris, que pour les Chapellenies de Saint-Michel il fut assigné, entre autres biens, quatre arpens situés à Epiney en Brie, sur la censive de Sainte-Geneviéve.

Dubois, Collect. mss. T. V, ad calcem.

Les titres où il est parlé du temporel de ce lieu, nous instruisent sur la Topographie du canton. On y apprend qu'il y avoit dès le commencement du treiziéme siécle, de ces côtés-là, un territoire appelé Senart, lequel étoit différent de la Forêt qui porte le même nom, et qui pourroit bien lui avoir par la suite communiqué le sien. L'Abbé de Chaumes, comme Seigneur alors de Bucy, voisin d'Epiney, étoit en différend l'an 1224 avec l'Abbaye de Sainte-Geneviéve sur le droit d'usage dans ce territoire. De plus, ceux

Chart. S. Gen. p. 210.

de Sainte-Geneviéve l'avoient cité devant le Juge, sur ce qu'il avoit endommagé le moulin de Rocheel, et ils vouloient qu'il leur en restituât le boisseau et l'instrument appelé *panchon* qui servoit à pêcher dans l'eau de ce moulin. L'Abbé de Chaumes disoit pour ses raisons que l'eau de l'Hieres, *aqua Hederæ*, faisant la séparation de sa Terre de Bucy d'avec celle du Prieur d'Epiney, et le moulin de Rocheel étant sur sa Seigneurie, parce que la roue qui le faisoit tourner étoit au milieu de la riviere, il avoit usé de son droit Seigneurial, et qu'ayant toute Justice *bannum, sanguinem et latronem et tallationem busselli*, il avoit cru devoir mettre en regle le boisseau du moulin qui n'y étoit pas. Les arbitres de ce procès qui étoient Maître Pierre *de Collemedio* et Anselme *Silvaticus* de Cremone, déciderent : 1º que le taillonage du boisseau devoit être commun aux deux parties; 2º que les hommes de l'Eglise de Chaumes, et ceux des Chevaliers demeurans à Bucy ou ailleurs sur le territoire de la Paroisse, auroient chacun deux arpens du terrain de Senart en payant à l'Eglise de Sainte-Geneviéve quatre deniers de cens par arpent au jour de Saint Remi, et la dixme due au Curé par droit Paroissial; que l'Abbaye de Chaumes auroit quarante arpens du même territoire de Senart, et paieroit quarante deniers au même jour à la Maison d'Epiney, et que, faute de paiement, les Religieux de Sainte-Geneviéve pourroient se saisir des bestiaux de l'Eglise de Chaumes qu'ils trouveroient dans l'espace de ces quarante arpens; qu'au reste, il falloit que l'Abbaye de Sainte-Geneviéve travaillât promptement à racheter du Roi le droit qu'elle avoit dans le bois ci-dessus nommé; et que si elle ne pouvoit pas le racheter, les parties reviendroient à l'état où elles étoient du temps du compromis.

Mais il est certain que tout ce qui étoit en bois à Epiney ne portoit point alors le nom de Senart. Jean de Dongon, Chevalier, Seigneur d'Hieres, fit en 1228 la déclaration touchant le bois entier de Cornoualle situé à Epiney, où il dit qu'il le tient de l'Abbé et du Couvent de Sainte-Geneviéve, moyennant dix-huit deniers parisis de cens payables à la Fête de Sainte Geneviéve après Noël, et qu'il reconnoît que tout ce bois est de la censive de cette Abbaye. Il y avoit aussi en 1239 un canton planté en noyers dont l'Abbaye fit l'acquisition. *Chart. S. Gen. p. 171.*

Ibid., p. 150.

Au reste, Quincy étoit aussi alors compris dans la même Seigneurie : car lorsque l'Abbaye de Sainte-Geneviéve fixa la somme des tailles qu'elle feroit lever dans ses Terres quand le Roi en levoit dans le Royaume, elle ne fit qu'un seul et même article d'Epiney et Quincy, *Spinolium et Quintiacum*. C'est ce qui paroit par les Rôles des années 1242 et 1272 où ces deux lieux ensemble étoient taxés à trente sols pour toute la communauté des habitans. *Lib. Cens. S. Gen.*

QUINCY. Je viens de dire un mot de ce lieu en finissant l'article d'Epiney. Il n'étoit regardé au treiziéme siécle que comme hameau de la même Paroisse. Les habitans sont compris encore de nos jours dans le même Rôle de l'Election de Paris dont ils remplissent la moitié de l'article. Le nom de Quincy étant indubitablement en latin *Quintiacum*, ne peut gueres venir, ainsi que le dit M. de Valois, que d'un nommé *Quintus,* Romain qui avoit là du bien [1]. Mais aucun titre n'en fait mention avant le treiziéme siécle. Le même M. de Valois assure que ce Quincy est voisin d'un autre Quincy dit le Grand. On n'en connoît point de plus voisin que Quincy proche Meaux, qui est à environ neuf lieues de là.

Notit. Gall. p 428, col. 2.

Comme le territoire de Quincy fait partie de la Paroisse d'Epiney, n'y ayant de différence sinon qu'il est une demi-lieue plus loin par rapport à Paris, mais toujours entre le rivage gauche de l'Hieres et la Forêt de Senart, il est à croire que c'étoit un pays de broussailles et qui resta long-temps inculte, jusqu'à ce que le nommé Quintus y mit des hommes pour commencer à le cultiver. Le territoire ne produisoit encore abondamment au treiziéme siécle que de l'avoine. L'Abbaye de Chaumes en retiroit de ce lieu en 1224. Celle de Saint-Pierre de Melun en retiroit aussi vers le même temps, sur quoi elle en payoit la redevance d'un sextier à l'Abbaye de Sainte-Geneviéve le lendemain de Noël. On ne trouve aucun vestige d'Eglise ni même de Chapelle en ce lieu durant tous ces temps-là. Il est certain seulement qu'il y avoit en 1256 en ces quartiers un canton appellé *La Croix de Quincy* qui étoit dit être des appartenances d'*Espineuil ;* c'est le nom que l'on donnoit souvent à Epiney.

Chart. S. Gen. fol. 256.

Lib. Cens. S. Gen. 1250, fol. 67.

Lib. Justitiar. S. Gen. fol. 80.

Mais ce qui est parvenu jusqu'à nous de plus curieux touchant Quincy, est une Charte du Roi Saint Louis du mois de Janvier 1257. Ce Prince y expose d'abord que jouissant de la Gruerie dans certains essarts ou bois essartés à Bucy et à Quincy dans la Châtellenie de Corbeil, sur le fond de l'Abbaye de Sainte-Geneviéve, il a permis depuis peu de cultiver ces essarts et de les mettre à profit, à condition que l'on paieroit chaque année à sa recette sept sextiers d'orge à la Fête de Noël, et neuf deniers pour les œufs de Pâques : ensuite il ajoute qu'il fait la remise de ces redevances annuelles, pour le remede de l'ame de son pere et de sa mere. L'expression du Nécrologe ancien de l'Abbaye de Sainte-Geneviéve porte à croire que c'étoit la Reine Blanche, mere de Saint Louis, qui l'avoit engagé à faire toutes ces concessions. En

Chart. S. Gen. p. 343.

---

1. A moins qu'on ne prétende que Quincy est le nom de Winchy adouci, ou celui de Cuncy, auquel cas il seroit le *Cuncy feodus* avec les habitans duquel Guillaume, Evêque de Paris, traita en 1228, s'il n'est le Quincy de la Paroisse de Presles.

voici la teneur : *V Cal. Decemb. Item Obiit Blancha Regina ob cujus gratiam Ludovicus filius ejus Rex nobis contulit gruariam essartorum de Quinciaco cum redditibus quos ibi percipiebat.* Aussi les Religieux de Sainte-Geneviéve mettent-ils son nom après celui du grand Clovis, dont l'Anniversaire étoit déjà établi au même jour. Sur quoi je dois faire observer que, faute d'avoir consulté cette annonce du Nécrologe, M. l'Abbé Du Bos dit dans son Histoire Critique de la Monarchie, que par *Blancha* de l'oraison de la Messe, il faut entendre Alboflede, fille de Clovis, à cause du rapport des deux noms.

La situation de Quincy est sur une montagne qui paroît fort élevée lorsqu'on est au bas sur le bord de la riviere d'Hieres ; l'exposition du terrain est vers l'orient : néanmoins il n'y a aucun vignoble, le sol ne s'étant pas trouvé propre.

Comme dès le treiziéme siécle il y avoit une croix érigée sur cette éminence, par la suite du temps on y a bâti une Chapelle sous le même titre de la Croix ; et elle est devenue annexe ou Succursale d'Epiney : de sorte que le Prieur Curé d'Epiney, gros Décimateur, y envoyoit un Vicaire pour la commodité des habitans. Je n'ai pas l'époque de la construction de cette Chapelle : elle peut avoir deux cents ans ou un peu plus. Il paroît qu'il y en avoit une en 1522, puisque dans les Provisions accordées le 26 Juin à un Chanoine Régulier, le Curé d'Epiney est dit *Parochialis Ecclesia de Espinolio et Quinciaco parvo*. On y voit sur le mur du côté du septentrion proche l'autel, une fondation faite en 1555 par Philippe Maillard, Secrétaire du Roi. C'est la Fête de l'Exaltation de la Sainte Croix qu'on y chomme comme Fête Patronale. On y compte 25 feux ou environ. Aussi j'ai vu des Provisions de la Cure d'Epinay de 1578, où Quincy est joint comme secours de cette Cure. *Reg. Ep. Paris.*

Ibid., 15 Aug. Erection d'un Curé.

La derniere liste de Seigneurs porte que ce lieu appartient à la Dame de la Tour, veuve d'un Secrétaire du Roi.

BRUNOY

L'antiquité de ce lieu est très-constante par les monumens de l'Abbaye de Saint-Denis, où il en est fait mention dès le septiéme siécle de Jésus-Christ. Le Livre des Gestes du Roi Dagobert composé par un Moine de ce Monastere, après avoir parlé du testament de ce Prince dont on place la mort à l'an 638, dit qu'il n'oublia pas son Patron particulier Saint Denis, et qu'il lui légua *Gesta Dagob. auctor. Monach. IX sæc. n. 39.*

villam nomine Brannadum. Ce testament, qu'il s'est contenté de ne citer qu'en général, s'est retrouvé dans quelques exemplaires de l'Histoire de France d'Aimoin : cette Terre y est désignée située dans la Brie, *villam Brannate in Briegio,* et dans le Livre des Miracles de Saint Denis qui est du neuvième siècle, par *villa Ebronadus.* Mais il faut croire que les guerres des Normans ou autres des dixième et onzième siècles avoient obligé les Abbés ou Moines de Saint-Denis de se défaire d'une partie. Car Suger, Abbé de cette Maison, parlant de ce qu'en retiroit le Monastere d'Essone à qui il avoit cédé ce qu'il y avoit, marque *ex possessione propè Brunetum sæpè decem modios annonæ et vini ferè decem et fœnum pabulorum.* Outre ce revenu en grain, en vin et en foin, la terre de Brunoy fournissoit encore au Prieuré d'Essone un moulin, dans lequel Suger étoit rentré, une somme de cent sols tant en cens qu'en tailles [1]. Au reste on doit conclure par ce qui sera dit dans la suite, que Dagobert n'avoit pas donné toute la terre de Brunoy à Saint-Denis, et qu'il en avoit excepté les bois. Le textes latins allégués jusqu'ici font voir combien on a varié en quatre cents ans sur le nom latin de Brunoy. Dans le douzième siècle et dans le suivant les titres s'exprimoient par les mots *Brennacum, Broniacum, Bruneium* ou *Bruneyum* ou bien *Brunecum,* ou enfin *Burnegum ;* et dans le treizième, quoique toujours rédigés en latin, ils mettoient ce nom de lieu en françois Broni, Brunai ou Brunoy. Il est incontestable que la racine de ce mot est Brenn ou Broun. M. de Valois ne peut être d'aucun secours pour l'explication de l'étymologie, puisqu'il a oublié de parler de ce lieu dans sa Notice des Gaules. On voit de la ressemblance entre *Brennacum* et le nom de *Brennus,* célebre Capitaine des Gaulois Senonois, mais ce seroit sans doute remonter trop haut. Bren signifioit aussi chez les Gaulois le déchet de la farine que nous appellons son, dont on faisoit la nourriture des chiens de chasse. Seroit-ce qu'à la faveur des eaux de la riviere d'Hieres, qui étant des eaux de source ne gèlent jamais, les moulins de ce lieu auroient été préférés aux autres par les Officiers de nos premiers Rois, à cause qu'en tout temps ils pouvoient fournir du son pour le pain de ces chiens ? Car l'Hieres se trouvoit alors entre deux grandes forêts, et le lieu étoit dans une situation à y avoir un chenil bien fourni.

Brunoy est à cinq lieues de Paris sur la riviere d'Hieres, vers l'orient d'hiver, et dans une route qui n'est point passagere, entre le grand chemin de Brie-Comte-Robert et le grand chemin de Melun, mais à une légère distance de ce dernier. Les lieux con-

---

[1]. De la Barre dit dans son Histoire de Corbeil, p. 20, que le Château de Brunoy est un des plus anciens fiefs de la Châtellenie de Corbeil ; il auroit pu dire qu'il est plus ancien même que Corbeil.

D. Bouquet,
Hist. Franç.
T. III, p. 133.

Duchêne,
T. IV, p. 340.

sidérables les plus proches, sont Villeneuve-Saint-Georges, et Brie-Comte-Robert. Le gros de ce Village est placé dans un enfoncement où se trouve même le Château. L'exposition est vers le couchant. On y voit, outre les terres labourables, des vignes, des prés et beaucoup de bocages. L'extrémité de la forêt de Senart n'en est gueres éloignée que d'un quart de lieue. Il y a un hameau assez considérable appellé les Baucerons. Le Dénombrement des feux de l'Election de Paris imprimé en 1709 compte en tout Brunoy 70 feux. Celui que le Sieur Doisy a rendu public en 1745 y en marque 78, ce qui est assez juste. Le Dictionnaire Universel de la France, où l'on compte par habitans ou communians, y en marquoit 349 dans l'année 1726 qu'il parut.

Le bâtiment de l'Eglise de ce lieu est de différens temps. Le chœur est du treiziéme siécle, comme le désignent quelques piliers. Il est voûté et finit en demi-cercle. La nef n'est ni si ancienne ni si solide. A la tour, qui finit en pignons, est une inscription qui commence par ces mots : *L'an Mil V. C. XXXIX le XXIIme de Ivng fut possé la premiere pierre par noble Dame Françoise de Rouy, veuve de défunt Mesire Sieur de Launay en son vivant....*

Armes : Ce sont huit coquilles. La barre du petit écu est en bosse.

A l'un des piliers du bas de cette tour par le dehors se voit un écusson penché. Armes : Autre écu droit à l'autre pilier de la tour.

Cette Église est sous le titre de Saint Médard, Evêque de Noyon. La Dédicace en a été faite un 10 Juin. Comme l'on n'avoit plus aucune connoissance des reliques qui servirent à cette cérémonie, M. le Curé en obtint il y a quelques années de l'Abbaye d'Hieres, qui n'est qu'à un quart de lieue de là. Elles ont été reconnues sous le nom de Saint Médard. C'est un bout de quelque ossement considérable, comme du rognon du fémur, de couleur cendrée dont le dessus est tombé de vétusté. Il a été renfermé dans une châsse de bois doré, et l'authentique mise dans le coffre de l'Eglise. M. Pâris, Seigneur du lieu, y a fait venir deux petites châsses d'argent qui étoient précédemment dans son Château de Sampigny en Lorraine, dont il est Comte. Elles contiennent plusieurs reliques, sçavoir du B. Pierre Fourrier, d'un Saint Gallican, Martyr ; celle d'une Sainte Lucie, Patrone de Sampigny, Diocése de Verdun, où est son tombeau, est munie d'un certificat de 1731 qui rapporte les différentes visites de la châsse de Sampigny, sans aucune mention de la désignation de l'ossement par un Chirurgien.

C'est dans l'Eglise de Brunoy que M. Billard a été sacré Evêque d'Olympe le Dimanche dans l'Octave de la Fête-Dieu 1747.

La Cure est à la pleine collation de l'Ordinaire, ainsi qu'elle l'a toujours été suivant le témoignage des Pouillés. Celui du treiziéme siécle qui met presque tous les noms en latin, désigne cette Eglise par le nom *Bronai*. Quelques séculiers s'étoient emparés des dixmes dans le dixiéme ou onziéme siécle, et même d'un droit sur l'autel de ce lieu et sur les tourteaux ou pains que les Fideles offroient le lendemain de Noël ; mais leurs descendans en firent la restitution tôt ou tard. Nous sçavons qu'entre autres un nommé Rainard Corned jouissoit d'une partie de ces droits ; mais que pour décharger sa conscience il en fit présent à une Eglise de Paris, qui fut celle de Saint-Martin-des-Champs, et que l'Evêque Thibaud en confirma la jouissance à ce Prieuré vers l'an 1150. On apprend aussi par un titre de l'Abbaye d'Hieres, que vers l'an 1230, l'Abbesse et Guillaume, Prêtre de Brunoy, c'est-à-dire Curé, étoient en contestation sur deux parts de la menue dixme d'une maison de noble homme Philippe de Brunoy, Chevalier, située à Brunoy proche la Tour du même Chevalier, et que leur différend fut réglé par Maitre Pierre dit de Bourges, Chanoine de Paris. Quoi qu'il en soit de ces anciennes difficultés, le Curé est aujourd'hui gros Décimateur à Brunoy.

Hist. S. Mart. à Camp. p. 188.
Chart. Heder. in Bibl. Reg.

Comme l'Abbé Suger s'étoit déporté de tout ce que son Monastere de Saint-Denis avoit à Brunoy, en faveur des Religieux du nouveau Prieuré d'Essonne qui dépendoit de son Abbaye, c'est ce qui fit qu'on ne parla plus du Monastere de Saint-Denis à Brunoy, mais d'Essonne, et qu'à Saint-Denis même il ne fut plus fait mention de ce Village. Aussi, en conséquence de l'oubli où tomba la Terre de Brunoy parmi les Moines de Saint-Denis, celui d'entre eux qui traduisoit en françois les Chroniques de cette Maison au treiziéme siécle, voulant parler de la donation que Dagobert avoit faite par son testament à l'Abbaye de Saint-Denis du lieu dit *Villam Braunate in Briegio* ou *Villam Braunadum* dans les Gestes de ce Roi, s'exprime-t-il comme un homme qui ne sçait où prendre ce Village. Voici ses termes : « Il ne vout pas oublier en ce testament « son Patron le Martir S. Denis : einz li donna une vile qui lors « estoit apellée Brunade, mes ore est apellée Braine, si comme « l'en cuide. » Ce bon Religieux se trompoit bien fort, s'il croyoit que c'étoit Braine en Soissonnois que Dagobert eût donné à Saint-Denis. Quoi qu'il en soit, outre les biens ci-dessus nommés passés de l'Abbaye de Saint-Denis au Prieuré d'Essone, c'est-à-dire de la mere à la fille, il faut y comprendre une partie de la forêt de Senart que nous sçavons avoir appartenu à ce même Prieuré, par les Lettres que lui accorda le Roi Philippe-Auguste en 1210, pour l'exempter de la Gruerie de Corbeil, et que les Seigneurs de Brunoy ont depuis acquise parce qu'elle étoit à leur bienséance et voisine de leurs autres biens.

D. Bouquet, Recueil des Hist. de France, T. III, p. 297.

Hist. de Corbeil, p. 153.

On trouve encore mention des vignes du Prieuré d'Essonne à

Brunoy, dans les titres d'une Chapelle de Notre-Dame de Paris dont je parlerai ci-après.

Dans les mêmes temps que le petit Monastere d'Essonne fut doté par l'Abbé Suger en partie sur des biens situés à Brunoy, l'Abbaye d'Hieres le fut aussi en partie de différens héritages qu'on lui assigna en ce lieu. Avant l'an 1147, Hugues, fils de Garnier, lui donne un muid de froment à prendre chaque année dans son moulin de Brunoy, *apud Brennacum,* et du bois de la Forêt qu'il avoit au même lieu, la charge de deux ânes par jour ; laquelle donation fut confirmée en 1147 par une Bulle d'Eugene III. La tradition varie au sujet du bien que Pierre Lombard, Evêque de Paris, fit au même Monastere environ dix ans après. On lit dans l'ancien Nécrologe des Religieuses, qu'il leur avoit donné deux parts dans la menue dixme de Brunoy ; et dans un Mémoire postérieur de deux siécles ou environ au Nécrologe, une Religieuse s'exprime ainsi : « Pierre Lombard nous donna la troisiéme partie des dixmes de « Brunay. » Le même Couvent eut en 1206 de Geoffroy de Dugny la cinquiéme partie du péage de Brunoy, *pedagii de Broniaco ;* et de Foucher Cartels, Chevalier, en 1211, tout ce qu'il retiroit du même péage. Dans le même siécle, Aveline le Loup, de la famille des anciens Seigneurs de Villepinte, s'étant faite Religieuse dans ce Monastere, eut la dévotion de faire brûler un cierge le Samedi-Saint devant le Saint Sépulcre, et donna pour cela huit sols à prendre sur une vigne à Brunoy.

Chart. Heder. in Bibl. Reg. Annal. Bened. T. VI, Instr. p. 676.

Necrol. Heder. XII Cal. Aug. in Bibl. Reg. Dubois, Collect. mss. T. III, p. 385.

Chart. Heder.

Ibid.

Necrol. Heder VIII Id. Oct.

Je trouve enfin parmi les fondations de Chapelles à Notre-Dame de Paris, qu'il y en a plusieurs du titre de Saint Michel, et que parmi les biens dont elles ont été dotées, il y a une Maison à Brunoy lieu dit Monceaux, et quatre arpens de terre tenant aux vignes du Prieur d'Essonne, dont il ne reste plus, dit-on, que cinq quartiers.

Dubois, Collect. mss. T. V, ad calcem.

Quoique je produise ici des Seigneurs de Brunoy de six siécles consécutifs, je ne prétends pas en donner un catalogue où il ne reste rien à désirer. Le premier qui soit connu est nommé *Ansellus de Bruneio* dans les Lettres de Maurice de Sully, Evêque de Paris, de l'an 1171. Son frere Ferric étoit surnommé *de Gentilliaco.* On trouve ensuite le nom d'Ansel *de Bronaïo* parmi ceux des Chevaliers qui sous Philippe-Auguste tenoient dans la Châtellenie leur fief et soixante livrées de terre d'autres que du Roi. Dans le même catalogue dont on ne sçait pas l'année précise, mais qui est d'entre 1181 et 1223, est marqué parmi les Chevaliers de la même Châtellenie possédant cinquante livrées de terre et les tenant du Roi, *Federicus de Bronay.* Il peut être le même *Ferricus de Bruneio* qui fut en 1228 l'un des Chevaliers par lesquels Guillaume d'Auvergne fut porté sur le trône épiscopal

Duchêne, T. IV, p. 761.

Cod. Putean. 635.

Chart. Ep. Par. in Bibl. Reg. fol. 106.

de Paris à son entrée solemnelle. En 1270 vivoit Philippe *de Bruneio*, duquel Etienne Tempier, Evêque de Paris, acquit le fief de Gentilly. Ce même Philippe de Brunoy possédoit des terres à Jaigny en France. Il vendit ensuite un des fiefs qu'il avoit à Brunoy à Guillaume de Gournay, lequel en rendit hommage l'an 1273 à l'Evêque qui vient d'être nommé. Dans l'acte, Philippe n'est qualifié que d'*Armiger*, non plus que dans le suivant qui est de l'an 1277. Par ce dernier acte Philippe *de Bruneyo* et Mabile, sa femme, quittent pour une somme d'argent à l'Abbé de Sainte-Geneviéve le bois *de Mindeyo*, depuis la portion de bois que l'Abbaye avoit déja en ce lieu *de Mindeyum* jusqu'au Bois de l'Abbé de Chaumes, et ainsi qu'il se comportoit le long des deux Marchais, *secundum marchesios gemellos*, et où l'Abbaye d'Hieres avoit des Coutumes. Il donna de plus à l'Abbaye de Sainte-Geneviéve une vigne située *supra rivum Calidi furni*, et contiguë aux murs du bien que cette Abbaye avoit au Coudray, *contiguam muris S. Genovefæ de Codreyo*.

A l'égard de *Mindeyum*, c'est ce qu'on appelloit apparemment alors Mind dont on a fait Minville, qu'on écrit communément Mainville, et qui est dans l'étendue de la Paroisse de Draveil. Pour ce qui est d'un Coudray situé dans ces quartiers-là, il n'est point venu à ma connoissance.

Dans le quatorziéme siécle paroît Jean de Soisy, Chevalier, Seigneur de Brunoy. Il perdit en 1309 au Parlement contre les habitans de Brunoy qu'il molestoit, quoique leurs biens fussent sous la protection du Roi. Il fut choisi par Jeanne, Reine de France, pour rendre hommage de Brie-Comte-Robert à l'Evêque de Paris en 1544. La famille des Gaillonel posséda ensuite sous le regne de Charles V, un très-vaste terrain à Brunoy, si même elle n'eut pas la Seigneurie. En 1373, Jean de Gaillonel y tenoit du Roi un fief dans lequel son Hôtel de Brunoy étoit renfermé avec les jardins formant trente-huit arpens. La même année Adam de Gaillonel tenoit aussi du Roi un autre fief assis à Brunoy, qui consistoit en deux cent dix-huit arpens, tant terres que prés et bois. Au milieu du siécle suivant la Terre de Brunai fut acquise par Jean du Breuil, Conseiller au Parlement, comme il paroît par un compte de rachats et reliefs de 1452.

Sur la fin de l'avant-dernier siécle, les Fief, Terre et Seigneurie de Brunoy étoient possédés par François de Rony, ainsi qu'il se lit au Rôle du Ban et Arriere-Ban de la Châtellenie de Corbeil dressé l'an 1597 ; il y déclara que le tout valoit de rente huit vingt quatre livres dix-neuf sols onze deniers. Frere Jean de Serres, Prieur d'Essonne, y fit aussi déclaration du sien assis à Brunoy avec un autre assis à Lourdy en Brie, Prévôté de Melun.

Charles, Comte de Launoy, étoit Seigneur de Brunoy sous Louis XIII, lorsque De la Barre écrivoit son Histoire de Corbeil. A la fin du dernier siécle, et au commencement de celui-ci, cette Seigneurie étoit possédée par M. le Prince d'Elbeuf. M. Brunet, Garde du Trésor Royal, y avoit une Maison de campagne dont les jardins, etc., étoient très-remarquables. L'Abbé Maumenet qui avoit souvent remporté le prix de l'Académie Françoise, en décrivit les singularités en deux feuilles de Poésie Françoise l'an 1700. Il y parle de jets d'eau presque aussi élevés que ceux de Saint-Cloud, d'une grotte de la main de celui qui avoit fait celle de Versailles, d'une salle des Antiques. Il n'oublie point la riviere d'Hiere, qui a un cours bien particulier : Hist. de Corbeil p. 20. Perm. d'Or. domest. 16 Janv. 1630.

Merc. de Juin 1700.

Que j'aime à voir l'Hiere au pied de ces côteaux
Rouler en serpentant le cristal de ses eaux ;
Entre des peupliers qui couronnent sa rive
Elle semble arrêter son onde fugitive.

M. Antoine Pâris de Montmartel ayant acquis cette Terre vers l'an..... y a bâti un Château magnifique, et ne cesse d'en embellir le voisinage par des terrasses, des pieces d'eau et tapis ; il a même fait construire un pont sur l'Hieres vers le lieu appellé Soulin, duquel je dirai un mot ci-après.

Il ne faut pas oublier pour l'honneur et la gloire du village de Brunoy, que le Roi Philippe de Valois y passa une grande partie du Printemps de l'année 1346, occupé apparemment à chasser dans la forêt de Senart. Il y donna le 29 Mai un Edit portant réglement pour les Eaux et Forêts : et le 21 Juin des Lettres qui défendoient de prendre les chevaux et harnois des Marchands qui amenent du poisson à Paris. On pourroit demander si le Château où il logea n'étoit point à l'endroit où l'on voit encore les restes d'une vieille Tour ronde, proche le hameau des Baucerons, et qu'on appelle *La Tour de Ganne ;* car alors les Rois se contentoient d'un petit appartement à la campagne. Il m'a paru que cette Tour a toujours été trop petite pour servir de logement à un Prince, et que c'étoit plutôt une Tour Seigneuriale qui a pris le nom des ruines qu'on voyoit auprès. On trouve en effet dans plusieurs lieux, de ces Tours de Ganne ; celle de la Queue porte ce nom ; il y en a dans le Poitou : j'en connois une entre Soissons et Compiegne. Chifflet assure que dans la Franche-Comté on donne le nom de Gannelons aux blocs de murs des anciens Romains détruits ou en masses. Collection des Ordonnances.

Chifflet in Vesontione, p. 211.

L'écart ou hameau le plus considérable de la Paroisse de Brunoy est le lieu que les Cartes marquent sous le nom des Baucerons. Il est presque tout-à-fait sur le haut de la côte en allant de

Montgeron à Epinay ; l'Abbé Chastelain prétendoit qu'il falloit dire *Les Boscherons* et l'écrivoit ainsi ; en effet ce hameau étant sur la lisiere de la Forêt, convenoit fort à loger des bûcherons. On dit qu'il y a soixante feux.

Les Cartes les plus détaillées du Diocèse mettent aussi sur la Paroisse de Brunoy les *Ruines des Godeaux* proche les Baucerons ; je n'ai rien trouvé sur ce lieu.

La même Paroisse avoit aussi dans son enceinte un lieu dit REVILLON. Ce lieu étoit du côté de l'Abbaye d'Hieres, puisqu'on lit qu'aux douziéme et treiziéme siécles on l'appelloit quelquefois *Ecclesia de Rivillone* [1] *; Abbatissa de Rivellon*. En l'année 1235, Guillaume, Evêque de Paris, certifia par Lettres que Hugues de Limeil, Chevalier, avoit donné à l'Abbaye d'Hieres vingt-cinq sols à prendre sur des masures situées à Revillon *in Parochia de Brunayo*, ce que Jean d'Hieres, dont cela dépendoit, et Clémence, sa femme, avoient approuvé. Plusieurs Cartes donnent le nom de Rouillon au ruisseau qui vient de Servon, Centeny et Marolles, et se jette dans la riviere d'Hieres proche l'Abbaye. Encore de nos jours les maisons qui sont à l'extrêmité de Brunoy du côté d'Hieres portent le nom de Revillon ou Reveillon.

Chart. Longip. fol. 40. Polyptic. Par. in Decanatu Moissiaci. Chart. Heder.

SAINT-OLON étoit autrefois un Château sur la même Paroisse, duquel je n'ai rien à dire que ce que j'ai lu dans les Voyages manuscrits de l'Abbé Chastelain qui y avoit été vers l'an 1699 : « Saint-Olon, Château sur le bord de la riviere d'Hieres. La Cha-
« pelle de Saint-Olon a donné le nom à la maison ; elle est go-
« thique, mais avec un lambris peint et doré, et des colomnes de
« marbre à l'autel. Saint Olon, c'est Saint Odile ou Odilon, Abbé
« de Cluny. Le jardin de Saint-Olon a de très-belles palissades,
« un petit canal, et une grotte à l'antique. Il y a sur la porte :

« *Cuncta rident, domus, hortus, aquæ simul atque patronus.* »

Ce lieu marqué *Saint-Olon* dans plusieurs Cartes du Diocèse et des environs de Paris, même dans celle de G. De l'Isle, est à présent changé jusqu'au nom, qui, s'il a été véritablement dit Saint-Olon, n'est plus connu que sous celui de Soulin ou Solin. Plus haut est un autre petit lieu appellé Tifaine.

---

1. Dans le cartulaire de Longpont publié en 1880 on lit (p. 212) *de Tivillone*. L'index géographique qui se trouve à la fin de l'ouvrage ne peut, il est vrai, déterminer la situation de ce *Tivillo*. (Note de l'éditeur.)

YERRE ou HIERRE

C'est ici l'un des Villages du Diocése de Paris dont le nom a été communiqué à la riviere qui y passe. Car quoique M. de Valois pense que c'est la riviere d'Hiere qui a donné son nom au Village, M. Lancelot, avec plus de raison, est d'avis que c'est plutôt le Village qui a communiqué le sien, ajoutant que c'est l'usage ordinaire. Nous avons un exemple de cela dans Bievre, lieu du Diocése de Paris, qui a fait part de son nom à une petite riviere fameuse, par la raison que c'étoit le premier Château ou Village qu'elle trouvoit depuis sa source, avant qu'on eût érigé des Paroisses à Jouy et à Buc. Ici la Paroisse et le Château d'Hierre communiquent leur dénomination à la riviere en question, parce que c'est le premier lieu considérable qui se trouvoit en remontant depuis son embouchure, vu que Crone n'étoit qu'un hameau autrefois, non plus que Montgeron.

Notit. Gall. p. 417.

Les titres latins des différens temps qui font mention de ce Village depuis le XII siécle, l'appellent *Edera, Hedera, Hesdera, Hierra, Erra, Irrya.* Il est à croire que ce nom lui vient de ce que dans le territoire où il a été bâti, lequel étoit presque tout en bois avant qu'on y eût défriché et planté des vignes, l'arbre ou la plante, appellée autrefois Yerre, ou Hierre, puis dite Lierre par la jonction de l'article, étoit plus commune qu'ailleurs ; de même qu'il y a des lieux appellés *l'Orme, le Chesne, Fresne,* etc., à cause des arbres de même nom qui y étoient en abondance. Dans le langage vulgaire, on a conservé la maniere de prononcer plus conforme à l'étymologie latine, sans y joindre l'article, comme l'usage l'a fait introduire lorsqu'on parle de l'arbrisseau *Hedera ;* de sorte que ce nom ne s'écrit point autrement que Hierre ou Yerre, et quelquefois Ierre.

Pour parler exactement, ce lieu est à quatre lieues et demie de Paris, quoiqu'ordinairement on n'en compte que quatre. Sa position est à l'Orient d'hiver du milieu de Paris ; il est dans l'enfoncement d'une prairie très-agréable, formée par la riviere de même nom, presque au plus bas du côteau qui a des bois du côté de l'Orient, et vers le Septentrion, des vignes en quantité qui regardent le midi ; son éloignement de la Seine n'est que d'une petite lieue. En 1709 on y comptoit 101 feux, suivant le dénombrement imprimé alors. Celui que le sieur Doisy a donné au public en 1744, en compte 99. Le Dictionnaire Universel de la France, imprimé en 1726, marque que le nombre des Habitans ou Communians alloit à 456.

On ne trouve point les commencemens de l'Eglise Paroissiale d'Hierre. Comme ce Village est fort peu éloigné de la fameuse Terre Royale de Brunoy, et que cette Terre, pour être d'une grande étendue, devoit comprendre les bois du rivage droit de la petite riviere comme ceux du rivage gauche (vu que la chasse faisoit le plaisir de nos premiers Rois), il est vraisemblable que le lieu d'Hierre y a été compris, et que c'est par la suite qu'il en a été distrait pour être érigé en Paroisse. Cette érection doit être au plus tard du XI siécle, puisqu'on voit qu'il existoit une Eglise Paroissiale du nom d'Hierre, lorsqu'on y dota une Abbaye de Filles dans le siécle suivant ; en sorte même que cette Eglise fut annexée à ce Monastere, et que la Fondatrice y avoit une maison sur laquelle elle assigna du revenu à cette Communauté. Mais pourquoi cette Paroisse reconnoit-elle pour Patron un Saint aussi peu connu que l'est Saint Honest, Prêtre de Pampelune en Navarre ? Ce Saint seroit-il venu mourir en ce lieu, et y auroit-il été inhumé, puisqu'on y a conservé de temps immémorial de ses Reliques assez considérablement? C'est une conséquence qui ne peut pas se prouver. En accordant aux Navarrois que ce Saint de leur pays, décédé au III siécle, ait été inhumé à Pampelune, il est à croire que lorsque Charlemagne détruisit cette Ville l'an 779, quelques Ecclésiastiques de sa suite en enleverent la principale Relique, qui devoit être le corps de ce Saint, et qu'ils l'apporterent en France [1] ; au moins il en parvint une portion considérable dans ces cantons-là. La preuve s'en tire de ce qu'une partie de la prairie, en tirant vers Crone, porte encore le nom de Pampelune, nom qui n'est pas nouveau dans le pays. On voit en effet dans l'énumération des biens que l'Abbaye d'Hierre possédoit avant l'an 1147, la moitié du revenu d'un moulin, dit de Pampelune, laquelle moitié lui avoit été accordée par une Comtesse pour le repos de l'ame de son fils, Chevalier nommé Etienne. Ce bien étoit surement placé entre le Village d'Hierre et le grand chemin qui conduit à Montgeron [2]. Il y avoit probablement en ce lieu quelque Maison ou Fief avec une Chapelle, qui aura eu le nom de Pampelune, à cause des Reliques qui venoient de cette Ville. Si ces Reliques ne furent pas apportées par quelque Ecclésiastique de Charlemagne, on ne peut

Bulla Eug. III, an. 1147.
Annal. Bened. T. VI, p. 677.
Necr. Heder. III Idus Januar.

---

1. On en a un exemple dans Saint Anatole, Evêque de Cahors, dont Ermengaud, Abbé de Saint-Michel, au Diocése de Verdun, rapporta le corps qu'il avoit fait déterrer proche Cahors, pendant qu'il étoit à la suite de Charlemagne, qui l'avoit mené à la guerre d'Aquitaine. *Mabill. Analect. in fol. p. 35.*

2. Il y a une virgule mal placée dans l'imprimé de la Bulle. On y lit : *Medietatem molendini de Pampilona apud Corbolium. quartam partem molendini de Pontello S. Exuperii.* Il faut lire : *Medietatem molendini de Pampilona, apud Corbolium quartam partem, etc.* parce que Pampelune etoit proche Hierre, et le Ponceau Saint-Spire à Corbeil.

gueres se refuser aux apparences qu'il y a que ce furent quelques autres Voyageurs d'Espagne, tels que le Moine Usuard, ou autres de sa compagnie, lorsqu'ils apporterent de ce Royaume à Paris plusieurs Corps saints, sous le regne de Charles le Chauve. La Villeneuve, qui est voisine d'Hierre, en prit alors le surnom de *Saint-Georges*. Par la suite la Chapelle de Pampelune ayant été détruite avec le Hameau, soit par les guerres, soit par les inondations, ce qu'on y conservoit de Reliques de Saint Honest aura été partagé entre l'Eglise Paroissiale d'Hierre et l'Abbaye ; ce qui depuis aura fait oublier l'ancien Patron de la Paroisse, qui, selon moi, étoit Saint Loup ou Saint Léger. On trouve effectivement à la fin du Nécrologe de ce Monastere, conservé à la Bibliotheque du Roi, un catalogue de Saints, avec ce titre : *Dies Festi in quibus non laboramus, hi sunt*. Avec les Saints de l'Ordre, on n'y voit que ceux dont les Fêtes étoient chommées communément autrefois par le peuple. Or Saint Loup et Saint Léger y sont nommés, et Saint Honest n'y est nulle part. Ce qui détermine à regarder Saint Loup ou Leu comme l'ancien Patron de la Paroisse d'Hierre, est que la solemnité que l'on faisoit à l'Abbaye pour Saint Léger, venoit de ce qu'on y possédoit de ses Reliques, ainsi que le prouve le Catalogue des Reliques qui est au même Volume, et de l'écriture du XIII siécle, aussi bien que celui des Fêtes chommées. Comme donc les Religieuses ne possédoient point de Reliques de Saint Loup, elles ne pouvoient avoir eu d'autre motif d'en chommer la Fête, sinon que parce qu'il étoit Patron de la Paroisse. Cette petite discussion de ces deux Catalogues, où il n'y a pas un mot de Saint Honest, nous doit faire conclure que les Reliques de ce Saint étoient encore dans sa Chapelle de Pampelune au Diocése de Paris lorsqu'ils ont été écrits, et qu'elles n'ont été portées à Hierre que depuis le XIII siécle.

L'Eglise Paroissiale, dite de Saint-Honest depuis le XIV siécle, ou environ, est un bâtiment assez grand, sans aîles cependant, mais seulement accompagné de Chapelles, et d'une Tour vers le Nord qui paroit récente. L'Architecte n'y a rien fait mettre en sculpture au Chœur qui est voûté, ni aux piliers, d'où l'on puisse reconnoitre le temps de son ouvrage : le tout est sans aucuns cordons. Il se voit au portail quelques restes de petites colonnes du XIII siécle, mais qui peuvent avoir été apportées d'ailleurs. Voici ce qu'on lit sur une pierre attachée proche le grillage du Chœur à main gauche. Le caractere est petit Gothique :

« L'an 1526, le 27 jour d'Avril, fut faite en cette Eglise d'Yerre la
« réception des Reliques de S. Honest, Patron de céans : et le 29 dudict
« mois fust dédiée ladicte Eglise par Reverend Pere en Dieu François de
« Poncher, Evesque Paris, et ce des deniers donnés à ladicte Eglise

« par vénérable personne Mre Gabriel Dugué, Prestre, demourant audit
« lieu. Et par ledit Reverend fut mise et instituée la Fête de la Dédicace
« par chacun an le I jour de May. »

Les Reliques de Saint Honest ne sont plus en cette Eglise, à ce qui m'a été dit sur les lieux, mais à l'Abbaye. De cette inscription on pourroit inférer que ce ne fut qu'en 1526 que l'on commença à avoir des Reliques de Saint Honest dans cette Eglise, et que ce ne seroit que depuis ce temps-là qu'il en a été regardé comme Patron ; mais il faut croire qu'elle est plus ancienne, puisque dans le Registre de l'Evêché, après la remarque de la consécration de l'Eglise et des six Autels, faite le Dimanche 29 Avril, il est écrit qu'à la priere du Curé et des habitans, l'Evêque supprima la Fête de Saint Honest, qui avoit coutume d'y être faite le 16 Février, et la transféra au Dimanche d'après la Saint-Denis. L'Abbé Chastelain dit dans son Martyrologe Universel, qu'on le représente la mitre en tête, quoiqu'il n'ait point été Evêque.

Saint Vincent est honoré à Hierre comme second Patron ; mais c'est à cause du nombre de Vignerons qui sont de la Paroisse.

Dans la Chapelle Seigneuriale, au côté gauche du Chœur, c'est-à-dire au côté septentrional, se lisent ces Inscriptions :

Cy dessous sont les cœurs de Dreux Budé et Eustache Budé son fils, vivans Seigneurs Chastelains d'Yerre ; lesquels sont décédés à Paris : sçavoir ledit Dreux le 14 Mars 1587, et Eustache le 20 Février 1608. Lesquels sont inhumés en leur Chapelle de Saint Gervais.

Carissimæ uxori Carolæ Budé, ex illustrissimo Budeorum et Florettarum sanguine natæ, etc.

Le reste dit qu'elle mourut âgée de 25 ans, après sept ans de mariage, l'an 1623, le 13 des Calendes d'Octobre, laissant deux fils.

Marcus de Faultrey, Senatus Parisiensis Consiliarius, Monumentum posuit.

Dans la Chapelle suivante, en tirant vers l'Occident, est une tombe de marbre, sur laquelle on lit :

Cy gist honorable homme Jean Thiriot, en son vivant Ingénieur-Architecte des Bâtimens du Roi, moins illustre dans son Art que dans sa Religion : décédé le 14 Janvier 1647.

Ses armoiries ne sont autres qu'un compas, un équerre et une toise.

La Cure d'Hierre est à la nomination de l'Abbesse du lieu, ainsi que l'attestent tous les Pouillés de Paris, à commencer par celui du XIII siécle. Ce droit est fondé sur le don qu'Etienne de Senlis, Evêque de Paris, en fit vers l'an 1138 à cette Maison, établie de son temps et par ses soins. Il y joignit la troisiéme partie de la

Bulla Eug. III, anni 1147, Annal. Bened. T. VI.

Dixme, le surplus appartenant alors au Prieuré de Saint-Martin-des-Champs, ainsi qu'il se trouve énoncé dans des Lettres de Thibaud, Evêque de Paris. On trouve dans le Cartulaire de Sainte-Geneviéve de Paris, mention de Noël, Curé d'Hierre *(Presbyter de Edera)*, qui avoit quitté son Bénéfice à l'occasion du Traité qu'il fit l'an 1275 avec Arnoul, Abbé de cette Maison, d'entrer, en qualité de Pensionnaire, dans leur Communauté d'Epinay. L'Abbé lui promit qu'il y seroit traité comme le Prieur et son Confrere, et qu'on feroit même son Obit après sa mort. *Hist. S. Mart. à Camp. p. 188.*

Chart. S. Gen. p. 367.

Le Curé d'Hierre est gros Décimateur, avec l'Abbesse du lieu.

M. le Camus, premier Président de la Cour des Aides, a établi dans cette Paroisse deux Sœurs de la Charité.

Le premier Seigneur d'Hierre qui paroisse dans les titres, est Guillaume, dit *Miles de Hierra,* dans le Cartulaire du Prieuré de Longpont. Il vivoit surement en 1130 [1]. Après lui on y trouva Geoffroy *de Edera*, et Ade, sa femme, surnommée Machan, comme bienfaiteurs. Ces deux Seigneurs sont du XII siécle. Dans le treiziéme, paroît à l'an 1228 Jean de Dongon, Chevalier, Seigneur d'Hierre, qui reconnoît tenir le bois entier de Cornouaille situé à Epinay, de l'Abbé et Couvent de Sainte-Geneviéve. En 1235, Jean d'Hierre, *de Edera*, Chevalier, et Clémence, sa femme, donnent à l'Abbaye d'Hierre des droits de mouture dans le moulin du Pont, entre cette Abbaye et le Village d'Hierre. Ils agréent la même année, comme Seigneurs Suzerains, un don de bâtimens situés à Revillon sur la Paroisse de Brunoy, fait au même Monastere. En 1248, Jean de Donjon, le même peut-être que ci-dessus, *Dominus de Hesdera,* se reconnoît vassal ou homme de l'Abbaye de Saint-Denis, au sujet de certains biens. En 1255, au mois de Juin, Guillaume d'Hierre, Chevalier, fit hommage à l'Evêque de Paris dans sa maison de Moissy au-dessus de Corbeil, pour le fief de Combs-la-Ville, qui renfermoit trois arriere-fiefs. Par un endroit du Cartulaire de Saint-Maur-des-Fossés, il paroît qu'en 1280 Guillaume *de Edera*, Chevalier, avoit une censive à Montgeron. Il fut besoin de son agrément pour les prés que Jean de Chevry donna alors à cette derniere Abbaye. Les Curieux qui ont dressé dans le siécle présent et fait imprimer en 1722 une suite des Seigneurs d'Hierre, n'ont point connu ces anciens des premiers temps, et n'ont commencé leur Catalogue que par les Courtenay qui suivent. *Chart. Longip. fol. 31.*

Ibid., fol. 32.

Chart. S. Gen. p. 171.

Chart. Heder.

Ibid.

Chart. S. Dion. Reg. p. 234.

Chart. Ep. Par. Reg. fol. 114.

Chart. Fossat. fol. 82.

On voit que dans le XIV siécle la Terre d'Hierre étoit dans la Maison illustre de Courtenay. Je trouve cependant que Marie

---

1. Il fut témoin dans un Acte de Dame Eustachie, Fondatrice de l'Abbaye d'Hierre.

Devinci, Dame de ce lieu, comme ayant la garde noble de son fils mineur, plaide contre la Reine Jeanne et contre les Chartreux de Paris en 1367. Jean de Courtenay en étoit Seigneur en 1380. Il descendoit de Pierre de Courtenay, qui avoit épousé une Dame d'Hieres nommée Elisabeth. On lit qu'en 1385 lui et Calippe de la Louvetiere son épouse s'opposerent aux criées que l'on faisoit de sa terre à la requête des Chartreux de la grande Chartreuse.

Reg. Bull. Par.

Reg. Parlam. 1385, 23 Aug.

Jean Bureau de la Riviere, premier Chambellan de Charles VI, acquit la Terre d'Hierre par décret le 9 Juin 1386 sur Jean de Courtenay. Puis Jeanne, sa fille, porta cette Terre par mariage à Jacques de Chastillon, Chambellan du Roi, Amiral de France, tué à la bataille d'Azincourt en 1415. Ils avoient eu pour fils Louis de Chastillon, qui mourut sans enfans.

Delà cette Terre passa aux Budé, qui descendoient de Guillaume Budé, annobli par Lettres de Charles VI, données à Maubuisson au mois de Septembre 1399, et de Jean Budé, Notaire du Roi, annobli le même jour.

Reg. du Trésor des Ch. 157. Pièce 143.

Dreux Budé, Garde des Chartes du Roi, Audiencier de la Chancellerie de France, devint Seigneur Chastelain d'Hierre, par acquisition du 2 Mars 1452. Il fut fait Prévôt des Marchands la même année. Les comptes du Domaine font mention de sa Seigneurie en 1458. Jean Budé son fils eut depuis cette Terre avec une autre, par partage fait avec ses sœurs, au mois de Juillet 1476. Il épousa Catherine le Picard. Il eut vers le même temps des Chartreux de Paris les biens situés à Hierre, que Jeanne d'Evreux, Reine de France, leur avoit donnés pour la fondation de leur infirmerie. Dreux, leur fils aîné, lui succéda. Il fit faire en 1504 un Terrier d'Hierre, et comparut à la Coutume de Paris de l'an 1510, en qualité de Seigneur de ce lieu et autres. Il avoit épousé Guillemette de Thumery. Son frere, Guillaume Budé, est très-connu par ses ouvrages parmi les Sçavans. On assure que quoiqu'il ne fût point Seigneur d'Hierre, il y posséda une maison, dans le jardin de laquelle on voit une fontaine qui est appellée la Fontaine Budé, et qui appartient aujourd'hui à la succession de M. de Barcos, Intendant de la Maison de Villeroy.

Sauval, T. III, p. 158.

DuBreul, p. 359.

Dreux Budé laissa six garçons et deux filles. Ces huit enfans eurent tous part à la Seigneurie d'Hierre après sa mort. Jean, son fils aîné, en eut la moitié. Il reçut le 3 Mai 1534 l'hommage de la Terre de Romaine en Brie, rendu par Pierre d'Apestigny, Général de Bourgogne. Il étoit décédé dès l'an 1558. Sa veuve, Jacqueline de Bailly, traita du reste de la Seigneurie avec ceux qui y avoient eu part. Jean Budé avoit eu d'elle deux fils, Dreux et Pierre. Dreux Budé, l'aîné, fut Seigneur Chastelain d'Hierre, sans avoir toute la terre. Il comparut comme tel à la Coûtume de

Tab. Ep. in Romaine. Brodeau, Cout. de Paris, Note 76.

Paris en 1580 avec Pierre Budé, Ecuyer, qui en avoit eu un tiers sur le partage de l'an 1573. Il y est qualifié Secrétaire du Roi, et l'un des quatre Notaires du Parlement. Il avoit épousé Marie Allegrin. Il mourut à Paris le 14 Mars 1587, et fut inhumé dans la Chapelle de leur nom à Saint-Gervais. Son cœur fut porté à l'Eglise Paroissiale d'Hierre, ainsi qu'on a vu ci-dessus. Ce fut lui qui permit au sieur Foing, propriétaire de la Grange du Milieu, de la faire clorre de fossés et ponts-levis, ainsi que je dirai plus au long. On va voir dans la suite de cette Chronologie des Seigneurs d'Hierre la Terre partagée en deux parties inégales.

Comme Dreux Budé avoit joui des deux tiers, Eustache, son fils, Correcteur en la Chambre des Comptes, en jouit également, et fit hommage le 11 Juillet 1597. Il épousa Catherine Florette, dont il eut deux filles. Isabelle l'aînée, fut mariée à Florent Pasquier, Procureur Général au Grand-Conseil, et Conseiller d'Etat. Elle fut Dame d'Hierre pour moitié dans les deux tiers, depuis adjugée à Rollin Burin par décret du 7 Mars 1634. Charlotte, la cadette, mariée à Marc du Faultray, Conseiller au Parlement, fut Dame de l'autre moitié dans ces deux tiers, que ses mineurs vendirent en 1657 à Rollin Burin. Elle fut inhumée dans l'Eglise de la Paroisse d'Hierre en 1623. On a vu ci-dessus l'abrégé de son Epitaphe.

A l'égard du dernier tiers de la Seigneurie, qui avoit été possédé par Pierre Budé, Seigneur de Fleury-lez-Meudon, et frere puîné de Dreux Budé, comme ce Pierre Budé avoit eu deux fils de son mariage avec Anne de Brochet, sçavoir Pierre et Nicolas, ce tiers fut partagé entre eux deux en 1600. Pierre ensuite se défit de son demi-tiers, et le vendit à Louis de Valois, depuis Duc d'Angoulême, Seigneur de Grosbois-le-Roi, le 16 Août 1628, au camp devant la Rochelle. Nicolas Budé, Seigneur de Villiers-sur-Marne, eut la moitié du même tiers, et aussi une maison au lieu dit Narelle sur la Paroisse d'Hierre, laquelle formoit un fief tenu en foi et hommage du Roi, à cause de sa Châtellenie de Corbeil, et qui précédemment avoit appartenu à Demoiselle Jeanne Gilbert. On apprend ces circonstances par le rôle de la contribution au Ban et Arriere-Ban de Corbeil de l'an 1597 ; il y est même ajouté que Nicolas de Landelle, Procureur de Nicolas Budé, déclara que ledit Budé étoit actuellement à la suite du sieur de Vitry et dans sa Compagnie. Ce même Nicolas Budé vendit ce fief de Narelle à .... Turpin, Conseiller d'Etat, par Contrat d'échange du 22 Février 1631, et le 11 Octobre 1633, il vendit pareillement sa moitié dans le tiers de la Seigneurie d'Hierre à Charlotte de Montmorency, Duchesse d'Angoulême, mere de Louis de Valois ci-dessus nommé.

Il est clair par ce détail chronologique et généalogique, que les derniers de la famille des Budé qui ont joui de quelques portions de la Terre et Seigneurie d'Hierre jusqu'au-delà du milieu du dernier siècle, sont les enfans d'Isabelle Budé, épouse de Florent Pasquier, et ceux de Charlotte Budé, épouse de Marc du Faultray, parce que Rollin Burin, Grand Audiencier de France, n'en eut les deux tiers que par décret du 7 Mars 1654 sur Florent Pasquier, et par Contrat volontaire du 15 Avril 1657, passé avec les mineurs de Michel du Faultray. Ces deux tiers furent depuis adjugés aux Dames Religieuses d'Hierre par décret du 6 Mars 1673, sur le même Rollin Burin. Depuis ce temps-là il n'a plus été parlé des Budé à Hierre ni à Paris, et l'on ne connoît plus de personnes de ce nom que ceux qui demeurent à Genève. Il y a toute apparence que ce Château, tel qu'il se voit aujourd'hui, bâti de briques avec des tourelles et des créneaux, a été bâti au XV siécle. Ainsi il pourroit bien être du temps que les premiers Budé en étoient Seigneurs; du moins leurs armes sont sur la porte; elles sont d'argent au chevron d'azur, accompagné de trois grappes de raisin d'azur; les supports sont deux Anges de carnation. De la Barre, qui écrivoit vers 1620 ou 1630 l'Histoire de Corbeil, écrit qu' « Hierre est un ancien Château possédé par ceux de la famille « des Budé qui prétendent avoir droit de Châtellenie, et sous cette « couleur se sont distraits du ressort de Corbeil, quoique leur fief « en releve. »

<small>Le Laboureur, Tombeau des Illustres, p. 129.

Hist. de Corbeil, p. 20.</small>

Les Seigneurs de Grosbois-le-Roy furent les premiers qui entrerent en possession d'une partie de la Seigneurie d'Hierre sous le regne de Louis XIII, et qui en eurent ce que les Budé en démembrerent. Charles de Valois, Comte d'Auvergne, Duc d'Angoulême, et Charlotte de Montmorency, sa femme en premieres noces, étant devenus Seigneurs de Grosbois par acquisition du 24 Décembre 1616, de Nicolas de Harlay-Sancy, profiterent du voisinage d'Hierre qui n'en est éloigné que d'une lieue, et acquirent la moitié du tiers de la Seigneurie, de Nicolas Budé le 11 Octobre 1633. Louis de Valois, leur fils, qui avoit acquis en 1628 l'autre demi-tiers de Pierre Budé, y joignit la portion qui lui revint de la succession de sa mère, et devint par-là Seigneur d'Hierre pour un tiers. Il avoit épousé Henriette de la Guiche, Dame de la Palisse. Françoise-Marie de Valois, fille unique de ce Duc d'Angoulême, épouse de Louis de Lorraine, Duc de Joyeuse, eut, par droit de succession, le même tiers de la Seigneurie d'Hierre aux Grosbois. Mais ce tiers, aussi-bien que Grosbois, fut revendu le 5 Février 1676 à Antoine de Brouilly, Marquis de Pienne, Chevalier des Ordres du Roi. Sa fille aînée, Olympe de Brouilly, jouit du tout après lui, en vertu de donation; elle épousa Louis d'Aumont, Marquis de Villequier. C'est ainsi que ce tiers passa par quatre ou cinq mains, jusqu'à ce qu'il se trouva réuni aux deux autres tiers, par le moyen de la vente qu'en firent les Religieuses d'Hierre.

Achilles de Harlay, premier Président du Parlement de Paris et Seigneur de Grosbois, devint Seigneur du tiers de la Terre d'Hierre, par l'acquisition qu'il en fit de la Duchesse d'Aumont, précédemment Marquise de Villequier, le 12 Juillet 1701, et il y joignit le reste trois ans après, l'ayant acquis des Dames de l'Abbaye d'Hierre le 12 Juillet 1704. Il avoit eu de son mariage avec Anne-Magdelene de Lamoignon, Achille de Harlay, Conseiller d'Etat, qui lui succéda en 1712 dans toute la Seigneurie d'Hierre. Il avoit épousé Louise Lowet de Coetjaonval, de laquelle il eut une fille unique, dite Louise-Magdelene, qui devint Dame d'Hierre le 13 Juillet 1717, jour de la mort de son pere. Elle épousa Christien-Louis de Montmorency-Luxembourg, Prince de Tingry, Lieutenant-Général des Armées du Roi, Gouverneur de Valenciennes, et créé Maréchal de France en 1734, et mort le 23 Novembre 1746.

L'année suivante (1718), Samuel-Jacques Bernard, Maître des Requêtes, eut toute la Seigneurie d'Hierre par Contrat d'échange du 4 Mars.

Enfin, M. Chauvelin. J'ai appris que comme jouissant du haut-fief de la Seigneurie d'Hierre, il a transigé avec M. Paras, Seigneur de Montgeron.

On m'a écrit qu'il y avoit trois fiefs à Hierre ; que l'un est à M. Gaudion, Seigneur de la Grange et de cette Paroisse, et depuis au Maréchal de Saxe ; le 2e à M. Chauvelin ; le 3e à l'Abbaye.

Hierre ayant appartenu à des Seigneurs très-attentifs au bien public, ne manqua pas de voir établir des Marchés et des Foires dans son enceinte. Il est fait mention dans les Mémoriaux de la Chambre des Comptes de l'an 1484, que Louis XI permit qu'on y tînt deux Foires par an, et un Marché chaque semaine : mais on a oublié de marquer quels étoient les jours de ces Foires, qui nous eussent pu instruire de l'antiquité du concours aux Reliques de Saint Honest.

Les jours de ces deux Foires qu'on ignore, furent changés en deux autres jours, par Lettres de François Ier, données à Saint-Germain-en-Laye au mois de Mars 1518, et furent assignés au 29 et 30 Août, veille et jour de Saint Fiacre ; mais le marché de chaque semaine fut laissé au Jeudi, tel qu'il étoit. On lit dans un ouvrage imprimé à Paris en 1740, qu'il subsiste encore une Foire à Hierre, le 31 Août, fête de la B. Isabelle de France, et quelques feuillets plus haut il est marqué que c'étoit à *la Grange du Milieu*, Paroisse d'Hierre, qu'il y avoit une Foire établie le lendemain de

Bann. du Chât. Vol. II, f. 110.

Concordance des Breviaires, p. 217.

Ibid., p. 211.

Saint Fiacre (ce qui revient au 31 Août), mais qu'elle ne subsiste plus depuis quelques années. On verra à l'article de l'Abbaye que c'étoient des Reliques que l'on montroit à l'Abbaye sous le nom de Saint Fiacre, qui avoient occasionné le concours à la fin du mois d'Août.

Les dépendances de la Paroisse d'Hierre sont deux Communautés : 1° L'Abbaye de Filles qui a pris le nom du lieu; 2° Les Camaldules; 3° Il y a quelques écarts ou hameaux, tels que Conci, la Grange du Milieu, etc. Les deux Couvents auront ci-après chacun leur article séparé.

CONCIS, que les Géographes écrivent Concy dans la Carte des environs de Paris, comme s'il venoit de *Conciacum*, est appelé *Concisum* et *Concissum* dans les premiers monumens qui en font mention, et qui sont d'avant le milieu du XII siècle. Ainsi son origine n'est point difficile à reconnoître ; c'est un lieu où il se fit un abattis d'arbres, que les Latins appellent *Concædes*, et que les Francs nommoient *Combr ;* c'est-à-dire que la Forêt dite de Senart comprenoit ce canton, qui en a été détaché lorsqu'on l'a défriché pour le cultiver. Etienne de Senlis, Evêque de Paris, l'un des Fondateurs de l'Abbaye d'Hierre, donna vers 1238 à cette Maison plusieurs dixmes que les détenteurs laïques lui avoient remises, entr'autres *Decimam de Concisso ;* ce que Thibaud son successeur confirma par ses Lettres de l'an 1142 sous le nom de *Decimam Concisi,* et qui se trouve répété dans la Bulle d'Eugene III de l'an 1147. Dans une Charte postérieure et dans le Nécrologe ancien d'Hierre, on lit en langue vulgaire *Conci*. Thomas Pasté avoit donné à ce Monastere quarante sols *in censu de Consi ;* ce qui fut certifié par Lettres de Guy Briart, Chevalier, Seigneur de Villepaecle en 1227. C'est, sans doute, ce même Thomas dont les Dames d'Hierre faisoient l'Obit, avec celui de son frere Gilles, Evêque, au XV des Calendes de Décembre. L'ancien Nécrologe le déclare en ces termes : *Obiit Thomas Miles, qui dedit nobis* xx *sol. ad refectionem Conventûs apud Conci ; et Gilo Episcopus, qui dedit nobis* xx *sol. Paris. apud Conci.*

Messieurs du Séminaire de Saint-Sulpice ont aujourd'hui une Maison à Concis, avec une chapelle domestique; et comme ils jouissent aussi à Hierre des biens que Jeanne d'Evreux, troisiéme femme du Roi Charles le Bel, avoit donnés aux Chartreux de Paris pour la fondation de leur Infirmerie au XIV siècle, et qui appartinrent, environ cent cinquante ans après par échange à Jean Budé, il semble que ces fonds étoient situés au même lieu de Concis. Le revenu de ces terres appartenantes aux Chartreux vers le commencement du régne de Charles V, montoit à cinquante-six livres par an.

Il y a à Conci un pont sur la riviere d'Hierre.

LA GRANGE, qui est un Château au-dessus de la montagne d'Hierre, du côté du Nord-est, n'étoit originairement qu'une ferme. On trouve qu'Eve, Abbesse de Saint-Remi de Senlis, donna, il y a plusieurs siécles, au Monastere d'Hierre dont le sien dépendoit, sept sextiers de grain, moitié hivernage et moitié marseche, à prendre à la Grange, pour régaler les Religieuses le premier jour de Mái. Par la suite, ce lieu fut appelé *la Grange du Meilleu*, peut-être parce qu'il se trouve situé au milieu d'un bois [1]. Il y a des Lettres d'Henri III, données à Paris au mois de Septembre 1581, qui permettent à Jacques Foing, Abbé de Saint-Serge-les-Angers, Prieur d'Argenteuil, Maître des Requêtes du Duc d'Anjou, de faire continuer les fossés autour de sa maison de la Grange du Meilleu, en la Paroisse d'Hierre et en la censive du Seigneur de cette Paroisse, et même de fermer ce lieu de murailles et Ponts-levis. Il existe aussi un Contrat, dans lequel Dreux Budé, Secrétaire du Roi, Seigneur d'Hierre, permet les mêmes choses, moyennant cinq sols parisis de cens payables à deux termes, à la Saint-Denis et à la Saint-André, et que le Sieur Foing sera tenu faire ouverture de sa maison, abattre tous les ponts-levis toutes les fois qu'il en sera requis par les Officiers de la Justice d'Hierre pour y faire tous les actes de justice. Au commencement de cet acte, le sieur Foing est qualifié propriétaire de la Ferme de la Grange du Meilleu. En 1621, Charles Duret, Président de la Chambre des Comptes, Intendant des Finances, en étoit propriétaire avec Françoise Remi, sa femme. Vers ces temps-là, Louis XIII y fit faire quelques bâtiments pour un relais de chasse ; ce qui lui fit donner le nom de la Grange-le-Roy.

En ces derniers temps cette maison est devenue fort magnifique. Elle a appartenu à M. le Camus, Lieutenant Civil, et premier Président de la Cour des Aydes, dont les héritiers l'ont vendue à M. Gaudion, Garde du Trésor Royal. Elle n'est qu'à une demi-lieue du Château de Grosbois.

Samson, dans sa Carte du Diocése de Paris, gravée vers 1620, marque ce lieu de la Grange avec une croix, comme s'il eût été alors une Paroisse.

On enregistra en Parlement le 17 Décembre 1705, des Lettres-Patentes de disjonction de la haute, moyenne et basse Justice, et tous droits de la Seigneurie d'Hierre, et qui les unissoient à la Seigneurie de la Grange du Milieu, pour relever du Roi, à cause de son Château et Comté de Corbeil.

---

1. Peut-être aussi sont-ce deux mots que l'on a joints ensemble, Mez-lieu, si ce n'est pas un nom semblable à celui de Mesly proche Creteil, ou de Maslay, *Massolacus,* proche Sens.

<small>Bann. du Chât. vol. VIII, f. 226.

Ibid., fol. 227.

Reg. Archiep. 29 Jul.</small>

LE FIEF DU BUS. Ce Fief ne m'a été connu que par la déclaration qu'en fit en 1597 Nicolas Daullemye, laquelle porte qu'il est situé à Hierre-les-Nonains, et qu'il vaut soixante sols. Cela est tiré du Rôle de la contribution au Ban de la Châtellenie de Corbeil. Un Mémoire à moi fourni, et fait de nos jours, dit que ce Fief appartient à l'Abbaye.

Notit. Gall. p. 416, col. 2. Hadrien de Valois, à l'occasion du mot *Curvenæ* de l'ancien Pouillé de Paris, nous veut faire trouver proche la riviere et l'Abbaye d'Hierre un lieu qu'il dit être appellé en françois Couvres ou Couve, il le qualifie même de *Vicus* : mais je soupçonne qu'il avoit sous les yeux une mauvaise Carte des environs de Paris, et dans laquelle le graveur, au lieu de *Concie*, avoit mis Couve. M. Lancelot avoit observé cette faute avant moi.

Nécrol. françois des Chartreux. De tous les biens que les Chartreux de Paris avoient eus sur la Paroisse d'Hierre, et dont j'ai parlé ci-dessus, il ne leur reste plus que vingt-cinq livres parisis, lesquelles ne viennent point de la Reine Jeanne d'Evreux, mais qu'ils ont acquis en 1402 du Pere Général de l'Ordre et du Chapitre.

Tables de Blanchard. Le Roi François Ier vint à Hierre en 1544. On a des Lettres-Patentes qu'il y fit expédier le 28 Juillet.

Annal. S. Vict. lib. II, cap. xxxii. On ne trouve point dans l'antiquité d'homme illustre qui ait eu un rapport notable avec le Village d'Hierre. Les Annales modernes de l'Abbaye de Saint-Victor parlent d'un Pierre d'Ierre, Chanoine Régulier, qui a paru sous le caractere d'homme donnant dans la spiritualité vers l'an 1171. Mais je ne regarde point ce fait comme avéré, n'étant appuyé que sur ce qu'en a écrit M. Gourdan, sans citer de garant.

Guillaume Budé a été très-illustre au XV siécle, c'est une chose constante : mais ce fut son frere, et non pas lui qui posséda la Seigneurie d'Hierre. Il naquit et mourut à Paris. Comme sa Terre étoit Marly-la-Ville, on croit seulement qu'il eut à Hierre un petit bien, et qu'il y composa quelques-uns de ses ouvrages. C'est dans cette persuasion que M. de Barcos a fait mettre sur une pierre au-dedans de la fontaine, communément appellée la Fontaine Budé, dans le jardin de la Seigneurie d'Hierre, les vers suivans :

> Dans les eaux de cette fontaine
> Budée a puisé son sçavoir :
> Harlay l'a mise en mon pouvoir ;
> Où chercher ailleurs Hippocrene ?

Cette fontaine est très-limpide et abondante. Son bassin est dans un petit enfoncement de rocher sur le penchant du côteau. Elle sort de ce bassin par une petite rigole de pierre, d'où elle entre dans un quarré long, formant une piéce d'eau entourée d'arbres qui font une salle très-gracieuse dans le beau temps. De cette premiere piece elle s'échappe par une autre petite rigole. On a pratiqué à cette sortie un autre petit salon ; elle va jusques dans un canal qu'elle forme, et qui va jusqu'à la riviere d'Hierre, dans laquelle elle se jette. Au-dessus de l'ouverture du bassin de la fontaine, M. de Barcos a fait placer deux médaillons de plâtre bronzé, l'un de Budé, l'autre de M. de Harlay. Autour de la tête de l'un on lit : *Guillaume Budé, Maitre des Requêtes*. A l'autre : *Achilles de Harlay, premier Président*. Au lieu des quatre vers rapportés ci-dessus, M. de Boze avoit fait les deux suivans pour être mis à cette fontaine de Budé, du temps que M. de Harlay étoit Seigneur d'Hierre :

> *Cui favet Harlæus, Budei quem ornat imago.*
> *Fons facer es Musis ; novus hic jam regnat Apollo.*

Après avoir parlé de la Fontaine Budé, c'est ici la place de dire un mot de la riviere dans laquelle elle se jette, d'autant plus qu'elle a pris le nom du Village d'Hierre dont il s'agit. On pourroit douter que cette riviere fut appellée anciennement Hierre, ailleurs qu'à Hierre même. Mais nous avons un titre de l'Abbaye de Sainte-Geneviéve, qui fait voir que dès l'an 1224, dans l'endroit *Chart. S. Gen.* où elle passe entre Epinay et Bucy, qui sont deux Paroisses situées près d'une lieue plus haut sur le cours de cette riviere, on appelloit l'eau qui séparoit les deux Seigneuries, *Aqua Hederæ*. On peut remarquer quelques singularités dans son cours : c'est qu'il y a plusieurs endroits, surtout en approchant de sa premiere source, où elle disparoît et se perd en terre, où elle coule tant qu'elle ne trouve point d'issues, pour en sortir de nouveau lorsqu'elle en trouvera. Dans les endroits où elle coule hors de terre, son lit n'est point fort vaste ; mais dans ceux où l'eau sort de dessous la terre, elle a quelquefois ou deux ou trois toises de profondeur, et elle paroît immobile : nonobstant quoi elle est d'une couleur verte charmante et fort claire. Comme donc ces bassins sous lesquels elle sort de terre sont fort étendus en longueur, et continuent assez uniment depuis les environs de Varennes à Quincy, c'est-à-dire depuis une lieue et demie ou deux lieues au-dessus d'Hierre, delà vient que cette riviere ne gele jamais, parce qu'elle est entretenue *Mém. imprimé* par des sources et des fontaines continuellement parsemées tant *de Dains Avocat* dans le fond que dans les côtés de son lit. On observe aussi qu'elle *sur le marché de Brie-Comt.-Rob.* ne déborde que rarement, et jamais en même temps que la Seine *1731* et la Marne. Ses moulins ont fourni jusqu'à cinquante-cinq muids de farine par jour, quand les deux grandes rivieres étoient débordées. Je n'ai pas cru devoir écrire plus amplement sur cette riviere extraordinaire, parce que, pour la prendre depuis sa source, il auroit fallu remonter jusques bien avant dans le Diocése de Sens. Je me contenterai de dire qu'au XIV siécle on s'appercevoit à Chaume[1] que cette riviere restoit sans couler un grand nombre d'années. J'ajouterai aussi sans feinte, que si ce que Papyre Masson écrit sur une petite riviere qui se jette dans le Loir, proche Chateaudun, est véritable, c'est-à-dire s'il est vrai qu'elle rentre en terre plusieurs fois dans son cours pour en ressortir ensuite, et son nom est *Erdera* en latin, et Erdre en françois, c'est un motif de suspendre le jugement que j'ai porté au commencement de cet article touchant l'origine du nom donné à la riviere qui passe au Village d'Hierre. Il est étonnant que cet Auteur n'ait pas connu la riviere d'Hierre dont je traite, et qu'il n'en fasse aucune mention. Celle d'auprès de Châteaudun qu'il appelle Erdre, est nommée Egre dans les Cartes de Samson.

Titre de l'Abb. de Chaume.

Ex Flumin. Galliæ, f. 116.

ABBAYE D'HIERRE

Si cette Maison n'est pas la plus ancienne Abbaye de Filles qui ait été fondée dans le Diocése de Paris, il faut avouer qu'elle a été depuis sa fondation l'une des plus célébres par ses dépendances. On est en peine d'en fixer la premiere origine, parce que l'on ne trouve la fondation faite en forme que l'an 1132 par Dame Eustachie de Corbeil, femme de Jean d'Estampes, et que néanmoins il y a dans les Archives de ce Monastere un titre du mois d'Août 1122, par lequel Philippe Anian et Heremburge, sa femme, donnent après leur mort à cette Maison l'*ostise* ou métairie qui leur appartenoit, située au Menil, avec toutes les terres labourables qu'ils avoient eues du même Monastere et du Chapitre de Chartres. Sur cela, Dom Mabillon croit qu'au lieu de M C XXII que porte le titre, il faut lire M CC XXII ; pour moi, je croirois que puisqu'il faut reconnoître une faute d'oubli dans la date de ce titre, c'est plutôt un X qui a été oublié par l'Ecrivain que non pas un C, et qu'il doit y avoir eu M C XXXII, parce que cette donation seroit placée trop tard en 1222 ; c'est ce qui va être éclairci par la suite.

Il doit donc passer pour constant que les premieres donations faites à ce Monastere viennent de la Dame Eustachie de Corbeil [2]. Elle destina d'abord quatre arpens de terre pour bâtir l'Eglise et le

---

1. Déclaration de l'an 1334, faite à la Chambre des Comptes par l'Abbaye de Chaume en Brie. *Item en icelle Ville de Chaume nous avons une petite riviere, un moulin assis en icelle ; laquelle riviere est aucunes fois bien dix ans sans courir, et le moulin sans tourner ; et quand il échet que la riviere court, elle ne dure point l'espace de trois mois.*

2. De la Barre a fort bien prouvé contre Du Breul, suivi par les Sieurs de Sainte-Marthe, que cette Dame n'étoit pas fille du Roi Philippe I er. *Hist. de Corbeil*, page 128.

Couvent ; ensuite pour l'entretien de la Communauté, elle donna deux parties de la dixme de Lieu-Saint, le tiers de la dixme de Bray ou Bry, une Terre ou Métairie à Dravet ou à Gravoy, la Terre dite le Plessis qu'elle avoit achetée, cinq sols de rente annuelle sur sa maison d'Hierre, payables par ses héritiers à la Saint-Remi, la moitié de la dixme de Villabbé, avec le patronage de l'Eglise ; et pour les besoins de l'Infirmerie, ce qu'elle possédoit à Chantelou. Etienne de Senlis [1], Evêque de Paris, leur donna pour premiere Abbesse Hildearde, Religieuse, qu'il tira de l'Abbaye de Valprofonde proche Bievre, et leur fit une Regle, qu'il tira en grande partie des observances de l'Ordre de Cîteaux, du conseil de Hugues, alors premier Abbé de Pontigny, et de son frere Guillaume. L'article de l'élection de l'Abbesse est remarquable ; l'Evêque de Paris devoit se rendre à Hierre pour cela avec l'Abbé de Saint-Victor, et l'Abbé de Notre-Dame du Val proche l'Isle-Adam ; et si ces Abbés ne pouvoient pas s'y trouver, l'Evêque y étant présent, le Prieur du Couvent avec trois Religieuses distinguées devoient y suppléer. On voit par le même acte que le Monastere étoit sous la protection de la Sainte Vierge. Ce même Evêque ayant pourvu au spirituel, leur donna des dixmes dans plusieurs Paroisses, que des séculiers lui avoient remises pour en disposer en faveur de ce Couvent, comme aussi quelques Eglises. On voit dans le nombre des lieux où elles furent gratifiées de quelques dixmes, comme à Villabbé, à Athies, à Combs-la-Ville, une dixme de vin ; à Centeny une pareille dixme, une dixme à Bray ou Bry-Comte-Robert, une à Lieu-Saint, une à Drencv, pareillement à Hierre, à Concis, à Chalendray, à Cramoyelle, à Evry, à Servigny près Lieu-Saint, et à Genouilly. Ce dernier lieu n'est plus du Diocèse de Paris. Il leur donna aussi quatre Eglises, sçavoir celle de Villabbé, celle d'Evry, de Lieu-Saint, et celle *de Altaribus,* que l'on pourroit traduire les Authieux ou les Authiaux, comme on dit ailleurs ; mais cette Eglise ne subsiste plus. Il ajouta à tout cela une portion de forêt à Moissy, et le Monastere de Gif, qu'il soumit à cette Maison avec toutes ses dépendances. Thibaud, Evêque de Paris, son successeur, confirma en 1142, la premiere année de son Episcopat, presque toutes ces donations. Une Bulle d'Eugene III, donnée à Châlons l'an 1147, comprit tous ces différens dons dans la confirmation qu'elle en fit ; elle nous apprend quels furent les biens dont Louis le Gros favorisa ce nouvel établissement, fait sous les dernieres années de son regne, et ceux dont son fils Louis le Jeune

---

[1]. Cet Evêque est mal à propos confondu par l'Historien de Corbeil, page 128, avec Etienne de Garlande, qui avoit été Chancelier de France. C'est une remarque importante des sçavans Auteurs du *Gallia Christiana,* qui font voir qu'il étoit des Bouteilliers de Senlis.

gratifia les Religieuses. Nous y voyons de la part de Louis le Gros pour premier don celui de la Terre *de Amarobosco*. On l'appelle aujourd'hui Marbois, et elle est située à la distance d'une lieue de la Ferté-Alais vers l'Orient d'été. C'est ce qui sert à entendre une charte des Archives de ce Monastere, par laquelle Ascelin, Abbé de Saint-Maur-des-Fossés, à la priere d'Etienne, Evêque de Paris, accorde vers l'an 1140 aux Religieuses qui venoient d'un lieu dit Mezieres, un autre lieu dépendant de son Abbaye, et appellé *Ad Altaria,* situé dans un bois voisin de Tournan et de Chevry, sous la redevance annuelle de douze écus parisis à la Saint-Remi. Les Auteurs du nouveau *Gallia Christiana* ont soupçonné que ce pouvoit être de Valprofonde qu'elles seroient venues, puisque l'Abbesse Hildearde en avoit été tirée ; mais il est plus vraisemblable que c'est de ce Marbois ci-dessus nommé qu'elles venoient, parce que ce lieu, et Mezieres qui en est une Métairie, ne sont éloignés que d'un quart de lieue, ou un peu plus. C'étoit la coutume des grosses Abbayes d'envoyer quelques Religieuses dans certaines Terres de leurs dépendances, et d'y former un Prieuré. La situation de Mezieres ou de Marbois ne fut pas apparemment trouvée convenable, comme étant à sept lieues d'Hierre ; ensorte que lorsqu'elles y eurent demeuré quelques années, elles demanderent à être placées proche le Plessis qui leur appartenoit, qui n'est qu'à trois lieues ou un peu plus d'Hierre du côté de l'Orient, et qui depuis ce temps-là s'est appellé le Plessis-aux-Nonains proche Chevry. Mezieres est mentionné depuis dans le Nécrologe d'Hierre deux ou trois fois. Le Roi Louis VII confirma d'abord à l'Abbaye d'Hierre, l'an 1139, le don qu'Ansel, fils de Jean d'Etampes, lui avoit fait d'une Terre située au Menil-Racoin, entre Etampes et la Ferté-Alais, et du fief que Thierry de Bouville avoit au même Menil. Ces donations de biens situés au Menil furent sans doute faites à l'occasion de la petite Métairie que les Religieuses y avoient depuis l'an 1132, de la libéralité de Philippe Anian et d'Heremburge, sa femme. Car lorsqu'un Couvent avoit un héritage dans un lieu, il tâchoit d'obtenir quelque concession des voisins. L'Historien d'Etampes a saisi en partie ce que je dis ici du Menil-Racoin, mais n'ayant travaillé que d'après du Breul, il a passé sous silence les principaux donateurs de ce bien, qui sont de l'an 1139, et il a mis en 1122 la donation de l'*Ostise* de ce Menil, au lieu de la placer à l'année 1132. L'Abbaye d'Hierre bâtit par la suite dans ce lieu une Chapelle du titre de Sainte Marie-Magdelene. Le même Roi Louis VII, ou le Jeune, accorda à cette Abbaye, l'an 1143, le droit de percevoir la dixme de tout le pain qui seroit porté à la Maison du Roi, tant qu'il seroit à Paris, lui et ses successeurs ; don qui fut confirmé par Charles VII, Louis XI, Charles VIII, et

Hist. d'Etamp. p. 51.

Spicil. in fol. T. III, p. 497.

dont la confirmation fut enregistrée à la Chambre des Comptes le 27 Août 1498. Ce Prince étant informé, après la mort de Thibaud, Evêque de Paris, arrivée en 1157, que durant la vacance du Siége Episcopal il jouissoit, par son droit de Régale, des droits que la Chefcerie de Paris payoit à l'Evêque, il ne voulut pas s'approprier davantage ces oblations et revenus de l'Autel ; mais connoissant les besoins de l'Abbaye d'Hierre, il fit expédier à Paris, en 1161, une Charte par laquelle il leur cédoit à perpétuité ce revenu, tant de temps que dureroit la vacance du Siége Episcopal, à condition que pendant que les Religieuses percevroient ce droit, elles auroient soin d'entretenir le luminaire de l'Autel de Notre-Dame, et de faire les autres dépenses à la Chefcerie. <small>Spicil. in fol. T. III, p. 536.</small>

L'Abbaye a joui de ce droit jusqu'à l'an 1598, qu'elle s'accommoda avec le Chapitre. On disoit alors que l'Abbesse d'Hierre étoit Cheveciere de N. D. *sede vacante*. <small>Gall. Chr. T. VII, col. 604.</small>

Il faudroit copier ici toute la Bulle d'Eugene III de l'an 1147, pour faire connoître les Eglises du Diocése de Sens qui furent données à cette Maison, et autres biens ailleurs ; j'aime mieux y renvoyer. <small>Annal. Bened. T. VI, Instrum. p. 676.</small>

Rigord met l'Abbaye d'Hierre au rang de celles que Maurice de Sully fonda et dota, mais il se trompe : il a pris Hierre pour l'Abbaye de Montétif, qu'on est sûr avoir été l'une des quatre fondées ou restaurées par cet Evêque de Paris, avec Herivaux, Hermieres et Gif. La Bulle d'Eugene III fait voir que l'Abbaye d'Hierre étoit riche en biens avant l'Episcopat de Maurice. <small>Duchêne, T. V. Chart. Ep. Par. Bibl. Reg. fol. 18. Gall. Chr. T. VII, col. 330.</small>

On peut voir au *Gallia Christiana* quelques preuves qu'il y avoit à Hierre une Communauté de Religieux outre celle des Religieuses, ainsi qu'il y en a encore à Chelle ; mais la meilleure se tire de la Charte de l'Evêque Etienne de l'an 1138, qui parle de Frere Guillaume, Prieur de ce lieu, ce qui est répété dans celle de l'Evêque Thibaud de l'an 1142. Il faut y joindre le texte de l'ancien Nécrologe de la Maison, où l'état de ce Prieur Guillaume est mieux représenté : *VII Cal. Augusti Annivarsarium piæ recordationis Domini Willelmi Sacerdotis Cœnobii nostri Prioris exterioris, qui cum Parisiensis Ecclesiæ Canonicus et frater Cancellarii Regis esset, pro amore Dei relictis omnibus quæ habebat, societatis nostræ paupertatem pauper pro Christo factus esse elegit, et quamdiu vixit religiose se habuit.* Cette Communauté d'Hommes avoit son Eglise particuliere, que je crois avoir été celle de Saint-Nicolas, dont il est parlé au Nécrologe à l'occasion du luminaire qui y fut augmenté. <small>Ibid., p. 675. Du Breul, liv. IV, p. 895. Necrol. Hier. IV Kal. Sept.</small>

Ce qui montre encore combien l'Abbaye d'Hierre étoit recommandable, est que dès son origine l'Evêque de Paris lui confia la supériorité sur celle de Gif, et l'intendance sur les biens de ce

Monastere, comme le prouve la Bulle d'Eugène III de l'an 1147. Pierre, Evêque de Senlis, imitant l'exemple de celui de Paris, soumit aussi vers le même temps à l'Abbaye d'Hierre celle de Saint-Remi, située au fauxbourg de sa Ville Episcopale; ce qu'il fit approuver par Samson, Archevêque de Reims, son Métropolitain.

La ferveur de la Réforme qui subsistoit alors dans l'Ordre de Citeaux, avoit engagé ces Prélats à puiser dans Hierre l'observance la plus étroite de la Regle de Saint Benoît. On a vu ci-dessus que l'Abbé de Pontigny, second Pere de cet Ordre, avoit beaucoup contribué à en former les constitutions. Saint Pierre, Archevêque de Tarentaise en Savoye, qui avoit aussi été Abbé dans le même Ordre, allant trouver durant l'hiver de l'an 1174 le Roi de France et celui d'Angleterre réunis dans le Vexin, voulut passer à Hierre. Dans le peu de temps qu'il y resta, il y opéra des guérisons sur trois malades, entr'autres sur une personne paralytique de la moitié du corps: ce qui fut si public dans le pays, que les Religieuses en chanterent le Cantique de joie dans leur Eglise [1].

<small>Vita S. Petri Tarent. apud Bolland. 8 Maii.</small>

Cette Eglise, telle qu'on la voit aujourd'hui, n'est pas de ces temps-là. Quoique le Sanctuaire soit gothique, elle ne paroît pas avoir cent ans, et ne contient rien de mémorable, n'étant que comme une longue Chapelle cintrée de plâtre en anse de panier, sans aîles ni contour de Sanctuaire. Comme elle a aussi été pavée récemment, la plupart des anciennes tombes d'Abbesses et Gentilshommes, tirées du cloître et du chœur, sont en différentes piéces, ou mises de travers. Je n'y ai pu appercevoir de digne d'attention que l'épitaphe d'un Jean de Courtenay et de sa femme, et celle d'une Abbesse dont les armoiries sont aussi de Courtenay, laquelle décéda au mois de Juin 1312. Nous apprenons d'ailleurs que cette Abbesse étoit Marguerite de Courtenay, et que Jean étoit son pere et Seigneur de la Paroisse. Cette Eglise étant dans le plus bas du Village, s'est ressentie des débordemens de la riviere voisine, quoiqu'ils arrivent rarement. Il y en eut un si grand en 1557, que la tombe de la Fondatrice, Eustachie de Corbeil, élevée sur quatre piliers au milieu du chœur sous le clocher, fut couverte d'eau, et tellement endommagée (le tout n'étant que de fer doré) qu'on a négligé de la conserver.

<small>Malingre, p. 71.</small>

<small>Du Breul, p. 92. Hist. de Corb. p. 131.</small>

On apprend par un ancien Catalogue de Reliques qui est à la fin du Martyrologe de cette Abbaye, qu'au XIII siécle on y con-

<small>Cod. Bibl. Reg.</small>

---

1. Je ne sçai si ce seroit à l'occasion de cette visite du saint Archevêque, que se seroit formé un attachement si grand pour sa famille de la part des Religieuses d'Hierre, que son pere, sa mere et ses freres furent inscrits dans le Necrologe du Couvent après leur mort. On y lit au *IV Idus Aprilis*: *obierunt Petrus et Sanctiburgis pater et mater Domini Petri Taratariensis Archiepiscopi*; et au 8 des Ides d'Août: *obierunt Lambertus et Guillelmus fratres D. Petri Tarat. Archiepiscopi*.

servoit des Reliques de Saint Firmin, Evêque d'Amiens et Martyr, de Saint Denis et ses Compagnons, de Saint Léger, un peigne de Saint Thomas de Cantorbery, une machoire de Saint Urric avec quatre dents, du cilice de S. Thibaud, Confesseur, apparemment l'Abbé des Vaux-de-Cernay. Ce Catalogue n'en marque point de Saint Fiacre ; mais comme on lit dans du Saussay que l'Abbaye d'Hierre posséda une machoire de Saint Fiacre dans un Reliquaire soutenu par l'Image de ce Saint, et qu'on remarque dans le Calendrier du Manuscrit ci-dessus cité, venant de ce Monastere, au trentiéme Août, par addition écrite au XIV siécle, les mots suivans : *Fiacri atque Urrici Confessorum,* c'est un indice presque assuré que la machoire, dite aujourd'hui de Saint Fiacre, est la même que le Catalogue du XIII siécle marque être de Saint Urric, et que la confusion n'est venue que de ce que la Fête de ces deux Saints arrive le même jour, à moins qu'on n'y montre la machoire de l'un et de l'autre [1]. On voit enfin par l'ancien Nécrologe, qu'il y avoit en cette Abbaye au XV siécle des Reliques de Saint Sulpice. Il y est marqué que Jeanne la Trésoriere avoit donné le vase qui servoit à les renfermer, et celui qui contenoit celles de Saint Denis. Quelques-uns ont cru que ce dernier, qui est l'Apôtre de Paris, étoit le Patron de l'Eglise, parce que la Fête y est solemnelle et avec sermon ; mais les premiers titres et Bulles lui donnent Notre-Dame d'Hierre.

Martyrologium Gallic.

Necrol. Heder. IV Idus Sept.

Pour ce qui est des Reliques de Saint Honest, elles ne sont point dans l'ancien Catalogue, et l'on n'est point assuré du temps auquel elles y ont été apportées : c'est un ossement long enchâssé en bois.

Un titre du Prieuré de Longpont sous Montlhery, qui est avant l'an 1150, parlant des dixmes d'Athies, appelle ce Monastere *Ecclesia de Rivellone,* et le Pouillé Parisien écrit dans le siécle suivant, marquant les trois Eglises Paroissiales qui sont à la présentation de l'Abbesse, ne met point *Abbatissæ Hederensi,* mais *Abbatissæ de Rivellon.* On en a vu la raison à l'article de la Paroisse traité ci-dessus, et dans celui du Village de Brunoy.

Chart. Longp. fol. 40.

Cette Maison étoit si célèbre, que plusieurs fameux Monasteres, même d'Hommes, voulurent être en société de suffrages avec elle. On la trouve unie de prieres non seulement avec les Abbayes ou Maisons de Filles voisines, telles que celles de Notre-Dame-du-Bois *de Nemore,* dite depuis Malnoue, avec celle de Valprofonde proche Bievre, avec celle de la Pommeraye et de Rosay au Diocése de Sens, celles de Saint-Avit de Chateaudun, de Saint-Cyr et de

---

1. Dans le Propre de la Paroisse de Saint-Josse à Paris, imprimé en 1743, il est fait mention de cette Relique de Saint Fiacre conservée à l'Abbaye d'Hierre (page 287).

Saint-Corentin au Diocése de Chartres, de Morienval au Diocése de Soissons, mais encore avec celle de Chelle et celle de Notre-Dame de Soissons ; et parmi les Abbayes d'Hommes, avec celle d'Hiverneau, et bien plus avec celle de Saint-Victor de Paris, de Sainte-Geneviéve, avec l'Abbaye de Saint-Maur-des-Fossez ; et dans l'Ordre de Cîteaux, avec celle de Pontigny au Diocése d'Auxerre, seconde fille de l'Ordre, et avec celle de Saint-Port, dite depuis Barbeau au Diocése de Sens. Chacune de ces Maisons avoit son jour assigné dans le Nécrologe, pour la célébration d'un Service à l'intention des défunts des deux sexes pour les Monasteres qui étoient doubles.

L'Abbaye d'Hierre, quoique de Bénédictines, ayant tiré une grande partie de sa regle de l'Ordre de Cîteaux, qui ne faisoit, pour ainsi dire que de naître, et du vivant même de Saint Bernard, il ne faut pas être surpris qu'on y menât une vie austere. Ce ne fut que vers le milieu du XIV siécle, que l'usage des œufs commença à y être introduit à certains jours par fondation. Ainsi l'Abbesse *Necrol. Heder.* Agnès donna du bien pour la pitance d'œufs au jour de son Anni-*III Non. Febr.* versaire. Des Séculiers y fondant leur Obit vers l'an 1400, spé-*III Kal. Mart.* cifierent que, ce jour-là, chaque Religieuse auroit quatre œufs. *XVI Kal. Julii.* *III Kal. Oct.* Une Céleriere, vers le même temps, y donna un fonds de terre afin que, le jour de l'Eucharistie, le Couvent fournît à chaque Religieuse une pitance de quatre œufs, aux Chapelains, chacun deux sols, et aux domestiques, chacun deux œufs. Une Convèrse qui *Ibid.* vivoit au XV siécle, fit plus : *Dedit octo arietes pro pitancia Con-* *VI Kal. Sept.* *ventui.* Depuis que l'usage de la viande fut introduit dans cette Maison, elle fut regardée comme mitigée, ainsi qu'elle l'est encore. On lit dans les Registres du Parlement que l'Evêque de Paris ayant requis que ce Monastere fût visité par des Conseillers, pour s'informer de l'administration de Jeanne de Rouville, Abbesse, on en commit quatre avec l'Official de Paris et l'Archidiacre de Brie, *Reg. Parl.* pour pourvoir aux réparations le 14 Novembre 1485 ; qu'en 1514, *29 Mart.* l'Evêque y fit venir quatorze Religieuses Réformées ; qu'en 1515, *Ibid. 1515.* la Cour nomma le Prieur de Saint-Martin-des-Champs et autres, *19 Jul. 5 Sept.* pour dresser un plan de réforme que la Reine approuva et fit homologuer.

On compte quarante-deux Abbesses de cette Maison, depuis Hildearde qui la gouverna la premiere ; mais il faut en compter quarante-trois, parce que dans le Catalogue imprimé au *Gallia Christiana,* on a omis Jeanne la Pastée, qui d'Infirmiere fut élue *Arch. Ep. Par.* Abbesse au mois de Novembre 1406 d'une voix unanime, et con-*in Spir.* firmée par l'Evêque de Paris. Après Jeanne Allegrin qui répara les dégâts causés dans le temps des guerres, et qui mourut en 1513, suivit Guillemette Allegrin. Ensuite Marie de Savoisy fut la premiere Abbesse triennale après la Réforme introduite vers 1520; puis Marie d'Estouteville, qui continua de réparer les bâtiments. Il y arriva ensuite beaucoup de bruit sous l'Abbesse Marie de Pisseleu, laquelle fut interdite.

Reg. Ep.
3 Aug. 1545.

Les Abbesses Titulaires et de nomination Royale commencerent vers l'an 1557 par Antoinette de Luxembourg, qui fut suivie, en 1604, de Catherine des Ursins, puis de deux de la Maison d'Angennes à la derniere desquelles succéda, en 1691, Susanne de Crussol d'Uzès; puis Marie-Thérese des Marets, en 1704. Ce fut à la Dame d'Angennes, seconde du nom, que le Roi accorda des Lettres-Patentes qui confirmoient l'acte d'adjudication faite des deux tiers de la Seigneurie d'Hierre au profit de son Abbaye, et qui furent enregistrées le 6 Avril 1675. Et ce fut sous Madame de Crussol que le Roi permit de les vendre, par Lettres registrées le 3 Mai 1703, avec exemption, pour l'acquéreur, du droit du huitiéme denier. Si quelques Abbesses avoient commencé à rétablir le temporel de cette Maison, on peut dire que c'est Madame des Marets, aujourd'hui Abbesse, qui a fait plus qu'aucune en ce point.

Regist. du Parl.

Du Saussay a composé son Martyrologe en cette Abbaye. Il fait un grand éloge de Madame de Bouteville qui en étoit alors Abbesse (Janvier 1537).

Du Sauss.
Mart. 2, p. 1077.

Du Breul fait voir par ce qu'il dit sur cette Abbaye, qu'il croyoit que la Fondatrice Eustachie de Corbeil étoit de la Famille Royale, et même sœur de Louis le Gros, parce que les armoiries de l'Abbaye consistent en trois fleurs de lys et un oiseau au milieu, et que ces armoiries viennent d'elle. Mais il est difficile de croire que ce Monastere ait eu dès le regne de Louis le Gros un sceau où fussent ces sortes d'armes: et s'il y a paru des fleurs de lys sur le tombeau d'Eustachie avec un oiseau dans sa main, cela marquoit seulement qu'elle étoit d'une puissante Maison: la réunion de ces attributs dans un sceau monastique, n'a pu être faite que long-temps après sa mort. Outre ce qu'a dit de la Barre pour réfuter Du Breul, il y a deux titres du Prieuré de Longpont qui développent ce qui restoit d'obscur là-dessus. *Eustachia* étoit fille de *Fréderic de Castellonio*, et d'une Dame appellée *Comitissa* de son nom; le premier de ces deux titres porte que Fréderic partant pour Jérusalem, et Comtesse son Epouse, donnerent aux Moines de Longpont des cens situés à Bondoufle, et qu'Eustachie leur fille agréa le don: *Concedit Eustachia filia ejus, uxor Balduini de Belvaco.*

Hist. de Corbeil.
Chart. Longip.
fol. 31.

Dans le second titre, la même *Eustachia* paroit comme femme de Jean d'Estampes en secondes noces, et elle approuve un acte dont les témoins étoient Hervé, Breton et Guillaume d'Hierre, Chevalier. Pour ce qui est de Jean d'Estampes, l'Abbé Suger, son contemporain, dit qu'il étoit fils de Payen d'Estampes; il ajoute à

Suger. de
administ. sua.
Duchêne,
T. IV, p. 335.

la vérité qu'il fut noble et courageux, mais sans donner à entendre qu'il eût été Comte d'Etampes. Comme Baudoin, son premier mari, étoit surnommé de Beauvais, parce que le hameau de Beauvais situé proche le village de Nainville lui appartenoit, aussi Jean d'Estampes fut ainsi surnommé, parce qu'il étoit frere ou proche parent de Marc, Vicomte d'Estampes, mentionné dans la Chronique de Morigny, ainsi que l'a pensé le Pere Basile Fleureau. Quant aux fleurs de lys, il faut se souvenir qu'on en trouve de gravées sur les tombes, et même sur les habits de certains personnages du XIII siécle, qu'on ne prendra jamais pour des personnes du Sang Royal. Ainsi on n'en peut rien conclure en faveur de la Dame Eustachie.

<small>Hist. d'Etamp. p. 120.</small>

<small>Voyez l'artic. de Fleury Meraugis.</small>

Le nom de l'Abbaye d'Hierre est tous les jours dans la bouche du peuple de Paris, sans qu'il y fasse aucune attention; car la rue au coin de laquelle on a écrit *Rue des Nonaindieres*, a été dite la rue *des Nonains d'Hierre*, à cause d'une Maison considérable de cette Abbaye qui y étoit située. Cette rue est dans le quartier de Saint-Paul.

<small>Sauval, T. III, p. 152.</small>

Il y a près d'Hierre un canton appelé LES ROCHES; il consiste en terres labourables. Il en est fait mention dans un titre de 1545.

Sur ce territoire est pareillement situé le fief de NARELLE. Il étoit possédé en 1722 par le sieur Frison.

LES CAMALDULES

Saint Romuald rétablit, vers l'an 1000 de JÉSUS-CHRIST, la vie Hérémitique en Italie, où elle étoit fort relâchée. Il n'étoit point encore venu d'Hermites ou Religieux de cette espece en France jusques vers l'année 1630. On les avoit appelés d'abord en Italie du nom de Romualdins. Depuis ils eurent le nom de la solitude de Camaldoli dans l'Etat de Florence, où S. Romuald les avoit établis en l'an 1009. Leurs statuts leur défendent de s'établir plus près que cinq lieues des grandes Villes. En conséquence des Lettres-Patentes de Louis XIII, données au mois de Février 1634, ils s'étoient établis en quelques lieux du Royaume, du consentement des Evêques. Voulant avoir une Maison dans le voisinage de Paris, ils obtinrent, vers l'an 1640, de M. le Duc d'Angoulême un lieu sur une montagne déserte de l'Archidiaconné de Brie, appelé Mont-éti, éloigné de cinq à six lieues de Paris, de Bri-Comte-Robert de deux lieues, et autant pour le moins de Tournan. Y ayant quelques bâtimens pour former quatre hermitages contigus selon leurs statuts, et ayant été dotés de quatre cents livres de rente par ce Prince, ils obtinrent de M. Jean-François

<small>Sauval, Antiq. de Paris, T. III, p. 197.</small>

de Gondi, Archevêque de Paris, le 29 Janvier 1640, la permission de demeurer en ce lieu, à condition qu'ils resteroient soumis à sa Jurisdiction, qu'ils ne feroient point de quête, et n'augmenteroient point le nombre de quatre qu'ils étoient, sans que leur revenu fût augmenté.

Il n'y avoit qu'un an qu'ils étoient légitimement établis à Mont-éti, lorsqu'ils solliciterent leur translation en un lieu plus commode. Le Duc d'Angoulême avoit fait bâtir dans un lieu dit le Bourron ou Bouvron sur la Paroisse d'Hierre, en tirant vers Gros-bois, de quoi les loger, et faisoit enclore avec leur logement quatorze arpens de bois taillis. C'est ce qu'ils représenterent de nouveau à l'Archevêque de Paris le 14 Janvier 1641, ajoutant qu'ils n'avoient fait construire aucuns bâtimens à Mont-éti, ni même planté la Croix. L'Archevêque leur permit de se transférer en cette nouvelle solitude par Lettres du 18 Mars 1642. Mais comme il avoit remarqué que dans le Contrat de leur fondation le Duc d'Angoulême avoit fait mettre que l'Eglise Paroissiale de Saint-Jean de Grosbois, qui étoit auparavant du Parc de Grosbois dont ce Prince étoit Seigneur, seroit transférée dans l'Eglise de ces Religieux, le Prélat ajouta expressément que c'étoit sans approuver cette clause. Aussi, depuis, cette Eglise de Grosbois fut-elle unie à celle de Boissy-Saint-Léger. *Sauval, Antiq. de Paris, T. III, p. 199.*

Le Contrat de fondation de la Maison de Bouvron, et de son acquisition faite par M. le Comte d'Aletz, fils de M. d'Angoulême, pour confirmation de ce que son pere avoit déja arrêté, fut fait et passé le 15 Mai 1651 par devant de Monhenault et Corneil, Notaires au Châtelet.

Depuis ce temps-là, les Camaldules ont logé en ce dernier lieu, où l'usage fut introduit de les appeler les Camaldules de Grosbois, quoiqu'ils soient sur le territoire de la Paroisse d'Hierre. Ces Religieux vivent en parfaits solitaires, ayant chacun leur quartier particulier, et sont tout entourés de bois. Quoique je les aye visités, j'aime mieux rapporter ici ce qu'en écrivit M. l'Abbé Chastelain, Chanoine de Paris, au retour de son voyage en 1675 : « Leur « Eglise, dit-il, est titrée de Saint Jean-Baptiste. Elle a une croisée « et trois autels. Ils ont neuf cellules de chaque côté des deux « rues, et dans chaque cellule une Chapelle à dire la Messe. Ils di- « sent Matines à une heure après minuit; Tierces avant la Messe; « Sextes avant le dîner immédiatement; Nones à deux heures après « midi; Vêpres immédiatement avant souper ; Complies en se cou- « chant. Ils n'ont que cinq Maisons en France : le Général est « dans celle-ci. »

On leur dressa de nouveaux statuts en dix articles l'an 1664. *Reg. Archiep. 18 Jul.*

M. Gaspard de Fieubet, Chancelier de la Reine et Secrétaire

d'Etat, se retira aux Camaldules en 1691 dans une Maison de leur enclos. Voici son Epitaphe, dont l'Abbé Anselme est l'auteur :

JUSTITIAS JUDICANTI
Λ   Ω

Expectat hic donec veniat immutatio sua
Illustrissimus vir DD Gaspard de Fieubet,
Consistorianus Comes
Theresiæ Austriacæ, Ludovici Magni conjugis Cancellarius,
Quo non habuit
Patria cariorem civem,
Toga præclarius lumen,
Sæculum præstantius ingenium,
Optimus quisque paratiorem amicum
Qui
Natus in magnis divitiis,
Vagatus per varia oblectamenta,
Evectus ad multos honores,
Dum in Republica magna obtineret, maxima sperare posset,
Dixit :
Vanitas vanitatum et omnia vanitas.
Utque vera post vana quæreret
Hanc in solitudinem, ubi veritas loquitur ad cor.
Sumptis columbæ pennis advolavit,
Ibique
Piorum Ascetarum exemplis excitatus,
Turmis Pauperum quos liberis carens, pro liberis habuit cinctus,
Per multos labores doloresque bajulans sibi crucem
In stadio pœnitentiæ giganteo passu cucurrit.
Quo cursu consummato bravium accepturus, obiit
IV Idus Septembris, anno salutis M DC XCIV, ætatis LXVIII.
Manus amica
Publicis votis, non modestissimi viri voluntati obsequens,
Id enim vetuerat
Posuit.

ÆTERNÆ MEMORIÆ

Lucæ Bachelier, Equitis
Domini in Clotomont Joannis
Sobieski, *Polonorum Regis*
Bellicis expeditionibus comes
Assiduus, et ab ipso ad summum
Pontificem Innocentium Undecimum,
Et ad Rempublicam Venetam
Extra ordinem Legatus, tandem
Hunc in Eremum transfugit.
In quo cum quatuordecim annis
Quasi unus ex solitariis vixisset,
Etiam voluit tumulari.

Obiit die 28 Aprilis, anno salutis 1707.

In hujus Cœnobii Cœmeteris jacet cor Sanctissimi Francisci II D G Sa Ro Im et Transilvaniæ Principis RAKOCZY, *partium Regni Hungariæ Domini, Siculorumque Comitis, etc. qui miro divinæ providentiæ ordine, per varia vitæ discrimina ductus, in Domino requievit Rodostii ad Propontidem, anno salutis mundi 1735, die 8 mensis aprilis, ætatis suæ 59.*

Pro grati animi monumento, ipsi, dum viveret nolenti serenissimo, repugnantique præ modestia Principi, post mortem R. P. MACARIUS PEN, *Camaldulensium Major, Eremique hujus Prior, hunc posuit lapidem.*

Anno Domini millesimo
septingentesimo trigesimo
septimo.

HIC

Quicquid habuit mortale deponi voluit.

YVO MARIA DE LA BOURDONNAYE

Gente salus apud Armoricos antiquâ
Nobilitate Ecclesiæ, Militiæ, Togæ honoribus decorata
Magni vir ingenii, majoris animi,
Quem nec spes unquam nec metus inflexit
Primum in Armoricâ Curiâ cum Patre Senator
Deinde libellorum supplicum Magister
Ad Pictones, ad Normanos superiores, ad Aquitanos, ad Aurelianenses
Missus Dominicus
Regias rationes sic curavit, ut Regi et Plebi satisfaceret
Egenorum Pater,
Vexatorum hostis,
Sui desiderium discedens ubique reliquit
Nil retulit præter populorum amorem et vota
Denique consistorianus Comes
Postquam
Cum familiis justitiæ inclitis
Ormessonibus Talonibus
Affinitates optatas contraxisset
Sibi et Deo in hoc cessu unicè vacans
Fidei quam illibatam retinuerat
Pietatis à quâ nec inter seculi illecebras unquam
Recesserat
Patientiæ visu deficiente exercitæ
Præmium obtinuit
Felicem ad Deum transitum
Anno millesimo septingentesimo vigesimo sexto.
Die vigesimâ septimâ mensis Augusti.
Anno natus septuaginta tres.
DE LA BOURDONNAYE, *libellorum supplicum Magister*
Filius,
Dormesson Comes Consistorianus et rei ærariæ Præfectus,
Gener
Parenti optimo mœrentes posuere.

VILLE-CRESNE

    Plusieurs Villages du Diocése de Paris, aussi-bien que d'autres Diocéses, ont tiré leur nom des premiéres habitations qui ont été construites, en sorte que plusieurs ayant été construites dans les bois ou sur le bord des bois, portent dans leur nom un terme qui signifie cabane ou chaumiere, hutte ou maisonnette. Comme donc on ne peut pas douter que le territoire occupé par le village de Ville-Crêne ne fût sur la lisiere de la forêt qui s'étendoit du côté d'Hierre, et qu'on appelle maintenant la Forêt de Grosbois, s'il n'étoit pas même compris dans cette forêt, il s'ensuit fort vraisemblablement que le mot de Cresne ou Crêne, joint à celui de *Ville*, a été employé pour signifier *Village aux huttes*, *Cranea* et *Crana*, ne paroissent être qu'une altération du mot Screne ou Screone qui est usité dans la Loi Salique, pour signifier une hutte faite de branchages; en l'employant dans le latin on lui a donné la terminaison en a, *Screona* : mais il est constant que plusieurs villages ou hameaux, appellés les Ecrénes ou les Ecregnes en divers lieux, n'ont eu ce nom qu'à cause des huttes de branches d'arbres et de terre par où ils ont commencé. Au reste, le premier titre où Ville-Crêne se trouve mentionné, n'est que du XII siécle : et peut-être, sans une donation que Pierre Lombard, Evêque de Paris, assigna dessus en 1159 ou 1160, il n'en auroit pas été parlé si-tôt. Le titre appelle ce lieu *Villa Cranea*. J'expliquerai plus bas ce dont il traite.

    Cette Paroisse est à cinq lieues ou environ de Paris, un peu plus près de l'orient d'hiver que du midi. Sa situation est dans le bout de la plaine qui commence au sortir de Boissy-Saint-Léger, et qui finit au ruisseau de Rouillon ou Reveillon. Le gros du village se trouve entre Villeneuve-Saint-Georges et Brie-Comte-Robert, à distance presque égale d'une lieue ou un peu plus. C'est un pays où il y a plus de terres labourables que d'autres biens, en y comprenant le hameau de Cerçay. Ce hameau, dont je parlerai en particulier, est toujours nommé avec Ville-crêne dans les Registres et Rôles de l'Election de Paris. Le dénombrement des feux imprimé en 1709 met à Ville-cresne et Cerçay 76 feux. Le Dictionnaire Universel de la France, où l'on se regle sur l'orthographe et la distribution usitées à l'Election, écrit Ville-crême et Cerçay, mais c'est une faute d'impression. Le nombre des feux y est évalué à 273 habitans ou communians. Ce nombre paroît diminué, suivant le dénombrement de feux publié en 1745 dans le Volume du sieur Doisy, qui n'en marque en tout Ville-crêne et Cerçay que 60. J'observerai ici en passant, que c'est mal-à-propos que quelques personnes se mettent depuis peu sur le pied d'écrire Ville-crême ; ce qui ne peut servir qu'à forger par la suite une fausse étymologie.

La Sainte Vierge est Patronne de l'Eglise de ce lieu. La Dédicace en fut faite autrefois le xi Juin. On y reconnoît aussi S. Jean pour Patron ; mais peut-être cela n'a-t-il commencé qu'à l'occasion de quelques habitans de Saint-Jean de Grosbois qui se retirerent à Ville-crêne vers 1640, lorsque leur Eglise et leur maison furent détruites, au sujet des travaux que le Duc d'Angoulême fit faire dans son Parc de Grosbois. L'Eglise de Ville-crêne conserve encore quelques restes d'architecture du XIII siécle dans quelques fenêtres du Chœur qui sont du côté du midi, et qu'on a bouchées de maçonnerie. Il existoit aussi derriere le grand Autel un vitrage du même temps, qui représentoit la vie et l'Assomption de la Ste Vierge. Le bâtiment pris en total est fort petit ; la nef est plus basse que le reste. La Tour qui supporte l'édifice du côté du septentrion est du XIII siécle, avec quelques changemens. Du même côté que cette Tour, vis-à-vis le Sanctuaire, est une Chapelle appartenante au Seigneur de Cerçay, dans laquelle on a dressé une Epitaphe en marbre à un Officier Piémontois, nommé Salmatori, mort en 1662. Il étoit premier Ecuyer du Duc d'Angoulême et Seigneur de Cerçay. On conserve à la Bibliothéque du Roi, un Bréviaire manuscrit en parchemin, caractere du XV siécle, dont les notes qui sont au Calendrier apprennent qu'il a appartenu à un Curé ou à un Seigneur du lieu. On y lit au 17 Mars, après le nom de Ste Gertrude, Vierge, ces mots : *Festivitas in Ecclesia B. Mariæ V. de Villa crana* [1]. Cod. num. 4217.

La collation de la Cure a toujours été faite par l'Evêque ou l'Archevêque de Paris *pleno jure*. Le Pouillé du XIII siécle en fait foi à l'article des Cures du Doyenné de Moissy, et ceux des trois derniers siécles sous le Doyenné du Vieux-Corbeil. Le Pelletier la nomme ridiculement Ville-cresme dans le sien de l'an 1692. Le Curé est gros Décimateur.

Les donations faites anciennement à l'Abbaye d'Hierre, sont les premiers monumens qui nous font connoître le village de Ville-crêne. Les Religieuses de ce Couvent, qui n'en est éloigné que d'une demi-lieue, marquerent dans leur premier Nécrologe au XII des Calendes d'Août, l'obit de Pierre, Evêque de Paris, qui leur avoit fait présent de la moitié de la menue dixme *in Villa cranea*. Un Chevalier nommé Radulfe y est pareillement au 8 des Ides de Mars, pour leur avoir donné un sextier de bled à prendre *apud Villam cranam* : mais il n'est écrit que du caractere du XIV siécle.

---

1. Ce Livre étoit encore à Ville-crêne sous Charles IX. On y lit que le 14 Mai 1570 Nicole Thoreau, Prêtre, prit possession de la Cure de ce lieu.

Le Cartulaire de la même Abbaye fournit des Seigneurs *de Villa craṇa* dès le régne de S. Louis. Gilbert *de Villa crana* fit à ce Couvent en 1235 le don de deux masures situées à Ville-crêne, et qui étoient mouvantes du fief d'Odon Briard. En 1248, l'Abbaye étoit en contestation avec Baudoin de Ville-crêne et Robert de Mandres, Ecuyer, au sujet de quelques bois. En 1254, ce même Baudouin de *Villa crana* est simplement qualifié *Armiger* dans un titre de l'Abbaye du Jard près Melun. En 1281, Jeanne *de Villa crana*, Demoiselle, et Jean Jolivet *de Claseria*, vendirent au Monastere de Saint-Maur-des-Fossez une Terre sur laquelle les Religieuses de l'Abbaye de Saint-Remi de Senlis avoient quarante sols à prendre.

<small>Porte-feuille de Gaign. ccxi, fol. 129.
Cart. Fossat. Litt.Margaritæ Abbatissæ S. Rem. Sylvan.</small>

<small>Calendr. du Brev. manuscrit de Ville-crêne.</small>
Dans le XV siécle, le Seigneur de Ville-crêne fut un nommé Jean Auger, qui décéda le 30 Juin vers l'an 1480 ou 1490. Il lui étoit né au mois de Février 1475 un fils, qui porta le nom de Jacques Auger, et vécut assez avant dans le siécle suivant. Au-delà du milieu de ce siécle, la Seigneurie de Ville-crêne étoit possédée par Jean le Comte, suivant le Procès-verbal de la Coutume de Paris de l'an 1580. Le Grand-Prieur de France s'en disoit aussi Seigneur en partie, selon le même Procès-verbal.

Charles de Valois, Duc d'Angoulême, ayant acquis la Seigneurie de Grosbois en 1616, fit pareillement acquisition de celle de Ville-crêne, pour la joindre à son domaine principal. Depuis sa mort elle resta à ses descendans. La Dame de Joyeuse, sa petite-fille, épouse de Louis de Lorraine, la possédoit en 1655, suivant un Arrêt du 6 Septembre. Antoine de Brouilly, Marquis de Pienne, et la Duchesse d'Aumont, sa fille, se succéderent dans la jouissance de cette Terre, comme dans celle de Grosbois. Après eux, elle appartint à M. de Harlay, premier Président du Parlement, lequel après avoir acquis Grosbois en 1701, obtint en 1703 des Lettres-Patentes, qui portoient confirmation de la Haute-Justice en la Paroisse de Ville-crêne, et don de ce qui en appartenoit au Roi. Cette Terre est sortie de la Maison de Harlay, par l'acquisition que M. Samuel Bernard fit de la Seigneurie de Grosbois et de ses dépendances. Aujourd'hui elle est possédée par M. Chauvelin, Président, ancien Garde des Sceaux.

<small>Registrées le 16 Février 1703.</small>

CERÇAY, ce hameau de Ville-crêne qui n'est séparé du lieu où est le clocher que par le petit vallon où passe le ruisseau de Revillon, paroît avoir la même origine que Cercelles quant au nom; en sorte qu'on peut dire que Cercelles n'est qu'un diminutif de Cercé; car primitivement on a écrit Cercelles en latin *Cersilla*. Dans deux articles du Nécrologe d'Hierre, Cerçay est dit en latin *Sarciacum* et *Serseyum*: mais ces deux articles n'ont été insérés qu'au XIV siécle. Dans le premier, c'est Catherine de Chartres, Célériere, qui donne à l'Abbaye un arpent et demi de saussaye *in*

<small>Necrol. Heder. IIICal. Octob. et V Non. Julii.</small>

territorio de Sarciaco, à condition qu'on donnera un plat de quatre œufs à chaque Religieuse le jour de la Fête de l'Eucharistie. Dans l'autre, c'est Jeanne, Dame du Plessis-Paté, qui donne au Monastere trente sols de cens *in villa de Braya et de Serseyo.* En 1580, le Grand-Prieur est qualifié Seigneur de Sersay dans le Procès-verbal de la Coutume de Paris. En 1597, Ragonde l'Huillier, veuve de Jean Burdelet, déclara à Corbeil qu'elle possédoit un fief assis à Sarçay de la valeur de 80 livres. Cerçay est aujourd'hui annexé, comme Ville-crêne, à la Seigneurie de Grosbois, depuis l'acquisition qu'en fit vers 1620 le Duc d'Angoulême. C'est le premier fief de cette Terre : le Seigneur avoit des droits sur la Terre même de Grosbois, dans lesquels il a été maintenu par Arrêts du Parlement. Tel est le droit de pâturage dans toute l'étendue de la Terre de Grosbois. <small>Rolle de la contrib. au ban de la Châtellenie de Corbeil. Hist. de Corbeil, p. 21.</small>

Dans la Carte des environs de Paris de l'Abbé de la Grive, est marqué à Ville-crêne le BOIS D'ANTEUIL[1]. Ce Bois conserve le nom d'un ancien fief, dont il y a eu quelques Chevaliers surnommés au XIII siécle. Simon d'Antheuil, *de Antolio Miles,* et Agnès, sa femme, vendirent en 1234 au Chapitre de Paris une dixme de bled et de vin qu'ils avoient au territoire d'Egreneil, Paroisse de Combs-la-Ville. Ce lieu appartient à M. Chauvelin : on l'appelle dans le pays Bois-d'Autel. <small>Magn. Pastor.</small>

REAULIEU [Beaulieu] est un fief de Ville-crêne, marqué dans ma liste comme appartenant à M. Thomassin, Curé de Saint-Pierre-des-Arsis à Paris.

MAROLLES-EN-BRIE

De même qu'il y a deux Mareuil dans le Diocése de Paris, il y a aussi deux Marolles. Celui-ci, qui est dans la Brie, est le premier connu et le plus ancien : l'autre Marolles est dans le Doyenné de Montlhéry, dit autrefois de Linais. Mais ces deux lieux, quoique nommés aujourd'hui de même, ne paroissent pas avoir la même étymologie. Celui du Doyenné de Montlhery est dans une vaste plaine très découverte; et celui-ci sur la pente d'un petit côteau, au bas duquel passe le ruisseau de Revillon, et un autre plus petit entre la Forêt de Grosbois et celle qu'on appelle les Bois de Notre-Dame. Marolles-en-Brie ne paroît point avoir été un lieu où l'on ait eu besoin de faire des mares pour conserver

---

1. M. Guérard (Cartul. de N.-D., T. I, p. 432 et 424 et T. IV ; Dictionnaire géographique, p. 348 et 349) semble avoir confondu cette localité avec Auteuil, commune maintenant annexée à Paris. — (Note de l'éditeur.)

l'eau, comme dans l'autre Marolles, pays sec. M. de Valois, à l'occasion de ces deux Marolles, parle d'un troisiéme Marolles, situé au Diocése de Sens sur le bord de la Seine, entre cette grande riviere et celle d'Ionne [Yonne], et observe que dans un Diplôme du X siécle il est appellé *Matriolæ*. Ce n'est pas du rapport de ce nom avec le latin *mater,* que l'on peut conjecturer quelque chose sur l'origine du nom de Marolles-en-Brie, mais de ce que *Matriolæ* est l'abrégé de *Materiolæ*, et de ce que c'est des mots *Materia* et du *Materiamen* de la Loi Salique, qu'ont été formés les mots de Mairy et celui de Mairein, qu'on écrit Meirrin, et qui signifient du bois à faire des tonneaux. Il étoit convenable que dans quelque intervalle de ce grand continent de bois qui commençoit au-dessus d'Hierre, et qui continuoit jusques vers la Queue et Ponteaux, il y eût des ouvriers qui formassent le mairein [merrain]; et le lieu où les amas en furent faits en prit le nom de Mairolles. De là vient qu'il est écrit *Maierolæ* et *Maioriolæ* dans des titres du XI siécle, *Maiorolæ* et *Mairolæ*, et aussi *Marrolæ* dans ceux du douziéme.

<small>Notit. Gall. p. 423, col. 1.</small>

Ce village n'est qu'à cinq lieues de Paris du côté de l'orient d'hiver, et à la gauche du chemin qui conduit à Brie-Comte-Robert, dont il n'est éloigné que d'une lieue.

Il y a des vignes entre ce village et celui de Centeny qui en est fort peu éloigné, et sur le haut de la côte. La Paroisse n'a jamais été nombreuse en habitans. On y comptait 39 feux lors du dénombrement imprimé en 1709. Le sieur Doisy, en imprimant un nouveau dénombrement de tout le Royaume en 1745, n'y en a marqué que 24. Le Dictionnaire universel de la France qui fut rendu public en 1726, assure qu'il y avoit alors 110 habitans ou communians.

Cette Terre appartenoit sous le regne de Philippe Ier, c'est-à-dire sur la fin du XI siécle, à un Archidiacre de Brie, dans l'Eglise de Paris, nommé Dreux de Mellot, issu d'une famille illustrée par de grands hommes. Ayant conçu une affection particuliere pour le Prieuré de Saint-Martin-des-Champs, fondé de son temps, il se proposa de donner un jour aux Religieux qui y demeuroient le bien qu'il avoit à Marolles-en-Brie; et pour leur en faciliter la régie, il commença par leur procurer la jouissance de l'Eglise du lieu, qu'il leur fit donner par Geoffroy, Evêque de Paris, en l'an 1088. Cet Archidiacre ne différa pas bien des années à leur faire part de sa Terre de Marolles, puisque dès l'an 1097 on voit qu'ils y avoient un domaine : c'est ce qu'indique le mot *Maioriolas*, qui se trouve dans la Bulle qu'Urbain II leur donna cette année-là pour la confirmation de leur temporel. Mais la teneur de la Charte de l'Evêque Geoffroy, fait voir que ce Prélat avoit dessein de leur

<small>Hist. Eccl. Par. T. I, p. 693.</small>

<small>Hist. S. Mart. p. 149.</small>

rendre le don de l'autel de Marolles encore plus sensible qu'il n'étoit et plus considérable ; car après avoir marqué qu'Ives, Archidiacre du canton, y avoit consenti, il ajoute qu'il se retenoit dans cette Eglise de Marolles la même jurisdiction que celle qu'il avoit dans celle de Saint-Martin, outre la fonction de Cardinal-Prêtre que cette Eglise de Saint-Martin lui devoit les jours de Fête ; et quant aux droits de synode, de visite et charge d'âmes qu'il avoit confiée au Prêtre Parrochial, il n'en relâchoit rien pour le présent. *Hist. S. Mart. p. 364.*

La jouissance du temporel de Marolles sur les Religieux de Saint-Martin, se trouva autorisée par un acte que passa en 1117 Dreux de Mellot, qui étoit déja depuis longtemps Grand-Archidiacre de Paris. Il y déclare que, du consentement du Roi Louis, et en présence de Girbert, Evêque de Paris, il avoit fait don à l'Eglise de Saint-Martin-des-Champs de tout ce qu'il possédoit à Marolles, en terre, hostes, cens, bois, justice, domaine, voirie, tous les fiefs et tous les domaines tant en bois qu'en terre qui en dépendoient, sçavoir à Chevry et à Mendres. Cet acte fut muni du sceau de l'Evêque et de l'Archidiacre donateur, en plein Chapitre de l'Eglise de Paris. Depuis la clôture de ces Lettres, les Religieux de Saint-Martin spécifierent dans les Bulles qu'ils obtinrent de divers Papes, la Terre de Marolles comme à eux appartenante, ne mettant qu'en second l'Eglise avec ses dépendances, qui étoient les dixmes, comme on peut voir dans celle de Calixte II de l'an 1119, dans celle d'Innocent II de l'an 1142, celle d'Eugene III de l'an 1147, et dans les Lettres de Thibaud, Evêque de Paris, d'environ l'an 1150. *Ibid. p. 157, 171, 180 et 188.*

Lorsque le Prieur de Saint-Martin-des-Champs vit son Monastere en possession de l'Eglise de Marolles, aussi bien que d'un temporel raisonnable, il y envoya un certain nombre de Religieux qui y formerent une petite Communauté. Marrier a lu dans les anciens monumens de l'Ordre qu'ils devoient être quatre Moines avec le Prieur. Ce fut alors que l'Eglise Paroissiale, qui étoit du titre de S. Julien, Martyr de Brioude, fut rebâtie, de maniere que la partie orientale servît pour les Religieux, et la patrie occidentale pour les Paroissiens : ou bien l'ancienne Eglise fut partagée en deux pour cette double destination. Quoique nous soyons certains qu'il y avoit à Marolles une Eglise Paroissiale avant qu'il y eût un Monastere, cependant, à juger des objets par ce qui en paroît aujourd'hui, ce qui sert de Prieuré, et qui fait le fond de l'Eglise, paroît être d'une architecture de la fin du XI siécle, ou du commencement du douziéme au plus tard : c'est une espece de Chapelle solidement et grossierement bâtie, dont les piliers ont des chapiteaux sculptés de bêtes et autres figures monstrueuses. Les Autels Curiaux n'étoient pas alors dans de plus amples édifices. *Ibid., p. 363.*

Cet autel, aujourd'hui Prioral, est sous le titre de Saint Arnoul, martyrisé le 18 Juillet dans la forêt d'Iveline sur les limites des Diocéses de Paris et de Chartres. Il fut facile aux Religieux de Saint-Martin-des-Champs ou de Marolles d'avoir des Reliques, par le moyen de leurs Confreres de Crépy en Valois, qui en possédoient dans le célébre Prieuré de son nom, beaucoup plus ancien que celui de Marolles.

L'édifice de la partie de l'Eglise destinée pour la Paroisse, est de différens temps. Il n'y a que le Chœur qui est du XIII siécle; le reste est plus nouveau: il est supporté par une grosse tour bâtie à côté. On tient par tradition que la Dédicace de cette Eglise fut faite le 19 de Mai. Cependant la permission qui fut donnée en 1550 à Charles, Evêque de Mégare, de faire cette cérémonie, n'est *Reg. Ep. Paris.* datée que du 28 Mai; l'Evêque de Paris lui enjoignit d'en fixer l'anniversaire au Dimanche d'après la Fête-Dieu. La nomination à la Cure est marquée dans le Pouillé Parisien du XIII siécle appartenir au Prieur de Saint-Martin-des-Champs: elle y est appellée en latin *Merrolæ;* il y présenta le 7 Juillet 1481. L'Ecrivain du Pouillé du XVI siécle est incertain sur ce point. Celui qui fut imprimé en 1626 ne fait aucune mention de cette Cure. Celui de l'an 1648 la donne à l'Archevêque. Le Pelletier, dans le sien imprimé en 1692, dit que le Prieur de Saint-Martin y présente. La même chose se trouve dans le Pouillé particulier de ce Prieuré. Néanmoins on assure que l'Archevêque de Paris y nomme maintenant.

En 1570, Denis Melin donna occasion à un Arrêt du Parlement du 20 Mars, qui le débouta de la demande des dixmes des laines, et ordonna que celle des agneaux lui seroit payée. Trois ans après, *Invent. Ep.* Jean Heron, Prieur, et Charles le Maître, Curé de Brie-Comte-Robert, transigerent sur la moitié de la grande dixme de Brie, et sur les deux parts de la dixme des Bordes.

Le Pouillé du XIII siécle, rapportant les Prieurés du Doyenné de Moissy, met pour le premier *Prioratus de Merrole:* c'est ce qui étant joint à tous les titres primordiaux énoncés ci-dessus, fait voir que l'on ne prononçoit point encore alors Marolles. Dans le Dict. Univ. Dictionnaire Universel de la France, on a fait un article spécial T. II, Lettre M. de ce Prieuré, pour dire qu'il vaut dix-huit cent cinquante livres. col. 509. Il est aujourd'hui possédé par un Ecclésiastique séculier, nommé l'Abbé de Villers. Il paroît que les Moines de ce Prieuré ne disposoient d'aucuns biens, et que ceux de la Maison de Saint-Martin se disoient Seigneurs en ce lieu. Lorsqu'il fut question en 1203 *Hist. S. Mart.* de céder à Ansel d'Amboële la moitié du Bois-Herlant, en échange *F. 199.* de cinq arpens de terre, Gui, Prieur de Saint-Martin et ses Religieux dirent que cette portion de bois appartenoit *Domui nostræ de Merroliis.* On voit par occasion dans cet acte que le Prieuré de Merrole avoit eu une Terre du don de Gui d'Amboële. Selon un autre enseignement, il avoit à la fin du XIII siécle un quart de la dixme sur trente-cinq arpens de la Terre de Ferrolles. *Cart. S. Mart.*

On lit ailleurs qu'en 1265 il avoit eu, de la libéralité des Maté- *Hist. de la Mais.* chaux de Centeny, des bois mouvans de Brie-Comte-Robert, *de Chastillon.* situés proche le Bois du Perrier, et que Jean de Chastillon, *Duchêne, p. 107.* Seigneur de Brie, en accorda l'amortissement. On disputoit sur la fin du même siécle au Prieur de Mayrolles la haute et basse Justice du village. Il prouva qu'il en jouissoit, lorsque cette Terre fut assignée à la Reine Marguerite de Provence, ayeule de Philippe le Bel alors régnant. Là-dessus le Parlement reconnut sa *Parl. Omn.* possession, et il fut prononcé que l'empêchement mis par le *Sanctor.* Prévôt de Paris seroit levé. Dans le Procès-verbal de la Coûtume *anni 1330.* de Paris de l'an 1580, Pierre Bequet, Prieur de Marolles, comparut comme Seigneur du lieu; il étoit aussi Sous-prieur de Saint-Martin. Dans un Mémoire que j'ai vu, on lit qu'il abandonna ce lieu dans le temps des guerres, et que vers ces temps-là le sieur Amelot de Chaillou obtint le Prieuré en Commende.

On trouve dans le Cartulaire de Saint-Maur, qu'en 1278 le Prieur de Merroles fit un échange avec l'Abbaye. C'est ce qui sert à faire appliquer à ce lieu l'article d'un Réglement par lequel *Gall. Chr.* l'Abbé Pierre établissant l'Office de Chambrier en 1256, lui avoit *T. VII, Instrum.* assigné, entr'autres biens, celui qu'il avoit *apud Marolium.* C'est *[col. 109].* le seul titre où l'on lise *Marolium* au neutre ; peut-être y a-t-il une faute de copiste. Le Prieur de Marroles avoit droit de chasse dans le Parc de Grosbois ; il s'en est désisté, et du reste de sa Seigneurie, pour des biens beaucoup plus considérables : en sorte qu'il n'a plus à Marolles que la maison Priorale, et le droit de chasser en personne. M. Chauvelin est devenu par-là Seigneur de toute la Terre.

CENTENY

Il y a eu quelques variétés sur la maniere d'écrire le nom de ce lieu. Anciennement tout le monde l'écrivoit Centeny, ainsi que dessus, ou bien Centigny. Ce n'est que dans le dernier siécle, ou à la fin de l'autre, qu'on voit naître la nouvelle maniere de l'écrire Senteney usitée dans l'Election, et Santeny comme on fait au Rôle des Décimes du Diocése de Paris, et dans celui des Départemens des Vicaires-Généraux, en conséquence des Pouillés de 1626 et 1648. Les premiers monumens qui font mention de cette Paroisse comme déjà subsistante, sont du commencement du regne de Louis le Jeune, c'est-à-dire d'environ l'an 1140, et l'appellent tous uniformément *Centeniacum* ou Centeni, qui a été altéré en *Centigniacum* dans les registres de 1490, 1500, 1520. Ce fait étant constant, les Sçavans se sont partagés sur l'origine de ce nom. M. de Valois croit que c'est parce que le Fondateur de ce village, ou le premier possesseur, portoit le nom de *Centenius* qui étoit Romain, et que l'on trouve dans les inscriptions de Gruter. M. l'Abbé Chastelain croit au contraire que ce nom vient du mot latin *centum*, parce qu'en effet il y a environ cent stades de Paris en ce lieu, et il se fonde sur ce que Vincennes est ainsi nommé, à cause des vingt stades dont il est éloigné de Paris. Mais comme l'exemple sur lequel il s'appuye est faux, parce que Vincennes ne vient pas de *Vicenæ*, et qu'il vient de *Vilceniæ*, je préfere ici le sentiment de M. de Valois, et je pense que les lieux qu'on appelle Santenay et Sentenac ont la même étymologie, et que c'est dans les derniers temps qu'on a changé le C en S.

Centeny est à cinq lieues de Paris vers l'orient d'hiver, et à une lieue de Brie-Comte-Robert, dont la route en venant de Paris laisse ce village sur la main gauche, à la distance d'un quart de lieue. Sa situation est sur un côteau qui regarde le midi, et qui est presque entierement planté en vignes. Le ruisseau de Rouillon ou Revillon qui vient de Servon, passe au bas de la côte, et coule ensuite du côté de Marolles. Centeny est au milieu de ces deux villages, à la distance de demi-lieue ou environ de chaque côté. On y comptoit 45 feux en 1709, suivant le dénombrement de l'Election de Paris imprimé alors : et le Dictionnaire Universel de la France, publié dix-sept ans après, évalua cela à 174 habitans ou communians. Le dénombrement qui a paru en 1745 de l'Edition du sieur Doisy, fixe à 36 le nombre des feux de cette Paroisse. L'Eglise est sous l'invocation de Saint Germain, Evêque d'Auxerre. On a été apparemment long-temps à la bâtir, car quoique la structure des piliers du chœur dénote le XIII siécle, la Dédicace n'en fut faite qu'en 1547 le premier jour d'Août, lendemain de la Fête Patronale, par l'Evêque de Mégare, et on en célebre l'anniversaire le Dimanche dans l'Octave de Saint Germain. La tour qui est un peu basse a aussi beaucoup d'antiquité, et elle est garnie d'une belle et grosse sonnerie. Cette Eglise n'a pour voûte qu'un lambris en forme d'arc. Dans la Chapelle à côté du chœur vers le midi, est la sépulture de MM. Sanguin, anciens Seigneurs d'Ivry-sur-Seine et de Centeny en partie ; et dans celle du côté opposé est celle de M. de Henault et d'Anne Bigot, son épouse. Une Dame de Meinart a fondé à Centeny une Ecole vers l'an 1720 : et M. de la Guillaumie, Conseiller au Parlement,

Reg. Ep. Paris. 1547.

a fondé en son Château au même village un Chapelain, qui doit aider le Curé lorsque lui et les siens ne sont point sur les lieux.

La collation de la Cure est de plein droit à l'Archevêque de Paris, par continuation de ses prédécesseurs. Le Pouillé du XIII siécle y est formel. Parmi les Eglises *de donatione Episcopi* au Doyenné de Moissy, est marquée *Ecclesia de Centeniaco*. Ceux du XV et du XVI siécle mettent de même avec le terme *de Centigniaco*. Cette nomination se lit aussi dans les suivans, excepté le Pouillé du sieur le Pelletier de l'an 1692 où elle a été oubliée.

Au défaut des anciens Seigneurs séculiers de cette Paroisse, je ne puis m'étendre que sur les Monasteres dont les Archives font mention de ce lieu par rapport à des donations qui leur ont été faites de dixmes ou redevances qui y étoient. Etienne de Senlis, Evêque de Paris, fit présent à l'Abbaye d'Hierre, vers l'an 1138, de beaucoup de dixmes que des séculiers lui avoient restituées pour en disposer à cet effet. La dixme de vin *de Centeniaco* y fut comprise. Thibaud, son successeur, la confirma avec les autres en 1142, et la Bulle du Pape Eugene III de l'an 1147 y mit la derniere solemnité [1]. Une Dame, nommée Pétronille, qui s'étoit rendue Religieuse en sa derniere maladie [2], donna à la même Maison la moitié d'un muid de grain *in decima de Centeniaco*. Le Prieuré de Saint-Martin-des-Champs n'avoit encore rien à Centeny en 1147, puisque la Bulle d'Eugene III en sa faveur n'en parle pas, malgré le grand détail des biens où elle entre. Mais les Lettres de Thibaud, Evêque de Paris, données quelques années après pour confirmation de dons, en font mention et disent que ce Prélat leur confirme *medietatem decimæ de Centeni*. Voici un Seigneur de Centeny qui se fait connoître par un don qu'il fit en 1248 à l'Abbaye de Saint-Maur-des-Fossés. Son nom étoit *Petrus Marescallus, Miles de Centeniaco*, et sa femme s'appelloit Odeline. Ce qu'ils donnerent en pure aumône à ce Monastere, consistoit dans une dixme de vin. Ce don ne fut revêtu de Lettres d'amortissement que longtemps après, sçavoir, en 1282, par Pierre de France, fils du Roi, comme Seigneur de Brie-Comte-Robert. Le Répertoire du Châtelet fait l'observation, qu'au mois de Juillet de l'année ci-dessus dite, ce Prince, qui étoit comte d'Alençon, de Blois et de Chartres, et Jeanne, sa femme, permirent à l'Abbé de Saint-Maur de retenir la dixme du vin à Centigny qui leur avoit été donnée par ce Pierre le Mareschal, sans qu'à l'avenir il pût être

Du Breul, liv. IV, p. 895. Edit 1639.

Annal. Bened. T. VI. p. 676 Necrol. Heder. Bibl. Reg. XVII Cal Maii.

Hist. S. Mart. p. 188.

Chartul. S. Mauri in Bib. Reg. fol. 82.

---

1. Il y avoit dès-lors un Maire dans ce village. Des Lettres de Maurice de Sully, Evêque de Paris, vers 1180, le déclarent plege dans une vente faite aux Dames d'Hierre : *Arnulphus major de Centeniaco*.
2. On appelloit ces sortes de Religieuses, faites à l'extrémité : *Monacha ad succurrendum*.

contraint de l'aliéner. Les Sieurs le Maréchal ou Maréchaux, Chevaliers de Centeny, étendirent aussi en 1265 leurs libéralités sur le Prieur et les Religieux de Marolles. On peut recourir à ce que j'en dis à l'article du Village de ce nom. L'ordre de Malte a sur le territoire de Centeny une Commanderie située entre le ruisseau et le grand chemin de Brie-Comte-Robert, sur la pente douce qui regarde le nord. Au défaut d'une histoire complette qui instruise le public sur l'origine des biens de cet Ordre, je conjecture que ce bien fut donné aux Templiers par les mêmes *Marescalli* nommés plus haut. Sauval assure que cette Maison des Chevaliers de Malthe a haute, moyenne et basse Justice, avec des droits honorifiques dans l'Eglise, et que le revenu consiste en terres, prés et jardins, dixmes, cens et rentes, et bois. Il le fait monter à mille livres. L'Abbé des Thuilleries, dans ses notes manuscrites sur le Dictionnaire Universel de la France, compte Centeny et Villetrou parmi les Membres de la Baillie de Saint-Jean de Latran à Paris. Ce qu'il y a de certain, est que dans le Procès-verbal de la Coûtume de Paris de l'an 1580, le Grand-Prieur prend la qualité de Seigneur de Santeny. Ce fut cette Commanderie de Centeny que le Grand-Maître donna à l'Abbé de Vertot, lorsqu'on le chargea de composer l'Histoire de l'Ordre de Malthe.

L'Abbaye d'Hiverneau a droit de prendre une redevance de bled sur la Commanderie de Centeny. Philippe, Abbé, donna le 27 Octobre 1471, quittance de trois sextiers de bled, que cette Maison avoit et a encore droit d'y prendre sur la grande dixme. André Marlet, Abbé, obtint le 3 Avril 1637 un Arrêt du Parlement, confirmatif de ce droit. L'Hôpital de Saint-Jacques du Haut-pas à Paris, qui faisoit une Commanderie particuliere, a aussi compté parmi ses anciens biens des terres et vignes à Centeny. La Croix Jubeline servoit d'indication en 1574. M. de Chauvelin, Seigneur de Grosbois, a acquis tous les droits et biens que l'Ordre de Malthe avoit à Centeny, pour d'autres biens situés en Normandie, c'est-à-dire la Seigneurie et les deux tiers des dixmes, et il a eu de M. Nouet de Montenclos l'autre tiers des mêmes dixmes, pour réunir le tout à la Seigneurie de Grosbois ; de sorte qu'il n'y reste presque plus rien des anciens bâtimens de la Commanderie de Centeny. C'est aussi à M. Chauvelin qu'appartient une ferme dite le Marais entre Centeny et Servon.

Le grand Cartulaire de l'Evêque de Paris fait aussi mention de Centeny, qu'il appelle Centegny. On y lit qu'une Dame de Bienassise, Seigneurie voisine de Jossigny, fondant une Chapelle de Sainte Marguerite à Brie-Comte-Robert en 1326, lui assigna des terres situées au-dessous des vignes de Centigny. Une Ordonnance du Roi de l'an 1270, l'appelle aussi Centigny ; c'est celle par laquelle il est dit que du charbon qui viendra à Paris en sacs de ce lieu, de même que de Tournan et d'Ozoir, le Voyer en aura deux sacs. Brussel, Trait. des Fiefs T. II, p. 741.

Quant aux Seigneurs de Centeny, je n'ai rien à ajouter à ce que j'en ai dit, sinon que j'ai trouvé dans le rôle de la contribution au Ban pour la Châtellenie de Corbeil en 1597, deux articles qui nous apprennent le nom de quelques Fiefs de Centeny. L'article de l'un est ainsi conçu : « Le fief d'Ormoy et Montaglant assis au « village de Centeny en Brie, baillé par déclaration par Anne Bri- « çonnet, valant 64 livres, 8 sols. » Cette Dame est apparemment la même Anne Briçonnet que l'on voit ailleurs qualifiée Dame de Sainteny, et qui fut mariée le 15 Février 1544 avec Jean le Gene- vois, Lieutenant-Général au Bailliage de Chaumont. L'autre ar- ticle met : « Deux Fiefs assis à Centeny en Brie : l'un appellé le « Fief de Colombier, baillés par déclaration par Claude Sanguin, « valans huit vingt livres. » Le 15 Novembre 1622, on enregistra en Parlement les Lettres-Patentes qui accordoient à Pierre San- guin, Seigneur de Santeny et d'Ivry en partie, toute Justice, Voirie et Censive dans ces lieux, en ce qui appartenoit au Roi. Hist. des Gr. Off. T. II, p. 434.

En 1642, temps auquel Claude Sanguin et Marie du Temps demeuroient à Centeny, la Seigneurie s'appelloit la Maison des Lions.

. M. de Coulanges parle de Centeny dans une de ses chansons.

SERVON ou CERVON

En commençant, je dois rendre compte des raisons que j'ai de proposer l'alternative dans la maniere d'écrire le nom de cette Paroisse, et de préférer de l'écrire par un C. On n'a aucun titre qui parle de ce village avant le milieu du XII siécle. Ce n'est pas qu'il ne soit ancien ; mais comme les Evêques de Paris ne se sont jamais dessaisis de la nomination à la Cure, de-là vient que son nom ne se trouve point dans les titres d'aucun Chapitre ou Com- munauté au XI siécle ni au dixiéme, ni dans les précédens. Ce- pendant, comme dans le premier acte qui en fait mention, sous l'Episcopat de Thibaud vers l'an 1150, et sous celui de Maurice de Sully vers 1170 ou 1180, et dans les actes du XIII siécle, quoi- que tous rédigés en latin, cette Paroisse est appelée Servum ou Servun, ou bien Servon, contre l'ordinaire de latiniser les noms ou de les exprimer en latin, lorsqu'on sçavoit la maniere de le faire en cette langue ; c'est une marque certaine que les Actuaires ou Notaires ignoroient d'où venoit ce nom, et qu'ils faisoien scrupule d'imaginer que le latin de Servon fût *Servo, Servonis*. Le défaut de connoissance les déterminoit à mettre le nom en langue vulgaire : de sorte que le premier acte où Servon soit dit en latin *de Servone*, n'est que de l'an 1269. Depuis ce temps-là on a continué d'écrire de même, sans en rechercher l'origine, ni s'embarrasser si cela étoit exact. Accoutumé que l'on est à des mots familiers, tels que *Servus*, serviteur, dont les quatre premieres lettres sont les mêmes que dans Servon, on s'en est tenu là communément [1]. Pour moi, j'ai fait réflexion qu'il y a dans le Morvan, contrée du Nivernois, qui est du diocése d'Autun, un bourg qui porte le même nom que le village du Diocése de Paris, et que le nom de ce bourg s'écrit et s'est écrit de tout temps *Cervon*.

Fortunat, contemporain de Saint Germain, Evêque de Paris, marque dans la vie de ce Prélat ce trait géographique digne de remarque : *Eunte sancto viro ad beati Martyris Symphoriani occursum, dum de vico Cervedone in Murvino progreditur, habitatores loci occurrentes suggerunt, ut segetem, etc.* Dans des titres postérieurs de trois ou quatre siécles à Fortunat, ce même Cervon, du pays de Morvan, est appellé *Cervidunum;* mais la maniere dont Fortunat l'écrit, fait encore mieux voir comment, en retranchant deux lettres de Cervedon, on a fait Cervon. Or, ce Cervedon est assez visiblement un terme Celtique, qui doit être commun aux deux lieux dont je parle, le village de la Brie étant sur le haut d'une colline au bas de laquelle est le ruisseau de Revillon, de même que le bourg du Nivernois est sur une montagne, au bas de laquelle est un autre ruisseau qui, après avoir passé à Corbigny, se jette dans l'Ionne [Yonne]. Si l'Auteur de la Vie de S. Merry avoit été exact à nommer les lieux dont il a eu occasion de parler, peut-être y eussions-nous trouvé le nom de Cervon du Diocése de Paris. On y lit que ce Saint, qui en venant d'Autun à Paris avoit resté long-temps à Champeaux en Brie, s'étant mis en route pour arriver en cette Ville, opéra deux guérisons miraculeuses à moitié chemin. Il ne faut que jetter la vue sur la carte, pour s'appercevoir que Cervon est précisément à la moitié de la route de Champeaux à Paris, y ayant cinq lieues de part et d'autre.

Sæc. I, Bened. p. 238.

1. Je dis *communément*, parce que je ne suis pas le premier qui ait cru qu'il seroit mieux d'écrire Cervon. Julien Brodeau, Avocat, en sa Vie de Charles du Moulin, page 12, l'écrit de même en parlant de Cervon en Brie dont il s'agit. Il est aussi écrit Cervon dans la véritable Epitaphe de Jacques du Moulin qui se voit dans l'Eglise de Brie près Montlhery. Avant ces temps-là, le Secrétaire de l'Evêché de Paris, en 1500 et 1515, écrivoit aussi *de Cervone* : et encore plus anciennement dans les Chroniques manuscrites de l'Abbaye de Saint-Denis, le nom étoit si bien écrit par un C *Cervum*, que dans l'imprimé on l'a rendu par *Centum en Brie*. (Recueil des Hist. de D. Bouquet. T. III, p. 279, dans la Note.)

Ce village est donc éloigné de cinq lieues de Paris, et d'une petite lieue seulement de Brie-Comte-Robert. Il est sur le bord de la longue plaine qui conduit à cette petite Ville, et dans un pays de terres labourables, avec quelques prairies et étangs. La pente du coteau qui termine le village, regarde l'orient. Au-delà du ruisseau est le Château et la Seigneurie de Villemenon, différente de celle de Cervon, et de laquelle je parlerai en particulier. En toute la Paroisse l'on ne comptoit l'année 1709 que 48 feux, suivant le dénombrement de l'Election de Paris qui fut imprimé alors. Ils ont été depuis en diminuant, puisque le Dictionnaire Universel de la France, publié en 1726, n'y marque que 122 habitans ou communians. Le dernier dénombrement du Royaume, qui a paru en 1745, par les soins du sieur Doisy, se contente de mettre à Cervon 26 feux.

L'Eglise est un édifice qui a mérité l'attention du célébre Abbé Chastelain, au moins quant au chœur. Il finit en quarré comme plusieurs autres ; mais au fond regne une galerie à colonnes et vitrages en arcades grecques, plus élevées que le haut du retable qui est fort grand. La voûte du chœur est sans ogives à huit feuillages, d'un goût qui ne se voit point ailleurs, un à chaque angle, et un à chaque milieu, même à celui qui est sur la porte du chœur. Cet habile connoisseur n'a point dit l'âge de ce vaisseau, mais l'ouvrage de la galerie m'a paru être du XIII siécle, et la voûte avec les ornemens ne semblent être que de l'avant-dernier siécle. Cette Eglise reconnoît pour Patronne Sainte Colombe, Vierge, martyrisée à Sens le 31 Décembre. On n'y montre plus aucune de ses reliques ; mais on y en conserve d'autres très-nouvelles, et dont les noms arbitraires peuvent causer un jour de la confusion. La Dédicace fut faite autrefois le 25 Août, sans qu'on en sçache l'année. Elle y est chommée ce jour-là par le peuple, et Saint Louis est remis au lendemain ; ce qui désigne que cette Dédicace auroit été faite avant l'établissement de la Fête de ce Saint Roi. La concurrence des deux Fêtes fait croire au reste que Saint Louis est le second Patron. La statue de Sainte Colombe, avec une ourse à ses pieds, est placée dans le côté droit ou méridional, et celle de Saint Louis est de l'autre côté. Elles ont été faites en 1651, par Pierre de Troussy. Le tableau du retable est de la même année. Le sanctuaire est décoré de colonnes de cuivre. La nef est moderne ; on y remarque à l'entrée, au-dessus de la grande porte, une tribune où se tient le Seigneur, attenant de son château qui est contigu. A droite du chœur est le mausolée d'un ancien Seigneur, de la hauteur de trois pieds, au-dessus duquel sont représentés à genoux le mari, la femme et les enfans vêtus à l'antique. Il fut dressé par les soins du mari après la mort de son épouse.

On lit au bas de ces figures :

« Cy-dessous gist noble Damoiselle Marguerite de Herbert, jadis
« femme de Noble Seigneur Jacques du Moullin, Seigneur de Briis et
« Servon en Brie, Eschanson Ordinaire du Roy Henry second de ce
« nom ; laquelle trepassa le XXIIII jour de Fevrier M. DC LII. Et
« auprès d'elle Estienne, Pierre et Jacques du Moullin ses enfans. Priez
« Dieu pour leurs ames. Amen.

« Cy-dessous gist Noble Seigneur Jacques du Moullin, Eschanson
« Ordinaire du Roy Henry second de ce nom, Seigneur de Briis sous
« Montlhery, Servon, et de la Motte-Grapin en Brie ; qui trepassa le
« .... Priez Dieu pour lui. »

On n'a pas rempli le vuide de cette derniere Epitaphe, parce
que Jacques du Moullin mourut en sa Terre de Briis, et qu'il y
fut inhumé en 1571, dans l'Eglise Paroissiale.

Dans la Chapelle Seigneuriale de la Vierge est attachée sur
le mur l'Epitaphe de Claude Mallier, Seigneur de la Houssaye,
Servon, etc., décédé en 1609 ; et on y voit sur le pavé celle de
Henri de Lyonne, mort en 1697, aussi Seigneur de Servon.

Les voici en leur entier :

*Hic jacet Claudius Mallier Houssæus, Servonius, longo Proavorum
ordine nobilis, inculpata vitâ, absolutâ virtute, qui ab ineunte ætate cum
ingenium iis artibus excoluisset, quæ patriæ præsidio, nomini et familiæ
sunt ornamento egregiis pro Repub. laboribus, domi, peregreque functus,
inter Ærarienses sacrique scrinii Scribas adlectus, summis, mediis et
infimis charus immo et utilis, vitam Religione, Fidei integritate, obse-
quiis, sedulitate cumulavit, acerbissimis podagræ doloribus diu conflic-
tatus, septimum agens et septuagesimum ætatis suæ annum animam Deo,
cadaver huic humo testamento reddidit XVI. Kal. Maii, anno Christi
M. VI. C. IX. Margareta Lyone amantissimi Mariti per XLVII annos
dulcissima Conjux, luctu implexa, et concordis conjugii usque memor,
unà cum Defuncti Nepotibus hæredibus, hoc monumentum posuit.*
Requiescat in pace.

« Cy repose le corps de défunt Claude Mallier, vivant Seigneur de
« Houssay et de Servon, Conseiller-Secretaire du Roi, Maison et Cou-
« ronne de France et de ses Finances, qui décéda le 11 Avril 1609. »

Ce mot de Servon qui avoit été ôté par violence sur les tombeaux
de MM. du Moulin et Maillier, a été rétabli par Arrêt du Conseil
de Sa Majesté le 7 Décembre 1666.

« Cy gisent
« Messire Henry de Lyonne, Chevalier-Seigneur-Comte de Servon,
« Laborde-Grapin, et autres lieux, Mareschal des Camps et Armées du
« Roi, Chevalier de l'Ordre de S. Louis, lequel est décédé le 24 Avril 1697,
« âgé de 67 ans.

« Et Dame Françoise de Selvois son Epouse, laquelle est décédée le
« 2 Janvier 1701, âgée de 61 ans.

« Cy gist Dame Genevieve Mercier, Epouse de Monsieur Jean Rogier,
« Ecuyer-Sécretaire du Roy, Maison, Couronne de France et de ses Fi-
« nances, décédée le 10 Octobre 1708, âgée de 83 ans 7 mois et 18 jours. »

Derriere cette Eglise est une fontaine du nom de Sainte Colombe, laquelle va se perdre dans les étangs de Villemenon.

Autrefois les Seigneurs avoient donné une Terre pour servir de cimetiere aux habitans en temps de peste. C'est apparemment de ce vieux cimetiere devenu inutile, que Pierre de Marillac, Seigneur de Beaulieu, eut par échange une partie l'an 1628. *Arrêt de Servon, 1666, p. 7. Reg. Arch. Par. 14 Jul.*

La Cure est restée à la nomination de l'Ordinaire. Le Pouillé du XIII siécle la met en ce rang, *De donatione Eccl. de Servon*. Celui de 1626 y est conforme. Il y a une faute en celui de 1648; et celui de Le Pelletier a oublié cette Cure. Le Curé est gros Décimateur avec la Fabrique.

Il y eut en 1269 un établissement utile au Curé de Servon. Gui de Villiers (sur Marne), Chevalier, établissant un Chapelain en sa Maison de Villiers, songea pareillement à celle qu'il avoit à Villemenon. Il fonda un Prêtre particulier à Villiers. Mais à l'égard de Villemenon, il chargea le Curé de Servon de se pourvoir d'un Chapelain qui célébreroit la Messe au moins trois fois par semaine, ou la feroit célébrer dans sa Chapelle en ce lieu. Les revenus qu'il leur attacha étoient une dixme à Sucy et à Bonneuil, avec quelques arpens de terre en ce dernier village. Etienne Tempier, Evêque de Paris, approuva ces fondations, et comme la dixme dessus-dite relevoit de lui en sous-arriere-fief, il obligea le Curé de Servon et l'autre Chapelain de lui présenter une fois en leur vie, et à ses successeurs Evêques, deux livres de cire vierge, en reconnoissance de la Seigneurie féodale ; à quoi Jean, Curé de Servon, se soumit. Ce même Evêque se fit rendre neuf ans après hommage par deux autres Curés de Servon, qui se succéderent en deux mois de temps ; par Philippe, le Vendredi après la Chandeleur ; et le Lundi après *Reminiscere*, par Thibaud *de Nerbria*. *Hist. Eccl. Par. T. II, p. 438. Gall. Chr. T. VII, col. 113.*

Le Curé de cette Paroisse étoit en différend avec l'Abbaye d'Hiverneau, au sujet des dixmes, dans le commencement du XVI siécle : mais ils s'accorderent en 1502, et l'Evêque de Paris confirma leur Traité le 8 Juin. Le Curé se nommoit alors Marin de la Rue. On croit qu'il s'agissoit des limites des territoires du côté d'une Chapelle dont je vais parler. *Reg. Ep. Paris.*

On voit proche le château de Villemenon des restes d'une ancienne Chapelle, que les Géographes marquent sous le nom de *S. Cassien*.

Il peut se faire que le Château étoit alors en cet endroit, et que c'en ait été la Chapelle. Mais à l'égard du nom de Saint Cassien, il souffre difficulté. Les Chanoines Réguliers de l'Abbaye d'Hiverneau qui possedent ce titre, reconnoissent que c'est sous le nom de Saint Gatien, premier Evêque de Tours, qu'elle a été bâtie. Cependant je suis persuadé qu'elle n'a commencé à porter le nom de ce saint Apôtre de la Touraine, que du temps de François Ier, parce qu'alors seulement la Terre de Villemenon et celle de Lesigny qui sont contiguës, furent dans la famille des Ponchers natifs de Tours. François Poncher, fils de Louis, Seigneur de Lesigny, fut Evêque de Paris depuis 1519 jusqu'en 1532. Pendant que Charlotte, l'une des sœurs de ce Prélat, posséda Lesigny après la mort du pere, Anne, son autre sœur, étoit mariée à Antoine Bohier, Seigneur de Villemenon. Or cet Evêque de Paris étoit natif de Tours : il y étoit même Chanoine de la Métropolitaine de Saint-Gatien.

Hist. de Corbeil, p. 227.

C'est pourquoi, s'il est vrai qu'il est celui de la famille des Ponchers qui bâtit le château de Villemenon, il y a tout lieu de croire qu'il fut au moins le restaurateur de la Chapelle à laquelle il fit porter le nom de Saint Gatien, en mémoire de son premier Bénéfice; et il peut se faire qu'alors le nom de Saint Cassien fût éclipsé pour un temps. Il ne paroît aucune ancienne donation faite à des Communautés sur le revenu de Servon, sinon que dans les Lettres

Hist. S. Mart. p. 188.

que Thibaud, Evêque de Paris, accorda vers l'an 1150 aux Moines de Saint-Martin-des-Champs, pour confirmer les biens qu'on leur avoit faits jusqu'alors, on y lit pour la premiere fois le don d'une redevance de froment et d'avoine : *In decima S. Colombæ de Servum dimidium modium frumenti in majori decima ejusdem villæ dimidium modium dimidiatæ avenæ.* Ce fut peut-être cet Evêque qui fit ce présent à ce Monastere dont il avoit été Prieur.

Servon a eu des Chevaliers qui en étoient Seigneurs dès le XII siécle. Un *Paganus* de Servon et sa femme Rozaline sont mentionnés au Cartulaire de Longpont à l'année d'une Croisade du regne de Louis VII en 1142. Maurice de Sully, Evêque de Paris, qui siégea dès l'an 1161, accorda à l'Abbaye d'Hierre des Lettres qui certifioient la vente que Milon de Servon, Chevalier,

Chart. Heder. Bibl. Reg.

avoit faite à cette Maison, de trois muids de grain à prendre *apud Braiam* (c'est le nom ancien de Brie-Comte-Robert), moyennant le payement de quarante-sept livres. Ce Milon eut un fils de même nom, lequel n'étoit encore qu'*Armiger*, Ecuyer, lorsqu'il vendit, conjointement avec Pétronille sa femme, aux hommes de Sucy, la Voyerie de Sucy qu'il tenoit en fief de Simon de Cos-

Magn. Pastor. Eccl. Paris.

signy; ce qui fut ratifié en 1226 par Pierre de Borbon, Chevalier. Servon y est écrit en françois *Servun*.

Après une lacune un peu grande, je ne retrouve de Seigneurs

de Servon qu'à la fin du regne de Charles VII. C'est dans un Contrat pardevant Notaire du 14 Octobre 1460, par lequel Jean de Marigny, chargé de procuration de Perrette de la Riviere d'Aulnoy, Dame de la Roche-Guyon, de Servon et de la Borde-Grapin, vend à Louis de Bolen dit de la Rochette, Maître d'Hôtel du Roi, Seigneur de Bruyere, et Capitaine de la Bastille à Paris, les Terres et Seigneuries de Servon et de la Borde-Grapin, huit cent vingt-cinq livres parisis. On parle d'un Jacques de Cocherel, Seigneur en 1532 : mais il est incertain si c'étoit de ce Servon, parce qu'il y en a un au Diocèse d'Avranches, et un autre au Diocèse de Rennes : et la suite fait conjecturer que la Terre de Servon pouvoit être tombée aux du Moulin, comme descendus de ce Louis de Bolen. *Arrêt de Servon de l'an 1666, p. 34.*

Il est certain que cette Terre fut possédée pendant une très-grande partie du XVI siécle par Jacques du Moulin, qui avoit épousé Marguerite de Hébert ou Herbert, ainsi qu'on a vu par les Epitaphes rapportées ci-dessus. Ils sont tous deux mentionnés dans un partage du 20 Avril 1545. La tradition est que Marguerite de Hébert étoit tante de Anne de Boulen, femme de Henri VIII, Roi d'Angleterre. Ainsi il ne faut point chercher ailleurs dans la Brie la Terre où quelques Historiens d'Angleterre assurent qu'Anne de Boulen fut élevée, et qui appartenoit à un Gentilhomme. C'est à Servon, et non à Fontenay en Brie, que cette fille de Thomas de Boulen, Ambassadeur du Roi Henri VIII en France, fit la résidence qu'ils disent. Brodeau a cru mal-à-propos que c'étoit à Fontenay en Brie, parce qu'il ignoroit que la femme de Jacques du Moulin fût parente d'Anne, et qu'il ne sçavoit pas que Servon eût appartenu aux ancêtres de cette Dame dès le temps de Charles VII et de Louis XI. *Vie de Ch. du Moulin, p.13.* *Ibid, p. 7.*

Il n'étoit resté à Jacques du Moulin, décédé le 28 Mars 1571 à Briis près Montlhery où il repose, et dont il étoit aussi Seigneur, qu'une fille nommée Louise. Elle épousa Sébastien de Morton ou Mirton, Chevalier de l'Ordre du Roi, Seigneur de Chabrilhan en Dauphiné, qu'on lit qualifié Seigneur de Servon en 1572, et auquel Pierre de la Bocée, Administrateur de la Commanderie de Saint-Jacques du Haut-pas, fit hommage en 1577 pour une piéce de terre sise à Servon près la fontaine Souflet. On trouve que, le 26 Avril 1584, elle fit un échange avec Claude Mallier, sieur du Houssay, Secrétaire du Roi, à qui elle donna les Terres et Seigneuries de Servon et de la Borde-Grapin, Hôtel Seigneurial, moyenne et basse Justice. Néanmoins, la même année 1584, Abel de la Rochette, descendu selon les apparences de Louis de Bolen de la Rochette, est dit Seigneur de Servon : mais il paroît que Claude Mallier posséda véritablement la Seigneurie. En 1588 lui et son *Arrêt de Servon p. 35.* *Ibid., p. 36.*

épouse Marguerite de Lyonne traiterent avec les habitans de Servon. Ils leur constituerent cent écus d'or-sol de rente, à la charge d'en employer une partie aux gages d'un Maître d'Ecole, une autre partie à marier tous les ans de pauvres filles, et une autre à habiller six pauvres par chacun an. Le Contrat est du 2 Février. Ce Seigneur et sa femme vivoient encore en 1606. Depuis ce temps-là Marguerite transporta, du consentement de son mari, la Terre de Servon et le Château à Claude de Lyonne, son neveu, Trésorier du Prince de Condé.

<small>Arrêt de Servon p. 70.</small>
<small>Ibid., p. 61.</small>

Quelque temps après, sçavoir en 1632, paroît Henri de Lyonne, Ecuyer, Seigneur de Servon. On lit dans l'Arrêt de 1666, dont je puise la plupart de ces faits, qu'il fut mis cette année-là en prison au Fort-l'Evêque, à la poursuite de Paul Parent, Seigneur de Villemenon, pour des sommes qu'il lui disputoit; et dans la transaction que fit le prisonnier, il ne se dit que Seigneur des deux Fiefs sis à Servon et de la Terre de la Borde-Grapin. Par cet acte il céda des cens et droits acquis de Louise du Moulin en 1584 et des Abbayes de Saint-Denis et d'Hierre. Son épouse s'appelloit Marie Berault selon un acte de 1634. L'Historien de Corbeil, dont l'ouvrage parut en 1647, se contente de dire de ce Seigneur, son contemporain, qu'il a une belle maison à Servon, avec droit de moyenne Justice au ressort de Corbeil. M. de Lyonne eut un gros procès à soutenir contre François de Verthamont, Seigneur de Villemenon, qui se prétendoit Seigneur de Servon, à cause que quelques-uns de ses prédécesseurs avoient pris cette qualité, et paroissoient y avoir été autorisés : mais par un Arrêt du Conseil d'Etat du 7 Décembre 1666, il fut ordonné que le Sieur de Lyonne pourra prendre en tous actes le titre de Seigneur de Servon. Défenses furent faites au Sieur de Verthamont de l'y troubler, et ordonné que cette qualité qu'il a prise sera effacée des inscriptions de l'Eglise de Servon : et celles des auteurs dudit de Lyonne qui ont été effacées, seront rétablies aux dépens dudit Verthamont. Le prononcé du même Arrêt s'étend aussi sur une contestation ancienne au sujet de la haute-Justice, et il y fut dit que la haute-Justice de Servon et de Fourcilles étoit du Domaine Royal de la Vicomté de Corbeil, auquel elle demeuroit réunie.

<small>Ibid., p. 21.</small>
<small>Ibid., p. 34. De la Barre, p. 21.</small>
<small>Arrêt de Servon p. 95.</small>

Enfin Henri de Lyonne, Chevalier, Seigneur de Servon, obtint du Roi l'érection de sa Terre en Comté ; et les Lettres-Patentes en furent enregistrées au Parlement le 5 Mai 1683. Il est décédé en 1697 Lieutenant-Général des Armées du Roi. La Terre a passé depuis à son fils le Comte de Servon, et ensuite à son petit-fils, le Marquis de Servon, qui en jouit actuellement.

VILLEMENON. Quoique ce lieu ne soit pas une Paroisse, mais seulement l'unique écart de celle de Servon, M. de Valois n'a pas laissé que d'en composer un article de trois lignes, pour assurer positivement que ce lieu a dû être appellé en latin *Villa Magnonis*, ou bien *Villa Magnulfi*. Ce ton trop affirmatif a déplu à M. Lancelot, qui croit que ce nom vient plutôt de *Villa Emenonis*, parce que le nom Emenon étoit plus commun parmi les François. Je n'ai point de parti à prendre là-dessus, parce qu'on ne produit aucuns titres anciens sur Villemenon. Il est bien vrai que l'on trouve un *Johannes de Villa minori* Clerc en 1231 et 1234, Seigneur suzerain d'un fief à Combs-la-Ville ; et ce nom pourroit avoir formé celui de Villemenou, d'où l'on auroit fait Villemenon : mais ce Jean *de Villa minori* paroît plutôt devoir tirer son nom de Villemenu, hameau situé entre Brie-Comte-Robert et Combs-la-Ville, que de Ville-menon.

Notit. Gall. p. 436, col. 2

Je n'ai pu remonter sur Villemenon plus haut que l'an 1269. Celui qui en étoit Seigneur, l'étoit en même temps de Villiers-sur-Marne, c'est pourquoi il prenoit le nom de Gui de Villiers. On a vu ci-dessus la fondation qu'il a faite de certain nombre de Messes en la Chapelle qu'il avoit à Villemenon. Cent ans après, un autre Seigneur du même Villemenon marqua dans l'aveu qu'il en donna le 21 Juillet 1369, qu'il avoit haute-Justice et sur vingt hostées du Village de Servon. En 1385 Louis Sanguin tenoit de la Vicomté de Corbeil l'Hôtel et la Seigneurie de Villemenon près Servon, avec haute-Justice ; et outre cela, le Moulin et la pêcherie du même lieu. En 1427 Jean Sanguin étoit Seigneur de Villemenon. Ce fut lui probablement qui, rebâtissant la Chapelle castrale, lui fit porter le nom de Saint Jean-Baptiste, qu'on voit qu'elle avoit en 1474. Cette Terre continua apparemment d'appartenir aux Sanguin le reste du siécle.

Art. de Villiers.
Arrêt de 1666, p. 38.
Aveu de Gilles Malet, Vicomte de Corbeil.
Ch. des Compt. 15 Janv. 1385.
Hist. de Corbeil, p. 62.
Titre de Meudon.
Reg. Ep. Paris 3 Mart.

En 1538 Antoine Bohier ou Boyer en étoit devenu Seigneur. Il avoit épousé Anne Poncher, sœur de François Poncher, Evêque de Paris. Ce fut à eux que la haute-Justice de Servon et de Fourcilles fut engagée. Ils obtinrent aux Requêtes du Palais, le 17 Décembre 1556, une Sentence qui les maintenoit comme Hauts-Justiciers en certains droits. La contestation avoit été occasionnée par la Fête des Valets, accoutumée d'être faite le jour de Saint Louis, et pour laquelle il étoit besoin de la permission du Haut-Justicier. La déclaration qu'Antoine Bohier avoit faite à la Chatellenie de Corbeil, est rappellée dans le rôle du Ban et Arriere-ban de l'an 1597, en ces termes : « Le Fief, Chatellenie et Seigneurie de « Villemenon assis en la Paroisse de Servon en Brie, baillé par « déclaration par Maistre Antoine Boyer, Chevalier, valant quatre « cent soixante et quatorze livres neuf sols. »

Arrêt de 1666, p. 28.
Ibid., p. 40.

On croit que le Château de Villemenon fut bâti de leur temps, et par les soins de quelqu'un des Ponchers. De la Barre dit, à la page 21 de son Histoire de Corbeil, que ce fut le Général Poncher qui bâtit ce beau Château ; par où il faut entendre Jean Poncher, Général des Finances en Languedoc, Dauphiné et Provence, qui étoit cousin germain d'Anne Poncher, Dame de ce lieu ; et à la page 227, il écrit qu'il fut bâti par François Poncher, Evêque de Paris. Ce dernier sentiment est moins vraisemblable, par la raison que ce Prélat mourut en 1532, dans le temps qu'Antoine Boyer et Anne Poncher, sa sœur, jouissoient nouvellement de cette Terre.

Arrêt de 1666, p. 33.

Jacqueline Hurault paroît en 1575 comme Dame de Villemenon ; ce fut alors qu'elle en rendit hommage et aveu au sieur de Saint-André, Conseiller au Parlement de Paris, Seigneur héréditaire du Vicomté de Corbeil. Elle étoit veuve de François Robert, Secrétaire des Finances. Son hommage étoit pour raison de quarante-cinq livres de rente inféodée qu'elle avoit droit de prendre sur la Seigneurie de Servon, mouvante du Roi à cause de la Tour de Brie-Comte-Robert ; lequel droit étoit fondé sur l'acquisition qu'elle en avoit faite le 9 Août 1551.

Ibid., p. 76.

Ibid., p. 29.

Charles de Rostain jouit depuis cette Dame de la Terre de Villemenon, et la vendit à Paul Parent, le 6 Juillet 1597. Ce fut ce Paul Parent qui fit valoir le plus ses droits dans Servon. Dès la seconde année de sa jouissance, Henri IV avoit réuni les Justices de Servon et Fourcilles à la Châtellenie et Prévôté de Corbeil, et le Parlement avoit ordonné que ceux qui les possédoient seroient appellés. Mais en 1600, la Cour ajouta que Paul Parent seroit remboursé de la somme de trente-trois écus, pour laquelle la haute-Justice avoit été aliénée en 1538. Par là, M. de Villeroy devint Seigneur Haut-Justicier de Servon ; en sorte que Claude Mallier n'étant que Moyen et Bas-Justicier en 1604, fit présenter, le 26 Juillet, à ce Haut-Justicier un Placet, en conséquence duquel il lui fut permis de faire célébrer à Servon la Fête des Valets, le jour de Saint Louis. Le même Paul Parent obtint, le 21 Juillet 1610, au Châtelet une Sentence qui lui permettoit de faire effacer les titres, ceintures et armoiries du sieur Mallier, décédé, qui étoient autour du chœur et de la nef de Servon. En 1625, une Sentence du Bailliage du Palais lui adjugea la jouissance de haute-Justice et de droits honorifiques en l'Eglise de Servon. De la Barre écrivit, quelques années après, que le sieur Paul Parent se disoit Haut-Justicier dans le village de Servon ; ce qui lui avoit causé des procès avec M. de Lyonne. Il ajoute que les Arrêts du 13 Mai 1660 [1600] et 18 Mars 1611 avoient toujours conservé le ressort à la Prévôté de Corbeil.

Reg. Parl. 6 Sept. 1599.

Ibid. 13 Maii 1600.

Arrêt de 1666, p. 32.

Ibid., p. 41.

Hist. de Corbeil, p. 21.

Jacques Dollu posséda la Seigneurie de Villemenon après Paul Parent ; il avoit épousé une parente dont il eut le Château que

François de Verthamont eut d'elle. A l'égard de la Terre, il se la fit adjuger par Décret en 1645. Ce fut sous ce dernier possesseur (François de Verthamont) que le Conseil décida, le 7 Décembre 1666, la contestation mue entre lui et M. de Lyonne sur la Seigneurie de Servon. Le Seigneur de Villemenon fut condamné, comme il est marqué ci-dessus, et outre ce, de quitter l'indue possession de soixante arpens de terre appartenans à la Fabrique de Servon, et vingt-huit appartenans au Curé. Arrêt de 1666, p. 27.

Dans le siécle présent, et environ depuis l'an 1724, Villemenon a appartenu à M. Dubois, Secrétaire du Cabinet, Intendant des Ponts et Chaussées, et frere du Cardinal de ce nom, premier Ministre. Son fils, appellé le Chevalier Dubois, en jouit maintenant. Ibid. p. 89 et 90.

BERTHEMONT ou Berethmont est un fief dont le manoir consiste dans la premiere maison du village du côté du grand chemin. Il est parlé de ce fief dans le fameux Arrêt de Servon, à l'occasion du fils du sieur Tartereau, Seigneur, que le Bailli de Villemenon fit ôter du chœur de l'Eglise de Servon et mettre dans la nef ; comme aussi à l'occasion du banc que ce Seigneur de fief particulier avoit fait mettre dans le chœur, que le même Bailli fit ôter. On y lit à la page 62 que le Roi lui permit d'avoir une selle dans le même chœur, sans cependant pouvoir prétendre aucuns droits honorifiques. Arrêt de Servon, p. 15, 161, 48.

Il appartient à présent à M. Boulanger du Parlement.

LA FOSSÉE est mentionnée dans un acte de l'an 1605, comme un lieu de la Paroisse de Servon où Claude Merault, Auditeur des Comptes, avoit alors une maison avec Oratoire. Reg. Ep. Par. 13 Jul. 1605.

Vaux-d'Argent est un simple canton ou chantier, nommé dans l'Arrêt, page 51.

BONBON est un fief sis au village de Servon, consistant en Justice moyenne et basse ; il est mouvant de la Seigneurie de Servon. Arrêt de Servon, p. 72 et 95.

RADEMONT, selon un Mémoire de l'an 1655, est un fief sis à Servon, que Pierre de Marillac, Chevalier, Seigneur de Beaulieu, et Anne Portas, sa femme, du côté de laquelle il le tenoit, vendirent alors à Jean Chauchon, Ecuyer, sieur de Brevan, Maître-d'Hôtel du Roi, et Maître des Courriers de Bourgogne. Il consistoit en maison, colombier et quarante arpens de terres et prés sis à Servon et Villemenon. Il étoit dit mouvant des Seigneurs de Servon et de Bonbon, et chargé de redevance envers la Commanderie de Saint-Jacques du Haut-Pas. Tab. S. Jac. de Alto-passu.

BRIE-COMTE-ROBERT

ANCIENNEMENT BRAYE

A mesure que les François altérerent la langue latine qu'ils avoient trouvée en usage dans les Gaules, ils en abrégerent une infinité de noms propres, et réduisirent à une simple syllabe ce qui dans le latin étoit composé de deux ou trois, et même de quatre. Ils firent par exemple de *Senones* Sens, de *Turoni* Tours, de *Rotomagum* Rouen, de *Rotegiacum* Rouy. C'est ainsi que de *Bradeia* du pays de Paris ils firent Braye. Car Fortunat, dans sa Vie de Saint Germain de Paris, est un témoin assuré que ce que nous appellons aujourd'hui Brie-Comte-Robert, étoit appelé *Bradeia* au sixiéme siécle. Il dit que ce Saint Prélat étant arrivé dans ses visites *in Bradeia vico pagi Parisiaci,* on lui présenta après la Messe dans la sacristie une fille paralytique de tout le corps ; que l'ayant ointe avec de l'huile bénite, aussi-tôt elle fut guérie, de maniere à pouvoir faire par la suite une tunique à celui qui lui avoit rendu la santé. Dom Mabillon ne doute point qu'il ne s'agisse là de Brie-Comte-Robert, et il a véritablement raison, n'y ayant aucun autre lieu du Diocése de Paris auquel le nom de *Bradeia* puisse convenir.

Sæc. I, Bened. p. 240.

On est ensuite fort long-temps sans trouver aucune mention de ce lieu, qui de village étoit devenu bourg. Il reparoît au XII siécle, mais sous le nom abrégé *Braia,* et quelquefois sous celui de *Braium* et de *Braiacum.* Le premier titre où il en soit parlé est celui de la fondation ou dotation de l'Abbaye d'Hierre de l'an 1138, dans lequel il est dit qu'Eustachie, riche Dame, donna, entre autres choses, la troisiéme partie des dixmes *apud Braiam.* Il est constant par cet endroit qu'alors on disoit Braie en langage vulgaire. L'usage en a fait depuis retrancher la lettre *a ;* et comme le nom de Brie étoit commun à plusieurs lieux, on l'a surnommé du nom du Seigneur illustre que ce lieu eut à la fin du XII siécle. M. de Valois croit que le nom de ce lieu vient de ce que le terrain en est gras et bourbeux : *Ab luto nomen accepit quod Galli nostri Braium appellavere.* Je ne sçai s'il auroit parlé si affirmativement, s'il avoit connu le passage de la vie de Saint Germain, qui n'emploie pas le mot *Braïum* ni celui de *Braia,* mais celui de *Bradeia.* Peut-être aussi auroit-il dit que *Braia* n'est que l'abrégé de *Bradeia.* On n'y voit qu'une seule source qui va se jetter dans l'Hierre, laquelle en est éloignée de plus de demi-lieue. Le terrain est fertile, mais il n'est pas aquatique. On n'y apperçoit du bourbeux que dans le val-

Hist. S. Mart. Camp. p. 190.
Necrol. Heder. V. Cal. Febr.
Annal. Bened. T. VI, p. 676.

Notit. Gall. p. 401, col. 1.

lon de l'écoulement du ruisseau vers le midi. On verra ci-après en quel temps approchant, ce bourg devint Chatellenie, et ensuite Ville.

Cette Ville est à six lieues de Paris vers le sud-est, dans le canton qu'on appelle Brie, lequel peut aussi-bien tirer son nom de ce lieu-là que des vastes forêts appellées *Brigia*, dont les unes sont au Diocése de Meaux comme dans celui de Paris. Les environs sont presque tous en terres labourables, et il y a peu de vignes, n'y ayant presque point de côteaux, mais beaucoup de plaines. J'ai vu un Mémoire imprimé en 1731, signé *Dains Avocat*, qui marquoit que ce lieu paye au Roi, toutes impositions comprises, quatre-vingt-dix-sept mille livres. On y comptoit en 1709 deux cent trente-trois feux, suivant le dénombrement qui fut imprimé alors. Le Dictionnaire Universel de la France, publié en 1726, y marque 1844 habitans ou communians, ce qui paroît bien fort, et qui convient mieux au nombre de feux que le dénombrement du sieur Doisy qui vient de paroître en 1745 en donne, les faisant monter à trois cent quatre-vingt-cinq feux. Elle est le siége d'une Justice Royale, d'une Chatellenie, d'un Bailliage et d'un Grenier à sel. Il y a un Marché considérable tous les Vendredis, où il se trouve souvent jusqu'à cent muids de bled. C'est même le centre des autres Marchés des environs jusqu'à Nangis, et qui leur sert de regle ordinaire pour le prix. Outre cela, il y a deux Foires par an, sçavoir le 14 Septembre et le 28 Octobre. C'est aussi un Bureau de poste, où l'on remet les Lettres pour tous les villages voisins. De la Mare, Traité de la Police, T. II, p. 298.

L'Eglise de Brie-Comte-Robert est sous le titre de Saint Etienne, premier Martyr. C'est un vaisseau dont la plus grande partie est du XIII siécle ; il est accompagné de collatéraux, le tout solidement bâti, élevé, éclairé, orné de galeries délicatement travaillées. Le fond n'est pas à rond-point, mais se termine en quarré ; il est orné d'un grand vitrage rond en couleur rouge comme ceux de la Sainte-Chapelle de Paris, et supporté par deux autres fenêtres oblongues également de même couleur. La tour est placée au bout oriental de l'Eglise à l'angle du septentrion, à peu près comme celle de Saint-Victor à Paris, sinon qu'elle touche au corps de l'Eglise. Elle est aussi du XIII siécle. Le défaut de l'édifice est qu'on ne peut point tourner derriere le sanctuaire. Le bas du portail est aussi du même siécle, mais le haut ne paroît avoir que cent ans ou environ de structure, aussi-bien que quelques pilastres extérieurs des vitrages de la nef. La tradition porte qu'une Reine de France a fait faire quelques travées de la voûte de cette Eglise. On jugera par ce que je dirai ci-après, à quelle Reine ce fait peut convenir.

Il y a quelques vitrages de Chapelles du XVI siécle qui sont remarquables par leur beau coloris. Le dedans de cette Eglise a été fort embelli. Le Saint-Sacrement est conservé à une suspense comme dans une Cathédrale. L'anniversaire de la Dédicace s'y célebre le Dimanche d'après *Quasimodo*.

Je n'y ai vu que deux tombes anciennes qui forment le marchepied de l'autel du Sauveur au fond de l'aile méridionale. Leurs inscriptions difficiles à lire sont en grand gothique du XIII siécle. Sur l'une est représenté un Militaire dont les armes sont placées à côté de sa tête. Ce sont trois billettes. Peut-être est-ce Guillaume de Braye, Chevalier, qui vivoit en 1248.

Dans les vitres d'une Chapelle du même côté méridional qui représentent les Mages, sont des armes mi-parties d'azur à la gerbe d'or et d'azur aux trois fasces aussi d'or.

Dans l'aile septentrionale est l'épitaphe de Jacques de Pois, Chevalier de l'Ordre de Saint-Michel, décédé en 1676, et dont le cœur est à Saint-Laurent de Paris.

Au chœur est le buste et l'épitaphe de Thomas Becasse, Curé de Brie-Comte-Robert et Doyen du Vieux-Corbeil. On y fait remarquer son amour pour les Hôpitaux, et son zéle pour l'embellissement de cette Eglise. Il mourut le 3 Août 1694.

On voit encore dans cette Eglise une épitaphe d'environ l'an 1625, où la Ville est appellée Braye-Comte-Robert.

De toutes les Chapelles qui sont en cette Eglise, il y en a deux en titre de Bénéfice. La première est du titre de Saint Jean-Baptiste. Elle a été fondée par Jean Cordier, Bourgeois de Brie, et par sa femme, sur des terres et des droits tenus en fief de la Reine Jeanne de Navarre, et en arriere-fief de l'Evêque de Paris, amortis par elle en 1338, et par l'Evêque dix ans après; en sorte que dans ce temps-là ce revenu formoit onze livres de rente. Au XV siécle la présentation appartenoit au Seigneur de la Borde-Morin située au fauxbourg de Brie. Ce sont les termes des Provisions du 26 Fé-

Reg. Ep. Paris. vrier 1476, traduits du latin. En celle du 23 Juin 1521 elle est dite *de presentatione Nobilis Guillelmi Scutiferi Domini temporalis de la Grivelle et de Quinette ad causam Johannæ uxoris ejus, filiæ Johannis Cordier, quondam Domini de la Grivelle.*

Ibid. En 1539 il y eut deux présentations : l'une le 27 Août par Jacques Grenier, Seigneur en partie de la Borde et de la Grivelle aux fauxbourgs de Brie ; l'autre le 2 Octobre, faite 1° par Martin Aquaquia, Docteur-Régent en Médecine, tant en son nom à cause de Marie Chauveau, sa femme, qu'en sa qualité de Tuteur de François, Charles et Isabelle Chauveau, enfans de défunt Hugues Chauveau, Avocat en Parlement, et Louise d'Arras, sa première femme; 2° par Huguette Fusé, veuve du même Hugues Chauveau, tant en son nom que comme tutrice de Claudine Chauveau, sa fille mineure, tous héritiers de celui qui étoit Seigneur en partie de la Borde-

Morin et de la Grivelle. En 1573 elle continuoit d'être à la présentation du Seigneur de la Grivelle. En ces derniers temps la nomination a appartenu à la Dame Bachelier, veuve d'un Président des Trésoriers de France. Dans un Pouillé écrit du temps de M. de Noailles, elle est marquée avoir 60 livres de revenu. *Reg. Ep. Paris. 5 Jul.*

La seconde Chapelle est celle de Sainte Marguerite. Elle a été fondée par Agnès, veuve de Henri le Vanier, Chevalier, Dame de Bienassise, qui donna en 1326 des vignes situées à Centeny et vers Gregy pour faire prier Dieu pour son mari. Celles de Centeny avoient été amorties par Foulques de Vilaret, Grand-Maître de l'Hôpital de Saint-Jean de Jérusalem. Les Lettres d'amortissement du Roi Charles sont de Janvier 1326. Le Pouillé de M. de Noailles marque qu'elle a 82 livres de revenu.

Je ne vois point pour quelle raison dans le rôle des Décimes ces deux Chapelles sont dites situées au Château de Brie, à moins que par le mot de *Château* on n'entende la Ville, qui a été autrefois une place forte. Il y a dans la même Eglise Paroissiale une troisième Chapelle qu'on nomme *Des Apôtres;* et la Fabrique jouit actuellement d'un lot de terre appellée *Terre des Apôtres*, ce qui fait présumer que ce revenu a été uni à cette Fabrique, ou plutôt donné à condition de bâtir la Chapelle en l'honneur des saints Apôtres.

L'Eglise d'un lieu tel que Brie, qui appartenoit à des Princes du Sang Royal, fut dotée dès le temps qu'on la bâtit. Dès l'an 1248 elle avoit été en état de prêter à Henri d'Altilly, Homme d'armes, une somme de 66 livres, pour laquelle il engagea envers cette Eglise deux muids de bled, dont fut caution Guillaume *de Braya*, Chevalier. Outre cela Jeanne d'Evreux, Reine de France, décédée en 1370 à Brie même, lui fit par son testament divers legs dont elle jouit encore. *Magn. Past.*

La Cure de ce lieu est au Pouillé du XIII siécle dans le nombre de celles du Doyenné de Moissy dont la donation est de plein droit à l'Evêque : *Ecclesia de Braia*. Il n'y a point de changement dans les Pouillés suivans quant au nominateur; mais on voit dès le XIV siécle qu'il y avoit deux Cures ou deux Curés à Brie-Comte-Robert, sans trouver de vestiges d'une seconde Eglise, ou au moins d'un Saint ou Sainte Titulaire de cette seconde Cure. Jeanne d'Evreux, Reine de France, fondant par son testament un Service à Brie-Comte-Robert, fixe la rétribution de chacun des deux Curés qui y sont, et celles des Marguilliers des deux Cures, et cela vers l'an 1370. Dans le Registre des Procurations dûes à l'Evêque de Paris par certains Bénéficiers de son Diocèse, dressé en 1384, il y a *Curati de Bria Comitis Roberti X libras X sol*. On lit dans les Registres du Parlement à l'an 1563, que Pierre Dreux, *Reg. de la Crolière in Collect. mss. Dubois.*

<small>Reg. du Parl. 15 Janvier 1563.</small> Chanoine de Notre-Dame de Paris, Curé de la senestre portion de la Cure et Eglise Paroissiale de Braye-Comte-Robert, y met un Vicaire idoine.

Le Pouillé manuscrit du XVI siécle met *Brya Comitis Roberti... Episcopus nominat. Alter Curatus ejusdem loci.... Idem.*

Dans les anciens titres de la Paroisse on trouve le Curé de la dextre, et le Curé de la senestre.

Le Pouillé imprimé en 1626 met *Cura de Bria Comitis Roberti, D. Archiepiscopus.* Puis *Altera Cura... idem.* Et même encore à présent l'article du Rôle des Décimes sur ce lieu est ainsi conçu : *La Cure de Brie-Comte-Robert, pour les deux portions.*

Ce n'est donc que depuis l'an 1620 ou 1630 qu'il n'est plus parlé des deux Curés ni des deux Cures; et apparemment que vers ce temps des deux portions on n'en fit qu'une. Il resteroit à sçavoir pourquoi il y avoit eu deux Curés en même temps dans une même Eglise, l'un au côté droit, l'autre au côté gauche. D'où étoit venue cette singularité à Brie, vu que cela n'a jamais eu lieu dans aucune autre Eglise du Diocése de Paris, si non à Saint-Fursy de Lagny, quoique dans plusieurs Diocéses de Normandie cela ne soit pas rare? Il y a bien à Vitry-sur-Seine deux Eglises Paroissiales fort voisines l'une de l'autre, mais elles ont chacune leur Curé particulier. <small>Voyez l'art. de Vitry.</small>

Les anciens prétendent donc avoir ouï dire à leurs ancêtres, que dans la place qui est au couchant devant la grande Eglise d'aujourd'hui, il y avoit autrefois une autre Eglise Paroissiale avec un cimetiere contigu. Ils ont vu l'un des deux pignons encore existant avec une maison attenant dite l'ancienne Ecole, abattue par le sieur de Boissy, curé de Brie. On fouilla ce cimetiere par permission de l'Archevêque : les terres avec les ossemens furent transportées dans le grand cimetiere hors la Ville. Des titres anciens de plus d'un siécle parlent de maison tenant à l'ancienne Eglise, une ruelle entre deux.

Si cette Eglise détruite étoit véritablement une Paroisse, comme il y a bien de l'apparence, la raison pour laquelle on vit deux Curés dans celle de Saint-Etienne, est que le Curé titulaire de la vieille Eglise ne voulut pas consentir à l'extinction de son titre. Le Curé de Saint-Etienne convint donc de le recevoir dans son Eglise en partageant le fardeau Curial, et percevant du revenu à proportion. C'est ce que l'on croit avoir été ainsi arrangé dès le regne de Charles V, temps apparemment où la vieille Eglise menaçant ruine ne fut plus fréquentée. La seule difficulté qui embarrasse dans ce sentiment, quoique très-vraisemblable, est que l'on ne se souvient pas de quel Saint cette vieille Eglise portoit le nom.

L'Abbé Chastelain qui en vit des restes en 1685 marque dans le détail qu'il fait des Eglises de cette petite Ville : *Une très ancienne Chapelle ruinée près le cimetiere qui joint la Paroisse.* Voyages manuscrits

L'unique Curé qui est à Brie-Comte-Robert depuis six vingt ans, est gros Décimateur avec l'Abbesse d'Hierre. Le Prieuré de Saint-Martin-des-Champs y avoit vers l'an 1150 un droit de huitiéme dans les Offrandes de pain qui se faisoient le lendemain de Noël et dans les cens de l'*atrium*. Ces droits et ces coutumes ont changé ou sont éteints. En 1572 Charles le Maître, qui étoit Curé de Brie, s'accorda avec Jean Heron, Prieur de Marolles, qui lui contestoit une moitié de dixme du territoire de Brie, et deux portions d'une autre dixme dite la dixme des Bordes. *Hist. S. Mart.* p. 188.
Reg. Ep. Paris. 9 Dec.

L'Hotel-Dieu de Brie-Comte-Robert ne cede gueres pour l'antiquité de l'édifice à l'Eglise de Saint-Etienne, au moins à en juger par ce qui en reste. La Chapelle est sous le titre de Saint Eloy. Il y avoit en effet autrefois une maladie particuliere pour laquelle on réclamoit l'intercession de ce Saint, et qu'on appelloit *le mal Saint Eloy*. Tout ce qui se trouve d'ancien sur cet Hôtel-Dieu se réduit à une Lettre qu'écrivit le Pape Innocent III, l'an dixiéme de son Pontificat, à l'Evêque de Paris. Elle porte que le Comte de Dreux fondant une Chapelle *in Domo Dei de Braia*, cet Evêque ait à y consentir, et à y fournir un Prêtre, sauf le droit Paroissial. Ce Comte étoit Robert, petit-fils du Roi Louis le Gros. Il vécut jusqu'en 1219. Les figures que l'on y voit au-dessus des quatre colonnades du portail ressentent assez ce temps-là. Elles semblent faire allusion à quelque vœu qui auroit été fait dans un naufrage, ou à quelque maladie pour laquelle le bain étoit salutaire. A chacun des chapiteaux de trois de ces colonnes est sculpté un homme nud, qui est dans l'eau jusqu'au bas du ventre. Dans le quatriéme sont figurés deux jeunes gens habillés, l'un ayant une couronne sur la tête, et l'autre non. Autrefois les biens de cette Maison-Dieu étoient administrés par les Bourgeois de Brie. Un nommé Thuillier, Notaire en ce lieu, Administrateur spirituel, s'étoit fait pourvoir de la Chapelle de Saint-Eloy. Les habitans s'opposerent à sa prise de possession, et en conséquence il y eut procès au Conseil qui ne fut point jugé. Long-temps après, un Archevêque de Paris en pourvut le sieur Becace, Curé de Brie. Pareille opposition à la prise de possession; ensuite le Promoteur prétendit que l'Archevêque avoit été surpris en donnant les provisions, et l'impétrant se désista. Il arriva de toutes ces contestations qu'on ne reçut plus de malades dans cet Hôtel-Dieu ; de sorte que les Archevêques de Paris en donnerent les revenus à quelque Religieuse ou nouvelle convertie pour en jouir leur vie durant. Enfin le Curé de Brie a été nommé Administrateur par l'Archevêque ; et les revenus sont *Gloss. Cang.* voce Morbus S. Eligii.

Cartul. parv. Ep. Par. f. 73, in Biblioth.Reg. et Cart. maj. fol. 333.

employés au soulagement des pauvres de la Ville. Le principal revenu en 1351 étoit une redevance considérable de grain sur la grange de Herches. Le logement et la Chapelle servent à présent à des usages profanes, et le loyer est employé aux mêmes fins que dessus. Le Testament de Jeanne de Chastillon, Comtesse de Blois, de l'an 1291, fait mention de cet Hôtel-Dieu et de la Maladerie, comme de choses différentes. Celui d'Isabeau de Baviere, veuve du Roi Charles VI, de l'an 1431, en parle aussi, car elle legue à l'Hôpital de Braye-Comte-Robert cinq francs.

Reg. Visit. Lepr. Dioc. Par.

Hist. de la Mais. de Chastillon. Preuves p. 76. Recueil de piéces sur Ch. VI par Besse, p. 368.

La Chapelle du Chateau, ou au moins le Chapelain, est aussi mentionné dans le même Testament. Cette Chapelle, du titre de S. Denis, est située dans la Tour de ce Château, dite la Tour de Saint-Jean. On la croit à la nomination du Seigneur de Brie. Elle est marquée au Pouillé écrit sous M. le Cardinal de Noailles, sur le pied de 310 livres de revenu, et elle est imposée au Rôle des Décimes. Ses biens sont des terres données à bail emphytéotique. J'ai lu qu'il y avoit sept arpens de terre situés à Fontenet de Braye. De cette Chapelle Saint-Denis et Tour de Saint-Jean releve en plein fief une grande partie de la Terre et Seigneurie de Lezigny. On a les foi et hommages rendus par les Seigneurs, et en dernier lieu par Gabrielle de Boileve, veuve de François de la Forest d'Armaillé, Conseiller au Parlement de Bretagne.

Reg. Ep. 12 Aug. 1533.

La Chapelle de Saint Lazare, vulgairement appellée Saint-Ladre, est sans doute la Maladerie de Brie-Comte-Robert, dont il est parlé dans le Testament de Jeanne de Chastillon de l'an 1291. Elle est située au bout du fauxbourg allant à Paris. Sa destination, suivant le Registre des visites des Léproseries faites l'an 1351, étoit pour Brie et Servon seulement.

Les Registres du Parlement ont un article sur cette Maison au 15 Mars 1564. Le Procureur Général s'étant plaint du mauvais gouvernement de cette Maladerie et du différend advenu à raison de Bail entre le Bailli et le Prévôt du lieu, au moyen de quoi les Terres auroient pu demeurer incultes, il fut ordonné qu'un Conseiller s'y transporteroit pour faire le Bail, et que dans la suite elle seroit administrée par les Officiers de la Paroisse suivant l'Edit, lesquels Officiers rendroient compte de deux ans en deux ans. François Verjus, Prêtre de l'Oratoire, qui depuis est mort Evêque de Grasse, étoit pourvu de cette Chapelle en 1665. Il en fit cession vers ce temps-là au Collége des Jésuites de Paris, parmi lesquels étoit son frere, le célebre Antoine Verjus, et parvint à l'y faire unir en vertu d'un Arrêt du Conseil, nonobstant l'opposition des habitans de Brie. Le sieur de Boissy (alors) Curé vint cependant à bout de les obliger par transaction de payer chaque année à perpétuité à l'Hôtel-Dieu de Brie deux cents livres, à

Procur. de Fr. Verjus pardev. le Beuf et Vallon Not. au Chastel. 6 Fév. 1665.

prendre sur les biens qui sont affermés huit cents livres ; et cette affaire fut finie par le consentement que l'Archevêque de Paris donna à cette union le 7 Mai 1696. L'Eglise étoit assez grande autrefois ; elle est aujourd'hui réduite à un petit Oratoire. On y disoit aussi régulierement la Messe, au grand soulagement du fauxbourg ; c'est une des Stations aux Rogations.

Je trouve que la Duchesse d'Orléans, Valentine de Milan, Dame de Brie-Comte-Robert, avoit fondé aussi une Chapelle un peu après l'an 1389, parce qu'il est parlé de l'amortissement qui lui fut accordé : mais il est difficile de découvrir où elle étoit située. Mém. de la Chambre des Comptes.

Je remets à la fin de cet article l'établissement des Minimes et des Filles de la Croix, parce qu'ils sont nouveaux.

SEIGNEURS DE BRAYE. Il est difficile de rien avancer de certain sur les premiers Seigneurs de Brie. Il a dû y en avoir avant que cette Terre appartînt à la Maison de Dreux vers le milieu du XII siécle. Mais tout ce qu'on en trouve se réduit à un Thomas *de Braia* mentionné dans une Charte de l'an 1157, qui regarde le Prieuré de Saint-Martin-des-Champs, et dans laquelle il est dit que les dixmes dont il jouissoit à Braye étoient chargées de dix livres envers ce Monastere. Ce Thomas de Braye eut un fils de même nom que l'on trouve enregistré dans le rôle des Chevaliers de la Chatellenie de Corbeil, qui, sous la fin du regne de Philippe-Auguste, tenoient leur fief du Roi, et possédoient soixante livres de revenu. C'est probablement avec l'ancien Thomas *de Braia* que le Roi Louis VII traita de la Terre de Braye pour Robert, son frere, connu sous la qualité de Comte de Dreux : et peut-être fut-ce la relation où ce Comte Robert se trouva avec Thomas de Braye, son Co-seigneur, qui lui donna la faculté d'employer une partie des dixmes de Braye pour fonder à Paris, entre l'an 1173 et l'an 1188, les Chanoines de Saint-Thomas de Cantorbéry. On a quelques autres exemples de la dévotion des Chevaliers de ces temps-là qui portoient le nom de Thomas, envers ce Saint Evêque nouvellement canonisé. Le fait est certain quant à Robert. Agnès de Braine, sa veuve, fit confirmer cette donation des dixmes de Braye à ce nouveau Chapitre, par une Bulle de Clément III de l'an 1189. C'est tout ce qu'il y a de constant sur ce premier Comte de Braye par rapport à ce lieu, avec la circonstance que ce fut de lui que le lieu fut surnommé Braye-Comte-Robert. Cod. Puteau. 635. Du Breul, l. III, p. 593.

On en sçait un peu plus sur Robert, son fils, qui lui succéda dans cette Terre et autres. Il ne fut pas cependant le seul qui porta le nom de Braye, on le trouve donné à Guillaume, son frere, en 1189. Ce *Willelmus de Braia* permit alors à Adam de Broïl de vendre à l'Abbaye de Saint-Maur des prés situés à Ozoir. L'acte le désigne avec sa qualité de fils de Robert, Comte, frere du Roi. Chart.S.Mauri.

Quelle que fût la raison pour laquelle Guillaume étoit surnommé de Braye, Agnès, mere de Robert [et] de Guillaume, connue sous le nom de Comtesse de Braine, faisoit sa résidence à Braye-Comte-Robert au mois d'Avril 1191 avant Pâques. Comme elle avoit attiré dans ce lieu plusieurs Juifs commerçans, il arriva que sur la fin du Carême ils lui firent des présens si considérables, qu'ils obtinrent d'elle qu'elle leur livrât un Chrétien à qui ils avoient imposé [imputé] les crimes de vol et d'homicide. Les Juifs animés de leur ancienne haine contre le Christianisme, après l'avoir dépouillé, lui ayant attaché les mains derriere le dos, et lui ayant mis sur la tête une couronne d'épines, le conduisirent par tout le Bourg *(per totam Villam)* en l'accablant de coups de fouet, et après cela le pendirent. Le Roi Philippe-Auguste ayant appris cela à Saint-Germain en Laye, en partit sans dire où il alloit, vint promptement à Braye, fit mettre des gardes aux portes du lieu, se saisit des Juifs, et en fit brûler plus de quatre-vingts. Guillaume le Breton, dans sa Vie poëtique du même Prince, dit que ce pauvre misérable étoit un homme à qui ils avoient prêté de l'argent, et qui n'étoit pas en état de le leur rendre, qu'ils l'attacherent véritablement à une Croix avec des clous, et lui percerent le côté avec une lance, et que le nombre des Juifs qui périrent par le feu, fut de quatre-vingt-dix-neuf. On sçait par d'autres témoignages que cette nation étoit accoutumée à crucifier un enfant Chrétien dans le temps de notre Semaine-Sainte, lorsqu'ils pouvoient en attraper un. On connoît par ce trait historique que Brie-Comte-Robert étoit devenu un lieu considérable, puisqu'il étoit fermé de murs ; les Historiens cependant n'osoient le qualifier d'*urbs* ni d'*oppidum*, mais seulement de *castrum* et de *villa*.

Rigord. Gest. Phil. Aug. Duchêne, T. V, p. 35.

Ibid., p. 108.

En 1198, Robert, Seigneur de Braye, changea la disposition que son pere avoit faite de la portion des dixmes de ce lieu à lui appartenantes envers les Chanoines de Saint-Thomas du Louvre, et voulut, au lieu de cela, que ces Chanoines levassent sur chaque maison de Braye deux sols de censive ou cens, et vingt livres parisis sur le domaine de la Seigneurie. Ce même Robert, Comte de Dreux, ayant été en difficulté avec le Chapitre de l'Eglise de Paris, lui et son épouse, Iolende de Coucy, passerent un accord l'an 1208. Ce Traité présuppose que Notre-Dame de Paris avoit depuis du temps des droits considérables et des hôtes en ce lieu. On ignore de qui ils lui venoient. Ce réglement portoit sur les droits du moulin bannal que le Chapitre y avoit, sur les Sauniers et les Merciers. Il y est parlé d'une redevance de poules de la part des Regrattiers et de leurs forfaits, c'est-à-dire des amendes ; que le Chapitre en aura la moitié et le Seigneur de Braye l'autre. On y fait aussi mention de l'impôt sur la laine crue qui appartiendra au

Hist. Univ. Par. T. III, p. 465.

Magn. Pastor.

Chapitre, et l'impôt sur le merrein travaillé ou non. Tous les habitans de Braye généralement quelconques furent déclarés tenus d'amener chaque année à leurs dépens de Villeneuve-Saint-Georges à Braye, dans le cellier du Seigneur, trente-sept muids de vin, et il fut dit que le vin marqué seroit amené depuis le commencement des vendanges jusqu'à la quinzaine d'après la Saint-Denis ; que chacun des Hôtes de l'Eglise de Paris étoit tenu de livrer au Sergent du Seigneur de Braye chaque année, le lendemain de Noël, un tourteau de pain, ou bien une obole ; que de tout le bois qu'on voituroit à Bray, il en étoit dû un denier par charettée au Sergent du Seigneur ; mais que cependant si les Hôtes de Notre-Dame amenoient du bois de Cocigny, ils n'en devoient rien. Enfin il fut dit que l'Eglise de Paris avoit de chaque sextier de bled acheté dans le Marché du Seigneur de Braye, une Picte ou Poitevine dans le tribut dû à ce Seigneur. Pierre de Dreux, qui étoit second fils de Robert II, et qui étoit né vers l'an 1186, possédoit la Terre et Seigneurie de Braye en 1288 [1218]. Peut-être n'en jouissoit-il que depuis le décès de Robert III, son frere aîné, arrivé en 1233. Comme il avoit épousé en 1213 Alix, héritiere du Duché de Bretagne, il ne fut plus connu sous le nom de Dreux ; les uns le qualifioient Duc de Bretagne, les autres Comte. Guillaume d'Auvergne, Evêque de Paris, écrivant au sujet d'un de ses Officiers au Curé de Braye et à celui de Cocigny, l'appelle en latin *Petrum de Brena Comitem Britanniæ*. Simon de Cocigny, Chevalier, Bailli de ce Comte, retenoit en prison un homme qu'on avoit arrêté à Braye *in terra Beatæ Mariæ Parisiensis*. Ce Bailli fut averti de le rendre de la part du Prélat. Ce monument prouve bien que Pierre, Duc de Bretagne, dit Mauclerc, étoit devenu Seigneur de Braye, mais en même temps qu'il n'avoit pas toute la Seigneurie, et que l'Eglise de Paris y avoit un territoire Seigneurial. *Magn. Pastor.*

Jean de Bretagne, né de Pierre et d'Alix vers l'an 1214, et marié en 1275 [1235] à Blanche de Champagne, avoit eu pour fille Alix en 1243, qui fut mariée en 1254 à Jean de Chastillon, Comte de Saint-Pol et de Blois, à qui elle porta la Seigneurie de Brie-Comte-Robert. On lit de lui qu'il fut maintenu en 1260 dans l'exercice de la Justice hors la Ville de Brie contre les prétentions du Procureur du Roi, qui disoit que la Ville de Braye même étoit de la Châtellenie de Corbeil. Le Bailli de Sens avoit fait l'Enquête à ce sujet. Histoire de Chastillon, p. 105.

Après Jean de Chastillon, marié à Alix de Bretagne, sa fille Jeanne porta la Terre de Brie à Pierre de France, cinquiéme fils de Saint Louis, qu'elle épousa en 1263. Ils eurent des enfans qui moururent jeunes. Ce ne fut au plus tôt qu'après la mort de ce Pierre, Comte d'Alençon, de Blois et de Chartres, arrivée en 1283, que la Terre de Brie revint aux collatéraux ; car on trouve un acte de l'an 1282, par lequel Pierre, qualifié fils du Roi, amortit, comme Seigneur *de Braya*, une dixme donnée au Monastere de Saint-Maur-des-Fossés par Marescallus, Chevalier de Centeny.

<small>Chart.S.Mauri, fol. 82.</small>

Jean deuxiéme du nom, Duc de Bretagne, frere d'Alix ci-dessus, épouse de Jean de Chastillon, avoit eu de Béatrix d'Angleterre, fille du Roi Henri III, entr'autres enfans, Blanche, laquelle avoit été mariée en 1280 à Philippe d'Artois, Seigneur de Conches, fils aîné de Robert II, Comte d'Artois. Cette Blanche devint Dame de Brie-Comte-Robert.

Marguerite, fille aînée des susdits Philippe d'Artois et Blanche de Bretagne, épousa en 1300 Louis, Comte d'Evreux, cinquiéme fils du Roi Philippe le Hardi, et lui apporta la Seigneurie de Brie-Comte-Robert. On voit dans une liste des noms des Nobles de la Vicomté de Paris, qui furent mandés par le Roi au mois des Brandons 1318 : *Le Comte d'Evreux, Bail de ses enfans, pour Braye-Comte-Robert.*

<small>Reg. du Trésor. Hist. Montmor. Preuv. p. 140.</small>

Jeanne d'Evreux, fille de Louis, Comte d'Evreux, et de Marguerite d'Artois, épousant en 1326 le Roi Charles le Bel, dont elle fut la troisiéme femme, lui porta en dot la Seigneurie de Brie-Comte-Robert et celle de Gournay-sur-Marne. L'acte d'hommage qu'elle en rendit le 27 Avril 1333, à Guillaume de Chanac, Evêque de Paris, est ainsi conçu : « Nous reconnoissons que nostre « Chastel et Chastellenie de Braye-Comte-Robert est tenu à foi et « hommage de l'Evêque de Paris. Donné à Braye-Comte-Robert, « 1333. »

<small>Ex tertio Cart. Ep. Par. Dubois, col. mss. T. III.</small>

Ce fut Jean de Soisy, Chevalier, Seigneur de Brunoy, qui le rendit pour elle. L'Evêque avoit fait tous ses efforts pour l'engager à rendre cet hommage en personne, lui alléguant l'exemple du Roi de Navarre, son frere, et de Louis, fils de Philippe le Bel, qui en avoient fait personnellement de semblables ; mais à la fin, il céda par déférence, protestant que cela ne pût lui préjudicier ni à ses successeurs. Blanche, fille posthume du Roi Charles le Bel, porta cette terre en dot à Philippe, Duc d'Orléans, second fils de Philippe de Valois, qu'elle épousa en 1345. Ce dernier Roi venoit quelquefois dans la Terre de son fils. Ce fut là que fut passé le 29 Janvier 1348 (ou 1349 nouveau style) son Contrat de mariage avec Blanche de Navarre, sa seconde femme.

<small>Sauval, T. II, p. 449.</small>

La Reine Jeanne d'Evreux, veuve de Charles le Bel, vécut encore long-temps. Il reste d'elle une charte de priviléges accordés aux habitans de Noisy-le-Grand, datée de Braye-Comte-Robert, le 15 Décembre 1357. Elle mourut à Brie-Comte-Robert le 4 Mars 1370, et son corps fut porté aux Cordeliers de Paris. Elle avoit fondé une Messe à l'Abbaye de Saint-Denis, sur le revenu

<small>Felibien, Hist. S. Denis, p. 276.</small>

1. Elle fut, selon Félibien *(loco citat.)*, inhumée dans l'Abbaye de Saint-Denis. — (Note de l'éditeur.)

d'un droit à prendre en partie en sa Châtellenie de Brie. On trouve qu'en 1372 le Roi Charles V envoya en ce lieu de Brie, Philippe d'Aunoy, son Maître-d'Hôtel, pour [cette] cause.

En 1373, Jean de Chatillon, Comte de Blois, notifia au Roi que la Comtesse, sa femme, avoit fait avec le Comte d'Alençon, frere du Roi, un accord par lequel elle lui doit laisser Pontarci et Bray pour 1600 livres. *Reg. Parl.*

Blanche de France étant devenue veuve en 1375 céda, un an après, et transporta au Roi Charles V et à ses successeurs Rois, la Ville, Château et Châtellenie de Braye-Comte-Robert, s'en réservant l'usufruit. *Acte du 23 Sept. 1376, pardev. Pierre de Montigny et Jean Fourquault Not. au Châtel.*

Charles VI donna depuis cette Terre à Louis, Duc d'Orléans, son frere puîné, qui en gratifia son plus jeune fils, né en 1304 [1404], nommé Jean, lequel fut Comte d'Angoulême. Ce jeune Prince en jouissoit en 1416 : François de l'Hôpital en étoit alors Capitaine pour lui. *Le Labour. Tombeau des Hommes Illustr.*

La Ville de Paris et une partie du voisinage étant tombée sous la domination d'Henri, Roi d'Angleterre, après la mort de Charles VI, ce nouveau Prince, par considération pour la Veuve de ce Roi, lui donna le Château et Châtellenie de Brie-Comte-Robert, pour en jouir jusqu'à ce que son douaire lui fût assigné, ou qu'il en fût autrement ordonné. Ses Lettres sont datées de Paris, le 6 Mai 1424. Elles n'eurent pas lieu selon les apparences, puisque par d'autres du 22 Février 1427, le même Roi de France et d'Angleterre assignant à cette Reine plusieurs lieux, marqua qu'en déduction du surplus, il lui donnoit Brie et Crecy. La Ville de Brie avoit toujours tenu pour Charles VII ; mais en 1430, le 5 Septembre, le sieur d'Estaford, Connétable de France pour le Roi d'Angleterre, vint pour en faire le siége, et la prit d'assaut le second jour. Le Château tint plus long-temps, et se rendit enfin. *Mém. de la Chambre des Comptes. Ibid. Journal des regn. de Ch. VI et Ch. VII, p. 235.*

En 1431, Brie-Comte-Robert fut élu pour les Conférences de paix qui devoient se tenir entre Charles VII et le Roi d'Angleterre, à cause qu'il étoit également voisin de Melun, Ville qui appartenoit à Charles VII, et de Corbeil qui étoit au Roi d'Angleterre. Ce choix fait le 25 Février, fut notifié au Parlement le 16 Mars. Le Cardinal de Sainte-Croix devoit y assister et faire sa résidence en la même Ville de Brie. *Reg. du Parl.*

Pendant le reste du siécle, la Maison des Comtes d'Angoulême posséda cette Seigneurie. Louis XI y étant le 14 Juin 1480, y donna des Lettres concernant le Légat. *Tables de Blanchard.*

Enfin, François Ier étant parvenu à la Couronne en 1515, ne tarda pas à réunir à son Domaine cette Terre de son Patrimoine ; en sorte que depuis ce temps-là les Rois en ont disposé de diverses manieres, et qu'il y a eu divers établissemens et des différends à régler.

On trouve que cette Terre fut vendue avec plusieurs autres le 22 Février 1522, au sieur Poncher, moyennant quarante mille livres; mais le Roi les reprit en 1528, et lui donna en place la Vicomté d'Orbec. Environ ce temps-là, il fit don à l'Amiral de Biron du revenu de la Terre de Brie-Comte-Robert, pour sa vie durant.

_{Reg. du Parl. 7 Sept. 1528. Mém. de la Chambre des Comptes. Blanchard.}

Il y eut en 1531 un Edit qui y établissoit une Chambre à Sel, et qui en créoit les Officiers. Il est du 28 Septembre.

_{Ibid.}

Le Roi François Ier y passa en 1541, et y donna le 12 Janvier des Lettres concernant le Ban et Arriere-ban. Il y a dans les Registres du Parlement une Lettre de ce même Prince, datée de ce lieu le 26 Janvier 1543.

L'année de la mort de ce Prince, cette Terre fut donnée à François d'Annivet ou d'Auveinet, Duc d'Atry. En 1555, cette donation lui fut continuée et à Susanne Caracciolo, sa femme, pour un certain nombre d'années qui fut ensuite prorogé, et en 1560 assigné pour leur vie durant. Mais en 1564, on voit cette Terre donnée à la Dame du Perron, pour la récompense du soin qu'elle avoit pris d'élever le Roi Charles IX alors régnant; et les enfans du Duc gratifiés de trois mille livres de pension, en considération de ce que le temps durant lequel ils auroient pu jouir de cette Terre n'étoit pas expiré. Il paroît que cette Dame du Perron n'est autre que Marie de Pierrevive, mere de Pierre de Gondi, Evêque de Paris, et qu'elle est qualifiée Dame du Perron, Armentieres et Brie-Comte-Robert dans un acte de 1574, à l'occasion de son testament. On voit ailleurs que les Italiens étoient si fort ancrés dans le Château de Brie-Comte-Robert, du temps du Duc d'Atry qui les y avoit attirés, qu'après sa mort il fut besoin que Maurice, Prévôt, Capitaine et Garde de ce Château, aussi bien que Garde des Sceaux Royaux de ce lieu, s'adressât par requête au Parlement pour les en faire sortir.

_{Mem. de la Chambre des Compt. 1547, 1555, 1560, 1563, 1564.}

_{Reg. du Parl. 9 Fev. 1564.}

On ne trouve pour le reste du siécle que quelques propriétaires engagistes de la Terre de Brie-Comte-Robert, particulierement le sieur Villequier; puis en 1602 le sieur Gobelin. Après lui en 1621 le sieur J. de Choisy. Il paroît que vers 1650 c'étoit M. de Verthamont. On voit dans l'Arrêt de Servon qu'au mois de Novembre 1657 le Roi l'avoit maintenu, ses hoirs et ayant cause en la Justice haute, moyenne et basse au Fief et Prévôté en la place publique du lieu, pour l'exercice de laquelle ils pourroient commettre tels Prévôts qu'ils aviseroient, nonobstant la discontinuation. Mais le Roi, par l'Arrêt du 7 Décembre 1666, voulut que le Contrat d'acquisition de ce Fief et Justice fût rapporté, et que les droits vendus fussent réunis à la Seigneurie et Bailliage de Brie-Comte-Robert. Cette Terre appartenoit en 1710 au Président de Même par engagement; et maintenant elle est à M. Chauvelin.

_{Arrêt de Servon de 1666, p. 65.}

_{Ibid., p. 94.}

_{Gener. de Paris 1710, p. 83.}

Dès le 22 Mars 1568 le Roi Charles IX, par Lettres-Patentes, avoit éteint l'état de Prévôt et Juge de Brie, attendu le peu d'exercice dont on le disoit être, et l'avoit uni à celui de Bailli.

A l'égard du différend qui s'éleva sous le même regne, sçavoir si Brie-Comte-Robert étoit de la Prévôté et Vicomté de Paris, le Parlement ordonna, le 16 Août 1564, que les Officiers du lieu seroient ouïs. Mais ce qu'ils purent dire alors se trouve assez clairement énoncé dans le Procès-verbal de la Coutume de Paris de l'an 1580.

Les Députés des trois états de ce lieu, sçavoir : Joseph Nepveu, Curé de Sougnolles, Pierre de Manchy, Ecuyer, Seigneur de Grisy et des Adrets, et Jean Piloust, Procureur du Roi au Bailliage et Châtellenie, déclarerent par leur Procureur n'être sujets ni justiciables du Prévôt de Paris, et que sans cause ils ont été appellés à la réformation de la Coutume. *Cout. de 1580. Edit 1678, p. 664 Reg. du Parl. 30 Avr. 1568.*

Le Chateau de Brie-Comte-Robert paroît avoir été fort autrefois ; il est situé à l'entrée de la Ville du côté de Paris, défendu par un large et profond fossé. Il est de figure quarrée, composé de huit tours posées de maniere que de quelque face qu'on le regarde, on en voit trois. Cet édifice est de quatre ou cinq cents ans, sans aucuns ornemens. J'ai parlé ci-dessus de la Chapelle qui y a subsisté. Les Italiens qui y avoient demeuré sous le regne d'Henri II, François II et Charles IX, avoient laissé périr la charpente et les planchers. Les besoins de la réparation étant exposés en Cour, il y eut des Lettres en 1567, 1568 et 1608, qui permettoient de faire une vente extraordinaire de haute futaye en la forêt de l'Echelle jusqu'à la somme de deux mille livres, tant pour réparer ce château que le moulin du lieu. Le Parlement avoit ordonné en outre dès 1567 qu'il seroit informé contre ceux qui avoient laissé tomber ce château en décadence. Cette Forteresse étant réparée, fut en état de résistance ; mais elle ne laissa pas d'être prise après qu'elle eut été assiégée en 1649, aussi-bien que la Ville. Il existe un acte de notoriété passé pardevant Jean Perne, Bailli de ce lieu, le 7 Novembre 1665, par lequel plusieurs habitans déposent qu'ils ont bonne connoissance que la Ville de Brie a été assiégée le 24 Février 1649, et que les Soldats assiégeans sont entrés par la bréche. *Reg. du Parl. 18 Mars 1567, 18 Avr. 1568 et 1604.*

Il y a à Brie-Comte-Robert deux Communautés.

Celle qui paroît la moins nouvelle dans le lieu, sont les Filles de la Croix.

En 1640 le 27 Avril, Jean François de Gondi, Archevêque de Paris, permit à Marie Lhuillier, Dame de Villeneuve, de faire cet établissement, et il approuva leurs constitutions pour l'instruction des filles. On peut les voir imprimées tout au long dans Sauval. Elles obtinrent quelques années après des Lettres de confirmation, *Sauval, Antiq. de Paris, T. III, p. 193.*

qui furent enregistrées au Parlement le 3 Septembre 1646. Les jeunes filles y sont très-bien élevées.

La permission qu'ont eue les Minimes de s'y établir, n'a été enregistrée en Parlement que le 6 Août 1647, quatre mois après que l'Archevêque l'eut donnée, quoiqu'on assure que leur fondation par le Maréchal de Vitry soit de l'an 1636. Le Maréchal nommé Nicolas de l'Hôpital l'avoit prescrite par son Testament, en reconnoissance des faveurs qu'il avoit reçues par l'intercession de Saint François de Paule, marquant que l'Eglise seroit sous le titre de la Trinité, de la Sainte Vierge, Saint François de Paule, Saint Nicolas, et Sainte Lucrece à cause de Lucrece Bouhier, sa veuve, qui en étoit l'exécutrice; qu'il y auroit douze Religieux et deux freres, et que cette maison seroit appellée le Couvent de Vitry. Mais la permission de l'Archevêque ne fait point mention des deux derniers Saints. Ils furent bâtis en 1655 au sud-est, et presque attenant les fossés, en belle exposition. Leur maison est grande, belle et commode : mais ils sont peu à cause de la modicité du revenu. Armand de Bourbon, Prince de Conti, Abbé de Saint-Denis, a fondé des Messes et une lampe dans leur Eglise.

Reg. Arch. Par. 5 Apr. 1647.

Entre plusieurs Corps Ecclésiastiques qui ont possédé le principal Fief de cette Terre, ou d'autres Fiefs subalternes, il paroît que l'on doit donner le premier rang à l'Eglise de Paris. Elle pouvoit tenir de chef-lieu du territoire, de quelque Evêque qui l'avoit gouvernée avant le XII siécle; ensorte que ce seroient les guerres arrivées en différens temps, soit celles des Normans, soit celles des X et XI siécles, qui auroient fait perdre la connoissance du donateur, et qui sont cause que l'on se souvient seulement que la Terre devoit foi et hommage à l'Evêque. On en a vu ci-dessus une exhibition solemnelle par une Reine; et plus anciennement, sçavoir en 1208 et 1238, la même Eglise, représentée par le Chapitre, y avoit un territoire, des sujets et des droits Seigneuriaux, qui sont rappellés en 1657 dans l'exposé par l'Arrêt de Servon. Après le milieu du XIII siécle et avant l'an 1259, la même Eglise fut gratifiée par Raoul de Chevry, Evêque d'Evreux, qui en avoit été Chanoine et Archidiacre, d'une dixme sur le territoire de Brie et des lieux circonvoisins qu'il avoit achetée, laquelle n'étoit chargée que de quelques redevances de grain aux Abbayes d'Hierre, de Footel, et au Presbytere de Braye, *Presbyterio de Braya*.

Arrêt du Conseil . 1666, p. 65.

Necr. Eccl. Par. ad 2 April.

C'est sans doute la même Reine de France dont on vient de parler (Jeanne d'Evreux, veuve de Charles le Bel, décédée en 1370) qui, possédant la Seigneurie de Brie-Comte-Robert, fit part à l'Abbaye de Saint-Denis d'une partie des droits Seigneuriaux de cette Terre, pour la fondation d'une Messe qu'elle y demanda. Ces droits étoient au moins dans un canton de la Ville, où les Religieux obtinrent, en 1514, de faire tenir trois foires chaque année. Ceci est rendu plus clair par deux endroits de l'Arrêt de Servon : l'un où on lit que, le 29 de Décembre 1651, ces Religieux firent encore un bail pour neuf ans à Jean Princet et Christophe Eve, Marchands à Brie-Comte-Robert, des Terres et Seigneuries qu'ils avoient en la Ville, consistant en droits de justice, cens, rentes, lotz, ventes, four à ban, droit de minage, mesurage, rouage, pied fourché, pièd rond avec leurs languages ; l'autre, où le sieur de Verthamont, espérant entrer dans les droits du Chapitre de Paris et dans ceux de l'Abbaye de Saint-Denis, proposa de rétablir les trois foires au Fief et en la Place publique de cette Ville : la premiere, le jour de la Mi-carême ; la seconde, le 25 Juillet, et la troisiéme, le dernier Novembre. On a vû plus haut que les foires de ce lieu se tiennent maintenant en d'autres jours. *Lettres de Nov. 1514. Hist. des Maitres des Req. p. 234. Doublet, Hist. S. Denis, [p. 1155]. Arrêt de Servon, p. 66.*

Ibid., p. 65.

L'Abbesse d'Hierre est restée seule grosse Décimatrice à Brie avec le Curé. Ce fut Eustachie de Corbeil qui, vers l'an 1132, lui donna, entr'autres biens, pour la doter, le tiers des dixmes de ce lieu : ce qui fut confirmé, en 1138, par Etienne de Senlis, Evêque de Paris ; en 1142, par Thibaud, son successeur ; en 1147, par une Bulle d'Eugene III. Il paroît que, par un Traité passé entre le Chapitre de Notre-Dame de Paris et l'Abbesse Marguerite en 1273, à l'occasion des dixmes provenantes du don fait par Raoul de Chevry à ce Chapitre, l'Abbaye assura son droit de plus en plus. Un autre de la Maison de Chevry, nommé Evrard, Chevalier, avoit pareillement donné au même Monastere, dès l'an 1228, conjointement avec Marguerite, son épouse, un demi-muid de bled dans la dixme *de Braya ;* et Baudoin de Corbeil, un autre muid de bled encore dans la même dixme. Ainsi, ce que ce Couvent possede à Brie lui vient de plusieurs Donateurs, sans oublier Jean, Seigneur du Plessis-Paté, qui a été marqué dans le Nécrologe, comme ayant légué trente sols parisis de rente tant à Braye qu'à Serecy. Les Lettres de Thibaud, Evêque de Paris, d'environ l'an 1150, en faveur du Prieuré de Saint-Martin-des-Champs, font foi que, sur la dixme de Brie appartenante aux Moniales, c'est-à-dire aux Religieuses, il y avoit un huitiéme qui revenoit à ce Prieuré. C'étoit probablement cet Evêque qui, en la confirmant aux Religieuses, l'an 1142, avoit fait une réserve de cette petite portion pour le Monastere dont il avoit été Prieur ; et peut-être que ce huitiéme étoit cette dixme dont jouissoit, en 1157, Thomas *de Braio,* suivant une Charte du même qui lui en fit augmenter la redevance pécuniaire. *Annal. Bened. T. VI, p. 676. Necr. Heder. V Calend. Febr. Du Breul, p. 895.*

Gall. Chr. T. VII, col. 608.

Chartul. Hed.

Necrol. Heder. III Id. Apr.

Ibid. ad V Non. Jul. caract. XIV sæculi.

Hist. S. Mart. p. 188.

Ibid., p. 190.

Toutes ces différentes portions de dixme de Braye ou Brie servent à prouver combien fertile et vaste en étoit le territoire.

PAMPHOU. De tout ce qui est hors la Ville de Brie-Comte-

Robert, le lieu qui a été le plus digne de remarque étoit Pamphou ou Pamfou, grand et magnifique Château au bout du fauxbourg du côté de l'orient, qui a été depuis peu entierement démoli. Il avoit été bâti par Nicolas Brulart, Marquis de Sillery, fait Garde des Sceaux en 1604, puis Chancelier de France en 1607. J'en ai trouvé mention dans les Registres du Parlement, à l'occasion de l'enregistrement qui y fut fait, le 6 Mai 1613, de la confirmation accordée par le Roi à ce Chancelier, de quarante cordes de bois pour son chauffage en la Terre de Panfou, à prendre en la forêt du Parc, comme aussi de bois propre à bâtir et à réparer au même lieu. Ce Château passa ensuite à Claude de Bullion, Seigneur de Longchene, quatriéme fils de Claude, Surintendant des Finances en 1632 et Président à mortier en 1636, ou [et] à Louis de Bullion, Marquis de Longchene, fils puîné de Claude, Seigneur de Longchene. Après lui, il fut possédé par M. de Forax, Gentilhomme du Duc de Nemours, qui en jouissoit en 1697, puis par... Baillet, Marquis de Vaugrenant, près Dijon, qui laissa deux fils : l'aîné, mort depuis peu, et Jean-Baptiste Gaston, vivant, Seigneur en partie de la Terre de Panfou. Il est arriere-petit-neveu de Saint François de Sales, dont il a le portrait original et une Lettre du 2 Mai 1617, écrite de la propre main du Saint. Il ne reste plus de ce Château que quatre tourelles aux quatre coins de l'enclos. Ce nom extraordinaire de Pamphou ne paroît dans l'antiquité qu'en un titre de l'an 1174 concernant l'Abbaye de Saint-Magloire ; encore n'est-ce pas de ce lieu-ci dont il s'agit, mais d'un autre Pamphou situé au Diocèse de Sens.

Perm. d'Orat. domest. 12 Avril 1697.

Gall. Chr. T. VII, col. 311.

VILLEMENEU est un hameau éloigné de Brie d'environ demi-lieue vers le sud-ouest. Je suis plus porté à croire que ce lieu est le *Villa Minor* de quelques anciens titres, que non pas Villemenon de la Paroisse de Servon. Autrefois, au lieu de dire les Cordeliers, on disoit les Freres mineurs, ce qui vient de *Fratres Minores*. Il y a des sources considérables de la riviere d'Hierre qui sortent de dessous le territoire de ce hameau, comme aussi de dessous le côteau de vignes de Brie, car, plus haut, son lit est étroit et rempli de joncs. On voit dans ce hameau une Chapelle de Saint Martin, qu'on dit avoir été à la nomination des Abbés de Saint-Denis en France, avant que leur Mense fût unie à la Communauté de Saint-Cyr ; cependant j'en ai trouvé des Provisions du 23 Septembre 1482 et du 7 Janvier 1506, sans aucune mention de présentation. Elle sert à des particuliers pour y mettre des grains et du foin. On y voit encore un autel sur lequel les plus âgés ne se souviennent point d'avoir vu dire la Messe. Il y a des terres qui en dépendent, et qui sont affermées 80 livres à un particulier de Brie. Auprès est la Fontaine de Saint Martin, fort fréquentée pour les fiévres. Au même lieu est la Fontaine Saint-Jean, dont on ne dit rien. En 1648, Nicolas Brulard, premier Valet de Chambre du Duc d'Orléans, et Magdelene Censier, sa femme, y avoient leur résidence. La Marquise des Marets y demeuroit en 1697. Cette Terre appartient aujourd'hui à MM. Pinon. On apprend par le Catalogue des anciens Procureurs Généraux du Roi, que celui qui l'étoit en 1397 s'appelloit Guillaume de Villaminon. Perm. d'orat. domest. 1er Janv. et 27 Avril.

SANSAL ou SANSALE est situé à l'orient d'hiver de Brie. Je n'en ai connoissance que par les Cartes et par la permission qui fut donnée en 1623 à Pierre le Jay, Seigneur de ce lieu, de faire célébrer chez lui. Ce hameau est aujourd'hui à M. Chauvelin, comme Seigneur Engagiste du Domaine de Brie-Comte-Robert. Reg. Archiep. 29 Maii 1623.

HERCES ou HERSE, un peu plus vers le couchant, est une Ferme.

Le Nécrologe d'Hierre en fait mention en deux endroits : au 13 des Calendes d'Août est le décès d'un Chevalier nommé Jean et d'Odeline, sa femme, qui laisserent à cette maison trois arpens de terre *apud Herces ;* et au premier Décembre celui d'un autre Chevalier nommé Gilon, qui en donna deux autres situés au même lieu. Ces legs sont d'avant l'an 1300.

LA BORDE, qui est une Ferme au nord-est de Brie, a été appellée durant quelque temps la Borde la Jeune, et auparavant la Borde-Morin ; maintenant on la connoît sous celui de la Borde-Fournier. Elle appartient à Madame la Présidente Valier.

VAUDRY ou VAUDOY est un lieu situé aux fauxbourgs de Brie, connu depuis environ cent ans, par l'établissement de Chapelle domestique accordé en 1659 au sieur de Heres, et [dont la permission fut] renouvellée en 1696 et depuis.

Je ne dis rien des Carmes de Paris qui ont au fauxbourg de Brie-Comte-Robert une Ferme qui porte leur nom, et où il leur fut permis le 22 Septembre 1711 de célébrer.

Il y avoit en 1385 à Brie-Comte-Robert deux Fiefs que tenoit Jean Tartereau, mouvans de la Vicomté de Corbeil. Gilles Mallet, Vicomte de Corbeil, la marqua alors dans le dénombrement qu'il fournit de cette Vicomté au Roi Charles VI. Hist. de Corbeil, p. 62.

On trouve qu'en 1264 vivoient trois Chevaliers dits Jean, Thomas et Guillaume *de Braya ;* mais on ne sçait quel étoit leur fief. Tab. Fossat. in Ivette.

Les Protestans ou Religionnaires tinrent autrefois quelques Assemblées à Brie-Comte-Robert. Il y en eut une en 1561, laquelle excita une sédition ; pour raison de quoi Etienne Piloust, Prévôt du lieu, fut adjourné au Parlement, et défenses à lui faites d'exercer. Reg. du Parl. 21 Avril 1561.

Il y en eut encore une autre aux Fêtes de Pâques 1564, quoique cette Ville ne fût pas du nombre de celles qui leur étoient assignées. De quoi nouvelles plaintes au Parlement le 14 Avril.

<small>Reg. du Parl. 21 Avril 1561.</small>

Enfin, l'Auteur de la Vie de Charles du Moulin m'apprend qu'ayant été mécontens de lui à cause qu'il les décrioit, étant assemblés dans leur Prêche à Brie-Comte-Robert, le Dimanche 3 Février 1566, ils l'excommunierent et anathématiserent avec toute sa famille et tous ceux qui le fréquentoient.

<small>Vie de Dumoulin, p. 176.</small>

La Ville de Brie-Comte-Robert a produit quelques personnages qu'on doit distinguer du commun.

Nicolas *de Braia*, dont le nom doit être traduit par Nicolas de Braye, est celui qui a écrit en vers hexametres au XIII siécle la vie et les actions de Louis VIII, pere de Saint Louis, qu'il dédia à son Evêque, Guillaume d'Auvergne, qui fut assis sur le Siége Episcopal de Paris en 1228. Son Ouvrage est imprimé dans le Ve Tome de Duchêne.

Nicolas de Braye, différent du précédent, fut Chanoine de Chartres sous Philippe le Bel, par lequel il fut chargé de la levée de la subvention en la Sénéchaussée de Carcassonne l'an 1314.

<small>Hist. de Languedoc, T. IV, p. 157.</small>

Thierry de Braye fut Doyen de la Métropolitaine de Sens sous le regne de Philippe de Valois. Son Epitaphe qui est dans cette Eglise commence ainsi : *Ego Thierrycus de Braya Comitis Roberti Paris. Diœcesis.* Il mourut en 1349.

<small>Collect. d'Epitaphes en la Bibliotheq. du Roi, p. 583.</small>

Henri de la Mothe, Curé des Saints-Innocens à Paris, sous le regne de Louis XI. Voici son épitaphe gravée sur la pierre à un pilier contre l'Eglise :

« Cy-devant contre ce pilier
« Gist avec d'autres un milier
« Henri de la Mothe jadis
« Prestre, à qui Dieu doint Paradis,
« Natif de la Ville de Braye
« Conte Robert, c'est chose vraye ;
« Beneficier en l'Eglise
« Saint Benoist à Paris assise,
« Et Chapelain en cette Cure :
« Lequel fut mis en sépulture
« L'an mille quatre cent quatre-vingt,
« Le vingtiéme Octobre comprins.

L'*Index funereus* des célébres Chirurgiens de Paris fait mention (page 594) à l'an 1715 de Charles Gilles, natif de Brie-Comte-Robert, qui a eu la premiere dignité de leur College, et dont l'habileté avoit été connue dans les Hôpitaux de Flandres et d'Italie.

Il y a à Brie-Comte-Robert un Bureau de la Poste.

LITTERÆ DE ECCLESIA DE BRAYA

Universis præsentes Litteras inspecturis Magister, Procurator et Scolares Domûs Scolarum Clericorum Belvacenn. Paris. fundatoris : Salutem in Domino.

Noverint universi præsentes pariter et futuri, quòd nos nomine dicti Collegii promittimus per præsentes solvere singulis annis............ termino Beati Martini hyemalis, incipiente primâ solutione in Festo Beati Martini hyemalis proximè futuro, Reverendo in Christo Patri ac Dom. Dom. Parisiensi Episcopo præsenti et successoribus suis Parisiensibus Episcopis duo sextaria frumenti............ pro suo et Ecclesiæ suæ Parisiensis ratione et causâ unionis ipsi Collegio factæ auctoritate Apostolicâ de portione............ Parochialis Ecclesiæ de Bray-Comitis-Roberti, Parisiensis Diœcesis, quam obtinebat dum vivebat, et decessit defunctus Natalis Cessardi Presbyter, et pro promis............ tenere præsentium nomine quo supra obligamus erga prædictum Reverendum Patrem et successores suos, omnia bona mobilia et immobilia, præsentia et futura, ratione et causâ unionis prædictæ ipsi Collegio quovismodo obvenientia. In cujus rei testimonium sigillum dicti Collegii præsentibus Litteris duximus [diximus] apponendum. Datum Parisiis anno Domini M^o CCC^o octogesimo nono die Martis post Dominicam quâ cantatum fuit Lætare Jherusalem.

La moitié du Sceau restant est en cire rouge. On y voit une Sainte Vierge, et à sa gauche six personnes à genoux.

FERROLES

Le ruisseau qui prend sa source sur la Paroisse de Chevry, et qui coule d'Orient en Occident, arrose successivement trois Paroisses contiguës : Chevry, Attilly et Ferroles. Cette dernière qui est la plus occidentale est connue depuis le XI siécle. M. de Valois croit que le nom de *Ferreolæ, Ferrolæ* et *Ferroliæ,* que lui donnent les titres latins des XI, XII et XIII siécles, vient d'un Seigneur des premiers temps, ou d'un Fondateur même, qui s'appelloit *Ferreolus* : ce qui est d'autant plus vraisemblable, qu'on ne voit aucuns vestiges qu'il y ait eu en ce lieu des Forges de fer, ni même des Mines.

<small>Notit. Gall. p. 417.</small>

Le Village est sur un côteau ou pente, qui regarde le septentrion et est fort couvert d'arbres et de bocages, ce qui rend le vallon fort gai en été. Le reste est en terres labourables et prairies. On comptoit 44 feux en ce lieu lors du dénombrement de 1709. Le Dictionnaire Universel de la France, imprimé en 1726, évalua ce nombre à 200 habitans ou communians. Le dernier dénombrement publié en 1745 par le sieur Doisy, y marque 39 feux et écrit

Ferol, ce qui est une orthographe vicieuse. On peut compter qu'il y a communément dans ce lieu entre trente et quarante feux.

<small>Chart. parr. S. Maur. f. 148.</small> L'Eglise est sous le titre de Saint Germain, Evêque d'Auxerre, et elle en portoit le nom dès l'an 1090, qu'elle fut donnée à l'Abbaye de Saint-Maur : *Altare situm in Villa Ferreolis in honore S. Germani. Autissiod. Epis.* L'Édifice n'est pourtant pas de ce temps-là, mais le Chœur est du XIII siécle, fort petit et voûté, finissant en demi-cercle ou apside, et sans collatéraux. La nef est moins solide et bien plus nouvelle. Il n'y a aucune inscription dans cette Eglise. Geoffroy, Evêque de Paris, accordant cet Autel à Wlfer [*Wulferius ou Gulferius*], Abbé de Saint-Maur, l'année ci-dessus dite, fait entendre qu'auparavant elle lui étoit à charge, n'étant desservie que par un Vicaire : *Altare sub Vicario quidem damnosœ reformationis hactenus habitum;* plus bas, il ajoute que si l'Abbé après y avoir mis un Vicaire vient à l'en retirer, il ne pourra rien demander à l'Evêque pour en rétablir un autre; que le droit que cette Eglise payera au même Evêque sera de quarante sols, et à l'Archidiacre de vingt; outre la souscription de l'Evêque de Paris, on voit au bas de cet Acte celle du Doyen Foulques, du Chantre Waleran, des trois Archidiacres, Drogon, Jocelin et Rai-<small>Hist. de Paris. [T. III, p. 22].</small> nald, et celle de Vaultier, Evêque de Meaux. Dans la Bulle de confirmation des biens de l'Abbaye de Saint-Maur, donnée par Innocent II en 1136, est comprise *Ecclesia de Ferreolis*. Maurice de Sully, Evêque de Paris, confirmant de nouveau cette donation <small>Ex autogr. in Tab. S. Mauri.</small> en 1195, du consentement de ses Archidiacres, s'exprime ainsi : *Ecclesiam de Ferrolis cum atrio, majori decima, et duœ partes in minuta.* En conséquence de tous ces titres, le Pouillé Parisien du XIII siécle marque la Cure de Ferroles, *de Ferrolis*, à la nomination de l'Abbé de Saint-Maur; ce qui est suivi par les autres jusqu'au temps que l'Abbaye ayant été unie à l'Evêché de Paris, le Prélat a rentré dans le droit de la conférer *pleno jure*.

Au reste, le Curé est Décimateur. Le dernier Curé décédé fort âgé vers l'an 1742, nommé Jean le Gay, a fondé dans ce lieu un Maître d'Ecole pour les garçons.

On ne sçait pas précisément en quel temps le Monastere de Saint-Maur commença à posséder la Seigneurie de Ferroles. Ce ne peut pas être au IX siécle, parce que l'état de ses biens rédigé <small>Baluze, Capit. T. II. [p. 1387].</small> au X, et publié sous le nom de *Polyptycus Monasterii Fossatensis*, ne fait aucune mention de cette Terre. Mais c'est aussi au plus tard dans le XII siécle que le Monastere y eut la Seigneurie, outre l'Eglise qui lui avoit été donnée sur la fin du siécle précédent; il a pu entrer en jouissance de ce bien par acquisition ou par échange, dont les Actes ont été perdus. Robert d'Attilly y avoit encore une partie du droit appellé Tensement, c'est-à-dire de défense ou de protection, qui étoit de dix-huit septiers de froment. Roger, Abbé de Saint-Maur, fit le rachat de ce droit, pour la somme de cinquante livres, et l'Acte de la cession de la part du Seigneur d'Attilly fut passé dans l'Eglise même du Monastere en présence du Roi Louis le Jeune, l'an 1168, d'Agnès, Comtesse de Meulent et de Guy de Chevreuse. *Chart.S.Mauri.*

En 1196, Thomas d'Haubert-Villiers *(De Hauberti-Villari)* fit présent à la même Abbaye de Saint-Maur d'un droit de froment qu'il percevoit *in Villa Ferreolarum* : et cela du consentement de Roger de Meulent, du fief duquel cette redevance relevoit. C'est ce qui nous a été transmis par une Charte du Roi Philippe-Auguste donnée à Mantes. Haubert-Villiers est encore aujourd'hui le nom d'une Ferme de la Paroisse d'Attilly. *Chart.S.Mauri.*

Il se trouve que dans le siécle suivant, l'Abbaye de Saint-Victor de Paris avoit des Hôtes à Ferroles, aussi-bien que celle de Saint-Maur. Cela avoit donné occasion dès l'an 1215 à des difficultés au sujet desquelles Jean, Abbé de Saint-Victor, passa un Compromis. La décision des Arbitres fut que les Habitans de Ferroles feroient serment de fidélité aux deux Eglises, tant de Saint-Victor que de Saint-Maur : cette derniere leur quitta le droit de Pacage. Il peut se faire que la Ferme que l'Abbaye de Saint-Victor a à Beaurose fût ce qui avoit attiré leurs Hôtes à Ferroles. Beaurose n'en est qu'à demi-lieue. *Ibid.*

En 1275 Jean Grapin, Ecuyer, Homme d'Armes, qui avoit un bien aux environs de Ferroles, reconnut la Seigneurie des Moines de Saint-Maur, et avoua qu'il n'avoit pas le droit d'arrêter le cours de l'eau du ruisseau de Ferroles *(Cursum aquæ de Ferrolis)*. C'est de lui sans doute qu'a été surnommée la Borde-Grapin, qui est voisine de ce Village et sur le territoire. Il est qualifié Chevalier dans l'Acte de la vente qu'il fit en 1288 aux Moines de Saint-Maur de quelques bois vers Tournan. *Ibid.*

Le Cartulaire de Saint-Maur qui fut rédigé vers l'an 1284, fait un article spécial de cette Terre, duquel j'ai tiré ce que je viens de dire de son temporel. Il y met pour préambule, que dans ce Village et dans celui de Chevry, l'Abbaye avoit alors un Manoir et une Grange ; que chaque feu devoit par an trois œufs, qu'on appelloit les Œufs des Croix, *Ova de Crucibus*[1], ou bien un Obole ; et que de cette redevance le Monastere en avoit les deux tiers et le Prêtre du Village l'autre tiers ; et de même pour les Pains du jour de Saint Etienne, lendemain de Noël.

1. Il y eut en 1319 un différend entre la Reine Clémence et l'Abbaye de Saint-Maur, au sujet des Dixmes de Ferroles. Le Roi nomma Jean la Ronche, Conseiller au Parlement, pour terminer ce différend. *(Regist. Vet. causas Parlam.)*

L'Abbaye de Saint-Maur vendit cette Terre le 9 Juillet 1563, sans retention de foi, à Madame Jeanne-Claude [1], veuve de Charles de Pierrevive, Seigneur de Lerigny [Lezigny], Maître-d'Hôtel du Roi Charles IX, Barthelemi Tasse, Seigneur d'Espesses, Conseiller au Parlement et Simon de Pierrevive, Abbé d'Hiverneau, Tuteur des Enfans. Le Chapitre eut en contre-échange 250 livres de rente sur le Sel et sur différens Domaines du Roi, laquelle somme ne monte pas aujourd'hui à cinquante livres, par l'effet des différens changemens arrivés aux rentes de la Ville.

LA BORDE-GRAPIN et LA BARRE sont deux Terres de cette Paroisse. La premiere qui porte le nom générique de Borde, lequel signifioit petite Maison couverte de jonc ou de gluy, a eu son surnom de Jean Grapin, nommé ci-dessus, qui vivoit sous Philippe le Hardi. Jacques du Moulin, Seigneur de Servon, dans l'avant-dernier siécle, posséda aussi cette Seigneurie. Elle appartient à présent au même qui possede la seconde Terre nommée la Barre. Ce dernier possesseur de la Barre l'a acquise vers l'an 1710, de Jean de Lyonne, Seigneur de Servon. Cette Terre de la Barre avoit appartenu en 1639 à Antoine le Fevre, Conseiller au Parlement et à Jeanne Hureau, sa femme.

<small>Voy. son Epitaphe, art. de Servon.</small>

<small>Perm. d'Orat. domest. 9 Sept.</small>

LES PETITES ROMAINES, sont dites être de la Paroisse de Ferroles, dans un Acte de 1539, qui dit qu'elles vinrent alors par succession aux héritiers de Pierre d'Apestigny, Seigneur de Chenevieres-sur-Marne.

ATTILLY

Le nom d'un Romain que porte cette Paroisse, fait voir que le lieu est ancien ; car *Attiliacum* ne peut venir que d'un nommé Attilius à qui il a appartenu, et qui apparemment y a bâti le premier : et soit qu'il ait été dit *Attilleium* dans les Titres, ou *Attilliacum*, cela revient au même.

Je n'ai trouvé au reste aucun Titre qui fasse mention de ce Village avant le XII siécle, où quelques Bulles et quelques Lettres du commencement de ce siécle en parlent à l'occasion de quelques Dixmes.

Il est situé à six lieues environ de Paris, vers l'orient d'hiver sur un petit ruisseau qui vient de Chevry. On n'y voit que des terres labourables. Le dénombrement de l'Election de Paris imprimé en

---

1. A l'article de la paroisse de Lezigny (v. ci-après) l'abbé Lebeuf appelle cette dame Jeanne Clausse. Elle ne pouvoit d'ailleurs être veuve de Charles de Pierrevive, puisque celui-ci existoit encore en 1580. — (Note de l'éditeur.)

1709 y marquoit 17 feux que le Dictionnaire Universel de la France publié en 1726, évalua à 45 habitants ou communians. Lorsque j'y passai en 1739, on n'y comptoit plus que 12 feux. Le dernier dénombrement donné au public par le sieur Doisy en 1745 y en marque encore moins, sçavoir 6 ou 7.

L'Eglise qui est en forme de Chapelle, proportionnée au nombre d'habitants, est placée sur un côteau dont la pente est vers le Septentrion. Elle est sous le titre de Saint Julien, Martyr de Brioude, dont la fête est le 28 Août, et la Dédicace s'y célèbre le Dimanche suivant. Elle a dû en effet être faite vers ce temps-là en l'année 1538, vu que la permission de faire cette cérémonie donnée à Jacques, Evêque de Calcédoine, à la requête de Jean Picot, Seigneur, François Picart, Théologien et Pierre Baut, Curé, est datée du 16 Août. Quoique cette Eglise, ou au moins la nef, ait été réparée vers l'an 1730, et le chœur vers 1742 [1], on n'a point fait disparoître les vestiges d'antiquité du chœur, tels que les Tombes. Sur une de ces Tombes est représenté un Militaire avec ses armes et cette légende autour : *Reg. Ep. Paris*

Cy git le corps de Jean Gargarin, Chevalier, qui trespass.. l'an mil trois cent.... après la Saint-Denis. Priez pour l'âme de ly.

Sur l'autre qui est placée dans le côté méridional, on lit :

Cy-dessous gissent Louis et Françoise Dugué, enfans de feu noble homme Jehan Dugué, vivant Conseiller du Roy nostre Pere [Sire], en son Parlement de Chamberry en Savoye, lequel est décédé en l'an 1572.

La Cure est marquée à la collation pure et simple de l'Evêque de Paris, dans le Pouillé du XIII siécle, sous le nom d'*Attiliacum*. Celui du XVI siécle y est conforme, et ajoute ensuite: *Capella ibidem optima*. Je parlerai ci-après de cette Chapelle. Tous les Pouillés subséquens, 1626, 1648 et 1692, conviennent que c'est à l'Archevêque à conférer la Cure de plein droit, dont le Titulaire est gros Décimateur du lieu.

Nous ne voyons pas quel est l'Evêque de Paris qui pouvoit avoir concédé au Prieuré de Saint-Martin-des-Champs une Dixme à Attilly; nous sçavons seulement que Calixte II la lui confirme par sa Bulle de l'an 1119, ce qui est suivi dans celle d'Innocent II de l'an 1142, et dans celle d'Eugene III de l'an 1147, et dans la Charte de Thibaud, Evêque de Paris, d'environ l'an 1150. Avant lui Girbert, l'un de ses prédécesseurs, avoit assuré à ces mêmes Moines la jouissance de cette Dixme dès l'an 1122. André, Prêtre d'Attilly, c'est-à-dire Curé en 1241, étoit une personne de poids : *Hist. S. Mart. p. 158. Ibid., p. 171, 180 et 187. Gall. Chr. T. VII, col. 59.*

---

1 Une Sentence d'environ ce temps-là, condamna le Seigneur à la reconstruction, conjointement avec le Curé.

Chart.S.Mauri. il fut choisi pour terminer le Procès qui étoit entre le Curé d'Ozoir et l'Abbé de Saint-Maur touchant la Forest, que les uns appelloient alors *Foresta quinque solidorum*, et d'autres *Foresta S. Ceoldi*.

On ne trouve rien avant le XIII siécle sur la Chapelle de Saint-Eloy du Breuil, dont il ne subsiste que les ruines au milieu de la campagne, au midi d'Attilly, au coin du bois du Parc. Barthelemi *Chart. min. Ep.* de Chevry, Chevalier, avoit eu vers l'an 1223, la dévotion de vou-*Par. fol. 106.* loir ériger une Chapelle dans le manoir de Pierre de Bray, Chevalier, située sur la Paroisse d'Attilly. Une des clauses étoit que le Chapelain auroit charge d'ames de tous ceux de cette maison. Regnaud, Prêtre d'Attilly, y ayant consenti, à condition de dédommagement, Guillaume de Seignelai, Evêque de Paris, et J..... Archidiacre de Brie, destinerent un nommé Simon pour en être Chapelain; ils assignerent un arpent de terre pour la construire et [à] lui un logement, statuerent qu'il payeroit par an huit sols au Prêtre d'Attilly, et deux sols à la Fabrique au jour de Saint Julien, Martyr, qu'il rendroit les Offrandes au Curé, et qu'il ne payeroit que moitié du droit de Synode et de Visite.

L'Auteur du Cartulaire de l'Abbaye de Saint-Maur, qui écrivoit vers l'an 1280, y a marqué, en traitant l'article des revenus que ce Monastere avoit à Ferroles, quelques portions des biens de cette Chapelle. Il y dit que le Prêtre du Breuil, *Presbyter de Brolio*, possede trois arpens situés auprès du Marchais des Fourches. Il y dit encore que le même Prêtre cédoit la moitié de la Dixme dans trente-cinq arpens de terre de Ferroles. On ignore quels sont les Fondateurs de cette Chapelle: peut-être y sont-ils inhumés sous les ruines. Chacun sçait que *Brolium* signifioit autrefois un petit Bois, une espece de Taillis. Il y avoit des Seigneurs qui portoient le nom du Breuil en ces quartiers-là dès le XII siécle. En 1189, Adam de Broil obtint permission de Guillaume *de Braia* de vendre à l'Abbaye de Saint-Maur, des prés situés à Ozoir. Dans la démission que Jean Chauvin, Prêtre, fit de cette Chapelle le 8 Décembre 1479, elle est dite *S. Eligii de Brolio juxta Brayam comitis Roberti*. Des *Reg. Ep. Paris.* Provisions de la même Chapelle, de l'an 1571, données à Charles *24 Feb.* le Maître, Curé de Chevry, la disent située *juxta nemus de Braya comitis Roberti*. Cent ans après Nicolas Philippe, Curé de Sainte-Geneviéve de Paris, en étant allé prendre possession, la trouva située au coin d'un Bois, à demi-lieue d'Attilly, mais ruinée, et devenue la retraite des voleurs. Personne ne se souvenoit pas même d'y avoir vu célébrer. Sur les représentations et après la visite, *Reg. Archiep.* M. de Harlay, Archevêque, en ordonna la démolition, déclarant *27 Jul. 1678.* que les matériaux seroient employés pour l'Eglise Paroissiale, où les charges seroient acquittées, consistant en douze Messes par an,

sçavoir : les premiers Lundis des mois, excepté les mois de Juin
et de Décembre, que les Messes seroient dites au jour des Fêtes de
S. Eloy. Cette Chapelle est à la nomination de l'Archevêque. Elle
valoit alors 50 livres. Quelques-uns, au lieu de Breuil prononcent
Breil, et ont donné occasion à d'autres de prononcer Bray ou Brey :
mais dans le Rolle des Décimes et autres de l'Archevêché, on conserve l'ancienne expression *Breuil*. A l'occasion de S. Eloy, Patron
de cette Chapelle, je crois pouvoir faire remarquer que c'est dans
le Diocése de Noyon dont ce Saint étoit Evêque, que se trouve
l'unique Village de France qui porte le nom d'Attilly après celui
dont il s'agit ici.

Le Château d'Attilly est construit environ dans le milieu du
Village sur un petit côteau. Il est de figure ronde, entouré de
fossés et défendu de quelques Tours : ce goût d'édifice en marque
l'antiquité. Il est à découvert et sans ombrages. Il avoit été bâti
par l'un des Seigneurs du XV ou XVI siécle que je vais nommer.

Le premier des Seigneurs d'Attilly qui se soit présenté dans mes
recherches, est un nommé *Milo de Attiliaco* : il est au rang des
bienfaiteurs du Prieuré de Longpont sous Montlhery, pour avoir *Chart. Longip.*
donné à cette Maison vers le regne de Louis le Gros, une partie de *fol. 45.*
la terre de Savigny qui lui venoit de sa tante Heldeburge. Il y a
apparence que l'on doit compter pour être de la même famille
Emeline d'Attilly, sœur d'Adam Lisiard, l'un de ceux qui se
croiserent pour la Terre-Sainte vers l'an 1142 : cette Dame Lisiard *Ibid., fol. 35.*
avoit sans doute épousé le Seigneur d'Attilly.

Radulfe ou Raoul d'Attilly est mentionné au Cartulaire de
Saint-Maur-des-Fossés, pour avoir vendu en 1168 à Roger, Abbé *Chart. Foss.*
de ce Monastere, tout ce qu'il possédoit à Ferroles, sçavoir, une *Art. de Ferroles.*
partie du droit de Tensement et dix-huit septiers de froment.
Cette vente pour le prix de 50 livres fut faite publiquement dans
l'Eglise de Saint-Maur, en présence du Roi Louis VII, d'Agnès,
Comtesse de Meulent, et de Gui de Chevreuse.

Nous avons de Maurice de Sully, qui tint le Siége Episcopal
de Paris depuis l'an 1160 jusqu'en 1194, trois Actes qui font
mention des Seigneurs d'Attilly. Dans l'un qui est de l'an 1173,
cet Evêque atteste que Gui d'Attilly a donné au Monastere *Chart. Hed.*
d'Hierre 40 arpens dans son bois de Chalendray, du consentement
d'André d'Ormoye, *de Ulmeia,* du Fief duquel étoit ce Bois. Dans
l'autre, qui est de l'an 1178, Maurice certifie que Milon d'Attilly
a donné à la même Abbaye de Filles un demi-muid d'avoine, à *Ibid.*
prendre dans sa grange *de Quocigny*. Le troisième Acte est sans
date : Robert d'Attilly n'y paroît que comme caution, dans un
engagement d'une redevance de grain faite aux Freres du Mont-
Estif, par Robert de Lezigny.

Il paroît dans les préliminaires du petit Cartulaire de l'Evêque de Paris, écrits vers l'an 1220, qu'il n'y avoit pas long-temps qu'il existoit un Gaucher d'Attilly, lequel auroit dû tenir de cet Evêque le fief de Noisement, situé à Moissy-l'Evêque.

On voit ailleurs, qu'avant le milieu du regne de Saint Louis, *Chart. Heder.* étoit décédé un Pierre d'Attilly, Chevalier, qui avoit légué aux Dames d'Hierre douze arpens de terre situés à Attilly, lequel legs fut exécuté par Edeline de Sevre, de l'agrément de Roger de Sevre et d'Aveline sa femme.

Henri d'Attilly dut lui succéder : il est qualifié *armiger,* Homme *Magn. Past.* d'armes, dans l'engagement qu'il fit de deux muids de bled en *Paris. fol. 145.* 1248 à l'Eglise Paroissiale de Braye, *de Braya,* pour soixante *Chart. min. Ep.* livres qu'on lui prêta. Roger d'Attilly, Chevalier, étoit en 1262 *Par. fol. 20.* second Seigneur de quelques Fiefs situés à Combs-la-Ville et à *Chart. S. Mauri* Moissy. Pierre étoit Seigneur d'Attilly en 1273, suivant d'autres *in Montery.* enseignemens.

Au siécle suivant, du moins sur la fin, la Seigneurie d'Attilly appartenoit à la famille dite de Pacy. Une Marie de Pacy, femme *Gen. de Culant,* de Jean, Seigneur de Montgermont, en fut Dame vers 1390. Leur *Sup. Moreri.* fille Marguerite épousa Guillaume de Culan, Homme d'armes de la Compagnie de Philippe, Duc de Bourgogne. Etant veuve en 1428, elle rendit hommage d'Attilly au Roi le 28 Juillet, et Philippe de Culan leur fils fit hommage de la Motte d'Attilly, le 6 Janvier 1443, à Catherine d'Alençon, Duchesse de Baviere, à cause de son Château de Colomiers.

Au XV siécle, dans les premieres années du regne de Louis XI. *Sauval,* Guillaume de Culan, Examinateur au Châtelet, devint Seigneur *T. III, p. 368.* d'Attilly, suivant un article des Reliefs et Rachats de l'ordinaire de Paris de l'an 1463. Il est spécifié dans cet article, que le Fief d'Attilly est mouvant de Tournan ; et dans l'acte de la vente que de Culan en fit, il est qualifié Clerc.

Clerembaud de Champanges, Notaire et Secrétaire du Roi, *Ibid., p. 432.* acheta de lui ce Fief le 17 Mai 1475, moyennant la somme de quatre cents écus d'or, à la charge de cent sols de douaire que Marguerite de Thumery avoit droit de prendre dessus, sa vie durant, et il en fit hommage à M. le Chancelier le 24 Mai 1475. *Mém. de* Louis XI lui fit don du droit de la Haute-Justice en cette Terre *la Chambre des* de la Motte d'Attilly vers l'an 1480. Cependant j'ai trouvé ailleurs *Comptes.* que la Terre de la Motte d'Attilly avoit été donnée par ce même *Tables de la* Prince, le 7 Août 1478, à J. Raguier. Apparemment que cette *Ch. des Compt.* donation n'eut pas lieu. Ce Clerembault de Champanges est quali-*Ogier,* fié Seigneur d'Attilly dans son Epitaphe qui étoit aux Blancs-Man-*T. II, p. 189.* teaux, et Trésorier de l'Artillerie. Il mourut le 4 Novembre 1494. Il avoit épousé Damoiselle le Solmane, qui vécut encore environ vingt ans après lui, et de laquelle les enfans ne payerent les droits de Relief qu'en 1514. Compte de la Saint Jean 1514. Sauval,

Jean Picot étoit Seigneur d'Attilly en 1538, dans le temps de la Dédicace de l'Eglise. T. III, p. 562.

Jacquette de Champanges, issue de leur mariage, porta cette Terre à Jean le Picart qu'elle épousa, qui étoit Secrétaire du Roi et Seigneur de Villeron au Diocèse de Paris. Elle décéda dès l'an 1522 ; son mari vécut jusqu'en 1549. Epitaph. des Blancs-Manteaux. Hist. des Gr.Off. T. VIII, p.752.

François le Picart, fils de Jean, hérita de cette Terre à la mort de son pere. C'étoit un Docteur en Théologie fort illustre. Il devint Doyen de Saint-Germain l'Auxerrois. Sa vie imprimée marque qu'il donna aux pauvres le revenu de cette Terre et celui de son Doyenné, qu'il posséda aussi la Seigneurie de Villeron, qu'il mourut en 1556 : que son frere Clerembaud le Picart qui lui survécut et laissa postérité fut aussi Seigneur d'Attilly en partie. M. de Launoy, parlant de lui, dit que son inhumation faite aux Blancs-Manteaux fut la plus fameuse qu'on eût jamais vue à Paris. L'Auteur de sa Vie a cru devoir marquer qu'on lui fit pareillement un service dans ses Terres, surtout à Saint-Julien d'Attilly en Brie. On lit dans le Procès-verbal de la Coutume de Paris de l'an 1580, qu'alors un Laurent le Vaux Picart étoit Seigneur d'Attilly ; mais il est presque sûr qu'il y a là une faute d'impression, et que le nom *Laurent le Vaux* est celui de *Clerembaud* transposé et défiguré. Ce Clerembaud le Picart devoit être fils de Clerembaud, frere de François ci-dessus nommé. Il fut apparemment le dernier des *le Picart* qui possédèrent cette Terre, puisque je la vois ensuite entre les mains du Chancelier Brulart, qui fut revêtu de cette dignité en 1607, et mourut en 1624. Vie de Fr. le Picart, p. 181. Hist. Colleg. Navar., p. 299. Ibid., p. 227. Cout. 1580, Edit 1678, p.638. Hist. de Corbeil. p. 21.

On lit dans l'Histoire des Grands Officiers de la Couronne, depuis l'an 1640 jusqu'à la fin du siécle, plusieurs du nom de Claude de Bullion, qualifiés successivement Marquis d'Attilly ; l'un d'entre eux fut Surintendant des Finances. Il y eut vers l'an 1670 des Lettres-Patentes accordées à Claude de Bullion, Chevalier, Seigneur de Long-Chene, des Grand et Petit Panfou, Attilly et autres lieux, lesquelles portoient concession de Haute-Justice en l'étendue du Grand et Petit Panfou, et les unissoient à la Terre et Seigneurie d'Attilly, et érigeoient le tout en titre de Marquisat de Panfou, pour relever du Roi à cause du Comté de Brie-Comte-Robert. Ces Lettres furent registrées en Parlement, Grand-Chambre et Tournelle assemblées, le 6 Mars 1670. Il décéda en 1678. Il avoit épousé Perrote Meusnier, dont il a eu François de Long-Chene Bullion, marié à Catherine la Ferté-Senneterre, décédée le 10 Avril 1647 [1747], âgée de 85 ans. Hist. des Gr.Off. T. IX. Art.des Chev.du S. Esprit. Regist. du Parl. Merc.de France, 1747. [Mai p. 206 Juin p. 206].

Cette Terre est possédée par Dame Marie-Catherine de Bullion, veuve de Pierre Rousselin de Montcour, Grand-Maître des Eaux et Forêts de France au département de Tourraine. Un Mémoire assez récent lui donne pour Seigneur M. le Marquis d'Avaugourt.

Les ECARTS de la Paroisse d'Attilly sont Forcille, la Borde Aubertvilliers et Beaurose.

FORCILLE ne s'est point trouvé dans les anciens titres que j'ai vus avant l'an 1562, auquel temps il en est fait mention dans les Registres du Parlement. On y lit au 20 Août de cette année des remontrances qui furent faites qu'il y avoit un Prêche à Forcille près Brie-Comte-Robert et qu'il y alloit des Officiers du Roi, etc., sur quoi la Cour ordonna qu'il en seroit informé. Le Fief noble de ce lieu releve de la Châtellenie de Corbeil et la roture releve de Servon. Il appartient à M. de la Croix, ci-devant Argentier de M. de Conti, de la Roche-sur-Yon. Il lui vient du chef de sa femme qui étoit Bourdin. Il a été autrefois possédé par MM. de Marles.

Reg. Parl.

Lettre du Curé de Servon.
Hist. de Corbeil, p. 22.

LA BORDE qui en est voisin est aussi d'Attilly.

AUBERVILLIERS n'est qu'une ferme qui appartient au Comte d'Armaillé, Seigneur de Lezigny. Ce lieu a donné son nom à d'anciens Seigneurs qualifiés de Chevaliers, tels que *Johannes de Hauberto villari Miles* qui traite vers l'an 1230 avec l'Abbaye de Livry, au sujet du Prieuré du Cormier ; le même avoit donné, en 1226, à l'Abbaye d'Hierres, vingt arpens de bois dans la Terre d'Aubervilliers. Ce lieu ressortissoit anciennement à Corbeil.

Chart. Livriac.

Chart. Hed.
Hist. de Corbeil, p. 21.

BEAUROSE est une ferme de l'Abbaye de Saint-Victor, selon le Procès-verbal de la Coûtume de Paris de l'an 1580, où elle est dite Beauroy.

Attilly a produit un homme illustre au XIII siécle. Son nom est conservé dans le Nécrologe du Prieuré de Saint-Eloy de Paris, membre de Saint-Maur-des-Fossez, au 14 Septembre, en ces termes : *Obiit Guillelmus de Attiliaco Magister Medicinæ.*

CHEVRY

Rien ne doit empêcher qu'on ne croye, comme M. de Valois le pense, que ce Village tire son nom *à Capris*, de ce qu'il y auroit eu plus de Chevres qu'ailleurs, quoiqu'il y ait égal fondement de croire que c'est le nom d'un Possesseur ou d'un Fondateur nommé *Caprius*, qui auroit servi à le dénommer *Capriacum*. Le nom de Caprius est Romain, et n'étoit pas rare. M. de Valois n'est pas si bien autorisé à penser que Chevry dont il s'agit est le *Cabrianecum*, Village du Fisc, où auroit été frappée une ancienne Monnoye de

Notit. Gall. p. 412, col. 2.

Gruteri Inscr.

nos Rois de la premiere Race, sur laquelle on lit CABRIANECO ; il est visible que *Cabrianecum* a dû former plus naturellement Chevrigny ou Chavrenay. Or, il y a des Villages et des Hameaux assez près de Paris qui portent ces noms, ce que M. de Valois paroît avoir ignoré. Il y a aussi en France cinq ou six Paroisses du nom de Chevry, outre celle-ci qui est de Brie. Vaillant, Trait. des Monn. p. 67.

Sans donc donner à notre Chevry une antiquité qu'il n'a pas, il faut se contenter de dire qu'il est connu depuis le commencement du XII siécle, et que le premier monument où il en est parlé est celui par lequel Drogo ou Dreux, Archidiacre de Paris, donna en l'an 1117 aux Moines de Saint-Martin-des-Champs tout ce qu'il possédoit à Chevry ; ce qui fut occasion que l'Eglise de ce lieu leur fut accordée. Le second monument où il en est fait mention, est une Charte d'Ascelin, Abbé de Saint-Maur d'environ l'an 1135 ou 1140, qui le nomme *Vicus Capriacus*. Il en sera parlé ci-après.

Ce Village est bâti dans une grande Plaine de labourages où l'on ne voit aucunes Vignes. Sa distance de Paris est de six lieues vers l'Orient d'hiver, au Nord-est de Brie-Comte-Robert, dont il n'est éloigné que d'une lieue. Au Levant de ce Village est un Etang, dont les eaux forment l'un des deux ruisseaux qui constituent proche l'Abbaye d'Hiverneau ce qu'on appelle la petite Riviere de Rouillon. Suivant le dénombrement de l'Election de Paris de l'an 1709, il y avoit alors à Chevry cent feux. Le Dictionaire Universel de la France, imprimé en 1726, y comptoit 282 habitans ou communians. On m'a dit en 1738 sur le lieu, qu'il y avoit 80 feux ou environ. Le sieur Doisy qui a publié son dénombrement nouveau en 1745, y en marque 63. Il y a des Ecarts dont je parlerai.

L'Eglise est un grand vaisseau quarré, oblong, sans aîles, simplement lambrissé, supporté du côté du Septentrion par une grosse Tour qui s'apperçoit de loin, dans le bas de laquelle par le dedans il y a des piliers du XII siécle. Le reste du bâtiment de l'Eglise ne démontre rien de fort ancien, et les plus vieilles Tombes qu'on y voit ne sont que du XVI siécle. La Sainte Vierge est la Patrone, et la Fête est l'Assomption.

On lit sur la grosse Cloche cette inscription : *Je fus faite pour Chevry. Noble homme Anthoine de Villeblanche, Seigneur de Chevry, l'an mil cinq cent trente-quatre.*

Au milieu du Chœur, sous le banc des Choristes, est une grande Tombe, sur laquelle sont gravées trois Effigies, avec ces mots sur les bords :

Cy gissent Louis de Lectherel (ou Bescherel), Escuyer, en son vivant, Seigneur de Chevry et de Lectherel, qui trespassa le cinq Juillet mil cinq cent deux. Jehan de Villeblanche, Escuyer, en son vivant Seigneur de...

(apparemment Chevry) *qui trespassa le quatre Juin mil cinq cent onze. Damoiselle Margueritte Deschelles, en son vivant, femme du Seigneur susdit, qui trespassa le 24 Mars 1523. Priez pour eux.*

Auprès du Sanctuaire est une autre Tombe mise de travers-côté, sur laquelle est représentée une Dame ayant les mains jointes, d'où pend un long Chapelet, la coeffure courte, un habit juste à la taille et les manches fort amples, avec cette inscription autour :

Cy gist Damoiselle Perone de Chevrel (ou Lectherel), en son vivant veuve de feu Jean Chenu, Sr. de Monthereul, et Dame de Germenay, laquelle trespassa le deux Juillet 1530.

A l'entrée du Chœur est la Tombe d'un Curé du lieu, nommé Nicolas Potet, Maître et Administrateur de l'Hôtel Dieu de Braye-Comte-Robert, mort en 1515, et de sa mere décédée en 1501. On disoit encore alors Braye et non pas Brie.

L'Eglise de ce lieu fut donnée au Prieuré de Saint-Martin-des-Champs de Paris avant l'an 1147, mais non pas avant l'an 1142, puisqu'elle ne se trouve pas dans l'énumération de celles que le Pape Innocent II lui confirma cette année-là. Elle est comprise dans la Bulle d'Eugene III de l'an 1147, en ces termes : *Ecclesiam et decimam de Chivry* ; c'est ce qui oblige d'attribuer cette donation à Thibaud, Evêque de Paris, qui commença à siéger en 1143, et qui marqua par là son affection pour une Maison dont il avoit été Prieur. Les Lettres qu'il accorda à ce même Monastere vers l'an 1150 pour lui confirmer tous ses biens, portent, en effet : *Ecclesiam de Chevry cum decima et atrio*. Peut-être que ces Religieux n'eurent pas d'autre Titre de sa part ; auquel cas il faudra placer ces Lettres entre l'an 1143 et l'an 1147. Le Pouillé de Paris écrit au siécle suivant, marque cette Eglise parmi celles qui sont à la présentation du Prieur, et le nom y est en langage vulgaire, *Chevri*. Tous les Pouillés subséquens sont d'accord là-dessus. Ces trois Titres Latins ayant écrit le nom de ce Village en François, il sembleroit qu'on auroit douté alors que *Capriacum* pouvoit être employé. M. de Valois dit qu'il a vu une Bulle du Pape Luce III de l'an 1184, où il y a *Cavrilium*, pour signifier Chevry, comme pour dire *Caprilium*.

On a vu à Notre-Dame de Paris dans la nef, devant la Chapelle de S. Thomas, une Tombe qui couvroit la sépulture de Guillaume Gentil, Curé de Chevry et Vicaire Général de l'Evêque de Paris ; il étoit décédé le 24 Septembre 1533. Il y a apparence qu'il étoit frere d'Etienne Gentil, Prieur de Saint-Martin-des-Champs, qui l'auroit nommé à cette Cure, et qui ne mourut qu'en 1536.

Le Curé de Chevry est gros Décimateur avec l'Abbesse d'Hierre. Elle possede en effet le fief du Plessis-les-Nonnains dont il sera parlé ci-après : de plus, on lit qu'un Chevalier nommé Adam du Bois, après avoir engagé à cette Abbaye l'an 1220 la portion qu'il avoit dans la Dixme de cette Paroisse, lui fit présent en 1235 de la cinquième partie de cette portion. On trouve aussi que le Chambrier de l'Abbaye de Saint-Maur y a eu autrefois une Dixme de bled, que Pierre de Chevry, Abbé, instituant cet Office en 1256, lui assigna, pour en jouir après le décès de Pierre de Fourches. *Chart. Hed.* *Gall. Christ. T. VII, Instrum*

Voici les plus anciens Seigneurs de Chevry qui se soient présentés dans mes recherches. Je ne parle point de Dreux de Mello, Archidiacre de Paris, qui y avoit un revenu qu'il donna au Prieuré de Marolles l'an 1117. Il faut d'autres Seigneurs plus clairement marqués. *Hist. S. Mart. p. 365.*

Evrard de Chevry, Chevalier, fut l'un des Seigneurs de la Châtellenie de Corbeil qui, sur la fin du regne de Philippe-Auguste, furent reconnus tenir leur Fief d'autre que du Roi et jouir de soixante livrées de Terre. Le même Evrard de Chevry, Arbitre avec Michel, Doyen de Saint-Marcel de Paris, décida en 1220 une difficulté en faveur du Monastere de Saint-Maur. Le même Chevalier encore conjointement avec Marguerite, son épouse, donna en 1228 aux Religieuses d'Hierre un demi-muid de bled à prendre dans la Dixme de Braye, ou Brie. *Cod. Putean. 635.* *Chart. S. Mauri, Gaign. fol. 27.* *Chart. Hed.*

Si l'on peut compter sur le contenu d'une ancienne Tombe, que M. de Gaignieres écrit avoir vue, et sur laquelle étoient huit personnes de la maison de Chevry, qui passoient pour freres et sœurs, avec leurs épouses, ce seroit de cet Evrard de Chevry que seroient provenus six de ces personnages, qu'il faudroit ainsi ranger suivant l'ordre de la naissance :

RAOUL DE CHEVRY, *Evêque d'Evreux.*
JEAN DE CHEVRY, *qui épousa une Marguerite.*
AN..... *Abbé d'Hiverneau.*
JEAN DE CHEVRY, *Grand Prieur de Saint-Jean de Jérusalem.*
AGNÈS DE CHEVRY, *Abbesse de Saint-Paul.*
GUILLAUME DE CHEVRY, *qui épousa E...*

Raoul de Chevry gravé et nommé le premier sur cette Tombe, et qui apparemment posséda la Seigneurie de son pere, mourut Evêque d'Evreux en 1269 [1]. Lors de la vente qui fut faite d'une partie de la Dixme de Combeaux au Prieuré du Cormier vers l'an 1230, il y consentit comme second Seigneur du Fief, en prenant la qualité de Clerc-Chanoine de Clermont ; et Guillaume de Chevry l'approuvant pareillement, ne se [le] qualifie que d'Ar- *Chart. Livriac. fol. 98.*

---

1. Le Sieur Grancolas l'appelle mal-à-propos Raoul de Chevrier. *Hist. de Paris, T. II, p. 144.*

miger, homme d'Armes et premier Seigneur du même Fief ; mais il étoit Chevalier en 1264, suivant un Acte du Prieuré d'Ivette. La caution en l'Acte de 1230, fut Thomas de Chevry. En 1260, Raoul de Chevry est dit Archidiacre de Paris dans le réglement qu'il fit sur la nouvelle Paroisse de Saint-Josse, avec le Curé de Saint-Laurent, dont elle fut démembrée depuis en 1263. Dans l'Acte qui fait mention de l'augmentation qu'il procura dans l'Eglise de Paris au culte de Sainte Marie Egyptienne les autres biens qu'il fit à cette même Eglise, dont il avoit été chanoine, sont spécifiés dans son ancien Nécrologe au 2 Avril. Il est marqué pareillement comme bienfaiteur de l'Abbaye d'Hierre, au 9 des Calendes de Décembre. Il fut inhumé au Prieuré de Saint-Eloy, près Longjumeau.

Tab. Fossat.
Hist. S. Mart. Camp. p. 453.
Lit. Reginaldi Ep. Paris. Ex Mag. Pas.
Voyez l'article de Brie-Comte-Robert. *Necrol. Heder. in Bibl. Reg.*

Chart. parvum S. Mauri.

Jean de Chevry, frere de Raoul, est qualifié Prieur de l'Hôpital de Saint-Jean de Jérusalem en France, dans un Acte de l'an 1270.

Gall. Chr. T. VII, col. 297.

Pierre de Chevry fut Abbé de Saint-Maur-des-Fossés depuis l'an 1256 jusqu'en 1285. Ce fut lui qui en fit rédiger le Cartulaire qui m'a été d'une grande utilité pour cet Ouvrage. Sa mort est marquée en ces termes au Nécrologe du Prieuré de Saint-Eloy de Paris, aux Nones de Juin : *Obiit Petrus de Capriaco quondam Abbas Fossatensis anno M. CCLXXXV.*

In Biblioth. S. Barnab. Par.

Chart. S. Mauri, Gaign. p. 82.

Jean de Chevry qui étoit neveu de cet Abbé et de Raoul, est mentionné au Cartulaire de Saint-Maur, pour y avoir donné en 1280 des Prés situés à Montgeron. Il est sans doute le même qui eut du Roi Philippe le Bel en 1297 la terre de Torcy confisquée sur le Comte de Bar. De Sous-Chantre de Chartre et ensuite Archidiacre de Rouen, il fut fait Evêque de Carcassone en 1298.

Gall. Chr. T. VII, col. 892.

Ibid. T. VIII, c. 705.

Marguerite de Chevry fut élue Abbesse de Farmoutier en 1290.

Un Jean de Chevry, Chevalier au XV siécle, étoit décédé avant l'an 1464, qu'il est fait mention de Jeanne de Néele, sa veuve.

Hist. de Montm. Preuv. p. 335.

On ne trouve dans le XV siécle que ce seul Seigneur qui pouvoit même ne plus jouir de la Terre, quoiqu'il en eût le nom.

Louis de Lectherel ou de Bescherel fut seigneur de Chevry sur la fin du XV siécle et au commencement du XVI. Ensuite ce fut Jean de Ville-blanche, auquel succéda Antoine de Ville-blanche qui l'étoit en 1534. L'héritiere de ces Ville-blanche nommée Marie possédoit encore sur la fin de ce même siécle six ou sept fiefs situés à Chevry qui seront nommés ci-après.

Reg Ep. 29 Jul.

Charles Duret, Président à la Chambre des Comptes, et Intendant des Finances, étoit Seigneur de Chevry en 1621.

Hist. de Corbeil, p. 21.

De la Barre écrit vers l'an 1630, qu'alors la Seigneurie de Chevry appartenoit au Duc de Chevreuse avec Justice au ressort de Corbeil.

Dans ces derniers temps, les Seigneurs de Lezigny ont joui

COSSIGNY

Plusieurs lieux ayant conservé le nom de leur fondateur ou primitif possesseur, il ne faut point chercher l'origine du nom de Cossigny ailleurs que dans le nom *Cosinius*, qui étoit usité parmi les familles Romaines. Un Cosinius Romain ayant eu en ce lieu sa demeure et son bien, c'est de là qu'aura été formé le nom *Cosiniacum*, qu'on a depuis écrit avec la lettre *c*, et ensuite avec une double *ss*. Il faut regarder comme une altération encore plus grande la maniere de l'écrire Quocigny, quoiqu'elle se trouve dans un acte latin de l'an 1178, qui est le premier où j'aye rencontré le nom de cette Paroisse. Dans les autres titres du treiziéme siécle qui sont tous écrits en latin, il y a diversement *Cocini, Cociniacum, Cocigniacum, Cosigniacum, Cocegniacum* et *Coceigniacum*, ou enfin *Quocigny*. M. de Valois ne fait aucune mention de ce Village dans sa Notice du Diocése de Paris. J'observerai en passant que dans tout le Royaume cette Paroisse est la seule du nom. Elle est située à la distance de six à sept lieues de Paris, vers l'orient d'hiver, et à une lieue seulement de Brie-Comte-Robert. Son territoire est en plaines labourables, pour la plus grande partie, avec quelques petites pentes dont l'écoulement forme le ruisseau qui passe au bas de Grisy, et va se jetter dans l'Hiere. Ce lieu se maintient à peu près dans un nombre égal de feux. Le dénombrement de 1709 y en marquoit 23. On m'a dit en 1728 qu'il y en avoit 22. Le dernier dénombrement donné au public en 1745 y en compte 21. Le Dictionnaire Universel de la France, imprimé en 1726, se proportionnant à ce nombre, n'y marque que 93 habitans ou communians.

Gruteri Inscr.

L'Eglise de Cossigny tomboit de vétusté au milieu du dernier siécle, et les habitans étant appauvris par les guerres précédentes, n'étoient pas en état de la rebâtir. Le Seigneur leur accorda en 1651 d'y contribuer, pourvu qu'on [la] changeât de place, et qu'on la rebâtit au carrefour et passage appelé Bagnedoux, proche sa Maison Seigneuriale, distant de 250 pas de l'ancienne Eglise; il promit même de donner sa ferme de Bagnedoux pour servir de Presbytere et qu'il se feroit pour cela un échange. Mais on fut encore treize ans sans commencer le nouvel édifice.

Reg. Archiep. 18 Nov. 1651.

La premiere pierre fut mise en 1664, par M. de Perefixe, Archevêque de Paris, qui fit présent de trois mille livres. Ses armoiries y sont aux vitrages. On voit aussi sur les mêmes vitres des inscriptions gothiques, mais elles proviennent de l'ancienne Eglise. On ne peut y distinguer que le nom de Nicolas, qui étoit celui d'un personnage qui y est représenté en robe rouge avec les marques d'hermine, comme les Docteurs en Droit.

Cette petite Eglise, en forme de Chapelle, est sous l'invocation de Saint Vaast, Evêque d'Arras, mort le 6 Février vers l'an 539, ainsi qu'étoit l'ancienne. On y voit l'épitaphe de Damoiselle Catherine Lallegrain, femme en premieres nôces de Jean du Pré, Ecuyer, Maître des Comptes, et en secondes nôces de Jean le Grand, Ecuyer, Seigneur de Saint-Germain-le-Grand aussi Maître des Comptes.

Une autre épitaphe plus nouvelle, est celle de Jacques Robert de la Forest, Ecuyer et Seigneur de Cossigny et de Vignoles, mort âgé de 70 ans, en 1705, au Château de Vignolles, sur la Paroisse de Grez qui est contiguë.

La nomination de la Cure a toujours appartenu de plein droit à à l'Evêque Diocésain. Elle est sur ce pied dans le Pouillé du XIII siécle parmi celles du Doyenné de Moissy. Outre l'autorité de ce Pouillé, rédigé d'abord vers 1220, puis augmenté, l'antiquité de cette Cure se prouve par une Lettre que l'on conserve de Guillaume d'Auvergne, Evêque de Paris, écrite en 1238 au Prêtre de Cocigny, pour donner au Seigneur du lieu un avertissement dont il sera parlé ci-après, et par un endroit du Cartulaire de Saint-Maur-des-Fossez écrit en 1284, où il est marqué que le Prêtre de *Coceigniaco* possede un arpent de terre situé au Marchais des Fourches, et le demi-quart d'une dixme dont Simon de la Porte, Chevalier, avoit l'autre demi-quart. Le Curé de cette Paroisse est gros Décimateur. Je trouve dans les Registres de l'Archevêché : *Collatio Ecclesiæ S. Vedasti* (de Cossigny) *14 Febr. 1558.*

Magn. Past. Par.

Chart.S.Mauri, Art. de Ferroliis et Capriaco.

Les Seigneurs de Cossigny peuvent avoir commencé avant qu'il y eût une Cure en ce lieu ; Gautier l'étoit sous l'épiscopat de Maurice de Sully vers l'an 1180. Il est nommé *Gauterius de Cochigniaco* dans une donation faite alors à la nouvelle Abbaye de Montéti. Ansel *de Cocini* est nommé dans le rang des Chevaliers de la Châtellenie de Corbeil qui tenoient leur fief du Roi, et qui avoient soixante livres de revenu. Le rôle est du temps de Philippe-Auguste. Le même Ansel, dit *de Cociniaco*, paroît en qualité de plege dans un acte de l'an 1209. Il avoit la mouvance d'un Fief situé à Varennes dans la Péninsule de Saint-Maur, comme il se voit par un titre de l'an 1214.

Tab. Abb. Hibernal.

Cod. Puteau. 635.

Magn. Past. Paris. fol. 144.

Chart.S.Mauri, fol. 25, Charta 32.

Magn. Pastor. Paris.

En 1226, *Simon de Cosigniaco* comptoit parmi ses dépendances la Voyerie de Sucy. Milon de Servon et Pétronille, sa femme, la tenoient de lui. En 1237, il fit des donations de biens à l'Abbaye de Saint-Maur. Il est qualifié de Chevalier et Bailli de Pierre de Brienne, Comte de Bretagne, dans une Lettre que Guillaume d'Auvergne, Evêque de Paris, écrivit, en 1238, à son Curé, pour l'avertir qu'il eût à restituer un homme qui avoit été arrêté à Braye sur la Terre de Notre-Dame de Paris. Depuis ce temps-là, il ne se trouve rien sur les Seigneurs de ce lieu. Pierre du Pré l'étoit en 1510, suivant la Coutume de Paris rédigée alors. François du Pré, Conseiller au Grand-Conseil, possédoit la Terre en 1538, et présenta en 1541, à la Chapelle de Saint Jean l'Evangeliste, fondée à Saint-Jacques de la Boucherie. Un de ses descendans doit avoir comparu dans celle [la Coutume] de 1580. Au moins cette Terre étoit encore possédée vers 1630, et 1640 par un du Pré. De la Barre écrivoit alors qu'elle étoit possédée par le sieur du Pré, Correcteur en la Chambre des Comptes, ajoutant que sa Justice ressortit à Corbeil. En 1646, le Seigneur de cette Paroisse étoit Pierre du Foz, Secrétaire du Roi. M. Jacques Robert de la Forêt, que l'on connoissoit davantage sous le nom de Vignolles, étoit Seigneur de Cossigny en 1700 ; Silvestre de la Forest l'a été en 1721. Aujourd'hui le Seigneur de Cossigny est un Bourgeois de Paris appellé de la Mare, ancien Orfevre. En 1738 le Château étoit situé dans un bois, et montroit de l'antiquité par ses dehors.

Chart. S. Mauri, fol. 29.

Magn. Past. Paris.

Tab. Ep.

Reg. Ep. Paris. 27 Oct.

Hist. de Corbeil, p. 21.

Reg. Arch. 23 Maii 1646.

Je ne sçai si c'est de ce bois qu'il faut entendre ce qu'on lit dans le Grand Pastoral de Paris à l'an 1208 ; que si les hommes de Notre-Dame de Paris emmenoient à Braye du bois pris dans la forêt de *Quocigny*, ils ne devoient aucun droit au Seigneur de Braye, dit depuis Brie-Comte-Robert.

Magn. Pastor.

Je n'ai point trouvé d'ancien legs aux Eglises assigné sur Cossigny, sinon que Milon d'Attilly donna au XII siécle à l'Abbaye d'Hierre un demi-muid d'avoine, à prendre dans la grange de ce lieu : ce qui fut certifié par des Lettres de Maurice de Sully, Evêque de Paris en 1178.

PACY ou Passy est un écart de Cossigny. Il appartenoit dans l'avant-dernier siécle à une branche des du Pré, Seigneurs de Cossigny. Nicolas du Pré, Seigneur de Pacy, fit, en 1529, un accord avec les Administrateurs de la Léproserie de Saint-Lazare de Braye-Comte-Robert, sur une piéce de bois de trente-sept arpens qui étoit litigieuse. Sur la fin du siécle, Jean du Moulin, Trésorier Général de France, étoit Seigneur de Pacy. Il prit, en 1595, à bail emphytéotique des Religieuses d'Hierre environ une centaine d'arpens de terre et prés situés à Couchy sur la Paroisse de Cossigny. Il avoit obtenu du Nonce une permission de faire célébrer chez lui, qu'il fit viser par l'Evêque de Paris, le 13 Août 1598. L'Historien de Corbeil qualifioit, vers 1630, de belle maison celle que le

Reg. Ep. Paris. 30 Oct.

Ibid., 6 Jul.

Trésorier du Moulin avoit en ce lieu. A présent cette Terre appartient à J. B. Duché, Chevalier d'honneur du Bureau des Finances de la Rochelle.

<small>Merc. Nov. 1741.</small>

Il y a eu vers l'an 1300 un Maître Pierre *de Cocigniaco*, qui étoit Chanoine d'Aire en Artois, et Trésorier du Roi de Jérusalem et de Sicile. Les Religieuses d'Hierre l'ont mis au nombre de leurs bienfaiteurs. Vraisemblablement ses ancêtres Artesiens avoient fondé l'Eglise de cette Paroisse ; et pour cette raison, ils avoient choisi Saint Vaast pour en être le Patron.

<small>Necrol. Heder.</small>

LA GRANGE-NEVELON

AUTREMENT

LA GRANGE-LE-ROY

Comme le nom de Grange est fort général, il a été besoin de distinguer celui-ci par quelque surnom. On disoit au XIII siécle tout simplement la Grange, *Granchia,* car c'étoit dès lors une Paroisse qui avoit été formée pour plusieurs Laboureurs qui retiroient leurs grains en ce lieu ; depuis on l'appella la Grange-Nevelon, et enfin la Grange-le-Roi. Il faut maintenant entrer dans le détail des choses.

<small>Pouillé du XIII siécle.</small>

Le lieu est situé au septentrion de Coubert, à la distance d'une demi-lieue ou environ, à distance égale de Grisy, avec lesquels villages il forme un triangle. Son éloignement de Paris est de sept lieues. C'est depuis long-temps un pays de bois et de bocages, et qui est peu habité. C'est pour cette raison qu'on ne le trouve point dans les dénombremens de 1709 ni de 1745, et que dans le rôle des Tailles, il est réuni à Grisy. En effet, il n'y a que six ou sept habitans qui composent cette Paroisse, et qui sont tous du Château, comme le fermier, le jardinier, quelques scieurs de planches ou bûcherons. On doit regarder comme une faute dans le Dictionnaire Universel de la France, d'y avoir marqué 51 habitans ou communians en 1726. L'Auteur a sans doute voulu dire 15 communians.

Il y a néanmoins une Eglise ou Chapelle particuliere pour ce petit troupeau ; elle est sur les bords du parc à l'extérieur, vers le nord, d'une construction peu ancienne, sous le titre de Saint Jacques le Majeur ; et l'on sçait qu'elle a été dédiée au mois de Février, l'an 1580, par l'Archevêque de Césarée. La Fabrique n'a aucun revenu, et n'est point imposée au rôle des Décimes. Le nom

<small>Perm. à cet Arch. du 29 Janv. 1580.</small>

du saint Apôtre qui en est titulaire, porte à croire que c'est Jacques le Roy, Seigneur de cette Terre, qui l'aura fait construire dans l'endroit où elle est, lui faisant porter le nom de son Patron, comme il a fait porter au village celui de sa famille ; car, suivant des provisions de l'an 1543, elle étoit alors du titre de Notre-Dame. Le revenu de la Cure est de cent écus ou environ : le Curé est gros Décimateur. C'est l'Archevêque de Paris qui confere de plein droit, ainsi qu'il lui appartenoit dès le XIII siécle, suivant le Pouillé auquel sont conformes en cela les Pouillés du XVI et XVII siécle. Martin le Picard, Seigneur de cette Paroisse et de Grisy, avoit prétendu y présenter ; mais l'Evêque fut maintenu dans son droit par une Sentence des Requêtes du 19 Décembre 1543. *Tab. Ep. Paris. in Spir.*

Pendant que ce petit village étoit simplement appellé la Grange, il eut un Seigneur nommé *Ansellus de Granchia,* qui fut compris sous le regne de Philippe-Auguste au nombre des Chevaliers de la Châtellenie de Corbeil tenans leur fief du Roi, et ayant soixante livres de revenu. On trouve le même *Ansellus de Granchia* servant de plege en 1211 dans la vente d'un bois des environs qui fut faite à l'Abbaye du Jard proche Melun. *Cod. Putean. 635.* *Chart. Jardi.*

Dans la suite, ce lieu fut surnommé la Grange-Nevelon ou Nivelon. Il ne paroit point dans l'Histoire du XIV et XV siécle d'autre Nevelon, qu'un fameux Changeur, Bourgeois de Paris, qui vivoit en 1319. Il est très-probable que ce fut lui qui acheta cette Terre, ou qui en hérita. Elle portoit certainement son nom en 1458. Dans un hommage que Jacques de Villiers, Chevalier, rend cette année-là à Jean, Seigneur de Montmorency, il se dit Seigneur de Villiers-le-Bel, de la Grange-Nivelon et de Grisy ; et il déclare qu'il tient de lui la moitié de la Grange-Nivelon, à cause de sa Seigneurie de Feuillarde. Martin Picart, Elu de Paris, qui avoit épousé Jeanne Coyvault, étoit Seigneur de la Grange-Nivelon en 1550. Il est qualifié Maître des Comptes dans une Histoire imprimée. Je ne sçai pourquoi dans la généalogie des de Marle on fait vivre Martin le Picart, Maître des Comptes, beaucoup plus tôt, en lui donnant pour femme Jeanne de Marles, fille d'Arnaud, Maître des Requêtes, décédé en 1456. *Chart. S. Magl.* *Hist. de Montm. Preuves p. 171.* *Manuscr. sur la famille des Allegrin à Ste Geneviève de Paris.* *Hist. des Présid. p. 508.* *Moreri, éd. 1732, au mot Marles.*

Le nom de la Grange-Nivelon cessa dans l'usage civil vers la fin du XVI siécle, lorsque Jacques le Roi, Trésorier de l'Epargne, fût devenu Seigneur de cette Terre. Il est mentionné dans le Procès-verbal de la Coutume en 1580. Il avoit été Gouverneur de Melun au commencement du regne d'Henri IV, et non pas de Corbeil, suivant la remarque faite par le Maréchal de Bassompierre contre Dupleix. Le nom de Grange-Nevelon étoit encore d'usage en 1587, lorsqu'il fut arrêté que cette Terre releveroit désormais de Brie-Comte-Robert, et non plus de Tancarville, *Acte de l'Ab. d'Hiverneau.* *Regist. du Domaine.*

aussi-bien que Cerisy. On assure qu'il vivoit encore en 1615. Cependant je trouve un Pierre Choart, Gentilhomme ordinaire de la Maison du Roi de Navarre, qualifié Seigneur de la Grange-le-Roi en 1596. M. Brulart de Sillery, Commandeur, succéda ; ensuite Claude de Bullion, Sur-Intendant des Finances, en 1633 : puis Pierre de Bullion, Conseiller au Parlement de Paris, et Abbé de Saint-Faron de Meaux, en 1645.

Depuis ceux-là, Thomas le Lievre, Président au Grand-Conseil, posséda cette Seigneurie en 1658 : et après lui Armand-Joseph de Lievre, son fils. Cette Terre a été érigé en Marquisat. L'Auteur du Livre intitulé *la Généralité de Paris,* publié en 1710, lui donne ce titre.

Le Château a été l'un des plus beaux de la Brie : il est revêtu de quatre pavillons, entouré de doubles fossés pleins d'eau avec pont-levis. On y a vu autrefois une très-belle Chapelle voûtée, ornée de peintures et supportée par quatre colomnes de marbre. M. le Marquis le Lievre d'Arquien en est Seigneur. Un N..... de la Grange-le-Roi étoit Abbé d'Hermieres au Diocèse de Paris en 1597.

Gall. Chr. T. VII, col. 943.

On ne connoît point encore le nom de *la Grange-le-Roy* dans les Livres et Rôles Ecclésiastiques de Paris. Les Pouillés du XVI et XVII siécle, les Rôles des Décimes et des Départemens de Vicaires-Généraux employent uniquement le nom de *la Grange-Nivelon.*

COURQUETELLES ou COURQUETENES

S'il étoit permis d'user de conjectures en commençant cet article, je proposerois de tirer l'étymologie de ce nom bizarre et singulier de Courquetelles à *Curte* ou *Corte.* Ce n'est que dans ces derniers temps qu'on s'est avisé de transposer la lettre *r,* et de la mettre immédiatement après le *C.* Un titre du XII siécle où ce village est nommé, met *Corquetellis.* Mais un autre titre du même siécle l'écrit *Qurquetana.* Il est de l'an 1161 ; et dans le Pouillé de Paris, écrit vers 1450, il y a Corquetaines. Au reste, si d'un côté il y a de la facilité à trouver l'origine de la premiere syllabe dans le mot *Cors* ou *Cortis,* il n'est pas aisé de découvrir d'où peut avoir été formé le reste du mot. Seroit-ce qu'il y auroit eu en ce lieu un chenil considérable où on élevoit des chiens, pour servir à chasser dans la vaste forêt de la Brie qui en est très-voisine, ensorte qu'on eût dit primitivement *Cortis catellorum,* Cort catelles ? C'est ce que je ne veux point affirmer. Toujours il est constant que Corquetelles est le premier nom françois, et que dans Croquetaines il y a quelque altération : cependant elle avoit lieu dès l'an 1477, selon des Provisions de cette année-là.

Ce Village est dans la plaine qui au-dessus du Château de Villemain commence à Grisy, et finit aux approches d'Ozoir-le-Vougis. Il est éloigné de Paris de huit lieues, et de Brie-Comte-Robert de deux. On le laisse à la gauche en suivant la route de Provins, de Troyes, etc. C'est un pays de labourages et de prairies. Si le dénombrement de l'élection de Paris imprimé en 1709 est juste, on y comptoit alors 45 feux. Celui que le public tient du sieur Doisy, et qui est de l'an 1745, n'y en marque plus que 27. On y en comptoit une trentaine lorsque j'y ai passé en 1738. Dans le Dictionnaire Universel de la France, imprimé en 1726, où ce Village est nommé Crocquetaire, le nombre des habitans est dit être de 109.

Saint Loup, Evêque de Sens, autrement dit Saint Leu, est Patron de l'Eglise de ce lieu, quoique dans des Provisions du 12 Novembre 1506, je la trouve nommée *Ecclesia B. Mariæ*. C'est un édifice construit nouvellement et environ la fin du siécle dernier, et lambrissé en forme de croix. On a eu l'attention en la rebâtissant de conserver les anciennes tombes.

Dans le sanctuaire se voit le reste d'une, sur laquelle on voit encore ces mots en lettres gothiques capitales : *Ici gist Monseigneur Estienne Gra....... Chevaliers noustre Seigneur*. Il y a un lion noir grimpant figuré au milieu de cette pierre.

Dans la Chapelle Seigneuriale qui est à gauche en entrant, ou du côté septentrional, est une autre tombe gravée en mêmes capitales gothiques, sur laquelle on lit : *Ici gist Monseigneur Pierre Rigaut de Courquetelles. Priez pour l'ame de lui*. Son écusson couché sur lui est traversé d'une fasce.

A côté de cette tombe en est une seconde, sur laquelle est gravé : *Ici gist Madame Anes fame de Monseigneur Pierre Rigaut. Priez....* A l'entrée de la même Chapelle est la tombe de *Matthieu de Villiers Escuyer, Seigneur de Gravin en partie, mort le jour de la Mioust 1504*.

On voit aussi dans la même Chapelle, le Cénotaphe de Jean-Baptiste de Vigny, Lieutenant-Général d'Artillerie, décédé le 16 Février 1707 (ou 1717), après avoir servi à gagner sept batailles, et à prendre quarante-cinq places. Il y est marqué de plus qu'il étoit Seigneur de Courquetaines, de Villepayen, Montgazon et Cersolles. On ne conserve en ce lieu que son cœur. L'inscription est accompagnée de ces deux vers :

Hostica fulminibus toties qui mœnia vertit,
In cineres factus nunc cinis ipse jacet.

Les Carmes Billettes, Seigneurs du Fief de Malassise, ont aussi une Chapelle dans cette Eglise.

La Cure de ce lieu est sous le nom de *De Corquetenis* dans le Pouillé du XIII siécle, parmi celles du Doyenné de Moissy qui sont à la pleine nomination Episcopale; ce qui se trouve de même dans tous les suivans. Le Pelletier l'a appellé dans le sien ridiculement *Croquelaine*. Le Curé est gros Décimateur avec les Abbayes de Saint-Victor de Paris et d'Hiverneau. Quelquefois comme en 1530, l'abbé de Saint-Victor a fait au Curé du lieu un bail de sa portion dans ces dixmes, ce qui étoit ratifié par l'Evêque.

<small>*Reg. Ep. Paris. 7 Mart.*</small>

On peut reconnoître pour l'un des plus anciens Seigneurs de cette Paroisse un *Arnulfus de Corquetellis*, dont il est parlé dans la charte de Louis VI de l'an 1124, touchant les biens du Prieuré de Gournay. Ce petit Monastere avoit eu de cet Arnoul de Corquetelles la terre et le bois dit *de Campo muloso*, du consentement de Payen de Montjay dont ces biens relevoient. Parmi les Seigneurs nommés comme témoins au Contrat de mariage d'Helissende de Garlande avec Simon de Mardilly de l'an 1161, est *Petrus de Qurquetana*.

<small>*Hist. S. Mart. Camp.*</small>

Au treiziéme siécle finissant, ou bien vers le commencement du suivant, étoit Seigneur le nommé Pierre Rigault, dit de Courquetelles sur sa tombe rapportée ci-dessus.

Etienne Gravin, Chevalier, a pu le suivre, s'il ne l'a pas précédé de quelque temps. C'est de lui qu'a pris le nom de Gravin une Seigneurie que possédoit Matthieu de Villiers, dont l'épitaphe est aussi plus haut.

En 1359, Charles V étant Régent du Royaume, donna à Nicolas Braque, Chevalier, une somme pour la défense de la forteresse de Croquetaine. En 1397, M. de Montauglant étoit Seigneur de Croquetaine.

<small>D'Hozier, Reg. 3, p. 36, au mot *Braque*.</small>

Guillaume Sanguin, Echanson du Roi, acheta la Terre de Courquetelles vers 1420 ou 1430.

<small>Hist. des Gr. Off. T.VIII, p. 264, et T. III, p. 244.</small>

Claude Sanguin en jouissoit sous le regne de Louis XI, suivant les dispositions de Guillaume, son ayeul.

Denis du Mesnil en étoit Seigneur vers l'an 1550. Il avoit épousé Claude Vialart. Jean-Baptiste du Mesnil, Avocat du Roi en Parlement, mort avant le 8 Octobre 1573, avoit aussi possédé cette Terre.

<small>Ibid. T. II, p. 384.</small>

<small>*Ex Tit.* D.PernotBened.</small>

Isaac Chantreau, Ecuyer, est dit Seigneur de Courquetaine vers l'an 1570. Il avoit épousé Marie de Longueil. Il est qualifié Secrétaire des Finances, Seigneur de Châteaufort et de Croquetaine dans le Procès-verbal de la Coûtume de Paris de l'an 1580. Ce Châteaufort étoit au même lieu de Courquetaines.

Le Comte de Maugiron étoit Seigneur de ces lieux sous la fin du regne de Louis XIII. Ce Prince lui fit expédier au mois de Décembre 1641 des Lettres par lesquelles il lui accordoit la Haute-Justice de la Terre de Châteaufort et du village de Croquetaines. Elles furent enregistrées en Parlement le 26 Juillet 1658. C'est le même qui sous le nom de Claude de Montgiron, Chevalier, Comte de Montlyon, et d'Henriette du Mortier, sa femme, obtint en 1646 permission de faire célébrer en sa maison de Châteaufort, Paroisse de Croquetaines. Reg. Archiep. 20 Aug.

MM. de Vigny qui ont eu depuis cette Terre, l'ont encore illustrée davantage. Jean-Baptiste de Vigny, Colonel d'Infanterie, Capitaine Général des Bombardiers, et Lieutenant Général d'Artillerie, obtint en 1690 des Lettres-Patentes, qui portoient permission de construire des fourches patibulaires à trois piliers en sa Terre et Seigneurie de Châteaufort, de Beaumont dit Croquetaines. Il est le même dont j'ai rapporté ci-dessus la substance du cénotaphe qui lui a été dressé dans l'Eglise du village. Reg. du Parl. 9 Août 1690.

Jacques Olivier de Vigny, Maître des Comptes, obtint en 1723 d'autres Lettres enregistrées le 20 Mars. Elles portoient union des Terres de Montgazon, Villepayen, Cervolle et de sept autres à la Terre et Seigneurie de Châteaufort de Beaumont, dite Courquetaines, pour ne faire qu'une seule Terre et Seigneurie, et érection de cette Terre en Marquisat de Courquetaines. L'enregistrement mit la condition de n'en rendre hommage qu'au Roi. Ibid.

Les Ecarts de cette Paroisse sont Villepayen, Mont-gazon, Malassise.

VILLEPAYEN porte ce nom, parce que c'étoit la Terre d'un appellé Paganus, nom qui étoit fort commun dans le XI et XII siècle parmi les Chevaliers ou Nobles. On voit au Grand Pastoral de Paris qu'une Dame noble, dite Amicie de Villepayen, avoit parmi ses mouvances en troisième chef la dixme de Châteleines, Paroisse de Sagnoles. Le titre est de l'an 1248. Philippe, Abbé d'Hivernel, donna à cens, le 21 Novembre 1471, quelques terres de son Abbaye situées à Villepayen. Au temps de la derniere rédaction de la Coutume de Paris, c'est-à-dire en 1580, les Carmes Billettes de Paris se disoient possesseurs du Fief de Villepayen, comme de celui de Malassise. Magn. Past. fol. 147. Tabul. Hibern. Procès-verbal.

MONT-GAZON porte, à ce qu'il paroit, le nom d'un possesseur ancien de ce bien, car le nom Gazo n'étoit pas inconnu autrefois parmi la Noblesse. Cette Terre est une de celles que M. de Vigny a réunies à Courquetaines pour composer le Marquisat.

En 1580 comparut à la Coutume de Paris Michel Cordelier, Avocat, Seigneur du Fief de la Croix-Montgazon, assis au Bailliage de Brie-Comte-Robert. Procès-verbal, Edit. de 1678, in-12, p. 637.

MALASSISE. La Terre de Malassise (qui est nommée hôtel

dans le Contrat de vente) est située dans la Paroisse de Courquetaines. Elle relevoit du sieur Henri du Chatel, Seigneur de Nangis, lorsque Jean de Cernay Estiver, qui l'avoit reçue en présent de Madame Jeanne de Macourne, Dame d'Ailly, la vendit le 20 Janvier 1362 à Pierre Hardy, Bailli de Melun, pour la somme de 200 florins d'or à l'écu du coin du Roi. Cette Terre contenoit alors 114 arpens de terres labourables et 14 de prés. Demoiselle Jeanne, épouse dudit de Cernay, ratifia cette vente le 3 Février de la même année 1362, pardevant les mêmes Prévôts de Melun, c'est-à-dire Liennart, Pioche et Jean de Lhopital. Dès le 28 Janvier, Pierre Hardy avoit obtenu du Seigneur de Nangis la permission de donner cette Terre aux Religieux de la Charité de Notre-Dame, établis à Paris dans la maison où Notre-Seigneur fut *boullu*. Cet acte fut scellé par Jean de Brinvilliet, Garde du Sceau de la Prévôté de Melun, le 25 Mars 1364. Le même Pierre Hardy avoit racheté une rente de deux septiers de bled dûs sur Malassise, au sieur Jean de Fonteman, Curé d'Ousoir-le-Vougis, et Robert Escoubart, Curé de Courquetainnes, pour la somme de six francs d'or du coin du Roi. Cet acte est du 19 Février 1363. Jean Colers, Général desdits Freres Hospitaliers, et en même temps Prieur de la Maison des Billettes, accepta, le 27 Septembre 1367, la donation de la Terre de Malassise que fit à cette Communauté ledit Pierre Hardy, à condition que les Religieux diroient certain nombre de hautes et basses Messes tous les ans pour lui et pour les siens, pour le Roi et la Famille Royale. Il confirma cette donation par son Testament enregistré au Chatelet par Jean de Folleville, Prévôt de Paris, le 28 Mars 1376. Ce bien avoit été amorti par le Roi Charles V en 1367, et par un *vidimus* authentique du sieur d'Estouteville, Prévôt de Paris, le 28 Avril 1456. Pierre Hardy est enterré avec sa fille Prenelle, dans la Chapelle des trois Maries proche le cloître des Billettes.

Par le Traité passé entre les anciens Billettes et les Carmes de la Province de Touraine le 24 Juillet 1631, ces derniers ont été mis en possession de tous les biens dudit Couvent, et notamment des fiefs de Malassise et de Villepayen ; ce qui a été confirmé avec toutes les formalités requises par le Sieur Denis le Blanc, Chanoine-Archidiacre de Brie et Grand-Vicaire du Diocése, qui les mit également en possession le 27 Juillet 1633, comme il paroît signé dudit Sieur le Blanc et de le Guay, Notaire. Cette ferme de Malassise est entourée de haute futaye presque de tous côtés.

LIVERDIS

On ne trouve absolument rien sur l'origine de cette Paroisse ; le plus ancien titre qui en fasse mention, est le Pouillé Parisien du XIII siécle, encore ne la nomme-t-il qu'en langage vulgaire Liverdies. Quelquefois, au défaut de titres qui fournissent l'étymologie latine d'un lieu, on recourt à celle d'un autre lieu qui porte un nom semblable. Mais cela ne se peut faire à l'égard de Liverdies, qui dans toute la France est le seul village de ce nom. Il y a en Lorraine un lieu dit Liverdun, que l'on dit en latin *Liberdunum* : mais quand même, au lieu de *Liverdiæ* que portent les titres du XIV siécle en parlant de Liverdis, on y liroit *Liberdiæ*, nous ne serions gueres plus avancés. Il faut se contenter de faire remarquer ici que ce nom a quelque rapport avec la qualité de *Libertus* qui étoit fort commune parmi les Romains. Auroit-on dit *Libertiæ* pour signifier une Terre appartenante à un affranchi ? C'est sur quoi je n'ose prononcer. S'il a été un temps où le mot *Libertiæ* ait été usité, il a été très facile ensuite d'en faire *Liberdiæ*.

Cette Paroisse est à huit lieues et demie de Paris vers l'orient, entre Tournan et Chaumes, au midi de Tournan à la distance d'une lieue. Sa situation est dans une plaine de terres labourables avec quelques bois et des prairies. Les dénombremens imprimés de l'Election de Rosay dont elle est, y marquent 72 feux tant en 1709 qu'en 1720 et 1745. On m'a dit dans le pays qu'il y en avoit environ 80. Le Dictionnaire Universel de la France, publié en 1726, y compte 328 habitans ou communians.

Le bâtiment de l'Eglise de ce lieu ne paroît avoir gueres que deux cents ans. Il est sous l'invocation de Saint Etienne, premier Martyr. C'est un édifice oblong, accompagné d'aîles de chaque côté, mais d'une architecture qui n'a point d'ornemens dans le corps du milieu, c'est-à-dire sans galeries et sans ouverture pour les fenêtres, et même la voûte n'est que de plâtre. Une tour de grai le soutient du côté du midi. On n'y voit aucune épitaphe ni tombe qui provienne de l'Eglise précédente : mais il y a plusieurs épitaphes nouvelles dans la Chapelle Seigneuriale qui est au fond du collatéral méridional, entr'autres celle de Jean-Baptiste de Ribodon, Seigneur en partie de Liverdis, décédé en 1717.

Dans le chœur à main droite est celle de Damien de Colandiers, où il est marqué qu'il avoit été nommé à la Cure de ce lieu par M. de Harlay, Archevêque de Paris, et qu'il est mort le 23 Août 1733 âgé de 81 ans. On y lit encore qu'il a laissé beaucoup de manuscrits sur les usages et cérémonies Ecclésiastiques et sur les Antiquités de Tournan dont il étoit natif, et lieux circonvoisins de la Seigneurie.

La nomination à la Cure a toujours appartenu de plein droit à l'Evêque de Paris, ainsi qu'il paroît par le Pouillé du XIII siécle et par tous les suivans. On verra ci-après qu'en 1391 le Curé de Liverdis avoit des terres dépendantes de son Bénéfice. Il n'est gros Décimateur sur la Paroisse que pour un tiers ; le Seigneur l'est pour le reste. Guillaume Chartier, Evêque de Paris, voulant vers l'an 1450 ou 1460 favoriser le Curé de Liverdis, unit à sa Cure, pour sa vie durant, celle de Châtres ; ce qui fut confirmé en 1475 par l'Evêque Louis de Beaumont.

Reg. Ep. Par. 10 Avr. 1475.

Le Pouillé Parisien, rédigé ou écrit au XV siécle, met parmi les Chapelains du Doyenné du Vieux-Corbeil *Capellanus de la Retelle*. Comme on ne trouve aucun lieu dont le nom approche plus de celui-là que le hameau appellé Retal dans les Cartes du Diocése de Paris, et qu'il est situé dans ce Doyenné aussi-bien que toute la Paroisse, il y a très-grande apparence que c'est là que subsistoit cette Chapelle, qui étoit à la nomination de l'Evêque de Paris.

Ce que l'on trouve sur le temporel de ce lieu, ne remonte que jusqu'au XIV siécle. Le premier titre est de l'an 1329, auquel un nommé Billouart fit l'acquisition de cent dix arpens de bois sur la Paroisse de Liverdis, relevant en fief sous le nom de Potineau ou Potinel de la Terre de Soulerre. Son fils Jean Billouard, Chevalier et Jeanne sa femme les donnerent depuis aux Chartreux de Paris, qui en appliquerent le revenu pour la dot de la Chapelle du titre de Saint Michel, appellée la Chapelle de l'Abbé d'Anschin. Cet Abbé, nommé Robert de Pacy, venoit de se rendre Chartreux. Le don est de l'an 1354. On observe que le prix de l'achat en 1329 avoit été de 220 livres parisis, qui équivaloient à 255 livres tournois.

Ex Necr. Cart.

Il paroît que l'Abbaye d'Hierre a eu durant le XIV siécle des droits Seigneuriaux à Liverdis. Ils pouvoient lui avoir été donnés par quelque Chevalier de ce lieu, et cela depuis la réduction faite au XIII siécle du Cartulaire de cette Maison, où il n'en est aucune mention. Au moins il est sûr que ce Monastere avoit été Seigneur suzerain de Liverdis, puisque ce fut à Bureau de la Riviere, Chambellan du Roi, comme étant aux droits de l'Abbesse d'Hierre, que Jeanne de l'Hôpital, veuve de Jean de Mardilly, Escuyer, fit hommage en 1391, de plusieurs biens situés en ce lieu de Liverdis. Il y énonça des terres situées au lieu dit le Mosnier, à Norote au Fevre, à la Haye-Viseau, tenantes au chemin du Moncel et au Curé de Liverdis, d'autres terres situées au Foucheron et à la Pierre percée.

La Terre de Liverdis continua d'être dans la famille de l'Hospital pendant le siécle suivant. Marie de l'Hospital, fille de Jean, la porta en 1446 à Hutin Lestendard, Seigneur de Coubert; il est qualifié Maître d'Hôtel du Roi dans l'hommage que sa veuve fit le 26 Juin 1487 à la Chambre des Comptes, pour le fief de la moitié de la grande dixme de Liverdis mouvante de Tournan, qui lui étoit échue par le partage fait avec ses cohéritiers. Comptes de Prévôté. Sauval, T. III, p. 484.

Environ treize [trois] ans après, on trouve Nicaise Sanguin, qualifié Seigneur de Liverdis, c'est-à-dire vers l'an 1490. Denis, son fils, lui succéda. Cependant quelques autres Mémoires assurent que Denis étoit fils de Claude Sanguin, et qu'il étoit Seigneur de Liverdis en 1542. Mais ces Sanguin n'étoient Seigneurs qu'en partie, dès là qu'il est constant qu'une Marie de l'Hospital fut Dame de Liverdis et de Corbart jusqu'en 1524, année de son décès. Hist. des Gr. Off. T. VIII, p. 285. Mem. de M. Lancelot sur Meudon. Inscription de tombe à Coubert.

Dans le Procès-verbal de la Coûtume de Paris de l'an 1580, c'est Jean Granger, Ecuyer, qui comparut comme Seigneur de Liverdis et du Relly. Après lui elle appartint à Timoléon Granger, Président en la Troisiéme des Enquêtes, décédé en 1623. La même famille jouissoit encore de cette Terre vers l'an 1680. Hist. des Présid. p. 424.

Il y eut un Granger de Liverdis Ambassadeur vers 1650. Balthazar Granger, Abbé de Saint-Barthélemi de Noyon et Evêque de Tréguier, mort en 1699, étoit fils de Timoléon, Seigneur de Liverdis, Président aux Enquêtes. Il avoit été sacré à Saint-Victor de Paris, le 18 Novembre 1645.

En 1700, Jean-Baptiste de Ribodon, Conseiller au Parlement, étoit Seigneur de Liverdis. Maintenant, cette Terre appartient à M. de Beaurepaire.

Les Ecarts de cette Paroisse sont Monceau ou Moncel, Retal et Controuvé.

MONCEL. Cette Seigneurie appartenoit en 1467 à Pierre de la Grigne, Ecuyer, et Denise de Montenglant, sa femme; ils la vendirent alors à Macé Després, Ecuyer. Elle est mouvante de Tournan. Il est fait mention de ce lieu du Moncel ci-dessus à l'an 1391. Compte de Prév. 1467. Sauval, T. III, p. 390.

RETAL est assis en la Châtellenie de Tournan, et appartient aux Célestins de Marcoucies avec Bois-de-Lisle, ainsi que témoigne le Procès-verbal de la Coûtume de Paris de l'an 1510. Il y avoit dès l'an 1500 au moins en ce lieu, une Chapelle en titre, dont j'ai vu des Provisions du 12 Juin 1501. Dans d'autres Provisions du 22 Février 1520, elle est appellée *S. Maturini de Artaliis infra limites Eccl. Par. de Liverdiis*. Il y en a aussi eu d'expédiées le 1er Février 1689 sous le même titre de Saint Maturin de Retal. Reg. Ep. Paris.

Je n'ai rien rencontré sur CONTROUVÉ.

PONTINEAU est non-seulement l'ancien nom d'un Bois possédé par les Chartreux de Paris, c'est encore celui d'un moulin, au-dessous de la roue duquel il y a un gouffre où se perdent sous terre les eaux des petits étangs, et celles du ruisseau dont la source n'est éloignée que d'un quart de lieue. Le vulgaire prononce aujourd'hui Pontigneau.

CHASTRES-EN-BRIE

Le Diocése de Paris renfermant deux lieux de ce nom, on a été obligé d'appeller celui-ci Châtres-en-Brie ; mais si le nom d'Arpajon donné nouvellement au grand Châtres de l'Archidiaconné de Josas vient à prévaloir et à effacer l'ancien nom, on pourra par la suite, en parlant de celui-ci, se contenter de l'appeller simplement Châtres. M. de Valois veut que ce nom ait été donné à ces lieux, parce que les Romains y auront eu autrefois des campemens ; mais la chose doit rester plus douteuse à l'égard de celui-ci, parce que dans les titres du XII siécle, qui sont les premiers où il en soit parlé, il est appellé indifféremment *Castrum* ou *Castra*. Ainsi, quoiqu'on écrive Châtres au pluriel, comme s'il venoit de *Castra,* il peut se faire qu'il auroit été plus conforme à l'étymologie de l'écrire au singulier *Castrum*. Peut-être ce lieu est-il le *Castreium* qui se trouve au nombre des terres que le Pape Adrien IV confirma au Chapitre de Saint-Marcel de Paris en 1158.

<small>Hist. de Paris, T. III, p. 13.</small>

Cette Paroisse est située dans la plaine qui commence au-dessus de Tournan en tirant à l'Èst et par conséquent à plus de huit lieues de Paris vers le levant. Elle est aussi au levant d'hiver de Tournan, et le clocher est à une lieue de cette petite ville. Le territoire est entierement en labourages, prairies et boccages, le sol étant froid de sa nature comme celui de toutes les Paroisses contiguës. Ce lieu est de l'Election de Rozay, dont le Dénombrement des feux a été donné en 1745 par le sieur Doisy dans sa description du Royaume de France, tel qu'il avoit paru imprimé en 1709 et 1720 ; c'est-à-dire que partout il se lit qu'il y a 36 feux, mais ce nombre étoit diminué de quelques-uns dès l'an 1739, que j'y passai. Le Dictionnaire Universel de la France qui fut publié en 1726, y a compté 161 habitans ou communians, dont il faut diminuer environ le tiers. L'auteur y marque que Châtres est du Diocése de Meaux, trompé par le voisinage de Rozay, chef-lieu de l'Election, qui se trouve être en effet de ce Diocése.

Il n'y a rien à remarquer dans l'Eglise de ce village que l'antiquité du Chœur où l'on voit des piliers très-massifs dominés par des chapiteaux à feuillages grossiers, tels qu'on les construisoit sur la fin du XII siécle ou au commencement du XIII. On y reconnoit S. Antonin, Martyr de Pamiers ou d'Apamée, pour Patron, sans en sçavoir la raison, et sans en conserver de reliques, et sans même qu'il reste aucun souvenir qu'on y en ait conservé. Il y auroit peut-être assez lieu de penser que cette Eglise étant sur les limites et confins du diocése de Paris et de Meaux, où S. Denis a sûrement annoncé la foi, et où il a eu parmi ses disciples un Antonin, cet Antonin seroit décédé en ce lieu dans le temps de ses courses évangéliques au commencement du IV siécle, vers les premiéres années de l'empire du grand Constantin ; car alors tout ce canton-là étoit couvert des forêts dont on voit les restes dans les environs de Prêles, Tournan, Faviéres, la Houssaie, Crevecœur, Lumigny, et le paganisme dut y subsister plus long-tems, surtout dans les hauts lieux de Lumigny. Au reste, en faisant cette avance, je ne prétends point reconnoître comme authentiques les actes de Saint Saintin, Evêque de Meaux, aussi disciple de Saint Denis, je dis non seulement que la fausseté qui y est palpable, ne doit pas s'étendre jusques sur l'existence des personnes, ni sur leurs noms, lesquels étant Romains ne sont nullement récusables. Le culte religieux que l'Eglise de Meaux rend de temps immémorial à ce saint Antonin dont elle croit posséder les reliques, m'autorise à ne pas être persuadé que celui de Saint Antonin, le Martyr, y ait été primitivement, d'autant plus que l'église de Châtres peut fort bien avoir été autrefois enlevée au diocése de Meaux dont elle n'est éloignée que d'un quart de lieue. On a plusieurs exemples de pareilles variations sur les limites des diocéses. Il est encore remarquable que cette Eglise de Saint-Antonin de Châtres a dépendu anciennement d'un monastère du diocése de Meaux nommé La Celle qui en est à trois lieues, lequel existoit au moins dès le temps du Roi Robert. C'est par une faute d'attention que quelquefois, dans les provisions de la Cure, les secrétaires ont mis *S. Antonii* au lieu d'*Antonini*. Hist. de l'Eglise de Meaux, T. II, p. 8.

Reg. Ep. 11 Jul. 1579.

On honore dans cette Eglise de Châtres un Saint Félix dont l'image le représente vêtu en Prêtre ; il y a concours de peuple pour réclamer son intercession, sans qu'on y en célèbre la Fête.

Quelques personnes ont essayé de prouver que c'étoit de ce Châtres qu'étoit natif Saint Corbinien, dont la vie écrite par un de ses disciples place ce *Castrus* dans le district de Melun. Mais comme il faut, selon cette vue, qu'il y ait eu dans ce lieu de Châtres une Eglise de Saint-Germain, et que ç'eût été un pays de vigne, ce qui ne se trouve point à Châtres-en-Brie, l'honneur d'avoir donné la naissance au Saint Apôtre de Frisinge doit être réservé à Châtres dit aujourd'hui Arpajon : aussi y celebre-t-on sa Fête et non à Châtres-en-Brie.

La nomination à la Cure de Châtres-en-Brie étoit reconnue dès le treiziéme siécle appartenir au Prieur de la Celle, Ordre de Saint-Benoit, diocése de Meaux, puisque le Pouillé de ce temps-là le marque ainsi. Les Pouillés subséquens ont varié. Celui du XVI siécle la donne à ce Prieur et à l'Evêque de Paris, et d'autres purement à l'Evêque. Mais elle appartient toujours au Prieur de la Celle dont le titre est attaché au séminaire des Missions étrangeres à Paris depuis l'an......

Hist. S. Mart. p. 188.

Le Prieuré de Saint-Martin-des-Champs a eu à Châtres une dixme, ainsi qu'il se voit par la lettre de confirmation accordée par Thibaud, Evêque de Paris, vers l'an 1150. Mais depuis long-temps il n'y a de gros décimateur en ce lieu que l'Abbé d'Hermieres.

Pour ce qui est de la Seigneurie de Châtres, elle paroît avoir été possédée au XII et XIII siécle par les Sires de Garlande. Gui de Garlande, le premier d'entre eux qui posséda Tournant sous le regne de Louis VII, déclarant en 1182 les biens qu'il avoit donnés à l'Abbaye de Saint-Maur-des-Fossez, spécifie entre autres articles :

Chartul. papyr. S. Mauri, fol. 51. Cod. Sorb. Mss. n. 1319.

apud Castrum quinque solidos pro anniversario Haduidis sororis meæ. En 1223, Jean de Garlande reconnut qu'il étoit tenu de faire délivrer à ses neveux fils de Guy quarante livres parisis de revenu en la Paroisse de Châtres. En 1260, Anseau de Garlande eut un différend touchant la justice de Châtres avec Adam le Chambellan, Chevalier. Des arbitres en déciderent. Ce dernier titre peut suppléer à ce qui manque au témoignage des deux précédens.

Gall. Chr. nova, col. 859.

On trouve aussi que dans le siécle suivant Enguerrand de Marigny a eu du bien à Châtres, mais il le tenoit de l'Eglise de Sainte-Catherine de la Couture à Paris, et il en fit hommage en 1397, au Prieur Pierre Bonenfant.

La tradition du lieu est que nos Rois y ont eu une maison de plaisance au XIV siécle ; que Charles V y est venu quelquefois et qu'il y a signé des lettres ; cependant je n'en ai trouvé aucune jusqu'à présent où soit le nom de Châtres-en-Brie. Il est vrai qu'il y reste encore une Tour ronde habitée, qui peut être de ces temps-là, et quelques vestiges d'autres Tours : mais cela ne suffit pas pour constater la chose.

Au temps de la rédaction de la Coutume de Paris de l'an 1580, vivoit Médéric de Donon, Controlleur des bâtimens du Roi, qui y comparut en qualité de seigneur de ce lieu. Il est inhumé à Saint-Paul de Paris. C'est le premier Seigneur de ce lieu que je connoisse.

Dans le dernier siécle Henry Binet, Maître des Comptes, Procureur Général de la Reine, étoit Seigneur de Châtres ; il obtint des Lettres-Patentes qui portent union des Terres et Seigneuries du Vivier et de la Jarrie, etc., avec leurs Justices à la Terre et Seigneurie du Castel avec érection du tout en Châtellenie sous le nom de Châtres. L'enregistrement est du 6 Juillet 1677. Le Vivier, ancienne Maison Royale, n'est qu'à une petite lieue de l'Eglise de ce village, mais dans le Diocése de Meaux. Le Marquis de Ségur ayant épousé la fille unique de M. Binet, devint Seigneur de Châ- Merc. Juin 1737. Morts. tres. En 1700, M. de Beringhen étoit co-seigneur avec ce Marquis lequel étoit Lieutenant-Général des Provinces de Champagne et de Brie, et aussi Seigneur des Boulaies sur cette Paroisse. Cette Terre est toujours restée à MM. de Beringhen comme attachée à celle d'Armainvilliers.

Les Ecarts, Hameaux, Fermes ou Châteaux éloignés de l'Eglise, sont: les Boulaies, les Seigneurs ou le Bois des Seigneurs; Boitron, et l'Oribeau.

LES BOULAIES portent un nom dérivé de l'espece d'arbres ou arbrisseaux qui y couvroit la terre. Il s'écrit aussi les Boulets, ce qui n'en change point l'étymologie. Cette Terre étoit possédée en 1546 par André Maillard, conseiller au Parlement, qui obtint Reg. Ep. Paris. le 12 Août de l'Evêque de Paris, à cause de l'éloignement et des eaux de faire célébrer chez lui. Charles Maillard en jouit ensuite Généal. de Marillac. sous le regne de Charles IX; il épousa Magdeleine de Marillac. Elle appartint depuis à Pierre Tamboneau, Maître d'Hôtel du Roy, Reg. Arch. 31 Jul. lequel Seigneur s'y retiroit quelquefois en 1624.

Dès la fin du dernier siécle et dans le siécle présent elle a appar- Ibid. tenu au Marquis de Ségur décédé le 10 Juin 1737. 4 Aug. 1697.

L'ORIBEAU ou L'ORIBEL, étoit anciennement écrit en latin *Oribellum* et en françois Oribel ou Osibel. On lit qu'en l'an 1182, Anseau de Garlande, Seigneur de Tournan, confirma aux Religieux Chartul. de l'Abbaye de Saint-Maur les terres et les hôtes qu'ils y avoient papyr. S. Mauri, fol. 51. *Apud Oribellum terras et hospites*. Pierre de la Grigne, Ecuyer, posséda ce fief du côté de sa femme, Denise de Montenglant, au Compte de la commencement du regne de Louis XI; Macé Després, Ecuyer, Prév. de Paris, l'acquit de lui en 1467. M. le Marquis de Breteuil, Seigneur des Sauval, T. III, p. 390. Chapelles en Brie, a possédé ce Fief de nos jours. Affiche de 1745.

BOITRON est situé au nord-est de Châtres, sur le bord du ruisseau de Brayon qui fait en cet endroit la séparation du Diocése de Paris et de Meaux. Ce fief mouvant de Tournan étoit en roture au commencement du XVI siécle. Guillaume Marchand, Drapier et Bourgeois de Paris, le donna pour d'autres biens à Guillaume Compte de la de Saint-Merry, Ecuyer, Capitaine de Lagny-sur-Marne qui en Prév. de Paris, Sauval paya le droit de relief en 1507. Deux ans après, Jean Bouchart en est T. III, p. 547. dit Seigneur dans le procès-verbal de la Coûtume de Paris de 1510; Voyez le dans celui de la Coûtume de 1580, c'est Etienne Bouchart, Avocat payement du relief vers 1518, qui s'en dit possesseur. M. le Curé du lieu m'a assuré que le Roi ibid., p. 602. Henri IV l'érigea en Baronie en faveur de Jean Bochard, aussi

Avocat, et qu'à cause de cette Baronie les curés prêtoient foi et hommage devant la Tour de Tournan pour des biens à eux donnés par les sieurs de Garlande. Ce Fief ayant droit de haute, moyenne et basse Justice, a été possédé en dernier lieu par M. le Marquis de Breteuil.

<small>Affiche de 1745.</small>

Je crois pouvoir placer ici un fief dont j'ai eu connoissance par une affiche de l'an 1745 ; c'est le Fief appelé L'Opitau ou l'Hôpital de Châtres, consistant en terres, bruyères, genets et petits bouquets de bois.

<small>Affiche de la Terre de Fontenay en Brie.</small>

Le 20 Juin et 3 Janvier 1397, François de Lospital, Chambellan du Duc d'Orléans, donna par forme d'accensement à Jean de Trie, Ecuyer, et à Jeanne de Craque, sa femme, tout ce qu'il avoit de bien au lieu dit le *grand-menil*, assis près Châtres-en-Brie, Châtellenie de Tournan, mouvant de M. de Montauglant à cause de son Châtel de Croquetaines en Brie, comme de Jean de la Riviere à cause de son Châtel d'Armainvilliers.

<small>D'Hozier, Reg. 4, p. 44, au mot *Braque*.</small>

Il y a sur le territoire de Châtres une Fontaine dont la chaleur en hiver va jusqu'à devenir tiéde.

On y tient aussi par tradition, qu'au canton dit la Bossiniere, en tirant vers Renouilleux mais sur le territoire de la Paroisse de Châtres, étoit une maison où est venu autrefois au monde un homme de sainte vie, dont on a oublié le nom.

Le nouveau *Gallia Christiana* fait mention d'un Thomas de Châtres, qui dans une extrême vieillesse ayant été élu Prieur du Monastere de Sainte-Catherine du Val-des-Ecoliers à Paris, mourut la même année, sçavoir en 1363. Il peut être le Saint personnage dont on a parlé ci-dessus.

<small>Gall. Chr. T. VII, col. 858.</small>

PRESLES

L'origine de ce nom ne doit pas beaucoup arrêter. M. de Valois l'a donnée lorsqu'il a marqué que ce mot venoit de ce que tel ou tel lieu étoit situé dans des prairies. Il est vrai que *Pratellum* est un diminutif de *Pratum*, il faudroit ne trouver auprès des lieux du nom de Prêlles que de petites prairies. Mais il suffit qu'elles ayent été telles lorsque le nom a été donné. On trouve sept ou huit Prêlles dans le Dictionnaire Universel de la France, dont il y en a un qui est écrit Praisles. Mais il faut ajouter à tous ces lieux ceux qu'on appelle Préaux, au nombre de dix ou douze, l'étymologie en étant la même, aussi bien que les cinq ou six qui ont le nom de Pradelles. Les plus anciens monumens qui font mention de Prêlles du diocèse de Paris, ne sont que du XIII siécle ; dans l'un il est nommé en latin *Praëlæ*, et dans l'autre *Praëriæ*.

Cette Paroisse est à huit lieues de Paris, du côté de l'orient d'hiver, et à une lieue de Tournan. Le gros des habitans est placé aux environs de l'Église sur une petite élévation, et forme un bourg, mais il y a quelques écarts. On y comptoit autrefois beaucoup de fiefs, dont je ferai ci-après le détail. Le terrain du pays consiste en prairies et labourages, bois et boccages. Le dénombrement de l'Election de Paris de l'an 1709, y marquoit 239 feux : ensorte qu'il est certain que l'auteur du Dictionnaire Universel de la France, a exagéré en 1726, lorsqu'il a écrit qu'il y avoit 1135 habitans dans cette Paroisse. Le sieur Doisy qui a publié en 1745 un nouveau dénombrement des Paroisses du Royaume, ne laisse pas de compter à Prêlles 252 feux. Ils sont tous en faute, s'il est vrai, comme on me l'a dit sur le lieu, qu'il n'y en a que 80, et 220 communians.

La Sainte Vierge est patronne de l'Eglise de ce lieu, qui est un édifice solidement construit au XIII siécle, tout voûté en pierre, accompagné d'une petite aîle vers le midi également voûtée avec une grosse tour de gray, qui supporte quatre grosses cloches, et qui a été bâtie long-temps après l'Eglise. Le sanctuaire se termine en quarré et l'édifice est disposé sans galeries, mais avec des vitrages de figure oblongue et étroite, dont il reste encore des panneaux du siécle de la bâtisse au sanctuaire vers le nord, et à la sacristie.

On y voit au côté gauche du chœur une tombe quarrée dont l'inscription en gothique capital consiste en ces termes :

Ici gît Messire Guillaume des Barres Chevalier, jadis Sire de Villegenart, qui trepassa l'an de grace M. CCC et I le mardy d'après la Feste Saint......... l'ame de li.

Sur cette pierre est figuré un ancien militaire avec un chien à ses pieds.

Au milieu est une autre tombe sur laquelle il ne reste de lisible que ces trois mots : Sire de Villegenart, aussi en gothique capital. Ce Seigneur doit avoir vécu avant Guillaume des Barres qui fut le dernier du nom.

A la muraille du sanctuaire du côté septentrional, sont gravés les vers suivans en petit gothique :

« Par Atropos à tous humains diverse,
« Repose et gît le corps à la renverse
« D'homme prudent Quentin le Charpentier,
« Prestre sçavant et très grand ménagier,
« Bon aumonier sans aucun étrangier [le dangier] [1]
« Lequel voul comme juste et entier,

---

[1]. Ledangier, vieux mot signifiant mal dire, blâmer (de Guilhermy, Inscriptions de la France, T. IV, p. 372). — (Note de l'éditeur.)

« Diligenter de prendre soin et cure,
« D'entretenir les biens de Dieu et cure,
« Et tellement que sans aucun destour,
« Il ordonna ainsi faire la Tour ;
« Et cela faict les cloches y fit mettre
« Par mains d'ouvriers et par d'assurés Maitres
« Pour servir Dieu, vivans, et trépassez.
« Priez pour lui vous qui par ci passez,
« Et par amour dites dessus sa lame
« Cy gît le corps, En Paradis soit l'ame.
1525. 1

Ce Quentin le Charpentier y est représenté à genoux devant une image de la Vierge avec ces mots: *O Mater Dei memento mei*, et sur sa tombe que l'épitaphe appelle une lame, il est figuré en Chasuble, tenant un calice.

Dans la nef devant le crucifix est une autre belle tombe où sont gravés un homme et une femme avec cette inscription :

Cy gît Mᵉ Mathieu du Saussay, en son vivant Seigneur d'Auteul en Brye, qui trépassa le XV jour d'Octobre, l'an M. CCCC IIII XX et XXVIII [XVIII].

Cy gît Damoiselle Marguerite Cenedon femme dudit Mathieu du Saussay laquelle trépassa le XXVI jour de Septembre l'an M. V [C] XXIII. Priez Dieu pour eux.

Enfin, dans la Chapelle de M. Bernage, se lit cette Epitaphe :

Cy gît Me Jacques d'Egremont en son vivant Seigneur du Fort et de Prêlles en Brie, lequel trépassa le X jour de Septembre 1631.

La nomination de la Cure est marquée appartenir de plein droit à l'Evêque de Paris, sous le nom *d'Ecclesia de Praëriis* dans les Pouillés du XIII et du XIV siécle, et cette nomination est également dans les Pouillés suivans; celui de 1626 met : *de Praëriis vel de Praeslis*. Le Curé est gros Décimateur. Celui qui l'étoit en 1228 reçut de Guillaume l'Auvergnac [d'Auvergne], Evêque de Paris, dès la premiere année de son épiscopat, une lettre qui lui

Chart. Livriac. fol. 12. ordonnoit de se transporter en qualité de Doyen rural *de Praëlis* au village de Sognoles, pour y confirmer une vente faite en ce lieu à l'Abbaye de Livry. Apparemment que la ratification d'un Doyen tenoit lieu de celle de l'Evêque. On va voir ci-après à l'article de l'écart ou hameau appellé Auteuil, ce qui est marqué d'un traité fait entre le Curé de Prêlles et les Prémontrez d'Hermieres.

Les siécles reculés ne m'ont fourni aucun Seigneur de Prêle. Dans le Procès-verbal de la Coûtume de Paris de l'an 1580, est nommé Michel Bonnault comme possesseur de cette Terre, avec Fiacre Guesdon.

Jacques d'Egremont en étoit Seigneur aussi-bien que du Fert en 1630, suivant son épitaphe en l'Eglise du lieu.

Le Comte de Bussy Lameth en jouissoit en 1700.

Depuis lui il y a eu Antoine Hoggue en faveur duquel le Roi accorda des Lettres-Patentes qui portent union à la Terre de Prêles, de plusieurs fiefs et dépendances, de la haute, moyenne et basse Justice du fief du Fort pour ne faire qu'une seule Terre et Justice, et érection de cette Terre en titre de Baronie. L'enregistrement est du 13 Juin 1714. Dans un Factum de l'an 1721, ce Seigneur est qualifié Baron de Prêles, de Combreux et des hautes et basses Vignoles, Conseiller au Conseil Royal de Commerce et de Navigation de Suede. Reg. du Parl.

Le Bourg de Prêles essuya en 1465 le malheur du feu qui y fut mis par deux femmes que l'on emprisonna d'abord à Tournan, puis à Paris, au Châtelet. Sauval, T. III, p. 386.

VILLEGENART. De tous les Ecarts ou Hameaux de la Paroisse de Prêlles, le plus connu est Villegenart qui est très voisin du Bourg, et qu'on trouve au sortir en allant à Tournan. Dès le temps de l'Episcopat de Maurice de Sully qui ne finit qu'en l'an 1196, il y eut un Geoffroy de Villegenart, *de Villa genart,* qui cautionna une vente que Pierre de Chantelou, Chevalier, fit à ce Prélat. Il est clair que cette Seigneurie a tiré son nom d'un appellé Genart, à qui elle avoit appartenu originairement. Le nom *Genardus,* se trouve comme un nom d'homme au VIII siécle dans les Actes de S. Salve de Valentiennes. Dans le XIII siécle, la Seigneurie de Villegenart étoit dans la Maison illustre des Barres. Il en est fait mention dans un titre de Saint-Maur-des-Fossés de l'an 1219, où on lit que les hommes de Noble Jean des Barres habitans en ce lieu, furent soumis à l'excommunication à la requête des Religieux de ce lieu, à l'occasion d'un pré qu'Elisabeth, son épouse, leur avoit légué. En 1299, Guillaume des Barres étoit Seigneur de Villegenart. Il vendit à Charles, Comte de Valois, ses Maisons de Villegenart du Houssay, s'en retenant l'usufruit sa vie durant. Il mourut en 1301, et fut inhumé dans le chœur de Prêlles. C'étoit apparemment le premier de ceux de la Maison de Barres, possesseurs de cette Terre, qui y firent construire une Chapelle qui subsistoit au treiziéme siécle, et dont la nomination est marquée appartenir à l'Evêque de Paris au Pouillé de ce temps-là sous le titre de *Capella de Villa Genart.* Il n'en est plus fait mention depuis. Boll. 26 Junii. Chart.S.Mauri. Notic. de Oratorio. Cod. Sorb. num. 1319. Voyez ci-dessus

C'est par le moyen de la vente ci-dessus, qu'on vit environ trente ans après, cette Terre comprise dans le Domaine du Roi Philippe de Valois, fils de ce Comte. Elle appartint à ses successeurs Jean et Charles V, jusqu'à ce que ce dernier la donna aux Chanoines du Vivier en Brie, en place d'autres Terres, ce qui arriva vers l'an 1368. Jean de Montmorency et Marguerite d'Andresel, sa femme, prétendirent alors que cette Terre leur appartenoit du côté de cette Dame : cela forma un Procès que Charles V renvoya au Parlement par lettres datées du Vivier, le 23 Mars de cette même année 1368. Il paroît que les Chanoines de la Sainte-Chapelle du Vivier continuerent de posséder cette Seigneurie. Elle leur appartenoit en 1580, lors de la rédaction de la Coûtume de Paris. Mais depuis, les biens de cette Eglise ont été réunis à la Sainte-Chapelle de Vincennes, sçavoir : la Maison avec les Prés, le Moulin, l'Etang, le Bois et les Cens, ce qui, selon une estimation imprimée en 1698, peut aller à environ deux mille livres.

<small>Hist. de Montmor., p. 652. Preuves, p. 379.</small>
<small>Cout. de Paris, p. 622. Ed. de 1678.</small>

C'est à ce Moulin de Villegenart que se voit au-dessous de la roue un gouffre profond dans lequel se perd par-dessous terre l'eau qui vient de la petite riviere de Tournan après qu'elle a fait tourner cette roue.

LE CHENE étoit un Fief sur la Paroisse de Prêles dès l'an 1373, selon un mémoire de la Chambre des Comptes.

LE FORT DE PRESLE avoit un Fief dont le Seigneur Antoine du Saussay, Ecuyer, reconnut vers 1463 qu'il étoit mouvant de Tournan. Vers le commencement du dernier siécle, il appartenoit à Jacques d'Egremont, décédé en 1631, ainsi que marque son épitaphe ci-dessus. Ce Fief avoit haute, moyenne et basse Justice, qui fut réunie à celle de la Terre de Prêlles, pour n'en faire qu'une, ainsi que je l'ai dit ci-dessus ; c'est environ ce temps-là que le Château du Fort fut détruit.

<small>Compte de 1463. Sauval, T. III, p. 368.</small>

<small>Reg. du Parl. 13 Juin 1314.</small>

JOY est ou a été un Fief de la Paroisse de Prêlles, que possédoit en 1479 Jean Guesdon, Clerc du Roi en sa Chambre des Comptes, et pour lequel il fit hommage à la Chambre le 2 Mai de la même année, à cause de sa mouvance de Tournan. Les Cartes marquent un lieu dit May, proche Prêlles : seroit-ce le même ?

AUTEUIL, ou AUTEUL, est un Fief qui comprend quelques maisons du côté de Grez. Matthieu du Saussay, qui mourut en 1498, et dont l'épitaphe est ci-dessus, en avoit été Seigneur. Au commencement du dernier siécle, Antoine de Saine, Ecuyer, Président au Baillage et Présidial de Melun, le possédoit du chef de Marthe de Gaussan, sa femme. Le 11 Août 1600, il rendit aveu, foi et hommage aux Chanoines de Notre-Dame du Vivier comme Seigneur de Villegenart de deux fiefs unis, l'un dit le Grand Hôtel d'Auteuil, et l'autre le Petit Fief d'Auteuil, auquel Grand Hôtel il y avoit une chapelle où l'on faisoit le service Dimanches et Fêtes, à cause de quoi, dit l'acte, les Religieux d'Hermieres ont la dixme de tout le territoire de Villegrand et d'Auteuil. Mais ils l'ont depuis quittée au Curé de Prêles, à la charge que cette Chapelle étant bâtie, le Curé sera tenu y venir faire le service les Dimanches et Fêtes, et cependant faire célébrer à l'Eglise Paroissiale une seconde

<small>Acte Notarié à Tournan.</small>

Messe. On assure que cette dixme vaut sept à huit cents livres, sur quoi le Curé fait cinquante livres aux Prémontrez d'Hermieres.

VILLE-PATOUR, LABORDE, MONTLHERI. Fiacre Guesdon, Avocat en Parlement, issu selon les apparences de Jean Guesdon, Seigneur d'Auteuil, posséda non-seulement la Seigneurie de Prelles, mais encore ces trois Fiefs, ainsi qu'il est marqué dans la Coûtume de Paris de l'an 1580. Il déclare que quoique les Fiefs de la Borde et Montlhery soyent tenus de la Seigneurie et Chatellenie de Chastel-les-Nangis au Baillage de Melun, ils sont néanmoins régis selon la Coûtume de Paris, Prévôté et Vicomté de la même Ville, et particuliere de Tournan dans le ressort de laquelle ils sont situés. Quant à Ville-Patour seul, qu'il semble qu'on auroit pu appeller en latin *Villa Pastorum*, cette Terre avoit pour Seigneur en 1648 Nicolas Langlois, Conseiller du Roi ; et sur la fin du siécle, M. Daniel, Secrétaire du Roi, dont la veuve dit Marthe Marchais, en jouissoit en 1697. Le Chapitre du Vivier y avoit des terres qui appartiennent depuis la réunion à la Sainte-Chapelle de Vincennes. *Procès-verbal de Coutume, p. 637, p. 664, Edit 1678. Perm. de chap. dom. 25 Janv. Regl. impr. 1608, p. 31.*

GAVIGNY paroît n'être autre chose que le lieu marqué sous le nom de Gaigny proche Prêles, dans la plupart des Cartes du Diocése de Paris. On trouve que Charles, Comte de Valois, acheta au mois d'Avril 1296, plusieurs arpens de bois et de terres labourables au territoire de Gavigny sur la Paroisse de Prêles. Vers l'an 1470 ou 1472, Claude de Reillac fut gratifié par le Roi Louis XI du fief de Grand Gaigny en Brie, ce qui peut convenir à celui-ci. *Cod. Sorb. Man. n. 1319. Mém. de la Chambre des Comptes.*

LE QUIN est un écart de Prêles situé dans la Forêt qui sépare ce bourg d'avec les Paroisses de Cossigny et la Grange-le-Roy. Je ne vois point d'autre lieu dans tout le Diocése auquel puisse convenir le mot de *Cuneus*, fief et hameau avec les hôtes duquel Guillaume d'Auvergne nouvellement fait Evêque de Paris, traita en 1218 [1228], et auxquels il donna un pré par Bail à rente. *Gall. Chr. T. VII, col. 95.*

GREZ

On ne peut révoquer en doute l'antiquité de Grez au Diocése de Paris, puisqu'on le trouve existant dès le commencement du neuviéme siécle, auquel temps il appartenoit en tout ou en grande partie à l'Abbaye de Saint-Denis en France. Mais l'Abbé Hilduin fit un échange de ce bien contre d'autres biens situés à Maissy (on écrit à présent *Messy*), au Diocése de Meaux *(Apud Massiacum in pago Meldico)*, qui lui furent donnés par un nommé Theodoarius ;

de quoi il y eut une Charte expédiée la septiéme année de Louis le Débonnaire. Le nom de Grez n'est pas absolument rare dans le Royaume. On y compte au moins six Paroisses appellées Grez ou le Grez, sans les différens hameaux et fiefs. Cependant l'origine de ce nom est assez incertaine, parce qu'on ne voit pas que la pierre de grez ou grai sur laquelle on pourroit établir l'étymologie, y soit plus commune qu'ailleurs, à moins qu'on ne conjecture qu'il y auroit eu en ces lieux quelque pierre de grai travaillée avec quelque soin, ou même qui auront été une de ces pierres sacrées, sur lesquelles ou proche lesquelles les payens faisoient brûler du luminaire, pratiques qui furent défendues aux Chrétiens, selon qu'il se voit dans les Homélies de Saint Eloy, et par un Canon du Concile de Leptines, et par les Capitulaires de Charlemagne. Nous voyons qu'au XIII siécle un grez se disoit *gressus, gressis* dans les titres latins ; que dans le même siécle une Eglise et une rue de Paris étoient appellées indifféremment *vicus de Grès, vicus de Gressis. Stus. Stephanus de Gressibus, magnus vicus Sti. Stephani de Gressibus.* Il y avoit aussi entre Paris et Saint-Denis un lieu dit le Grez, par rapport à la pierre qui y désignoit des limites. Mais quoique le terme de Grez fût assez commun, on ne s'étoit point accoutumé au XIII siécle à le latiniser lorsqu'il s'agissoit du Village dont je parle ; car, excepté une épitaphe de 1261 qui porte *de Gressu,* tous les autres titres dressés en latin ont en françois *de Grez*, ce qu'on va voir s'être pratiqué dès le XII siécle. Je ne connois que Guillaume de Nangis et l'auteur de la continuation des Eglises des Evêques d'Auxerre, qui ont employé l'expression latine *Gresseium* et *Gressium.*

Diplom. p. 526 in votis.

Gloss. Cangii ex tit. anni 1237. Lib. Cens. S. Genov. Par. c. 1250. Chart. Sorb. ad an. 1258, fol. 40.

Chr. Nang. ad an. 1242. Labb. T. II, Bibl. mss. p. 508 et 509.

Ce village est à plus de sept lieues de Paris vers le levant, étant fort voisin de Tournan d'où l'on en compte huit de Paris ; on le trouve à la sortie du bois qui portoit autrefois son nom, et qui a pris depuis celui d'Armainvilliers. Il est sur une petite pente ou vallée qui regarde l'orient. Les prairies, labourages et bois en font tout le bien et revenu. Le dénombrement des feux de l'Election de Rosay imprimé en 1709 et 1720, y marquoit 71. Le Dictionnaire Universel de la France publié en 1726, y a compté 320 habitans ou communians [1]. Doisy s'est réglé sur l'imprimé de 1720, pour continuer en 1745 d'y mettre 71 feux ; mais il n'y en a pas tant.

On n'a point de preuves qu'il y ait eu en ce lieu de Paroisse avant le treiziéme siécle. Au contraire, le silence du Pouillé de ce temps-là désigne qu'elle n'existoit pas. Elle n'y est aucunement nommée, quoique Tournan, Ozoir, Prêles et Liverdis y soyent.

---

1. C'est un peu trop. Le même livre place Grez au Diocése de Meaux, à cause qu'il est de l'Election de Rosay.

Aussi, ne fut-ce qu'en 1239, au mois de Janvier, que Guillaume l'érigea ; l'acte dit que ce lieu étoit auparavant de la Paroisse de Tournan : c'est pourquoi il fut besoin du consentement des Prêtres de Tournan et du Couvent de Saint-Maur. On lui attribua les territoires de Vignoles, de Champberchier, de Villegez. Henri, Archidiacre de Blois, assigna au Curé deux muids d'hivernage à prendre dans ses terres proche Vilers. Le même donna au Prieuré et au Prêtre de Tournan pour les dédommager, un terrain qu'il avoit à Tournan proche le clos du Prieuré, et deux parts de sa dixme en ses terres près Vilers, leur faisant à chacun leur portion. On assigna aussi au nouveau Curé de Grez quinze arpens de labourage, un arpent propre à la vigne, et une maison proche l'Eglise. Le droit de présentation fut attribué à l'Abbé de Saint-Maur et au Prieuré, le tout du consentement du même Henri, de Hugues, Adam et Henri de Grez, Chevaliers, et de leurs femmes, d'Etienne, Archidiacre de Chartres, de Radulf de Verneuil, Chevalier, et de Renaud, Clerc, d'Ansel de Galande, Seigneur de Tournan, qui avoit permis à ses vassaux de faire ces concessions ; et enfin, du consentement de l'Evêque de Paris, de qui Ansel est dit tenir le fief de Tournan où sont situés tous ces biens.

Ex autogr. in Tab. Ep. in Spir.

Quoique l'édifice de l'Eglise tel qu'on le peut voir aujourd'hui ne soit point absolument de ce temps-là et qu'il ait pu être réparé, on y voit dans le Chœur une tombe qui est au plus tard de la fin du regne de Philippe le Bel, sur laquelle est représenté un Chevalier, ayant son bouclier traversant où est figuré un lion grimpant et couronné. L'inscription étoit en lettres gothiques capitales, dont il ne reste de lisible que ces mots : *proles junior annis..... Req. in Pace.*

Cette Eglise est oblongue, sans aîles et sans voûtes de pierre, et n'a point de dédicace connue. L'Archevêque de Paris nomme à la Cure de plein droit suivant les Pouillés du seizième siécle, des années 1626 et 1648, apparemment comme Prieur de Tournan, et il faut croire qu'il se sera fait depuis le regne de Saint Louis quelque échange de dixmes que le Prieuré de Saint-Martin-des-Champs et l'Abbaye de Livry y avoient.

Ce fut entre les années 1142 et 1147, que le Prieuré de Saint-Martin commença à posséder une dixme en ce lieu. La Bulle d'Eugene III de cette derniere année, la lui confirme par ces mots : *Decimam de Grez*. Thibault, Evêque de Paris, qui donna aussi ses lettres de confirmation environ le même temps, met *Decimam de Grez et de Castris*. Il y a grande apparence que c'étoient les Seigneurs du lieu qui jouissoient de ces dixmes auparavant : au moins les voit-on en faire des engagemens aux Chanoines de Saint-Thomas du Louvre avant 1218 ; ensuite en 1219, on l'avoit

Hist. S. Mart. p. 180.

Ibid., p. 188.

passée partie par engagement, partie par donation de Barthélemi de Grez, entre les mains des Chanoines Réguliers de l'Abbaye de Livry, de telle maniere que le Pape Honorius III leur confirmant les biens qu'ils possédoient en 1221, marque dans ce nombre *Decimam de Grez*. Mais le don qui en fut fait à cette Abbaye n'étoit pas sans réserves ; car les bienfaiteurs déclarerent qu'ils avoient donné en aumône sur ces dixmes quatre septiers tant bled qu'avoine à l'Abbaye d'Hermieres, deux septiers et une mine à la Léproserie de Tournan, et un septier à l'Eglise des Hermites du Cormier. Et même en 1223, l'Abbaye de Livry convint encore par un traité fait avec Radulf, Abbé de Saint-Maur, qu'elle payeroit aussi quelque chose sur ces dixmes au Prieur de Tournan ; tous faits attestés par chartes de l'Evêque de Paris, ou de l'Archidiacre, ou du Doyen rural.

<small>Gall. Chr. T. VII, Instrum.</small>

<small>Chart. Livriac. fol. 11.</small>

<small>Ibid.</small>

L'Abbaye de Saint-Maur eut dès le XII siécle un autre droit en ce lieu. Ce fut d'usage *in nemore de Grez*, lequel lui fut confirmé en 1182, par Gui de Garlande.

<small>Chartul. papyr.S.Mauri, fol. 51.</small>

On ne peut faire remonter la liste des Seigneurs de Grez plus haut qu'environ l'an 1210, auquel vivoit Béatrix de Grez, mere du suivant.

<small>Chart. Livriac. fol. 8.</small>

Barthélemi de Grez, Chevalier, qui épousa une dame Havise ou Hawide, de laquelle il eut dix enfans représentez avec elle sur une tombe dans le chœur de l'Eglise du Prieuré de Tournan. Il fut aussi Seigneur de Nesle en Brie, dit aujourd'hui Nesle la Gilleberde proche Rosay, où il reste encore une ferme ou fief du nom de Grez.

<small>Voy. Tournan.</small>

<small>Cart. du Dioc. de Meaux.</small>

Hugues de Grez, Adam et Henri, Chevaliers, et Guillaume, tous fils de Barthélemi et d'Havise, lui succederent. Il eut un frere dit simplement Ecuyer suivant le témoignage de la tombe ci-dessus. Guillaume paroît être celui dont l'anniversaire et celui de sa femme est marqué au XIII des Calendes d'Août dans l'ancien Nécrologe de Sainte-Geneviéve de Paris en ces termes : *Anniversarium Guillemi de Gressibus Militis et Genovefæ uxoris*. Il y a même quelque fondement de croire qu'ils avoient un terrain considérable dans la rue voisine de Sainte-Geneviéve qui a pris leur nom.

Jean de Grez, Chevalier, est mentionné avec Guillemin de Grez son frere en 1299, dans la vente que fit un des Barres à Charles de Valois de son Hôtel de Villegenart situé dans Tournan. Il est aussi appellé Jean de Corbeil. Il fut Maréchal de France.

<small>Mem. de Lancelot.</small>

<small>Hist. des Gr.Off. T. VI, p. 657.</small>

Pierre de Grez, Evêque d'Auxerre, jouit sur la fin de ses jours de la Seigneurie de Grez ; mais comme il étoit redevable au Roi Charles le Bel d'une somme considérable, après sa mort arrivée en 1325, ce Prince s'empara de la Maison et Hébergement de Grez avec ses dépendances, et les vendit moyennant le prix de mille

<small>Hist. d'Auxerre, T. I, p. 439.</small>

livres à son cousin Philippes, Comte de Valois, lequel à son tour en fit présent l'an 1327 à Jean d'Andresel, son Chambellan, pour le récompenser de ses services.

Jean d'Andresel, Seigneur de Grez, devint depuis Capitaine de Brie, et tomba dans la disgrace du Roi, dont cependant il obtint pardon en 1399, mais on ne sait si sa terre lui fut rendue. Mem. de la Chambre des Comptes.

Michel du Chastenez, Ecuyer, Sieur du Feuillet, Maître d'Hôtel du Roi, en jouissoit sous Charles VIII. Il vendit vers l'an 1496 le fief de Grez avec Marois, Combreux, Armainvilliers et Petit-Musse, à Jacques [Jehan] de Mineray, aussi Maître d'Hôtel du Roi et Vicomte de Rouen. Sauval, T. III, p. 524.

François de Mineray, Chevalier, étoit Seigneur de Grez en 1526, suivant un acte d'arbitrage de cette année, au sujet du procès qu'il avoit contre l'Abbaye de Saint-Maur. Tab. Fossat.

Les Ecarts de la Paroisse de Grez sont Vignoles, Maison-Rouge, et la Grange-l'Evêque.

VIGNOLES est une petite Terre dont se disoit Seigneur en 1510, un nommé Jean Blart, suivant le procès-verbal de la Coûtume.

En 1614, le Seigneur de Vignoles étoit Bardeau, Secrétaire du Roi, Trésorier Général des Finances. Sur la fin du même siécle ce lieu appartenoit à M. de la Forest, Seigneur de Cossigny. En ce siécle-ci les hautes et basses Vignoles sont de la Baronie dont M. Hoggue est Seigneur. Reg. Ep. Paris. 4 Oct. 1614, 18 Maii 1697.

MAISON-ROUGE étoit en 1622, un Château appartenant à Jacques Favier, Maître des Requêtes. Ibid., 23 Aug.

La Maison de Grez au Diocèse de Paris a fourni plusieurs illustres personnes à l'Eglise et à l'Etat, et c'est ce qui seul rend ce village recommandable.

Dans l'Eglise il y a eu au moins quatre Evêques de ce nom, dont quelques-uns étoient nés à Grez. Guillaume, Evêque de Beauvais, et Henri, Evêque de Chartres, tous deux Prélats de sainte vie, contemporains de Saint Louis. Le premier, mort en 1262 ou 1266, est dit dans son épitaphe *patria Briensis*, et représenté comme un modèle des Evêques. Il en est de même de l'autre, décédé en 1246. Gall. Christ.

Si Pierre de Grez, Evêque d'Auxerre, qu'on croit avoir été Chancelier de France, ne mérita pas de si pompeux éloges, l'auteur qui donna l'abrégé de sa vie soixante ans après sa mort, ne laissa pas de dire de lui : *Rexit sedem suam strenue ac laudabiliter ab omnibus dilectus*. Il étoit neveu de Guillaume de Grez, aussi Evêque d'Auxerre, décédé en 1293.

Il faut ajoûter Jean de Grez, Maréchal de France, dont j'ai parlé ci-dessus.

TOURNAN

Il n'est pas aisé de surmonter les ténèbres qui sont répandues sur l'origine de ce lieu. A l'égard de l'étymologie, on ne peut gueres se refuser au sentiment de M. de Valois, qui est que ce nom vient du mot Celtique *turn* ou *torn* dont la signification est incertaine. Quoique ce mot soit le même que celui d'une Divinité des Gots, une des marques qu'il viendroit plutôt des anciens Gaulois, est qu'il entre au commencement d'un grand nombre de noms de lieu comme Tournay, Tournon, *Tornodorum*, ensorte que le Dictionnaire Universel de France seul nous fournit trois Tournan, trois Tournay outre la célebre ville, six Tournon, deux Tourne, et en outre vingt-deux autres bourgs ou villages qui ont Tourne, ou Tourn au commencement de leur nom, comme Tournebu, Tournehem, Tournemire, Tourniere, Tournissan. M. l'abbé Chastelain a cru que primitivement Tournan se disoit en latin *Turnihamus*, et que c'est plus tard qu'on a dit *Turnomium*; mais il paroît avoir été trompé par le nom d'un lieu des Pays-bas, qui véritablement a été ainsi dit en latin, et l'est encore de même. Parmi le très grand nombre de titres que j'ai vus sur ce lieu, les plus anciens latins le nomment *Turnoacum* et *Turnomium*, puis *Tornemium*, et quelquefois *Tornomium*; les plus vieux où il est désigné en françois l'appellent Tornan, Tornen ou Tornam, ou bien Tornen, ou enfin Tournan ; puis au XIV siécle Tournant, Tournehem, mais très rarement. Cette derniere maniere de l'écrire est celle que Duchêne a voulu mettre en vogue dans quelques-uns de ses ouvrages ; il a été suivi par les Auteurs de l'Histoire des Grands Officiers, et par quelques Géographes, mais non par M. de l'Isle, ni même par l'Abbé Chastelain.

Les guerres et autres malheurs ayant fait périr une infinité d'anciens titres, il n'est plus possible de faire autrement que d'entrevoir ce qui a donné origine à Tournan. Quelques exemplaires des Chroniques Françoises de Saint-Denis, d'une écriture de 400 ans, marquent que la tradition avoit été autrefois que Tournan venoit des ancêtres de Sainte Fare, Abbesse au Diocése de Meaux, de même que Champeaux, enclave du Diocése de Paris dans celui de Sens, et que cette Sainte avoit attaché cette Terre au Monastere dont elle fut la premiere Abbesse au VII siécle. Si l'on peut se fonder sur cette tradition, il n'est pas difficile de se persuader que les Abbesses de cette nombreuse Communauté s'en servirent comme d'une décharge ; qu'ainsi il y demeura d'abord une petite colonie de Religieuses, de même qu'à Champeaux, mais que

Dom Bouquet, Recueil des Hist. de Fr. T. III, p. 279.

durant les courses des Normans qui survinrent au IX siécle, ces Religieuses quitterent ou se retirerent dans leur Monastere principal. Le Monastere de Tournan étant tombé faute d'habitans, ou ayant été détruit, fut par la suite réparé par les soins des Evêques de Paris et de quelques riches séculiers qui, conjointement avec le Prélat, retirerent les biens passés en mains étrangeres, l'Evêque principalement par le moyen de quelque échange ; de sorte qu'il en devint premier Seigneur, et disposa de ces biens pour y établir des Chanoines, de même qu'à Champeaux, à la différence que ces Chanoines n'y resterent pas si long-temps. On trouve en effet que Gui de Vitry, Seigneur de Tournan, et Hadvise sa femme, vinrent trouver Wulferius, Abbé de Saint-Maur en 1088, et qu'ils lui donnerent et à sa Communauté l'Eglise de Saint-Denis de Tournan, en mettant sur l'autel la charte de leur donation revêtue de toutes les formalités ; car ils firent cette démarche à la priere des Chanoines mêmes de ce lieu, qui pouvoient avoir été dégoûtés de l'air de Tournan. Geoffroy, alors Evêque de Paris, et Yves Archidiacre du canton, avoient consenti à la même donation. Dix-sept ans après, sçavoir en 1105, Galon, Evêque de Paris, et ses trois Archidiacres la confirmerent de nouveau, à condition que les Moines payeroient le droit synodique et celui de la visite. Le préambule de ce dernier acte spécifie que Gui et Hadvise jouissoient de cette Eglise par droit bénéficial, de même que plusieurs autres Seigneurs en tenoient alors des Evêques, et il ajoute qu'elle étoit sur leur domaine. Elle est appellée en cette occasion *Ecclesia Turnoacensis*. *Chart. papyr. S. Maur. fol. 49 et 121.* *Portef. Gaign. cxxviii, p. 115.* *Ex autogr. Tab. Fossat. in Archiv. Ep. Par.*

L'antiquité de Tournan étant suffisamment prouvée par ce qui vient d'être dit, il reste à en décrire la situation. Cette petite Ville est à huit lieues de Paris du côté du levant sur une des grandes routes de la Brie et de la Champagne. Sa position est dans une vallée sur une petite riviere qu'on dit avoir le même nom, laquelle est formée par les étangs de la grande forêt qui est au nord, et qui après avoir coulé environ une demi-lieue au-dessous de cette Ville, se jette dans un gouffre où elle disparoît. Tournan est à cinq lieues de Corbeil, à cinq ou six de Melun, à trois de Brie-Comte-Robert, et autant de Rosay dans l'Election duquel il est renfermé. Il y a une Justice Royale qui ressortit à la Prévôté et Vicomté de Paris. Le Domaine en est engagé à M. de Beringhen, premier Ecuyer du Roi. Il y a un grand marché tous les Lundis. Le territoire de cette Paroisse est fertile en grains, et trop froid pour la vigne.

Si l'on peut compter sur le dénombrement fourni par le Dictionnaire Universel de la France, livre où l'on s'est lourdement trompé, en marquant que Tournan est du Diocése de Meaux, il faut dire qu'il n'y a en cette petite Ville que 353 habitans.

Il y a deux Eglises en ce lieu : l'une dans le vieux Château à l'occident de la Ville, et qui porte le nom de Saint Denis, l'autre au fauxbourg du côté du levant, sous le titre de Sainte Marie-Magdelene. Saint-Denis est l'ancien Prieuré où ont demeuré les Moines de l'Abbaye de Saint-Maur. Depuis que l'Archevêque de Paris jouit de ce Prieuré, le Curé de la Magdelene, ancienne unique Paroisse, a le pouvoir de s'en servir pour l'exercice de plusieurs de ses fonctions, comme étant plus commode pour la Bourgeoisie renfermée dans la Ville. Il n'y paroît rien dans cette Eglise qui soit du temps qu'elle étoit desservie par des Chanoines. Ce qu'il y a de plus ancien est le sanctuaire, dont l'obscurité et la grossiereté des galeries indique assez un travail de la fin du treiziéme siécle ou du commencement du suivant, c'est-à-dire le regne de Philippe-Auguste. Il n'y a rien de remarquable dans le reste, y comprenant même les collatéraux. Mais on voit dans le côté droit du chœur une tombe assez curieuse. Elle est du XII siécle finissant. L'endroit des pieds est un peu plus étroit que le côté de la tête, ainsi que cela s'observoit alors. Au milieu de cette tombe est représentée une femme, au-dessus de la tête de laquelle il y a gravé en capitales gothiques : Hic iacet Havis...... omitis, et une fleur de lys à chaque côté, avec un chien sous ses pieds. Dans la longueur de la tombe sont deux bandes qui en occupent tout l'espace, et de même qu'on voit dans les orfrois des chappes anciennes, il y a dans l'étendue de chacune de ces bandes cinq figures de chaque côté, placées les unes sur les autres. Celles qui sont à la gauche de la défunte sont un peu mieux conservées. La premiere d'en-haut représente un Prêtre en chasuble antique, et au-dessus de sa tête on lit : Stephanvs. La seconde représente un Moine, au-dessus de la tête duquel il y a : Bartholome Por de Gorn. La troisiéme figure, un Chevalier tenant de la droite l'épée nue, de la gauche son bouclier, sur lequel est gravé un lion grimpant, et sur sa tête Villermvs miles. La quatriéme fait voir un homme en espece de robe longue qui lui couvre les mains ; il a un chien sous ses pieds, et sur sa tête écrit : Hvbertvs Armiger. A la cinquiéme case est représentée une femme dont le nom est usé.

Du côté droit de la Dame, à commencer par le haut, est une figure pareillement usée. La seconde figure est celle d'un Moine, au-dessus duquel on lit Vdo Tvtvlvm fecit fieri. La troisiéme représente un militaire ou Chevalier, dont le nom ne peut être lu. La quatriéme, un homme qui a un chien sous les pieds, dont on ne peut non plus découvrir le nom. La cinquiéme figure est aussi absolument effacée. Enfin, sous les pieds de la Dame Havise, il y a écrit : Hec fvit mater eor.

Tout ceci désigne une mere dont les dix enfans ont été représentés autour d'elle, par les soins d'un d'entr'eux dont le nom finissoit VDO, c'est-à-dire VDVS. Mais quelle pouvoit être cette *Ha. visia*, Havise ou Houise, ce nom n'étant pas rare au douziéme ni au treiziéme siécle ? Il est bien vrai qu'il y a eu une Havise ou Hadvide, bienfaitrice de l'Abbaye de Saint-Maur, et qui lui donna deux Chapelles, dont l'une érigée depuis en Paroisse proche Tournan, s'appelle la Chapelle Haoüis ; mais le temps ni le nombre et la qualité des enfans représentés sur la tombe ne peut convenir à cette Haoüis de la Maison de Garlande, laquelle a vécu au commencement du XII siécle. L'Histoire de Saint-Martin-des-Champs et le titre de l'érection de la Cure de Grez proche Tournan en 1239, nous fournissent assez d'éclaircissemens pour assurer que cette Dame Havise étoit l'épouse de Barthelemi, Seigneur de Grez, alors de la Paroisse de Tournan, où elle auroit été inhumée vers l'an 1230. Les actes de Saint-Martin donnent pour fils à Barthelemi de Grez, Guillaume, Chevalier, Evrard, Prieur de Saint-Martin même, et insinuent que Barthelemi, Prieur de Gournai, étoit frere d'Evrard. On y trouve de plus deux autres freres du même Evrard, sçavoir Henri, mort Evêque de Chartres, et Etienne, mort Doyen de la même Eglise. Dans l'acte d'érection de la Cure de Grez sont nommés, outre Henri et Etienne, Ecclésiastiques, Hugues, Adam et Henri, Chevaliers ; ce qui forme le nombre de huit enfans, qui ont été distribués sur la tombe dans cet ordre. A côté droit de Dame Hervise : 1º Henri, Archidiacre de Blois dans l'Eglise de Chartres, puis Evêque de la même Ville, décédé en 1246 ; 2º Evrard, Prieur de Saint-Martin, qui fit graver la tombe ; 3º Un Chevalier, et sans doute Hugues de Grez, nommé le premier dans les titres ; 4º Adam de Grez, Chevalier ; 5º Henri de Grez, Chevalier. A côté gauche : [1º] Etienne, Archidiacre de Chartres, et depuis Doyen ; 2º Barthelemi, Prieur de Gournai ; 3º Guillaume de Grez, Chevalier ; 4º Hubert, Ecuyer. Les noms de ces quatre derniers sont encore lisibles. 5º Une fille, sœur de neuf freres. Hubert et cette fille ne me sont connus que par ce monument.

Hist. S. Mart. p. 210 et 211.

On voit outre cela dans le chœur de la même Eglise, une autre tombe, où l'on a voulu suivre, quant à la famille, une distribution assez semblable. Cette tombe est beaucoup plus nouvelle, puisque l'écriture est de petit gothique. On ne peut plus y lire autre chose, sinon ces mots : *Seigneur de la Grange-Gaucheron et du Boishardi, qui trespassa le* XXI *jour de Septembre*. Cette tombe a représenté un Chevalier armé avec sa femme. On entrevoit qu'il y a eu plusieurs petites figures dans les côtés, que tous ceux qui y étoient représentés avoient l'habit court, et que les femmes étoient dans le bas de la tombe, comme il y en a une dans l'autre.

Je n'y ai point apperçu d'autre épitaphe remarquable que celle de Denis Brouet, Seigneur des Rivieres, Lieutenant de Cavalerie dans le Régiment du Roi, décédé en 1672 à Tournan en sa maison de la Chenarderie.

Il y avoit autrefois dans cette Eglise une Chapelle de Saint Eloy, vrai titre de Bénéfice, qui fut permuté le 8 Avril 1478.

Reg. Ep. Paris.

Depuis que les Abbés de Saint-Maur furent maîtres de cette Eglise de Saint-Denis, ils s'en firent confirmer la possession par le Pape, par quelques Evêques de Paris, et par les Seigneurs mêmes de Tournan.

Une Bulle d'Innocent II, donnée l'an 1136, porte qu'il leur confirme entr'autres *In Castro Turnomio Prioratum S. Dionysii et Ecclesiam ejus.* Guy de Garlande, Seigneur de Tournan, à la requisition d'Isembard, Prieur de Saint-Eloy de Paris, et de tout le Couvent des Fossez, déclara en 1182 qu'il leur confirmoit *Ecclesiam Sancti Dionysii cum tribus Capellis,* dont la premiere est dite *Capella S. Mariæ Magdalenæ quæ ultra pontem sita est,* et les deux autres Chapelles ci-dessus nommées qui provenoient de son ayeule. Entre les témoins fut Radulfe, Prieur de Tournan : *Actum publicè in Ecclesia S. Dionysii.* Maurice de Sully, Evêque de Paris, mit pareillement dans le nombre des Eglises, dont il leur accorda la confirmation en 1195 : *Ecclesiam Sancti Dionysii in Turnomio, cum Capella S. Mariæ Magdalenæ, cum atriis, magna decima et minori.* Guy de Garlande, dont je viens de parler, et Anseau, son petit-fils, avoient déja accordé plusieurs graces aux Moines de ce Prieuré. Ce dernier qui étoit le troisiéme Seigneur de Tournan du nom de Garlande, avoit reconnu en 1192 que les Moines avoient toute Justice dans leur Terre : que ceux qui demeuroient sur cette même Terre ne lui devoient point de corvées, ni n'étoient tenus de moudre à son moulin ; qu'enfin il ne pouvoit pas y avoir aucunes Ecoles dans toute la Paroisse de Tournan sans la permission du Prieur. Je me doute que ce fut par reconnoissance d'un acte si avantageux, que l'Abbé de Saint-Maur et sa Communauté ordonnerent que tous les jours on diroit dans leur Prieuré de Saint-Denis une Messe pour Gui et Anseau de Garlande. Il en sera encore parlé ci-après.

Hist. de Paris, T. III. [p 22].

Chart. S. Mauri papyr. f. 51.

L'abbé Alliance. des Chronolog. T. II. Mélanges curieux, p. 629.

Cod. ms. Sorb. num. 1319.

Quoique l'Eglise de Sainte Marie-Magdelene ne fut qualifiée que de Chapelle au XII siécle, elle étoit cependant alors l'Eglise Paroissiale de Tournan entier. L'Eglise de Saint-Denis ne servoit qu'aux Moines de Saint-Maur pour faire l'Office Divin ; et comme la Magdelene leur étoit soumise, ils ne permettoient pas qu'on la regardât autrement que comme une Chapelle. Peut-être étoit-ce en ce lieu qu'avoit été le petit Couvent dépendant de Faremoutier. Le choix de Sainte Magdelene, qui dans le VII et VIII siécle n'étoit pas encore confondue dans les Gaules avec la Femme pécheresse de l'Evangile, convenoit assez à une Communauté de Vierges, de même que celui de Sainte Colombe dans leur petite Maison de Cervon. Depuis l'extinction du Prieuré de Tournan, la supériorité de la Magdelene est clairement marquée dans les actes, quoique l'usage auquel celle de Saint-Denis sert maintenant ait plus d'apparence. On lit dans le rôle des Départemens pour les Vicaires Généraux de l'Archevêque de Paris, sous l'article des Cures du Doyenné du Vieux-Corbeil imprimé en 1729 : *La Magdeleine et Saint Denis de Tournan*. Dans le rôle imprimé actuellement d'usage pour les Décimes : *La Cure de la Magdeleine et Saint-Denis de Tournant son annexe ;* et tout de suite : *La Fabrique de la Magdeleine. La Fabrique de Saint-Denis de Tournant*. Supposé que ces expressions et cet arrangement soient exacts, comme il y a lieu de le croire, ce seront les Pouillés du XV et du XVI siécle et de 1626, qui auront eu tort de parler successivement de Saint-Denis de Tournan, puis de la Magdelene, comme de deux Cures à la présentation de l'Abbé de Saint-Maur ; et celui de 1648, aussi-bien que le Pelletier dans le sien de 1692, qui s'expriment ainsi : *Saint Denis de Tournant et la Magdelene son annexe...* Le premier des Pouillés de Paris qui fut écrit au XIII siécle, marquant les nominations de Cures qui appartiennent à l'Abbé de Saint-Maur dans le Doyenné de Moissy, se contente de mettre simplement dans ce rang *Tornent ;* et dans l'énumération des Prieurés, qui est d'une écriture de la fin du siécle, il ne marque point autre chose que *Prioratus de Turnomio*. Mais celui qui fut écrit vers l'an 1450, met : *Curatus S. Dionysii de Tournant, Curatus S. Magdalenæ de Turnonio ;* et dans les Provisions du XV et du XVI siécle, tantôt c'est la Magdelene qui est qualifiée secours ou annexe de Saint-Denis, et tantôt c'est Saint-Denis qui est qualifié secours de la Magdelene. Si au reste il manque à l'Eglise de la Magdelene d'anciennes tombes pour en prouver la vétusté, il suffit d'y voir les trois fonds de cette Eglise, c'est-à-dire celui du sanctuaire et des deux collatéraux, qui sont terminés en forme de calotes, pour se convaincre que ces parties d'édifice sont du XI siécle au plus tard. Pour ce qui est de la Tour qui supporte cette Eglise du côté du nord, elle m'a paru être du douzième. Il y a du même côté un portail où l'Abbé Chastelain a cru appercevoir des hiéroglyphes à l'Egyptienne, de même qu'il y en a à un portail dans l'Abbaye de Chelles : mais je ne crois pas ces figures plus anciennes que de deux ou trois siécles. Comme elles sont taillées sur la pierre de gray qui n'est pas facile à mettre en œuvre, elles m'ont paru être des figures de fantaisie, especes de marmouzets que de mauvais ouvriers auront grossierement figurés ; ce qui leur donne un air d'antiquité bien reculée.

Il y eut en 1722 des Lettres-Patentes, pour réunir le Prieuré

_{Voyages manuscrits.}

_{Reg. Arch.}

et Hôpital de la Magdelene de Tournan à l'Hôtel-Dieu de la même Ville ; l'Archevêque consentit à leur exécution le 22 Juillet 1727, moyennant le consentement de l'ancienne Prieure Bénédictine, donné au mois de Mars précédent.

A l'égard de l'Hôtel-Dieu de la même Ville de Tournan, il subsistoit dès le siécle de Saint Louis, puisqu'on lit qu'en 1269 Anseau de Garlande, Seigneur de ce lieu, destina cent sols de rente pour y fonder une Chapelle en la Maison-Dieu. Il existoit même aussi une Maladerie dès le commencement de ce siécle, puisque dans l'acte de donation qui fut faite en 1219 de la dixme de Grez à l'Abbaye de Livry par Barthélemi de Grez, il est dit : sauf les aumônes qui sont assises dessus, tels que deux sextiers et une mine aux Lépreux de Tornam. Cette Maladerie est encore au rôle des Décimes.

Cod. Sorb. mss. n. 1315.

Chart. Livriac. fol. 11.

La Seigneurie de Tournan étoit tenue autrefois des Evêques de Paris. C'étoit le Prélat qui en investissoit le Seigneur en lui remettant un anneau droit [d'or], en considération des foi et hommage qu'il lui devoit, et de ce qu'il devoit être l'un de ceux qui portoient le nouvel Evêque à son entrée au Siége Episcopal. On en verra ci-après des exemples.

Chart. Ep. Par. Bibl. Reg.

Les Religieux de l'Abbaye de Chaumes en Brie dirent autrefois à Dom Mabillon que Hugues, leur Restaurateur vers l'onziéme siécle, étoit Seigneur de Tournan, mais ce Seigneur ne paroît dans aucun titre.

Annal. Bened. T. VI, p. 367.

Le plus ancien Seigneur de Tournan qui soit venu à ma connoissance, vivoit sous le Roi Henri Ier et sous Philippe Ier, son fils ; son nom étoit Gui ou Guillaume de Vitry, et celui de sa femme Havise. Ce furent eux qui donnerent, comme j'ai dit, en 1088, aux Moines de Saint-Maur l'Eglise de Saint-Denis de Tournan, du consentement des Chanoines qui l'avoient desservie jusqu'alors. En l'an 1105, il y avoit encore des Chanoines en cette Eglise.

Manasses, leur fils, posséda cette Terre après eux. Il épousa Béatrix de Rochefort, apparemment en Iveline. De trois fils qu'il eut d'elle, il n'y eut que Gui, son aîné, qui laissa postérité. C'est elle apparemment dont l'Anniversaire est marqué dans le Nécrologe de l'Abbaye d'Hierre aux Ides de Septembre, en ces termes : *Obiit Beatrix de Tornan, quæ dedit XV solidos de censu.* Le mari et la femme sont nommés comme témoins présens à Crécy en Brie, dans une donation que Lucienne, sœur de Hugues de Crécy, fit au Prieuré de Longpont en 1140. On y remarque aussi en qualité de témoin un Gilbert *de Turnomio*.

Chart. Longip. fol. 46.

Gui, fils de Manasses et de Béatrix, ayant entrepris le voyage de la Terre-Sainte, ou d'être de la Croisade en 1147, vendit sa Terre de Tournan à Gui de Garlande, fils de Gilbert de Garlande et d'Eustache de Baudement.

Gui de Garlande, premier de la Maison de ce nom qui posséda la Terre de Tournan, vécut au moins jusqu'à l'an 1186, puisqu'il reste une déclaration qu'il donna cette année-là, comme il n'avoit aucune prétention au village de Jossigny. Il y est qualifié *Dominus castri Tornemii*. Il n'en est pas moins vrai que son fils Anseau ou Ansel et son petit-fils de même nom rendirent en 1175 hommage pour cette Terre à Maurice de Sully, Evêque de Paris ; ce qui fut reconnu au mois de Mars 1185, par une charte de Philippe-Auguste datée de Paris, et qui servit de confirmation au même Evêque, comme c'étoit de lui que relevoit la Terre de Tournan. Gui, l'acquéreur vivant encore alors, son fils et son petit-fils y sont dénommés. Le même Gui avoit confirmé en 1182 aux Moines du Prieuré le droit d'avoir par chaque année une Foire franche. *Chart. S. Gen. Paris.*
Chart. Ep. Par. Bibl. Reg. f. 46.
Chart. S. Mauri, papyr. f. 51.

Anseau de Garlande, Seigneur de Possesse, aussi-bien que de Tournan. Je n'ai point vu d'acte qu'il ait fait comme jouissant de cette derniere Terre.

Anseau de Garlande, deuxiéme du nom, fils du précédent, reconnut en 1192, avec Sophie, son épouse, et Jean de Garlande, son frere, que le Prieur de Tournan avoit droit de Justice sur le territoire de son Prieuré. Il reconnut pareillement qu'il n'avoit aucun droit de Justice dans l'eau du Couvent appellée la Gour, qui avoit été donnée à ce Monastere par les prédécesseurs de Gervais de Combeus, et qu'elle s'étendoit jusques et compris le moulin de *Lesiolis* ; qu'enfin c'étoit au Prieur à établir le Maître d'Ecole dans toute la Paroisse de Tournan. La même année cet Anseau de Garlande et Jean, son frere, conjointement avec leurs sœurs Agnès, femme d'Aubert d'Andresel, et Eve, femme d'Anseau de l'Isle, firent don aux mêmes Religieux de plusieurs terres. Par un autre titre qui est aussi de l'an 1192, Ansel de Garlande fonda au Prieuré de Tournan des Messes pour Dame Rance, sa mere, et lui donna un cens à Connis et *campum rubrum*. On lit au nombre des Chevaliers tenant du bien dans la Chatellenie de Montlhery d'autre que du Roi, *Ansellus de Tornen*. Anseau de Garlande confirma au mois de Septembre 1220 le don de dix sols, à prendre sur le péage de Tournan, fait par Guillaume de Garlande, Chevalier, à la Maison-Dieu de Provins. Il est resté une Lettre adressée à Anseau de Garlande, par laquelle Hugues, Vidame de Chartres, lui mande que Jean de Garlande (apparemment son frere) a promis lui rendre la maison de la Houssaye ; sur quoi ils passerent un accord en 1228. La même année il fit remise de quelques corvées aux habitants de Tournan, moyennant la cession de l'usage qu'ils *Chartul. papyr. S. Mauri.*

Cod. Sorb. num. 1319.

Ex autogr. in Tab. Ep. in Tournan.
Cod. Putean. 635, sub. Philipp. Aug.
Cod. Sorb. mss. n. 1319.

Ibid.

avoient au bois de Favieres. En 1228, il fit hommage-lige du Château et Châtellenie de Tournan à Guillaume d'Auvergne, Evêque de Paris, qui lui en donna l'investiture avec anneau d'or. Il fut aussi l'un de ceux qui le porterent à son entrée solemnelle. En 1229, il engagea la dixme de Courcelles et du Mênil, Paroisse de Tournan, à l'Eglise de Saint-Thomas du Louvre à Paris ; ce qui fut confirmé au mois d'Août par l'Evêque de Paris, comme Seigneur féodal. En 1238, il fit avec l'Abbaye de Saint-Maur l'échange de quatorze septiers de froment de rente sur un moulin situé à Tournan, contre dix-neuf arpens qu'avoit cette Abbaye dans le Bois de Favieres, proche celui de Malnoüe. Enfin, en 1238, au mois de Mars, il vendit aux Marguilliers de Notre-Dame de Paris 24 livres de rente.

<small>Chart. Ep. Par. Bibl. Reg. fol. 106.</small>

<small>Cod. Sorb. mss. n. 1319.</small>

<small>Ibid.</small>

<small>Ibid.</small>

Robert de Garlande est celui que les Généalogistes lui donnent pour fils et successeur en la Terre de Tournan ; mais ils ne produisent aucun acte où il soit nommé.

<small>Hist. des Gr. Off. T. VI [p. 31].</small>

Anseau de Garlande (qu'ils disent être son fils) est connu par plusieurs titres depuis l'an 1246. Premierement par un échange qu'il fit en cette même année. Secondement, par l'hommage qu'il rendit en 1249 au mois de Septembre dans l'Abbaye de Saint-Victor de Paris, pour la Seigneurie de Tournan en partie, à Gautier, Evêque de Paris. C'est du Livre d'où est tiré ce fait, que nous apprenons qu'il avoit un frere nommé Jean, inconnu aux Généalogistes, lequel, quelques jours après, rendit aussi son hommage au même Evêque, pour la portion qu'il avoit dans cette Seigneurie de Tournan. Le Prélat voulut lui en donner l'investiture en lui mettant entre main un bâton ou un fêtu, comme c'est la coutume ordinaire des hommages, dit l'Ecrivain du temps ; mais il ne se prêta aucunement à cette cérémonie, disant qu'il vouloit être mis en possession par la réception d'un anneau d'or ; ce que l'Evêque refusa de faire alors. Plus, en l'an 1253, il fit un échange avec Jean des Barres, Seigneur de Villegenart, lui donnant six arpens de prés situés vers l'étang de ce lieu, pour avoir vingt-huit arpens de bois dans la forêt du même Villegenart. En 1255, il donne à l'Hôpital des pauvres Ecoliers de Saint .... du Louvre une dixme au territoire de Courcelles, du consentement d'Anseau et Jean, ses fils.

<small>Chart. Ep. Par. Bibl. Reg.</small>

<small>Ibid., p. 107.</small>

<small>Cod. Sorb. mss. n. 1319.</small>

<small>Ibid.</small>

Anseau de Garlande, fils du précédent Anseau troisiéme du nom, est connu pour avoir été sûrement Seigneur de Tournan, au moins dès l'an 1257, puisque cette année-là lui et Haouise, sa femme, vendirent aux Moines de Saint-Maur pour le prix de neuf cents livres, cent arpens de bois proche Favieres en Brie, appellés vulgairement *Les Bois de Fossus*, mouvans en premier de l'Abbaye de Saint-Maur-des-Fossez dont ils les tenoient.

<small>Portefeuille de Gaign. cxxviii.</small>

Ce fut aussi d'eux que les Moines de Tournan eurent la même année le pouvoir de construire un ou plusieurs fours dans le Prieuré pour y cuire librement leur pain. Haouise étoit, selon les Généalogistes, fille de Bouchard de Montmorency, cinquiéme du nom. En 1260, Anseau de Garlande, Sire de Tournan, reçut quittance d'Etienne des Preux, Chevalier, de ce qu'il pouvoit lui devoir à cause du moulin d'Escoubley. La même année le Roi S. Louis fit mettre en prison le même Anseau et saisir son bien, parce qu'il n'avoit pas obéi à l'ordre qu'il lui avoit donné de mettre en liberté les fils de Hugues de Prêles, Chevalier, qu'il tenoit en ôtage pour dettes ; et il ne fut rétabli en ses biens que sous caution. En 1267, étant à Paris, il se donna par écrit pour l'un des ôtages du Chevalier Henri de Hans envers Thibaud, Roi de Navarre. En 1268 il fit hommage à Etienne Tempier, Evêque de Paris, pour son Château et Chatellenie, et il en reçut l'investiture par l'anneau d'or. Il ne porta pas en personne ce Prélat à sa nouvelle entrée faite le 12 Novembre de la même année, mais il y commit Pierre de Combreux. Jean, son frere puîné, rendit aussi hommage la même année à l'Evêque de Paris pour ce qu'il possédoit. Anseau prétendit que Fontenai en Brie étoit de sa Chatellenie : mais le Parlement de la Pentecôte de l'an 1271 jugea que ce lieu, quoiqu'éloigné de Tournan de deux lieues seulement, étoit de la Chatellenie de Melun. On trouve l'hommage que le même Anseau rendit en 1273 à l'Abbé de Saint-Maur, au sujet de deux cents arpens de la Forêt de Favieres. Après quoi il ne reste plus rien où il soit fait mention de lui jusqu'à l'an 1287, qu'on lit qu'il étoit décédé, aussi-bien que sa femme Haouis, et que n'ayant pas laissé d'enfans, leur neveu Jean, dont le pere Jean de Garlande étoit mort avant Anseau, succéda à la Seigneurie de Tournan.

Jean de Garlande est connu comme Seigneur de Tournan par l'accord qui fut fait en 1287 entre lui et Aalez, sœur de sa tante Haouis au sujet de la répétition qu'il faisoit des biens qu'Anseau son oncle avoit acquis étant avec elle. Aalez lui céda les acquêts de leur communauté assis en la Chatellenie de Tournan, à la charge que lui ou ses héritiers asseoiroient dix livres de rente à l'Abbaye d'Hermieres pour une Chapelle dans cette Eglise où Haouis, étoit inhumée, et pour son anniversaire, le tout conformément à son testament. Jean et Agnès, sa femme, vendirent Tournan et autres titres [terres] en 1293 au suivant.

Pierre de Chambly, Chevalier, acquit au mois de .... 1293 de Jean de Garlande, les Villes et Chatellenies de Tournan, Marle, Fontenai, Favieres et Conches, selon un acte muni des sceaux de l'Evêque de Paris, et des Abbés de Lagny et de Saint-Maur. Depuis lequel temps l'on trouve beaucoup de démembremens de la

Terre de Tournan, qui n'étant pas expliqués dans les actes, font que la suite des Seigneurs n'est plus si clairement apperçue.

Ce qu'on sçait, est qu'au mois de Juin 1295 Charles, fils puîné du Roi Philippe le Hardi, fit à Melun l'acquisition du moulin de l'étang de Tournan ; que le même Charles, Comte de Valois, acquit à Paris, dans le mois de Juin 1299, le manoir de Villegenart en la ville de Tournan, de Guillaume des Barres, Chevalier, et d'Isabeau de Pacy, sa femme.

<small>Reg. 40 du Trés. des Ch. Piece 79, confirmé par le Roi en 1308.</small>
Il est ensuite fait mention de Tournan et Villegenart, dans le Traité de mariage passé entre ce Comte de Valois, et Damoiselle Mahaud de Saint-Pol, fille de Guy de Chatillon, Comte de Saint-Pol. Le mari veut que l'enfant mâle qui viendra d'eux ait la Chatellenie de Tournan, etc., qu'il avoit acquise sous son premier mariage.

<small>Cod. Colbert ms. 2274, in quo Chart. an. 1309, 1310, 1311. Chart. 73.</small>
On voit après cela que dans l'une des trois années suivantes le Roi lui accorda que ce qu'il venoit de construire, quoique situé en partie dans la Prévôté de Melun, fût cependant censé être sa Chatellenie de Tournan [1].

<small>Cod. Reg. 6765. Invent. des Chart. 1482, fol. 93.</small>
Il paroît qu'il étoit resté aux anciens Seigneurs du nom de Garlande quelque droit à Tournan, ou que leurs descendans étoient rentrés dans une partie. On a la note d'une acquisition de cent sols de rente annuelle, faite en 1336 par le Receveur de Paris, de Jean de Garlande sur le péage de Tournan. L'Auteur de la note observe qu'à cette acquisition étoient attachées les Lettres du don fait en 1270 aux ancêtres de ce Jean de Garlande.

Quoi qu'il en soit des Garlandes, dont il n'est plus fait mention par la suite, il ne faut presque point douter que Pierre de Chambly, qui avoit acquis d'eux la Terre en entier, ne l'ait transportée peu à peu au Comte de Valois ci-dessus nommé, et que de là vient que Philippe de Valois, son fils aîné, qui fut depuis Roi, continua d'en jouir, et la donna avec la Châtellenie à Jean, son fils aîné, Duc de Normandie, par Lettres du mois de Janvier 1343.

<small>Sauval, T. II, p. 448.</small>
<small>Inv. Cod. Reg. 6765, f. 318.</small>
La Châtellenie de Tournan est mentionnée en 1350 dans d'autres Lettres du Roi Jean. Ce Prince y reconnoît que Robert de Lorris, son Chambellan, en a fait hommage à l'Evêque de Paris. La même année Odard de Renti, Chevalier, s'obligea à garder pour le Roi le Château de Tourneham, et donna sa promesse par écrit.

<small>Mem. de la Ch. des Compt. Sauval, T. III, p. 401.</small>
Vers l'an 1446 le Roi Charles VI fit don de la Terre de Tournan à Andry de Cassal, dit le Lombard : et en 1467 Louis XI, par Lettres du 21 Août, en assigna la Capitainerie et le revenu de la Terre à Charles du Buz, Ecuyer d'Ecurie du Roi.

---

1. Voici quelques notes sur Tournan, tirées de la Chambre des Comptes sur ce lieu, et qui sont de 1327 : *Au Forestier de Tournan et Favieres 6 den. par jour. A Jean le Clerc, pour soutenir la chaussée de Tournan, 16 livres parisis par an. Au Receveur de Tournan, 23 livres par an.*

En 1529 au mois d'Avril, avant Pâques, François Ier donna Tournan et autres Terres à François d'Escars, Seigneur de la Vauguion, en place de terres à lui appartenantes qu'il avoit cédées pour le Roi à l'Empereur Charles V, par Traité du 5 Août précédent. Sauval, T. III, p. 401. [610].

En 1562 c'étoit Nicolas Durant de Villegagnon qui jouissoit des droits et Seigneurie de cette Terre et de celle de Torcy. Charles IX lui en confirma alors le don. Ibid.

Tournan fut engagé au Comte de Lignis en 1594, puis à Nicolas le Sueur. Cette Terre fut depuis vendue à Michel Arhoult le 15 Avril 1641. Deux ans auparavant elle avoit été vendue le 8 Juillet 1639 à Jean-Louis de la Valette, Duc d'Epernon. Reg. du Domaine, f. 66.

Vers le milieu du dernier siécle cette Seigneurie passa à Henri de Beringhen, premier Ecuyer de Sa Majesté.

Le Roi lui accorda en 1669 des Lettres-Patentes, qui portoient l'établissement à Tournan d'un Marché toutes les semaines et de deux Foires par an. Vingt ans après, d'autres Lettres pour régler en la Cour un Arrêt du Conseil, qui portoit défenses de chasser en la Châtellenie de Tournan, à l'exception du même sieur de Beringhen, à qui il seroit permis d'y chasser et faire chasser. Ces dernieres furent enregistrées le 6 Septembre 1689, sans préjudice des droits des Hauts-Justiciers. Il sera encore parlé de Tournan ci-après, à l'occasion d'Armanvilliers. Regist. en Parl. 2 Oct. 1669.

Il n'y a point de doute qu'après le Seigneur de Tournan, l'Abbaye de Saint-Maur étoit la Communauté qui possédoit le plus de bien dans ce lieu et dans le voisinage. L'Abbé Pierre de Chevry, établissant un Chambrier en 1256, ne lui donna cependant à prendre en cette Terre que 39 sols parisis que le Prieur de Tournan devoit lui payer par an. Ce fut cet Abbé qui acheta les cent arpens de bois que le Seigneur lui vendit en 1257. Gall. Chr. T. VII, Instrum. [col. 109]. V. ci-dessus.

En 1362 Charles, Régent, Duc de Normandie, donna à cette Abbaye un Fief à Villers près Tournan, pour d'autre bien dont elle lui fit cession. De ce fief de Villers en relevoit un au grand Limodin, et un autre au petit Limodin. Sauval, T. II, p. 266. Tres. des Chart. Reg. 92, n. 123.

L'Abbaye d'Hiverneau près Brie-Comte-Robert, dite d'abord de Montetif, se glorifie d'avoir eu des Garlande, Seigneurs de Tournan, le fief qu'elle a au fauxbourg de cette petite Ville, appellé *le Fief de la Tuffelles*. Il a dû lui être donné par Anseau, premier du nom, dont tous les enfans sont représentés sur une tombe qui étoit dans l'Eglise.

L'Abbaye de Livry eut un petit revenu à Tournan dès le temps de son origine. Guillaume de Garlande, de l'avis de Manassez, son frere, lui donna dix sols parisis, à prendre aux Octaves de la Purification sur son droit de péage de Tournan, dont il y eut des Lettres de Pierre, Evêque de Paris en 1209. Chart. Livriac. fol. 37.

Un Archidiacre de Vendôme dans l'Eglise de Chartres, frere de Jean de Garlande, avoit donné vers le même temps aux Religieuses de l'Abbaye de Saint-Antoine de Paris, sur la portion qu'il avoit dans le péage de Tournan, la somme de seize livres ; mais cela fut échangé depuis.

Cod. Sorb. mss. n. 1319.

La Sainte-Chapelle du Vivier en Brie avoit eu un moulin à Tournan au XIV siécle. Il a été depuis réuni avec tous les autres biens de cette Eglise à celle de Vincennes.

De la Barre, Historien de Corbeil, a avancé que ce fut dès le regne de Louis le Gros, que la Prévôté de Tournan fut soumise au ressort de celle de Paris, mais cette attribution ne paroît pas devoir être si ancienne, et probablement ce n'est que depuis le XIV siécle auquel la Seigneurie et Châtellenie fut possédée par Philippe de Valois. Il est néanmoins vrai que dès l'an 1260, Renaud de Corbeil, Evêque de Paris, s'étoit accordé avec Saint Louis sur la justice de ce lieu. En 1495, Nicolas Piedefer, Avocat au Châtelet, étoit Prévôt et Garde pour le Roi, de la Prévôté de Tournan, et en 1580 elle étoit possédée par Jean, Prévôt.

Hist. de Corbeil, p. 22.

Gall. Chr. T. VII, col. 106.

Sauval, T. III, p. 512.

Cout. de 1580, p. 642.

Tournan étoit en 1270 un lieu réputé à Paris pour le charbon, aussi-bien qu'Ozoir. Le Voyer de Paris avoit alors le droit de prendre deux sacs chaque marché dans le nombre de ceux qu'on y amenoit.

Ord. de 1270. Brussel, Traité des Fiefs, T. II, p. 741.

De tous les Ecarts de la Paroisse de Tournan, celui dont on trouve le premier le nom dans les titres, est :

COMBREUS [Combreux]. Ce nom marque un lieu qui étoit autrefois en bois, dont par la suite on avoit fait un abattis. On sçait que dans Grégoire de Tours *facere combros*, signifie abattre des arbres et en couvrir le chemin. Dès la fin du XII siécle, on trouve un Gervais de Combreus, qui fit présent aux Moines de Tournan d'un quartier de la riviere dit *la gour*, c'est sans doute ce qu'on appelloit ailleurs un gort. En 1268, Pierre de Combreus fut choisi par Anseau de Garlande, Seigneur de Tournan, pour porter en son lieu et place Etienne Tempier, Evêque de Paris, à sa nouvelle entrée. J'aï lu dans les fragmens du Nécrologe de Coubert, écrit au XV siécle, ces deux articles : *XX Febr. obiit D. Guillemus de Combreux, miles, qui dedit unum sextarium bladi super terram de la Bouclaie anno quolibet percipiendum.* Et plus loin : *V. Maii ob. Ancellus Dominus de Combreus.* Sur la fin du dernier siécle ce lieu appartenoit à Pierre Stoppa, Général des Armées du Roi, c'est-à-dire en 1694 et 1698 ; ensuite à M. Toison, Grand-Maître des Eaux et Forêts ; puis à M. de la Filetiere.

Lit. Ansel. de Garland. in Chart. S. Mauri. an. 1192.

Chart. Ep. Par. Bibl. Reg. f. 116.

Inter mss. Monast. Fisca.

Reg. Archiep. 18 Mar. 1698 et 29 Apr. seq.

Le Château de Combreux est au midi de l'Eglise de la Magdelene. Cette Seigneurie releve du Seigneur d'Egrefins, Paroisse de Neufmoutier.

ARMAINVILLIERS est quelquefois écrit dans les titres Ermanvilliers ou Hermainvilliers. Il est visible que ce nom françois vient d'*Hermani villare*; le nom Herman étoit autrefois assez commun. Je n'ai point trouvé de Seigneur avant Gaucher du Chastel, qui l'étoit en 1380 ; puis Jean de Riviere l'étoit en 1397 ; ensuite, au siècle suivant, Jean de Popincourt qui en possédoit sous Louis XI la moitié qu'il vendit en 1470 à Pierre Turquant, Auditeur au Châtelet, qui jouissoit déja de l'autre moitié à cause de sa femme. En 1510, le Seigneur étoit François de Mineraye, suivant le procès-verbal de la Coûtume de ce temps-là. De la Barre écrit que François Ier vint camper à Hermainvilliers au mois de Septembre 1544, lorsque l'Empereur Charles-Quint eut pris Château-Thierry. Pierre du Halde, Ecuyer, premier Valet de la Chambre du Roi, est qualifié Seigneur d'Hermainvilliers et de Beauchesne dans le Procès-Verbal de la Coûtume de Paris de l'an 1580.

Gall. Christ. T. VII, col. 942.

Compte de la Prev. de Paris, 1471.

Sauval, T. III, p. 399.

Hist. de Corbeil, p. 227.

Au commencement de ce siècle, cette Terre se trouvoit depuis du temps dans la famille de Beringhen, originaire du Duché de Gueldre. Jacques-Louis de Beringhen, premier Ecuyer du Roi, obtint le 4 Juin 1704 des Lettres-Patentes qui érigeoient en titre de Comté les Terres et Seigneuries d'Armainvilliers, Tournan, Châtres, Marle, Grez et autres sous le nom de Comté d'Armainvilliers. Il décéda en 1723.

Reg. Parl. 30 Juill. 1704.

L'Evêque du Puy, François Charles de Beringhen, son fils, a joui du titre de Comte d'Armainvilliers jusqu'en 1742, qu'il décéda le 17 Octobre.

LA BOURGONNERIE est un Fief mentionné en 1484, comme appartenant, sous Louis XI, à Pierre de Villiers et Jeanne de Ponville, sa femme, puis échu par leur décès à Louis, leur fils, Seigneur de Charlemaison près Provins, qui en rendit hommage au Roi entre les mains de M. le Chancelier, le 13 Juillet 1484, comme mouvant de Tournan en même temps que des Fiefs de Petit-Muce, et de Culevert dont j'ignore la situation.

Sauval, T. III, p. 474.

COURCELLES et VILLERS dont j'ai parlé ci-dessus, sont aussi de la Paroisse de Tournan, aussi-bien que FERTAY, que les Cartes appellent Frettay, et la Motte.

J'aurois souhaité en finissant marquer ici toutes les mouvances de Tournan. Je me contenterai de rapporter celles que je trouve indiquées dans Sauval, d'après un manuscrit du XV siècle, et celles que les Procès-Verbaux des Coûtumes de Paris m'apprennent.

Après tous les Fiefs de la Paroisse de Tournan, qui sont Armainvilliers, Combreux, la Bourgonnerie, Courcelles, Villers, la Motte et Fertay que j'ai nommé ci-dessus, il y a dans la Paroisse de Favieres un lieu dit Mendegris.

Ibid., p. 447.

Dans celle de Neumoutier, les Essergens [ou le Sergent].

Dans celle de Châtres, Boitron ou Poitron, l'Osibel ou L'oribeau.

A Liverdis, la moitié de la grande dixme et la Terre du Moncel ou Monceau.

Grez est aussi un Fief de Tournan.

Ensuite les Fiefs de Bernay et Touquin, qui sont apparemment les Paroisses de ce nom aux Diocèses de Sens et de Meaux.

De Verneuil au Diocèse de Sens : un Fief au Plessis Ausoult, Diocèse de Meaux. Puis ceux, dont la position m'est inconnue, appellés Laval.

Le Vivier en Brie a été distrait de la Prévôté de Tournan en 1359, par le Régent Charles.

La Grange Gaucheron.

Petit-Muce et Culevert.

La Brosse, dont étoit Seigneur en 1580 André Cordelier, Avocat, et que je crois être de la Paroisse de Prêlles.

La Borde et Montlhery.

En 1337, il y avoit près la Maison de la Reine une dépendance appellée la Grange Oribel.

Je trouve dans quelques Cartes un *Origny* près de Tournan.

Il ne reste plus du Château de Tournan bâti par les Garlande que des masures de deux tours quarrées, dont l'une qui est cintrée soutient encore au premier étage une porte, ou plutôt la partie d'une porte qui paroît être du XII siécle.

Je n'ai pu découvrir qu'un seul homme né à Tournan, qui puisse être mis parmi les Ecrivains Ecclésiastiques et Historiens. C'est Damien de Colandiers, qui est décédé en 1733, âgé de 82 ans. Son épitaphe qui est à Liverdis dont il avoit été Curé très long-temps, marque Tournan pour le lieu de sa naissance. On y lit qu'il a laissé beaucoup d'ouvrages de sa composition sur les Usages et Cérémonies Ecclésiastiques ; qu'il a écrit aussi sur les Antiquités de Tournan, et des lieux de la Châtellenie. Cet auteur n'ayant point eu de parens connoisseurs, ces ouvrages sont restés, ouvrages qui auroient été plus utiles au public qu'ils ne le sont, si cet auteur avoit eu un neveu plus capable de les mettre au jour, que ne l'est un procureur de village. C'est le procureur de Sognoles.

Je crois devoir en finissant donner un précis des principales Chartes sur Tournan, qui sont aux Archives de l'Evêché de Paris, et que j'ai vues. Elles sont toutes en latin.

La plus célébre est de l'an 1088. C'est la donation de l'Eglise de Saint-Denis de Tournan faite à Gulfere, Abbé des Fossez, du consentement des Chanoines qui la desservoient, par Guy de Vitry, Seigneur de Tournan, et Advise, sa femme, qui y ont mis leur seing chacun par une croix. Il y a aussi le signe de seize autres Seigneurs, entr'autres *Thoma de Miliaco,* et celui de trente à quarante du Monastere, entr'autres *Petri Cluniacensis.*

Une autre qui est de l'an 1105, est la confirmation du don de cette Eglise à ce Monastere, accordée par Galon, Evêque de Paris, et par Rainaud, Archidiacre.

La troisiéme Charte est la confirmation des droits d'Eglises du Prieuré de Tournan à Isembard, Prieur de Saint-Eloy de Paris et autres moines des Fossez, entr'autres d'une Foire près l'Eglise de la Magdelene sise au-delà du Pont, par Guy de Garlande. Cet acte est de l'an 1182.

Chartes d'Odon, Evêque de Paris, sur le droit d'offrande, entre les moines de Tournan et les Lépreux du lieu, 1205.

Accord passé par devant Pierre, Evêque de Paris, entre les mêmes Moines ou les Prêtres dudit lieu, sur les offrandes qui se font dans les chapelles, 1217. Il y est fort parlé de la Chandelle de Saint Barthelemi, tant de celle de l'Eglise de la Magdelene que de celle de l'Eglise de Saint-Denis.

Accord de l'Abbé de Livry et des Moines de Tournan sur les dixmes de Grez, 1223.

Reconnoissance des Prêtres de Tournan comme ils n'ont pas eu le droit d'inhumer une femme noble dans l'Eglise de la Magdelene sans la permission du Prieur, 1226.

Ansel de Garlande donne aux Moines de Saint-Denis de Tournan qui jouissoient des deux tiers de la dixme de Rosiére, le tiers qu'il possédoit, à condition qu'ils feront brûler une lampe devant la sépulture de son pere, *sans date.*

LA CHAPELLE HAOUIS

ET NOUVELLEMENT

LA CHAPELLE BRETEUIL

Toutes les Cartes du Diocése et des environs de Paris que j'ai pu voir, nomment ce lieu *Les Chapelles* au pluriel, et aucun ne l'appelle du nom de la Chapelle Haouis. Celle du Diocése de Meaux gravée en 1717, est la seule qui met *Les Chapelles Breteuil.* Il faut développer la cause de ces variétés.

Il est constant qu'une Dame nommée en latin Hawisia ou Hawis, épouse de Guillaume de Garlande, Seigneur de Garlande en Brie proche la Houssaye et de Livry, donna vers le commencement du

XII siécle à l'Abbaye de Saint-Maur-des-Fossez deux Chapelles, dont l'une s'appelloit la Chapelle neuve, et l'autre la Chapelle vieille. Cela se tire de la confirmation que Guy, son petit-fils, en donna à cette Abbaye l'an 1182. Ce Guy devenu Seigneur de Tour-

<small>Chart. papyr. S. Mauri, f. 51.</small> nan par acquisition, dit positivement dans son acte qui confirme *alias duas Capellas quas dedit Domina Hadvidis avia mea, quarum una dicitur Nova Capella; altera, vetus Capella.* Le nom pluriel des *Chapelles* est sans doute fondé sur ce qu'il en existoit autrefois deux. On ne sçait pas en quel temps l'une des deux, qui étoit apparemment la vieille, a pu disparoître. On m'a assuré qu'elle étoit située au midi de celle que l'on voit aujourd'hui. On ignore de quel Saint elle étoit titrée.

Il est naturel de croire que celle que Guy appelle *Nova Capella* avoit été bâtie par son aycule Hawis ou Hawide et que c'est pour cette raison qu'elle porta son nom, qui est celui dont on s'est toujours servi dans les Pouillés, dans le Secrétariat de l'Evêché, <small>Pouillé de 1450. Regist. de 1477, 17 Fév. et 27 Juin 1486.</small> et dans les rolles des Décimes, jusque dans ces derniers temps, c'est-à-dire depuis cinquante ans, qu'au lieu de *la Chapelle Hawis* ou *Haoüis* et en latin *Capella Helloysis* ou *Hellois*, on a commencé à écrire *la Chapelle Hoins*, puis en 1729, *la Chapelle aux Hoins*, et enfin en 1742, *la Chapelle aux Oins*; ce qui ne vient que de ce que dans une certaine espece d'écriture [on] n'a pu faire le discernement des jambages qui formoient le nom *Hauvis* ou *Haouis*.

Cette petite Paroisse est par rapport à Paris à la distance de neuf lieues, c'est-à-dire une lieue par delà Tournan. Sa situation est dans la plaine qui commence au levant de Tournan, et qui dure jusqu'au ruisseau de Brayon, un quart de lieue par delà, toujours vers l'orient. Le territoire, comme tout celui du voisinage, étant froid, n'est propre qu'au labourage, pacage et bocage. Ce lieu est de l'Election de Rozay. Le Dénombrement imprimé en 1709, et réitéré en 1720, y marque 19 feux. Le sieur Doisy les suit littéralement dans le sien publié en 1745. Cependant, lorsque j'y passai en 1739, on m'assura qu'il n'y en avoit que quinze. Le Dictionnaire Universel de la France qui parut en 1726, y comptoit 87 habitans ou communians, c'est-à-dire sur le pied de 19 ou 20 feux. Les communians peuvent aller à 70. Dans ce dernier ouvrage, ce lieu est dit du Diocése de Meaux, suivant la mauvaise coûtume où sont des gens de bureau de croire que tous les villages de l'Election sont du même Diocése que la ville qui lui donne le nom.

L'Eglise qui est du titre de Saint Vincent, Martyr, selon des actes de 1522, n'a véritablement l'air que d'une Chapelle, comme le nom du lieu l'indique. Elle ne paroît pas être du temps de la fondatrice, Dame Hawis; il peut se faire qu'on l'ait rebâtie il y a environ trois cents ans. Elle est sans aîles avec une grosse tour écrasée au frontispice. Il y a néanmoins à côté du grand autel deux Chapelles voûtées comme est le chœur. On voit aux culs de lampes ou clefs de voûte de ces deux Chapelles des armes.

Maurice de Sully, confirmant ces deux Eglises au Monastere de Saint-Maur en 1195, s'exprime ainsi : *Duas Capellas scilicet Capellam novam et Capellam veterem in Essarto sitas, annuatim Priori de Turnomio reddentes XXX solidos publica monita.* Le Pouillé Parisien du XIII siécle met dans le nombre des Eglises dont la donation appartient à l'Abbé de Saint-Maur dans le Doyenné de Moissy *Capella nova* et ensuite *Capella vetus* comme deux bénéfices différens. Dans le Pouillé du XV siécle on lit : *Capella*. Dans celui du XVI, il y a : *De Capella Hawis Heloysis Episcopus*, et immédiatement après : *de Heloysis, idem ;* par où il paroît que la vieille Chapelle subsistoit encore alors et qu'on l'avoit surnommée *la Chapelle Heloïse*, peut-être du nom de quelque Dame de la Maison des Garlande. A l'égard de la nomination appartenant à l'Evêque, elle lui étoit dévolue par la réunion de l'Abbaye Saint-Maur à la crosse épiscopale faite en 1536. Aussi les Pouillez de 1626 et 1648, marquent-ils comme appartenante à l'Archevêque la nomination à la Chapelle de Hauis ou Hoüis, qui restoit alors la seule vacante. On tient par tradition que lorsqu'il y avoit dans le Prieuré de Tournan une colonie de Moines détachée de l'Abbaye de Saint-Maur, un de ces Moines se rendoit les jours de Fête à chacune de ces deux Chapelles pour y faire le service avec le peu d'habitans qu'il y avoit.

Quelques monumens récens assurent qu'il y a sur le territoire de cette Paroisse une Chapelle de Notre-Dame en titre de bénéfice, et qu'elle est située dans le Château de Beaumarchais, qu'on écrit depuis peu Beaumarché. Si ce lieu étoit placé au midi de la Chapelle Haoüis, aussi-bien qu'elle est au septentrion, je croirois que cette Chapelle auroit succédé à l'ancienne, qui formoit le nombre des deux Chapelles soumises au XIII siécle à l'Abbé de Saint-Maur. On ajoute qu'elle est à la nomination du Seigneur. La desserte s'en est faite tantôt à Neuf-Moutier, et tantôt à la Chapelle Haoüis. Elle est au rolle des décimes. Le 20 Septembre 1641, Nicolas Lambert, Ecuyer, Seigneur du Breuil et de Beaumarchais, y présenta.

Il est resté fort peu de lumieres sur cette Paroisse, et l'on en connoît peu de Seigneurs. Jacques de Villiers l'étoit sous Charles VII vers l'an 1440. Adam de Cuisse ayant épousé sa fille, lui succéda en 1457. On disoit alors la Chapelle Haoüis.

Vers l'an 1556, cette Seigneurie étoit possédée par Clerembaud le Picart, qui avoit épousé autrefois en premieres noces Etiennette Paillard, et celui qui fournit ce fait, met *les Chapelles en Brie*.

Pouillés de Noailles.

Reg. Archiep.

Compte de la Prév. de Paris, 1457. Sauval, T. III, p. 356.

Vie de Franç. le Picart d'Hilarion Coste.

<small>Edit 1678, p.638.</small> Dans le Procès-Verbal de la Coûtume de Paris de l'an 1580, elle est dite appartenir à Laurent le Vaux Picart. Mais il y a une faute, et il faut lire Clerembaud le Picart. C'étoit le fils du précédent.

Dans le dernier siécle, M. François-Victor le Tonnelier-Breteuil, Conseiller d'Etat, Intendant des Finances, en est devenu Seigneur, et a obtenu qu'au lieu de *la Chapelle Haoüis* ou *les Chapelles* simplement, on diroit par la suite *les Chapelles-Breteuil*. Les Lettres-Patentes furent enregistrées au Parlement le 27 Mars 1691.

Depuis le décès de ce Seigneur, Ministre de la Guerre, arrivé le 7 Janvier 1743, cette Terre a été acquise en 1745, par...

La Carte du Diocése par De Fer, marque aux environs des Chapelles trois écarts qu'on m'a assuré être de la Paroisse, sçavoir Beaumarché dont j'ai déja parlé à l'occasion d'une Chapelle et Menillet au septentrion, et Champrose au couchant.

Ce dernier lieu est nommé Champrouze dans l'extrait d'un titre de l'an 1254, qui se trouve à la Bibliotheque du Roi ; c'est une promesse que fait en latin le Chapitre de Notre-Dame de Cour- <small>Cod. Reg. 675, fol. 10.</small> palay, de ne point poursuivre les procès qu'il pourra avoir au sujet de la dixme de Champerouze devant d'autre tribunal séculier que devant celui d'Ansel de Garlande ou de ses héritiers.

LA HOUSSAYE

De la même maniere qu'il y a eu des lieux nommés la Chateigneraye, la Cerisaye, la Pommeraye, il y en a eu d'autres qui ont été appellés la Houssaye ; ce n'est pas seulement la multitude d'arbres fruitiers tels que les Chateigniers, les Cerisiers, les Pommiers qui ont communiqué leurs noms aux lieux ; les autres arbres ont aussi donné leur nom à certains territoires où ils croissoient ; on a des lieux dits la Frenaye, l'Ormoye et ainsi des autres. Le Houx que l'on appelle en latin *Acrifolium* et *Aquifolium,* et qui seroit mieux dit *Oxifolium* à cause des pointes dont ses feuilles sont garnies, est ce qui a donné le nom au village dont il s'agit, car dans les vastes forêts telles que celles de la Brie, il y avoit des cantons où se trouvoient plutôt certains arbres ou arbustes que dans d'autres lieux. On a défriché par la suite la Houssaye, c'est-à-dire le canton rempli de Houx, et le nom est néanmoins resté. C'est ce qui peut s'appliquer à quatre ou cinq Paroisses du Royaume qui sont appellées la Houssaye, et à trois autres qu'on appelle Houssay.

Le village de la Houssaye du Diocése de Paris, est à neuf lieues et demie de Paris vers l'orient, tout à l'extrémité du Diocése, ensorte que celui de Meaux commence un quart de lieue par delà. Il a Tournan à son couchant, à la distance d'une lieue et demie, Fontenay au midi à la distance d'une lieue, Rosay vers le sud-est à la distance de deux lieues, et Crécy au nord, éloigné d'un peu plus. Le territoire est comme dans les autres qui confinent à Tournan, en plaines et sont terres labourables, prés et bocages, mais le village en lui-même a quelque air de bourgade. La Paroisse avec ses écarts, étoit censée en 1709 former 68 feux, suivant le dénombrement de l'Election de Rosay imprimé alors et réimprimé en 1720. Le Dictionnaire Universel de la France qui vit le jour en 1726, y marquoit 307 habitans ou communians, ajoutant que ce lieu est du Diocése de Sens. Mais réellement depuis plusieurs années on n'y compte que deux cent quarante communians, ce qui cependant s'accorde avec les 68 feux que le sieur Doisy reconnoît y être, dans le dénombrement qu'il a publié en 1745.

L'Eglise est construite en forme d'une grande Chapelle. Le chœur qui est voûté est d'une structure d'environ l'an 1300, sous le regne de Philippe le Bel, et ce qui reste dans le fond de vitrages gris annonce assez ce temps. La grande nef a été ajoutée depuis, aussi-bien que l'aîle qui est vers le septentrion et la Tour. On veut dans le pays que cette Chapelle ait porté originairement le nom de Saint Blaise, et que si cette Eglise regarde Saint Nicolas comme son patron, cela vient de ce que la Dédicace qui en fut faite depuis son augmentation dans l'avant-dernier siécle, fut célébrée le 9 Mai, jour de la Translation du Saint Evêque de Myre. Cependant l'on apprend par la permission d'en faire la Dédicace accordée à l'Evêque de Mégare le 6 Mai 1536, que l'Evêque de Paris lui ordonna d'en fixer l'Anniversaire au 20 de Mai. D'ailleurs dans des provisions du 7 Février 1475, cette Eglise est dite être du titre de Saint Nicolas. *Reg. Ep. Paris.*

Cependant c'est une chose constante par le Pouillé Parisien du XIII siécle, qu'il existoit au moins au commencement de ce siécle-là une Eglise Paroissiale, dite *Ecclesia de Hosseia,* et que c'étoit au Prieur de la Celle du Diocése de Meaux à y nommer. Cette nomination est marquée la même dans les Pouillés du XVI et XVII siécles. J'ai vu une présentation faite en 1441, à Denis du Moulin, Evêque de Paris, par un Prieur de la Celle, qui n'ayant pas son sceau, marqua qu'il empruntoit celui de l'Abbé de Saint-Germain-des-Prés. C'est actuellement le Séminaire des Missions-Etrangeres à Paris, auquel le Prieuré de la Celle a été uni, qui nomme à cette Cure. *Tab.Ep.in Spir.*

La branche de la famille des Garlande, qui posséda la Seigneurie de Tournan avant le milieu du XII siécle, se trouve avoir joui aussi de celle de la Houssaye. Ils ont été trois Guy de Garlande consécutivement : pere, fils et petit-fils. Le premier qui avoit fait l'acquisition de Tournan vers l'an 1140, eut pour épouse la sœur de Hugues, Seigneur de Possesse en Champagne ; le second épousa Hélisende, Dame de Chaumont ; le troisiéme eut pour femme une nommée Agnès. Jean de Garlande, un des collatéraux de Guy, possédoit en 1223, la Maison de la Houssaye, laquelle auroit dû revenir à Anseau, Seigneur de Tournan. Mais ils traiterent entre eux la même année : Jean promit de la lui rendre. Hugues, Vidame de Chartres et Agnès, son épouse, qui avoit épousé Guy III en premieres noces, donnerent là-dessus leurs lettres, aussi-bien que Pierre des Barres, Chevalier, l'Archevêque de Sens et l'Evêque de Paris, ce dernier en 1229. Je ne voi point sur quoi on se fonde pour dire que le lieu de Garlande qui avoit donné le nom à cette famille, étoit une portion de la Terre de la Houssaye. Je trouve un vestige du nom de Garlande, plus avant dans la Brie, entre Lumigny et Pesarches, où il reste l'Etang de Garlande, mais il y a une lieue et demie d'intervalle, et d'autres Paroisses entre deux.

Une héritiere de la Terre de la Houssaye de laquelle on ignore le nom, épousa vers l'an 1320 Bouchard de Montmorency, Grand Panetier de France, fils de Bouchard, Seigneur de Saint-Leu et de Dueil. Elle lui porta cette Terre en mariage. Un de leurs fils, dont Duchêne n'a pas parlé, peut servir à faire connoître cette Dame. Sa tombe, de la longueur de trois pieds, qui est dans l'Eglise du Prieuré de la Celle en Brie, porte ces mots :

Cy gît Gautier de Montmorency : fils Monseigneur Bouchart de Montmorenci, qui trépassa l'an M. CCC XXVI, le jour de la Magdalene.

Comme à la tête de cette petite tombe est placée celle d'une Dame figurée en habillemens de ces temps-là, on a lieu de croire que c'est la mere du jeune homme. Mais aussi comme on n'apperçoit ni nom ni gravure d'armoiries sur ce mausolée, on ne peut en conjecturer le nom, que sur ce que le peuple de ces quartiers-là l'appellent *Anne,* et qu'en vertu du souvenir de la vie sainte qu'elle menoit, ils la nomment *Madame sainte Anne.* Ils ajoutent que la Malemaison, Château éloigné de là d'une lieue, et presqu'à moitié chemin de la Houssaye, étoit un des biens qui lui appartenoient.

Son fils, Bouchart de Montmorency, eut cette Terre par le décès de sa mere. Il fut fort considéré par le Roi Philippe de Valois. On lit de lui dans un Registre des Jugemens du Parlement à l'an 1340 : *Bouchardus de Montemorenciaco miles junior Dominus de Housseya in Bria, fuit in Flandria propter guerram Brebantiæ.*

Jean, fils aîné de Bouchart, succéda vers 1341 à son pere. Étant mort sans enfans l'an 1379, la Houssaye et autres Terres vinrent à Guillaume, son frere, après le décès duquel, arrivé en 1385, cette Terre échut à Jean, son fils.

Ce Jean de Montmorency n'ayant pas d'enfans, Denyse, sa sœur, hérita de la Terre. Il est parlé du droit qu'elle y avoit dans un Registre du Parlement de l'an 1449. Hist. de la M. de Montmor. Preuv. p. 169.

Il y a apparence que ce fut vers ces temps-là, que la Terre de la Houssaye sortit de la Maison de Montmorency; au reste, elle ne l'avoit pas possédée dans tout son entier, comme on verra ci-après.

Ceux qui succéderent à la portion qu'avoient eue les Montmorency, furent les MM. Bureau. On trouve que Jean Bureau, Trésorier de France sous le regne de Charles VII, fut Seigneur de la Houssaye en Brie. Son pere étoit un Bourgeois de Paris, natif de Cheminon[1] en Champagne. D'autres ont qualifié ce Jean Bureau de Maître de l'Artillerie en 1450. Simon Bureau, son fils, Maître des Comptes en 1463, lui succéda dans la Seigneurie. Il décéda en 1496. On prétend que Jean Bureau, grand Archidiacre de Rheims, puis Evêque de Beziers, participa aussi à cette Seigneurie. Il mourut en 1490. Du Fourny, T. VIII, [p. 239]. Hist. des Gr. Off. T. [VIII, p. 136]. p. 137. Tab. Episc. Ibid.

Merry Bureau est qualifié Seigneur de la Houssaye, dans un compte de l'Ordinaire de Paris, de l'an 1505. Il étoit Administrateur de l'Hôtel-Dieu de Paris en 1528. On le dit mort en 1531. Sauval, T. III, p. 539. Tab. Ep. Paris. in vico de la Bucherie.

Antoine Bureau, Référendaire de la Chancellerie, son fils, lui succéda. On ignore la suite de cette branche. Hist. des Gr. Off. T. [VIII, p. 138].

Quant à l'autre branche qui a joui de la Houssaye en même temps que les Montmorency, elle étoit dans la famille des Lecoq. Jean Lecoq, filleul du Roi Jean et Conseiller au Parlement de Paris en 1366, est celui par lequel elle commence. Ibid., [T. II, p. 105].

Après une succession continuée apparemment dans cette famille durant plus d'un siécle, on trouve en 1500 Catherine le Coq, héritiere de cette Terre, mariée à Jean de la Haye, Seigneur de Vaujour et d'Egray. Quelques années après, Gérard le Coq, Conseiller au Parlement, en est dit Seigneur. Ce fut lui qui demanda au Roi François Ier permission d'établir à la Houssaye une Foire le 9 Mai, jour de S. Nicolas, et une autre le 3 Février, jour de S. Blaise, avec un Marché tous les vendredis, dont il obtint Lettres-Patentes datées de Rouen au mois de Février 1531. Ibid. T. II, [p. 107]. Ibid. Bann. du Chât. Vol. III, f. 6.

Cet établissement qui tira le lieu de la Houssaye du rang des villages ordinaires, inspira un autre projet aux habitans; ils démanderent permission de se fermer, et ils l'obtinrent, en imposant sur les héritages et sur les habitans une certaine somme, si la plus grande partie des habitans y consentoit. Les Lettres du Roi sont du mois de Mars 1545, à Paris. Ibid. vol. IV, f. 206.

---

1. Ou de Semoine d'après le P. Anselme (*loco citat.*). — (Note de l'éditeur.)

Je ne puis dire le temps auquel la Seigneurie commença à être dans une même famille. Il est sûr que vers la fin du XVI siécle, il n'étoit plus mention des Le Coq. Un Jean de Monceaux, Chevalier, étoit Seigneur de la Houssaye en 1380 [1580]. François de Monceaux, Chevalier des Ordres du Roi, et Jourdaine de Pellevé, sa femme, obtinrent en 1623 de faire célébrer en leur Château Seigneurial. Ce Château est flanqué de pavillons avec des tourelles.

C'est maintenant M. de Coetlogon qui en est Seigneur.

Les Écarts de cette Paroisse sont Limodin, que les Cartes appellent Limousin, etc.

<small>Procès-verbal de la Cout. de Paris.</small>

<small>Reg. Archiep. 29 Apr.</small>

NEUFMOUTIER

Chacun sçait que *moutier* vient du mot latin *Monasterium*, et peu de gens ignorent que ce mot *Monasterium* n'a pas toujours signifié un Couvent de Moines, mais que, sans d'autres significations qu'on lui a données, on désignoit aussi par là une Eglise Paroissiale. Il y en a trop d'exemples pour pouvoir en douter. Ainsi Neufmoutier est comme qui diroit Neuve-Eglise. De même donc qu'il y a des villages en France qui sont appellés Neuve-Eglise, Neuve-Capelle, de la même maniere il y en a qui sont dits Neuf-moutier; la nouveauté de l'Eglise du lieu a donné le nom.

A l'égard de Neuf-moutier du Diocése de Paris, c'est une Paroisse véritablement si peu ancienne qu'elle ne se trouve pas dans le Pouillé du XIII siécle. Mais il est vrai aussi qu'elle ne tarda point beaucoup d'être établie, puisqu'il y avoit en ce lieu un Curé dès l'an 1300.

Cette Paroisse est à neuf lieues de Paris vers le levant, à l'extrémité du Diocése, dans les confins de celui de Meaux. Elle est située à une lieue de Tournan, du côté du nord-est dans l'Election de Rosay. Le pays est en plaines, le territoire consiste en labourages, boccages, buissons, prés, étangs et bois. Il n'y a proche l'Eglise que cinq ou six maisons; le reste est répandu de côté et d'autres et forme en tout cinquante feux. Ceux qui ont fait imprimer en 1709 et 1720 le nombre des feux de l'Election de Rosay, en compterent à Neufmoutier 52. Le sieur Doisy, copiant en 1745 ces anciens dénombremens, y met un égal nombre. Lorsqu'on imprima en 1726 le Dictionnaire Universel des Paroisses du Royaume, on supputa que dans celle-ci les feux pouvoient fournir 236 habitans ou communians, ce qui n'est pas aujourd'hui. Il ne faut point avoir égard à ce Dictionnaire lorsqu'il comprend cette Paroisse dans le Diocése de Meaux, à cause que Rosay dont elle dépend pour l'Election en est.

Saint Leu et Saint Gilles sont patrons de l'Eglise de ce lieu, dont le chœur et les deux chapelles collatérales voûtées ne paroissent avoir gueres que deux cents ans. La nef est fort vaste, mais extrémement nue. On a fait servir de table d'autel la tombe d'un Curé du lieu, peut-être le premier qui y fut établi. Il est représenté revêtu de Chasuble, et on peut lire autour : *Ici gît...... jadis Curé de Nuef-moutier, qui trepassa l'an M CCC. le Dimanche....* Cela est gravé en Capitales gothiques.

Une autre tombe qui sert de marche-pied de l'autel à la Chapelle méridionale contient en lettres pareilles, l'inscription : *Hic jacet Gilo d'Egresfin quem lapis hic tumulus......* le reste est sous l'autel. Je pense que ce fut ce Seigneur qui fit choisir Saint Gilles pour patron. Dans le chœur se lit sur une tombe :

Icy gît... Etiennette de Paillard Dame de Neuf-moutier, Aigresfins, les Trois-Maisons, la Vielle-Chapelle, Chapelle Hoy, femme de Clarembauld le Picard Seigneur d'Attilly en Brie, laquelle trepassa en 1552 [1].

Du côté méridional du même chœur se lit cette autre inscription :

Noble femme Etiennette de Paillard Damoiselle de Trois Maisons, Neuf-Moutier, la Chapelle, et vielle Chapelle, en son vivant femme de Clairembault le Picard Escuyer Seigneur d'Atilly, en Brie, a fondé en l'Eglise de ceans une basse messe toutes les Semaines de l'an, qui se dira le jour du vendredy à toûjours perpétuellement, a ordonné trois sols tournois pour ladite messe. Outre plus a donné vingt sols tournois estre donnez aux pauvres le jour du Vendredy Saint en son intention pour les ames de ses pere et mere, et de Maître Jehan de Paillard son grand oncle, en son vivant Archidiacre de Auxerre jadis Seigneur de ce lieu de Neuf-moutier, moyennant les terres prés et rentes que ladite Damoiselle a délaissez comme il paroit par les écrits et lettres obligatoires de ce passées. Elle est trépassée le ... jour de Juin 1552.

> *Hic Paliarta sui jacet uxor fida mariti*
> *Matronale decus luxque pudicitiæ.*
> *Quod si sors malefida hominum, nisi fata vetarent*
> *Dign......... nunquam quæ moreretur, erat.*
> *Fœminis at quidquid laudis nostra attulit ælas*
> *Illa suum moriens abstulit in tumulum.*
> *Hic Clarobaldi conjux Paliarta Picarti*
> *Dormit et expectat ventura sæcula vitæ.*

Dans le même chœur est la sépulture de M. Gravel, Ambassadeur chez les Suisses, en Pologne, etc., Seigneur en partie de cette Paroisse, décédé dans le siécle présent au Château de Bellevue dans le Diocése de Meaux.

Lors de l'érection de cette Cure, il fut arrêté qu'elle seroit à la

---

[1]. M. de Guilhermy (Inscriptions de la France, T. IV, p. 390), rapporte cette épitaphe d'une façon un peu différente. — (Note de l'éditeur.)

nomination de l'Abbé de Saint-Maur, parce que les hameaux ou le territoire dont elle fut composée dépendoient de Tournan ou des Chapelles, aux Cures desquels lieux cet Abbé avoit le droit de nommer; le Pouillé du XVI siécle, et celui de 1626, la donnent à l'Abbé de Saint-Maur, celui de 1648 à l'Archevêque qui représente cet Abbé. Le Curé est gros décimateur, avec les Abbayes d'Hermieres et de Faremoutier. Il a un droit de dixme sur un étang (de treize carpes l'une) pour la fondation d'un service le premier lundi de Carême à cinq grandes-messes consécutives, sçavoir, une de Saint Leu, une de Saint Gilles, puis les trois ordinaires des obseques, qui sont la messe du Saint-Esprit, celle de la Sainte-Vierge et celle des Morts. Une autre fondation peu commune de cette Eglise est celle d'un sermon le jour de la Toussaint après Vêpres de tous les Saints, lequel sermon doit être sur la Commémoration que l'on va faire de tous les Fideles défunts.

Il paroît qu'il y a eu plusieurs personnes au XV siécle qui se sont qualifiées en même temps Seigneurs de Neuf-moutier. Jacques de Villiers l'étoit immédiatement avant l'an 1457. Après lui, en cette année-là, ce fut Adam de Cuisse, Ecuyer, à cause de sa femme, sœur et héritiere de ce Jacques de Villiers. Antoine de Cuisse, fils, Ecuyer, succéda. On le trouve nommé dans le compte des Reliefs à l'an 1478, pour le Fief de la Seigneurie de Neufmoutier mouvant de Tournan, à lui échu par le décès de sa mere, dont il a fait hommage à la Chambre.

Sauval,
T. III, p. 356.

Ibid., p. 432.

Nonobstant ces preuves qui donnent pour Seigneurs les sieurs de Cuisse, l'inscription ci-dessus rapportée marque que la Seigneurie de Neuf-moutier avoit appartenu à Jean Paillard, Archidiacre d'Auxerre, qui mourut vers l'an 1454 : ce qui montre qu'il étoit contemporain de Jacques de Villiers.

On ne peut gueres révoquer en doute que cette Seigneurie eût passé de Jean Paillard à l'un de ses freres ou neveux, dont descendit Etiennette Paillard, qui ayant hérité de cette Terre dans les commencemens du XVI siécle, la porta en mariage à Clerembaud le Picart qui lui survécut. Il étoit frere du fameux François le Picart, Doyen de Saint-Germain l'Auxerrois. Son fils du même nom de Clerembaud lui succéda et jouissoit de Neuf-moutiers et de quelques autres Terres qui venoient du côté de sa mere. Il est nommé dans la Coûtume de 1580 comme présent, mais au lieu de Laurent le Vaut Picard, il faut lire Clerembaud Picard.

Vie de
Fr. le Picart.

Edit. 1678, p. 638.

Dans ces derniers tems, les Seigneurs de Neuf-moutier ont été MM. Bernard et Marquis de Gravel. Les premiers avoient leur Château au lieu dit *le Chemin* sur la même Paroisse, ainsi qu'il paroît par les permissions accordées le 13 Avril 1658 à Charles Bernard, Conseiller du Roi, et renouvellées le 2 Avril 1697.

Reg. Arch.

Il y a beaucoup d'écarts à Neuf-moutier, tant Fiefs que Fermes ou Hameaux. Leurs noms sont Egresfins, le Chemin, les Essergens, le Marché-Marie, la Ruelle, la Ronce, les Bossus, la Borne-blanche.

Egresfins est placé vers le septentrion. Cette Seigneurie existoit sous le même nom dès la fin du XIII siécle, comme il se voit par Gilles d'Egresfins dont la tombe est conservée dans l'Eglise. Il y a assez d'apparence que cette Eglise fut bâtie sur son fond ; que ce fut pour cela qu'il insinua de la dédier sous le titre de Saint Gilles, son patron : et l'on y aura joint Saint Loup, suivant l'usage commun. Le Roi Jean étoit dans le Château de ce lieu le 21 Janvier 1350 ; son Ordonnance sur les monnoyes est datée du Chastel d'Aigre-sainte. Le Château de Becoiseau où les Rois se retiroient souvent alors, n'en est qu'à une lieue ; mais c'est dans le Diocèse de Meaux. Le Fief d'Egrefins produit deux livres de rente à la Sainte-Chapelle de Vincennes, peut-être par donation que quelque Seigneur aura faite au Chapitre du Vivier qui lui est réuni. La Seigneurie de Combreux près Tournant relève de celle d'Egresfins. Ord. des Rois, II vol.
Tiré d'un impr. sur le reven. de Vincennes.

Les Essergents (ou le Sergent selon Sauval) est un Fief mouvant de Tournant. Il avoit appartenu sous Louis IX à Pierre de Villiers et Jeanne de Ponville. Louis de Villiers, leur fils, en ayant hérité, en fit hommage le 13 Juillet 1484 entre les mains de M. le Chancelier, en même tems que d'autres Fiefs des mêmes cantons. Compte de la Prév. Sauval, T. III, p. 474.

La Borne-blanche qui n'est point spécifiée dans les Cartes, n'est venue à ma connoissance que par les permissions données d'avoir Chapelle domestique à Léon de Maubuisson, Ecuyer, qui en étoit Seigneur en 1648, et renouvellée à Elisabeth de Fontenay, veuve de Nicolas Amory, Seigneur des Casseaux, le 26 Juillet 1672. Reg. Archiep. 7 Nov.

FAVIERES-EN-BRIE

AVEC LE PRIEURÉ DE SAINT-OUEN, ET L'ABBAYE D'HERMIERES

Lorsque l'usage n'étoit pas encore venu de dire *Saint-Sulpice de Favieres* pour désigner Favieres qui est à l'extrêmité du Diocèse de Paris, dans l'Archidiaconé de Josas entre la route de Dourdan et celle d'Estampes, on étoit obligé de désigner le Favieres dont il s'agit ici par sa situation dans la Brie, et de dire *Favieres-en-Brie*. Maintenant on l'appelle simplement Favieres : car le plus souvent, en parlant de l'autre, on se contente de dire *Saint-Sulpice*.

L'origine du nom de ce lieu et de tous les autres Favieres qui sont en France, se découvre naturellement dans la dénomination latine *Fabariæ,* qui signifie un lieu où il croissoit beaucoup de feves. On trouve des preuves de l'existence de ce Favieres-ci en particulier dès le IX ou le X siécle. Il est mentionné dans le Catalogue des biens qu'avoit alors l'Abbaye de Saint-Pierre-des-Fossez dite depuis Saint-Maur. Quoique ce Catalogue appellé *Polypticus* soit imprimé, je ne puis me dispenser d'insérer ici ce qu'il dit du village de Favieres, parce qu'il fait voir l'ancienne nature du lieu : « L'Abbaye des Fossez, dit-il, possede à Favieres sept
« mans ou maisons affranchies. Le Huitiéme mans ou mas appar-
« tient à l'Eglise du village dédiée en l'honneur de Saint Martin.
« Anciennement, continue-t-il, chaque mans payoit cinq sols de
« redevance par an. Dans la suite cela fut changé, et chaque
« maison donnoit trois jours de service par mois depuis la Saint
« Jean jusqu'à Noël ; plus une corvée de trois semaines en trois
« semaines ; outre cela elle faisoit *unum bannum in vinea, alium*

Capit. Baluz. II, « *in messe.* Deux maisons, mans ou feux devoient en outre amener
Instrum. « trois charretées jusqu'au Monastere des Fossez. Pour le droit
[*p. 1390*]. « de poisson, chaque feu payoit douze deniers et trois poulets
« avec quinze œufs. Le neuviéme mans ou mas étoit celui qu'on
« qualifioit *indominicatus,* c'est-à-dire la Maison Seigneuriale ou
« l'Abbaye avoit cinq coutures ou labourages, un pré, des bois,
« des eaux et un moulin. »

Ce village est situé à huit lieues de Paris du côté de l'orient, dans une vallée qui n'est éloignée de Tournan que d'une demi-lieue vers le nord. Le pays est fort aquatique, parce qu'il sert de passage aux eaux de plusieurs étangs, qui sont encore plus éloignés de Tournan. D'où il est aisé de conclure que les prairies n'y sont pas rares. Il y a aussi des labourages, bien des boccages ; et la forêt qu'on appelle de Crécy s'étend en partie sur cette Paroisse. En 1709, on y comptoit 90 habitans, suivant le dénombrement de l'Election de Rosay imprimé alors, et réimprimé en 1720. Le Dictionnaire Universel de la France imprimé en 1726, y marque 404 habitans ou communians. On m'a dit, il y a dix ans, que la Paroisse n'avoit que 83 feux ; ce qui n'empêche pas le Sieur Doisy, dans son Royaume de France publié en 1745, d'y en supposer toujours 90 comme il y a trente ans. Le Dictionnaire Universel commet ici sa faute ordinaire de conclure de ce que Favieres est de l'Election de Rozay, qu'il est comme Rozay du Diocése de Meaux.

L'Eglise Paroissiale est sous le titre de Saint Martin : elle est comme une longue chapelle, le chœur en est quarré. Il y a une aîle du côté méridional. Au côté droit de l'Eglise est une tombe quarrée oblongue, sur laquelle est gravé en petites capitales gothiques du XIV siécle :

Cy gît feu Jehan de Favieres Escuyers qui trepassa l'an de grace.......

Il est représenté en Chevalier armé. Il a fondé des prieres que le Curé acquitte encore. Il pouvoit descendre de cet ancien Jehan de Favieres, que l'on trouve témoin dans un acte d'Agnès, Comtesse de Meulant sur Jossigny, et qui est de l'an 1170. *Chart. S. Gen. p. 177.*

Au côté gauche où l'on voit des vitrages du XIII siécle, est une autre tombe de la même façon que la précédente, sur laquelle on lit :

Cy gît Feu Milheit de Ma...iis qui trepassa l'an de grace...... de Janvier : Priez Dieu pour l'ame de ly.

Il a un étrier sous ses pieds. Ce peut être un Seigneur de Mandegris, lieu très voisin.

On a vu ci-dessus que cette Eglise de Saint-Martin de Favieres étoit dotée dès le IX siécle d'un mas, meix, ou métairie. Quoique ce soit l'ancien Pouillé des revenus de Saint-Pierre-des-Fossés où cela fut marqué dans le X siécle, il ne paroît en aucune maniere que cette Abbaye possédât cette Eglise. Mais supposé qu'elle en eût joui, Maurice de Sully, Evêque de Paris, l'un des principaux bienfaiteurs et fondateur pour ainsi dire de l'Abbaye d'Hermieres qui est située sur cette Paroisse, la retira des mains de ces Moines pour en faire présent aux Chanoines de Prémontré, établis dans cette Maison vers le commencement de son Episcopat ; depuis lequel temps elle est marquée appartenir à ces Chanoines Réguliers dans tous les Pouillés de Paris, à commencer par celui du XIII siécle. Et l'Abbé est gros Décimateur de la Paroisse avec le Seigneur de Neufmoutier.

Il est difficile d'assurer d'où étoit venu à l'Abbaye des Fossés ou de Saint-Maur, le bien considérable et Seigneurial qu'elle y avoit au moins dès le IX siécle. Par la suite il lui fut impossible de ne pas en accommoder les Seigneurs de Tournan, qui étoient devenus puissans, et qui favoriserent extrêmement le Prieuré de ce lieu qui appartenoit à cette Abbaye, ensorte que cette même Abbaye n'eut plus à Favieres que de foibles restes de son ancien Domaine ou d'autres revenus que les Seigneurs de Tournan lui céderent : et que l'on vit dès le XIII siécle, une famille qui prenoit le nom de Favieres. C'est de quoi il reste des vestiges dans les monumens du XII et XIII siécle. En 1182, Guy de Garlande déclara avoir donné à ce Monastere l'usage dans les bois de Favieres. En 1223, Hugues de Chatillon d'une part, et Anselme de Garlande, Pierre de Favieres et ses freres succéderent touchant *Chart. papyr. S. Mauri, f. 51. Cod. Sorb. ms.*

le droit de Gruerie dans les mêmes Bois. En 1257, Pierre de Chevry, Abbé de Saint-Maur, y fit l'acquisition d'une partie de forêt pour la somme de 98 livres et 110 sols tournois. Durant le cours du même siécle, il exista un Chevalier nommé Henri de Favieres, dont le fils appellé Dreux de Favieres fonda l'Anniversaire et celui de Richarde, sa mere, avec le sien, en l'Eglise de Notre-Dame de Paris, dont il étoit Chanoine, et pour lequel il laissa 60 sols assignés sur la cinquième partie de sa succession, que le Prieur de Favieres qui en jouissoit, devoit payer suivant les lettres de l'Abbé et Couvent d'Hermieres.

<small>Gall. Chr. T.VII, col. 297.</small>
<small>Necr. Eccl. Par. ad 21 Jan.</small>

Les Seigneurs de Garlande sont encore mentionnés à l'an 1238, dans un acte important qui regarde Favieres. La dixme de cette Paroisse avoit été engagée aux Eglises de Saint-Nicolas du Chardonnet et de Saint-Paul de Paris; Anselme de Garlande, Seigneur de Tournan, paya à ces Eglises la somme pour laquelle étoit fait l'engagement et devint par là propriétaire de cette dixme, dont on ne trouve plus rien ensuite.

<small>Cod. ms. Sorb.</small>

Ce ne fut qu'en l'an 1293, au mois de Mai, que les Garlande cesserent d'être Seigneurs de Favieres par la vente que Jean et Agnès, sa femme, en firent à Pierre de Chambly, Chevalier, en même temps qu'ils lui rendirent Tournan, Marle, Fontenay, etc. Mais nonobstant tous les changemens arrivés par le laps de temps, il y avoit encore en 1278 un Fief dit de Favieres, possédé par l'Abbaye d'Hermieres, que l'Abbé Milon reconnut être mouvant du Monastere de Saint-Maur. En 1257, Ansel de Garlande et G..., sa femme, tenoient des bois de l'Abbaye de Saint-Maur près Favieres. Jean de Geresme étoit Seigneur de ce lieu en 1483.

<small>Chart. S. Mauri, n. 48.</small>
<small>Ibid. orat. n. 4.</small>
<small>Sauval, T. III, p. 447.</small>

Il y a à Favieres quelques écarts, sçavoir: le Prieuré de Saint-Ouen, l'Abbaye d'Hermieres, Mendegris, Puiscarré, Ville-migeon, et le Château de la Planchette.

Il y avoit aussi au XIII siécle un canton dit la Croix-Paillard, suivant un titre de l'an 1274.

<small>Chart. S. Mauri, n. 47.</small>

Je remets à parler séparément du Prieuré de Saint-Ouen et de l'Abbaye d'Hermieres.

MANDEGRIS. Ce que j'en ai pu apprendre est qu'en 1278 Milon, Abbé d'Hermieres, reconnoît que le fief possédé en ce lieu par son Monastere relevoit de Saint-Maur-des-Fossés. Nonobstant quoi je lis ailleurs que la Seigneurie de Mandegris étoit mouvante de Tournan au XV siécle; et que Jean de Geresme, Ecuyer, fit hommage en 1483 à M. le Chancelier, comme à lui échue par la mort de Jean de Geresme, son pere.

<small>Ibid., n. 48.</small>
<small>Compte de la Prév. de Paris, 1488. Sauval, T. III, p. 447.</small>

En 1494 et 99, Robert Sureau, Ecuyer, Prévôt de Corbeil, en étoit Seigneur.

<small>Tab. Foss. in Ep. ms. 10. Corb.</small>

Cette Terre et son Château appartenoient en 1698 à M. Sanguin. Elle est aujourd'hui à M. de Moras, qui demeure à Champ-rose, Paroisse des Chapelles. Perm. d'Orat. domest.

J'ai vu affiché dans Paris Fontaine le Hongre, comme hameau de Favieres en Brie ; mais aucune Carte des environs de Paris n'en fait mention. Affiche de 1744.

PUYQUARRE est mentionné et ainsi écrit dans les Registres de l'Archevêché, où l'on trouve qu'à raison de l'éloignement dont il est de Favieres, il fut permis à Noble Nicolas le Peultre, Officier de la Venerie du Roi, le 24 Mai 1605, de faire célébrer dans la Chapelle qu'il venoit de faire construire en sa maison.

Le Chapitre du Vivier en Brie, maintenant réuni à la Sainte-Chapelle de Vincennes, a pris dans le Procès-Verbal de la Coûtume de Paris de l'an 1580, la qualité de Seigneur en partie de Favieres.

PRIEURÉ DE SAINT-OUEN

A observer l'ordre chronologique, ce Prieuré doit être placé ici avant l'Abbaye d'Hermieres, parce que sa fondation est plus ancienne. Quoi qu'on n'en connoisse point les fondateurs, il est constant qu'il appartenoit à l'Abbaye de Tiron au Diocèse de Chartres avant l'an 1147, puisqu'il est du nombre de ceux que la Bulle d'Eugene III de cette même année, confirma à cette Abbaye sous le nom de *Ecclesia S. Audoëni de Turnomio*. On ne doit pas être étonné que cette Bulle l'appelle Saint-Ouen de Tournan, quoiqu'il ne soit pas de la Paroisse de Tournan ; il est aussi voisin de Tournan que de Favieres, et la dénomination à l'égard des pays éloignés se prend ordinairement du lieu considérable le plus proche. Pour ce qui est du nom de Saint-Ouen donné à ce Prieuré, je pense qu'il est permis de conjecturer que dans les différents transports qui furent faits du corps de Saint Ouen, Evêque de Rouen, à cause des guerres des Normans, tant à Paris qu'aux environs de Soissons, on l'aura réfugié pendant quelque temps dans la forêt de Crécy, qui couvroit alors tous ces pays-là, en quelque Château de sûreté, et que le peu de reliques qu'on y aura laissé en reconnoissance du droit d'hospitalité, aura été une occasion aux Seigneurs d'y bâtir une chapelle du titre de ce saint, au service de laquelle les Moines de Tiron qui étoient en grande réputation de sainteté sous le regne de Louis le Gros, auront été appellés. *Gall. Chr.* T. VIII, *Instr.* col. 330.

Le Prieur de Saint-Ouen est le troisiéme de ceux du Doyenné de Moissy-l'Evêque dans l'addition au Pouillé Parisien du treiziéme siécle faite vers l'an 1300. Pendant que tous les autres Prieurés du même Doyenné payoient en 1384, pour droit de visite et de procuration à l'Evêque de Paris la somme de 10 livres, celui-là Rôle du Sr de la Croliere, 1384.

n'étoit taxé qu'à trente sols. La même proportion est marquée pour le payement dans le Pouillé du XV siécle, où on lit : *Prior S. Audoëni per compositionem XXV. sol. paris.*

Il n'y a rien de remarquable dans l'Eglise de ce Prieuré, qui n'est qu'une simple chapelle rebâtie plusieurs fois ; on ne sçait pas même pour combien de Religieux le Couvent avoit été fondé. Les vestiges des lieux réguliers sont disparus.

Invent. Tit. Ep. Par. En 1254, ce Prieuré payoit 50 sols de procuration à l'Evêque de Paris, ce que l'Abbé de Tiron reconnoît par un acte daté de cette année.

On en connoît quelques Prieurs commendataires depuis deux cents ans.

Pierre Disque l'étoit en 1547, et mourut alors.

Pierre Copin lui succéda et mourut en 1557.

Robert Saussy fut pourvu le 17 Mai 1557.

Charles de Buze résigna en 1570 ce Prieuré à Jacques Favier, Clerc Parisien.

Jean Merle, Clerc Périgourdin, l'obtint en Cour de Rome le 12 Juin 1571, et dans son visa il est dit situé *intra limites Parochiæ de Faveriis.*

François le Roy le posséda sur la fin du siécle.

Pierre du Moulin l'eut par résignation le 27 Décembre 1601.

Il est possédé actuellement par M..... le Gendre, beau-frere de M. Bosc, Procureur Général de la Cour des Aydes.

Le Prieur-Curé de Favieres y acquitte une Messe par chaque semaine ; et le 24 Août, jour de la Fête, la Paroisse y va en Procession et y chante la grande Messe.

ABBAYE D'HERMIERES

Duchêne, T. V, p. 40. La réputation que s'étoit attirée Maurice de Sully, Evêque de Paris, en encourageant les Seigneurs qui avoient le dessein de fonder des Monasteres, de les fonder dans son Diocése, a engagé Rigord, écrivain de la vie de Philippe-Auguste, de dire à l'an 1196 que mourut cet Evêque, qu'il étoit fondateur des Abbayes d'Herivaux, d'Hermieres, Hiere et Gif ; et Guillaume de Nangis, qui écrivoit environ cent ans après, a suivi cette opinion. Il est aussi facile de montrer à l'égard d'Hermieres que c'est faussement qu'on lui a attribué cet honneur, qu'il l'est à l'égard des trois autres.

Concord. Parl. Les auteurs du nouveau *Gallia Christiana* ont pris le meilleur parti, qui est d'assurer que Maurice de Sully a été seulement l'un des bienfaicteurs, parce que c'est de son temps que cette Abbaye a été établie dans son Diocése ; mais que le vrai fondateur est un nommé Regnaud, *Reginaldus,* auquel on peut associer un des Thibaud, Comte de Champagne, et Adele, fille de l'un de ces Comtes, épouse du Roi Louis VII, laquelle lui donna en 1202 du terrain jusqu'aux bois de Bucy, sans exclure les Seigneurs du nom de Garlande, Guy, Ansel et Robert. *Gall. Chr. T. VII, Instr. 80*

On ne peut guere placer cette fondation avant l'année 1160, qui est celle dans laquelle Maurice de Sully entra sur le Siége Episcopal, d'autant plus que Robert qui en fut le premier Abbé, vivoit encore en 1183, et que Garnier, son successeur, ne paroît qu'en 1192. Les premiers Religieux de cette maison qui est de l'Ordre de Prémontrez, furent tirés de l'Abbaye de Val-Secret, proche Château-Thierry.

Elle n'est point située dans un village du nom d'Hermieres comme l'a cru M. de Valois ; ce qui a trompé d'autres écrivains postérieurs [1]. Hermieres est une vraie solitude enfoncée dans la forêt de Crécy au nord de Tournan, à sept lieues de Paris vers l'orient d'Hiver, et à deux de Lagny. Quoique sa situation ne soit point dans un vallon, les bois qui l'environnent de tous côtés sont si remplis de mouilleres faute d'écoulemens, que les abords en sont assez difficiles, même durant l'été.

L'Eglise de cette Abbaye est consacrée sous le titre de la Sainte Vierge et de Saint Nicolas. L'édifice est petit et bas, dans le goût du XIII siécle et en forme de croix ; il est de plus orné de galleries vitrées, et les voûtes en sont supportées par des petites colonnades réunies. La nef a été raccourcie.

Je ne mettrai point ici les épitaphes des Abbés qui se peuvent lire encore en partie dans cette Eglise, où quelques-unes ont été rapportées du Chapitre ou du cloître. Elles sont conservées dans le *Gallia Christiana* où l'on peut les voir. *Ibid. T. VII, col. 941 et seq.*

Voici d'abord celles qui concernent la famille des Garlandes.

Dans la chapelle de la croisée du côté septentrional, est représentée sur une tombe une femme joignant les mains et ayant son habit retroussé, avec cette inscription en gothique capital :

Tumulata quiescit Haoisis
Nobilis et clari generis meruit sociari
Nobilitate pari cœlo queat illa beari
Quæ obiit anno Domini M. CC. octogesimo
Sexto, die Festo S. Martini Yemalis.
Orate pro ea.

C'est Havoise de Montmorency, femme d'Ansel de Garlande, quatriéme du nom, et qui n'eut point d'enfans.

Dans la nef est la tombe d'un Chevalier armé, dont l'écusson est

---

1. Piganiol (Description de Paris, Tome I, page 114) va jusqu'à dire qu'Hermieres est un bourg.

effacé de vétusté. Mais on y voit encore ce reste d'inscription en gothique :

Nobilis Anselmus quem continet iste locellus
Terram Possesse possedit Turnomiique,
Justus utrobique......
Qui obiit anno Domini M. CC. octogesimo septimo die Jovis post Pasqua.
Orate pro eo.

C'est sans doute Ansel de Garlande, troisiéme du nom.

On voit aussi dans cette nef la figure de deux Garlandes vêtus d'habits longs, et dont l'écusson est vuide. Leur épée pend à leur côté gauche. Le premier a un lion sous ses pieds. Le second a une couronne de roses.

On croit que l'un des deux est un Ansel de Garlande. Ce sont vraisemblablement les deux fils d'Ansel de Garlande, Seigneur de Possesse et de Tournan, dont on vient de lire l'épitaphe. Celui qui a une couronne est Ansel, son aîné, qui épousa Haoise marquée ci-dessus, dont il n'eut point d'enfans, et l'autre est Jean, son fils puîné, qui mourut avant son aîné, mais en laissant postérité.

Jean Gaucher du Chatel, Ecuyer, sire d'Armainvilliers, par son testament du 15 Octobre 1380, avoit choisi sa sépulture dans cette Eglise. Sa tombe est disparue.

A un pilier de la nef vers le septentrion est attaché un marbre noir gravé en mémoire d'un homme de lettres qui a été assez célébre de son temps, et qui a été inhumé en ce lieu. On y lit : *Jacobus Gutherius in senatu Parisiensi Advocatus, Patricius Romanus, hic beatam spem et adventum magni Dei salvatoris nostri Jesu Christi expectat in misericordia.* Et sur sa tombe qui est auprès, il est spécifié qu'il mourut en 1638, âgé de 77 ans. Son épouse lui survécut de dix ans, et est inhumée près de lui. On apprend par son épitaphe qu'elle s'appelloit *Catharina Argentaria;* qu'elle avoit eu cinq enfans qui se firent Religieux, et qu'elle mourut âgée de 80 ans. L'auteur de l'inscription ajoute ces mots : *Vicinum Brittachium Societati Jesu legavit;* puis il dit qu'il y eut une échange de ce bien, et finit en disant : *Hanc vicissim funebrem ei domum pro domo reposuere Patres Societatis Jesu anno XLIX, Obiit anno XLVIII, Septembris XVII.*

<small>Suppl.deMoreri.</small> Jacques Gouthier [Gouthieres], inhumé dans cette Eglise, étoit natif de Chaumont en Bassigny. L'ouvrage qu'il publia en 1612, intitulé *De veteri jure Pontifico urbis Romæ,* fut si bien reçu à Rome, que le Sénat accorda à l'auteur le titre de Citoyen romain pour lui et poursa postérité, ce qui fut confirmé par Louis XIII. Il y a encore plusieurs autres ouvrages de lui; celui *de Jure Manium* est un des plus estimés. Il fut aussi assez bon Poëte latin, ainsi qu'il paroît par son *Rupella capta,* imprimé en 1628. Gouthier, après

avoir passé quarante ans dans le Barreau avec honneur, se retira à la campagne pour y vivre en repos et s'adonner uniquement à l'étude. Il faut croire que sa maison étoit dans le voisinage d'Hermieres, sur le territoire de Favieres ou de Neufmoutier ou de Pontcarré, et qu'il avoit demandé à être inhumé dans l'Eglise de l'Abbaye. Je n'ai pu deviner ce qu'il faut entendre par le *Brittachium* dont il est fait mention sur la tombe de Catherine l'Argentiere, sa femme. Je crois cependant que c'est une maison dite la Bretêche, qui est dite voisine de l'Abbaye d'Hermieres dans la légende de Jean Poisle, imprimée en 1576, et lui avoir appartenu en conséquence d'un procès fait à une pauvre demoiselle. Legende de M. Jean Poisle, Cons. au Parl. de Par. page 12.

Enfin, on voit dans la même Eglise un Mémorial au sujet de Claude Regnaud, Abbé, qui en a fait refaire la voûte. Il repose et est dit être décédé le 19 Octobre 1641. Les Bulles de cet Abbé Commendataire étoient de l'an 1597.

Le cloître de cette maison a été rebâti de briques. Les jardins en sont spacieux.

Cette Abbaye eut au commencement du XIII siécle consécutivement deux Abbés du nom de Thomas. Du temps du premier, vers l'an 1210, étant bien fourni de Religieux on confia à quelques-uns d'entr'eux le gouvernement de l'Hôpital de la Trinité à Paris, situé dans la rue Saint-Denis. Cet Hôpital resta sous la direction durant trois siécles et demi, pendant lesquels, quoiqu'ils exerçassent l'hospitalité envers les pauvres pélerins, ils se rendirent utiles aux maisons de l'Ordre voisines de Paris, donnant azyle à ceux des Abbés qui craignoient les effets des guerres des Anglois au XV siécle. Mais la ville de Paris ayant eu besoin de cet Hôpital pour une destination plus étendue, les Prémontrés en sortirent l'an 1562, et se retirerent à Hermieres. Jusques-là cet Hôpital avoit passé pour un membre de cette Abbaye.

Sous Thomas II qui étoit de la Maison de Montmorency, s'il est vrai, comme le dit le Nécrologe d'Hermieres, qu'il fut frere d'Haoise, femme d'Ansel de Garlande de laquelle on a vu ci-dessus l'épitaphe [1], un autre Ansel, Seigneur de Tournan, donna à l'Abbaye d'Hermieres au mois de Mai 1237, une déclaration comme la Terre de cette Abbaye n'étoit point dans l'étendue de son fief de Tournan, et reconnut que l'Abbaye a tout droit de justice. Il amortit de plus ce qu'elle avoit dans son fief. Il est aussi fait mention dans les anciens Registres du Parlement d'un bien de cette maison mouvant en arriere-fief de l'Evêque de Paris. Second Livre vert vieil du Châtelet, f. 135. Reg. olim 1301, Jovis post Epiph.

Le Catalogue des Abbés jusqu'à M. Fresson qui l'est aujour-

---

[1]. Ce qui me fait douter qu'il ait été frere d'Haoise, est qu'il étoit Abbé dès l'an 1223, et qu'il mourut en 1247; Haoise au contraire ne mourut que trente-neuf ans après, sçavoir en 1286, suivant l'inscription de sa tombe.

d'hui, ne va que jusqu'au nombre de trente-sept. Mais outre ceux-là il y en a qui sont tombés dans l'oubli. Le dernier Régulier élu fut un nommé Jean du Saussay, qui fut béni le Dimanche 22 Décembre 1521, par François Poncher, Evêque de Paris, assisté de Guy, Abbé de Montebourg, et de Charles Boucher, Abbé de Saint-Magloire, dans l'Eglise du Couvent de la Trinité à Paris, laquelle étoit encore alors occupée par l'ancienne colonie venue de l'Abbaye.

Le premier Abbé Commendataire fut Bernard de Ruthies, qui jouissoit dès l'an 1535. En 1572, le Parlement rendit un Arrêt qui ordonnoit que cette Abbaye seroit réformée, et il y eut un Conseiller député à ce sujet le 9 Août. Primitivement elle avoit été du nombre de celles dont l'Abbé étoit tenu de comparoître aux Synodes Diocésains. On conserve l'excuse par écrit, que l'Abbé Jean envoya, au sujet de son manquement, au Synode d'après Pâques de l'an 1388.

Reg. Ep. Paris. 2 Sept. 1535. Regist. du Parl.

Tab.Ep. in Spir.

En 1681, Louis XIV donna cette Abbaye à Edme Pirot, Auxerrois, Docteur de la Maison et Société de Sorbonne et Professeur Royal, depuis Chancelier de l'Eglise de Paris, et auteur de quelques ouvrages. Ce fut de son temps que l'Abbaye obtint confirmation de l'échange qu'elle avoit faite avec Henri de Beringhen, premier Ecuyer du Roi.

Ibid. 23 Juillet 1683.

Les ravages des guerres sont cause qu'il n'est rien parvenu jusqu'à nous des ouvrages qui pouvoient avoir été composés dans ce Couvent. Il y vivoit au commencement du XIII siécle un *Joannes de Grevia*, frere ou neveu du Chancelier de Paris, Philippe *de Grevia*, duquel on a des ouvrages.

Gall. Chr. T.VII, col. 830.

OZOIR-LA-FERRIERE ou LES FERRIERES

Les différens lieux de France qui portent le nom d'Ozoir ou Ouzoir, et qu'on a écrit quelquefois Ozouer et Ouzouer (et même aussi d'autres fois Auzoir, mais très mal), tirent tous incontestablement leur étymologie du mot latin *Oratorium*. Ces lieux ont commencé par une Chapelle qu'on y a bâtie, auprès de laquelle, par la suite, on est venu habiter. Ce qui empêche de douter de l'origine que je donne d'Ozoir, est que primitivement on l'a écrit *Oroir* en langue vulgaire. Et si pour s'en convaincre l'on n'a pas de titres françois bien anciens pour tous les villages de ce nom qui sont répandus dans le Royaume, il suffit que l'on en ait de quelques-uns. D'ailleurs les titres latins qui sont d'un temps antérieur et les Pouillés, appellent ces lieux du nom d'*Oratorium*, qui naturellement a dû former Oroir, de même que *Dormitorium* a fait Dortoir, *Operatorium* Ouvroir. Ensuite, par adoucissement on a changé la lettre *r* en *z*. Ce qui est arrivé quelquefois en notre langue en d'autres mots. Mais comme il y a en France environ dix ou douze lieux qui portent le nom d'Ozoir ou bien d'Ouzoir, et qu'il y en avoit même un au Diocése de Paris, dans les environs de Chelle, il a été besoin d'employer un terme distinctif pour celui-ci ; et l'usage l'a fait tirer de la forêt dans laquelle il se trouvoit. Or, cette forêt s'appelloit anciennement la forêt de Ferrieres. Imbert, Evêque de Paris, parlant dans une Charte de l'an 1050 d'une Eglise de ces quartiers-là qui est aujourd'hui en pleine campagne, dit qu'elle étoit située *in silva Ferrariensi*. Cette *Cartul. papyr.S.Mauri, fol. 147.* forêt dont l'une des extrémités est vers la Grange-le-Roy, au Diocése de Paris, après avoir fait un circuit en forme de fer à cheval, se termine dans le Diocése de Meaux au village dit Hautefeuille. Le nom de Forêt de Ferrieres qu'elle avoit dans toute la partie qu'on appelle maintenant les Bois d'Armainvilliers, lui venoit de ce qu'elle abondoit en forges de fer, qui étoient des forges à bras. Ce qui est si vrai que lorsque l'on creuse à Ozoir, on y trouve encore beaucoup de machefer. Ce village qui en a tiré son nom avec celui qu'on nomme Ferrieres à la distance d'une lieue et demie delà, étoient les deux endroits où la fabrique de cette matiere étoit plus abondante. Car il faut toujours présupposer une chose certaine, qui est que ces deux lieux qui se trouvent maintenant au dehors de la Forêt, étoient alors entierement dedans. Les Fabriques ou Forges de fer du Diocése de Paris, avoient fait connoître ce canton au XII siécle, de maniere qu'un moine de Saint-Martin de Tournay chargé de découvrir où étoit une Abbaye du nom de Ferrieres, n'en vint à bout étant à Reims, que par le moyen de ces Ferrieres du Diocése de Paris, parce qu'apparemment il s'adressa à quelque Religieux de Saint-Maur-des-Fossés, qui étoit venu comme lui au Concile de Rheims en 1147. Au *Narrat. Restaur.S.Mart. Tornac. Spicileg. in fol. T. II, p. 901.* reste, ce que nous en avons de plus ancien ne passe point le IX siécle. Le premier acte nous apprend que c'étoit l'Abbaye de Saint-Germain-des-Prez qui avoit beaucoup de biens en ce lieu, *Chart.S.Mauri, papyr.* et que son Abbé Hilduin en fit l'échange en l'an 856, pour d'autres biens que Rainard, Abbé de Saint-Pierre-des-Fossez, lui donna, et qui étoient situés à Villepreux *(In Villa porcorum)*.

Il est constant qu'on ne disoit point alors Ozoir-la-Ferriere, mais l'Ozoir des Ferrieres. Guillaume, Evêque de Paris, met dans sa lettre de l'an 1237, *Oratorium Ferrariarum*. Et dans une piéce du Cartulaire de Saint-Maur il est parlé d'une maison contiguë au ruisseau du lieu.

PAROISSE D'OZOIR-LA-FERRIERE

Ce village est à six lieues et demie de Paris, vers l'orient du milieu de l'automne, au bout d'une plaine et à l'entrée d'une autre qui commence après un petit ruisseau. Sa situation est sur un des grands chemins de la Brie qui conduisent en Champagne par Tournan, Rosay, Vaudoué, etc. On n'y voit que des terres labourables avec quelques boccages et prairies. Lorsqu'on est passé le village bâti sur un côteau qui regarde le nord-ouest, immédiatement après on entre dans la forêt qui est aussi tout pays plat sans montagnes. Suivant le dénombrement des feux fourni en 1709, il y en avoit alors 75 en toute la Paroisse. Le Dictionnaire Universel de la France de 1726, dont l'évaluation par habitans ou communians se trouve toujours assez proportionnée à ce dénombrement, y en marque 222. Mais le sieur Doisy qui a fait imprimer en 1745 un nouveau dénombrement de feux de tout le Royaume, n'y en compte que 49.

Il falloit qu'il y eût une chapelle dans ce lieu long-temps avant le regne de Charles le Chauve, puisque dans l'acte d'échange de l'an 856, ci-dessus indiqué, il est appelé simplement du nom d'Oratoire, *ad villam quæ vocatur Oratorium*. Cette chapelle érigée depuis plusieurs siécles en Paroisse, est sous le titre de Saint Pierre. L'édifice n'a rien de remarquable. Il ne se voit de l'ancien du XIII siécle, que quelque reste de colonnes ou piliers du chœur tant d'un côté que d'un autre. Le grand autel fut porté au fond l'an 1724, à l'occasion d'une sacristie que l'on projetta. Dans l'aîle, du côté du midi, qui est unique, se voyent des épitaphes modernes de MM. Parfait et Amyot, dans lesquelles ce lieu est orthographié *Ausoy la Ferriere*, ce qui est contre l'étymologie dont on est assuré. Il y a dans la nef du côté septentrional, proche la chaire à prêcher, l'épitaphe d'un Curé en vers françois, gravée en petites lettres gothiques, et qui pourroit être curieuse; mais l'humidité qui regne de ce côté-là, l'a tellement couverte de mousses, qu'on ne peut presque plus la lire.

Reg. Arch. 24 Aug.

On ignore quel fut l'Evêque de Paris qui donna cette Eglise à l'Abbaye de Saint-Maur; mais on se doute que c'en fut un du XI siécle.

Hist. de Paris, T. III. [p. 22].

Innocent II confirma à l'Abbé la nomination de cette Cure par sa Bulle de l'an 1136. On y lit : *Ecclesiam de Oratorio*. Maurice de Sully dit plus dans ses lettres de l'an 1191, car il y joint l'aitre, la grosse dixme et deux parts dans la menue : *Ecclesiam de Oratorio cum atrio, etc.* Guillaume d'Auvergne qui entra sur le siége de Paris en 1228, ayant pourvu une fois de lui-même à cette Cure au bout de six mois qu'elle étoit vacante, donna acte à l'Abbaye de Saint-Maur, comme il n'entendoit point préjudicier au droit de ce Monastere. Il est de l'an 1237. Aussi le Pouillé de Paris qui

Ex autogr. in Tab. S. Maur.

Chart. S. Mauri

fut rédigé au même siécle marque-t-il : *de donatione Abbatis Fossatensis, Ecclesia de Oratorio*. Les Pouillés imprimés dans le dernier siécle y sont conformes et marquent la dévolution du droit à l'Archevêque à cause de l'union de l'Abbaye de Saint-Maur ; ce qui montre cependant l'inhabileté de celui qui a publié le Pouillé en 1626, est qu'il a traduit *Oratorium Ferrariæ* par ces mots : *l'Oratoire de Ferrare*.

Outre l'Eglise Paroissiale, vrai ancien Oratoire, l'Abbé de Saint-Maur y en avoit un dans son Manoir seigneurial ; le Pape Martin V permit, vers l'an 1430, que l'on y célébrât la Messe. *Chart.S.Mauri, fol. 45.*

La Seigneurie d'Ozoir ayant appartenu de temps immémorial à l'Abbé de Saint-Maur, je ne puis faire ici mention que des circonstances où cette Abbaye s'est trouvée par rapport à quelques Militaires qui y avoient du bien, ou par rapport aux habitans. Le Monastere obtint en 1208 le gain d'une cause au moyen d'une sentence arbitrale donnée au mois de Février par Guillaume Pastorel, Hugues de Baston et Gile de Versailles qui lui adjugerent toute justice à Oroer sur la terre de Guillaume de Glesiere et Philippe, son frere. Depuis ce temps, le même Guillaume *de Gliseria*, Chevalier, voulut que les hôtes qu'il avoit à Ozoir fussent soumis en cas de délit aux usages et coûtumes du pays. Son acte est de l'an 1230. Il est parlé dans d'autres lettres de l'an 1248, données par Odon, Archidiacre d'un lieu d'Ozoir, dit la Fosse-Brunon, et d'une maison que les héritiers de ce Chevalier y avoient, et l'on y spécifie une reddition de devoir, par ces mots *palmeia prœstita* ; ce qui me paroît signifier l'hommage lige rendu entre les deux paumes de mains du Seigneur. En 1248, Ferric *de villa Paacla* dit Briart, Chevalier, reconnut tenir de l'Abbaye un Fief situé *apud Oratorium*. En 1277, Guillaume de Boneuil, homme d'armes, quitta au même Monastere ce qu'il possédoit à Ozoir, moyennant la cession que l'Abbaye lui fit de ce qui lui appartenoit dans l'Isle de Barbiere, proche le même Boneuil-sur-Marne. *Répertoire du Châtel. p. 1249.*
Chart.S.Mauri, Gaign. n. 50.
Ibid.
Ibid., n. 16.
Ibid., n. 23.

L'ancien territoire de cette Paroisse n'est presque connu que par les différens quartiers de Forêt qui la composoient. Il en a un entr'autres qui porte un nom assez singulier, sçavoir : *Foresta quinque solidorum*, quoique quelquefois on l'a appelée *Foresta sancti Ceoldi* qui est un nom de Saint inconnu. On trouve que l'Abbaye de Saint-Maur en fit l'abandon à ses hôtes d'Ozoir l'an 1238, en même temps qu'elle les quitta des corvées du droit appellé *Vantus succi et Baleri* des trois œufs dûs aux Rogations ; mais cet abandon ne leur fut fait qu'à condition qu'ils défricheroient cette forêt et qu'ils la mettroient en culture. Il y avoit aussi eu' une contestation entre le Curé du lieu, nommé *Ibid., n. 21.*

Jean, et l'Abbaye, au sujet de la même Forêt. Les parties s'en rapportèrent à des arbitres l'an 1241, et l'Evêque de Paris, Guillaume d'Auvergne, ratifia l'accord qui fut fait. Un autre canton de la forêt des Ferrieres, étoit appellé *Jarriel*. Il est connu par un acte de l'an 1260, dans lequel Guillaume de *Bosco-Herpini* se reconnut détenteur des bois de ce nom situés en la Paroisse d'Ozoir. Par un autre acte de 1266, Pierre de Marly-la-ville, proche Louvres, Chevalier, et Ade, sa femme, reconnoissent qu'ils jouissent avec Simon de Bandeville, Chevalier, et Dreux de Morcent, aussi Chevalier, de cent arpens de bois qui leur viennent du côté de leurs femmes et qu'ils disent situés *apud Oratorium la Ferriere*, lieu dit Jarriel dans la censive de Saint-Maur. Un autre titre de l'an 1272, désigne la situation de ce lieu de Jarriel entre Ozoir et Tournan ; c'est en parlant des deux cents arpens de bois, que Philippe, Abbesse de Saint-Antoine-les-Paris y avoit achetés, à l'occasion de quoi elle étoit redevable à Saint-Maur d'une somme de trente sols.

Chart.S.Mauri, n. 21. Gall. Chr. T. VII, col. 98.

Chart.S.Mauri, n. 16.

Ibid., n. 18.

Ibid. Gall. Chr. T. VII, col. 901.

Le Roi possédoit au XIV siécle dans les bois d'Ozoir, vingt-quatre arpens qui avoient appartenu à un nommé Jean Billouart ; comme ils convenoient à l'Abbaye de Saint-Maur, Charles V les lui donna en 1362, pour d'autres biens. Ils n'avoient été prisés que treize livres.

Reg. des Ch. 92, n. 123.

Le voisinage de la forêt a été cause que de toute ancienneté il s'est fait beaucoup de charbon à Ozoir. Une Ordonnance de l'an 1270, porte que du charbon de ce lieu qui venoit en sacs à Paris, le Voyer en avoit deux sacs.

Brussel, Traité des Fiefs, T. II, p. 741.

Comme l'Archevêque de Paris, par le moyen de la réunion de l'Abbaye de Saint-Maur à sa mense, étoit devenu Seigneur d'Ozoir, M. de Perefixe, Archevêque, s'intéressa dans le dernier siécle à procurer quelque avantage à ce village. Il obtint en 1668 des Lettres-Patentes, qui portoient l'établissement dans ce lieu de deux Foires par an, et d'un marché par semaine. Quoiqu'elles ayent été enregistrées en Parlement le 3 Septembre de la même année, on ne voit pas qu'elles eussent leur effet. Sur l'opposition des Chanoines d'Hiverneau, le Parlement avoit réglé le 23 Juillet 1678, que les deux Foires d'Ozoir se tiendroient les deux jours du mois de Septembre qui suivroient la tenue de celle de Montétif à eux appartenante, et le lendemain de la Saint-Pierre, Fête Patronale du village.

Tiré de l'Arrêt imprimé en placard.

On m'a assuré que les Ecarts de cette Paroisse sont, vers le midi : la Grange-Bel-air, la Tuillerie ; vers le couchant, les Agneaux ; vers le nord-ouest et nord-est, la Doute, la Planchette, la Pointe-le-Roy.

La Grange-Bel-air appartenoit en 1643 à Etienne Quentin, Chevau-leger.

Reg. Archiep.

Les Agneaux, ou plutôt les Auneaux, étoient en 1644 une Seigneurie de Simon, Chevalier, Lieutenant-Général du Château du Louvre. *Reg. Archiep*

La Pointe-le-Roy étoit en 1624 à René Pavin, Secrétaire du Roi, et à Isabelle du Haulquet, sa femme. Et en 1697 elle appartenoit à M. le Comte de Montgeorge.

La Chanoinerie et la Marchaudiere ne sont pas marquées dans les Cartes. Les Archidiacres de Brie en ont quelquefois fait mention dans leur Registre de visite, à l'occasion des Chapelles domestiques qui y étoient.

LEZIGNY

On ne peut point douter que le nom de ce lieu ne soit un nom Romain défiguré. Quelques anciens titres de l'Abbaye de Saint-Maur l'appellent *Lisiniacum*. L'Auteur du Pouillé de Paris, écrit au XIII siécle en latin, ne latinise point le nom de ce village, mais se contente de l'écrire en langage vulgaire, et il met simplement *Lisigni*. Ainsi la prononciation présente de Lisigny, par laquelle on change le premier *i* en *e*, n'est que pour éviter les trois *i* successifs, et elle ne doit point préjudicier à l'étymologie qui se tire naturellement de *Licinius*, nom Romain, qui a été porté par un Empereur au commencement du IV siécle, et par plusieurs Romains avant lui et depuis lui. Ce qui montre encore l'origine Romaine de cette habitation, est de ce que sur son territoire il reste actuellement un hameau et Château appellé Romaine. Il reste donc évident que Lezigny ou Lesigny est une altération du nom latin *Liciniacum*, et que s'il y a dans l'Angoumois des lieux dits Lezignac, et dans l'Anjou un Lezigné, dans le Poitou un Lezigny, tous ces lieux doivent avoir été dits primitivement *Liciniacum à quodam Licinio*.

Lezigny au Diocése de Paris ne se trouve cependant point dans les titres que depuis cinq à six cents ans. Mais il pouvoit être nommé dans ceux que l'Abbaye de Mont-étif a perdus. Cette Abbaye étoit sur son territoire, et n'a pu conserver aucun de ses anciens monumens. Ce village est placé au bout de la vaste plaine qui du côté de Paris commence à Sucy et à Boissy-Saint-Léger : il a du côté du midi la vue sur un vallon très-agréablement varié de ruisseaux[1], prairies, arbres de toutes les especes ; ce qui fit que quel-

---

1. Un titre de 1535 fait mention d'un grand étang qui y étoit alors, et d'un autre à Romaine en 1525.

ques Seigneurs y construisirent un Château dont il sera parlé ci-après. Il est vrai qu'en venant du côté de Paris la plaine n'est que des bruyeres en grande partie, et c'est seulement du côté du couchant; mais dans les autres côtés il y a de fort bons labourages et d'excellentes prairies. A l'égard de la vigne elle n'y est gueres connue. On ne doit faire aucun fond sur ce que marque le dénombrement de l'Election de Paris de l'an 1709, qui marque 70 feux à Lesigny. Il est évident qu'il y a une erreur de chiffre dans l'imprimé, puisque le Dictionnaire Universel du Royaume, publié en 1726, n'y reconnoît que 92 habitans ou communians. Le dernier Dénombrement qui a paru imprimé en 1745 sous le nom du sieur Doisy, se contente de marquer vingt feux en toute cette Paroisse. Lorsque j'y passai, en 1739, on m'assura qu'il y en avoit trente ou environ. Il y a dans ce village une rue dont les maisons sont alignées, avec une porte; ce qui fut fait par les soins des Seigneurs lorsqu'ils embellirent le Château.

Saint Ion ou Yon, Prêtre et Martyr, du Diocése de Paris, de la fin du III siécle, est Patron de l'Eglise de Lezigny. Les Reliques de ce Saint sont conservées en partie à Notre-Dame de Corbeil, et en partie à Châtres dit Arpajon. Il est hors de doute que les Evêques de Paris en ont déposé aussi en cette Eglise dans le temps de sa premiere Dédicace, et peut-être aussi dans celui de la seconde. Car l'édifice, tel qu'il est aujourd'hui, n'est que du regne de François Ier. Il est en forme de Chapelle oblongue, sans collatéraux, bien voûté en pierre, et surmonté d'une fléche couverte d'ardoise qui est apperçue de fort loin. François Poncher en fit la Dédicace le 5 Juillet 1523, suivant cet extrait d'un Registre de l'Archevêché : *Die Dominica quinta Julii an. 1523 Dominus Parisiensis Episcopus dedicavit Ecclesiam Parochialem de Lesiniaco sub invocatione S. Yonii Martyris, ac quatuor altaria in eadem existentia sub forma Ecclesiæ consueta dedicavit et consecravit, præsentibus ibidem Magistris Johanne Des Fossez Pœnitentiario, Stephano Leger, Guillelmo Chedeville Eccl. Paris. Canonicis cum pluribus aliis.* Il est étonnant que la Relique qui est conservée dans cette Eglise et renfermée dans un bras de bois doré élevé au-dessus du tableau du Grand-autel, ne soit pas reconnue comme de Saint Ion, et qu'on lui donne le nom de Saint Léonard comme l'authentique en est perdu, peut-être que par la confrontation avec les Reliques de Corbeil et de Châtres on reconnoîtroit qu'elle est de Saint Ion. Les guerres ont tellement affligé ce pays-là sur la fin de l'avant-dernier siécle, que l'on avoit même oublié le jour de la Dédicace. L'Abbé Chastelain avoit cru que la figure équestre de S. Martin qu'il avoit apperçue sur la porte de cette Eglise, étoit pour indiquer qu'elle avoit été dédiée le 4 Juillet, jour de la Translation de ce Saint.

Registr. ab anno 1518 ad 1525, f. 1033.

Voyages mss. de 1703.

On voit par la date ci-dessus qu'il s'est trompé d'un jour. C'est par inadvertance que dans le Registre de 1569 cette Eglise est appellée *S. Dionysii de Leʒigniaco*. Il reste sous la lampe du chœur une tombe qui porte cette inscription :

Cy gist venerable homme Jehan Lordereau Ecuyer sieur de la Roche en Foreʒ, Capitaine pour le Roy sur les mers de Ponant et de Levant, qui décéda le 15 Août 1500.

La nomination de cette Cure est dite dans le Pouillé écrit au XIII siécle, appartenir à l'Abbé *de Monte-œstivo*, c'est-à-dire de Mont-étif. Ainsi s'exprimoit-on vers l'an 1210, l'Abbaye d'Iverneau n'ayant pas encore alors succédé à celle-là. Il y a toute apparence que ce fut par Maurice de Sully, Evêque de Paris, qui se disoit Fondateur de Mont-étif, que les Chanoines Réguliers furent gratifiés de cette Cure, puisque cette Abbaye de Mont-étif étoit construite sur le territoire même de la Paroisse de Lezigny. Dom Beaunier dit dans son Pouillé, que l'Autel de cette Paroisse étoit dans la nef de l'Abbaye d'Iverneau avant sa désolation : mais il se trompe. L'Eglise de Lezigny a toujours été différente de celle d'Iverneau. Ce qui reste d'anciennes collations, dont une est de l'an 1478, parle de la Cure et du Curé de Lezigny, comme de choses séparées de l'Abbaye, et durant une longue suite d'années, depuis 1503 et un peu auparavant, ces Curés sont en perpétuels procès avec les Abbés et la Communauté pour raison des dixmes ; d'où l'on doit inférer qu'ils avoient leur Eglise et leur Presbytere au village de Lezigny. On a une Sentence de l'Officialité de Paris du 4 Avril 1499, par laquelle Benoît Gerbauld, Chanoine Régulier d'Ivernel et Curé, ou plutôt Vicaire perpétuel de Lesigny, est condamné de restituer à l'Abbé et aux Religieux ce qu'il avoit perçu des dixmes. Il y avoit un Curé à Lesigny dès l'an 1386. Dans les Registres de l'Officialité de Paris il est fait mention d'un nommé Thomas Fatort, Curé de ce lieu. Cela sent bien un Curé qui est hors du cloître, et qui est domicilié près de son Eglise. Enfin on lit dans les Registres de l'Archevêché au 18 Juillet 1505, une permission donnée par l'Evêque aux Paroissiens de Lesigny, de faire bénir ou réconcilier par le premier Evêque Catholique un ancien cimetiere voisin ou contigu à leur Eglise. Voilà qui prouve clairement que la Paroisse n'étoit alors ni même antérieurement dans l'Eglise de l'Abbaye. Il est constant d'un autre côté que les dixmes de la Paroisse de Lesigny appartenoient à l'Abbaye d'Iverneau. Il en reste quelques baux ; mais en 1677 l'Abbé en fit cession au Curé, et il ne s'est retenu que le droit de patronage ou de présentation à ce Bénéfice.

Il y eut en 1696 une transaction entre le Curé et les Chanoines

<small>Pouillé des Bénéf. Roy.</small>

d'Iverneau. Le Curé céda à ces Religieux le droit d'administrer les Sacremens à leurs domestiques et celui de les inhumer. Mais à l'égard des pensionnaires de l'Abbaye, il fut convenu qu'à Pâques, les Religieux demanderoient au Curé la permission qu'ils y fissent leurs Pâques, et que le Curé leur fourniroit les pains à consacrer suivant le nombre, et qu'à leur tour les pensionnaires présenteroient à la Paroisse par un d'entr'eux le pain à bénir ; qu'à l'égard des dangers de mort, le Curé administreroit les Sacremens à ces pensionnaires, les inhumeroit, et recevroit les droits funéraires.

<small>*Ex Sched. de Heran.*</small>

Le plus ancien Seigneur de cette Paroisse dont j'aie eu connoissance est Robert de Lesigny, qui engagea vers l'an 1200 aux Chanoines de Mont-étif une redevance de grain. De-là il faut venir au XV siécle, à la fin duquel est Louis Poncher, Secrétaire du Roi, en 1482. Il est aussi qualifié Seigneur de Mincy ou Mancy. D'autres Mémoires disent qu'il étoit Trésorier de France vers l'an 1500, qu'il avoit épousé Robine le Gendre, et qu'il fut frere d'Etienne Poncher, qui d'Evêque de Paris fut élevé à l'Archevêché de Sens.

<small>*Hist des Gr.Off. T. VI, p. 440 et 450.*</small>

Charlotte Poncher, sa fille, Dame de Lesigny, épousa Nicolas Briçonnet, Général des Finances en Bretagne. Vers l'an 1533 elle est dite veuve de Geoffroy de la Croix, Baron de Plancy. Je ne sçai s'il faut lui attribuer ce que l'on trouve dans l'Histoire de Paris, qu'en 1558 la Dame de Lesigny fut l'une de celles qui furent choisies pour assister à l'Hôtel-de-Ville au festin qui fut donné au Roi le Jeudi gras.

<small>*Mem. Cam. Comp. à 1532, à 1536.*</small>

Nicolas de Pierre-vive lui succéda, selon quelques-uns, dans la Terre de Lesigny. Il étoit Maître-d'Hôtel ordinaire du Roi. Sa fille avoit épousé en 1516 Antoine de Gondi. D'autres Mémoires portent que ce fut Anne de Pierre-vive, Chambellan de Monsieur frere du Roi, Trésorier des bâtimens de Sa Majesté, qui acquit cette Terre de l'héritiere du sieur Poncher. Il en jouissoit vers l'an 1560[1]. Ce fut lui qui bâtit le Château que les Seigneurs suivans augmenterent.

<small>*Hist. des Gr.Off. T. III, p. 893.*</small>

Jeanne Clausse étoit Dame de cette Terre en 1574.

<small>*Tabul. S. Jac. Alti pass.*</small>

Charles de Pierre-vive, premier Maître-d'Hôtel du Roi, Chevalier de l'Ordre de Saint-Michel, étoit Seigneur de Lesigny vers 1580.

<small>*Hist. des Gr.Off. p. 393.*</small>

Concino Concini, Gentilhomme Florentin, plus connu sous le nom de Marquis d'Ancre et de Maréchal d'Ancre, acquit cette Baronie au commencement du dernier siécle. Il en augmenta et

---

1. On voit dans les Registres du Parlement aux 31 Décembre 1539 et 16 Avril 1540 le Seigneur de Lesigny, Trésorier de France, apporter quelqu'ordre au Parlement de la part du Roi. Je trouve aussi dans l'inventaire des titres de l'Archevêché, qu'en 1563 Charles de Pierrevive, Seigneur de Lesigny, eut de l'Abbaye de Saint-Maur la Terre de Ferroles ; ce que l'Evêque approuva le 4 Octobre de cette année.

embellit le Château. La permission d'y faire célébrer n'est que du 30 Juin 1615. Après sa mort tragique, arrivée en 1617, le Roi Louis XIII la donna à M. de Luynes, depuis Connétable de Luynes, qui y fit encore plus d'embellissemens. On tient que ce Prince y tint quelques Assemblées ou Assises sur un canal.

La Marquise de Carman de Bretagne l'acheta depuis de ce Connétable : elle en jouissoit vers l'an 1650, et la revendit à Claude de Boileve, Intendant des Finances, dont la fille Gabrielle épousa François de la Forêt d'Armaillé, Conseiller au Parlement de Bretagne.

Aujourd'hui c'est son petit-fils qui est Seigneur de Lesigny.

La vue et perspective du Château fut gravée vers l'an 1649 par Israël, qui l'appelle Lusigny. Il est fort varié en pierres et en briques, et c'est apparemment parce que plusieurs Seigneurs y ont fait travailler, que l'Abbé Chastelain, bon connoisseur, n'y trouvoit pas de régularité. Il se contente de dire que l'avant-cour est belle et en hémicycle, terminé par deux pavillons à jour. Recueil d'Estampes

Une grande partie de cette Terre, et notamment le Château, releve en plein fief de la Tour et Chapelle Saint-Jean et Saint-Denis du Château de Brie-Comte-Robert. Mém. sur Brie. Dénombr. du revenu de la Chap. S. Denis.

Les Ecarts de la Paroisse de Lesigny sont en assez grand nombre. Il y a Romaine-sous-Carrieres, la Jonchere, le Buisson, Montétif et Hivernau, la Maison-blanche, auxquels on peut ajouter Fresnoy et Chalus. Je parlerai seulement des plus mémorables.

ROMAINE est un lieu ancien, ainsi que son nom le désigne. Quelques titres du temps de Saint Louis en font mention. Un Etienne *de Romana*, Clerc, donna des biens à l'Abbaye de Saint-Maur en 1238. Six ans après, Etienne, Prêtre *de Limigniaco*, donna au même Monastere un pré situé *apud Romanum* dans la censive de cette Abbaye. Sous François Ier, Tristan de Reilhac, Conseiller au Parlement, étoit Seigneur de Romaine. Après sa mort, en 1533, Pierre d'Apestigny, Général de Bourgogne, se fit adjuger ses biens ; et Sidoine Lapite, sa veuve, s'opposa à l'adjudication de la Terre de Romaine, de laquelle toutefois il rendit hommage en 1534 à Jean Budé, Seigneur d'Hierre. On ignore comme cette Terre de Romaine étoit advenue au Cardinal de Lorraine. Il est certain qu'il la possédoit en 1559, puisque le 29 Mars de cette année il la donna à Eustache du Bellay, Evêque de Paris, par échange des droits Seigneuriaux que cet Evêque avoit sur Chevreuse, et la lui céda franche et quitte de toute mouvance, ce don étant pour le dédommager de la perte de la mouvance de Chevreuse[1]. Le petit Romaine, Chart. Foss.

Tab. Ep. Paris.

---

1. On a raconté cela un peu autrement dans l'Histoire des Grands Officiers (T. IV, p. 346), mais je parle d'après les titres.

qui n'est qu'une ferme sur la Paroisse de Ferroles, y fut joint avec la Bercosse de la Paroisse de Pontaul. On observe que Dreux Budé et Pierre Budé freres, Seigneurs d'Hierre, et Jacqueline de Bailly aussi Dame d'Hierre, exigerent de Guillaume Viole, Evêque de Paris, successeur d'Eustache du Bellay, les droits de quint et requint: mais en vain. En 1632, le 18 Juillet, l'Archevêque de Paris donna les deux Romaines à François de Montdesert, Maître des Requêtes, moyennant 520 livres de rente. Dix ans après, M. de Montdesert et adjoints vendirent cette Terre à Antoine l'Arragonois, Trésorier des Gardes de France, moyennant 30000 livres, à la charge de donner à l'Archevêque une maison de la valeur de 520 livres de rente. En 1663 les héritiers propriétaires de cette Terre, la remirent au Receveur de l'Archevêché, à cause des arrérages de la rente de 520 livres. Depuis ce temps-là l'Archevêque y vint quelquefois; et de-là vient que l'on trouve des actes de M. de Perefixe datés de ce lieu le 12 Juillet 1665: *Datum in nostro Romanæ castro in Bria.* Cette maison est à présent tenue par des particuliers à bail emphytéotique avec les terres et droits qui en dépendent. Quelques Seigneurs d'Hierre des derniers temps avoient voulu encore agir contre l'Archevêque. Mais M. de Chauvelin renonça en 1736 à la prétention de toute mouvance. Le Comte de Saxe est un de ceux qui ont joui durant ce présent siécle du Grand Romaine.

<small>Tab. Ep. Paris.</small>

Entre les deux Romaines est une fontaine qui dégorge des perches par son ouverture. Ces poissons peuvent venir du cours souterrain de la riviere d'Hierre, ou de celle de Tournan qui s'engouffre à Villegenard et ailleurs.

SOUS-CARRIERE est un fief qui porte le nom de sa situation au-dessous d'une carriere. On en trouve quelques Seigneurs depuis plus de cent ans, sçavoir Maximilien Granger, Maître des Requêtes. Il cessa de l'être en 1611, et vendit à Nicolas Michau, beau-pere de Pierre de Bellegarde, à qui la Terre passa par donation.

Ce Pierre de Bellegarde étoit qualifié Marquis de Montbrun et de Chambellan de Philippe, Duc d'Orléans, frere de Louis XIV.

N..... de Fieubet possédoit Sous-Carrieres en 1660. François du Vau, Trésorier de la Reine, et Louise Marchais, sa femme, en 1676. Ensuite leur fils, qui étoit Colonel d'un Régiment de Cavalerie.

N..... Le Maistre, Auditeur des Comptes, Jean-Baptiste Bosc, Procureur Général de la Cour des Aydes, fils de M. Bosc, Prévôt des Marchands.

On marque que depuis il a appartenu à M. Boulet, Payeur des Rentes.

LA JONCHERE a été possédée par Pierre de la Porte, Conseiller d'Etat, Maître d'Hôtel et premier Valet de Chambre du Roi dans le siécle dernier, et ensuite par Antoine Jossier, Trésorier de l'Extraordinaire des guerres. Il l'étoit en 1656. Perm. de Chap. dom. du 9 Juin.

LE BUISSON est mentionné dans le Cartulaire de Saint-Maur de l'an 1284, parce que cette Abbaye y possédoit alors quelques arpens de terre : *In Buissono vij arp*.. La ferme que l'Abbaye d'Hiverneau y avoit, fut aliénée par l'Abbé en 1545, ou par échange, ou à la charge de cens et rentes à Nicolas l'Allemant. Chart. S. Mauri, Art. de Oratorio. Reg. Ep. Paris. 9 Mart. 1546.

Je crois pouvoir ajouter à tous ces lieux celui de VILLARCEAU, marqué dans les Cartes entre Lesigny et Romaine. Il appartenoit en 1608 à Favin Gueffier, Avocat du Roi au Châtelet, et on l'écrivoit alors Villarcel. L'Abbé Chastelain qui l'écrit Villarseau, y vit en 1684 un Château dont le parc étoit bien diversifié et avec de belles palissades, mais sans eau et sans vue. FRENOY, qu'on appelloit anciennement Gratepelle, est un fief dépendant de Saint-Jean en l'Isle de Corbeil. On n'y voit plus aucune maison. Perm. de Chap. dom. 27 Juin.

MONT-ETI est au nord-est de Lesigny, à la distance de trois quarts de lieue. Les titres du XII siécle l'appellent *Mons Æstivus*. Il est en effet sur une petite éminence, et éloigné de toutes fontaines et ruisseaux, mais en bon air. Il y a apparence que ce petit tertre n'a été nommé *Æstivus*, que relativement à une petite élévation ou côteau situé immédiatement au-dessus de la prairie arrosée par le ruisseau de Rouillon et situé au sud-ouest de Lesigny, lequel côteau a pu porter dans les mêmes temps le nom de *Mons hibernalis*, quoiqu'il ne soit connu que depuis le commencement du XIII siécle, et encore simplement sous le nom d'*Ivernalis* ou *Ivernale*.

Ce qui rend ce lieu de Mont-étif mémorable, est une Abbaye de Chanoines Réguliers qui y fut fondée dans le XII siécle. La plus ancienne Charte qui fasse mention de ce Monastere, est de Maurice de Sully, Evêque de Paris, qui s'appliqua fort à fonder, ou faire fonder, réparer ou faire réparer des Communautés Religieuses dans son Diocése. Quoique ma coutume ne soit point de donner des titres en entier, je joins ici cette Charte, parce qu'elle n'est point au *Gallia Christiana*. Elle est relatée dans un Vidimus fait par un Notaire à Brie-Comte-Robert le 14 Octobre 1552, à la réquisition d'Anseau le Neveu, Abbé d'Hiverneau.

Ab antiquis ad modernos utilis descendens consuetudo ratioque præstantior usu edocet litteris designari quicquid labili memoriæ volumus perpetuo commendare. Hujus rationis intuitu ego Mauricius Parisiensis Episcopus notum fieri volumus universis tam præsentibus quam futuris novam Ecclesiam de Monte estivo sub protectione Ecclesiæ Parisiensis et nostra successorumque nostrorum fundatam esse, et quicquid in præsenti tempore possidet et in futuro largitione Principum, donatione Pontificum et oblatione fidelium poterit adipisci, tam in decimis novalium quam in decimis animalium et aliis rebus eidem Ecclesiæ quiete et pacifice possidendum nos concessimus : addito quod nulli Canonicum Ordinem qui in eodem loco primitus institutus esse dignoscitur liceat permutare, nec alicui in rebus ejusdem Ecclesiæ violentas manus liceat extendere. Verum si de rebus ad Ecclesiam eamdem pertinentibus aliquam adversus eumdem fieri reclamationem vel aliquam in posterum calomniam contigerit ab aliquo moveri, ante præsentiam nostram vel successorum nostrorum veniat jus suum mediantâ justitiâ consecuturus. Si quis autem huic laudabili statuto nostro ausu temerario præsumpserit obviare, noverit se indignationem omnipotentis Dei incurrisse, et nisi resipuerit, anathematis sententia perpetuo damnandum esse.

On ne voit rien dans cette Charte qui oblige de croire que l'Evêque Maurice ait fondé cette Abbaye à ses dépens. Il en faut seulement inférer que c'est lui qui aura déterminé les fondateurs à y mettre des Chanoines Réguliers, et qui les y aura placés de son autorité. Voici une Bulle que le Pape Clément III, qui siégea depuis 1188 jusqu'en 1191, lui adressa en réponse à sa Requête, au sujet de quatre Abbayes fondées de son temps dans son Diocése :

Clemens..... Mauritio Paris. Episcopo. Justis petentium desideriis dignum est nos facilem præbere consensum et vota quæ à rationis tramite non discordant effectu prosequente complere. Ea propter, venerabilis in Christo Frater, tuis postulationibus annuentes, Abbatias Herjvallis, Hermeriarum, Montis-estivi, de Gif, quas de novo diceris construxisse sicut canonice et sine controversia possides auctoritate [tibi] Apostolicâ confirmamus, et præsentis scripti patrocinio communimus; statuentes ut nulli omnino hominum [liceat], etc. Datum, etc.

Bibl. Reg. cod. Cette Bulle n'est pas plus au long dans le petit Cartulaire de l'Evêque de Paris [1].

L'Abbaye de Mont-étif est marquée ici la troisiéme, conformément sans doute à l'exposé de l'Evêque. Ainsi, comme celle d'Herivaux et d'Hermieres n'ont pas été dotées par lui, il doit en être de même de celle de Mont-étif. On sçait par l'Histoire que cet Evêque étoit né sans patrimoine, et qu'il n'a été en état de bâtir Notre-Dame et de faire du bien à différentes Maisons Religieuses, que par les aumônes des Fideles et par ses épargnes. Comme les Sires de Garlande étoient de puissans Seigneurs à Tournan et aux environs, et qu'ils ont beaucoup contribué à doter l'Abbaye d'Hermieres, qui n'est qu'à une lieue et demie de Tournan, ils ont pu en faire de même à l'égard de celle de Mont-étif qui n'en est qu'à deux lieues, et qui étoit précisément sur le grand chemin de Tournan à Paris. Mais comme nonobstant les grands biens donnés à Hermieres par les Garlande, Louis le Jeune et la Reine Adele,

---

1. M. Guérard a placé cette Bulle dans le Cartulaire de l'Evêque. (Cartul. de N.-D., T. I, p. 33.) — (Note de l'éditeur.)

son épouse, passent pour en être fondateurs en partie, il en est de même de celle de Mont-étif qui a dû dès son origine être gratifiée par ce pieux Prince et par cette pieuse Reine de quelques fonds, à la priere du zélé Prélat, Maurice de Sully. C'est en mémoire de ces dons du Roi, que l'Abbaye d'Hiverneau, laquelle n'est autre que celle de Mont-étif changée de place, porte dans ses armoiries une fleur de lys.

Il n'est rien parvenu à notre connoissance des biens donnés à l'Abbaye de Mont-étif dans ces premiers temps, sinon la donation de deux sextiers de grain que Raoul de Combeaux, Chevalier, lui assigna sur la dixme de Chenevieres, outre les deux muids dont il lui avoit fait un engagement sur le même territoire. De laquelle chose il y eut un acte solemnel appuyé de cautions très-qualifiées suivant l'usage d'alors, et qui fut confirmé par Maurice, Evêque de Paris. On trouve après cela qu'au commencement du XIII siécle cette Abbaye possédoit à Paris, dans la Cité rue d'Enfer, un four que lui avoit vendu Jean de Sully, et que Eudes de Sully, Evêque de Paris, racheta en 1207 la somme de cent trente livres, pour doter les Chapelains de Saint-Denis de la Chartre. *Chart. Ep. Par. Bibl. Reg.*

On ne connoît non plus qu'un seul Abbé de cette Maison, nommé Nicolas, lequel vivoit aussi en 1207. Il n'est pas impossible qu'il ait été le premier Abbé de ce lieu, en plaçant la fondation vers l'an 1170. *Gall. Chr. T. VII. [col. 331].*

Après sa mort, et au moins avant l'an 1218, cette Abbaye de Mont-étif fut transférée dans la vallée à une lieue de-là, sans sortir du territoire de la Paroisse de Lesigny. On n'en sçait point les raisons : la disette d'eau put y contribuer ; quelque incendie qu'elle essuya ; le voisinage du grand chemin de la Brie que l'on voulut peut-être aussi éviter. La perte des anciens titres oblige de conjecturer là-dessus.

Il y a plus d'apparence que ce fut quelque incendie, et qu'au lieu de réparer le Monastere de Mont-étif, on acheva de le démolir, et qu'on se servit des matériaux pour le rebâtir dans la vallée d'Hiverneau, sur le bord du ruisseau et de la prairie, lieu qui étoit de la dépendance. On se contenta donc de bâtir à Mont-étif une petite Chapelle qui eut le nom de Prieuré, et dont il y avoit un Prieur en 1416. Elle est sous le titre de la Sainte Vierge, ainsi que l'Abbaye. Les fondations de l'ancienne Eglise subsistent encore dans terre à plus de quatre toises par-delà cette Chapelle, tant au-devant que par derrière. A douze toises de ces fondations vers le couchant se voit un beau et profond puits, qui fut celui du préau ou jardin du Cloître. Le jour de la Nativité de la Vierge, les Chanoines Réguliers d'Hiverneau viennent y faire l'Office, et les deux jours suivans. On y célébre aussi la Messe en d'autres Fêtes de la Vierge. Les Paroisses voisines y viennent en procession aux Rogations, dans les temps de calamité et pour diverses dévotions.

Le Roi Louis XII, à la prière des Abbés et Religieux d'Hiverneau, accorda qu'il se tînt en ce lieu une Foire le 8 et le 9 Septembre, par Lettres données au Bois de Vincennes au mois de Juillet 1512. L'Almanach Royal de Paris et autres Livres où elle est indiquée, sont très-fautifs là-dessus. Les uns marquent : *Foire de bestiaux à Montely près Brie-Comte-Robert* ; les autres mettent : *Monteti, ferme dans un champ près Brie-Comte-Robert, Foire de bestiaux*, etc. Dans un autre Ouvrage plus important on écrit que c'est à Auxoirs-la-Ferriere que se tient cette Foire de plusieurs jours du mois de Septembre. Mont-étif est à deux lieues de Brie-Comte-Robert, et à environ une lieue d'Ozoir-la-Ferriere.

<small>Bann. du Chât. Vol. I, f. 462.</small>

<small>Alman. Royal. Concord. des Brev. p. 213.</small>

<small>Gall. Chr. T. VII, col. 331.</small>

Ceux qui ont avancé que la Chapelle de Mont-étif est au milieu des champs, n'ont aussi dit vrai qu'en partie. Il y a tout auprès une maison bourgeoise appellée le Pavillon de Mont-éti, et la ferme de la Bourbonderie, toutes deux appartenantes à la Communauté d'Hiverneau. Presque attenant cette ferme est le Château de Romaine dont j'ai parlé ci-dessus.

L'Auteur du Cartulaire de Saint-Maur-des-Fossés, rédigé en 1284, dit qu'alors cette Abbaye possédoit cent dix arpens *in Monte-estivo*.

<small>Notit. Gall. p. 424, col. 1.</small>

M. de Valois s'est trompé sur ce lieu en l'appellant Montivier. C'est dans ce même lieu que demeurerent d'abord les Camaldules que M. le Duc d'Angoulême fit venir d'Italie en France l'an 1640. Voyez ce que j'en dis à l'article d'Hierre.

<small>Placard.</small>

En 1668 le Roi donna des Lettres-Patentes, portant Réglement au sujet de la Foire établie à Montétif. On y ordonne que la Foire qui s'y tenoit le 8 Septembre, jour de la Nativité de Notre-Dame, sera tenue le 9 et 10ᵉ jour du même mois. Les mêmes Lettres portent pareil Réglement pour la Foire d'Auzouer.

IVERNAU ou HIVERNEAU, ABBAYE

C'est non-seulement la proximité d'Hiverneau et de Mont-étif qui fait juger que ce n'est qu'une même Abbaye qui a changé de nom en changeant de lieu ; mais encore de ce que l'on voit le nom d'Abbaye de Mont-étif cesser lorsque celui d'Abbaye d'Hiverneau commence à paroître.

Le premier monument où l'Abbaye d'Hiverneau, *de Ivernali*, se trouve nommée, est le testament de Pierre de Nemours, Evêque de Paris, de l'an 1218. En voici les termes : *Abbatiis Hermeriarum de Ivernel et de Footel et de Gif, et de Valle profunda, et de Porreio, cuilibet centum solidos pro nostro anniversario faciendo.*

On voit par là clairement qu'elle est plus ancienne que le regne de S. Louis ; et de fait, elle avoit un Abbé dès le commencement de son regne, puisqu'on le trouve dès l'an 1129 mettant son Abbaye en société de prieres avec celle de Chaage proche Meaux. Au reste, rien n'empêche de croire que si l'ordre que Louis VIII donna par son testament, de bâtir une nouvelle Abbaye de l'Ordre de Saint-Victor en l'honneur de Notre-Dame, n'étoit pas pour exécuter la disposition testamentaire de Philippe-Auguste de l'an 1222, qui portoit que cette Abbaye de l'Ordre de Saint-Victor fût établie proche du Pont de Charenton, rien, dis-je, n'empêche de croire que le prix des pierres précieuses et de l'or des couronnes ou autres joyaux de Louis VIII, n'ait été employé pour doter de nouveau l'Abbaye des Chanoines Réguliers de la Paroisse de Lesigny, qui depuis dix ans ou environ avoit été rebâtie à neuf dans le lieu d'Hiverneau. On croit aussi que cette Maison observoit la même regle qu'à Saint-Victor de Paris, quoiqu'il n'y en ait rien dans la Charte de l'Evêque Maurice pour Mont-étif, ni dans aucun monument du XII ou XIII siécle. C'est une tradition que je voudrois voir établie sur un autre fondement que sur un Nécrologe de la composition du Pere Gourdan, et dont il seroit à souhaiter que l'Histoire de l'Abbaye de Saint-Victor, écrite dans le dernier siécle, eût donné des garans pris de l'un ou de l'autre de ces deux siécles. Mais en attendant, il faut se contenter de ces deux lignes du Nécrologe de cette Abbaye, écrit après le milieu du XIV siécle : *XVII Cal. Decembris obiit Frater Anselmus quondam Abbas de Hiverneto Canonicus noster professus.* On n'a aucun acte qui détermine en quelle année vivoit cet Anselme, Abbé d'Hiverneau, Profez de Saint-Victor. C'est simplement sur l'autorité de Malingre qu'on le place vers l'an 1260, quoiqu'il puisse être également placé depuis l'an 1290 jusqu'à l'an 1350, que le Catalogue des Abbés d'Hiverneau reste vuide. Je trouve cependant qu'en 1357 il y eut un accord entre Barthelemi de Langres, *de Lingonis*, et l'Abbé d'Hiverneau. Les Registres du Parlement qui fournissent cette notion, portent aussi que le 18 Février 1541, l'Abbé Anseau Neveu [le Nepveu] plaidoit contre un de ses Religieux appellé Charles de Villeneuve. Reg. Conc. Parl.

Les lacunes qui se trouvent dans le Catalogue des Abbés de cette maison, publié pour la premiere fois dans le nouveau *Gallia Christiana*, montrent assez sensiblement que cette Abbaye a été spoliée de la plupart de ses titres et cartulaires, et même de son ancien Nécrologe. On n'a pu y en mettre que quatorze jusqu'à l'an 1741. Cependant, par une seconde recherche faite plus exactement, on en a découvert encore onze autres. Je les renvoye à la fin de cet article, de crainte d'interrompre l'Histoire abrégée de cette Maison.

Les guerres intestines des XIV et XV siécles avoient commencé à affoiblir cette Abbaye. Celles des Calvinistes au siécle suivant acheverent presque de la ruiner. En effet, depuis l'an 1564 jusqu'en 1684, on n'y vit plus de Communauté. Un seul Prêtre en faisoit la desserte. Il n'y résida un second Prêtre que depuis l'année 1630, ou environ, à l'occasion de la Chapelle du Château de Villemenon, où l'on fut obligé d'aller dire la Messe.

Jean Moullin, Prêtre du Diocése de Lisieux, qui avoit été reçu à profession, et peu après élu Prieur Claustral par les anciens Chanoines Réguliers de Saint-Cyr de Friardel, proche Orbec, au même Diocése, après avoir remis en vigueur dans cette Maison les anciennes Constitutions de l'Ordre, à quelques usages locaux près, vint établir la même régularité dans Hiverneau l'an 1684, du consentement de M. de Harlay, Archevêque de Paris, et par les soins de M. Alexandre Bontemps qui en avoit été Abbé Commendataire. Charles Coquart de la Motte, Archidiacre de Paris, avoit été nommé Commissaire pour faire la visite des lieux claustraux et de l'Eglise. Le but avoit été de réduire en simple Chapelle cette Eglise délabrée : mais sa piété compatissante le sauva du péril. M. Bontemps contribua pour y établir ce qui pressoit le plus, comme aussi les lieux Réguliers : de sorte que M. Moullin se vit en état d'y établir une Communauté de Chanoines Réguliers. Les autres maisons qui en France ont admis les anciennes Constitutions rétablies à Friardel par M. Moullin, reconnoissent toutes celle de Friardel pour leur mere et chef. Après Hiverneau ce fut à Bosc-Achard, au Diocése de Rouen, que cette Discipline Réguliere fut introduite : de sorte que cette Maison de Bosc-Achard n'a aucune supériorité sur les autres, et que toutes avouent que l'Institut vient de Friardel et non de là. Les quatorze Maisons, dont la plupart sont des Prieurés, sont gouvernées par un Supérieur-Général, sous le nom de Visiteur, et sont cependant soumises à la juridiction de l'Ordinaire, chantent et célebrent l'Office du Diocése où ils se trouvent, portent la soutane noire, le rochet et l'aumuce grise.

L'ancienne Abbaye d'Hiverneau étoit en société de prières avec les Abbayes de Saint-Maur-des-Fossez, d'Hierre et celle de Chage au Diocése de Meaux.

Il ne reste à Hiverneau de l'ancienne Eglise que le chœur qui finit en pignon et non en rond-point, une partie de l'aîle septentrionale où est la sacristie, et la tour qui supporte une flèche ; le Chapitre et le Réfectoire voûtés placés du même côté septentrional, la nef et tout le côté méridional avoient été détruits. Il y a eu des Fonts baptismaux dans cette Eglise. On a connu des gens qui les ont vus et même une vieille femme qui y avoit été baptisée ; mais ce n'étoit point ceux de la Paroisse de Lésigny, ainsi que Beaunier l'a cru. Ces fonts ne servoient que pour les fermiers, domestiques et commensaux demeurants dans l'enclos de l'Abbaye ; car les Monasteres de la Congrégation de Saint-Victor avoient le même droit que l'Abbaye de Saint-Victor même. Les maisons dehors l'enclos et situées dans le hameau qui étoit appellé Ivernel-la-Ville, recouroient à la Paroisse.

On voit quelques sépultures de considération dans cette Eglise. Ce n'est que depuis quelques années que l'on a tiré du chœur une tombe qui y étoit placée entre l'aigle et le sanctuaire, c'est-à-dire sous la lampe. Il y avoit huit personnes représentées sur cette tombe, chacune de la hauteur d'environ trois pieds, quatre en haut à côté l'une de l'autre et quatre en bas dans la même disposition, ayant chacune sur leur tête un dessus de niche sculpté à la gothique, et dans la bordure ci-dessus l'inscription de leur nom en françois en lettres gothiques petites capitales, c'est-à-dire de la hauteur d'un bon pouce. Cette tombe étoit un quarré oblong, toutes les têtes des huit personnes étoient vers l'autel, et leurs pieds étendus vers la porte, c'est-à-dire vers l'occident. Il n'est pas à croire que ces huit personnes eussent été inhumées en ce lieu, encore moins dans la situation où elles étoient représentées. Mais puisque dans ce qui y étoit resté de très-lisible sur trois de ces personnages on appercevoit très distinctement le nom de Garlande comme celui de la famille dont ils étoient, et le cul de lampe pendant entre la tête des deux premiers de l'étage d'en haut se voyoit clairement l'écu de la maison de Garlande rempli de deux fasces, il y a toute apparence que cette tombe étoit une espece de mémorial d'une des branches des Garlandes, riches Seigneurs de Tournan et autres lieux, dont le pere et la mere auroient été inhumez dans la premiere Eglise qui étoit à Montétif, ou dans celle d'Hiverneau. Comme on s'autorisoit à Paris, en ces derniers temps, sur une copie de ces inscriptions tirées, dit-on, par M. de Gaignieres, à croire que ces huit personnes étoient de la maison de Chevry, j'ai pris le parti d'aller sur les lieux, où ayant considéré très attentivement cette tombe placée à présent hors l'Eglise, je n'y ai découvert en aucun endroit les armes de Chevry, qui sont deux haches, mais celles des Garlandes. Les personnages les plus voisins des quatre coins sont ceux qui depuis bien du temps étoient moins reconnoissables ; les morceaux de la pierre avoient été emportez de vétusté et remplacez par du plâtre. On ne reconnoissoit donc plus rien sur le premier du rang de l'étage supérieur, pas même la tête. On voit seulement qu'il étoit vêtu d'habits longs. Le second a la tête nue et les cheveux courts. Des habits longs qui prennent dès les épaules, et au côté gauche une espece de canon ou manipule pendant, et sur sa tête paroissoit écrit avant les derniers remuemens : MANA...... Le troisiéme est aussi la tête nue et les cheveux courts : son habit ne couvre ses jambes que jusqu'aux jarrets ; on lui voit entierement ses souliers, et au-dessus de sa tête est gravé : MAMSEAU DE GARL.......... Il ne reste que cela de lisible. Le quatriéme a essuyé le même sort que le premier ; son inscription effacée depuis long-temps et son visage emporté avoit été réparé en plâtre. On reconnoît seulement que ses habits sont longs.

Dans le rang à l'étage d'en bas le premier est dans le même cas en tout que celui dont je viens de parler. Le second personnage représente une femme voilée et en habits longs, et au-dessus de sa tête a été écrit : Eve de GAR..... Le troisiéme est encore une femme habillée comme l'autre, à la différence qu'elle a une crosse. On lit ces mots très distinctement au-dessus de sa tête : Seur agnes de Garlande, Abbesse de saint Pol. Le quatriéme et dernier personnage est un homme qui a les cheveux courts, les mains jointes et une espece de fourrure à grandes plages. On entrevoit au-dessus de sa tête...o... Gal...... Il ne faut donc point penser à trouver ici la famille de Chevry dont il y a eu un Evêque d'Evreux sous la fin du regne de Saint Louis, un Grand Prieur de l'Ordre de Saint Jean de Jérusalem et une Agnès, Abbesse de Saint-Paul-les-Beauvais vers le même temps. L'erreur de M. de Gaignieres est venue de ce que n'ayant fait attention qu'à ces mots de la tombe *sœur Agnès..... Abbesse de Saint Pol;* et trouvant en 1203 une Agnès de Chevry Abbesse de ce Monastere, il a voulu remplir le reste de la tombe de personnes qui lui fussent parentes. Mais comme on est sûr qu'il y a eu une autre Agnès, Abbesse de la même Abbaye de Saint-Paul qui vivoit en 1203, et qui mourut le 14 Mars 1217, et que d'ailleurs, outre l'inscription marquée sur la tombe au dessus de sa tête, on lisoit encore dans la bordure sous les pieds de cette dame *sœur Agnès de G... Abbesse de Saint-Pol*, et dans le retour en montant : *Eve de Garlan..... onne,* il ne reste aucun doute qu'au lieu de la maison de Chevry dont l'Abbesse a fait naître l'idée aux yeux de M. de Gaignieres, il ne faille substituer la maison de Garlande, et croire que le premier personnage de la tombe est Anseau de Garlande, fils de Gui qui avoit acquis Tournan. On l'appelle Anseau premier du nom. Les sept qui suivent sont conséquemment les sept enfans de cet Anseau. L'écusson des Garlandes se trouve entre lui et le suivant appellé Manasses. Le troisiéme en habit court est M. Anseau de Garlande qui laissa postérité d'une femme, dont j'ai trouvé le nom, qui étoit Sophie. Le quatriéme peut avoir été Hugues de Garlande. Le cinquiéme Jean de Garlande, le sixiéme est sûrement Eve de Garlande qui épousa Anseau, Seigneur de Lisle ; le septiéme est aussi très constamment Agnès de Garlande qui avoit été mariée, puis se fit Religieuse et devint Abbesse ; le huitiéme est Guillaume de Garlande, Chevalier. On connoît ces sept enfans d'Anseau premier du nom par des titres dès la fin du XII siécle et du commencement du suivant. Il resteroit à sçavoir si ces sept enfans d'Anseau de Garlande premier du nom Seigneur de Tournan, ont été rangez sur cette tombe suivant l'ordre de leur naissance ou suivant le temps de leur décès, et par les ordres de qui pouvoit avoir été gravée une tombe si singuliere. Si l'on peut ajoûter foi au mémoire de M. de Gaignieres nonobstant sa méprise sur la maison de Chevry, il faudra dire qu'on a lu autrefois autour de cette tombe ces mots : L'an de grace M. CC LXVIII, lex...... Alors il résultera que c'est Anseau de Garlande Seigneur de Tournan, troisiéme du nom et petit-fils d'Anseau II, qui aura fait graver cette tombe en mémoire de ses ancêtres ; car il vivoit précisément cette année 1268, dans laquelle il porta l'Evêque de Paris sur le trône et lui rendit hommage ; ou peut-être est-il plus vrai que ce furent les Religieux d'Hiverneau qui par reconnoissance de ce que dans le temps de leur établissement ils avoient eu des libéralités d'Anseau premier du nom, Seigneur de Tournan, et du consentement de ses sept enfans le Fief qu'ils possedent encore au fauxbourg de Tournan, appellé le Fief de la Tuffelle, dresserent en 1268 ce mémorial gravé sur la pierre : car il n'y pas d'apparence que ces sept enfans morts en différens lieux très éloignés, et surtout l'Abbesse de Saint-Paul de Beauvais, ayent été inhumés à Hiverneau.

Dans la nef de la même Eglise d'Hiverneau, est une autre tombe de pierre dure bien conservée qui couvre certainement deux personnes inhumées en ce lieu. Sa place est immédiatement devant la grille du chœur. Elle est ornée d'une gravure très-délicate qui représente une espece de frontispice d'Eglise avec deux niches. Sous la premiere est représenté un homme en casaque militaire, ayant à sa droite une masse d'armes dont la queue est semée de fleurs de lis sous ses pieds, des souliers brodés et terminés en pointe, et des bottines qui ont une rosette à l'endroit des genoux, et sous ses pieds une levrette. Dans la bordure est gravée en caracteres gothiques minuscules l'inscription suivante :

Icy gist Julian Lempeur (peut-être Lempereur) *S'egent d'armes du Roy nre S'e qui trespassa le mercredy XXIIII jour d'Aoust l'an de grace M. III LXXVIII. P'res pour l'ame de lui.*

A sa gauche est une femme avec des souliers pointus, et cette ligne sur la bordure :

Icy gist Jehanne femme feu Julian Lempeur.

Au sanctuaire dans le côté septentrional se lit sur une tombe :

Hic quiescit Joannes Moullin sacerdos Lexoviensis, hujus Abbatiæ Præpositus.

Et du même côté au bout des stalles est son épitaphe enchâssée dans la boiserie, en ces termes :

In memoriam venerab. viri Joannis Moullin Lexoviensis.
Presbyter Deo se vovit in Monasterio Friardellensi. Canonic. reg : mox Præpositus collapsam ibi disciplinam restauravit quod et in aliis tredecim Canoniis feliciter consummavit. Obiit 2 Martii an. 1723. Ætatis 76.

Enfin sous la lampe, à la place où étoit le Mémorial ou Cénotaphe des Garlandes, est une tombe sur laquelle on lit :

Cy gist Christophe Henry Jossier de la Jonchere, Diacre, Licentié en Théologie décédé le 28 Septembre 1739.

Vis-à-vis, au bout des stalles du côté méridional est enchâssée dans la boiserie une inscription sur le marbre, contenant que ce Diacre, conjointement avec Elisabeth-Magdelene, sa sœur, a fondé dans cette Eglise une Messe à perpétuité. Il étoit fils de Louis Jossier, Trésorier de l'Extraordinaire des guerres, et Seigneur de la Jonchere, près l'Abbaye d'Hiverneau, et de Magdelene Colbert.

Les Reliques de cette Abbaye sont conservées avec respect dans la sacristie. Les guerres étoient cause qu'il n'y en étoit resté aucunes, et pas même de Mémoriaux qui en fissent mention. Un Chanoine d'Abbeville a fait présent en 1722 de celles qu'il avoit de Saint Willebrord, Apôtre des Frisons, et Evêque d'Utrect au VII siécle. Le certificat qui les accompagne est conçu en ces termes :
« Je soussigné Pierre Hecquet, Prêtre-Chanoine de l'Eglise Royale
« et Collégiale de Saint-Vulfran d'Abbeville Diocése d'Amiens, cer-
« tifie avoir donné à l'Abbaye de Notre-Dame d'Hiverneaux en Brie,
« de l'Ordre des Chanoines Réguliers au Diocése de Paris, deux
« fragmens, et plusieurs moindres parcelles d'ossemens de Saint
« Willebrord avec un morceau de grosse toile blanche de quatre
« doigts de large sur environ six de long, faisant partie de celle
« dans laquelle les Reliques de ce Saint se sont trouvées envelop-
« pées lors de l'ouverture de sa châsse. Lesquelles parties d'osse-
« mens et toile ont été donnés à feu Mᵉ Antoine Hecquet mon
« frere, Doyen de la même Eglise, dans la distribution qui fut
« faite de ladite toile entre nous, et qu'on appelle *Suaire de S. Wil-*
« *lebrord*. Fait à Abbeville le 10ᵉ jour de Juillet 1722. Signé
« P. Hecquet. »

L'ouverture de la châsse de Saint Villebrord dont il vient d'être parlé, avoit été faite le Jeudi 7 des Ides d'Avril 1712, par M. Pierre Sabatier, Evêque d'Amiens, à l'occasion de la demande que le

Clergé et les Magistrats de Gravelines avoient faite au Chapitre de Saint-Vulfran, de quelques Reliques de Saint Villebrord. Le Prélat fit dresser un Procès-verbal, contenant une ample description des différentes parties du corps de ce Saint, suivant le rapport des Chirurgiens, des linges trouvés dans sa châsse, et de quelques inscriptions sur vieux parchemins attachées à quelques sacs cousus ensemble, et portant en caracteres antiques : *Hîc sunt reliquiæ corporis Beati Willeboldi Confessoris atque Pontificis in Frisia*, le tout en présence du Chapitre et de plusieurs Seigneurs et Magistrats. Ce Procès-verbal porte que ces Reliques étoient en ce lieu depuis plus de trois cents ans. On en conserve à Hiverneau une copie certifiée conforme à l'original par le même Pierre Hecquet et par Jacques le Prévost, Chanoines de Saint-Vulfran, le 10 Juillet 1722.

On montre aussi à Hiverneau du taffetas et parfum tiré de la châsse de Saint Vulfran, Archevêque de Sens, conservée dans son Eglise d'Abbeville ; ce qui vient apparemment du don de quelqu'un du même Chapitre de Saint-Vulfran.

Enfin deux petits ossemens dits de Saint Jérôme, et qu'on assure avoir été tirés en 1647 d'un Reliquaire de l'Eglise des Saints-Innocens de Soyel ou Soyer au Diocése de Troyes. Mais ces dernieres Reliques peuvent n'être que de Saint Jérôme, Evêque de Nevers, qui vécut au IX siécle, et dont les Reliques sont chez les Chanoines Réguliers de Saint-Martin de cette même Ville.

Il y a aussi quelques petits fragmens de Saint Honest, Martyr de Pampelune, Patron de l'Eglise Paroissiale d'Hierre, et qui peuvent venir de l'Abbaye du même nom, et d'une Sainte Juste, Martyre.

Cette Abbaye se ressent de sa désolation jusques dans le Catalogue de ses Abbés. En effet, quoiqu'elle existât au moins dès l'an 1218, elle ne peut produire que trois Abbés depuis ce temps-là jusqu'à l'an 1400, qui sont Guillaume et Guy, auxquels on joint Anselme, dont le temps est incertain. Mais depuis l'an 1410 jusqu'à présent on peut dresser un Catalogue sans lacune. Comme cela n'a pas été exécuté dans le *Gallia Christiana,* faute de Mémoires, j'ai cru devoir y suppléer ici, à l'aide de ceux que M. Marchant, Sous-prieur de cette Abbaye, a eu la bonté de me communiquer. Je distingue par une étoile ceux qui manquent au *Gallia Christiana.* *Gall. Christ. T. VII. [col. 850].*

Jean Belin, Abbé d'Hiverneau, reçut en 1411 une somme de Charles VI pour une fondation faite à la réquisition de Louis, Duc de Guyenne, fils aîné de ce Roi.

* Nicolas Bottelin est qualifié Abbé dans un Bail de 1441 et dans un autre de 1451.

* Jean d'Arquenvilliers est nommé pareillement avec le titre d'Abbé dans un Bail à cens de vingt-un arpens de terre sis à Yvernel-la-Ville en 1461.

* Philippe passa un Bail le 31 Mars 1468, et reçut en 1471 trois septiers de bled dus à l'Abbaye sur la dixme de Centeny.

Pierre Damoiseau rendit obéissance à l'Eglise de Paris le 12 Mars 1477. Il fut aussi Abbé de Chaumes au Diocése de Sens, Ordre de S. Benoît. Il aliéna des biens d'Hiverneau en 1478 et 1489.

Thomas Pelinchet fit le serment d'obéissance à l'Eglise de Paris, le 5 Septembre 1490. Il avoit été auparavant Prieur de Chenevieres. Il est nommé dans des Baux de 1493 et 1504. Il résigna son Abbaye entre les mains de l'Evêque de Paris le 30 Juillet 1508.

* Michel Vachrin, Chanoine Régulier d'Hiverneau et Licencié en Droit, fut demandé à l'Evêque de Paris pour succéder au précédent, ce qui fut accordé à cette Communauté.

André fut, à ce qu'on croit, le premier Abbé Commendataire d'Hiverneau. Il est connu par un Bail de l'an 1518. Il tint cette Abbaye jusqu'en 1523, auquel an l'Evêque de Paris donna les ordres nécessaires pour y faire les réparations. Il fut aussi Evêque d'un Siége appellé *Troïacum*.

* Alexandre le Nepveu, dit de Lure ou de Livre, fut pourvu en Cour de Rome sur sa résignation, et eut son Visa de l'Evêque de Paris le 10 Juillet 1523. Il eut procès contre le Curé de Lesigny en 1536, et ensaisina en 1539 un acte d'acquisition en sa censive.

Ansel ou Anseau le Nepveu, dit aussi de Lure, se trouve qualifié Abbé d'Hiverneau dès l'an 1540. Le temporel de l'Abbaye avoit été saisi à la requête du Procureur Général et Commissaires nommés pour le gouvernement, sur la requête que cet Abbé, qui est qualifié Frere et Religieux, présenta au Parlement, avec offres d'employer une somme pour la Réforme de la Maison, et une autre pour les réparations. La Cour lui accorda main-levée, le 23 Novembre, en donnant caution pour les réparations, et en consignant la somme de quarante livres pour fournir aux frais de la Réformation qu'elle ordonna y être faite. Il aliéna en 1545 la maison, ferme et terres du Buisson. L'acte est souscrit après lui par Alexandre le Nepveu, devenu Sous-Abbé, et par trois Chanoines Réguliers. Il est nommé comme siégeant encore en 1552. Il fit déclarer à la Châtellenie de Corbeil le fief d'Hiverneau sur le pied de 200 livres de rente.

Reg. du Parl. 23 Nov. 1540.

Contrib. au ban et arriereban, 1597.

Simon de Pierrevive, Piémontois d'origine, jouissoit de cette Abbaye en 1560. Selon la déclaration qu'il donna de son temporel en 1561, il y avoit encore à Hiverneau quatre Chanoines Réguliers; et depuis lui il n'y en fut plus mention. Dans son épitaphe à Notre-Dame de Paris, il est dit aussi Abbé de Jouy et Archidiacre de Brie. Il mourut le 13 Décembre 1508.

* Jean Himbert, Abbé, n'est connu que par un ensaisinement fait en 1568. Il l'étoit encore en 1572, lorsqu'on déclara au Roi tous les possesseurs de Bénéfices.

* Nicolas Bejard, Aumônier du Roi, est connu pour avoir été Abbé d'Hiverneau par un Bail du 26 Novembre 1582, et par Robert, Chanoine de Langres, qui lui donne cette qualité en son *Gallia Christiana*. Ils avoient étudié ensemble au Collége des trois Evêques à Paris. Bejart, qui étoit natif de Bar-sur-Aube, ayant quitté l'Abbaye et son Canonicat de Langres, fut Principal de ce Collége, et Prieur de Saint-Agnan de Tonnerre.

Charles de Goussencourt fut Abbé depuis 1586 jusqu'en 1601, qu'il résigna le 20 Juillet. Il aliéna des biens en 1587 et 1596.

Claude de Rueil, Evêque de Bayonne, jouissoit de cette Abbaye en 1626, le 26 Juin. Il l'avoit eue par la résignation du précédent. La même année il fut transféré à l'Evêché d'Angers.

* André Merlet, Docteur en Théologie de la Maison de Navarre, résignataire du précédent, prit possession en Novembre 1633. Il fut zélé pour le rétablissement du temporel de son Abbaye ; mais des usurpateurs puissans firent échouer ses bons desseins. Il fut aussi Abbé de Saint-Lo en Normandie.

* Jean Desjardins, né à Paris sur la Paroisse de Saint-Merry, le 19 Août 1588, prit possession de l'Abbaye d'Hiverneau le 1er Janvier 1638. Son ayeul et son pere furent Conseillers au Châtelet et Echevins de Paris, et son bisayeul fut Premier Médecin de trois Rois pendant plus de trente années. Sa mere, Elisabeth Chevalier, avoit eu pour trisayeul Etienne Chevalier, Ministre d'Etat et Secrétaire des Commandemens des Rois Charles VII et Louis XI. Denis Descordes, dont la vie a été écrite sous ce titre : *Idée du bon Magistrat*, étoit son cousin germain. Cet Abbé fut libéral envers les pauvres, austere, vivant de peu, et fit un saint usage de son revenu Ecclésiastique. Il mourut en 1643, et fut enterré à Saint-Merry de Paris, dans le tombeau de ses ancêtres, en la Chapelle de Ste Geneviéve.

Alexandre Bontems fut nommé à cette Abbaye le 30 Juin 1642, et résigna en 1656. Il étoit né à Paris l'an 1626, de Jean-Baptiste Bontemps, premier Chirurgien de Louis XIII. Il ne cessa d'aimer cette Abbaye, même depuis qu'il fut devenu premier Valet de Chambre Ordinaire de Louis XIV, puisque ce fut lui qui, quoiqu'il n'en fût plus Abbé, y procura le rétablissement de la Conventualité, en y appellant les Chanoines Réguliers de l'Observance de Friardel. Il mourut en 1701.

Barthelemy Maillet, proche parent du précédent, lui succéda en 1656. Il fut célébre Prédicateur. En 1660, il obtint des lettres pour la confection d'un Papier terrier. Il est mort dans son Abbaye, et y a été inhumé dans la croisée à gauche.

* Jean de Beaulieu de Bethomas, clerc du Diocése d'Evreux, fut nommé Abbé le 8 Mai 1662, et prit possession le 7 Avril 1665. Il aliéna presque tout ce qui restoit de temporel, et abandonna en 1677 les dixmes au Curé qui jusques-là n'avoit qu'une portion congrue. Vers la fin de la même année il fit sa démission entre les mains du Roi.

* Eleonor de Beaulieu de Bethomas, Chevalier de Malte, Commandeur de Styp, Grand Bailly de son Ordre et Chef d'Escadre des Galeres de France, frere du précédent et du Marquis de Bethomas qui avoit épousé la sœur d'Alexandre Bontemps, fut nommé Abbé d'Hiverneau en 1678, et mourut à Paris le 2 Août 1702. De son temps l'Eglise et tous les autres bâtimens étoient en ruine. Il donna les mains au rétablissement de la Conventualité le 10 Mai 1684. Jean Moullin dont j'ai parlé ci-dessus y fut installé. Le 30 Août suivant fut fait le concordat et partage de biens avec le Procureur de l'Abbé qui ratifia le tout en Janvier 1685. Le 5 Octobre, François de Harlay, Archevêque de Paris, donna ses lettres d'approbation du Concordat, d'affiliation et installation de Jean Moullin, auquel il dit qu'il appartient de droit de desservir avec ses Chanoines ladite Abbaye, reconnoissant qu'ils y ont été appellés de son agrément.

Augustin de Montvallat d'Entragues, frere du Marquis d'Entragues, fut nommé Abbé le 15 Août 1702, et mourut à Paris le 30 Décembre 1746. Il étoit du Diocése de Rhodez, Docteur en Théologie, d'une famille à qui appartient Entraigues en Rouergues, situé au confluent du Lot et de la Trueire. Il avoit été Grand Vicaire d'Autun.

.... de Viennois, Chanoine de la Métropolitaine de Vienne en Dauphiné, est aujourd'hui Abbé d'Hiverneau.

Dict. Univ. Geograph. Il y a aussi au Diocése de Bourges un Prieuré du nom d'*Hivernault*.

NOISEAU

Par le peu que M. de Valois dit de Noiseau près d'Amboile à l'occasion des différens Noisy du Diocése de Paris, il paroît qu'il le confond avec Noisiel qui est tout-à-fait sur le bord de la Marne, au lieu que Noiseau en est éloigné de demi-lieue. Il auroit dû sçavoir que ce sont deux Paroisses différentes, toutes deux à la vérité dans la Brie, mais à la distance de plus de deux lieues l'une de l'autre. Ce qu'il y a de ressemblant entre ces deux villages, est l'origine du nom qui paroît être la même ; c'est-à-dire que ces deux territoires étoient plantés en noyers, mais comme le terrain n'en étoit pas si étendu que celui des lieux appellés Noisy, on ne leur a donné que le diminutif du nom. *Nucetum* étoit le nom latin de Noisy, et *Nucetulum* celui de Noiseau et de Noisiel, dont on a fait *Noisiellum* ou *Noisellum* que l'on donnoit indifféremment aux deux lieux en ajoutant à l'un *supra Maternam*, et à l'autre *prope Amboellam,* ou en françois *sur Amboeile* pour les distinguer. Mais un autre endroit par lequel Noiseau-sur-Amboile a pu être distingué primitivement de Noisiel, est que Noisiel étoit une Paroisse immémoriale, au lieu que Noiseau n'a été jusqu'au XIII siécle qu'un hameau de la Paroisse de Sucy.

Ce village n'est en effet éloigné de Sucy que d'une petite demi-lieue. Son éloignement de Paris est de quatre petites lieues tout au plus. C'est un pays de côteaux presque tous plantés en vignes. Amboile, pays tout différent, n'en est séparé que par le vallon au fond duquel passe le ruisseau qui vient de Roissy, Ponteaux, et la Queue; et comme ce lieu d'Amboile est situé un peu plus bas, de là s'est formée la dénomination de Noiseau-sur-Amboile que j'ai déjà fait remarquer.

Il y a environ une trentaine de feux en ce village ; aussi le Dictionnaire Universel de la France y marque-t-il 144 habitans ou communians, ce qui est peut-être un peu trop.

Cet ancien hameau de Sucy a dû être considérable dès le commencement du XIII siécle, puisque dès-lors au moins on y avoit construit une Eglise ou espece de succursale. Ce fut en 1218 que Pierre de Nemours, Evêque de Paris, de l'avis de plusieurs gens de bien, détacha cette Eglise de celle de Sucy. Mais comme c'étoit au Chapitre de sa Cathédrale qu'il appartenoit de nommer à cette Cure, il voulut qu'il en fût de même de celle de Noiseau qu'il appelle Noisiel dans sa charte latine: ensorte que depuis ce temps-là le même Chapitre a toujours présenté à cette Cure, et que depuis l'établissement des portions ou partions [partitions], la nomination en appartient au Chanoine qui a la dix-huitiéme portion, lequel dans ses actes de présentation l'appelle *Nucellum*. C'est aussi le Chapitre de Notre-Dame de Paris qui est gros Décimateur. Le Pere Dubois a mis dans son ouvrage *Ecclesia de Noisiaco ex Ecclesia de Succiaco excisa*, sans faire attention que *Noisiacum* n'a jamais pu signifier autre chose que Noisy, et que le fait qu'il rapporte est faux quant à ce village. La Cure de Noiseau-sur-Amboile a dû suivre le sort de celle de Sucy quant au Doyenné Rural, et être par conséquent comprise comme elle dans le Doyenné de Moissy-l'Evêque, dit depuis du Vieux-Corbeil. Le Pouillé de l'an 1648, l'y comprend ; ce que fait aussi le rolle des Départemens des Vicaires-Généraux et celui des Décimes. Ainsi on ne voit pas sur

Hist. Eccl. Par. T. II, p. 264.

Ibid.

Pouillé de 1692, quoi fondé le sieur le Pelletier a mis cette Cure dans le Doyenné de
p. 75.   Chelles. Pour ce qui est des Pouillés de Paris qui ont précédé celui de l'an 1648, aucun d'eux ne fait mention de la Cure de Noiseau.

On ne peut cependant pas douter qu'il n'y ait existé une Eglise en ce lieu dès le XIII siécle. Non-seulement la charte de Pierre, Evêque de Paris, le suppose : mais il ne faut que se connoître en genre de bâtisse ancienne, pour juger que le chœur encore actuellement subsistant à Noiseau est de ce siécle-là. Il est très-petit et sans d'autres ornemens que la voûte. Les piliers en sont massifs avec de gros feuillages aux Chapiteaux. L'inscription gothique qu'on voit dans cette Eglise témoigne que la Dédicace en a été faite fort tard, et apparemment lorsqu'on l'eût augmentée d'une nef. En voici la teneur :

« L'an mil V XXXVIII le XV jour de May cette Eglise de Noi-
« seau sur Amboile fut dédiée par Reverend Pere en Dieu Messire
« Jacques Evesque de Calcedonne, de la permission du Reve-
« rendissime Cardinal du Bellay Evesque de Paris en l'honneur
« de Dieu et S. Philippe et S. Jacques, à la requeste de l'honorable
« femme Jehanne Obel à présent femme de Guillaume Obriet. Le-
« quel ordonna la Feste et solemnité de la Dédicace estre célébrée
« le Dimanche après la Saint Philippe et Saint Jacques en donnant
« grandes indulgences et pardons. »

A l'entrée du chœur est une tombe qui a été remuée et dont la tête a été mise mal-à-propos du côté de l'autel. Elle couvre la sépulture d'un homme vêtu militairement, et autour est gravée son épitaphe en lettres gothiques capitales dont il ne reste que ceci de lisible :

Cy gist Noble Mess..... Griveu, Chevalier Seigneur de Noisieu les Ambouaile qui trespassa le second jour.....

On verra ci-après qu'il vivoit en 1281. Son bouclier ne représente rien dans le milieu, mais la bordure est cantonnée [componnée?] d'hermine.

Les armes de sa femme consistent en deux chevrons brisez. Cette femme a la tête voilée.

Dans la Chapelle du côté méridional se lit l'épitaphe dont voici la substance :

Cy repose Messire Eustache Viole Chevalier Seigneur de Noiseau, Maistre d'Hotel ordinaire du Roy, Maistre des Ceremonies de France. Et Elisabeth Viole sa fille veuve de Loys de Buccy Chevalier Sr. de Mérival. Elle mourut en 1660.

Le plus ancien Seigneur de Noiseau qui soit connu est le nommé
Chart.S.Mauri, Griveu dont on voit la tombe dans le chœur. On apprend que ce
fol. 589.   Seigneur fit hommage en 1281, à l'Abbé de Saint-Maur, pour des

terres situées entre Noiseau et la Queue dont il jouissoit. Il est nommé Grivel dans l'acte. Il y a eu un Guillaume de Noiseau, *de* *Noisellis*, Chanoine de Tours et clerc du Roi qui vivoit en 1482. *Tabul. Vallis.*

Sur la fin du siécle suivant, cette Terre étoit dans la maison des Bouteillier de Senlis et une partie passa dans la famille des Viole qui a été illustre dans la Robe. Pierre Viole qu'un Historien dit avoir epousé une fille de Jean le Bouteiller de Senlis et avoir été Gouverneur de Montargis, eut de son beau-pere en 1399, la moitié de la Seigneurie de Noiseau dite Noiseau-sur-Chanclain ; l'autre moitié dite Noiseau-sur-Amboile fut depuis donnée à Nicolas Viole, petit-fils de Pierre, par Guillaume le Bouteiller descendant de Jean, en échange d'un autre bien. Morin, Hist. du Gâtin. p. 464.

Un des Mémoriaux de la Chambre des Comptes d'entre 1478 et 1481, porte une permission accordée alors à Nicole Viole, Seigneur de Noiseau-sur-Ambouelle, Correcteur des Comptes, de construire une garenne dans cette Terre. Ce doit être celui dont je viens de parler qui étoit fils d'Agnan Viole, et d'une fille de Bureau Boucher, Seigneur d'Orcé. Ce Nicolas Viole avoit épousé, en 1474, Catherine, fille de... Poignant, Maître des Requêtes. Ibid., p. 466.

J'ai trouvé ailleurs un hommage rendu le 10 Décembre 1537, à l'Evêque de Paris comme Doyen de Saint-Maur de la Terre de Noiseau par Nicolas Viole, Maitre des Comptes, et Pierre Viole, Conseiller au Parlement, freres et héritiers d'Agnan Viole, Chanoine et Sous-doyen de Chartres. *Tab. Fossat.*

Mais dès l'an 1560, Denis Viole étoit Seigneur de Noiseau. Il fit alors en cette qualité un échange avec Aldric Perier, Curé, qui lui céda son presbytere pour une maison voisine de l'Eglise ; Morin dit que le fils de ce Denis Viole et héritier de sa Terre, fut tué en 1587, à la bataille de Coutras. *Reg. Ep. Par.* 30 Mars 1560 et 24 Nov. 1561.
Hist. du Gâtin. p. 475.

On a vu dans l'Eglise des Quinze-vingt à Paris l'épitaphe de Nicolas Viole, aussi Seigneur de Noiseau et Abbé de Notre-Dame-la-Grande de Poitiers, lequel décéda en 1573. Recueil d'Epitaphes à la Bibl. du Roi.

Le fils de Denis Viole est apparemment le Pierre Viole, Ecuyer, qui dans le procès-verbal de la Coûtume de Paris de 1580, est qualifié Seigneur de Noiseau avec Claude Viole, Conseiller au Parlement.

Un Eustache Viole qualifié par Morin de fils aîné de Pierre, jouissoit d'une portion de la Terre de Noiseau au commencement du dernier siécle.

Ces Seigneurs du nom de Viole ont donné pour l'établissement d'un Maître d'école en ce lieu.

M. de Grieux étoit Seigneur de cette Paroisse en 1700.

Et c'est depuis ..... qu'elle appartient à M. le Febvre d'Ormesson, Avocat Général, puis Président au Parlement le 10 Mai 1754.

SUCY

Nous ne connoissons aucun acte ou monument qui fasse mention de Sucy avant le regne de Charlemagne. Il est vrai que ce fut de son temps et même l'an 811, qu'un Comte de Paris nommé Etienne et Almatrude ou Amantrude, son épouse, donnerent aux Chanoines de l'Eglise de Paris la Terre de Sucy, avec l'Eglise de Saint-Martin *in loco qui vocatur Sulciacus* par un acte passé à Boneuil. L'Evêque de Paris nommé *Inchadus* faisant confirmer par les Evêques du Concile qui fut tenu à Paris l'an 826, dans la Basilique de Saint-Etienne, l'une de celles de la Cathédrale, les biens assignés aux Chanoines qu'il appelle ses Freres, après avoir nommé les villages *villas*, ajoute: *insuper et fundos quos Fidelium liberalitas stipendiis eorumdem Fratrum delegavit, videlicet Sulciacum quem Stephanus illustris vir et piæ recordationis Comes necnon uxor ejus Amantrudis eorum usibus delegaverunt ita tamen ut tertia pars ejusdem villæ luminaribus Ecclesiæ cederet.*

<small>Hist. Eccl. Par. T. I, p. 343.</small>

<small>Ibid., p. 349.</small>

Voilà le même lieu qualifié en même temps *fundus* et *villa*. Son nom primitif fut *Sulciacus* ou *Sulciacum*, lequel étoit encore d'usage vers l'an 1020 ou 1030, ainsi qu'il paroît par un acte d'Odon, Abbé de Saint-Maur. On sent assez qu'il ne peut guere avoir que le mot latin *sulcus* pour son origine. La difficulté est de sçavoir pourquoi ce lieu-ci plutôt qu'une multitude innombrable d'autres dont le terrain a été défriché par la charrue après la coupe des bois, a porté le nom de terrain scillonné *sulciacum*. Peut-être que les ancêtres du Comte Etienne fixant un espace de terre qui formeroit le village, le déterminerent par le soc de la charrue qu'on fit passer aux extrémités de cet espace. Dans les siécles suivans, la troisiéme lettre disparut de ce mot, de sorte qu'il ne resta dans le latin que *Suciacum* qu'on écrivit quelquefois *Succiacum* au XIII siécle, ou simplement *Succi* et même aussi en françois *Succi* au milieu des actes latins dès le XII siécle par ceux qui ignoroient d'où provenoit ce nom, et jamais Sussy. Mais il est certain qu'aucuns des Historiens originaux n'a eu intention non plus de désigner Sucy par le mot latin *Savegium*, ainsi que M. de Valois le conjecture, et qu'il semble que le sçavant Auteur de la grande Collection des Historiens de France l'a cru, puisque ce *Savegium* étoit constamment la Montagne de Savies proche Paris, qu'on appelle aujourd'hui Belleville, comme je l'ai prouvé par une dissertation expresse. Au reste, plusieurs personnes disent *Sucy en Brie*, comme s'il y avoit plusieurs Paroisses de ce nom dans le Royaume, tandis que ce village est le seul. Il est vrai qu'il y a le village de Susy en Picardie au Diocése

<small>Notit. Gall. p. 432.</small>

<small>Bouquet, T. III. p. 571.</small>

<small>Diss. sur l'Hist. Eccl. et Civile de Paris, T. II, an. 1741, p. c.</small>

de Laon, proche l'Abbaye de Prémontré. C'est de ce Susy qu'un Cardinal a porté le nom au ..... siécle. Mais on sent la différence qu'il y a entre les deux noms. Il y a aussi un Fief ou Ferme du nom de Sucy, proche Yeble au Diocése de Sens, sur le chemin de Melun à Chaume, et par conséquent dans la Brie. C'est tout ce que l'on connoît de Sucy en France. Mais aussi on doit dire que les deux Paroisses qu'on y voit du nom de Soucy ne peuvent gueres avoir d'autre origine que le mot *sulciacum*.

Sucy dont il s'agit, est à quatre petites lieues de Paris vers l'orient d'hiver. Il n'est placé sur aucune grande route, mais il est éloigné seulement d'un quart de lieue de celle de Brie-Comte-Robert. Sa situation est sur la même montagne que Boissy-Saint-Léger, dont il n'est séparé que par la maison dite *le Piple*. Il y a grande quantité de vignes sur le territoire de ce village et quelques-unes font de bon vin. Les terres qui sont dans le bas en tirant vers Boneuil ou vers la Marne, ne paroissent pas être d'un grand profit. Celles d'en haut sont meilleures et ne s'étendent pas bien loin, étant limitées par Noiseau, par les bois et par Boissy. Ce village étoit marqué sur le pied de 160 feux dans le Dénombrement de l'Election de Paris publié en 1709, ensuite il fut marqué en 1726 dans le Dictionnaire Universel de la France, comme contenant 675 habitans. Enfin, le Sieur Doisy faisant imprimer un nouveau Dénombrement en 1745, n'y a compté que 149 feux. Ce lieu étoit considérable autrefois et étoit fermé de murs et de portes. Il y a encore plusieurs rues. Le Chapitre de Paris en est Seigneur et gros Décimateur.

Saint Martin est patron de l'Eglise. Le chœur et ses deux chapelles collatérales sont du XIII siécle. Il est sans galleries ni vitrages et finit en pignon et non en rond-point. Dans le vitrage du fond du côté du nord se voyent encore quelques panneaux du XIII ou XIV siécle. La tour qui supporte l'Eglise vers le midi paroît être du XII siécle ; au moins ses arcades sont parfaitement rondes et précedent le gothique. La nef n'est pas de l'antiquité, du reste elle a été lambrissée en 1632, aux frais du sieur Tourne, Maréchal des Logis de la petite Ecurie du Roi, Garde-marteau de la Forêt de Livry, et de.... Olin, sa femme. On célebre l'Anniversaire de la Dédicace le Dimanche après la Saint-Martin d'été, qui est la seconde fête du patron. On y conserve du bois de la vraie Croix dans une Croix que l'on porte deux fois l'an en procession sous le dais. Et c'est par rapport à ce sacré bois que Sainte Helene, Impératrice, mere du grand Constantin, est représentée à l'autel en peinture avec Saint Martin. On y montre aussi quelques châsses de reliques dont il seroit facile de juger à l'inscription des noms. Il doit y avoir un fragment détaché d'un reliquaire de Boissy-Saint-Léger. Car on lit que les gens de guerre qui l'avoient enlevé de l'Eglise de Boissy,

[marginal note: Inscription sur le lieu.]

ne le trouvant que de laton doré et non d'argent, le laisserent en l'Eglise de Sucy, qui le rendant à celle de Boissy, en eut par reconnoissance un morceau de la relique de Saint Blaise qui y étoit renfermée, que l'Archevêque de Paris permit d'exposer par lettres du 28 Janvier 1660. Sous la lampe est une tombe du XV siécle qui couvre la sépulture d'un Prêtre dit natif de Richeliben en l'Evêché de Limoges, Bénéficier en l'Eglise de Paris. J'ai remarqué dans l'aile méridionale de cette Eglise Paroissiale deux bancs qui peuvent avoir chacun quarante pieds de long. C'est, dit-on, le présent d'un Fermier du lieu. S'il y avoit autrefois des sapins dans les bois de Sucy, maintenant il n'y en a plus ; les arbres les plus forts sont des ormes.

Les lettres de l'Evêque Incade qui font mention du don que le Comte Etienne avoit fait de la Terre de Sucy aux Chanoines de la Cathédrale de Paris, ne marquent point s'il y avoit alors une Eglise en ce lieu : mais s'il n'y en avoit pas encore, on ne tarda pas beaucoup à y en établir une ; et dès le X siécle elle étoit possédée par le Chapitre de la même Eglise ; le Diplôme des Rois Lothaire et Louis de l'an 980, lui confirmant la possession de ses biens, met positivement : *Sulciacum cum Ecclesia et altare*. Ainsi le Chapitre nommoit dès-lors un Prêtre pour desservir cette Eglise. On la trouve du nombre de celles dont le Chapitre convint de ne plus exiger ce qu'on appelloit *questas*, moyennant que le Curé lui payeroit chaque année un muid de froment : cela fut ainsi réglé en Chapitre avec Etienne de Senlis, Evêque de Paris, l'an 1124. En cet acte le lieu est appellé *Succiacum*. Cent ans après les Chanoines de la même Eglise de Notre-Dame firent encore valoir leur droit sur la Cure de Succy, en ce que Noiseau ayant été alors distrait de Succy, et érigé en Paroisse, il fut mis dans l'acte d'érection de l'an 1218, que la nomination de cette nouvelle Cure appartiendroit aux mêmes que celle de l'Eglise dont elle étoit démembrée. Par une suite nécessaire de tous ces actes, il est marqué au Pouillé Parisien du XIII siécle, que la Cure *de Succiaco et [est?] de donatione Ecclesiæ B. Mariæ Parisiensis*. Ce qui est suivi dans les Pouillés subséquens ; et même dans les derniers où l'on spécifie le numéro de la prébende titulaire à laquelle il appartient d'y présenter, il est dit que c'est à la vingt-troisiéme portion.

L'acte par lequel le Comte Etienne donna à l'Eglise de Notre-Dame, Saint-Etienne et Saint-Germain qui composoit ces trois noms en la Cathédrale de Paris, tout le bien qu'il avoit à Sucy et aux environs, est peut-être le plus ancien de tous les titres de cette illustre Eglise. Outre l'Eglise de Saint-Martin de ce lieu qu'il joignit à ce don avec ses dépendances, on y trouve le *Mansus indominicatus* qui étoit le manoir Seigneurial avec les autres maisons, les serfs, les bois, les prés, les moulins, les eaux, sans aucune mention de vignes : lui et sa femme firent encore présent à la même Eglise du manoir Seigneurial qu'ils avoient *in alio loco in ipso pago Parisiaco, in loco qui vocatur Nocetus*, et là il est fait mention de vignes, de bois, de prés, et de l'eau qui faisoit tourner les moulins. La troisiéme terre qu'ils donnerent étoit située dans un lieu dit Moulins sans qu'on indique sa situation, et la quatriéme dans un lieu dit *Buxidus*, avec pareille mention de vignes, bois, prairies, moulins, et cours d'eau : ce qui fait que je n'ose pas assurer qu'il s'agit là de Noiseau ni de Boissy-Saint-Léger qui ne sont pas assez éloignés de Sucy pour qu'on ait pu dire *in alio loco, in quarto loco*, et qui d'ailleurs ne sont pas situés dans un pays propre à bâtir des moulins de ces temps-là, vu qu'on ne connoissoit point encore les moulins à vent. Enfin, ce qui s'oppose à entendre ici Boissy-Saint-Léger par *Buxidus*, est que cette Terre de Boissy avoit été donnée à l'Abbaye de Saint-Pierre-des-Fossés par le Diacre Blidegisile sous le regne de Clovis II. La donation de Succy à l'Eglise de Paris avoit ses charges : Etienne et Amaltrude vouloient que chaque jour on récitât le Pseautier et on célébrât trois Messes. Les deux tiers du revenu étoient destinés pour cela ; le troisiéme pour l'entretien du luminaire ordinaire et les réparations de l'Eglise, et pour fournir le pain, le vin et les cierges aux Messes célébrées à leur intention. Ceux qui se seroient opposés à cette donation après la mort du Comte et de la Comtesse, devoient commencer par consigner dix livres pesant d'or et cent livres pesant d'argent. Ce n'est point ici le lieu de rapporter les marques d'estime que donna Charlemagne à ce Comte de Paris. On peut les voir dans l'Histoire d'où j'ai tiré cet acte [1]. Ce qu'on sçait de plus remarquable touchant Sucy après la donation, est qu'un certain *Marmarellus*, espece de tyran, y prétendoit encore avoir des droits, même jusques sur les sujets du Chapitre vers l'an 1100 : de maniere que voulant défendre juridiquement son procédé, il vint à la Cour de Galon, qui étoit Evêque de Paris depuis l'an 1104 ; étant arrivé dans le temps qu'Anseau, Officier de la Maison du Roi, rendoit justice, il fit offre de maintenir son droit en duel contre celui qu'on voudroit des sujets du Chapitre. Mais par l'entremise de l'Evêque l'affaire fut terminée à l'amiable.

Hist. Eccl. Par. T. I, p. 305.

Sauval, T. II, p. 668

Il est assez ordinaire que les Eglises possédent en propre des vignes, terres ou prés dans les villages dont la Seigneurie leur appartient. Cela leur vient souvent par des dispositions testamentaires, ou en vertu de quelque acquisition.

---

1. L'Obit de ce Comte Etienne et de sa femme est marqué au 16 Septembre dans le plus ancien Nécrologe de Notre-Dame.

C'est ainsi que l'Archidiacre Renaud qui vivoit au commencement du XII siécle, voulant augmenter la Station établie en mémoire de l'Evêque Foulques décédé en 1104, donna au Chapitre de Paris quatre arpens de vigne et une maison, le tout situé à Sucy. On voit ensuite au 10 Mars dans le Nécrologe un achat de vignes fait au même village par le Chapitre *in censiva sua*.

<small>Nocr. Eccl. Par. Non. Martii.</small>

Un Evêque nommé Hugues, qui pouvoit vivre au XI ou XII siécle, mais dont on ignore le siége, lui avoit fait présent de huit arpens de vigne aussi situés au même lieu. Jean de Genetay, Chevalier, fils d'Aubert de Genetay, possédoit au milieu du treizième siécle la sixième partie de la gruerie de tous les bois du Chapitre situés à Sucy : il lui en fit la vente l'an 1267. Il y avoit alors à Sucy un moulin appellé Coillon ou Toillon. Geoffroy de Bar, Doyen, qui mourut Cardinal de Sainte-Susanne, en donna la moitié au même Chapitre l'an 1287. Vers le même temps Dudon de Laon, Médecin de Saint Louis et clerc, donna à ces mêmes Chanoines dix-huit arpens de bois situés à Sucy, proche ceux du Chapitre pour l'assistance aux matines et autres charges, avec une rente sur un lieu dit *ad Puteum vallis de Succiaco*. C'est aussi à Sucy qu'étoient situées les vignes que Jean le Tellier, Chanoine et Archidiacre de Brie, légua en 1480 avec une maison pour subvenir à l'entretien des Enfans de chœur de Notre-Dame. Il est même spécifié que c'étoient ses meilleures vignes. Quelques chapelles de la même Eglise de Notre-Dame ont pareillement leur bien assigné à Sucy en tout ou en partie. L'une est celle de Saint-André et de Saint-Louis pour la fondation de laquelle Dudon, ci-dessus nommé, qui avoit été Médecin de ce Saint Roi, donna une maison sise à Sucy dite la maison de la Tour, avec ses dépendances qui sont des prez et des vignes. L'autre est une de celles qui sont à l'autel de Sainte-Foy, autrement Saint-Julien le pauvre et Sainte-Marie-Egyptienne, qu'on dit fondée par Guillaume de Limoges.

<small>Ibid. ad 15 Julii.</small>

<small>Magn. Pastor. fol. 407.</small>

<small>Hist. Eccl. Par. T. II, p. 572. Ex Necrol. 19 Cal. Aug. Idem Necr. ad 2 Junii inter additamenta.</small>

<small>Necr. Eccl. Par. inter addit. ad 30 Januar.</small>

<small>Ibid. ad 2 Junii.</small>

<small>Dubois, Collect. mss. T. V. ad calcem.</small>

L'Abbaye de Saint-Maur-des-Fossez appellée primitivement Saint-Pierre, avoit eu dès le temps de sa fondation un Domaine du Fisc appellé *Brictonacum* que Clovis II lui donna vers l'an 650. La vie de Saint Babolein, premier Abbé de ce Monastere, dit qu'il étoit situé *in prerippio Maternæ*. Or, par la maniere dont les titres des siécles suivans en parlent, ce lieu devoit être hors de la Péninsule de Saint-Maur, et voisin de Sucy. (S'il étoit le même que ce qu'on a appellé depuis le Grandval, ainsi qu'il y a apparence, il devoit être sur la Paroisse de Sucy.) Aussi voyons-nous que dans le traité qu'Odon, Abbé des Fossez, fit vers l'an 1029, avec Ingelard, Doyen de Notre-Dame de Paris, il fut arrêté que de tous les arpens de terre situés *apud Brictiniacum*, la moitié de la dixme appartiendroit à l'Eglise de Sucy. C'est ce qui détruit absolument

<small>Vita S. Baboleni. Abb. Fossat. Duchêne. T. I, p. 661.</small>

l'idée qu'a eue M. de Valois que l'auteur de la vie de S. Babolein *Notit. Gall.* avoit eu en vue Bry-sur-Marne, lorsqu'il a parlé de la donation du *p. 411, col. 1.* *Fiscus Brictonicus* faite par Clovis II. Chacun sçait que Bry-sur-Marne est placé environ deux lieues plus haut en remontant la riviere. Le Cartulaire de Saint-Maur prouve encore plus clairement ce que j'avance, lorsqu'il dit que les habitans de la vallée de Sucy étoient tenus de moudre leur grain aux moulins de Breteigny appartenans à l'Abbaye : cette remarque fut écrite l'an 1284. Il y a de plus un autre article, où *Britigniacum* est marqué situé *Chart. S. Mauri,* par rapport à la Marne du même côté que Sucy, Noiseau et Am- *Gaign. fol. 49.* boëlle, c'est-à-dire à la gauche de cette riviere. Il faut aussi sçavoir qu'il y avoit là un Pont sur la Marne, et que les moulins qui y avoient été, n'étoient plus connus en 1572, que sous le nom de Moulin brûlé. Au reste le territoire de Breteigny n'étoit pas si avant dans la vallée qu'il n'y eût aussi des vignes qui sont marquées dans le même livre. L'Abbaye de Saint-Maur y avoit pour cet effet un pressoir. Le manoir qu'elle y possédoit est mentionné dans l'acte d'établissement que l'Abbé Pierre fit en 1256, d'un *Gall. Chr.* Chambrier et d'un Cellerier. Le nom de Breteigny avoit cessé *T. VII, Instrum.* d'être usité dans les derniers siècles, et les Chanoines de Saint- *[col. 109].* Maur n'appelloient plus ce Fief à eux appartenant, autrement que Sucy, lorsqu'ils le vendirent l'an 1577, à titre de rente de huit vingt-six livres, et de foy et hommage à M. François le Cirier, Président aux Enquêtes, ce qui fut ratifié par l'Evêque de Paris *Compot. Sigil.* le 11 Décembre de la même année. Ce Fief resta dans cette famille *Ep. Par.* jusqu'en 1640, que M. Lambert, Secrétaire du Roi, en fit l'acquisition des héritiers de M. le Cirier. En 1718, M. Lambert de Torigny, Président en la premiere des Requêtes, le vendit à M. le Bas de Montargis, sur lequel M. Lambert, Président en la seconde des Requêtes et oncle du vendeur, forma un retrait lignager, et le revendit en 1719 à M. de la Live, Receveur Général des Finances de Poitiers, qui le possede aujourd'hui.

Après Saint-Maur-des-Fossez, aucune Maison Religieuse n'eut du bien sur le territoire de Sucy avant l'Abbaye d'Hierre qui y possédoit un labourage assez considérable dès l'an 1147, avec six *Bulla Eug. III,* sols de rente sur des prez situés à Bretigny : le tout par do- *Annal. Bened.* nation de Dame Eremburge. Les Religieuses ont mis dans leur *T. VI, p. 676.* Nécrologe qu'un Chevalier nommé Gilon leur avoit aussi donné *Necr. Heder.* du bled à percevoir dans la dixme de Sucy. Mais peut-être s'agit-il *XI Cal. Maii* là de Sucy proche Yeble. *XIII sæculi.*

Le Prieuré de Saint-Martin-des-Champs qui a beaucoup de dépendances de tous côtés, n'a eu un petit labourage dans la vallée de Sucy pour le Prieuré de Marolles qui en est assez voisin, qu'en *Hist. S. Mart.* cédant, l'an 1205, la moitié du Bois-Herlant qui appartenoit à ce *p. 199.*

petit Prieuré. Le labourage du Val de Sucy venoit d'Anselme d'Amboëlle.

Je rapporte à l'article de Servon un fragment de l'an 1268, du Cartulaire de l'Evêque de Paris, par où il est visible qu'alors le Seigneur de Villiers-sur-Marne nommé Gui, jouissoit d'une dixme inféodée sur les confins de Boneuil et de Sucy.

<small>Hist. Eccl. Par. T. II, p. 488.</small>

Le peu d'observations que j'ai à faire sur les habitans de Sucy, se réduit à cinq ou six points. Le Roi Louis le Jeune exempta ce village comme d'autres de l'Eglise de Paris en 1155, du droit de corvée et de gîte auquel il avoit été sujet jusqu'alors. Les habitans acheterent en 1226, de Milon de Servun, Ecuyer, et de son épouse Petronille la voirie du village de Sucy qu'il tenoit en fief de Simon de Coligny ; ce qui fut approuvé par Pierre de Borbon ou Bonbon, Chevalier. Depuis ce temps-là il est fait mention du Doyen de cette Communauté d'habitans et des sommes qu'il rendoit au Chapitre de Paris. En 1250, le même Chapitre leur permit de bâtir un four, pourvu qu'il ne fût point bannal et qu'ils payassent 8 livres par an. Les mêmes habitans obtinrent du Roi François Ier des lettres datées de Paris au mois de Mars 1527, qui permettoient d'établir à Sucy une Foire chaque année le jour de l'Exaltation de la Sainte-Croix, et un marché les mardis de chaque semaine. Le même Prince leur permit encore par d'autres Lettres données à Saint-Germain-en-Laye au mois de Mai 1544, non seulement la tenue d'une seconde Foire qui seroit fixée au Ier Mai, mais encore de clore le bourg de murailles et de fossez, d'y faire des tours, des ponts-levis et à cet effet d'imposer sur eux une taille. La Foire du 14 Septembre subsiste encore aussi-bien que le marché des mardis.

<small>Ibid., p. 117.</small>

<small>Magn. Pastor. fol. 101.</small>

<small>Necr. Eccl. Par. 27 Mart.</small>

<small>Magn. Past. l. IV.</small>

<small>Bann. du Chât. Vol. II, f. 236.</small>

<small>Ibid. Vol. IV, f. 121.</small>

Les écarts de Sucy sont le Grand-Val et le Petit-Val. Mais ils sont si peu éloignez du village qu'ils ne méritent gueres le nom d'écart. Le Grand-Val appartenoit en 1569 à une Damoiselle de Masparault. La Maison en est très belle et possédée aujourd'hui par M. de Lives, Financier. Elle est située au nord-est de l'Eglise. C'est une Seigneurie particuliere qui étoit possédée ci-devant par M. Vernet, Receveur des Consignations, à Paris, et longtemps auparavant par M. de Masparault.

Dans la Coûtume de Paris de l'an 1580, plusieurs personnes se qualifient Seigneurs en partie de Sucy. Le Grand Prieur en prend le titre aussi-bien que François le Cirier, Président aux Enquêtes. Charles Bouquet y est dit Seigneur du Petit-Val. Jacques l'Allement, Conseiller au Châtelet, s'y dit Seigneur de Sucy en partie, et proteste que la qualité prise par le Chapitre de Paris en ce qui regarde cette Seigneurie, ne puisse lui nuire. Le même Procès-verbal fait mention du Fief de Passy assis à Sucy, qu'il dit appartenir à Jean Guillemin.

<small>Cout. de 1580, édit. 1678, p. 637.</small>

<small>Ibid., p. 652.</small>

Chaud-Moncel *(Callidum Moncellum)* étoit en 1278 un canton

du territoire de Sucy. Il en est parlé au Cartulaire de Saint-Maur. Il y a à Sucy le Fief de Haute-maison.   *Affiches, Mai 1754.*

Montaleau est encore un canton particulier sur cette même Paroisse, ainsi déterminé en 1620, dans la concession d'un oratoire domestique à Philippe de Coulanges, Secrétaire du Roy. Dans la rénovation de ce pouvoir en 1637, Philippe de Coulanges est dit Conseiller d'Etat et privé, et Maître des Comptes.   *Reg. Ep. Par. 2 Jul. et 28 Maii.*

Il existe une longue piéce de vers françois en stances, de la composition de Pierre de Villiers, Prieur de Saint-Taurin, qui a pour titre *le séjour de Sucy dont Paris est le point de vue*. Ces mêmes vers qui ont été mis en vers Iambes latins par M. Godeau, ancien Recteur de l'Université, Curé de Saint-Côme, sont imprimés parmi ses Poësies sous le nom de *Rus Suciacum*, et dédiés à Nicolas Lambert, Président de la seconde aux Enquêtes.   *Poësies de Villiers chez Colombat 1712.*

Dans un recueil de piéces conservé à la Bibliothéque de Saint-Victor de Paris où il y a un grand nombre de poësies de M. de Coulanges, s'en voit une sur un vieux lit de famille qui étoit à Sucy chez M. Amelot, dans laquelle, en faisant parler ce lit, on lui fait dire l'horoscope de celui qui y naquit, et en particulier du fils de Jeanne d'Ormesson :

> *La fortune sera bornée*
> *A quelque mauvaise chanson.*

BOISSY-SAINT-LÉGER et GROSBOIS

On sçait communément que ce village est surnommé *de Saint-Léger* qui est le patron de l'Eglise, pour le distinguer tant d'un autre Boissy situé au Diocése de Paris au-dessous de la montagne de Saint-Ion, que de plusieurs autres Boissy qui sont dans les Diocéses voisins et autres. On croit aussi ordinairement que le nom de Boissy vient des mots latins *Buxus* ou *Boscus* dont l'un signifie l'arbre de buy, et l'autre un bois en général [1]. Ce qui est certain touchant Boissy dont il s'agit ici, est que Dom Mabillon a cru que c'étoit un lieu habité au moins en qualité d'hameau, sous l'épiscopat de Saint Germain de Paris au VI siécle, et dit que c'est de ce lieu que parle Fortunat dans la vie de ce Saint dont il étoit contemporain, l'appellant deux fois *Vicus Bucciacus*, à l'occasion d'un enfant et d'une femme paralytique de ce lieu qui lui furent   *Sæc. I, Bened. p. 239.*

---

1. Il n'est pas impossible que quelques lieux n'ayent pris le nom de l'arbre de buis, comme plusieurs l'ont pris de l'orme, du coudre, du noyer, du chêne, du cerisier, du prunier.

amenés à Paris et qu'il guérit. Je dis qu'il n'étoit peut-être qu'un hameau, parce que le titre de Saint Léger, Evêque d'Autun, que porte l'Eglise Paroissiale, n'a pu lui être donné au plus tôt que vers l'an 700, ce Saint n'étant décédé qu'en 678. Au VII siècle ou dans le suivant, les Diplômes de nos Rois qui servirent à composer la vie de Saint Babolein, premier Abbé de Saint-Pierre des Fossés dit depuis Saint-Maur, portent ces mots : *vicum qui Buxeus dicitur ;* quelques copies mettent *Buxiacus*. Dans un autre Diplôme de l'an 847, il est écrit : *locus qui dicitur Buxidus*. Le même nom *Buxidus* est employé par l'auteur du *Polypticon Fossatense* qui est au plus tard du X siécle et avoit été aussi employé par le Comte Etienne dans sa donation de Sucy à l'Eglise de Paris en 811, si cependant il s'agit là de ce Boissy. Mais depuis le XII siècle et le XIII on n'employa presque plus en latin que le terme *Boissiacum,* fabriqué visiblement sur le françois ; cependant le secrétaire de Maurice de Sully, Evêque de Paris, vers l'an 1190, se servit encore de celui de *Buxiacum,* et l'écrivain du Pouillé Parisien au XIII siécle rendit ce nom en latin par *Bossiacum*.

<small>Duchêne, T. 1, p. 663. Bouquet, Hist. Eccl. Par. T. I, p. 417. Baluze, Capit. T. II, c. 1388.</small>

<small>Tab. S. Mauri.</small>

Ce village est éloigné de Paris de quatre petites lieues seulement, du côté du levant d'hiver, sur la route de Brie-Comte-Robert, Provins, etc. Sa situation est presque sur le plus haut d'une colline qui regne depuis Limeil et s'étend du côté de Sucy. Ensorte que lorsqu'on a achevé de monter la rue de ce village on entre dans la plaine de Grosbois qui s'étend du côté d'Hierre et de Ville-créne. Les côteaux de cette Paroisse sont garnis de vignes, le reste est en terres labourables avec quelques boccages et prairies. On apperçoit Paris du haut de la montagne. Le Dénombrement de l'Election imprimé en 1709, y marquoit 66 feux. Celui que le sieur Doisy a rendu public en 1745, n'y en marque que 43. Dans le Dictionnaire Universel du Royaume qui parut en 1726, le nombre des habitans est dit aller à 179, c'est-à-dire les communians.

Le Polypticon de Saint-Maur nous apprend ce qu'étoit ce lieu il y a huit ou neuf cents ans. Comme le Roi Clovis II avoit donné cette Terre à ce Monastere vers l'an 650, les Religieux firent par la suite une description du revenu qu'ils en retiroient. « Le Mo-
« nastere, disent-ils, a à Boissy vingt-quatre maisons et demie de
« paysans charroians, dix de manouvriers, et treize hospices ou
« logemens ; duquel nombre de maisons il y en a en bénéfice cinq
« et demi et un hospice. En tout il y demeure à Boissy soixante et
« dix-huit hommes. Chaque maison de charroians paye à l'Ab-
« baye une année cinq sols, et l'année suivante une brebis *(Verve-*
« *cem)* et un agneau, et deux muids *(Modios II)* de vin. Elle ense-
« mence en grain d'hiver quatre perches, et en tremois *(Tramisium)*
« deux perches. Entre deux maisons les habitans labourent chaque

« semaine trois perches ; et en trois semaines s'ils sont trois mai-
« sons ensemble ils labourent l'espace de terrain appellé une char-
« rue *(Carrucam I)*. Et chaque maison fournit à l'Abbaye tous les
« ans une charrettée de baguettes *(De virgis)* pour clorre les vignes,
« avec trois poullets et des œufs. A l'égard des maisons de manou-
« vrier, chacune paye par an au Monastere deux muids de vin, une
« brebis et un agneau. Elle ensemence de grain d'hiver quatre
« perches, et deux de tremois, et elle paye deux poullets avec des
« œufs. Ce village est une terre à cens pour laquelle on paye à la
« Saint-Denis neuf sols huit deniers. » Ce détail peut faire plaisir
à ceux qui recherchent les anciens usages, Je l'ai traduit sur le
latin de ce temps-là.

L'Eglise que j'ai dit être dédiée sous le titre de Saint Léger,
Evêque d'Autun, n'a rien d'ancien ni de remarquable, et on n'y
reconnoît rien qui puisse en indiquer le temps. Elle est supportée
vers le midi par une petite tour. A l'opposite est la Chapelle Seigneuriale ; il y a une Confrérie de Saint Blaise, avec un reliquaire
dont je parle à l'article de Sucy, qui le fait prendre pour le second
patron de l'Eglise. On y célebre l'anniversaire de la dédicace le
dimanche après le 18 Juin ; ce qui marque qu'elle fut dédiée un
18 Juin, mais on en ignore l'année. Le grand autel fut transporté
au fond du chœur en 1688, pour avoir la facilité de construire [Reg. Archiep. *19 Maii 1688*.]
une sacristie. A droite de la nef est l'épitaphe de Michel de Bon-
naire, Curé du lieu et Chanoine de Saint-Maur, décédé en 1552.
A gauche est gravée la fondation de plusieurs Saluts faite en
1576, entr'autres le jour de Pâques, où il est dit que le Curé des-
cendra la Sainte Hostie ; ce qui marque que le Saint Ciboire étoit
alors sous un pavillon à une suspense. Quoique l'Abbaye de Saint-
Maur eût la Seigneurie de Boissy dès le VII siécle, elle n'en eut
cependant la Cure que plus de quatre cents ans après ; ce fut
Etienne de Senlis, Evêque de Paris, qui la donna en 1124, à la
prieré de l'Abbé Th ..... et du consentement du Chapitre de Paris ;
Maurice de Sully donna en 1105 [1195] des lettres qui confirmoient [Hist. de Paris, T. III, p. 23.]
ce don et qui marquoient le consentement de l'Archidiacre : *Eccle-*
siam de Buxiaco, cum atrio, majori decimæ [*magna decima*] *et duas*
partes [*duabus partibus*] *in minuta*. Dès l'an 1136, les moines de cette
maison avoient eu l'attention de faire confirmer la même concession [Hist. de Paris, Preuv. [p. 22].]
par le Pape Innocent II : *Ecclesiam de Bossiaco*. Depuis ce temps-là
le Pouillé de Paris qui fut écrit au XIII siécle, marqua que c'étoit
à l'Abbé de Saint-Maur à présenter à la Cure *de Bossiaco*. Celui du
XVI siécle dit la même chose. Dans celui de 1626 on s'est avisé
de dire que c'étoit à l'Abbé de Saint-Victor, ce qui n'a cependant
jamais été, et c'est ce que le Pelletier a suivi dans le sien de 1692,
sans avoir observé que l'auteur de celui de 1648 écrit que c'est à

l'Archevêque de Paris, en vertu de l'union de l'Abbaye faite à l'Evêché.

Outre l'Eglise Paroissiale, il y a eu sur le territoire de cette Paroisse une Chapelle dans le lieu appellé le Piple où étoit le manoir de l'Abbé de Saint-Maur, et dans lequel l'Abbé Pierre qui l'avoit bâtie vers 1280 obtint du Pape Martin IV la faculté de pouvoir célébrer. Ce lieu dit le Piple en françois et *Populus* dans les titres latins depuis cinq cents ans, est situé entre Boissy et Sucy. Je ne puis gueres m'étendre que sur ce lieu en traitant du temporel de Boissy. S'il existe encore à Boissy une fontaine miraculeuse de S. Babolein, premier Abbé de Saint-Maur, ainsi qu'elle existoit en 1640, du temps de l'impression de la Vie françoise de Saint Maur (page 343), elle doit être en ce quartier du Piple. Elle est maintenant dans le jardin d'une maison bourgeoise vis-à-vis l'Eglise.

Duchêne,
T. I, p. 663.

Il est vrai que le testament de Blidegisile, Diacre, fondateur de l'Abbaye de Saint-Pierre-des-Fossez au VII siécle, marque qu'il donna à ce Monastere le village de Boissy : mais, par la suite du temps, il se fit des aliénations et des échanges, sans compter ce qui fut perdu du temps de Charles Martel et des guerres des Normans. Il faut commencer par un acte de l'an 847, dans lequel l'Abbé de Saint-Maur, nommé Eginhard, traita avec Erkenrad, Evêque de Paris, comme Seigneur à Seigneur. L'Abbé souhaitant avoir une portion de la Forêt de Vilcennes qui étoit contiguë à son Abbaye,

Hist. Eccl. Par.
T. I, p. 417.

offrit à l'Evêque cinq cent trente-sept arpens de bois à Boissy *in loco qui dicitur Buxidus*, et eut pour cela une égale quantité dans le Bois de Vincennes qui est le nom de Vilcennes un peu changé.

Gall. Chr.
T. VII, col. 295.

En 1210, les hôtes que l'Abbaye de Saint-Maur avoit à Boissy et qui jusques-là avoient payé une tolte et une taille dont on a vu des traces ci-dessus dans le fragment du Polypticon, en furent exemptez par l'Abbé Radulf.

Cod. Putean.
mss. 635.

Vers le même temps vivoit un Chevalier nommé Philippe de Boissy qui étoit au nombre des Chevaliers de la Chatellenie de Paris tenant du Roi.

Du manoir de Piple dépendoient alors vingt-deux arpens de vigne et deux pressoirs avec cent arpens de bois. Outre cela l'Abbaye de Saint-Maur à qui il appartenoit avoit cent arpens ou environ dans la grande forêt voisine. Mais les Abbés n'étoient point tellement attachez à ce lieu qu'ils ne donnassent quelquefois à loyer les maisons qu'ils y achetoient. Par exemple Odon, Archidiacre de Paris, attiré

Charta Guil.
Ep. Paris.

par la vue charmante qu'on y a, y prit à bail de l'Abbaye en 1238, un logis qu'elle venoit d'acquérir de Pierre et de Gilbert du Piple.

Gall. Chr.
T. VII, Instrum.
[col. 109.]

L'Abbé Pierre, premier du nom, ayant institué deux nouveaux Officiers dans son Monastere dès l'an 1256, sçavoir un Chambrier et un Célérier, assigna au Chambrier, entr'autres revenus, trente arpens de vigne situés à Boissy et le tiers de la dixme du vin de ce lieu. Outre la Chapelle qu'il fit bâtir au Piple, on y construisit par ses ordres une salle et un cellier au-dessous, et une maison qu'il fit entourer de murs et de grands fossez. Ensuite il accorda la manumission aux habitans ; en compensation de quoi ils doublerent le droit de la cense et de la taille, et lui céderent leurs usages situez sur le chemin de Marolles, ne se réservant que les bruyeres et la garenne dans laquelle ils s'engagerent de ne chasser qu'au liévre avec le chien et sans filets. L'Abbé Pierre fit aussi dresser au même lieu plusieurs garennes pour les lapins. En 1268 Philippe de Montreuil, Chevalier, et Isabelle, sa femme, qui avoient un droit de griage sur le manoir du Piple, en firent la remise à l'Abbaye de Saint-Maur. Enfin, l'on trouve dans les anciens monumens de la même Abbaye, que les moines par reconnoissance des biens qu'ils avoient reçus de ceux de la famille de Chevry, entr'autres de Raoul de Chevry, Evêque d'Evreux, et de son neveu Jean de Chevry, lui céderent en 1280 l'usage de leur maison du Piple sa vie durant, aussi-bien que les bois que les habitans de Boissy leur avoient remis pour leur manumission.

Chart. Fossat.

Ibid.

Le Piple est un fief qui relevoit de Saint-Maur en 1544. En cette année il étoit possédé par N. de Montigny. Il a appartenu dans le dernier siécle à MM. Gaudart, Conseillers au Parlement; puis à M. de Cantorbe, Fermier Général, et à présent à M. de Montigny, Payeur des Rentes. Dans ces derniers temps le Maréchal Comte de Saxe en a joui.

Le Parc est d'environ cent arpens. M. Chauvelin, Seigneur, a gagné en 1751 un procès qui lui adjuge la Haute-Justice du Piple.

La Seigneurie de Boissy appartenante au Chapitre de Saint-Maur fut aliénée, en 1599, à Nicolas de Harlay, Seigneur de Sancy, Grosbois, et Colonel Général des Suisses, au sujet des subventions accordées au Roi à l'occasion des troubles et des guerres. C'est alors qu'elle commença à appartenir au même Seigneur que celle de Grosbois.

L'Étang qui est entre Boissy et Bonneuil à gauche en sortant de Grosbois paroît venir de quelque inondation.

GROSBOIS étant devenu de la Paroisse de Boissy-Saint-Léger, c'est ici le lieu d'en parler. Il est nommé *Grossion* [*Grossum*] *nemus* dans un acte de l'an 1226, où l'on voit parmi ceux à qui l'Archevêque donna les ordres en l'Eglise de l'Abbaye de Saint-Denis au rang des Curez qui tous sont appellez *personna* en latin, *Rogerum personam Ecclesiæ de Grosso nemore*. Ce que j'en trouve ensuite de plus ancien est une fondation que le Roi Charles V fit en faveur des Macicots de l'Eglise de Paris. Il leur assigna cent livres de rente sur la Terre de Grosbois par Lettres données à Paris au mois

Doublet.
Hist. S. Denis,
p. 557.

Ex Reg. 1367,
apud Gaign.

de Juillet 1367; on prononce aujourd'hui Machicots. Voilà les premieres époques sûres de ce nom de Grosbois. Ce lieu que je croirois avoir dépendu primitivement de la Paroisse de Ville-crêne, fut donc érigé en Cure ou en succursale vers les commencemens du XIII siécle. Le Pouillé du XV siécle est néanmoins le premier où elle soit mentionnée. Elle y est au rang de celles qui sont à la pleine collation Episcopale, et depuis ce temps-là les provisions du XV et XVI siécle l'attestoient; ce qui fait voir qu'elle ne fut pas distraite de Boissy, puisque l'Abbé de Saint-Maur en auroit conservé la présentation, ni de Marolles dont la nomination appartenoit au Prieuré de Saint-Martin-des-Champs ou au Prieur particulier du lieu, ni enfin d'Hierre, parce que l'Abbesse d'Hierre y auroit présenté par continuation de droit. Il faut pourtant que cette Cure fût déja établie vers l'an 1400, puisqu'on lit dans le Nécrologe de l'Abbaye de Saint-Victor de Paris au mois de Décembre : *Obiit Dnus Reginaldus Curatus de Grosso bosco ;* ce qui ne peut regarder les Paroisses de Grosbois qui sont aux Diocéses d'Autun ou de Besançon. Peut-être qu'il y avoit eu en ce lieu appellé autrefois Grosbois-le-Roy, une Chapelle de Saint-Jean-Baptiste, bâtie par ordre du Roi Jean, pere de Charles V. Quoiqu'il en soit, le premier acte où je le trouve nommé Grosbois-le-Roy est le Procès-verbal de la Coûtume de Paris de l'an 1580, soit qu'il eût appartenu au Domaine comme il y a lieu de le croire sur l'acte de la fondation de Charles V, ci-dessus énoncée, ou à quelque particulier nommé le Roy.

Le Rolle des déclarations de fiefs de la Chatellenie de Corbeil fait en 1597, au sujet du Ban et arriere-ban, rapporte souvent le nom des possesseurs des fiefs qui vivoient un demi-siécle auparavant; ainsi, lorsqu'il fut mention d'une déclaration du Fief, Terre et Seigneurie de Grosbois donnée par Adam des Hays. Adam des Hays, Seigneur, est dit Valet de Chambre Ordinaire du Roi, son Chirurgien et Barbier, dans une Requête qu'il présenta sur une difficulté de Chirurgie. Ce ne peut être que le devancier du sieur Raoul Moreau, Trésorier de l'Epargne, qui sûrement étoit Seigneur de Grosbois en 1580, et comptant en cette qualité à la Coûtume de Paris. Sa fille, Marie Moreau, porta cette Terre en mariage à Nicolas de Harlay, Baron de Sancy. Elle en est qualifiée Dame en 1596, lorsqu'elle l'épousa. Vingt ans après, Nicolas de Harlay vendit cette Terre à Charles de Valois, Comte d'Auvergne, Duc d'Angoulême, et à Charlotte de Montmorency, sa femme en premieres noces. Ce Duc d'Angoulême, fils naturel du Roi Charles IX, jouit de cette Terre jusqu'à sa mort arrivée le 24 Septembre 1650. Il y reçut quelquefois le Roi Louis XIII, au moins l'an 1637, suivant les mémoires de Vittorio. Ce fut ce prince qui commença à

Reg. Parlam. 1542;

Hist. des Gr. Off. T. IV, p. 642.

Ibid.

aggrandir ou former le Parc de Grosbois en détruisant le village. Il fit aussi abattre l'Eglise Paroissiale d'une maniere extraordinaire si elle est véritable[1]. Quelques-uns des changemens qu'il y apporta furent cependant utiles, ensorte que la vallée de ce lieu qui cent ans auparavant étoit impraticable aux charrois, fut traversée facilement dans la suite par toute sorte de voyageurs. On ne sçait pas au juste en quelle année fut démolie cette Eglise de Saint-Jean-Baptiste de Grosbois. On juge que ce fut un peu avant 1640, et que ce fut en conséquence de cette démolition que ce Prince embrassa l'occasion qui se présenta de rebâtir en l'honneur du saint Précurseur de Jésus-Christ, une autre Eglise en fondant vers cette année-là un Couvent de Solitaires Camaldules qui reconnoissent ce Saint pour le Patron de leurs hermitages. Il fit même insérer dans la Requête présentée par ces Religieux à M. de Gondy, Archevêque de Paris en 1541 [1641], que la Paroisse de Saint-Jean de Grosbois qui étoit ci-devant dans l'enclos du Parc seroit transférée dans l'Eglise des Camaldules établis entre Grosbois et Hierre dans le désert de Bourron. Mais l'Archevêque entérinant la Requête l'an 1642, en excepta positivement cette clause. Ainsi il n'y eut plus depuis ce temps-là de Paroisse à Grosbois. On ne dit pas quel fut le sort du Curé, mais il est certain que ce même Prince se remariant en 1644 avec Françoise de Nargone, fille de Charles, Baron de Mareiul ou Mareuil, ce fut en l'Eglise de Boissy-Saint-Léger qu'ils reçurent la bénédiction nuptiale, le 5 Février, des mains du sieur Bertrand, Curé, qu'ils regarderent dans la suite comme leur propre pasteur. Cette Dame n'est décédée qu'en 1713, âgée de 92 ans. Le Duc d'Angoulême n'en avoit point eu d'enfans.

Dicæarchia Henrici II. Arrêt 9, fol. 11.

Sauval, Antiq. de Paris, T. III, p. 199.

Louis-Emmanuel de Valois, Duc d'Angoulême, succéda à son pere en la Terre de Grosbois l'an 1650. Il avoit épousé en 1629 Henriette de la Guiche dont il eut trois fils qui ne passerent point l'an 1644. Sa fille unique Françoise-Marie de Valois, Duchesse d'Angoulême, Comtesse de Lauragais; etc., posséda après lui la Seigneurie de Grosbois. Elle avoit épousé en 1649 Louis de Lorraine, Duc de Joyeuse. Cette Duchesse ne conserva point cette Terre: elle la vendit au suivant.

Antoine de Brouilly, Marquis de Pienne, Chevalier des Ordres du Roi, acquit en 1667, le 24 Décembre, la Seigneurie de Grosbois et Boissy de Mme la Duchesse de Joyeuse. On compte après lui pour Dame de ces lieux, Olympe de Brouilly, sa fille aînée et donataire, laquelle épousa Louis d'Aumont, Marquis de Villequier. Ces derniers Seigneurs reconnurent Ville-crêne pour leur Paroisse.

---

1. On assure qu'elle fut abattue par une multitude d'ouvriers et de soldats qu'il avoit fait venir, et cela durant que le Curé et les Paroissiens étoient allés en Procession dans une Paroisse ou Eglise voisine.

Achilles de Harlay, premier Président du Parlement de Paris, fit rentrer cette Terre et celle de Boissy dans sa famille, par l'acquisition qu'il en fit de la Duchesse d'Aumont le 12 Juillet 1701. Il obtint en 1707, des Lettres-Patentes pour changer le nom de Grosbois en celui de Sancy qui étoit ancien dans la Maison de Harlay. Mais quoiqu'elles eussent été enregistrées le 11 Mai de la même année, le changement n'a pas eu lieu dans l'usage. Il n'étoit plus alors premier Président. Son fils nommé comme lui Achilles de Harlay, Conseiller d'Etat, lui succéda dans sa Seigneurie en 1712. La fille unique de ce dernier épousa Christien-Louis de Montmorency de Luxembourg, Prince de Tingry, et devint Dame de Grosbois en 1717, à la mort de son père. Peu de temps après, ces terres sortirent pour la seconde fois de la Maison de Harlay.

Samuel Bernard, Maître des Requêtes, fils du fameux du même nom, l'acquit du Prince de Tingry le 4 Mars 1718, et la revendit depuis à M. Chauvelin, ci-devant Garde des Sceaux, qui les possède aujourd'hui.

On assure que le Parc du Château de Grosbois est d'une étendue pareille à celle du Bois de Boulogne, de quinze à seize cents arpens. Les jardins sont spacieux et agréables, le parterre orné de statues. On monte de là dans le bois par deux rampes décorées de balustrades de pierre. La Maison consiste en trois corps de logis : un dans le fond en forme de demi-cercle, et les deux autres à droite et à gauche. Le Duc d'Angoulême fit construire ces édifices qui ont été depuis bien embellis par Achilles de Harlay, le premier Président. On y a vu longtemps la riche Bibliotheque de Harlay qui est maintenant au Collége des Jésuites à Paris. Dans le même temps on voyoit dans quelques salles et quelques galeries plusieurs inscriptions que le Duc d'Angoulême avoit fait mettre lorsqu'il s'y retira étant disgracié, celle-ci, entr'autres, sur une cheminée : *Scipionibus ac Belisariis, de patria non minus bene meritus, patria non item bene merita.* Mais comme la salle et les galeries, à l'exception de celle d'en haut, ont changé de nature et qu'on en a fait d'autres bâtimens, on n'y voit plus aucune des sentences de ce Duc. Les auteurs du Dictionnaire Universel de la France imprimé en 1726, observent que M. Samuel Bernard, outre les augmentations et embellissemens, avoit fait dans cette maison de Grosbois des provisions immenses de toutes les choses utiles à la vie, dans le temps que l'on appréhendoit les suites de la peste de Marseille en 1721. Mais ils se trompent, en ajoutant qu'il y a à Grosbois un Couvent de Camaldules où beaucoup de personnes de considération et de piété vont faire des retraites ; l'erreur ne tombe pas sur les retraites, mais sur ce qu'ils disent que ce Cou-

Dict. Univ. Geogr. T. II, au mot Grosbois.

vent est situé au lieu de Grosbois, tandis qu'il est bâti sur la Paroisse et sur la Seigneurie d'Hierre. Car s'il étoit de Grosbois, les Religieux seroient de la Paroisse de Boissy, au lieu qu'ils sont de celle d'Hierre. Ce qu'il y a de vrai relativement à Grosbois, est que leur fondateur le Duc d'Angoulême étoit Seigneur de Grosbois et d'une partie de la Paroisse d'Hierre : ce qui est encore véritable, c'est que le même Duc les fondant voulut qu'ils vinssent dire la Grande-messe au Château de Grosbois le jour de Saint Jean-Baptiste, leur assignant pour cela chaque année 200 livres : fondation qui a été imitée par M. de Harlay qui a établi qu'ils y viendroient pareillement au jour de Saint Achille avec une semblable rétribution.

Voici comment fut rectifiée l'extinction de la Paroisse de Grosbois. Achilles de Harlay, Premier Président, présenta au mois de Janvier 1703, une Requête à M. le Cardinal de Noailles, par laquelle il reconnoissoit que cette ancienne Cure dont la derniere collation paroissoit être du 11 Janvier 1559, n'avoit pas été éteinte dans les formes, concluant à ce qu'il plût à son Eminence de donner le territoire de l'ancienne Cure de Grosbois avec le soin des ames de ceux qui demeurent dans le Château et Basse-cour de ce lieu au Curé de Boissy-Saint-Léger ou à celui de Ville-crêne, se soumettans de sa part de le reconnoître pour son Pasteur. Sur quoi intervint ce Décret : « Le 4 Février 1703, le saint nom de « Dieu invoqué, Nous Louis-Antoine de Noailles, Archevêque de « Paris, de notre autorité ordinaire ayant égard à la Requête « de M. le Premier Président, avons supprimé et éteint, supprimons et éteignons par ces présentes à perpétuité le titre de la « Cure et Eglise Paroissiale de Saint-Jean-Baptiste de Grosbois : « Avons uni et incorporé, unissons et incorporons par ces dites « présentes aussi à perpétuité à la Cure de l'Eglise Paroissiale de « Saint-Léger dudit Boissy tous les biens, dixmes, fruits, profits « et revenus, jurisdiction étendue au territoire et tous autres droits « généralement quelconques qui se trouveront dus et appartenir à « ladite ancienne Cure et Eglise Paroissiale de Grosbois; ensem« ble tous et chacuns les Paroissiens d'icelle. » Le Registre m'a appris de plus, que le Premier Président ci-dessus nommé avoit alors offert la somme de deux cents livres pour entretenir à Boissy un troisiéme Prêtre qui seroit Chapelain du Château, et auroit les cent livres déja destinées pour l'instruction des enfans de Boissy et Grosbois, et célébreroit la Messe au Château hors les jours de grandes Fêtes : ce qui fut accepté, et à l'égard du Curé de Villecrêne il fut dit qu'il auroit ses grosses dixmes dans la partie du territoire de sa Paroisse enfermée dans le Parc.

Reg. Arch. 2 Febr. 1703.

Les vestiges de l'ancienne Eglise de Saint-Jean-Baptiste de

Grosbois paroissoient encore alors à cent pas du Château : c'est à l'endroit où il reste un petit tertre.

Il y a un autre Grosbois dans le Diocése de Paris. C'est un petit Prieuré qui dépend de celui de Gournay. Voyez ce que j'en dis à l'article de Ville-Parisis au Doyenné de Chelles où il est situé.

HAMEAU DE TIGERY

Je n'ai pas coutume de faire un article séparé des hameaux, mais comme celui de Tigery est si considérable qu'il en forme lui seul un au Rolle de l'Election, et que d'ailleurs ce hameau est situé sur deux Paroisses, sçavoir celle de Saint-Germain de Corbeil et celle d'Ethioles, j'ai cru qu'il étoit convenable de ne pas partager son histoire et de ramasser en un seul corps tout ce que l'on en sçait ou que j'ai pu en apprendre.

Ce lieu doit avoir tiré sa dénomination de quelqu'un qui s'appelloit *Tigerius* ou *Tegerius,* car ce nom n'étoit pas inconnu dans l'antiquité. Un *Tegerius de Palesolio* est mentionné dans le Cartulaire du Prieuré de Longpont comme vivant à la fin du XI siécle ou au commencement du suivant. Et il faut même avouer que d'autres personnes avant lui avoient porté ce nom, puisque dès le milieu du XI siécle il avoit existé un Chevalier appellé *Richerius de Tegeriaco.* En effet, on trouve dans le même livre parmi les Chevaliers présens à la donation de l'Eglise de Bondoufle faite à ce Prieuré par acte passé à Corbeil l'an 1095 : *Vivianus filius Richerii de Tegeriaco.* Il y avoit aussi dans le Diocése de Bayeux au XII siécle une Chapelle dite *Tigerium* en latin, dépendante de l'Abbaye de Tiron au Perche. Mais aujourd'hui Tigery proche Corbeil est le seul lieu du Royaume connu sous ce nom. Il a été quelquefois latinisé au XIII siécle par le mot *Tigiriacum,* mais le plus souvent dans les actes latins on laissoit le nom en françois.

Chart. Longip. fol. 44.

Ibid., fol. 30.

Gall. Chr. T. VIII, Instr. p. 329.

Chart.S.Mauri. fol. 455.

Ce hameau est environ à sept lieues de Paris et à une seulement de Corbeil, vers le levant d'été de cette derniere Ville. Sa situation est dans une plaine où l'on ne voit que des Terres labourables. Il n'y a point de vignes. Dans les bonnes années, l'arpent porte jusqu'à 160 gerbes. Mais il est fort peu éloigné de la Forêt de Senart, n'étant qu'à un quart de lieue de la grande route de Paris à Melun qui traverse cette forêt. En 1709, lorsqu'on imprima pour la premiere fois le dénombrement des Elections du Royaume par feux, on marqua qu'il y en avoit 66 à Tigery, ce qui devoit former 225 habitans suivant le calcul du Dictionnaire Universel de la France publié en 1726. Le Sieur Doisy qui a donné en 1745 un nouveau dénombrement de tous les villages et hameaux considérables du Royaume, compte à Tigery 49 feux, en y comprenant même des habitans qui sont de la Paroisse d'Ethioles, et qui font le plus petit nombre. Mais la vérité est qu'il n'y a que quarante feux, sçavoir vingt-cinq de Saint-Germain, et quinze d'Ethioles.

Il y a sur le territoire de Tigery deux Chapelles. Je commencerai par la plus ancienne. Elle appartient à la Commanderie de Saint-Jean de Corbeil dans une ferme de laquelle elle se trouve. C'étoit un petit Hôpital de l'Ordre des Templiers dont Fr. Guerrin de Montaigu, Grand-Maître de l'Ordre, confirma la possession aux Prêtres de l'Hôpital Saint-Jean de Corbeil vers l'an 1228. Sa situation est dans la pente douce du vallon qui regarde le septentrion. Son sanctuaire est terminé en demi-cercle, ce qui en dénote l'antiquité avec d'autres marques qui sont les tombes qu'on y voit dont la partie des pieds est moins large que celle de la tête. Au reste elles sont sans figure et sans inscription. On l'a dit titrée de Saint Guinefort qu'ils prononcent Genefort dans le lieu. On n'y fait point d'Office : mais le Fermier est chargé d'y faire dire quelques Messes. On n'y célebre point non plus la Fête du Saint. Mais les habitans croyent que lorsqu'on la célébroit c'étoit sur la fin de Juillet ; c'est ce qui pourroit servir à autoriser la pensée de M. Chastelain, Chanoine de Paris, qui a cru que Saint Guinefort étoit le nom de Saint Cucufat défiguré. On fait dans le Diocèse de Paris mémoire de Saint Cucufat, Martyr, le 25 Juillet. J'y ai vu sur l'autel l'image de deux Saints en vêtemens longs. Derriere cette Chapelle, à la distance de huit ou dix toises, est une fontaine dans une petite profondeur. On y vient en pélerinage et on en trouve l'eau bonne contre la fiévre. On voit dans l'Etat de l'ordre de Malte de la Généralité de Paris qu'il a des dixmes à l'Hôpital de Tigery.

<small>Hist. de Corbeil, p. 152.</small>

<small>Sauval, T. I, p. 613.</small>

L'autre Chapelle est beaucoup plus considérable, mais aussi plus nouvelle. Elle est dans le village à l'entrée d'une avenue d'arbres qui conduit au Château, toute bâtie de belles pierres de taille et couverte d'ardoise, fort élevée et isolée, ayant nombre égal de fenêtres de chaque côté, mais dont il n'y a de vitrées que les trois du fond qui est en espece de rond-point, lesquelles sont toutes en architecture des derniers temps du gothique. L'autel est isolé et sur le rétable est en relief de hauteur naturelle l'Annonciation de la Sainte Vierge qui est aussi représentée aux vitres. Il y a de plus un autre autel dans le fond adossé au mur, comme dans les Saintes Chapelles ou Eglises Canoniales. Au-dessus de cet Autel est une statue de Sainte Anne soutenue par une pierre ornée d'un écusson supporté par deux Anges et entouré d'une branche de palmier et d'une d'olivier ayant dans son champ une porte de Ville ou de Château, avec la herse, trois tours au-dessus, et trois étoiles au-dessus des tours. Les mêmes armes se trouvent en dehors de cette Chapelle à un des piliers boutans du côté du septentrion. Le frontispice paroît plus nouveau que le reste. Le portail est à colonnes Ioniques. La fenêtre d'au dessus est cintrée en demi-cercle et non en pointe comme les autres; aux deux piliers boutans sont accollés deux écussons : l'un a trois grappes de raisin et une bande au milieu, l'autre a trois hures de sanglier. Au côté méridional par le dehors et proche le portail se voyent des inscriptions de pierre d'attente, comme si on eût eu dessein de bâtir là une tour (car cette Chapelle est sans clocher), ou bien un autre édifice. Au dedans, proche la petite porte, est pour eaubénitier une pierre taillée comme pour servir à des Fonts Baptismaux. Je ne sçais pas même s'il n'y a pas une chaire à prêcher. Devant le principal autel est une tombe sur laquelle on lit cette épitaphe :

D. O. M.

Cy gist Dame Marie Rolland épouse de Messire Rolland Pierre Gruyn Seigneur de Tigery, Conseiller du Roy en ses Conseils, Maître de la Chambre aux deniers de Sa Majesté, décédée en son Château de Tigery le 27 Septembre 1718, agée de 46 ans. Requiescat in pace.

Cette belle Chapelle est de même que le Château sur la partie du territoire de Tigery comprise dans l'étendue de la Paroisse d'Ethioles.

Je suis descendu dans ce détail parce que cette Chapelle m'a paru mériter une attention singuliere. On m'a assuré dans le Château que la tradition portoit qu'elle avoit été destinée pour quelques Religieux Récollets par exemple, ou autres, auxquels on vouloit en donner la desserte, et que le dessein de ceux qui l'ont fait bâtir étoit d'y mettre leur Couvent à côté, et qu'elle auroit été Chapelle Castrale comme en d'autres Châteaux; mais qu'aujourd'hui elle n'est que Chapelle domestique du Château de Tigery. En ce cas il faut avouer qu'elle est la plus belle et la plus vaste de toutes les Chapelles de ce genre qui soyent dans le Diocése.

Depuis ce temps, une personne très respectable m'a fait remettre entre mains des mémoires où j'ai lu que les habitans de ce lieu s'étant plaints en 1549, de l'éloignement où ils étoient d'Ethioles et de Saint-Germain de Corbeil, leurs Paroisses, et surtout des mauvais chemins impraticables pour les gens âgez ou infirmes, et qu'il en étoit arrivé des inconvéniens, Messire François de Saint-André, Président au Parlement, Seigneur de Tigery, offrit de céder un lieu propre à bâtir une Eglise, et même de la bâtir à ses frais; que l'Evêque de Paris de ce temps-là conçut de son côté le dessein d'y établir une Cure; mais qu'en attendant et dès lors qu'elle seroit achevée et pour que [pourvue] de tout ce qui seroit nécessaire on en feroit une succursale d'Ethioles, puisque, Pierre, Curé, y consentoit. Jean Ursin, Evêque de Tréguier, Vicaire-Général de celui de Paris, fut chargé d'y donner ses soins. En 1556, le 9 Avril, il fut permis par l'Evêque de Paris à celui de Philadelphie de faire la Dédicace de cette Eglise, *Ecclesiam seu Capellam in loco de Tigeri Parochiæ de Athiolis per nobilem et egregium virum Fr. de S. André Curiæ Parlamenti Præsidem de novo constructam* et d'y bénir les autels. Les mêmes mémoires ajoutent qu'avant le milieu du dernier siécle, M. de Flexelles, Président en la Chambre des Comptes, ayant acquis la Seigneurie de Tigery, y avoit trouvé une très belle Chapelle bâtie depuis plus de quatre-vingts ans, dans laquelle il avoit entretenu un Chapelain, qui y avoit célébré les Dimanches et Fêtes, et même les jours ouvriers, dont les Curés d'Ethioles et Saint-Germain avoient été si satisfaits, qu'ils avoient même permis d'y faire l'eau bénite les Dimanches, pour le soulagement de leurs Paroissiens de Tigery et du hameau de Senart. C'est ce qui se pratiquoit encore en 1649, pendant l'hiver, et qui ne fut interrompu alors que pour célébrer les Saints mysteres dans un lieu encore plus sûr pour les habitans et moins exposé. Voilà ce que j'ai appris de ces Mémoires, et qui paroît quadrer avec tout ce que dénote l'édifice.

Il ne m'appartient point de décider de quel côté il y a plus de vraisemblance, n'étant que simple Historien qui rapporte les faits tels qu'il les a ouï dire ou comme il les a trouvés écrits.

Le Château de Tigery est très beau et a plusieurs marques de la bâtisse des anciens temps. Aussi les Seigneurs de Tigery sont-ils Vicomtes de Corbeil, dignité qui dans les siécles reculez avoit été attachée aux Seigneurs de Fontenay au-dessus de Corbeil, d'où lui a resté le nom de Fontenay-le-Vicomte. *Chart. Longip. fol. 30.*

Le premier Seigneur qui paroisse dans les titres est RICHER DE TIGERY, qui vivoit sous le Roi Henri Ier, vers l'an 1050.

Il fut suivi de VIVIEN DE TIGERY, son fils, qui étoit à Corbeil l'an 1095, avec plusieurs autres Chevaliers.

Il faut venir ensuite au regne de Philippe-Auguste, c'est-à-dire à la fin du siécle suivant et au commencement du treiziéme, où se trouvent PIERRE DE TIGERY et ANSEL DE TIGERY qui tenoient leurs fiefs d'autre que du Roi dans la Châtellenie de Corbeil et qui possédoient soixante livrées de terre. *Cod. Putean. 635. Tab. S. Mauri.*

JEANNE DE TIGERY, veuve de Renaud Grivel, avoit à Valenton un fief qu'elle amortit en 1303.

ROBERT DE GUETEVILLE, Conseiller au Parlement de Paris vers l'an 1470, étoit Vicomte de Corbeil et Seigneur de Tigery. Il mourut en 1512, et fut inhumé à Saint-Etienne-du-Mont. Sa fille, Marie de Gueteville, porta la Seigneurie en mariage au suivant. *Eloge des Conseill. p. 82.*

FRANÇOIS DE SAINT-ANDRÉ, Président à mortier l'an 1535, et qui avoit été Conseiller au Parlement dès 1514, devint Seigneur de Tigery en épousant la Vicomtesse de Corbeil. Il fut l'un de ceux qui furent inquiétés en 1532 par les Officiers d'Antoine du Bois, Evêque de Beziers, à qui le Roi François Iᵉʳ avoit donné pour d'autres Terres le Comté de Corbeil. Ce fut lui qui fit bâtir après l'an 1548 la belle Chapelle dont j'ai fait ci-dessus la description. Il décéda en 1571.

<small>Hist. de Corbeil, p. 221.</small>

JEAN DE SAINT-ANDRÉ, fils aîné du Président, paroît avoir joui ensuite de la Terre et en avoir été encore possesseur l'an 1595, comme il paroît par la permission qu'il demanda alors de célébrer ou faire célébrer dans la Chapelle de sa maison de Tigery sur la Paroisse d'Ethioles. Il étoit Chanoine de Notre-Dame de Paris.

<small>Reg. Ep. 3 Juin 1595.</small>

Il y a apparence que ce fut après lui qu'en devint Seigneur aussi bien que de la Vicomté de Corbeil, GERMAIN DUVAL, Capitaine du Château du Louvre, Seigneur de Fontenay-en-France, et ensuite FRANÇOIS DUVAL, son fils, lequel vivoit en 1624.

<small>Hist. de Montmorency, p. 308.</small>

JEAN DE FLEXELLES, Président en la Chambre des Comptes, étoit Vicomte de Corbeil et Seigneur de Tigery en 1642. Les guerres civiles de son temps obligerent les habitans de Tigery et ceux du hameau de Sénart de se retirer dans son Château et dans sa basse-cour, de crainte des soldats cachés dans la Forêt de Sénart. Avant l'an 1649, ils avoient assisté à la Messe de la grande Chapelle, Fêtes et Dimanches. Mais d'autant qu'il y avoit du risque à sortir du Château lorsqu'ils s'y furent réfugiés avec leurs effets, et qu'ils ne pouvoient plus se rendre à cette Chapelle pour prier DIEU, ils obtinrent permission de l'Archevêque de dresser dans la basse-cour une espece de couvert en forme de Chapelle et d'y avoir un Prêtre pour leur dire la Messe et leur administrer les Sacremens, et même d'y faire leurs Pâques s'il étoit besoin.

<small>Perm. d'Orat. domest. 1ᵉʳ Oct. 1642.</small>

<small>Permiss. du 26 Fév. 1649.</small>

Sur la fin du dernier siécle, Tigery appartenoit à M. le Comte de Bregy, lequel, selon quelques-uns, eut dessein d'y faire établir une Cure. M. Rolland Pierre Gruyn, Maître de la Chambre aux deniers du Roi, lui succéda, et étoit encore Seigneur en 1718. Il décéda le 3 Septembre 1721.

<small>Merc. Juill. 1739.</small>

Enfin M. Martin Fraguier, Président en la Chambre des Comptes, Conseiller Honoraire en la Grand'Chambre du Parlement, a eu cette Terre, ayant épousé Dame Geneviéve Gruyn.

<small>Merc. Juin 1740, p. 1247.</small>

LA TOUR DE TIGERY est une seconde Seigneurie située à Tigery, et qui est un fief mouvant de la Vicomté de Corbeil. Le Vicomte Gilles Malet, donnant son dénombrement au Roi Charles VI en 1385, dit qu'il étoit tenu alors par Robert de Tinteville, Conseiller au Parlement, et qu'il consistoit en une Tour close de Fossez pleins d'eau, terres, prés et rentes. Il fut possédé au XVI siécle par

<small>Hist. de Corbeil, p. 24.</small>

les sieurs Bureau, Bourgeois de Paris. Le Rôle de la contribution pour le ban et arriere-ban de la Châtellenie de Corbeil, marque que vers l'an 1570, il appartenoit à Jean Bureau, et en 1597 à Geoffroy Bureau, Ecuyer, qui fut excusé comme Bourgeois de Paris, et qui [qu'il] produisoit en 1597 quatre-vingt-trois livres. Il y est appelé le fief de la Tour Griveau. M. le Roy, Doyen des Avocats au Parlement de Paris, a possédé ce fief en dernier lieu.

La Tour de Tigery fut affichée en 1752 à vendre par licitation. Ce fief a Moyenne et Basse Justice, plus de 100 arpens de terre, près de 100 arpens en la Forêt de Sénart.

Il y avoit encore deux autres Fiefs à Tigery tenus de la Vicomté de Corbeil, suivant la Déclaration du même Malet, Vicomte en 1385. L'un appelé le fief SAUCOURT consistant en une maison, cour, jardin et colombier, étoit tenu par Jacques Oudart. L'autre fief sans nom, consistant en une grande maison, jardin, prés, terres, rentes avec deux anciens fiefs, sçavoir à Rouvre et à Vigneu, étoit tenu par Louis des Noyers. Hist. de Corbeil, p. 61 et 62.

MALENOUE, ABBAYE

A suivre la division présente des Paroisses, Malenoue ou Malnoue devoit être rapporté sous l'article de la Paroisse d'Hemery, dans laquelle elle est comprise avec le hameau du même nom ; mais comme cette Abbaye est plus ancienne que l'érection d'Hemery en Paroisse, et que c'est de Combeaux ou de Villiers-sur-Marne que paroît avoir été tiré ce qui compose aujourd'hui cette Paroisse d'Hemery, il sembleroit qu'on devroit plutôt la joindre à l'un de ces deux villages sur Marne. C'est en effet en tirant un peu vers le territoire de ces Paroisses qu'étoit le lieu dit Footel, nom primitif de cette Abbaye, lequel existoit peut-être dès le temps auquel le village de Malnoue formoit une Paroisse. L'ancienne tradition étant donc que cette Paroisse de Malnoue fut transférée à Champs dans le temps des guerres du XI siécle; supposé que ce territoire de Footel en eût été, ce fut à l'une de ces deux anciennes Paroisses, Combeaux ou Villiers, que dut être attribué le territoire de Footel où l'Abbaye étoit et qui lui donnoit le nom, puisqu'on étoit encore alors bien éloigné de voir Hemery érigé en Cure. La difficulté de statuer là-dessus fait que je place l'Abbaye de Footel dite depuis Malnoue dans un article séparé. Du Breul, [liv. IV, p.1027].

Le lieu de Footel qui lui avoit donné le nom originairement étoit un canton de forêt où les petits hêtres avoient été fort communs, et, selon le langage rustique, c'étoit un Bois de petits fougs, autrement dits footeaux ou fouteaux. Une Chapelle de Saint Jean, qui subsistoit encore au territoire de Footel il y a 200 ans, servoit à désigner de quel côté étoit ce lieu. On y voyoit encore les décombres de cette Chapelle en 1613. On ignore en quel temps cette Abbaye fut fondée et par qui. Il est certain qu'elle existoit au moins au commencement du XII siécle sous le nom de Footel. Elle est ainsi nommée dans le réglement qui fut fait en 1129, en vertu du Concile de Paris, à l'occasion des Religieuses d'Argenteuil qui furent dispersées, les unes au Paraclet, Diocése de Troyes, les autres à Footel, Diocése de Paris. Le même nom est usité dans le traité que l'Abbaye de Saint-Denis, qui étoit entrée en possession des biens de ces Religieuses lors de leur expulsion d'Argenteuil, fit en 1207 avec l'Abbesse de ce lieu de Footel au sujet de la dépense qu'avoit causée à cette Abbaye le nombre de Religieuses venues d'Argenteuil. Footel étoit donc une Maison de Bénédictines qui reconnoissoient la Sainte Vierge pour leur Patronne, et qui en célébroient la principale Fête à l'Annonciation qui est aussi représentée sur le sceau du Monastere. Un Saint Erasme y fut regardé comme second Patron, à cause du bras de ce Saint qui y fut déposé lorsque l'Eglise du village de Malnoue fut détruite par les guerres.

Reg. Ep. Paris.

Quoique le Couvent ne changeât point de place, on trouve que durant le cours du XII siécle on commença à en diversifier le nom; qu'en l'an 1171, Thibaud, Abbé de Saint-Maur, ayant accordé à ces Religieuses le revenu de la prébende annuelle de chaque Religieux qui seroit décédé à Saint-Maur, les appelle *Ecclesiæ B. Mariæ de Nemore et sancti moniales ipsius loci*. Ce revenu étoit de cinq sextiers de froment, quatre muids de vin, trois mines de feves ou pois, et dix sols parisis qu'on envoyoit aux Religieuses dans le mois depuis la mort du Moine. Ces especes furent changées l'an 1275, en dix livres parisis de rente annuelle. Ce même Abbé les appelle *sanctimoniales B. Mariæ de Bosco* dans l'acte de la même année par lequel il leur cede, par charité, tout ce que son Abbaye possede dans la forêt de la Main-ferme, moyennant vingt sols parisis de redevance. L'expression *de Nemore* est aussi simplement employée dans le don qu'une Dame Odeline fit en 1182 à ces Religieuses de ce qu'elle possédoit à Chatou, tant en terres qu'en une dixme tenue d'Adam, sieur de l'Isle, moyennant une somme de trente-cinq livres parisis, et la réception de trois de ses filles dans le Couvent. En un mot, le nom général de *Bois,* d'où l'on a fait *le Bois aux Dames*, commença alors à s'introduire et fut ensuite usité dans les Bulles depuis le milieu du XII siécle, et dans les titres de Maurice de Sully, Evêque de Paris, de l'an 1190, quoique dans un diplôme du Roi Philippe-Auguste, de l'an 1184, il soit marqué suivant le premier usage *Monialibus de Footelo*. Par ce diplôme daté de Fontaineblaud, ce Prince accorde à ces Religieuses la dixme de tout le pain et le vin qui sera destiné pour la Cour tant qu'elle fera sa résidence à Montlhery. Au reste, quoique la dénomination de N. du Bois aux Dames fût introduite, on y a joint fort souvent le nom de Footel jusques bien avant le XV siécle. Footel étoit un lieu où nos Rois avoient quinze livres de revenu, et c'est ce qui en perpétuoit le nom dans les comptes du Domaine. <small>Brussel, Traité des Fiefs, compt. de l'an 1202, p. 145.</small>

Le nom de Malnoue ne commence donc à être employé pour désigner l'Abbaye de Footel ou l'Abbaye du Bois aux Dames, qu'environ dans le temps que les Religieuses firent l'acquisition de la moitié de la Terre et Seigneurie de Malnoue de la famille de Reilhac en 1520 et 1526. Je dis *environ dans ce temps-là*, parce que le Pouillé Parisien, écrit vers l'an 1460, met une fois *Monasterium de Footelle, alias* (c'est-à-dire autrement) *de Malanoa*. Ainsi la remarque de Du Breul, que ce fut seulement en 1520 et 1526, est fausse : du moins il est sûr qu'on a mis long-temps auparavant, que ce Monastere du Bois des Dames étoit près Malenoue. <small>Du Breul, l. IV.</small>

Mais depuis que le terme de Malnoue eut été mis en usage pour désigner l'ancien Footel, chacun en a raisonné à sa façon. M. de Valois a cru que ce mot venoit du latin *Malum nucetum*. MM. Ménage et Huet, suivis par le Dictionnaire de Trévoux, ont pensé que c'est un torrent qui y passe, appellé Noüe, qui auroit donné naissance à ce nom. Ces derniers approchent plus de l'expression dont les titres latins se sont servis, qui est *Mala noda* et *Mala noa*, et l'ancien terme de *noue* a du rapport avec un terrain aquatique. Mais les Cartes donnent à ce torrent le nom de *Grace*. Ainsi nos deux Sçavans n'ont peut-être pas mieux rencontré dans leur étymologie, que lorsqu'ils assurent que l'Abbaye s'appelloit auparavant *Fautel*, ce qui est une maniere d'écrire démentie par les titres. <small>Notit Gall. p. 426, col. 2.</small> <small>Carte de De Fer.</small>

La situation de cette Abbaye est à quatre lieues de Paris vers le levant, sur une petite éminence dont la pente est au couchant. L'Eglise est un vaisseau long, bas, gothique du XIII siécle, terminé en quarré, sans galeries, dont les voûtes sont soutenues par différens assemblages de petites colonnades appliquées aux murs et soutenues par des mufles. Le chœur occupe toute la partie occidentale. Dans le mur de clôture de ce chœur proche la grille, est renfermée une urne de marbre blanc, dont une anse est du côté des Religieuses, l'autre du côté extérieur. Sur chacune de ces anses sont deux lettres hébraïques ; sur une anse sont les deux lettres ס ר, et sur l'autre les deux suivantes ס צ : on croit que ces quatre lettres sont numérales. Cette urne contient deux sceaux ; l'eau ne s'y corrompt jamais : les Religieuses disoient même autrefois qu'elle guérissoit des fièvres. Ce vase leur a été donné par

Louis de Rueil, Conseiller au Parlement, lors de la Profession de Louise, sa fille, vers l'an 1553. On assure qu'elle est gravée quelque part. Il reste peu des anciens vitrages du temps de la construction. Du côté de la porte est figuré sur la vitre un Evêque à genoux, et Saint François, son patron, derriere lui, ses armes écartelées de trois cors de chasse. Sur un autre vitrage est repré-senté David Chambellan, Doyen de l'Eglise de Paris, mort en 1517, lequel a fait tant de biens à cette maison qu'on fait mémoire de lui tous les jours dans les prieres après Complies.

<small>Gall. Chr. T. VII, col. 215.</small>

La principale Relique de ce Monastere est le bras de S. Erasme, qu'on croit avoir été Evêque en Italie du 2 Juin. L'Abbé Chastelain a écrit qu'on l'appelloit Saint Yreaume, et qu'il avoit été le Patron du village de Malnoue avant que l'Eglise en fût détruite. Du Breul assure que de son temps il y avoit dans l'Eglise de Malnoue un autel en son honneur, et que l'on y menoit les enfans détenus en langueur et autres, et que tous les Mercredis il se disoit une Messe de ce Saint.

<small>Antiq. de Paris, liv. IV, art. de Malnoue.</small>

Outre le grand Couvent des Religieuses placé au nord de l'Eglise, il y avoit autrefois une seconde petite Communauté du côté du midi, avec une Chapelle de S. Nicolas et un petit cloitre dont j'ai vu les restes. C'étoit pour les Freres Convers liés par des vœux, et qui géroient toutes les affaires du Monastere. Ils étoient vêtus comme les Freres de Frontevaux [Fontevrauld]; car les Religieuses l'étoient aussi de même que celles de Frontevaux, non qu'elles eussent pris cet usage de l'Ordre de Frontevaux, mais parce que c'étoit l'usage primitif de toutes les Moniales dès les premiers temps, et selon la regle de Saint Césaire, d'être vêtues de blanc, ce que l'Ordre de Cîteaux observe même pour les Couvens de filles, et qu'il a puisé dans l'antiquité. Il semble au reste qu'avant que cette Chapelle de S. Nicolas servît aux Convers, c'étoit une Chapelle indépendante, et peut-être bâtie en cet endroit avant que le Couvent y fût; car on lit qu'elle n'appartint à l'Abbaye que depuis l'an 1204, auquel temps l'Evêque de Paris, Eudes de Sully, la donna aux Religieuses de Footel, du consentement de Geoffroy, Archidiacre, afin qu'elle servît pour leur Infirmerie *(ad opus Infirmariæ)*, avec défense d'y mettre aucune Religieuse, pas même Converse, avant que le lieu fût rendu conventuel. L'Evêque voulut aussi que le Chapelain lui fît serment de fidélité.

<small>Gall. Chr. T. VII, col. 587</small>

<small>Chart. Ep. Par. Bib. Reg. f. 84.</small>

Le nom des premieres Abbesses est resté inconnu. On n'en trouve aucune avant une Adelaïs. Sous l'Abbesse Helvide, l'an 1231, les Religieuses de Chelles informées du besoin de celles de Footel, leur céderent l'annuel de chaque Religieuse de Chelles qui décéderoit, de même qu'avoient fait les Moines de Saint-Maur soixante ans auparavant.

Sous Jeanne d'Aunoy, qui étoit Abbesse sur la fin du quatorziéme siécle, le Monastere avoit été réduit par les guerres à trois Religieuses, et le nombre n'augmenta de gueres jusqu'après l'an 1436, car le Couvent resta inhabité pendant vingt-quatre ans, à cause des guerres des Anglois.

Jeanne la Chauvette, Abbesse sur la fin du XV siécle, appauvrit encore la maison par des aliénations qui obligerent l'Evêque de Paris de faire informer contre elle en 1501 par son Promoteur. *Reg. Ep. 23 Dec.*

Marie de Savoisy lui succéda, et son élection fut confirmée le 8 Juillet 1505. Ce fut elle qui réforma l'Abbaye, et qui y fit faire une infinité de réparations par les secours de Charlotte de Bourbon, fille du Duc de Vendôme, et de David Chambellan, Doyen de Paris.

En conséquence de la Réforme, les Abbesses ne furent plus que triennales, ce qui dura jusqu'à l'an 1544, que François Ier y nomma pour Abbesse titulaire Antoinette de Balsac Dès la premiere année qu'elle siégea, l'Evêque de Paris mit cette Abbaye au nombre de celles auxquelles il recommanda de faire l'aumône, pour jouir de la permission d'user de laitage le Carême: *Filiabus de Mala nauda*. De son temps les Calvinistes qui s'étoient emparés de Lagny, vinrent piller et désoler le Monastere l'an 1568. Pour réparer une partie de ces maux, elle obtint le franc-salé pour le Monastere à prendre au grenier de Lagny. Le Roi lui avoit accordé dès l'an 1561 pour sa Communauté le bac sur la Seine qui avoit servi aux réparations du pont de Poissy, pour le transporter et faire servir au passage de Chatou, où il n'y avoit pas alors de pont. *Ibid., 13 Febr. 1544. Gall. Chr. T. VII, col. 290. Mem. Cam. Comput.*

Jeanne de Neuville étant Abbesse, le Couvent quitta en 1618 le Bréviaire de Frontevaux, et sous Catherine Vivien qui lui avoit succédé en 1623, il en quitta aussi l'habit pour prendre le noir ; ce qui fut marqué sur son Epitaphe, l'an 1640, comme un des points d'une réforme canonique, tandis qu'on y a omis qu'elle avoit retranché la propriété parmi les Religieuses.

Sous Renée Hennequin qui lui succéda, il arriva au Couvent un grand malheur, marqué dans une des Lettres de Guy Patin, qui appelle l'Abbaye du nom de Marnou, au lieu de Malnoue. Il écrivit le 15 Septembre 1654 que le feu y avoit pris par la faute de la Prieure, qui s'étoit avisée de chercher à la chandelle dans sa paillasse des souris qui l'empêchoient de dormir; que tout y étoit presque brûlé excepté l'Eglise ; que trois Religieuses avoient été comprises dans l'incendie, et que la perte alloit à près de cent mille livres. L'Abbesse Renée vint à bout de réparer le tout en dix ans. Son Abbaye est dite du Fortet, autrement le Bois aux Dames de Malnoue, dans le don que le Roi lui fit de la coupe de vingt arpens de bois de haute-futaye dans la forêt de Crécy. *Gui Patin, Lettre 9. Regist. du Parl. 23 Mai 1555.*

Marie-Eléonore de Rohan lui succéda en 1664. C'est elle qui

établit à Paris le Prieuré des Bénédictines de la rue Chasse-midi, dépendant alors de son Abbaye, et elle y fut inhumée en 1681. L'Abbesse de Malnoue y a encore le droit de confirmer les Prieures.

CHAPELLE SAINT JEAN. Ce qu'on sçait de cette Chapelle, est que le Pouillé Parisien du XIII siécle la place, par une addition du XIV, *in villa de Footello*, et dit qu'elle est à la collation pure de l'Evêque de Paris. Le Pouillé du XV siécle la dit située auprès du Monastere *de Footello*, *aliàs de Malanoa*. Dans un acte de permutation du 29 Mars 1491, elle est dite placée *in Monasterio Monialium B. Mariæ de Footelo*, *aliàs* du Bois aux Dames. En l'an 1500, le 6 Décembre, l'Evêque la conféra sous le titre de *Capellania S. Johannis de Footello* à Guillaume Denyson, nommé par l'Université pour les Bénéfices. Enfin, l'an 1613, les Religieuses de Malnoue exposerent qu'on avoit commencé à rebâtir la Chapelle Saint-Jean près Malnoue, mais qu'elle n'avoit pas été achevée, et qu'actuellement elle étoit toute rasée; qu'elle n'a que quatre arpens cinq quartiers de terre de revenu, un arpent de pré, un sextier de bled et un d'orge, avec vingt-quatre livres de rente; et ayant ajouté qu'il seroit à propos de la réunir à leur Couvent, l'Evêque de Paris le fit le 12 Février de la même année.

PETIT COUVENT D'HOMMES DU TITRE DE S. NICOLAS
A MALNOUE
Ex Tabular. Episc. Paris.

Odo, Dei gratiâ Parisiensis Episcopus, omnibus fidelibus præsentem paginam inspecturis, Salutem. Notum facimus quod cum Rogerius de Sto Dionysio se reddidisset domui Beatæ Mariæ de Footel ad suscipiendum ipsius domus habitum regularem in manu nostra et Abbatissæ, publicè votum religionis emittens et Abbatissa et Conventus Domum Sti Nicolai quam eis dederamus cum suis pertinentiis, eidem tanquam reddito suo tenendam quoadusque in eadem religione vixerit concesserunt post cessionem tamen vel decessum Simonis Capellani domus ejusdem S. Nicolai postquam ibi erit alius perpetuus Capellanus, ita quod de bonis quæ Monasterio dedit et spontanea voluntate obtulit idem Rogerius in ipso religionis ingressu dictam Domum S. Nicolai poterit emendare, et in ejus emendatione eadem bona expendere, et quod ipse de his qui in domo erit supererit in usus coquinæ de Footel et Infirmariæ convertendo, filium quoque parvulum quem habebat Monasterio obtulit ad suscipiendum ibi religionis habitum, ita quod cum ad annos pubertatis pervenerit, si ibi voluerit permanere, vel si infra eosdem annos decesserit, tota substantia ipsius Rogerii, et M. filii ejus penes Monasterium irrevocabiliter permanebit. Si ...... veniens ad annos pubertatis, de Monasterio in quo oblatus est exire voluerit, in sæculo conversari tota...... Qui Rogerius pater suus tempore redditionis suæ tenebat, et centum libras parisienses de aliis bonis ipsius habebit pro hereditaria portione tota ipsius Rogeri...... apud Monasterium sine contradictione perpetuo remanente. Actum anno ab Incarnatione Dni M° ducentesimo quinto mense Maio. (Invent. Spir. p. 161.)

DOYENNÉ

DE

CHAMPEAUX

DOYENNÉ

DE

CHAMPEAUX

CHAMPEAUX

ENCLAVE DU DIOCÈSE DE PARIS DANS CELUI DE SENS

La situation dans laquelle se trouve Champeaux avec quelques Paroisses qui en sont voisines, et qui sont entourées d'autres Paroisses réputées du Diocése de Sens, peut paroître singuliere à ceux qui ne sont pas informés qu'il est assez commun en Normandie de voir ainsi des Paroisses d'un Diocése enclavées dans un autre; il y a même une partie de la Ville de Rouen qui est du Diocése de Lisieux. Mais comment est-il arrivé que le Diocése de Paris ait aujourd'hui sept Paroisses et un Chapitre dans un territoire tout entouré de Paroisses Senonoises? C'est ce que je tâcherai de développer dans la suite de cet article. Et comme c'est Champeaux qui paroît avoir procuré le reste au Diocése de Paris, en sorte qu'il est devenu par ce moyen Chef d'un Doyenné Rural, je commencerai par traiter de son antiquité.

La premiere connoissance que nous avons de Champeaux nous vient du Testament de Sainte Fare, sœur de Saint Faron, Evêque de Meaux, laquelle fonda au VII siécle de Jésus-Christ, un Monastere de Filles dans le Diocése de Meaux, en un lieu appellé en latin *Floriacum*, et depuis Faremoutier, c'est-à-dire le Monastere de Fare, parce qu'elle en étoit la fondatrice, et qu'elle en fut la premiere Abbesse. L'article du testament fait en faveur de ce Monastere où il est parlé de Champeaux est ainsi conçu : *Dono..... portionem meam de villa Campellis nomine quam contra Germanos meos in parte accepi, cum mancipiis, vineis, silvis.*

Champeaux étoit donc dès-lors une Terre considérable, puisqu'elle fut partagée entre Sainte Fare et ses freres issus les uns et les autres de Hagueric, Chef du Conseil de Théodebert, Roi d'Austrasie. La tradition est que ce fut de ce revenu qu'il fut construit en ce lieu de Champeaux un petit Monastere de Filles qui étoit comme une décharge du Grand-Moûtier de Sainte Fare. On lit ce qui suit dans quelques exemplaires des Chroniques de Saint-Denis. Après avoir dit que son pere fut *Quens de Miaux*, c'est-à-dire Comte, et avoir détaillé plusieurs biens qu'elle donna à son Grand Monastere, ils ajoutent : « Et si leur donna Champiaux en Brie à « toutes ses appartenances ; et y mist Nonnains de s'Abbaye qui « long-temps furent illeques en sainte conversacion, et leur y fonda « une Eglise en l'onneur de Monseigneur Saint Martin qu'elle « moult amoit ; grant temps i demorerent les Nonains jusques à « tant que par je ne say quelle occasion Chanoines séculiers y « furent mis qui ont ce meismes droit qu'elles y avoient et sont en « la subjection l'Evesque de Paris. » Mais que ce Monastere de Champeaux eut été bâti ou non du vivant de Sainte Fare, il ne tarda pas beaucoup à être sur pied. Cette Sainte mourut vers l'an 655, et la vie de Saint Merry ou Médéric, dit que ce Saint venant d'Autun à Paris (où il décéda vers l'an 700), y avoit passé et logé environ trois ans auparavant.

L'antiquité de Champeaux étant ainsi établie, il convient de dire quelque chose sur sa situation. Ce Bourg est placé à onze lieues ou environ de Paris vers le sud-est, et à trois lieues ou environ de Melun. Sa position est au bout d'une longue plaine en venant de Paris, qui est féconde en bled ; mais au de-là et dans les côtés, le terrain est plus varié : il y a des côteaux, un ruisseau, des bois, etc. Le nom latin *Campelli* n'a été sujet à aucun changement, non plus que le françois Champeaux ; on a seulement fait *Campellensis* du substantif *Campelli*. Le canton du district Parisien ne comprenoit au XII siécle que trois Paroisses avec celle de Champeaux, sçavoir : Saint-Merry, la Chapelle et Quers, suivant une Bulle du Pape Innocent II de l'an 1138. Mais depuis il y eut deux autres Paroisses érigées par distraction de celle de Champeaux, sçavoir : Andreselles et Fouju ; et enfin l'on a encore fait un démembrement d'Andreselles ; ce qui a produit une septiéme Paroisse appellée l'Etang de Vernouillet. Dès les commencemens, la vaste Paroisse de Champeaux formoit un territoire d'un seul continent avec celles de Saint-Merry et de la Chapelle. Quers étoit séparé de ce terri-

marginalia: D. Bouquet, T. III, p. 279. en la note (d).

toire et avoit le sien à part comme il l'a encore aujourd'hui, en sorte qu'on doit regarder cette Paroisse comme une seconde enclave, parce qu'on ne peut y aller d'aucune des autres Paroisses du district de Champeaux sans passer sur des terres du Diocése de Sens. C'est ce que le sieur De Fer a ignoré, lorsqu'en dressant la Carte du Diocése de Paris il a tracé une langue de terre supposée de Paris qui de l'Etang de Vernouillet passe entre les villages Senonois de Mornant et d'Ozoir-le-Repos pour aller rejoindre ce village de Quers ; faute qui n'auroit pas dû être suivie par M. Outhier, auteur de la nouvelle Carte du Diocése de Sens. Il est constant pareillement que l'on ne peut venir à Champeaux ni dans aucun village de son Doyenné de quelque endroit que l'on parte du Diocése de Paris, sans traverser le territoire de quelques Paroisses soumises à l'Archevêque de Sens. Mais d'où vient une si bizarre distraction ? C'est sur quoi voici ma pensée.

Il est d'abord à présumer que le territoire de Champeaux et ses annexes étoient renfermés primitivement dans le Diocése de Sens, et en faisoient partie : 1º Etienne, Evêque de Paris, paroît en être convenu, puisque dans la Bulle que le Pape Innocent II lui adresse pour confirmation des biens de son Evêché, laquelle n'a pu être donnée que suivant son exposé, l'article de Champeaux est annoncé en ces termes : *Ecclesiam de Campellis cum præbendis et tribus parochiis id est de S. Mederico, de Capella et de Kerris*[1] *eidem Ecclesiæ pertinentibus, salvo nimirum censu duorum solidorum monetæ illius terræ videlicet quâ in partibus illis expenditur Senonensi Ecclesiæ annualiter persolvendæ*. Et peut-être est-ce sur le fondement de cette reconnoissance envers l'Eglise de Sens, que les Chanoines de Champeaux, après avoir refusé en 1256 la visite de Henri le Sanglier, Archevêque de Sens, ou celle que l'on vouloit faire de sa part, reconnurent le 5 Juillet de la même année que « bien conseillez ils ont avec solemnité, obeissance et reverence « admis M. l'Archevêque de Sens à faire visite en leur Eglise et « prendre procuration que ledit Seigneur a taxée à 6 livres pari- « sis. » Secondement les plus anciennes reliques de cette Eglise étant des Saints du Diocése de Sens telles que celles de Saint Héracle, Evêque de Sens, mort vers l'an 507, et de Saint Domne, décédé à Chaumes dans le même Diocése ou proche Chaumes, c'est une marque que les anciens Archevêques de Sens du XV siécle qui les ont données regardoient la maison de Filles de Champeaux comme un lieu sur lequel ils devoient étendre leurs faveurs.

Mais pour quelle raison, à quelle occasion et en quel temps ce territoire de Champeaux et lieux adjacens a-t-il été distrait du

Ex Tabul. Archiep. Senon.

---

1. Quelques-uns ont lu *torris*, faute de savoir que c'est un nom propre.

Diocése de Sens ? Voici ce que je crois qu'on peut en dire. Il ne paroît pas que Sainte Fare ni les premieres Religieuses de Faremoûtier ayent demandé à être du Diocése de Paris. C'est néanmoins dans le temps qu'il y avoit encore des Religieuses de Faremoûtier à Champeaux et bien long-temps avant qu'on leur eût substitué des Chanoines, que l'Eglise de Saint-Martin de ce lieu appartenoit à l'Evêque de Paris sous le titre d'Abbaye. On a une Bulle du Pape Benoît VII obtenue par Lisiard, Evêque de Paris, entre les années 980 et 964 [984], par lequel sont confirmés les Diplômes des Rois touchant les Abbayes et autres biens attachés à son Eglise ; et dans le nombre des Abbayes on lit : *Abbatiam S. Martini quæ est in Campellis*. Or comme ce Monastere se trouve joint en cette Bulle à plusieurs qui ne sont pas du Diocése de Paris, entr'autres à l'Abbaye de Rebais qui est du Diocése de Meaux, il étoit vraisemblablement arrivé à l'Abbaye de Champeaux la même chose qu'à celle de Rebais, je veux dire que la réunion de Rebais ayant été obtenue l'an 907, du Roi Charles le Simple par Anskeric, Evêque de Paris, sur l'exposé qu'il avoit fait à ce Prince qu'il la possédoit déja en bénéfice, et que cette réunion étoit convenable pour dédommager son Eglise des pertes qu'elle avoit faites de son bien durant les guerres des Normans, de même le Prélat qui avoit tout pouvoir dans l'Etat en sa qualité de Chancelier, obtint pour la même raison de jouir du revenu de l'Abbaye de Champeaux, en laissant aux Religieuses de quoi vivre, et même qu'elle fût réputée de son Diocése, son territoire n'en étant éloigné que d'une lieue, avantage que n'avoit pas l'Abbaye de Rebais, ni les autres étrangeres qui sont marquées dans la même Bulle.

Ce seroit naturellement des Archives de l'Abbaye de Faremoutier que nous aurions dû apprendre positivement le temps auquel il cessa d'y avoir des Religieuses de ce Monastere dans celui de Champeaux. Ce fait devoit y être marqué. Mais l'incendie qui arriva en cette Abbaye avant le milieu du XII siécle, nous a privés de cette connoissance. On infere seulement de la Bulle du Pape Innocent II, adressée à Etienne, Evêque de Paris, en l'an 1137, que l'établissement des Chanoines à Champeaux se fit sur la fin de l'onziéme siécle et vers l'an 1100, parce que cette Bulle confirma entr'autres Eglises à cet Evêque celle de Champeaux avec les prébendes : *Ecclesiam de Campellis cum præbendis*. Et même on trouve que dès l'an 1124, cette Collégiale étoit du nombre de celles dont cet Evêque avoit accordé les Annuels à l'Abbaye de Saint-Victor ; ce qui fut confirmé l'année suivante par Louis le Gros. L'édifice de cette Collégiale paroît aussi être du XII siécle. J'en ferai la description ci-après.

En continuant ce qui concerne les canonicats ou prébendes, je trouve que dès le temps de l'établissement ils furent fixés à 12, lesquels avoient à leur tête un Prévôt, et que l'un de ces canonicats fut donné par Etienne, Evêque de Paris, dont je viens de parler, à l'Abbaye de Saint-Victor de Paris qui venoit d'être fondée ; cette prébende forma quelques difficultés, mais elles furent réglées par un arbitre qui fut Geoffroy, Trésorier de Meaux. Il semble, au reste, que cette même Abbaye de Saint-Victor eût environ l'an 1138 ou 1140, des vues pour obtenir totalement l'Eglise de Champeaux et en faire une Maison de Chanoines Réguliers. Le Roi Louis le Jeune en écrivit à l'Evêque et au Chapitre de Paris, les priant d'y consentir de même que lui y consentoit. C'est ce que nous apprenons de la lettre que ce Prince écrivit à Henri, son frere, et à deux Archidiacres, les priant d'y donner leur consentement, et d'engager les autres Chanoines à favoriser cet établissement. Mais cette affaire n'eut point lieu. Les Chanoines séculiers continuerent d'y être. Cela n'empêcha pas le même Roi Louis VII d'affranchir en 1162 des serfs de cette Collégiale. En l'an 1197, Odon, Abbé de Chaumes, céda à ces mêmes Chanoines ce qu'il avoit à Saint-Merry dans la dixme moyennant 56 livres une fois payées. Quelques années après, il arriva dans le Chapitre un changement qui lui fit extrêmement honneur. Les Chanoines ne dissimulerent point que chacune de leurs prébendes pouvoit être partagée en deux, parce que le revenu étoit monté à la somme de cinquante livres, et qu'en ce temps-là il suffisoit d'avoir vingt-cinq livres de rente pour vivre honnêtement. Il s'agit du regne de Philippe-Auguste en 1200. Eudes de Sully, alors Evêque de Paris, quoique muni du consentement des Chanoines, et qu'il vit que la duplication des prébendes de douze à vingt-quatre [était] faite pour l'augmentation du culte divin et pour la plus grande gloire de Dieu, ne voulut rien faire là-dessus sans consulter le Pape Innocent III ; après quoi, procédant dans cette affaire conjointement avec son Chapitre, il déclara en 1208 que chacune des prébendes de Champeaux, à mesure que les titulaires décéderoient, seroient remplies par deux autres titulaires, excepté celle dont jouissoit l'Abbaye de Saint-Victor qui ne seroit toujours desservie que par un seul Chanoine Régulier, et qu'à l'égard des Annuels du revenu de la premiere année de chaque prébende, dont la même Abbaye jouissoit, qu'elle auroit pareillement l'annuel des prébendes autant qu'il y auroit de Titulaires nommés. La même année l'Evêque fit un partage des Terres de la Prévôté avec le Chapitre. Le Pere Pagi trompé par Rouillard, Historien de Melun, dit au sujet de cet Evêque une chose bien singuliere, sçavoir qu'il renvoya à Faremoutier les Religieuses de Champeaux. Cela fait voir qu'il ignoroit que depuis bien longtemps elles n'y étoient plus. Aussi l'an-

Chart. S. Vict.

Ibid. f° XI.

Duchêne, T. IV, p. 758.

Rouillard, Hist. de Melun, p. 203.

Ex autograp.

Hist. Eccl. Par. T. II, p. 58.

cienne Abbesse de Faremoutier faisant en 116... l'énumération des Prieurés, n'y comprit point Champeaux.

Hist. Eccl. Par. T. II, p. 254.

Cette Collégiale alla par la suite toujours en se perfectionnant. Pierre de Nemours, Evêque de Paris, y établit un Chantre, du consentement des autres Chanoines, l'an 1212, lequel Chantre devoit prêter hommage à l'Evêque, de même que le Prévôt le prêtoit, et devoit recevoir des revenus de la Prévôté douze livres par an; il étoit tenu d'être Diacre dans l'an, promettre de résider toute l'année sans s'en dispenser sous prétexte d'études; sa place à la premiere stalle du chœur du côté droit. L'Evêque se réserva le droit de le choisir. Soixante ans après, un Chanoine de cette Eglise nommé Dreux de Saint-Merry, établit en cette Collégiale le pain

Manuscr. Campell. p. 252.

de Chapitre, donnant pour cela sa ferme d'Aulnay qui étoit dans le voisinage et trente arpens de terre. On rapporte cela à l'an 1276. Le Roi Philippe le Bel prit ces Chanoines sous sa protection en 1308. Il arriva que dans le temps qu'ils envoyoient moudre leurs grains dans leurs moulins, les Fermiers du Roi de Melun arrêtoient leurs voitures quand ils les trouvoient hors des limites de Champeaux, exigeant un chapon, un gâteau, 3 ou 4 deniers, un pot de vin, et des meuniers trois, quatre ou cinq sols. Il fallut en

Trés. des Chart. vol. XL, Chas. 109.

venir à un réglement. Guillaume de Hangest, Bailli de Sens, statua que le Chapitre pour éviter ces sortes de poursuites payeroit 4 livres par an à ces Fermiers de Melun; ce qui fut confirmé par Lettres-Patentes. On trouve aussi ailleurs un enterinement des

Reg. Parl.

Lettres du Chapitre de Champeaux, touchant la permission d'enlever les dixmes. Il est du 29 Juillet 1550.

Le Chapitre de Champeaux qui avoit été nombreux durant près de 400 ans, cessa de l'être à la fin du XVI siécle. Les guerres en avoient tellement diminué les biens, que les Chanoines obtinrent

Reg. Ep. Paris

le 18 Novembre 1594, de Pierre de Gondi, Evêque de Paris, qu'il ne nommeroit plus aux prébendes jusqu'à ce que de 24 elles fussent réduites à 12, ainsi qu'elles avoient été dans leur origine. Ce Prélat leur accorda de plus l'union de la Chapelle de Saint Léonard de Quiers à leur mense pour avoir des aubes et des robes à leurs enfans de chœur. Ces Lettres Episcopales furent confirmées par Henry de Gondi, son successeur en 1598, le 1er Juin, et enfin par Lettres-Patentes du 3 Juin 1611, enregistrées au Parlement le 16 du même mois. J'ai lu qu'en 1633, il y eut une prébende attachée au Maître de Musique et enfans. Ce qui suit est plus certain, sçavoir que le 22 Novembre 1683, il y eut un

Reg. Arch. Par.

réglement de M. de Harlay, Archevêque de Paris, pour le Chapitre au sujet de la Discipline et de la gestion du temporel.

L'étendue de l'Eglise de Champeaux est proportionnée à un Chapitre nombreux. Sa structure est du XII siécle comme je l'ai déjà dit, et S. Martin de Tours en est le Patron ainsi que je l'ai insinué ci-dessus. Elle est bâtie comme en forme de croix avec des aîles et finit en quarré du côté de l'orient, ce qui n'empêche point qu'on ne tourne par derriere l'autel. L'architecte ne l'a point ornée de galleries, et ne l'a point rendue exactement droite. Les fenêtres de cette Eglise étoient la plupart rondes, mais en les diminuant on en a rendu plusieurs quarrées contre la coutume ordinaire, et l'on a figuré en bois dans le chœur les anciennes voûtes gothiques. Au côté septentrional du Portail est une tour un peu basse du même temps que l'Eglise, ou d'un peu après. Le jugement dernier est représenté à ce portail selon l'usage du XII et XIII siécle. Les Chanoines ont beaucoup embelli cette Eglise depuis l'an 1680, qu'ils commencerent à faire démolir plusieurs autels pour la dégager suivant la permission qui leur fut accordée. *Reg. Arch. Par* Depuis ce temps-là le chœur a été pavé à neuf, le sanctuaire fermé *28 Oct. 1680.* de tous côtés de grillages de fer fort propres, le grand autel refait à l'imitation de celui de Notre-Dame de Paris, et la suspense du ciboire placée à l'autel du fond ou des Féries, où l'on voit un beau Christ d'albâtre. Il y a aussi deux tribunes aux côtés de la porte du chœur et dont on fait usage comme à la Métropolitaine, sçavoir de celle du côté gauche ou septentrional pour l'Epître, et de celle qui est au côté droit ou méridional pour l'Evangile, avec cette circonstance, que comme elles sont très-petites, le Porte-croix qui précede l'Evangile se place dans la tribune de l'Epître regardant le Diacre qui est dans l'autre tribune.

Aucune des tombes des Chanoines que l'on voit dans la nef n'a encore les pieds étendus vers l'occident ; mais tous l'ont vers l'orient suivant l'usage primitif de tous les Chrétiens.

On y lit l'épitaphe suivante sur une du XIII siécle en capitales gothiques :

> *Foujucii lumen, pietatis gemma ; volumen*
> *Justitiæ, cinere jacet hic, Deus huic miserere.*
> *Stephanus hic lenis fuit, et miserator egenis,*
> *Virtus vera Dei noxia tollat ei. Amen.*

Devant la sacristie est une autre tombe du XIV siécle de laquelle on a extrait l'épitaphe qui suit :

Hic jacet Dominus Petrus Ennaoui quondam Canonicus et Cantor hujus Ecclesiæ, qui fundavit unam Capellaniam ob remedium animæ suæ in honore beatæ Faræ Virginis in hoc loco, et obiit anno M CCC XXX nono, quarta die mensis Novembris.

Dans les vitrages des aîles du chœur, surtout dans la partie septentrionale, sont représentés 5 ou 6 Chanoines en dignités en robes rouges, avec l'aumuce sur le bras droit ou gauche indifféremment ;

ce qui, selon les apparences, sont des Conseillers clercs du Parlement. Ces vitrages peuvent être de 200 ans ou environ. On apperçoit proche l'un de ces Ecclésiastiques les lettres gothiques capitales E S. Au fond de la croisée du côté du midi est la Chapelle de Saint Pierre dont le vitrage un peu plus nouveau représente Saint Jean l'Evangéliste avec cette sentence de l'Apocalypse : *Johannes septem Ecclesiis,* par allusion aux sept Eglises Paroissiales qui forment le Doyenné de Champeaux.

. Entre les Reliques que l'on conserve aujourd'hui dans cette Eglise, les plus anciennes sont celles d'un S. Domnole ou Dôme, Evêque, et de Saint Héracle, Evêque de Sens. Il y a quatre cents ans qu'il en fut fait une translation d'une ancienne châsse dans une nouvelle. Cette ancienne châsse pouvoit bien aussi avoir trois ou quatre cents ans ; ainsi cette Relique pouvoit être à Champeaux dès le dixiéme siécle. Il n'y a point de doute qu'elles ne fussent un présent de quelque Archevêque de Sens qui disposa des Reliques de Saint Héracle, l'un de ses prédécesseurs, en faveur de deux Monasteres de Brie limitrophes du Diocése de Paris, sçavoir Chaumes, Abbaye d'hommes, et Champeaux, Prieuré de filles. On voit encore à Chaumes ce qu'il en donna de S. Héracle, avec une portion bien plus considérable du corps de S. Domnole que je crois avoir été un Corévêque sur les limites du Diocése de Sens, du temps de l'Abbaye qui existoit à Chaumes avant les guerres des Normans. Foulques de Chanac, Evêque de Paris, qui changea les Reliques de ces deux Saints de châsse en 1346, le 9 Octobre, dit

Chart. Campell. au commencement de son acte : *Accedentes ad Ecclesiam beati Martini de Campellis in Bria nostra Diœcesis Canonici supplicaverunt ut reliquias SS. Confessorum Domnoli Episcopi et Heraclii in quadam antiqua capsa quiescentes in aliam novam transferre vellemus.* Il ajoute qu'ayant ouvert l'ancienne châsse il y trouva cette inscription : *Hic requiescunt reliquiæ Sanctorum Confessorum Domuli Episcopi atque Heraclii.* Et ayant transféré ces Reliques dans la nouvelle châsse, il ordonna que l'Anniversaire s'en feroit le lendemain de la Saint-Denis. *Datum in præfata Ecclesia in Festo. Dionysii M. CCCLVI presentibus Adam de Francovilla*

Ibid. *Magistro in Medecina dicta Ecclesia Canonico, etc.* Hardouin de Perefixe, Archevêque de Paris, visitant en 1665 une châsse de bois de l'Eglise de Champeaux, y trouva : *os unum è brachiis S. Heraclii et nonnulas Sanctorum SS. Dionysii et Stephani sanguinis guttulas.*

Ibid. Dix-neuf ans auparavant il y avoit eu une visite de la châsse de S. Dôme. Car c'est ainsi qu'on l'appelle dans ce lieu et on y avoit trouvé plusieurs ossemens de ce Saint et de S. Héracle, Archevêque de Sens, mêlés ensemble ; et outre cela les souliers de Saint Dôme. Actuellement on montre dans deux bras de bois des os du bras de ces mêmes Saints. Mais on prétend que S. Dôme n'est autre que S. Domnole, Evêque du Mans, et l'on y célèbre sa fête le mardi dans l'octave de l'Ascension.

Il reste à Champeaux un Mémorial comme en 1207, Hervé, Evêque de Troyes, constata par un certificat que les cheveux que l'on y possédoit sous le nom de Notre-Seigneur Jésus-Christ en étoient véritablement. Mais le certificat ni la relique ne se trouvent plus. Il faut observer que Garnier de Frainel, son prédécesseur, avoit été à la Croisade en Orient. *Chart. Campell.*

On voit aussi à Champeaux, dans l'inventaire des Archives, le certificat que le Chapitre d'Auxerre donna en 1286, à Dreux de Saint-Merry, Chanoine de Champeaux, concernant un morceau du manteau de S. Martin, dont ce Chapitre lui fit part. Mais l'auteur de l'Inventaire dressé dès le XIV siécle avoit apostillé ce certificat en marquant que cette Relique n'étoit plus à Champeaux, ayant été engagée à la Paroisse de Saint-Séverin de Paris. De sorte qu'avec les Reliques de Saint Dôme et de Saint Héracle, il ne reste en ce lieu que ce que les Chanoines ont obtenu en 1615, du chef de Sainte Fare leur fondatrice, de Madame de la Chastre, Abbesse de Faremoûtier, et qu'ils firent enfermer en 1618, dans un chef d'argent. *Histoire de l'Egl. de Meaux, T. 1, p. 28.*

A l'occasion de ce don ils conclurent de s'associer aux prieres de l'Abbaye à la mort des Chanoines. Je trouve même qu'ils avoient aussi reçu de Faremoutier un morceau de la vraie croix le 23 Juillet 1618. La Fête de Sainte Fare qui est le 7 Décembre, se célèbre à Champeaux de rit solemnel-majeur. *Tab. Camp.*

Les titres font mention de plusieurs Chapelles de cette Eglise. L'inscription de la tombe rapportée ci-dessus nous apprend que celle de Sainte Fare fut fondée vers l'an 1330, par Pierre Ennaoui, Chanoine et Chantre. J'en ai trouvé une permutation du 4 Septembre 1483, une résignation en 1587, et une collation en 1607, 5 Janvier : elle est marquée à la collation du Chapitre. *Reg. Ep. Paris.*

La Chapelle ou autel de Saint Dôme fut supprimée avec la permission de l'Archevêque du mois de Juillet 1728, lors de la construction du grand autel et de celui des Féries ; ce qui désigne assez où cet autel étoit situé. J'en ai vu une collation par l'Evêque de Paris du 16 Avril 1517, et du 7 Octobre 1599. Tantôt elle est dite *S. Domnoli*, tantôt *S. Donati* ou *S. Donolii*. Il existoit aussi autrefois dans la même Eglise une Chapelle du Saint Esprit à la collation du Chapitre. Une permutation en fut faite le 29 Juillet 1573. De plus le Pouillé Parisien du XV siécle faisant l'énumération des Bénéficiers de cette Collégiale, en désigne un de cette sorte : *Capellanus de Borda* ; et lui donne 13 livres de revenu. On lit aussi dans un Journal des années dernieres, à l'article *Ibid.* *Ibid.*

de la mort de Claude-Louis de la Chastre, Evêque d'Agde, arrivée au mois de Mai 1740, qu'il avoit été titulaire de la Chapelle de Saint Eloy en l'Eglise de Champeaux et Député de la Province de Paris à l'Assemblée générale du Clergé de l'année 1725.

Mercure Juin 1740, 1 vol. p. 1244.

Il reste à parler de deux autres Chapelles de Champeaux, qui ne paroissent pas avoir été dans la Collégiale. L'une est de Saint Léonard, et très ancienne, puisque dès l'an 1231, il y eut un accord sur les offrandes de cette Chapelle entre le Chapelain et les Prêtres de la Paroisse. Cette Chapelle existe encore dans les champs du côté de Fouju, à une légere distance de Champeaux.

Chart. Campell.

L'autre est désignée dans le Pouillé Parisien du sieur Le Pelletier de l'an 1692, en ces termes : « Saint Julien de Rouvray Chapelle « près de Champeaux à la nomination du Chanoine de Cham- « peaux en tout : 180 livres. » J'en ai trouvé des provisions de l'Evêque de Paris du 29 Juillet et 13 Août 1518, où elle est dite *S. Juliani in pago de Rovriaco Parisiensis Diœcesis*: et la derniere fois elle fut conférée à un Chanoine de Champeaux. Comme on ne connoît point d'autre Rouvray qui puisse être du Diocèse de Paris de ces côtés-là, que celui qui est marqué dans les Cartes entre Champeaux et Mornant à demi-lieue de Champeaux vers le levant, il est incontestable que c'est là qu'est placée la Chapelle de Saint-Julien. Il en est encore fait mention au 7 Août 1642 ; et là le lieu de Rouvray est encore déclaré être du Diocése de Paris et même Paroisse, quoique ce dernier soit faux. De tout cela il résulte que de Fer s'est trompé dans sa Carte du Diocèse de Paris, en rapprochant trop Rouvray de Mormant et en le plaçant hors du Doyenné de Champeaux.

Pouillé de Le Pelletier, p. 66.

Reg. Ep. Paris.

Ibid.

On a vu par tout ce qui a été dit jusqu'ici, que le Chapitre de Champeaux fut l'ornement du Doyenné de ce nom. Le Chanoine qui étoit Prévôt rendoit anciennement la justice en surplis et aumuce : il reste des sentences qu'il a prononcées. Le Chapitre nommoit aussi autrefois un Archidiacre pour le district, présentement c'est un Curé du Doyenné qui l'est. Le même Chapitre est Curé primitif des sept Paroisses, aux Curés desquelles il paye des gros en grains, etc. Et comme ces sept Cures ne sont point soumises à l'Archidiacre de Brie, à la mort d'un Curé il commet un desservant, jusqu'à ce qu'il y ait un titulaire nommé. Dès l'an 1217, Pierre de Nemours, Evêque de Paris, avoit statué que ce seroient les Chanoines qui distribueroient les Saintes Huiles aux Paroisses du district. Et la dépendance des Curés étoit si marquée, qu'ils étoient tenus de prêter serment au Chapitre à leur réception. Dans le Rolle des Procurations dues pour la visite à l'Evêque de Paris en 1384, le Chapitre de Champeaux en corps est pour la somme de douze livres. J'ai trouvé, à l'an 1498, une Commission expédiée

Chart. Campell.

Ibid.

Rotulus Job de la Croliere.

par l'Evêque *Decano Rurali de Campellis in Bria.* On l'appelloit autrefois le Doyen de Chrétienté de Champeaux. *Reg. Ep. Paris. 21 Dec.*

On compte quelques Illustres et quelques Ecrivains parmi les Chanoines de Champeaux. Le célebre Guillaume de Champeaux, qui d'Archidiacre de Paris fut fait Evêque de Chaalons en 1113, porte le nom de ce lieu. Mais s'il en a été Chanoine, il faut qu'il l'ait été dans le temps de l'érection de la Collégiale. Ce personnage est trop connu pour que j'en dise davantage. On le croit natif de ce lieu de Champeaux. Il mourut en 1120. *Gall. Chr S. Mar. in Ep. Catalon. Tab. in Ep. Laudun.*

Radulphe ou Raoul étoit Prévôt de Champeaux au XIV siécle. Il vivoit mal avec son Chapitre. Les Chanoines, mécontents de lui, le déférerent au Parlement. On nomma pour les accorder M. Girard *de Busco* et M. Daniel... Cet accord est de l'an 1326. *Reg. Arch. Par.*

Il y a eu un second Guillaume de Champeaux au XV siécle. Il fut Evêque de Laon sous Charles VI et Charles VII. Ce fut lui qui fit à Bourges, l'an 1423, le baptême de Louis XI.

Antoine Sanguin, connu sous le nom de Cardinal de Meudon, avoit commencé lorsqu'il n'étoit encore que simple clerc et étudiant à Paris, par être Chanoine de Champeaux par collation de l'Evêque de Paris du 23 Juillet 1500. Ses provisions portent *Nobili juveni Antonio Sanguin Clerico Parisscholari Paris..* Il est mort en 1559. *Reg. Ep. Paris.*

Etienne Poncher, fils de Jean, Général des Finances, et mort Archevêque de Tours en 1552, fut quelque temps Prévôt de Champeaux. Il permuta le 24 Juillet 1527 avec Antoine de la Barre, Evêque d'Angoulême, pour le Prieuré de Notre-Dame du Parc près Rouen. *Ibid.*

Antoine de la Barre, Evêque d'Angoulême, étoit Prévôt de Champeaux en 1527.

Benjamin de la Villate, Chanoine de Champeaux, a composé la vie de Sainte Fare en prose et en vers, qu'on dit imprimée. Il a été Chanoine cinquante-huit ans, est mort en 1641, est inhumé dans la nef de la Collégiale. Il a fait plusieurs poésies françoises, une entr'autres qui est intitulée l'Hermitage chrétien. *Bibl. Française, T. V, p. 165.*

Martin Sonnet étoit Chanoine de ce lieu en 1635, et est décédé en 1679. Je le crois auteur des Mémoires Historiques que l'on a eu la bonté de me communiquer touchant cette Eglise. Un autre ouvrage de lui est *de Breviario et Missali Diœcesanis,* imprimé in-16. *Ibid., p. 139.*

CHARTA DE UNA CAPELLA APUD CAMPELLOS

Ego Guillemus de Castellar Miles et B. uxor mea, notum facimus quod nos assensu et voluntate filiorum nostrorum Guillelmi et Simonis Militum, ad usum Capellanie nostre in Ecclesia B. Martini de Campellis M. CC. XXVII.

in Bria ; pro salute animarum nostrarum et antecessorum nostrorum et maximè pro anima Carissimi nostri.... Ecclesiæ quondam Canonici, instituimus, dedimus, et liberaliter concessimus in perpetuum sexdecim sext...... et sexdecim sext. avene quæ nos in granchia dicta Ecclesia de Escrennes jure........ habebamus, et decimam totius terre nostre arabilis extra pourprisium adjacent...... de bosco, quæ est de feodo Vicecomitis Meleduni. Concessimus etiam supra memorato Capellano in perpetuum octo sextaria Ivernagii et octo sextaria avene percipienda singulis annis in decima de Musteriolo propè Meledunum et unam petiam vineæ si..... Castellar. . . . . Regis, quæ continet circà unum arpentum. In cujus rei memoriam et stabilitatem........ de Castellar presentes litteras sigillo meo munivi. Actum anno Dominicæ incarnationis millesimo Ducentesimo vicesimo septimo mense Augusto.

Ego Adam de Mesiaco Miles Universis presentes litteras inspecturis Notum facio quod Carissimus Dominus meus Guillemus de Castellar Miles assensu et voluntate Carissimæ Dominæ meæ B. uxoris ejusdem et heredum suorum ad augmentum beneficii altaris quod instituit in Ecclesia B. Martini de Campellis in Bria, dedit et concessit in perpetuum octo sextaria ivernagii et octo sextaria avene singulis annis percipienda in decima sua de Musteriolo prope Meledunum quæ de meo movet feodo : Hanc autem donationem laudo, concedo et gratam habeo. In cujus rei memoriam et roborationem presentes litteras sigillo meo munivi. Actum anno Domini M. CC XXVII. mense Augusto.

Ex Archiv. Campell.

Tiré d'un Vidimus du Doyen de la Chrétienté de Champeaux de l'an 1316, le Dimanche après la Saint-Martin d'hiver.

BOURG ET PAROISSE DE CHAMPEAUX

Le village qui fut formé à Champeaux à mesure que les Religieuses qui y furent établies au VII siécle de Jésus-Christ firent valoir les terres, augmenta considérablement depuis que les Chanoines furent mis en leur place vers l'an 1100. L'étendue de la Paroisse étoit d'ailleurs si considérable qu'il fut besoin d'en faire des distractions pour en créer de nouvelles. Car, comme j'ai déja insinué ci-dessus, Andresel et Fouju en étoient des dépendances. Mais ce n'est point sous cet égard que j'envisage ici Champeaux. Son territoire est encore d'une assez grande étendue pour que je puisse en parler séparément et indépendamment des lieux qui en ont été démembrés.

On y comptoit en 1709 le nombre de 76 feux que le Dictionnaire Universel Géographique de la France de l'an 1726 a évalué à 341 habitans ; il marquoit faussement que ce lieu est du Diocése de Sens. Le sieur Doisy qui dans sa Description du Royaume par feux imprimée en 1745, s'y conforme au dénombrement de 1709, excepté dans ce qui est de l'Election de Paris, a mis Champeaux sur le même pied, parce qu'il n'avoit pas l'Etat présent de l'Election de Melun dont il est. Cependant ce bourg passe pour être composé d'un peu plus de 90 feux et on y compte 400 âmes. J'ai déja observé ci-dessus la nature du territoire. Il y croît de très-beaux froments.

Ce n'est que dans l'avant-dernier siécle que ce lieu commença à avoir la forme d'un Bourg. Les maisons étoient éparses de côté et d'autre dans la campagne; ensorte qu'on en trouve encore des vestiges en labourant. On obtint permission du Roi Henri II de se rapprocher autour des deux Eglises Collégiale et Paroissiale : Et de fait sous Charles IX, à cause des guerres civiles, on entoura le lieu de profonds fossés, de maniere qu'on ne peut plus y entrer que par trois portes qui fermoient et qui étoient accompagnées de ponts-levis. L'une de ces portes fut appellée *La Porte-Saint-Léonard* à cause qu'elle étoit voisine d'une Chapelle de ce nom construite dans la campagne. Cette porte menoit à Melun et à Corbeil. La seconde porte qui conduisoit à Andreselle et à Paris, fut nommée *de Courtenet* à cause que le premier lieu qu'on trouvoit au sortir étoit un hameau de ce nom de la Paroisse d'Andreselles. Ce hameau est détruit ; on n'y voit plus qu'un puits et un reste de grange du Chapitre de Champeaux. La troisiéme est la *Porte de Varvanne*, ainsi dite parce qu'elle conduit au moulin de Varvanne qui est sur le territoire de Champeaux.

La fontaine de Varvane est si abondante qu'elle fait moudre un moulin à sa source, et dans son cours trois autres qui sont au Chapitre de Champeaux, et un qui appartient au Chapitre de Saint-Marcel de Paris. En 1458, Jean l'Aumônier fit faire l'Etang de Varvane. Le nom de cette fontaine me fait resouvenir qu'il y en a une très-grande et très-abondante dans la ville de Varzy au Diocése d'Auxerre, et une autre d'égale force à Var, village proche la ville de Chartres [1] : ce qui donne à penser que Var est un nom Celtique dénotant une abondance d'eau. *Chart. Campell. fol. 224.*

L'Eglise Paroissiale de Champeaux du titre de la Sainte Vierge est contiguë à l'Eglise Collégiale et lui touche du côté septentrional. On n'y trouve rien à remarquer. Guillaume d'Auvergne, Evêque de Paris, ôtant à cette Paroisse en 1242 le village de Fouju, voulut que le Curé de Champeaux ne fût plus tenu de servir au grand autel de Saint-Martin, ni celui de Fouju non plus. Cette Cure est marquée avoir vingt livres de revenu dans le Pouillé du XV siécle. C'est le Chapitre qui y présente comme aux autres. *Tabul. Campell.*

1. Sous la premiere race de nos Rois, l'eau de cette Fontaine de Var étoit conduite à Chartres par un aqueduc dont on voit encore des restes. Je crois que c'est celui dont il est parlé à la fin de la vie de S. Lomer.

Il y avoit en 1352 une Léproserie à Champeaux, à laquelle avoient droit d'être reçus les habitans du lieu, ceux des Paroisses de Fouju, de Saint-Merry, d'Andreselle et de Quiers. C'est elle apparemment qui est imposée au rolle des Décimes sous le titre de Maladrerie.

Lib. visit. Lepr. Dioc. Paris. fol. 113.

Tabul. Cam.

On lit, de plus, qu'un Chanoine appellé Léonard Bardin y bâtit un Hôtel-Dieu en 1457.

Le Bourg de Champeaux est situé dans l'Election de Melun, et hors de la Prévôté et Vicomté de Paris et régi par la Coutume de M. [Melun]. En 1287, le Prévôt Royal de Melun ayant entrepris d'exercer sa Jurisdiction sur le territoire de ce lieu, Philippe le Bel donna des Lettres dans lesquelles il est dit que c'est le Prévôt et le Chapitre qui ont toute justice sur le village et qu'ils la tiennent de l'Evêque de Paris.

Ex tertio Chartulari Ep. Paris. apud Dubois, Collect. mss. T. III, p. 1318.

En 1400, les habitans de Champeaux furent déclarés exempts de faire le guet au Château de Melun. Mais cinq ans après Charles VI donna des Lettres pour les contraindre aussi-bien que ceux de Fouju et de Saint-Merry à travailler aux réparations de la Ville.

Ex mss. Camp.

Ibid.

Sur le territoire de Champeaux, à une légère distance du bourg vers le sud-est, est un Château appellé AUNOY dont il est fait mention au Procès-verbal de la Coûtume de Melun de l'an 1560, à l'occasion du Seigneur nommé François d'Avergne, Conseiller du Roi en la Chambre du Trésor.

Un Monsieur Faure possédoit cette Seigneurie en 1697.

Permiss. d'Orat. dom. 2 Juillet.

CHAUNOY, ou Chaulnoy, est une autre Seigneurie un peu plus éloignée du Bourg et située vers le midi. Elle appartient au Chapitre de Saint-Marcel de Paris qui en est Décimateur et Seigneur. La dixme avoit été litigieuse entre ce Chapitre et le Curé de Notre-Dame de Champeaux. Les parties s'accorderent en 1664. Ce lieu est nommé *Villa Calonei* dans une Bulle d'Adrien IV de l'an 1158, qui confirme aux Chanoines de Saint-Marcel tous les biens qu'ils possédent.

Reg. Arch. Par.

Hist. de Paris, T. III, p. 13.

ANDRESEL

ORIGINAIREMENT ANDESEL

Il paroît que pour ne point séparer les lieux, qui anciennement ne faisoient qu'une seule et même Paroisse, on doit joindre Andresel à Champeaux. On a vu dans la Bulle du Pape Innocent II d'environ l'an 1130, qu'alors il n'étoit fait aucune mention d'Andresel dans le rang des Eglises du canton de Champeaux, parce que c'étoit un simple hameau, avec une Seigneurie appartenante à un Chevalier, et même le nom qu'on lui donnoit alors étoit Andesel. On voit par un titre de l'Abbaye de Saint-Pierre-des-Fossés qui concerne ce lieu, qu'un nommé Odon dit de Bratteau, Seigneurie de la Paroisse de Saint-Verain par delà Châtres, pour avoir lui et sa femme droit de sépulture en cette Abbaye, lui donnerent sous l'Episcopat d'Imbert qui siégea depuis 1030 jusqu'en 1060, un domaine qui lui appartenoit, situé en Brie et appellé Andesel, *prædium situm in Bricio quod dicitur Andesellum*. Cent cinquante ans après, ce Monastere ne possédoit plus ce bien, soit qu'il en eût fait une échange ou qu'il l'eût vendu. Car dès le commencement du XIII siécle, on trouve un Aubert d'Andesel qui jouissoit de plusieurs fiefs en Brie, outre celui-là. On croit avec raison que comme il avoit deux fils, Jean et Aubert, ce fut Jean qui procura l'érection d'une Cure en ce lieu d'Andesel dans la Chapelle de Saint Jean-Baptiste qu'il fit bâtir. Elle étoit établie au moins dès l'an 1212, selon un acte qui se voit au petit Cartulaire de l'Abbaye de Saint-Victor, dans lequel les Eglises qualifiées suffragantes de Champeaux sont nommées suivant cet ordre : *Ecclesia de Carris, Ecclesia de Capella Domini Galteri Camerarii. De Andresello. De villa Sancti Mederici.* *Chart. parvum papyr. Foss.* *Chart. minus S. Vict. fol. XI.*

Andresel est situé dans la plaine de Champeaux en approchant de Paris. Ainsi il est à dix lieues de cette ville, et tirant vers Guines où se trouve la grande route. Son territoire est presque entierement en labourages. On y comptoit 67 feux en 1709, lors de la premiere impression du dénombrement de l'Election de Melun dont il est. Le sieur Doisy a répété ce même nombre dans sa description du Royaume imprimée en 1745, quoiqu'il soit un peu diminué. Le Dictionnaire Universel de la France publié en 1726, évalua les feux à la quantité de 233 habitans. On assure que le nombre des feux monte aujourd'hui à 56.

L'Eglise Paroissiale située dans l'enceinte du Château est sous l'invocation de Saint Jean-Baptiste, ce qui étoit rare primitivement parmi les Paroisses de la campagne : aussi n'a-t-elle été érigée qu'au commencement du XIII siécle, ainsi que je viens de dire, et il lui est arrivé comme à celle de Grez proche Tournan, que le nom du Seigneur a déterminé à choisir Saint Jean pour Patron. Il n'y a rien aujourd'hui dans l'édifice de cette Eglise qui soit du siécle de ce Seigneur. Il paroît par ce qui reste du vieux chœur qu'elle avoit été rebâtie il y a deux cents ans ou environ et apparemment aussi aggrandie. Mais depuis la chute du clocher qui en abattit la voûte, en la réparant en 1739, on l'a beaucoup rétrécie. Comme la Fête de Saint Jean-Baptiste est commune à toute la Chrétienté, le concours à l'Eglise d'Andresel se fait le jour de Saint Roch, dont on dit qu'on a des Reliques.

La **Cure** est à la nomination du Chapitre de Champeaux ainsi que les autres du Doyenné, étant comme on a dit un détachement de celle de Champeaux même. On lit qu'en 1287 Jean Vitcrolle qui en fut pourvu vint prêter serment au Chapitre. Dès le XV siècle c'étoit celle de tout le Doyenné dont le revenu étoit meilleur. Le Pouillé d'alors le marque à vingt-cinq livres. Cette Cure s'est maintenue dans cette supériorité, nonobstant qu'on en ait distrait dans le dernier siècle le hameau de l'Etang de Vernouillet. On assure qu'un Curé nommé l'Allemant gagna il y a cent ans son procès pour la dixme de la Seigneurie et Terre de Minpincien contre l'Abbaye de Saint-Denis qui la prétendoit exempte à cause qu'elle lui avoit été donnée par un Pape. Edme Garrier, Curé d'Andresel, comparut en 1560 à la Coûtume de Melun.

Chart. Campell.
Ibid.
Procès-verbal.

LA CHAPELLE DE SAINT-ELOY sur le même territoire est très-ancienne, et presque du même temps que l'érection de la Paroisse. Aubert d'Andresel, Chevalier, et Jeanne, sa femme, ayant conçu le dessein de la bâtir devant leur maison, en obtinrent, l'an 1236, la permission de Guillaume d'Auvergne, Evêque de Paris, qui auparavant avoit eu le consentement des Chanoines de Champeaux et d'Eudes, Curé d'Andresel, à condition toutefois que tous droits curiaux en cette Chapelle seroient réservés à l'Eglise Paroissiale; que les Chapelains prêteroient serment de fidélité au Curé et au Chapitre. Ce fut alors qu'en compensation des oblations accordées à ce Chapelain, on assigna au Curé quarante sols de rente sur la Voierie de Saint-Martin de Champeaux. Il n'est point dit à qui la nomination devoit en appartenir : mais j'ai trouvé ailleurs que c'étoit le Seigneur qui y nommoit. Elle fut conférée le 23 Janvier 1524, par l'Evêque de Paris sur la présentation de Noble homme Jean de Myraumont, Ecuyer, Seigneur temporel de Sucy, du Chemin et d'Andresel, à cause de Radegonde de Hacqueville, sa femme. Il y en a une autre collation du 16 Juillet 1550.

Tab. Campell.
Reg. Ep. Paris.
Ibid.

En 1594, les Chanoines de Champeaux exposèrent à M. Pierre de Gondi, Evêque de Paris, que cette Chapelle qui étoit fort grande et en mauvais état depuis les guerres, fût abattue et rebâtie plus petite, et que les matériaux fussent convertis à l'utilité du Chapelain, afin qu'il pût dire quelques messes pour les fondateurs. Sur l'information faite, la permission fut accordée le 13 Janvier 1596, par Louis Godebert, Vicaire Général.

Tab. Campell.
Reg. Ep. Paris.

Andesel ou Andresel est un nom dont la racine peut venir de l'ancienne langue Gauloise, au moins la syllabe *And* de laquelle est resté en quelque pays le mot *Andains* pour signifier les sillons de terre. Ce lieu paroît avoir été fermé de murs dans le temps que plusieurs villages se mirent en sûreté il y a 200 ans. On voit encore des restes de fossez en allant du côté de l'Etang de Vernouillet. Un Seigneur du lieu essaya aussi, en 1657, d'y établir deux Foires par an. Le Château construit en forme ronde est solidement bâti de grais et de briques avec pont-levis et fossez.

Nous avons une Lettre du Roi Louis VII, écrite à Suger, Abbé de Saint-Denis, laquelle fait mention d'Albert Davolt, Officier de ce Prince, qui de son consentement avoit fait élever une Tour à Andresel. Cet Albert et son fils Hugues étant décédez, Louis manda à Suger et à Raoul de Vermandois, ses Ministres, de faire garder cette tour jusqu'à ce qu'il revînt, de crainte d'inconvénient. Cet Albert peut être regardé comme le premier Seigneur connu de ce lieu. Duchêne, T. IV, p. 511.

Aubert ou Albert *de Andesello* est le second Seigneur connu dès l'an 1192, comme mari d'Agnès de Garlande dans un titre de Tournan, par le moyen du Cartulaire de l'Abbaye du Jard, laquelle acquit en 1204, de Geoffroy, 100 arpens de bois à Grizy, situez dans son fief. Sa femme, Agnès, fit en 1213 une rente de 60 sols à Eustachie leur fille, Religieuse à Hiere, et l'augmenta en 1224, du consentement de ses deux fils Jean et Aubert [1]. Chart. Jardi Bibl. Reg. p. 222.
Gall. Chr. T. VII, col. 608.

Ces deux Seigneurs Jean et Aubert d'Andresel, dont les femmes se nommoient Agnès et Jeanne, étoient en procès en 1222, avec les Chanoines de Champeaux. Guillaume de Seignelay, Evêque de Paris, les mit d'accord; et ils reconnurent tenir du Roy la rente de 30 livres que le Chapitre leur payoit en échange de la Voierie, Justice et Corvées qu'ils avoient eues du Roi. Ibid., col. 91.
Trés. des Chart. Reg. 31, f. 28.

Jean d'Andresel, Chevalier, approuva en 1230, comme second Seigneur à Barneau, le don de 20 arpens de terre fait à l'Abbaye de Livry. On a vu ci-dessus qu'en 1236, Aubert et Jeanne sa femme, fonderent à Andresel la Chapelle Saint Eloi. Ils firent en 1285 la restitution de Vilblin au Chapitre de Champeaux. Chart. Livriac. fol. 15.

Un autre Jean d'Andresel, Capitaine de Brie, est mentionné à la Chambre des Comptes en 1359, à l'occasion des Lettres de pardon qui lui furent accordées et à ses complices, de tout le mal qu'il avoit commis au pays de Brie, Châtellenies de Melun et de Moret, et au Pont de Samois. J'ai trouvé dans un compte des Subsides de l'an 1356, Jean, sire d'Andresel, Chambellan du Roi. C'est apparemment le même Jean d'Andresel, Chambellan du Roi, qui étoit mort dès l'an 1367, que l'Historien du Gatinois Mém. de la Chambre des Comptes.

---

1. Aubert d'Andresel, Agnès sa femme, et Jean leur fils avec Elisabeth sa veuve, sont mentionnez dans le Cartulaire de l'Abbaye de Barbeau comme lui ayant donné du revenu sur les moulins de Melun. (*Cart. Barb. Bibl. Reg.* p. 967 et 960.)

C'est apparemment le même Aubert d'Andresel qui, selon l'Histoire de Melun (page 281), a fondé en la Collégiale de Notre-Dame de Melun un Chapelain à l'autel de Saint Martin et Saint Nicolas.

dit avoir été surnommé Viole, et qu'il fait descendre d'un Viole, Sire d'Andresel dès 1312, s'il n'est le même. Jeanne de Maligny, sa veuve, fut Dame d'Andresel. Jeanne, leur fille, épousa Jean de Montmorency, et Marguerite d'Andresel, sa sœur du premier lit, épousa Guillaume de Montmorency, Seigneur de Saint-Leu. Jeanne, Dame d'Andresel, fut inhumée en 1395, au mois de Novembre, en la Chapelle de Notre-Dame de Sainte-Catherine du Val-des-Ecoliers.

Les sieurs de Hacqueville étoient Seigneurs d'Andresel à la fin du XV siécle, et même en partie. Radegonde de Hacqueville porta cette Terre en mariage à Jean de Myraumont. Voyez ci-dessus. L'Historien du Gatinois écrit que cette Radegonde étoit fille d'une Marie Viole.

<small>Morin, p. 465.</small>

Les Viole continuerent de posséder cette Terre, entre autres Nicolas Viole, Correcteur des Comptes. Jean, second de ses fils, acheta la part de ses freres ayant [nom] Nicolas et Pierre, dans cette même Terre.

<small>Ibid., p. 468.</small>

Jacques Viole étoit en partie Seigneur d'Andresel avec Philippes de Longueval en 1560. Le premier l'étoit encore vers 1580, et Conseiller au Parlement.

<small>Cout. de Melun.</small>

Jacques Viole, Président au Parlement, en fut ensuite Seigneur. Il mourut le 13 Septembre 1613. Sa veuve Anne l'Allemant vivoit encore vers 1615. Le Curé d'Andresel de même nom qu'elle et qui gagna le procès de la dixme de Minpincien, étoit apparemment son parent.

<small>Reg. Ep. Paris. 11 Dec.</small>

M...... Fouquet, Surintendant des Finances, jouissoit de la Terre d'Andresel vers l'an 1650. C'est sans doute à lui que le Roi permit, en 1657, d'y établir deux Foires.

<small>Reg. du Parl. 1 Juin 1657.</small>

Pierre Longuet fit acquisition vers l'an 1660 d'une partie de la Vicomté d'Andresel et la fit réunir à la Seigneurie de Vernouillet, dont le Roi donna des Lettres de confirmation. Les Registres du Parlement en font mention au 18 Juillet 1661.

<small>Reg. du Cons. du Par.</small>

Dans le siécle présent, la Seigneurie entiere d'Andresel a été entre les mains de Jean-Baptiste Picon, qualifié Marquis d'Andresel. Il est décédé en 1727. Il avoit été Ambassadeur à Constantinople. Sa veuve étoit Dame d'Andresel en 1740, pendant que le fils étoit Capitaine à l'armée.

<small>Hist. des Gr. Off. T. VII, p. 469.</small>

Cette Paroisse n'a que deux ou trois petits Ecarts situés vers le Sud-Est. Le plus proche s'appelle le Truisy ; le suivant est dit Minpincien, le troisiéme et plus éloigné sont les Hautes-loges. Il n'y a rien à remarquer que sur Minpincien. Depuis ce siécle-ci on est revenu du sentiment des Italiens sur la patrie du Pape Martin IV. Onuphre Panvin l'a fait Tourangeau à cause qu'il étoit Trésorier de S. Martin de Tours, et M. Maan, Historien de Tours, prétend que quoiqu'il eût pris le nom de Simon de Brie, ce n'est pas notre Brie Françoise qu'il faut entendre par là, mais un petit canton de la Touraine appellé *Brie*. D'autres ont cru que par Brie il falloit entendre Brie-Comte-Robert, sans faire attention que si Simon en eût été, il se seroit nommé Simon de Braie comme on disoit alors ; on met à présent communément dans les Dictionnaires que ce Simon de Brie, fait Cardinal en 1263, puis Pape sous le nom de Martin IV en 1281, étoit natif de la Paroisse d'Andresel en Brie. Je n'en ai pas encore trouvé la preuve décisive. Ce que je sçai, est que la terre et Seigneurie de Minpincien sur cette Paroisse a appartenu à ce Pape, qui la donna à l'Abbaye de Saint-Denis en France.

Baudrand Moreri.

Dict. Univ. la Martiniere.

LA CHAPELLE-GAUTIER

Je ne marque à la tête de cet article que le nom plus communément reçu pour signifier l'une des anciennes Cures du Doyenné de Champeaux. Car d'abord on l'appelloit simplement *La Chapelle* ou bien *La Chapelle Cernay (Capella Cernei)*. Au XIII siécle on commença à l'appeller *La Chapelle Gautier*, du nom d'un Chambrier du Roi qui rendit célébre ce lieu, dont il étoit Seigneur [1]. Et enfin de nos jours on a commencé à l'appeller *La Chapelle Thiboust de Berry*, pour raison que je rapporterai dans la suite. Pour ce qui est du surnom de Cernay que portoit la Chapelle du lieu, à cause que c'étoit le nom du lieu même, on ignore d'où il lui venoit. Ce nom est assez commun en France. On y compte neuf Paroisses qui le portent, dont une est du Diocése de Paris, avec une Abbaye sur son territoire dite les Vaux-de-Cernay, et outre cela, un Château ou hameau de la vallée de Montmorency, Paroisse d'Ermon, porte le même nom de Cernay.

Dict. Univ.

La Chapelle dont il s'agit ici étoit une Paroisse dès le regne de Louis le Gros. Elle est marquée dans la Bulle d'Innocent II adressée à Etienne, Evêque de Paris l'an 1137, au rang des Eglises jointes à celle de Champeaux : *Ecclesiam de Campellis cum præbendis et tribus Parochiis id est de sancto Mederico, de Capella, et de Kerris*. On est ensuite longtemps sans rien trouver sur ce lieu.

Hist. Eccl. Par. T. II, p. 38.

Il étoit possédé à la fin du même siécle par les Seigneurs de

---

1. Il y a une autre Chapelle-Gautier, Paroisse au Diocése de Lisieux en Normandie, Election de Bernay.

Villebeon. Gautier de Villebeon premier du nom, Chambellan des Rois Louis le Jeune et Philippe-Auguste, étant fort âgé, donna les dixmes de bled de cette Terre aux Chanoines de Champeaux l'an 1205, et mourut la même année. Odon de Sully, Evêque de Paris, confirma aussitôt cette donation. Ce Prélat étant mort trois ans après, le siége fut rempli par Pierre, l'un des fils de Gautier, qui étoit surnommé de Nemours, du nom de la terre d'Aveline, sa mere. Pierre de Nemours voyant Gautier, son frere, Chambellan du Roi depuis la mort de son pere, disposé à faire une fondation dans la Terre de la Chapelle, obtint des Chanoines de Champeaux qu'ils se déportassent du droit de patronage qu'ils avoient de la Cure; et incontinent, c'est-à-dire en 1208, Gautier y établit quatre Prêtres tenus de prier Dieu pour ses ancêtres et pour lui, leur assignant pour vivre douze muids de bled tant sur sa grange de la Chapelle, que sur ses moulins, vingt-quatre muids de vin à prendre en vendange dans son cellier du même lieu, et vingt livres dans ses rentes, jusqu'à ce que de l'avis de l'Evêque il en disposât autrement. Dans la suite de l'acte il les qualifie de Chanoines tenus à l'Office Canonial, et il veut que la nomination de ces prébendes appartienne à l'Evêque. Un de ces quatre Prêtres devoit tous les jours célébrer la Messe dans sa Chapelle domestique, et un autre devoit une Messe des Morts. En vertu d'un autre acte de la même année passé entre l'Evêque et le Chapitre de Champeaux, Pierre de Nemours pourvut à trois prébendes, et le Chapitre de Champeaux nomma le Curé de la Chapelle à la quatriéme prébende. Mais il paroît que les Chanoines de la Chapelle furent quelque temps à exercer tour à tour les fonctions Curiales de la Paroisse. C'est ce qui est supposé par les Lettres de Guillaume d'Auvergne, Evêque de Paris de l'an 1243, qui les décharge tous quatre de la fonction de Curé et ordonne, du consentement du Chapitre, qu'il y aura un Vicaire perpétuel; ce qui eut lieu depuis, ensorte qu'on trouve depuis ce temps-là des présentations à la Cure par le Chapitre de Champeaux, notamment en 1429, au 22 Novembre.

La fondation d'un Chapitre en ce lieu de la Chapelle par un Seigneur que sa dignité de Chambellan rendoit très-puissant, fit qu'on ne tarda gueres à qualifier cette Terre du nom de la Chapelle-Gautier. Ainsi, dès l'an 1212, le petit Cartulaire de l'Abbaye de Saint-Victor de Paris faisant l'énumération des Eglises suffragantes de Champeaux, s'exprime de cette sorte: *Ecclesia de Carris, Ecclesia de Capella Domini Galteri Camerarii, etc.* Dans le Pouillé Parisien du XV siécle, il y a un article spécial et le Curé est marqué le premier:

Canonici Capella Domini Galteri ad coll. Dni. Episcopi.

Curatus ejusdem Capellæ XXX. libr.
Tres Canonici ; quilibet XIII. libr.

L'Eglise, qui est du titre de Saint Martin, n'est que comme une longue Chapelle de structure du XIII siécle dont une partie de la voûte est tombée de vétusté. On y voit dans le mur du sanctuaire du côté septentrional une châsse qui étoit autrefois couverte d'argent, et qui n'est plus que de bois doré dans laquelle on croit qu'il y a eu de la Couronne d'épines de Notre-Seigneur qu'on dit venir de Gautier Cornu, Archevêque de Sens. Mais sans recourir à ce Prélat qui ne l'auroit pas donnée vraisemblablement à une Eglise hors de son Diocése, ne peut-elle pas avoir appartenu à Pierre de Villebeon, Ministre de S. Louis et qui l'accompagna jusqu'à la mort, lequel Pierre l'auroit donnée à Isabelle, sa sœur, Dame de la Chapelle-Gautier ?

A l'autel est un tableau de l'Adoration des Mages donné en 1636, par Nicolas Vignier, Conseiller d'Etat, qui y est représenté avec sa femme, Anne de Flecelles.

Il n'y a aucune ancienne sépulture ; on y voit seulement celle de Louis Thiboust de Berry, Chevalier, Seigneur du même lieu, Gouverneur et Capitaine des Chasses de Fontainebleau, décédé le 16 Mars 1706, âgé de 77 ans, et de son épouse Dame Philippe Clozier de Juvigny, morte le 19 Décembre 1722, laquelle a laissé cinq mille livres pour aider à la fondation d'un Vicaire.

Sainte-Catherine est en cette Eglise fête de second patron ; le titre Canonial du Curé est sous son nom, ensorte qu'on l'appelle : *Le Chanoine de Sainte-Catherine*. Je ne sçais s'il seroit le même que le Chapelain de Sainte-Catherine auquel Maurice de Sully, Evêque de Paris, voulut, en 1170, que le Chapitre de Champeaux payât une certaine redevance en grain. Ce Curé, comme Chanoine de la Chapelle-Gautier, a des terres à Mormant. Dès l'an 1700, on songea à lui donner un Vicaire en exposant à l'Archevêque la quantité de peuple contenue dans la Paroisse.

L'exposé sur le nombre des habitans portoit qu'il y avoit alors 132 feux et 470 communians dont plusieurs étoient éloignés de l'Eglise. Le dénombrement de l'Election de Melun imprimé neuf ans après, y marquoit 130 feux, ce qui a été copié en 1745 par le Sieur Doisy en sa Description de tout le Royaume. Le Dictionnaire Universel de la France se contente de dire en 1726, que c'est une petite ville, sans dire le nombre des habitans, contre sa coûtume. On m'a assuré en 1740, qu'il y avoit 145 feux donnant 400 communians. Ce Bourg est à treize lieues ou environ de Paris vers le sud-est et à quatre de Melun. Le pays est assez varié dans sa culture, et son étendue fait qu'on y trouve de tout. Les murs dont on voit les restes autour du Bourg furent bâtis vers l'an 1650, lors de la guerre des Princes.

Reg.Arch.Paris 14 Sept. 1700.

Les Ecarts de cette Paroisse sont effectivement en grand nombre et s'étendent à une grande lieue jusqu'auprès des Ecregnes, Diocèse de Sens vers le sud-est. Il y a Grand-Villier, la Clotée, la Boulaie, Maupertuis, les grands Trois-Chevaux, les petits Trois-Chevaux, Maupas, Gaillard, la Maison-Rouge, Sausseux, la Pausse, de sorte que les extrémités de cette Paroisse sont éloignées de Champeaux de deux lieues.

Le ruisseau qui passe à la Chapelle est appellé le ru d'Anquier et non d'Anqueteuil, comme de Fer l'a marqué en sa Carte. Il y a un gouffre auprès des étangs vers le sud-est, mais je doute qu'il soit sur la Paroisse de la Chapelle.

Le premier Seigneur dont nous avons connoissance est Gautier Ier de Villebeon. Il eut pour frere Etienne, Archevêque de Bourges, qui étoit surnommé *de la Chapelle*.

Etant décédé en 1205, son fils Gautier lui succéda et fut aussi Chambellan du Roi Philippe-Auguste. Trois de ses freres furent Evêques de Noyon, de Paris et de Meaux. Il fut fait prisonnier à la Terre-Sainte en 1219, et mourut un peu après. Son fils, Adam, fut aussi Seigneur de la Chapelle et Chambellan de France, et décéda en 1238. Tant de Chambellans de suite dans cette Maison firent donner à la famille le nom de Chambellan. Isabelle, sa fille, dite la Chambellane, fut ensuite Dame de la Chapelle, et fut mariée : 1° à Matthieu, Seigneur de Montmirel; 2° à Robert de Dreux, Prince du Sang, dont une fille épousa Gaucher de Chatillon, Connétable de France. Elle mourut l'an 1300.

Par la suite cette Terre passa aux Jouvenel des Ursins. Jean Jouvenel en devint Seigneur par acquisition. Il étoit Conseiller au Châtelet en 1380; il fut ensuite Prévôt des Marchands, et enfin Président au Parlement. Michel, son huitiéme fils, né en 1408, lui succéda dans la Terre de la Chapelle, fut Bailli de Troyes et mourut en 1470. Jean, fils de Michel, est nommé dans la Coûtume de Paris de l'an 1510. L'Archevêque de Sens fit en 1518 des procédures contre lui et contre son fils François, à cause d'une piece de bois située sur la Paroisse de la Chapelle Arrablay. François eut la Terre de la Chapelle-Gautier. Il étoit Chevalier de l'Ordre du Roi. Ensuite elle passa à Christophe, son fils, Lieutenant du Roi en l'Isle de France, Gouverneur de Paris, qui décéda en 1588. Puis à François, fils de ce dernier, qui n'ayant eu de Guillemette d'Orgemont, sa femme, qu'une fille, morte jeune, substitua son nom, ses armes et ses biens à François de Harville, son petit-neveu. Il avoit été Ambassadeur à Rome et en Angleterre. Il mourut en 1650, âgé de 81 ans. De son temps la Chapelle-Gautier fut érigée en Comté par Lettres-Patentes du 27 Avril 1644.

Gabriel Thiboust de Berry fit commencer de son temps le

Invent. de l'Arch. de Sens. Amette p. 215.

Château. Il fut tué dans le voisinage proche la Borde-au-Vicomte. Louis Thiboust de Berry, son fils, l'acheva. C'est l'un des deux qui obtint des Lettres-Patentes pour faire porter son nom à ce lieu. Mem. de Rochefort.

En 1749, Louis-Auguste Thiboust de Berry, Chevalier, Comte de la Chapelle, y mourut. Sa veuve, Marguerite-Charlotte le Petit de Grandcour, y décéda l'année suivante, 1750, le 26 Avril. Merc. Juin 1754, II vol. p. 204.

FOUJU

C'est depuis plusieurs siécles que ce nom est corrompu au point d'être presque méconnoissable, puisque les premiers titres où il en est fait mention et qui sont du XIII siécle, l'expriment en latin par *Foujucium*. Quelques titres postérieurs qui sont en langue françoise appellent quelquefois cette Paroisse Foujeu, ce qui nous conduit naturellement à Fougeu, moyennant quoi, ayant dans ce nom le mot Foug qui se donnoit aux lieux où l'arbre *Fagus* étoit commun, on peut penser que Fouju, avant que d'être défriché (ce qui mene à un temps bien éloigné), étoit un terrain où l'on voyoit les hêtres fort communément.

Ce village n'étoit dans son origine qu'un hameau de la Paroisse de Champeaux. Il n'est éloigné de ce Bourg que d'une demi-lieue ou environ du côté du couchant. Sa situation est dans la même plaine avec égale distance de Paris et de Melun ou à peu près, et un territoire de semblable fertilité en bled. Il paroît que l'Eglise de ce lieu avoit été comme une seconde Paroisse de Champeaux, laquelle fut desservie par le Clergé de ce lieu jusqu'à ce que Guillaume d'Auvergne, Evêque de Paris, le détacha tout à fait de Champeaux, quoique pour rester toujours à la présentation du Chapitre. Cet Evêque ajoute dans la charte de cette distraction donnée en 1242, que le logis qu'avoit à Champeaux le Prêtre destiné pour la desserte de Fouju, appartiendra au même Chapitre ; ce qui fait voir que le changement qu'il fit, consistoit en ce que le Prêtre desservant Fouju par la nomination des Chanoines de Champeaux résideroit à Fouju, ne seroit pas tenu non plus que celui de Champeaux de servir au grand autel de la Collégiale, et qu'il y auroit des Fonts et des Saintes huiles, sans que par la suite les habitans fussent obligés de recourir à Champeaux. Toujours est-il certain par la Bulle d'Innocent II d'environ l'an 1130, et par le catalogue des Eglises dépendantes de Champeaux en 1212, qu'il n'y avoit point encore alors d'Eglise à Fouju. Tab. Campell.

Chart. minus S. Victor. Par. fol. XI.

Au reste, le bâtiment du chœur de cette Eglise d'une médiocre grandeur est du XIII siécle, comme l'indique son architecture et quelques vitrages, ce qui s'accorde avec la charte de l'Evêque Guillaume de l'an 1242. Mais il peut n'avoir été construit que sur la fin de ce siécle, en place de celui qui auroit existé du temps de Saint Louis. L'Eglise est accompagnée d'une tour avec une grosse et nombreuse sonnerie. Il n'y a aucune tombe du XIII siécle, à moins qu'on ne donne à ce siècle l'inscription d'une de ces tombes qui contient ces termes :

Cy gist Mons. Sire Brisart Chevalier Conseiller du Roy notre Sire qui trepassa l'an de grace M. CCC........

Autre :

Cy gist Madame Jehanne de Quincy femme jadis Monsr Siroy Briart Chevalier Conseiller du Roy notre Sire, qui trepassa l'an M. CCC XLIII le dernier jour de Mars.

On y voit encore une autre tombe d'un homme de la même famille de Briart, vêtu de long, lequel a à ses pieds quatre fils vêtus aussi de long et étendus de leur longueur. On n'y peut lire autre chose sinon ces mots *Jehannette sa femme,* qui sont en gothique capital de même que les précédentes.

L'un des deux écussons est............ en deux bandes.

Dans l'autre est un lion grimpant.

Il y a aussi en ce lieu l'épitaphe de Nicolas Durand, Ecuyer, sieur de Vilblin, décédé en 1652. (Armes : trois maillets.)

Sainte Marie-Magdelene est patronne de cette Eglise. Le jour de sa fête le Chapitre y va officier, suivant qu'il a été réglé par Arrêt. Dans le Pouillé Parisien du XV siécle le Curé de *Fouuchus* est marqué avoir quinze livres de revenu. Dans des provisions accordées le 3 Octobre 1481, sur la présentation du Chapitre de Champeaux, il est spécifié que cette présentation avoit été faite directement à l'Evêque, *absque representatione Archidiaconi.*

Reg. Ep. Paris.

A l'égard du nombre des feux qui composent le village de Fouju, le dénombrement de l'Election de Melun imprimé en 1709, et réimprimé en 1745, le marque de 35. Le Dictionnaire Universel Géographique de la France a oublié cette Paroisse.

Ce fut dans le cours du XIII siécle que le Chapitre de Champeaux fit l'acquisition des dixmes de Fouju. D'abord la moitié en 1245, d'Henri, Prêtre de Boissise Bertin, d'Isabelle, fille de Marie *de Primileio* et de Mathieu et Thomas, ses enfans. L'autre moitié en 1259, de Simon de Jumelles, Archidiacre de Blois, en l'Eglise de Chartres qu'il avoit achetée d'Ermesinde de Nevoisin, ainsi que le certifierent Jean de Luugny et son frere, Ecuyer, fils d'Odon de Luugny, et Henri, Seigneur et Curé de Grigny.

Cart. Campell. fol. 289.

Ibid., fol. 246.

Il y a sur la Paroisse de Fouju un Fief dit Vilbelin qui appartenoit à l'Eglise de Champeaux au moins dès le commencement du même siécle, puisque l'Evêque de Paris, Eudes de Sully, en partagea l'an 1208, les menues dixmes entre le Prévôt et le Chapitre. Vers le milieu de ce siécle, Aubert, Seigneur d'Andresel, et Jeanne, sa femme, s'étoient emparés de ce Fief. Mais ils en firent la restitution en 1285, dans le temps de leur vieillesse. Il y a aujourd'hui un Château en ce lieu qui est détaché du reste du village et situé au nord-est. Le possesseur doit foi et hommage au Chapitre de Champeaux, et promettre qu'on baissera le pont-levis pour que les Chanoines y entrent. *Tab. Campell.*
Ibid.

L'affiche de ce fief faite en 1748, fait mention de ce pont-levis et des fossés, ajoutant qu'il n'a point de Justice ni de censives ni droit de chasse, mais seulement que le possesseur a un banc distingué dans l'Eglise et droit de recevoir le pain béni après le Seigneur, Patron de la Paroisse.

Simon de Chambly, Chanoine et Chantre de Champeaux, avoit laissé au Chapitre sa maison de la Tournelle et ses dépendances sises dans Fouju même en roture. Le Chapitre l'a vendu en 1246, à Jean de Blaisy, l'érigeant en Fief avec son Hôtel de Blaisy situé sur la même Paroisse, à la charge d'en payer la dixme de cent huit gerbes. Blaisy a aujourd'hui un Parc. *Tab. Campell.*

Ce lieu de Fouju figure avec distinction sur une tombe de la nef de la Collégiale, pour avoir donné naissance à un nommé Estienne, qui paroît selon la teneur de son épitaphe, avoir été un saint homme et versé dans la Jurisprudence. Cette inscription qui est en capitales du XIII siécle commence ainsi :

Foujucii lumen, pietatis gemma, etc.

Voyez le reste ci-dessus, page 413, presque à la fin de l'article de Champeaux.

SAINT-MERRY

Adrien Baillet, sur la fin de la vie de Saint Merry, donne à entendre que l'Eglise Paroissiale de Champeaux porte le nom de ce Saint, faute de s'être informé de la situation des lieux : car il auroit appris que Saint-Merry est un village et une Paroisse différente de Champeaux, et qu'elle en est éloignée d'un quart de lieue au moins.

Il est besoin de rappeler ici ce dont j'ai touché un mot en parlant de l'ancien Monastere de Religieuses qui étoit à Champeaux : que

Saint Merry ou Méderic venant d'Autun à Paris vers l'an 695 de Jésus-Christ, fut arrêté par la maladie dans le lieu de Champeaux, et qu'il y séjourna longtemps. Peut-être est-ce en mémoire de quelque miracle qu'il opéra sur le côteau vis-à-vis Champeaux, et où est situé le village de son nom, que par la suite on y bâtit une Chapelle. Peut-être aussi étoit-il resté un jour en ce lieu, accablé par la fatigue du voyage. En un mot, cette Eglise est un mémorial de sa présence à Champeaux et dans le voisinage. Il y a même une fontaine de son nom différente de celle de Varvanne, qui en est peu éloignée et dont le ruisseau passe dans le vallon qui est entre Champeaux et Saint-Merry.

Le village de Saint-Merry est éloigné de Paris d'un quart de lieue plus que n'est Champeaux. Sa position est sur une pente de montagne, où il y a quelques vignes. Ce lieu est varié en culture, labourages, bosquets, etc. Le dénombrement de l'Election de Melun publié en 1709 y reconnoît 78 feux; ce que le sieur Doisy a répété en 1745, dans sa description du Royaume, comme si en trente-six années il n'étoit arrivé aucun changement. Le Dictionnaire Universel de la France qui parut en 1726 fait monter le nombre des habitans ou ames contenues en cette Paroisse au nombre de 355. L'auteur a été si peu instruit sur ce lieu qu'il le place dans le Gatinois, au lieu de le mettre en Brie, et qu'au lieu du Diocèse de Paris il le dit du Diocèse de Sens, à cause qu'il est de la Coûtume et Election de Melun. Il y a au milieu du village un vieux Château que l'on appelle *La motte Saint-Merry*, qui paroît avoir été fortifié, ayant un pont-levis et des fossés pleins d'eau. Il appartenoit en 1740 à Madame Picon d'Andresel, Dame de ce lieu.

L'Eglise de la Paroisse est basse et ne paroît avoir gueres que 200 ans d'antiquité. Saint Merry, Abbé, en est le Titulaire, et l'on y conserve une portion assez considérable de ses reliques, selon le rapport de Dom Mabillon, sçavoir une très-grande partie du crâne, deux côtes et l'os-sacrum. Un certificat du sieur Gilbert, Chirurgien reçu au Baillage de Melun, daté du 2 Avril 1753, porte que la châsse est de bois doré, d'environ deux pieds de longueur, qu'elle contient l'os-sacrum, une fausse côte, l'un des os pétreux de la tête. Il y en a aussi deux autres que l'on ne peut désigner. Du Breul prétend que cette tête fut donnée au Monastere de Champeaux en 884, lorsque le corps de ce Saint fut tiré du tombeau, et qu'on n'en retint que la mâchoire inférieure qui se garde encore à Paris. Mais est-il croyable lorsqu'il ajoute que ceux de Champeaux qu'il appelle Chauseau, ont eu en récompense de la tête une mamelle de Sainte Agathe, puisqu'on tient dans l'Eglise de Saint-Merry de Paris que cette relique de la Sainte vient de Munich.

Mabillon, Sæc. III. Bened. P. I, et Baillet après lui.

Du Breul, liv. III, artic. de S. Merry.

Cette Relique, si elle a été obtenue par les Religieuses de Champeaux ou par les Chanoines, aura pu contribuer à faire changer le nom primitif de ce lieu en celui de Saint-Merry lorsqu'elle y aura été déposée. La Paroisse étoit érigée dès l'an 1137 sous le nom de ce Saint et l'Eglise appartenoit au Chapitre de Champeaux, qui y nommoit les Curés, lesquels étoient tenus de prêter serment à ce même Chapitre, ainsi qu'en fait foi celui de Jacques, Curé en 1287. Cette Cure est sur le pied de 20 livres de revenu dans le Pouillé du XV siécle. Les Chanoines de Champeaux y viennent officier à la Saint-Merry. *Bulla Innoc. II, an. 1137. Chart.Campell.*

Je n'ai pu découvrir de Seigneurs de ce village plus anciens que les sieurs Louvier. Claude Louvier comparut en cette qualité à la rédaction de la Coûtume de Melun en 1566 [1560]. Louis de Louvier, Chevalier, traita en 1592 avec les Chanoines de Champeaux, au sujet de quoi l'Evêque de Paris fit faire information le 29 Octobre. *Reg. Ep. Paris*

QUIERS ou QUERRES

Le nom de cette Paroisse peut être écrit de diverses manieres dans notre langue ; car outre les deux manieres employées ci-dessus, on peut encore mettre Quers, ou Kers ou bien Kerres, ou enfin Kairres et Cairres : cette derniere maniere sembleroit la plus raisonnable, si le nom latin *Carri* étoit celui sur lequel on doit se fonder dans cette étymologie. Mais à remonter au plus haut temps où il soit fait mention de cette Paroisse, on la trouve écrite à l'ablatif pluriel *Kerris* : c'est dans la Bulle d'Innocent II, de l'an 1137, donnée sur l'exposé d'Etienne de Senlis, Evêque de Paris. Quatre-vingts ans après, elle est appellée *de Carris* dans un Manuscrit de l'Abbaye de Saint-Victor, de l'an 1212. Il reste à sçavoir si ces noms, quoiqu'anciens, n'ont pas été formés sur l'expression vulgaire de Kerre ou Caire, ou bien Quaire. Je serois assez porté à croire que ce seroit de quelque Tour quarrée qu'il y auroit eu en ce lieu que seroit venu le nom de Quaire ou Caire ; ensorte que le nom primitif latin auroit été *Quadrum*, de même que le lieu de Beaucaire sur le Rhône est *Bellum Quadrum*. Si le territoire du village représentoit une espéce de quarré, cela pourroit avoir donné occasion au nom ; mais sa figure qui m'a été fournie sur le papier par M. le Curé, n'a gueres de ressemblance à un quarré. Ainsi revenons à *Quadrum* dans le sens qu'il signifie une Tour ou forteresse quarrée. Aussi bien est-il certain qu'en 1444, il y avoit dans ce lieu une maison qu'on appelloit le *Hist. Eccl. Par. T. II, p. 38.*

Chart.Campell. Fort. Il est bon néanmoins d'observer avant que de finir cette discussion, que comme ce domaine est isolé, et forme une espéce d'Isle tout entourée de Paroisses du Diocése de Sens, on a bien pu, dans le temps que cette Paroisse fut attribuée au Diocése de Paris, l'appeller Quaidre, parce qu'elle auroit été alors plus quarrée qu'elle n'est, et de Quaidre avoir fait Quaire, par le retranchement de la lettre *d*.

Quelques personnes m'ont témoigné être du sentiment que cette Terre et celle de Champeaux viennent de la donation de Sainte Fare; cependant on ne voit dans le testament de cette Sainte aucune mention du nom de Quers : il n'y a que celui de Champeaux et ses dépendances. On ajoute que ce que le Chapitre a dans les autres Paroisses contiguës à Champeaux sont des acquisitions des Chanoines, comme la Terre de Fouju, les dixmes d'Andresel et de l'Etang, celles de Saint-Merry et de la Chapelle-Gautier. J'avouerai que ce sont des acquisitions faites par le Chapitre. Mais il ne s'ensuit point de-là que l'Abbaye de Faremoutier n'en eût pas joui en vertu de la donation faite par cette Sainte ; les Maisons Religieuses ont souvent fait des échanges ; souvent aussi il leur est arrivé de perdre leurs biens, soit parce qu'elles ont été obligées de les céder, ou qu'on les leur a pris dans le temps de guerre. On sçait les pertes que les Eglises firent du temps de Charles Martel, et depuis dans les incursions des Normans. Il ne faut pas croire que le territoire où se trouvent les cinq Paroisses contiguës à celle de Champeaux : Andresel, l'Etang, Fouju, Saint-Merry, et la Chapelle-Gautier, fût resté du Diocése de Paris, si du temps de de l'Evêque Lisiard vers 980, il n'étoit pas resté des vestiges comme tout ce terrain avoit appartenu aux Religieuses de Champeaux, Colonie de Farmoutier, quoiqu'elles fussent dépossédées de la plupart. Il est donc arrivé aux Chanoines de Champeaux qui représentent l'ancien Couvent de Religieuses, de rentrer par la voie d'acquisition ou de seconde donation dans quelques-uns des biens que ces Religieuses avoient possédés lors de leur fondation ; et c'est ce qui ne leur est pas singulier.

Suivant ce que je viens de dire, la seule distinction qu'on puisse reconnoître dans la Paroisse de Querre, est qu'elle n'est jamais sortie des mains du Clergé de Champeaux. Elle est cependant éloignée du Bourg de Champeaux de trois lieues et séparée totalement de son territoire. Sa distance de Paris est de 13 lieues vers le levant d'hiver ou sud-est. De Melun il y a 6 lieues ; de Chaumes trois et de Rosay deux lieues et demie. Elle est de l'Election de cette derniere ville. L'auteur du Dictionnaire Universel de la France, trompé par la désignation de Rosay qui est du Diocése de Meaux, en a conclu que Quiers est du même Diocése. Il y marque 166 habitans. Il y en a davantage, puisqu'il s'y trouve 200 communians. L'énumération des feux n'est pas plus juste dans le dénombrement publié par le sieur Doisy en 1745; selon lui il n'y a actuellement à Quiers que 36 feux comme en 1709.

Originairement les Chanoines de Champeaux gouvernoient eux-mêmes cette Cure. Depuis ils y mirent un Vicaire, et enfin un Curé. Ce Curé dont le bénéfice est nommé *de Guerriis* dans le Pouillé latin du XV siécle, avoit 16 livres de revenu il y a quatre cents ans. Il est à la présentation du Chapitre.

L'Eglise a Saint Martin pour Patron. C'est un grand bâtiment quarré fort nud, sans aîle, et défiguré à gauche par une grosse tour bâtie en dedans œuvre pour supporter les cloches. On ne peut juger de quel temps cette Eglise fut construite, sa structure n'étant que de grais et de moîlon. Les quatre grosses cloches sont antérieures aux grandes guerres des Huguenots, selon leurs inscriptions gothiques. Trois sont de l'an 1552. La plus grosse porte pour date l'an 565, par oubli du nombre millenaire. Je n'entre dans ce détail que pour combattre l'opinion que quelques-uns ont cru que cette derniere cloche étoit du VI siécle de Jésus-Christ.

A une petite distance de cette Eglise vers le midi étoit une Chapelle de Saint Léonard, de laquelle j'ai vu des provisions des années 1523 et 1569. Elle fut réunie en 1594 à la mense du Chapitre de Champeaux par Pierre de Gondi, Evêque de Paris, afin que le revenu servît pour les habitans [habillements] des enfans de chœur. On acquitte douze Messes basses pour le repos du fondateur. Cette réunion fut confirmée le 31 Mai 1649, par Arrêt du Parlement contre Clément Boutillier. *Reg. Ep. Paris.*

Ce village n'a point d'autre Seigneur que le Chapitre de Champeaux. Il comprend trois petits écarts situés au nord-est, aux environs du village de la Fermette, c'est-à-dire à la distance de trois quarts de lieue ou environ. L'un s'appelle la Noue-Saint-Martin, composé de trois Maisons dans la Fermette même; l'autre, les Loges; le troisiéme et plus éloigné est nommé le Thuisseau. Il est placé entre Quiers et le village de Courpalais, et il appartient à M. Grassin.

En 1293 [1193], Maurice de Sully. Evêque de Paris, déchargea les habitans de Querre et de la Noue et les Loges de la Seigneurie du Chapitre de Champeaux, de toutes corvées et tailles, moyennant qu'ils payassent 20 livres par an. *Chart. Campell.*

En 1202, Odon de Sully, son successeur, maintint le Chapitre de Champeaux dans la possession de la Mairie de Querre. *Ibid.*

En 1216, le Roi Philippe-Auguste étant à Melun, remit à ce même Chapitre la confiscation de Querre que prétendoit un nommé Rolland. *Ibid.*

Chart. Campell.	En 1312, les habitans de Querre et de la Noue firent le rachapt des 20 livres de rente qu'ils devoient au même Chapitre.
Ibid.	En 1444, la maison du Sac de Querre dite *le Fort,* fut donnée à un nommé Guillaume Moreau pour 12 sols de rente.
Tab. Campell.	En 1493, la séparation du territoire de Querre d'avec celui de Cordou fut faite par tenans et aboutissans, et fut approuvée par le Lieutenant de Melun.

L'ETANG DE VERNOUILLET

Vernouillet étoit un Château Seigneurial sur la Paroisse d'Andresel, accompagné d'un étang à côté duquel étoient aussi quelques habitans qui reconnoissoient la même Paroisse. Louis Longuet, Grand Audiencier de France, étoit Seigneur de tout ce terrain en 1667. Il représenta alors de concert avec les habitans d'auprès de l'Etang, ses voisins et vassaux, à M. Perefixe, Archevêque de Paris, la difficulté qu'il y avoit de se rendre à Andresel par les mauvais temps, et qu'il seroit bon d'ériger une Paroisse proche l'Etang, s'offrant de la faire construire ainsi que le presbytere, demandant seulement que la Cure qu'il étoit prêt de doter, fût à sa nomination, et que l'Eglise fût sous le titre de Saint Louis. Sa requête ayant été entérinée le 12 Mai, dès la même année, au mois d'Août, l'Eglise se trouva achevée et fut bénite le jour de Saint Louis, sous l'invocation de ce même Saint, avec des Fonts Baptismaux et un cimetiere.

Il n'est pas besoin d'observer que cette Eglise ne fut pas un bâtiment considérable. Mais il subsistoit pour huit ou dix feux qu'il y a en ce lieu, comprise une Ferme qui est au midi de l'Eglise. Ce n'est qu'une espece de Chapelle sans aîles, et sans autre voûte qu'un lambris. Aux vitres du fond sont ces lettres initiales L. L. qui signifient le nom du fondateur. On y voit dans le chœur plusieurs épitaphes à droite et à gauche, toutes de MM. Longuet. Les plus vieilles sont de l'an 1670. On a marqué dans une qui est à droite, qu'elle est du sieur Longuet qui gagna la mort à la chasse de Saint Hubert l'an 1623, et mourut le 4 Novembre.

Les armes de Longuet sont trois têtes de lion.

Le Curé reçoit cent écus du Seigneur qui d'ailleurs indemnise le Curé d'Andresel.

FIN DE LA DESCRIPTION DE TOUT LE DIOCÉSE DE PARIS

RÉPONSE

AUX RÉFLEXIONS de Dom Toussaint Duplessis, Bénédictin, insérées dans les Mercures de Juin, Juillet, Août et Septembre 1756, contre l'Histoire de Paris, par M. l'Abbé Lebeuf de l'Académie des Inscriptions et Belles-Lettres.

Mon révérend Pere,

On ne peut qu'approuver le parti que vous avez pris de publier dans le Mercure vos Annales de Paris ; c'est un bon moyen de les faire connoître.

Votre annonce suppose qu'elles ont besoin d'un supplément. Je n'ai pas intention d'infirmer ce jugement : je veux seulement répondre aux difficultés que vous formez dans le cours de vos Réflexions contre l'Histoire de M. l'Abbé Lebeuf.

Ces Réflexions sont de trois sortes : 1º les unes attaquent l'Académicien dans ses conjectures ; 2º la plupart annoncent qu'à certains égards vous pensez comme lui ; 3º quelques-unes enfin lui sont absolument opposées, et ont un air de vraisemblance qui demande qu'on les réfute. Je néglige celles à qui le texte de l'Auteur sert de réponse.

1º Votre premier grief me paroît destitué de fondement. Qu'y a-t-il d'irrégulier dans la méthode d'un Sçavant qui propose ses doutes avec réserve ? Lequel est le plus raisonnable, de celui qui donne pour évident ce qui n'est que vraisemblable, ou de celui qui prend le ton de l'évidence pour autoriser ses idées ? Cependant vous trouvez mauvais que dans ses conjectures, M. l'Abbé Lebeuf employe ordinairement le mot de *peut-être*.

2º Il est assurément fort flatteur pour votre Adversaire de se rencontrer avec vous. Si vous pensez comme lui, pourquoi publier cette conformité sous l'appareil de la critique ? A chaque instant vous citez votre ouvrage comme une pierre de touche qui doit servir d'épreuve, et décider du mérite de l'Histoire de Paris : peut-être M. l'Abbé Lebeuf a-t-il pour vous la déférence que vous exigez : mais le Public qui se plaît à interpréter malignement les choses, quel jugement portera-t-il de cette affectation ?

3º A la page 21 de l'Avertissement du premier Tome de l'Histoire de Paris[1], est une conjecture placée en note : l'Auteur la donne pour telle.

---

1. Page XIII du Tome Iᵉʳ de cette nouvelle édition — (Note de l'éditeur.)

Mais comme le ton conjectural ne vous plaît pas, vous semblez vous armer de toutes piéces pour la combattre.

Que porte cette conjecture ? Elle consiste à dire : 1° que les relations de Sainte Geneviéve avec S. Siméon Stylite ne sont pas un fait certain ; 2° que si l'on persiste à admettre quelque correspondance entre cette Sainte et un S. Siméon, il faut l'entendre d'un S. Siméon, solitaire de l'Auxerrois, en l'honneur duquel il y avoit une Eglise érigée au septiéme siécle sur le chemin d'Auxerre à Paris.

Si cette opinion produite sous un titre aussi modeste, vous révolte, quel blâme n'encourroit pas de votre part tout Littérateur assez osé pour en faire un sentiment ? Essayons pourtant de montrer que ce sentiment approcheroit infiniment de la vérité.

1° Il est peu de Légendaires au témoignage desquels il n'y ait quelque chose à retrancher ou bien à ajouter. Ils donnoient trop au merveilleux, outre que souvent ils écrivoient sur des ouï-dire et sur des rapports suspects. N'allez pas nier cette maxime ; vous vous trouveriez en contradiction avec les plus éclairés de nos Critiques, avec feu M. l'Abbé des Thuilleries, en particulier. J'ai vu une Lettre de ce Sçavant adressée à M. Lebeuf, où ce principe est développé fort au long comme une vérité reconnue.

Il y a, dites-vous, plusieurs Vies de Sainte Geneviéve ; on le sçait : mais parmi ces Vies, la premiere est la seule authentique ; les autres n'en sont que des copies informes ; et M. Baillet qui les avoit sous les yeux, décide que ces vies postérieures ne sont pas recevables. L'Auteur de la premiere est le seul qui mérite le nom de Compositeur. Il écrivoit au plus tôt en 520. Il y avoit alors près de soixante ans que S. Siméon Stylite n'étoit plus. Soixante ans dans un siécle d'ignorance ne sont-ils pas un espace suffisant pour supposer que la tradition a pu être altérée ?

Mais encore, que porte le texte de cette premiere vie ? affirme-t-il la chose ? en voici les termes : *Sanctus Simeon... quem aiunt negotiatores de Sanctâ Genovefâ interrogasse...... et, ut sui memor esset, poposcisse ferunt.* Cet *aiunt* et ce *ferunt* expriment certainement un doute bien favorable au sentiment qui fait ombrage à vos lumieres. Montrons présentement que si l'on persiste à reconnoître un S. Siméon qui s'est recommandé aux prieres de Sainte Geneviéve, on ne doit point l'aller chercher ailleurs que dans l'Auxerrois.

2° Les Annales de votre Ordre, au lieu cité, apprennent qu'au septiéme siécle, il y avoit près d'Auxerre une Eglise érigée en l'honneur d'un S. Siméon solitaire, originaire du Canton. M. l'Abbé Lebeuf, dans le cours de ses recherches, a découvert deux Légendes manuscrites reliées ensemble, l'une est la vie du Solitaire de l'Auxerrois, l'autre est la vie du Stylite d'Orient. La tradition porte qu'autrefois l'Eglise où l'on a découvert le double manuscrit, étoit sous l'invocation du premier ; que par le laps des temps, le culte du deuxiéme a prévalu à cause du merveilleux de sa vie. Aujourd'hui cette Eglise est sous l'invocation du Stylite. Je tire de là une conséquence unique, sçavoir que dans l'Auxerrois on a confondu, à la faveur de la ressemblance des noms, un Solitaire du Canton avec le Stylite d'Orient.

Revenons présentement au texte des Annales de votre Ordre. Fixer au juste le temps où vivoit le S. Siméon honoré dans l'Eglise située sur le chemin d'Auxerre à Paris, seroit une entreprise impossible. Aucun monument ne fournit cette date. Quelque ennemi que vous soyez des conjectures, je vous propose celle-ci : elle tend à démontrer que le S. Siméon en question étoit au moins contemporain de Sainte Geneviéve et du Stylite.

Le témoignage qui atteste l'existence d'une Eglise de S. Siméon au septiéme siécle, ne dit pas que la Basilique érigée en l'honneur de ce Saint du Canton, fût récemment bâtie. Le texte qui me sert d'appui, bien médité, donne à entendre que le temps de ce récit doit être placé au commencement du septiéme siécle. L'espace écoulé depuis que l'Eglise étoit bâtie, joint à celui de la canonisation du Saint, en conséquence de ses miracles par le suffrage des peuples, sont deux circonstances bien suffisantes pour remplir ce qui s'est écoulé depuis Sainte Geneviéve jusqu'à l'époque en question.

Le bruit des vertus de Sainte Geneviéve pouvoit avoir été répandu dans l'Auxerrois par deux moyens bien simples : le commerce de l'Yonne et de la Loire ; l'intimité qui subsistoit entre Sainte Geneviéve et Saint Germain, Evêque d'Auxerre.

Premierement, si vous aviez lu la Dissertation que M. l'Abbé Lebeuf a autrefois composée sur les vins d'Auxerre, vous sçauriez que ces vins étoient déja célébres au cinquiéme et sixiéme siécles. Voici à ce sujet un nouveau trait qui est sans réplique :

Il est dit dans la vie de S. Germain (vers l'an 440), que le saint Prélat ayant rassemblé quelques Disciples en Communauté, il leur donna un vignoble situé sur un côteau Monticellus (on croit dans le pays que c'est Mêve). Voyez Labbe MS. Partie I, Chapitre vii, page 415. La citation que vous produisez est postérieure à celle-ci de plus de cinq cents ans.

Ignorez-vous l'ancienneté du commerce de l'Yonne ? Lisez la sçavante Dissertation de M. le Roi sur les *nautæ Parisiaci,* placée à la tête de l'Histoire de Paris, par Dom Felibien. On en fait une pareille mention dans une Dissertation sur le Commerce de la France, sous les Rois de la premiere race, imprimée à Amiens en 1753.

Tout ceci montre que M. l'Abbé Lebeuf connoît mieux que personne le local de l'Auxerrois ; et quand vous prétendez que l'amour de la Patrie est un foible qui induit en erreur, à combien de poëtes élégans et de graves Historiens rompez-vous en visiere, lorsqu'ils vantent cet amour comme un sentiment naturel qui honore celui qu'il affecte ? Quelle que soit au reste votre façon de penser, jamais votre opinion n'infirmera cette maxime : qu'un habile homme consommé dans la connoissance des usages et de l'histoire de son pays, doit y découvrir bien des choses qui peuvent naturellement échapper à bien d'autres.

Je pourrois beaucoup insister sur les relations de Ste Geneviéve et de S. Germain d'Auxerre. Combien n'est-il pas naturel de penser que le Prélat, témoin de la vie exemplaire de la Sainte, l'aura proposée pour un modele de conduite à ceux qu'il avoit rassemblés en Communauté ? Qui sçait même si le Solitaire en question n'étoit pas de ses Disciples ? Ce soupçon seroit très-légitime.

(Mercure de Juin, page 106.) Vous voulez apparemment égayer la matiere par une contre-vérité plaisante, quand vous soutenez que S. Denis n'est pas venu à Paris par le grand chemin ; il n'y a pourtant pas d'apparence qu'il y soit venu à travers champs.

Le raisonnement de M. Lebeuf est bien simple : appuyé sur le texte de l'Itinéraire d'Antonin, il rappelle à son Lecteur qu'il y avoit aux premiers temps de l'Ere chrétienne une chaussée fameuse, par laquelle on arrivoit de Rome à Lyon, qu'une autre chaussée conduisoit de Lyon à Paris Consultez Dom Bouquet, Tome premier, page 106, vous trouverez que cette voie fameuse passoit successivement par Cône-sur-Loire, Briare, Belca, Cenabum et Salioclita, proche Estampes. C'est une vérité encore plus évidente que cette route aboutissoit à Paris vers le Fauxbourg Saint-Jacques : cent monumens l'attestent.

Parlez-vous sérieusement quand vous avancez qu'il est plus aisé de se cacher au milieu d'une Ville bien fréquentée que dans un coin solitaire de ses Fauxbourgs? Prêter à Saint Denis une telle conduite, n'est-ce pas le supposer destitué de la prudence la plus commune ?

En effet, comparons la mission de cet Apôtre et d'un de ses Compagnons, à l'expédition de peloton de braves gens, et nous ne pecherons pas contre la vraisemblance. Ils venoient déclarer la guerre aux passions et ruiner l'Empire de l'Idolâtrie. Que fait un Capitaine pour s'emparer d'une Ville ? Il ne va pas braver le danger par une fougue indiscrete : ainsi est-il probable que Saint Denis aura d'abord fixé son séjour dans quelque endroit écarté, pour y méditer les moyens de gagner des ames à Dieu.

Les Réflexions insérées dans le Mercure de Juillet, premier volume, ne demanderoient pas de réplique, si, à la page 130, n° 10, vous n'eussiez pas avancé ce qui suit :

Je soûtiens dans mes Annales....... dites-vous, que jamais les Normands n'ont été Maîtres de la Cité de Paris : il falloit ajouter ces mots : *malgré l'autorité de Prudence, Ecrivain contemporain;* car cet Auteur expose ainsi l'évenement que M. Lebeuf raconte : *Piratæ[1] Dani 5. Kalend. Januarii Lotitiam Parisiorum invadunt atque incendio tradunt.* A un témoignage aussi ancien et aussi formel, qu'opposez-vous ? Vos propres Annales : il leur manque un titre pour mériter cette préférence, c'est d'avoir 900 ans de plus.

Initié dans le secret de connoître par vous-même ce qui se passoit dans les tems anciens, vous avancez dans vos Annales plus d'une opinion de ce genre. A quel titre prétendez-vous, par exemple, qu'il y avoit autrefois une Eglise de Saint-Denis dans la rue Aubry-le-Boucher ? A qui proposez-vous votre conjecture de *Catolocus*, pour Chantilly qui n'existoit pas, pendant que les Sçavans conviennent que ce *Catalocus* c'est Saint Denis.

Permettez-moi, mon R. P., de vous dire que le soin de réviser vos

---

1. Annal. Bertin. ann. 857.

Annales vous occuperoit plus utilement que l'attention de [1] *retoucher certains textes de l'Histoire de Paris, les abrégeant quelquefois pour la commodité du Lecteur.* Vous vous appliqueriez plus d'une fois dans le secret, le reproche que vous faites à votre adversaire *de* [2] *croire ce qu'il ne faut pas croire du tout, pas même comme une chose qui ait quelque apparence de preuves.*

La prolixité n'a jamais été le défaut de M. Lebeuf : vous en convenez. Quant à l'occasion de la distribution des Reliques de la Collégiale de Saint-Maur, vous dites [3] que voilà un récit bien maigre. Votre Réflexion n'est pas juste. M. Lebeuf en dit assez.

Devoit-il ajoûter que M. l'Archevêque l'appella à cette distribution, qu'il fut consulté avec distinction ; que son habileté à déchiffrer plusieurs billets d'une écriture antique et barbare, surprit les assistans ; que même il combla de joie Dom Lanneau, votre Général, et vos premiers Supérieurs, en leur indiquant des titres qui leur manquoient pour constater l'authenticité d'une partie des Reliques de S. Maur ? Cet aveu lui eût trop coûté : d'ailleurs il eût dérogé au caractere de modestie et de simplicité qui le distingue.

Votre remarque vingt-uniéme, Mercure de Juillet, second Volume, page 107, tend à renouveller une question déja bien rebattue, sçavoir, si dans les premiers temps de l'Ere chrétienne, les Clercs en France étoient distingués des Moines. Ce que M. Lebeuf avance de nouveau sur ce sujet, il le prouve par des exemples, et ne dissimule pas que pour suivre les diverses acceptions des noms de *Monastere* et d'*Abbé*, il faudroit un ample Traité.

Que ne puis-je ici transcrire ce qui est répandu dans Sauval sur les anciennes Ecoles de Paris ! Vous connoîtriez que long-temps avant l'Etablissement des *Sœurs Grises*, on travailloit à l'instruction de la jeunesse dans plusieurs quartiers de cette Capitale. Je lis surtout à la page 37 de son troisiéme Volume, un extrait de Fauchet, où l'on attribue nommément aux Ecoles de Saint-Germain l'Auxerrois l'ancienneté que vous leur disputez.

Leur durée n'est-elle pas une raison bien plus solide pour expliquer l'étymologie du *Quai de l'Ecole*, que les instructions passageres du Moine Remy d'Auxerre ? D'autant plus qu'on n'a pas encore prouvé que les Ecoles de ce dernier ayent jamais été dans le voisinage de Saint-Germain, ou de la place en question.

Votre Réflexion vingt-neuviéme est une maniere d'ironie assez déplacée. Qui dit un Prince dit bien une *Princesse*, et quand il s'agit de spécifier un état, qui nomme un riche Bourgeois est bien dispensé de citer une riche Bourgeoise.

Que diront ces Messieurs de la place *Baudoyer* de l'interprétation que vous donnez au nom de leur canton ? Selon vous, il vaudroit autant dire *la Place aux Badauds*. Doutez-vous qu'ils ne se tournent du côté de M. l'Abbé Lebeuf pour grossir son parti ? Ils ne manqueront pas de soutenir avec lui que rien n'est plus naturel que d'attribuer

1. Mercure de Juin, page 100. — 2. Ibid., page 105. — 3. Juillet, page 136.

l'origine du nom de *Baudoyer* au *Baudacharius* du Testament d'Hermentrude. Ils rejetteront fort loin le sentiment qui fait aller le mot de *Baudoyer* de pair et compagnie avec celui de Badaud : comme si cette Place plutôt qu'une autre exhaloit des vapeurs malignes capables de rendre les gens niais ou stupides.

N'allez pas soupçonner ici votre Adversaire de connivence ou de respect humain. Il n'est pas de Paris, vous-même en faisiez la remarque il n'y a pas trois mois, prétendant infirmer le sentiment de M. Lebeuf sur Sainte Geneviéve, précisément parce qu'il est natif d'Auxerre.

A la page 117, vous commencez une Réflexion de quatre pages : réduite à la juste valeur, c'est la réfutation, ou plutôt le conflit d'un *peut-être* avec un autre *peut-être*.

Votre zèle s'épanouit assez mal à propos dans l'article suivant. Dire que le titre de Saint-Julien le pauvre attribué à l'Eglise de ce nom, lui est venu de son état de pauvreté, c'est, selon vous, abuser de la liberté *que la critique la plus relâchée accorde aux Sçavans*. Cependant, que fait autre chose ici M. Lebeuf, que de s'appuyer sur l'usage de dériver les surnoms des Eglises de ce qu'elles ont de remarquable dans leur état ou dans leur bâtisse, indépendamment des attributs du Patron ?

D'où viennent les surnoms de Saint-Jean le rond, de Saint-Pierre aux Bœufs ? Cela signifie-t-il que S. Jean étoit tout rond, que S. Pierre avoit des troupeaux de Bœufs ? Ces diverses qualifications viennent assurément de la figure ou de l'état de ces Eglises, dont la premiere étoit une rotonde : pour la seconde, on sçait partout qu'elle est ainsi appellée à cause de deux figures de bœufs qui sont au portail : pourquoi donc l'état de *pauvreté* où l'Eglise de Saint-Julien demeura réduite, n'auroit-il pas été l'origine de sa dénomination actuelle ?

Au Mercure de Septembre, page 112, vous publiez de nouvelles Réflexions, auxquelles j'ai peu de choses à répliquer. A quoi bon employer près de six pages pour dire que M. l'Abbé Lebeuf vous attribue comme un sentiment ce que vous avancez comme une opinion ? Je n'ai dans cet article qu'une seule chose à relever ; c'est le sens forcé que vous donnez au mot de *Vicus* pour colorer cette opinion. Lisez Isidore, Orig. Livre XV, Chapitre II, vous connoîtrez que *Vicus* signifie un amas de maisons ou de rues, jamais une rue séparément. Vous prenez ici la partie pour le tout.

Après avoir combattu et approuvé successivement les mêmes objets, vous trouvez mauvais que M. Lebeuf rapporte dans l'occasion les prétentions surannées des anciens Moines.

Pourquoi voulez-vous que dans une Histoire on néglige les traits singuliers qui font contraste avec nos mœurs ? M. Lebeuf fait profession de respecter l'état monastique, votre Ordre en particulier. Il rend justice à votre mérite et condamne le parti que vous prenez de ne plus enrichir la république des Lettres par vos travaux. Si vos Annales de Paris n'ont pas eu le succès que vous pouviez en attendre, vos autres ouvrages vous ont acquis une réputation distinguée.

J'ai l'honneur d'être, etc.

OBSERVATIONS

POUR SERVIR DE CONCLUSION A L'HISTOIRE DU DIOCÉSE DE PARIS,
PAR M. L'ABBÉ LEBEUF

Et de réponse à une Lettre sur LUZARCHE

L'Ouvrage qui finit en ce volume avoit d'abord été annoncé dans le Mercure de Décembre 1739, p. 3106, sous le titre de *Description des Paroisses de campagne du Diocése de Paris.*

L'auteur du projet propose ses vues en 6 articles. Il invite les gens de Lettres et les personnes instruites du local à lui communiquer tous mémoires, enseignemens et instructions relatifs à son objet.

Après 15 années d'un travail pénible et assidu, après des voyages fréquens sur les lieux et des recherches sans nombre, il crut avoir assez rassemblé de matériaux pour former un corps d'Histoire.

Le premier Tome débute par une préface dans laquelle on expose le plan qu'on a choisi, et où l'on rend raison de ce plan. On insiste principalement sur l'utilité de l'ouvrage, et sur quelques moyens ultérieurs de le conduire au degré de perfection dont il est susceptible.

1º L'Histoire du Diocése de Paris est une entreprise utile, non seulement par rapport aux intérêts des familles et à la satisfaction des particuliers qui trouveront séparément l'exposition des événemens qui se sont passés dans leur patrie, l'origine des usages, la suite des Seigneurs, toutes les circonstances enfin dignes de remarque. L'exécution de tout l'ouvrage sur le plan projetté, peut encore servir d'encouragement et même de modéle pour l'histoire détaillée de chaque Diocése de France.

Un Histoire générale et détaillée de tout le Royaume de France, seroit un projet aussi utile à former, qu'immense à exécuter. Or il est aisé de montrer qu'une telle histoire n'est possible qu'en divisant le Royaume par Diocéses.

Depuis les regnes d'Honorius et de Clovis jusqu'à présent, les limites des Diocéses n'ont presque pas changé ; les dépôts Ecclésiastiques qui sont les sources principales de notre histoire, n'ont quasi pas quitté les Capitales des Diocéses et les principaux Monasteres. Pendant combien de siécles les Ecclésiastiques n'ont-ils pas été seuls en possession de cultiver la Littérature en France ? Il en est des Paroisses par rapport aux villages, comme des Cathédrales et des Monasteres considérables à l'égard des grandes villes.

La division des Diocéses en villes, bourgades et Paroisses, en Seigneuries et en fiefs, etc., est donc le seul moyen de ne rien omettre de tout ce qu'on peut désirer sur chaque lieu.

Il n'en seroit pas ainsi d'une histoire générale par gouvernement ou par province, qu'on subdiviseroit en Duchés, en Comtés, Marquisats, Baronies, Baillages ou Chastellenies. Outre que ces divisions sont récentes pour la plupart, les limites en sont le plus souvent incertaines. Le partage seroit inégal et douteux, ces ressorts étant sujets à mutation et empiétant souvent les uns sur les autres.

Ajoutez que dans ces histoires en grand, on néglige les généalogies et les faits de détail; on sacrifie les particularités de moindre considération à l'exposition de grands traits; les mutations et les intérêts des familles, aux révolutions et aux événemens mémorables.

En supposant que le projet qu'on annonce soit goûté, et qu'on prenne l'Histoire du Diocése de Paris pour modéle, cet ouvrage ne sera pas le seul secours que les sçavans pourront se procurer pour mettre ce plan à exécution.

Les sciences sont aujourd'hui tellement cultivées en France qu'il n'est gueres de ville considérable sans une Académie ou sans une société de gens de Lettres. Qui empêcheroit d'en exclure certaines parties de littérature frivoles ou dangereuses, tout au moins inutiles, et de leur substituer le genre historique?

Chaque société choisissant un certain nombre de Paroisses, l'entreprise pourroit tellement se partager, que les uns embrasseroient l'explication des Antiquités, les autres prendroient l'Histoire moderne, ceux-ci les matieres de Commerce, ceux-là l'Histoire naturelle, d'autres enfin les Généalogies, les connoissances Diplomatiques, etc.

Quant aux remarques Topographiques dont l'exactitude est comme attachée au séjour et à la fréquentation habituelle des lieux, il est peu de villages, peu de Paroisses dont le Seigneur ou le Curé, guidé par un prospectus qu'on lui mettroit entre les mains, ne fût en état de répondre aux questions, de prévenir même celles qu'on lui pourroit faire. On rend publiquement cette justice à Messieurs les Curés du Diocése de Paris, qu'on a trouvé dans la plupart des connoissances et beaucoup de zéle à tirer leurs lieux de l'oubli.

2º Lorsque l'Auteur de l'Histoire du Diocése de Paris prit la résolution de mettre au jour son ouvrage, il vit bien que malgré l'exactitude de ses recherches, il laisseroit encore à moissonner après lui.

Il avoit déjà été plus d'une fois dans le cas de s'appercevoir que plusieurs personnes qui jouissoient sur les lieux de la réputation d'être instruites à fond sur certains objets, l'avoient induit en erreur.

Ces considérations le porterent à laisser entrevoir à la page 14 de sa préface [1], la nécessité d'un supplément.

Dans ces entrefaites, il eut une atteinte de paralisie (fruit de ses

---

1. Tome Ier, page IX de cette nouvelle édition. — (Note de l'éditeur.)

travaux et de ses veilles) qui mit sa santé dans le plus triste état. Cet accident entraîna des suites fâcheuses qui durent encore, et qui l'ont empêché de se livrer à mille petits soins divers qui auroient donné à son Livre un degré de perfection de plus.

Ces circonstances jointes aux considérations précédentes ont inspiré à l'Auteur la résolution de pourvoir lui-même au supplément qu'il n'avoit fait qu'indiquer. Ce supplément sera suivi d'une table générale et raisonnée de tout l'ouvrage. Tous les jours il est confirmé dans ce dessein par les découvertes qu'on lui annonce, par les pièces nouvelles qui lui sont tombées sous la main, par les remarques et les observations judicieuses que des personnes distinguées lui ont communiquées avec toute sorte d'égards et de politesse.

Dans le temps, on rendra à ces personnes la justice qui leur est due. On prend la liberté de les proposer pour exemple à ceux qui trouveront quelque chose à reprendre ou bien à ajouter dans le cours de chaque article.

Quant à ceux qui suivront une route opposée, et qui par d'autres vues que celle du bien de la chose, prendront le parti de faire retentir les Journaux de reproches amers, fondés, ou sur des minuties qu'on a passées à dessein, ou sur un nom mal écrit, sur un mot mal rendu, etc., qui produiront des lieux communs, des préambules sans fin pour annoncer qu'on a oublié une épitaphe, l'orgue d'une Eglise, etc., on laissera un libre cours à leur manie d'écrire.

On se contente de leur proposer comme aux personnes plus judicieuses et plus modérées, le supplément projeté. Du reste, le désintéressement, la bonne foi et la réputation de l'auteur de l'Histoire du Diocèse de Paris lui serviront d'apologie auprès des gens de bien et des Littérateurs sans prévention.

Si donc on a placé à la fin du tome IXe une réponse aux réflexions diffuses insérées dans plusieurs Mercures [1], c'est qu'alors on n'avoit pas encore ouvert la voie qu'on propose aujourd'hui.

C'est par la même raison que nous voulons bien prendre encore la peine de répondre à une brochure sous le Manteau, dans le style et presque dans les mêmes termes que les réflexions du Mercure ; excepté qu'ici les injures sont plus renforcées et plus multipliées.

Cette production s'annonce ainsi : *Lettre à l'Auteur* « de l'Histoire du « Diocèse de Paris, contenant quelques Remarques sur le Chapitre, « ayant pour titre : Luzarches et l'Abbaye d'Herivaux, *Genève, 1758* « *in-12*, pp. 78. »

On semble vouloir faire revivre dans cet écrit, ce genre d'ironie grossière que nos mœurs condamnent et que le temps a proscrit, dont plusieurs partisans ont eu, après la fin du XVI siècle, Genève pour asile. On y retrouve ces plaisanteries à la Mathanasius, ces pointes à la Scaliger, ces dictons surannés auxquels on ne répond plus guères que par le mépris qu'ils méritent [2].

---

1. V. cette réponse ci-dessus page 437. — (Note de l'éditeur.)
2. Il avertit dans son début *que son petit ouvrage est traité d'une façon satisfaisante*, qu'il va relever les fautes grossières de son adversaire, qu'il peut l'arrêter à chaque mot, etc., pp. 2, 3, 53, 65.

L'auteur ne se nomme pas. Il prend modestement la qualité de *Villageois*, p. 55 ; peut-être dans l'opinion de jeter par-là une ombre favorable sur sa production ; mais il s'est peint d'après nature.

Son premier trait de critique tombe sur l'étymologie du mot *Luʒarches*. Dans l'Histoire du Diocése de Paris, on fait venir ce nom de l'Use ou l'Usieux : Ise ou Isieux, petite riviere qui coule encore assez près de Luzarches. L'explication n'est pas arbitraire. On l'appuie sur un titre de l'an 775, où Luzarches est placé *in Pago Parisiaco super fluvium*.... mot en blanc, sans doute à cause de la ressemblance des deux noms qui aura arrêté le copiste.

Cependant cette origine ne plaît pas au critique. Il la juge controuvée par la raison que Luzarches est un peu en deçà du petit fleuve.

Ce n'est pas un de ces Aristarques qui blâment tout, sans pouvoir mieux faire. Il produit une savante étymologie qui vient du grec. Λυζω en grec veut dire pleurer ; et Αρχη signifie Seigneurie. Si donc on peut vous trouver un grand Seigneur qui ait pleuré de ces côtés-là, tout est dit. Il n'est pas même nécessaire qu'il ait pleuré en personne, il suffit qu'à son occasion quelqu'un ait autrefois pleuré dans le canton, ou qu'on y pleure un jour, car le Verbe Grec est au futur.

Mal-à-propos iriez-vous remonter aux temps d'Heraclite et d'Enée pour rencontrer un pleureur illustre. Le Critique ne va pas chercher si loin. Il met en avant deux principes fondés, l'un sur la nature, l'autre sur l'histoire. Les femmes pleurent aisément : premier principe incontestable. Julien l'Apostat étoit un grand Seigneur qui sçavoit le grec : Julien venoit à Paris : second principe établi sur les autorités de Zozime et d'Ammien Marcellin qu'on a soin de citer.

De ces deux principes on tire cette conséquence, page 5 : « C'est peut-« être auprès de l'endroit où se trouve aujourd'hui Luzarches que « les femmes des soldats se sont assemblées pour pleurer en com-« mun, lorsque le bruit se fut répandu qu'il falloit quitter les Gaules. » Convenez qu'en fait d'étymologie, notre Critique est un grand grec.

Il passe ensuite au corps de l'ouvrage. Près de douze pages sont employées à montrer que l'auteur de l'Histoire de Paris devoit décider si le Chapitre de Luzarches est plus ancien que la Cure ; il demande à cet auteur pourquoi il n'a pas mis en œuvre des titres qu'il n'avoit pas et qu'on n'a pas voulu lui communiquer ; pourquoi il a oublié une vieille pierre ronde percée au milieu, etc. ; pourquoi il n'a pas scrupuleusement transcrit toutes les épitaphes qui sont dans l'Eglise de Luzarches, de quel front enfin il ose assurer qu'une épitaphe tronquée n'a pas la même authenticité qu'une épitaphe entiere.

A la page 18 de la brochure, est une accusation qui passe la raillerie. L'Auteur de l'Histoire du Diocése de Paris a relevé une bévue de Dusaussay qui consiste à placer sous Alexandre III une Croisade où Jean de Beaumont fut employé.

Le Critique prend en main la défense de Dusaussay, il défie de trouver dans ses écrits l'erreur qu'on lui oppose : Il est absurde, ajoute-t-il, *de faire dire à Dusaussay qu'il y ait eu une Croisade du temps d'Alexandre III*.

Cependant, nous ouvrons Dusaussay, et à la page 663, qui est la citation marginale de l'Histoire de Paris, nous lisons ces mots, ligne douziéme : *Joannes de Bello-monte Eques... sub Alexandro Tertio ad Terra Sanctæ vindicias, cum Francicis agminibus, in Palæstinam profectus fuerat.* Or dans ce texte l'erreur de Dusaussay est bien manifeste et bien formelle.

C'est ainsi qu'à la page 23 de sa critique, l'auteur villageois révoque en doute la translation de la tête de Saint Etern de Luzarches à Villiers-le-Bel, parce, dit-il, que ce fait n'est appuyé d'aucune authorité. Cependant les Bréviaires de Paris et d'Evreux sont cités à la marge de l'Histoire de Paris, et cette translation y est mentionnée en termes exprès. Voyez en particulier le Bréviaire d'Evreux 16 Juillet, page 429.

Au portail de l'Eglise de Luzarches on remarque entr'autres figures deux statues grandes comme nature. Ces deux figures n'ont pour tout attribut distinctif qu'une surface plate et quarrée de quelque chose qu'elles tiennent d'une main sur la poitrine. L'auteur de l'Histoire de Paris témoigne à ce sujet son embarras ; et ajoute qu'on ne sçait si la surface en question est celle d'un livre ou d'une boete. Que quand bien même ce seroit l'une de ces deux choses, elle n'auroit aucun rapport avec la profession de S. Cosme et de S. Damien. Le Critique décide que c'est une *boete à thé*. Observez que les figures sont du XII siécle [1].

La difficulté ainsi tranchée, le docte Villageois revient sur son adversaire et lui fait ce reproche : « Il vous faudroit des Saints habillés en
« Docteurs en Médecine, comme sur les enseignes des Maîtres Chirur-
« giens. Jugeriez-vous qu'une telle figure ne représenteroit pas S. Luc
« parce qu'elle n'auroit ni son oiseau à ses pieds, ni pinceaux ni pal-
« lette ?..... Qu'une autre ne représenteroit pas S. Crepin parce qu'elle
« n'auroit ni Tranchet ni Manique ? »

L'objection est forte, la comparaison noble et la question sans réplique. D'ailleurs le Critique ne prouve-t-il point par les charmes de sa diction, qu'on peut être un grand peintre sans pinceau ni palette ? Quant à Saint Crepin on peut être son disciple sans tranchet, sans manique. Le proverbe ne dit-il pas que le Saint Patron a des clients de tout métier ?

La sagacité du personnage éclate surtout dans la Description qu'il donne du portail de l'Eglise de Luzarches. Il passe tout en revue jusqu'au moindre Marmouzet, tant son exactitude est scrupuleuse.

Imaginez-vous donc être en sa compagnie sur le lieu, et il vous montrera dans ce portail (page 29-32) « des paysans, des enfans, des
« hommes, des Seigneurs, des prêtres, des femmes, Sage-femmes,
« femmes dans un lit, femmes sans têtes, des matrones, malades, es-
« tropiez, un Juge, etc., maintes figures deux à deux : deux enfans nou-
« veaux-nés, deux nourrissons, deux hommes faits, deux Martyrs, sans
« parler des Apôtres et des Rois, etc.... Enfin deux Ecoliers. »

Avouez que le critique est un peintre bien délicat, sans pinceau, sans pallette, et qu'il avoit bien raison de nommer Saint Luc et son oiseau.

---

1. L'usage du Thé en France n'est gueres que de l'avant-dernier siécle, depuis les premiers voyages des Européens à la Chine.

Il faut pourtant convenir (et c'est l'Histoire de la boete à thé qui nous rappelle cette idée), que malgré la variété des portraits, c'est dommage qu'on n'a pas découvert dans le portail quelque figure Chinoise.

Ç'eût été pour l'auteur de la Critique un moyen tout naturel de justifier son anacronisme et d'achever de peindre sa belle description.

Il commence son tableau par des paysans et le finit par des Ecoliers ; l'ordre est bien ménagé, on ne peut qu'approuver ce point de vue. Le Critique tient aux paysans comme Villageois et aux écoliers comme auteur.

On lit à la page 321 du Tome IV de l'Histoire de Paris [1] que sur le bouclier des fondateurs de l'Eglise de Saint-Cosme on voit un lion qui montre le côté gauche. En cette rencontre, l'auteur qui est si exact partout ailleurs à parler le langage du blason, a cru devoir s'exprimer de la sorte pour être entendu d'un plus grand nombre. Mais notre Critique, observateur judicieux, pathétique et châtié, se récrie en ces termes : *Bon Dieu quel jargon !* Il fait pleuvoir sur son adversaire mille reproches et le charge d'invectives. Voyez la page 53.

A la page 49, pour soutenir que les Chanoines de Luzarches ne tiennent pas des Evêques de Paris la présentation de plusieurs Cures postérieures à leur fondation, il déploie un savant dialogue qui semble prouver que ces Cures se sont érigées d'elles-mêmes, page 55. Enfin, il demande ironiquement au sujet du mot *Pigislarinus* qu'il prétend avoir été mal lu sur une tombe, pourquoi l'Historien du Diocèse de Paris n'a pas vu plutôt le nom de l'enchanteur Parapharagaramus. Il va chercher le nom d'un enchanteur, comme s'il étoit lui-même un grand sorcier.

Voilà, je pense, assez de traits pour montrer que cette impertinente brochure est semée de faussetés et de chicanes, et assaisonnée d'un mauvais sel qui déshonore son auteur.

Elle contient tout au plus trois remarques solides, qui pouvoient se mettre en moins d'une page, y compris le post-scriptum qui est à la page 78.

On pouvoit proposer humainement ces trois remarques ; l'auteur de l'Histoire du Diocése de Paris seroit convenu qu'il a été mal servi sur les lieux, malgré son exactitude, ses voyages et ses soins. L'observateur auroit pu se nommer sans prendre un masque de Villageois, et dans le supplément qu'on se propose de donner, on lui auroit fait l'honneur de ses remarques.

---

1. T. II, p. 203 de cette édition. — (Note de l'éditeur.)

TABLE DES MATIÈRES

ARCHIDIACONÉ DE BRIE
DOYENNÉ DU VIEUX-CORBEIL

	Pages.
Maisons [Maisons-Alfort].	3
Charentonneau	7
Alfort.	9
Créteil.	10
Le Mesche	18
Mesly.	21
Ormoy	22
Bonneuil-sur-Marne	23
Valenton.	29
Hôpital de Mesly	31
Tour.	32
Limeil.	32
Brevane [Brevannes]	34
Le fief des Portes	35
Villeneuve-Saint-Georges.	35
Belle-Place, — Bois Colbert	41
Crone [Crosne]	41
Montgeron	45
Chalendray ou Chalendré	48
Vigneu [Vigneux].	50
Noisy-sur-Seine, — Courcelles, — Rouvre	56
Château-Frié [ou Frayé], — La Fontaine, — Les Bergeries	57

TABLE DES MATIÈRES

	Pages.
Dravern, Dravé, Dravet ou Draveil.	57
Prieuré de Notre-Dame de l'Ermitage.	60
Champ-Roset ou Champrosay, — Monceaux ou Mouceaux [Mousseaux], — Marcenoust, — Beaumont.	65
Les Creuses, — Villiers, — Mainville.	66
Soisy-sur-Seine [ou Soisy-sous-Etiolles].	67
Ethioles [Étiolles].	71
Gravois [ou le Gravois], — Sénart.	75
Mandres, — Hangest, — Combeaux.	76
Andre, — Bourg, — Coudrais-lez-Ethioles, — Houdre, — l'Isle-aux-Paveurs.	77
Vieux-Corbeil, autrement Saint-Germain de Corbeil.	77
Eglise Saint-Jacques.	82
Val Coquatrix ou Cocatrix.	83
Le Tremblay.	85
La Borde, — Ville-Louvette, — Champ-dolent.	87
Perray, Peré ou Pairé proche Corbeil [Perray-Saint-Pierre] et Saint-Léonard-du-Vieux-Corbeil.	88
Villededon, — La Roterie, — Villereil.	91
Saint-Léonard.	92
Le Frene, — Tourailles.	93
Sintry ou Saintry.	93
Morcent ou Morsan [Morsang-sur-Seine].	98
Postel, — Auger, — Gaudré, Godré ou Gondré.	101
Coudray ou Le Coudray.	101
Meurs ou les Murs, — La Salle, — Le Plessis-Chesnay [ou Chesnet].	105
Moissy-l'Evêque [Moissy-Cramayel].	106
Cramoyel [Cramayel].	110
Lugny [ou Luigny].	113
Chanteloup, — Chaintreaux.	114
Les Garnisons, — Remigny ou Armigny [Revigny ?].	115
Lieusaint.	116
Villepecle [Villepèque].	120
Varâtre.	121
Vernouillet, — Gratepeau, — Launoy.	122
Ormoye ou Ormoy [Ormois].	123
Evry-en-Brie ou Evry-les-Chateaux.	126
Vernelle et son prieuré.	130
Mardilly.	131
Trembleceol [Trembleseau].	133
Limoges.	134
Fourches.	136
Mauny.	137
Lissy ou Licy.	138
Bois-Gautier.	139

TABLE DES MATIÈRES

Pages.

Soignolles [Soignolles-en-Brie]	141
Mons [Mont] et son prieuré	143
Barneau [les Barreaux], — Chateleines.	144
La Burelle, — Fontaine.	145
Soulaire ou Soulerre [Solers]	146
Coubert	149
Grisy	154
Villemain	158
Suines ou Suisnes.	159
Cordon	160
Grégy	162
Gercy [Jarcy] et Varennes.	165
Abbaye de Gercy.	166
Varennes	171
Combs-la-Ville	174
Esguerneil ou Egrenay, — Le Chêne, — Mennechy ou Manchy.	180
Paloisel ou Courtabeuf, — Vaux-la-Comtesse, depuis Vaux-la-Reine.	181
Périgny [-sur-Yères]	185
Mandres	188
Boucy [Boussy] -Saint-Antoine.	192
Épinay et Quincy, autrement Épinay-sous-Sénart.	195
Quincy [Quincy-sous-Senart].	200
Brunoy.	201
La tour de Ganne, — Les Baucerons [les Beausserons]	207
Les Ruines des Godeaux, — Kévillon, — Saint-Olon.	208
Yerre ou Hierre [Yères]	209
Concis ou Concy.	218
La Grange du Meillou ou la Grange	219
Le Bus, — La Fontaine Budé.	220
Rivière d'Hierre.	221
Abbaye d'Hierre.	222
Les Roches, — Narelle	230
Les Camaldules.	230
Ville-Cresne [Villecresnes].	234
Le Bois d'Auteuil [Auteuil], — Réaulieu [Beaulieu].	237
Marolles-en-Brie.	237
Centeny [Santeny]	241
Servon ou Cervon.	245
Villemenon.	252
Berthemont, — La Fossée, — Vaux-d'Argent, — Bonbon, — Rademont	255
Brie-Comte-Robert anciennement Bravé.	256
Hôtel-Dieu.	261
Chapelle du Château, — Chapelle de Saint-Lazare.	262
Château	269

451

452   TABLE DES MATIÈRES

                                                                    Pages.
Communauté des Filles de la Croix   269
Les Minimes   270
Pamphou   271
Villemeneu   272
Sansal ou Sansale, — Herces ou Herse, — La Borde, — Vaudry
  ou Vaudoy.   273
Ferroles   275
La Borde-Grappin, — La Barre, — Les Petites-Romaines   278
Attilly [Attily]   278
Forcille, — La Borde, — Aubervilliers [le Bervilliers], — Beaurose.   284
Chevry   284
Cossigny   289
Pacy ou Passy.   291
La Grange-Nevelon ou La Grange-le-Roi.   292
Corquetelles ou Corquetaine   294
Villepayen, — Montgazon, — Malassise   297
Liverdis.   297
Monceau ou Moncel, — Retal, — Controuvé, — Pontineau   301
Chastres-en-Brie [Arpajon]   302
Les Boulaies ou les Boulets, — L'Oribeau ou l'Oribel, — Boiron.   305
L'Opitan ou l'Hôpital.   306
Presles.   306
Villegenart   309
Le Chêne, — Le Fort de Presles, — Joy, — Auteuil ou Auteuil.   310
Villepatour, — Laborde, — Monthéry, — Gavigny, — Le Quin   311
Grez   311
Vignoles, — Maison-Rouge, — La Grange-l'Évêque . .   315
Touran   316
Combreus [ou Combreux].   328
Armainvilliers, — La Bourgonnerie, — Courcelles et Villiers, —
  Ferray ou Fretay, — La Motte   329
La Chapelle Haouis, et nouvellement la Chapelle-Breteuil. .   331
La Houssaye   334
Limodin ou Limousin   338
Neufmoutiers   338
Égrefins, — Le Chemin, — Les Essergents ou le Sergent, — Le
  Marché-Marie, — La Ruelle, — La Ronce, — Les Bossus, — La
  Borne-blanche.   341
Favières-en-Brie   341
Mandegris.   344
Fontaine-le-Hongre, — Puycarré   345
Prieuré de Saint-Ouen   345
Abbaye d'Hernières   346

TABLE DES MATIÈRES

	Pages.
Ozoir-la-Ferrière ou les-Ferrières.	350
La Grange-Bel-air, — La Tuilerie, — Les Agneaux ou les Aunaux,	354
— La Pointe-le-Roi, — La Chanoinerie, — La Marchaudière. .	355
Lézigny [Lésigny].	355
Romaine.	359
Sous-Carrière, — La Jonchere.	360
Le Buisson, — Villarceau, — Frenoy, — Mont-éti [Montety]	361
Abbaye d'Iverneau ou d'Hiverneau	364
Noiseau.	374
Sucy [-en-Brie].	378
Le Grand-Val et le Petit-Val, — Chaud-Moncel.	384
Montaleau.	385
Boissy-Saint-Léger.	385
Le Piple.	388
Grosbois.	389
Hameau de Tigery.	394
Hameau de Malnoue.	399
Abbaye de Malnoue.	399
Chapelle Saint-Jean.	404

DOYENNÉ DE CHAMPEAUX

Champeaux, enclave du diocèse de Paris dans celui de Sens. . .	407
Collégiale de Champeaux	410
Bourg et paroisse de Champeaux.	418
Annoy, — Chanoy ou Chaulnoy.	420
Andresel, originairement Andesel.	420
Chapelle Saint-Éloy.	422
Le Truisy, — Minpincien, — Les Hautes-Loges.	424
La Chapelle-Gautier	425
Fouju	429
Vilbelin	431
Saint-Merry	431
Quiers ou Guerres	433
L'Étang de Vernouillet.	436
Réponse aux Réflexions de Dom Toussaint Duplessis, bénédictin, contre l'Histoire de Paris	437
Observations pour servir de conclusion à l'Histoire du Diocèse de Paris	443

4643 — Paris, Imp. L. Philipona 51, rue de Lille.

www.ingramcontent.com/pod-product-compliance
Lightning Source LLC
Chambersburg PA
CBHW072129220426
43664CB00013B/2184